台灣獨立

台灣歷史上的今天

Tâi-ôan Tȯk-lėk

Tâi-ôan lėk-sú siōng ê kin-á-li̍t

2022

主編／繪圖 Mock Mayson
監督／企劃 Cosby Khóo

序言

Mock Meyson

日常其實是一股巨大的力量。

如果說一個重大的歷史事件是造成如同隕石坑般的外力作用，那麼日常生活就像是風化與水蝕作用所形成的浩瀚沙丘或是奇岩怪石，這兩種作用力可說形塑出整個政治認同的生態地景。

少數人會因爲目睹如隕石般撞擊的歷史事件而改變政治認同。但是多數的常民卻是根植於看似無趣與索然的日常經驗累積，而慢慢型塑出他們的政治認同與意識形態。換句話說，對於某政黨或是政治理念的喜惡很少是一兩天就可以馬上定錨的。

台灣人在經過長期中華黨國的規訓、教育與統媒洗腦，已經有很大部分的人錯把外來施暴者所強加的錯誤史觀與黨國象徵當成是自己的「珍寶」。失憶的台灣人需要的是一個漫長的復健療程，一個重新拾回自己眞名與故事的日常練習。

台灣獨曆就是在這樣的考量之下才發起的出版計劃。自出版的這三年來，也得到許多讀者的正面回饋與勘誤指教。有的讀者父母會將獨曆的故事念給小孩聽，有的讀者會翻拍獨曆然後每天上傳社群平台，有的讀者則是將獨曆懸掛在餐廳、咖啡廳或是辦公場所，甚至也有小學的老師會將獨曆分享給學童觀看。

這些讀者實踐「獨曆」的方式就在他們的日常生活當中，一天一天地累積與找回那些遺失的記憶拼圖。或許一年兩年不夠，那麼十年二十年後呢。很多國家的建國可是耗費了百年以上。

日常其實是一股巨大的力量，或許在若干年後，台灣人也可以用自己的眞確記憶形塑出如同風化岩層與海蝕岸崖般地獨特且壯麗的國族意識與價值認同。

Cosby Khoo

二〇二一年台灣最受注目的歷史劇，當屬公共電視出品的「斯卡羅」吧！演員與場景的交織演繹，讓觀眾感受到了更具體化的歷史氛圍。

然而許多人不明白的是爲何明明是台灣的本土故事，看起來卻像是外國片。有這樣的感覺，正顯示了台灣人對自己腳下的土地歷史尚未了解透徹。台灣人長期在中華史觀的洗腦教育下，使得人們無法了解過去曾存在於台灣的各個民族和文化全貌，因而對養育自己的土地過往感到陌生。

透過影視劇作，我們可以瞭解到早期台灣人的組成民族結構複雜，語言和文化的多元，多方勢力爭食有限資源的狀況。踏上台灣土地的人想在貧乏的土地上討生活，必須冒著九死一生的覺悟。再回過頭來看看現在的台灣，半導體產業已站在全球工業的制高點，醫療成就贏得了世人的美譽。

從過去被詛咒的悲苦時代，到現代引領人類文明前進的今天，台灣歷史一路走來，一定有許多關鍵的人物、在關鍵的時刻做了正確的事。就像我們對中國武漢肺炎疫情的控制，從爆發再到壓制的過程中，一定曾有錯誤的狀況發生，但是許多人用正確的方法面對疫情，努力地在做對的事！因此面對歷史、看透歷史，從中檢討與學習時代精神顯得無比的重要！而從錯誤中成長、浴火重生的我們，正在寫下新一頁的歷史，被琢磨過後的故事也將越發閃亮。

很高興影藝界和文學工作者能一起合作，推出題材別具意義的作品，重新燃起了大眾對台灣歷史的興趣，即使劇作內容仍有些許缺陷，但能在爲歷史解碼的道路上衝鋒，已屬難能可貴，值得讚賞。

我們也期待透過這本「台灣獨曆」羅列的眾多台灣歷史紀事，能對關愛台灣的文化工作者們有所啓發，並挖掘出更多鮮爲人知的歷史故事做爲文學及影視的創作題材。讓世人對台灣能有更深刻的體會，如此賦予台灣人共同凝聚的精神將更顯珍貴。

感謝

台灣獨立建國聯盟
民主進步黨
台灣基進
WeCare高雄
前衛出版社
鄭南榕基金會
賴文雄前輩
李筱峰教授
FlyingV
鄭光廷

鄭運鵬
蔡易餘
焦糖哥哥陳嘉行
陳奕齊
陳柏惟
張博洋
吳欣岱
林昶佐
吳崢
苗博雅

難攻大士
謝銘祐
林大鈞
拍謝少年
柯宇綸
陳夏民
斯坦
張齡予
孫博萮
四八六先生

台灣回憶探險團
活水來冊房
王立第二戰研所
魔魔嘎嘎
nagee
我要討厭你五分鐘
莫羽靜與她的墨水故事
皮筋兒
好色龍
厭世工程師

台灣獨立使用說明

紋章與符號
平日為台字紋章，特殊日則會顯示其他符號或台獨旗。

農曆日期

台灣俚語與解釋
收錄台語、客語與原住民俚語，並搭配例句解釋。

月相與月名

補充歷史事件

插圖與說明
筆者親繪千幅歷史插圖與圖片說明。

年份與日期

月曆總覽

星期名

台灣歷史上的今日事件
包括六百餘字的事件簡述與人物說明，讓讀者可以快速理解事件成因與脈絡。

Tâi-oân tok-li̍k
台灣獨立

2022
January
1月
22
日

舊曆
十二月二十

水鬼升城隍。

用來諷刺某個能力低下的人升到肥缺高位。這種情形經常發生在國民黨執政的時期，一堆毫無能力卻攀親帶故的國民黨人靠著關係得到公職肥缺。

• 聽信國民黨謊言然後構陷余登發的吳泰安，在失去利用價值後就被滅口。
• 陳菊年輕時的留影
• 參加橋頭遊行的黃信介
• 余登發像
• 陳菊等人當時無懼黨國戒嚴體制，勇敢為台灣人民上街抗議政治迫害。
• 余登發的兒子余瑞言長期罹患糖尿病，根本無心從事政治運動，卻仍被國民黨誣陷為匪諜。

二十夜

禮拜六 lé - pài - la̍k
SAT 土曜

2022年 1月

日	一	二	三	四	五	六
						1
2	3	4	5	6	7	8
9	10	11	12	13	14	15
16	17	18	19	20	21	22
23	24	25	26	27	28	29
30	31					

高雄橋頭事件

1979.1.22

一九七九年一月二十二日，高雄縣橋頭鄉發生中華民國政權在台灣實施獨裁戒嚴三十年來第一次的政治示威活動，史稱橋頭事件。一九七八年八月，當時的前高雄縣長余登發與他兒子余瑞言被國民黨政府造謠誣指涉及「匪諜吳泰安事件」，並受華國鋒指派來台灣進行武力推翻政府。當時中國國民黨要整肅政敵卻找不到理由時就經常使用這種將人打成匪諜的入罪方式。

國民黨誣陷余登發父子的目的就是要恐嚇威脅當時已逐漸形成氣候的黨外人士。余登發父子受此指控後隨即遭特務逮捕。此舉引發黨外人士反彈，群起集結抗議政治迫害。許多黨外人士無畏當時戒嚴令的威脅，集結於高雄橋頭遊行示威。遊行的路程雖只有兩百公尺，卻是場視死如歸的示威活動，許多參與者在遊行前晚都已跟家人交代後事。

遊行當日，主要由二十七名黨外人士組成，陳菊和陳婉真走在最前頭，拉著「堅決反對政治迫害」以及「立即釋放余登發父子」的布條。途中圍觀者雖然眾多，但是卻沒有人敢加入隊伍。由於黨外人士集結聲援，加上國際人權團體關注，且誣控情節過於荒謬，因此國民黨無法對余氏父子求處極刑，只能對余登發判刑有期徒刑八年，余瑞言判刑兩年。而被國民黨利用來誣陷余登發的「證人」吳泰安以為自己即將獲得自由，卻被載去刑場槍決滅口。

此次國民黨逮捕余登發父子的行動不但促成了橋頭遊行，也反向激發黨外勢力的團結與民主化的連鎖反應。余登發父子案牽引出許信良案，許信良案導致美麗島事件的爆發，而美麗島事件則讓台灣政治產生了重大改變，橋頭事件可說是引爆當代台灣民主運動的關鍵點。

彭明敏等三人遭軍事檢察官起訴 1965.1.22

一月

◆台灣人的自由台灣成立。【詳見一月一日。】

Tâi-ôan tók-lèk
台灣獨立

2022
January

1月1日

舊曆
十一月廿九

三年官，二年滿。

意思就是當三年的官，任滿兩年就油水撈得飽飽的。例如中華民國大官於一九四五年來台，不到兩年的時間就把公產私產全部貪到自己的口袋裡。

晦月

• 柯旗化像

• 北美最初始的台獨組織3F成員，左起楊東傑大妹楊瓊姿，楊東傑、李國璿、陳以德、林榮勳，合影於一九五四年的費城。

• 柯旗化的新英文法

• 3F成員林榮勳像

• 3F成員盧主義像

• 3F成員陳以德像

禮拜六 lé - pài - lák | SAT 土曜

2022年 1月

日	一	二	三	四	五	六
						1
2	3	4	5	6	7	8
9	10	11	12	13	14	15
16	17	18	19	20	21	22
23	24	25	26	27	28	29
30	31					

1956.1.1

台灣人的自由台灣成立

一九五六年一月一日，五名台灣海外留學生包括林榮勳、盧主義、林錫湖、楊東傑、陳以德，在美國發表獨立宣言的費城成立了「台灣人的自由台灣」（Formosans' Free Formosa），簡稱爲3F小組。3F成立之後開始招募認同台獨的成員、編寫寄送台獨宣傳文章和募款工作，後來更是全面展開拜會美國國會議員的遊說工作。

3F的目標是宣揚建立民主獨立的台灣共和國，並且反對外來的獨裁政權。3F小組開啓了美國的海外台獨運動，後來也與在日本活動的台灣共和國臨時政府大統領廖文毅互通往來。一九五七年由於國民黨透過「中國遊說團」來施壓美國國務院，3F不得已只好宣佈解散。一九五八年一月一日，3F更名爲「台獨聯盟」，繼續在海外推動台獨理念，3F也成了象徵北美台獨運動啓始的里程碑。

1929.1.1

柯旗化誕生日

◆「新英文法」作者

柯旗化，一九二九年一月一日出生於台灣日治時期的高雄州岡山郡左營庄，曾爲知名的英語教育家與文學家。他寫給台灣人看的「新英文法」曾經創下暢銷兩百多萬本的紀錄，爲台灣戰後英文教育的奠基者。柯旗化曾親眼目睹中華民國殖民政權在高雄大量屠殺台灣人民的淒慘景象，因此萌生出台灣獨立的政治理念。他同時也是白色恐怖的受害者。

柯旗化曾經被國民黨送進黑牢十七年，只因爲他私下跟朋友講過一些對中華民國政府不滿的話。他被國民黨特務用暴力刑求的方式逼供畫押，當時國民黨特務甚至將他的名字「柯旗化」任意解釋成「要使國旗變化」，並且以此荒謬理由定罪，而無視柯旗化之名其實由來自他的母親是旗山人，父親是善化人的原由。他日後在自傳中表示：「台灣一定會獨立，爲了要迎接台灣獨立的日子，我才活著。」

蕭泰然誕生日 1938.1.1

2022 January

1月2日

舊曆 十一月三十

乞食趕廟公。

意指來別人家乞討，最後竟強佔別人家的土匪行為。此句在二戰後經常被台灣人拿來形容逃難來台的中國難民竟強奪起台灣人的土地與財產。

閏月

• 台北市議員時期的林水泉。

• 唐培禮牧師曾協助彭明敏逃出。

• 彭明敏教授逃出時的易容像

• 顏尹謨在綠島服刑時的留影

• 協助彭明敏逃離華國鷹犬的宗像隆幸，於二〇二〇年七月六日逝世。

• 阿部賢一借護照給彭明敏以協助逃出。

禮拜日 lé - pài - ji̍t | SUN 日曜

2022年 1月

日	一	二	三	四	五	六
						1
2	3	4	5	6	7	8
9	10	11	12	13	14	15
16	17	18	19	20	21	22
23	24	25	26	27	28	29
30	31					

彭明敏逃離黨國監控

1970.1.2

一九六四年台大政治系教授彭明敏和學生謝聰敏、魏廷朝因爲計畫提出「台灣自救宣言」而遭到國民黨逮捕。彭明敏被軍法審判判刑八年，後來雖然獲得特赦，卻依舊遭到特務的監控軟禁。彭明敏爲了避免國民黨政府使用暗殺與栽贓的卑鄙方式對付，便決定逃亡外國。彭明敏以一年半的時間進行逃亡計劃。獲得國際友人，包括美籍牧師唐培禮與日籍友人宗像隆幸、阿部賢一的協助，取得變造與冒刻鋼印的日本護照。

一九七〇年一月二日，彭明敏以易容的方式從台北坐飛機到香港，再轉機到哥本哈根，順利逃脫國民黨的監控。爲避免國民黨派人暗殺，他在搭機沿途上皆有美籍牧師陪同。事後，協助彭明敏逃亡的美籍牧師唐培禮竟被國民黨誣陷指成恐怖份子，而被美國政府限制出境。

全國青年團結促進會案

1967.1.2

一九六〇年高玉樹競選台北市長時，爲了反制國民黨做票，便找了一群大學生與社會青年前來監票。後來這群青年與台北市議員林水泉秘密共組台獨組織，除了擬定台獨文宣一事，也與日本的台獨組織領導人史明、辜寬敏、黃昭堂等人多所聯繫，準備以武裝革命的方式推翻中華民國。

一九六七年一月二日，這群青年包括呂國民和黃華等人於雲林古坑吳文就家開會籌組「全國青年團結促進會」，主張「建設新國家，成立新政府，制定新憲法」。但是在三月時，參與成員吳文就與陳光英遭到逮捕（陳光英爲調查局線民），而同年八月底國民黨針對林水泉、顏尹謨、黃明宗、許曹德、呂國民等涉案人士進行大規模逮捕行動。事後被逮捕人數多達兩百四十七人，多人遭求處死刑。最後發展成海外台獨與國際組織的大規模救援行動。

日俄戰爭俄軍投降 1905.1.2

Tâi-oân tok-li̍p
台灣獨立

2022 January

1月 3日

舊曆
十二月初一

做無一湯匙，
食欲歸畚箕。

用來形容懶惰無能力的人，什麼事都不會做，但是食量又特別大。戰後中國人靠特權安插一堆親友到政府單位，形成一堆軍公教都是「做無一湯匙、食欲歸畚箕」的飯桶。

新月

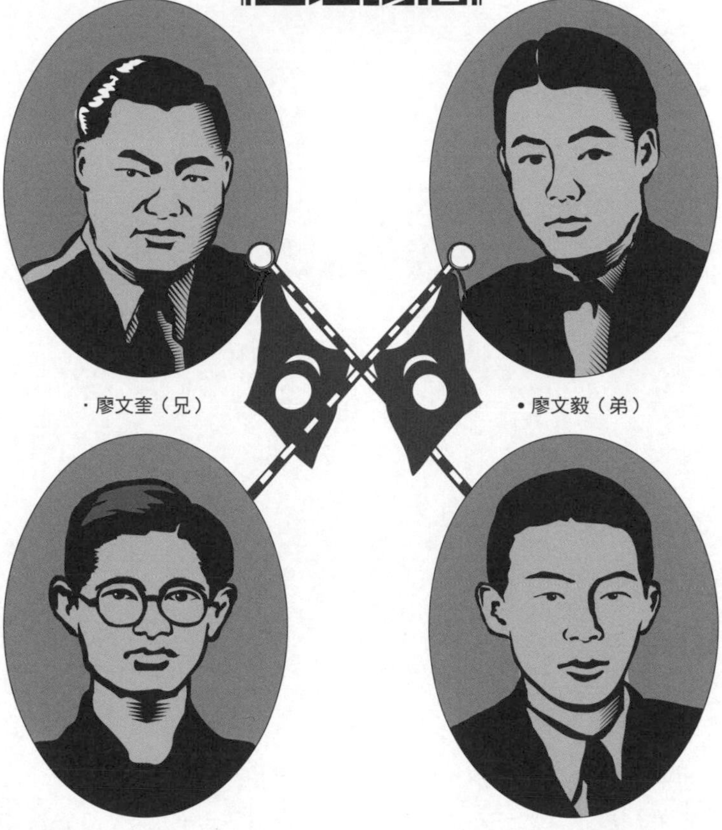

・廖文奎（兄）
・廖文毅（弟）
・受廖氏兄弟啟發台獨思想的黃紀男
・廖文毅的侄子廖史豪也同為台獨先驅

禮拜一 lé - pài - it
MON 月曜

2022年 1月

日	一	二	三	四	五	六
						1
2	3	4	5	6	7	8
9	10	11	12	13	14	15
16	17	18	19	20	21	22
23	24	25	26	27	28	29
30	31					

1947.1.3 廖文毅兄弟提台人治台

一九四七年一月三日廖文毅與廖文奎兄弟在周百鍊所開設的「艋舺青年俱樂部」演講會中，痛批國民黨陳儀政府的貪汙腐敗，並提出「台灣人治台」，與「台灣應在中國聯邦體制下完全自治」的呼籲，試圖在中華體制下以「完全自治」的口號來達到台灣獨立的意圖。廖氏兄弟的演講當時也啓發了台獨前輩黃紀男，讓他開始投身台獨運動的事業。這段台人治台的訴求也成了日後台灣獨立運動的前奏之聲，也預示了廖文毅兄弟的台獨之路。

事實上廖文毅一開始根本就不是台獨主張者，他甚至還曾經是個言必稱「祖國」，擁護中國統一的大統派，還曾自掏腰包前往中國「觀摩憲政」。二戰結束後，他甚至在國民黨宣稱的「台灣光復節」，也就是一九四五年十月二十五日這天創辦「前鋒」雜誌，用以迎接中華民國以及國民黨的到來。

廖文毅在他的創辦雜誌「前鋒」光復紀念號發刊辭當中甚至還提到：「我們不可忘記，我們是遺傳著大陸民族的血統，我們的國家是世界五大強國中的大中華民國。」這種十足中國統派的口吻也證明了廖文毅一開始的政治立場。但是隨著廖文毅親眼目睹到中華民國前往台灣劫收的貪腐景象，他滿心期待中國統一台灣的熱忱被當頭澆了一桶冷水之後，才因此萌發「聯省自治論」、「台灣託管論」以及台灣獨立建國的想法。

一九四七年二二八事件發生之後，廖氏兄弟也成了陳儀「二二八事變首謀叛亂犯在逃主犯名冊」的獵殺名單。一九五六年廖文毅在日本成立台灣共和國臨時政府，並於同年就任大統領，成爲海外台獨的重要組織之一。直到一九六五年，廖文毅才在國民黨威脅其親友性命的情況下而不得已返台投降。

平埔族抗清國的台東觀音山事件 1895.1.3

Tâi-oân tok-le̍k 台灣獨立

2022 January

1月4日

舊曆 十二月初二

過橋，拐仔就放撣撒。

形容過河拆橋、忘恩負義。很多愚蠢的台灣人以為幫助中國國民黨取得執政後就可以嚐到甜頭，最後卻多是遭到背叛，例如王金平或楊秋興。

• 王康陸返台後因參加台獨聯盟台灣本部成立大會而被捕入獄。

• 王康陸像

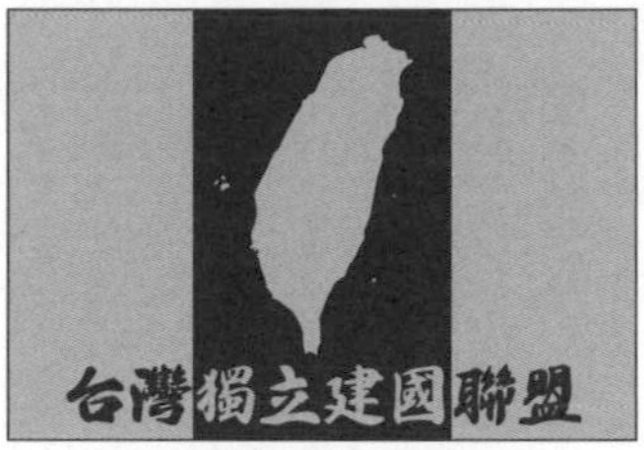

• 王康陸擔任台灣獨立建國聯盟的中央委員

纖月

禮拜二 lé - pài - jī ｜ TUE 火曜

2022年 1月

日	一	二	三	四	五	六
						1
2	3	4	5	6	7	8
9	10	11	12	13	14	15
16	17	18	19	20	21	22
23	24	25	26	27	28	29
30	31					

1941.1.4

王康陸誕生日

◆台獨先驅

王康陸，一九四一年一月四日生於中國北京市，原籍台中州鹿港街。王康陸之父王永宗早年前往滿洲國發展，於滿洲國蒙政部工作，後來棄政從商居於北京，這就是王康陸出生於北京的原因。一九四八年，王康陸全家返回台灣，當時只懂得北京話的他在返台之後才開始學習台語。

一九六五年王康陸前往美國堪薩斯大學讀書，並且投入台灣獨立運動，曾經擔任台灣獨立建國聯盟中央委員、宣傳部負責人、台獨月刊總編輯，許多台獨聯盟的文獻資料皆出自王康陸之筆，因此被台獨聯盟稱爲「永遠的秘書長」。王康陸曾經是台灣公論報的義工，並協助公論報打贏四腳仔高資敏在美提告的誹謗官司，還曾積極推動非暴力運動。他也因爲主張台獨而被中華民國列入政治黑名單，長期留在海外而無法返回故鄉台灣。

一九九一年，許多台灣獨立建國聯盟的成員紛紛返鄉回台，王康陸也放棄美國工作的優厚薪俸及退休金返台，成爲第一批自願隨著台獨聯盟返台的人。但是他於台獨聯盟台灣本部成立大會上被捕入獄。在刑法第一百條修正案通過後，王康陸與其他主張台灣獨立的人士都因此獲釋。一九九三年十月十二日王康陸前往文化大學演講，深夜乘坐計程車下山返家，在國安局附近的仰德大道上發生車禍遽逝。此次離奇車禍也被懷疑是國民黨特務所爲。

前美國司法部長拉姆齊·克拉克（Ramsey Clark）在追悼王康陸的文中說：「我們失去一個親密的朋友和一個偉大的道德力量。王康陸是一位難得富有遠見、具有勇氣和同情心的人。」王康陸長期致力於台獨運動，爲了理念默默奉獻且不求回報，可謂台獨鬥士的典範。

日本首次發布台灣教育令 1919.1.4

Tâi-oân tok-li̍p 台灣獨立

2022 January

1月5日

舊曆 十二月初三

節氣 小寒

台諺有云：小寒大冷人畜安。意味小寒氣候應該要寒冷，人畜才不會災殃。

• 杜魯門（左）與主張放棄協防台灣的國務卿迪安・艾奇遜（Dean Acheson）。

• 杜魯門像

• 美國第七艦隊標誌

Police Charge Betrayal On 40-Hour Week

THE ERIE DAILY TIMES

Night FINAL

TRUMAN ORDERS U. S. AIR AND SEA FORCES TO SUPPORT SOUTH KOREA

PULLING SAYS HE NEVER SAW WORKING PLAN

Navy Instructed Also To Prevent Formosa Attack

• 韓戰爆發後杜魯門下令美國海空軍協防韓國與台灣（右下角報導）。

眉月

禮拜三 lé - pài - sa^n

WED 水曜

2022年 1月

日	一	二	三	四	五	六
						1
2	3	4	5	6	7	8
9	10	11	12	13	14	15
16	17	18	19	20	21	22
23	24	25	26	27	28	29
30	31					

1950.1.5

杜魯門總統發布不干涉台灣聲明

一九五〇年一月五日，美國總統杜魯門採納國務院意見，發表「不干涉台灣聲明」，內容主要表達拒絕防衛台灣的立場。美國當時並不考慮在台灣取得特別的權力，也不準備在台灣設置軍事基地，更計畫不再對逃亡台灣的中華民國軍隊提供任何軍事援助。最重要的是美國政府基於自身利益考量，並不想介入中國內戰。

杜魯門當時相當痛恨蔣介石與國民黨的貪腐惡行，加上擔心引發第三次世界大戰，致使美國出現放棄防衛台灣的念頭。美國史丹佛大學胡佛研究所的研究員林孝庭在調閱美國政府秘密檔案時即發現美國當時對蔣介石政權極度反感，杜魯門甚至公開批判蔣介石及其領導的中華民國政府是「前所未見最腐敗的政權」，要任其自生自滅。此一對中華民國的痛惡痛絕因此催生出了此份不干涉聲明。

美國聲明不防衛台灣的政策基本上等同於宣判台灣極有可能被中華人民共和國給武力攻擊佔領，更證明了單靠缺乏海空實力的中華民國流亡軍隊根本毫無能力守衛台灣的現實。類似的事情也發生在一九七九年中華民國與美國斷交一事上，當時引發了國民黨官與富商外逃移民的現象也證明了充滿落伍黃埔陸軍思維的中華民國軍隊依舊無能防衛四面環海的台灣。而中國國民黨事後宣傳蔣介石保台有功的說法其實只是洗腦台灣人的謊言。

幸而一九五〇年的中華人民共和國並沒有大規模渡海攻擊的能力，而同年六月二十五日爆發的韓戰也扭轉了美國原有不想干涉台灣的立場，不但派遣了第七艦隊前來巡防台海，還以龐大美援建設台灣，日後更以美日安保協定與台灣關係法來保障台灣不受中國武力的侵略。

台灣民間二二八研究小組成立 1991.1.5

2022 January

1月6日

舊曆 十二月初四

鳥仔相咬，毋驚人。

意思是兩鳥相爭，卻忘記人類在後。許多台灣人為了權位與利益，爭得你死我活，兩敗俱傷，卻忘記最可怕的敵人中國就等在後面一網打盡。

・馬淵東一像

・郭榮桔像

・1970年馬淵東一進行卑南族調查時的留影（右一）。

・1993年8月21日，台南縣長候選人陳唐山在麻豆迎接海外黑名單郭榮桔返台。

四日月

禮拜四 lé - pài - sì | THU 木曜

2022年 1月

日	一	二	三	四	五	六
						1
2	3	4	5	6	7	8
9	10	11	12	13	14	15
16	17	18	19	20	21	22
23	24	25	26	27	28	29
30	31					

郭榮桔逝世日

◆台獨先驅

1998.1.6

郭榮桔爲在日台灣人實業家，長年支援台灣獨立建國與民主化運動。他於一九二一年出生台南麻豆。歷經二二八屠殺事件、一九四九年蔣經國清鄉殺人與一九五〇年中國國民黨大規模捕殺台南人的麻豆事件之後，於一九五〇年遠渡日本。郭榮桔因爲熱心參與在日台灣人的政治活動，他的中華民國護照在一九七〇年代遭到吊銷，一直到一九九三年政治黑名單解禁後才有機會回到台灣。

在日期間，郭榮桔除了用心於醫學本行，也從事企業經營。他在日本的創業包括連鎖洗衣店、不動產、食堂、醫藥研發。郭榮桔也曾積極參與並且資助台灣獨立運動。由歐美、台灣來訪日本的台獨運動家與留學生幾乎都會專程造訪他在日本的住處。郭榮桔於一九九八年一月六日逝於日本東京，享年七十七歲。

馬淵東一誕生日

◆台灣人類學先驅

1909.1.6

馬淵東一生於一九〇九年一月六日，日本千葉人。一九三一年畢業於台北帝國大學文政學部史學科。一九四三年任台北帝國大學助教授。他從學生時代即被台灣原住民文化吸引，每年都入山進行田野調查。畢業後留校擔任助教，後來升到副教授，戰後回到日本，曾任東京都立大學等校教授。

馬淵東一留居台灣長達十八年，調查對象鎖定鄒族與布農族，調查內容著重社會構造、宗教與咒術，尤其是神話和宗教儀式或是與社會組織的關係。他曾主張台灣原住民文化與南洋、琉球等地文化具有關連性。他在台灣進行原住民田野調查所寫的著作都已成爲台灣現今研究人類學及民族學的重要參考文獻。馬淵東一對台灣懷有深厚情感，生前向好友透露死後要身葬台灣的心願。一九八八年逝世後葬於台東縣池上鄉。

World

圖博在中國統治下發生大饑荒 1961.1.6

Tâi-oân tȯk-li̍p 台灣獨立

2022 January

1月7日

舊曆 十二月初五

爭面子，活無久。

死要面子的人都活不久。很多台灣人因為不肯承認自己過去的錯誤，為了面子問題，一再袒護國民黨，甚至為了幼稚的理由而不去投票，最後結局就是通通一起死。

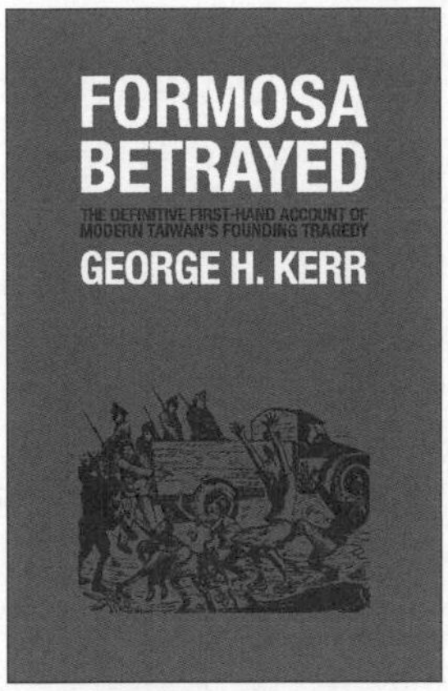

• 喬治・柯爾的著作「被出賣的台灣」

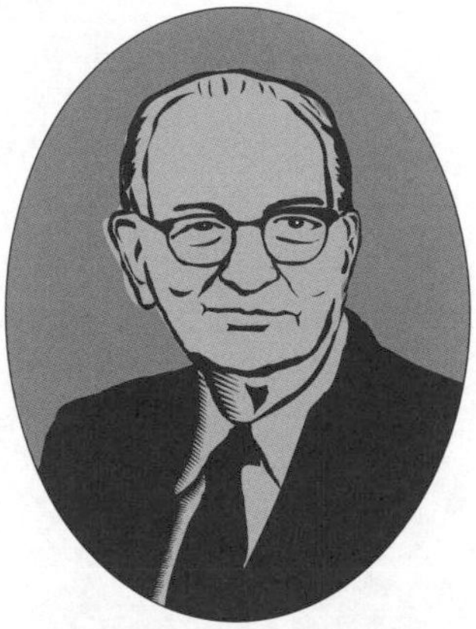
• 喬治・柯爾年長時的頭像

・一九五一年，喬治・柯爾在美國周刊「報導者」發表「台灣人的台灣」文章。

• 廖文毅像

• 林獻堂像

五日月

禮拜五 lé - pài - gō

FRI 金曜

2022年 1月

日	一	二	三	四	五	六
						1
2	3	4	5	6	7	8
9	10	11	12	13	14	15
16	17	18	19	20	21	22
23	24	25	26	27	28	29
30	31					

1949.1.7

喬治・柯爾提出美國計劃備忘錄

一九四九年一月七日，時任美國的駐台領事館官員喬治・柯爾（George H. Kerr，漢名葛超智）希望美國政府可以阻止中華民國軍隊敗逃來台，並提出一份名爲「美國計劃」備忘錄，周全設想美國應如何接管台灣，並指出應該將菲律賓經驗用於台灣。

喬治・柯爾的「美國計劃」內容包括：一、軍管台灣，但承諾軍管結束後可投票自決前途。二、台人自治，但對外事務必須在美國控制之下。三、提名台灣人做爲傀儡政府將比由中國人出任要好。最佳人選包括林獻堂、楊肇嘉、廖文毅，並排除掉二二八事件時出賣台灣人的黃朝琴。提出「美國計劃」備忘錄的柯爾曾經親眼目睹了中華民國政權在台灣的貪腐暴政、劫掠惡行與屠殺台灣人的血腥歷史，也因此才如實寫成了「被出賣的台灣」（Formosa Betrayed）一書。

其實早在一九四二年，在美國陸軍任職的喬治・柯爾就已經幫美國研擬戰後該如何接收台灣的「台灣備忘錄」。此份備忘錄中就提出國際託管的建議。另外在一九四三年，同樣是喬治・柯爾參與編輯的美國海軍棧橋作戰計畫也提到美國單獨接管台灣，而中國僅象徵參與的構想。然而喬治・柯爾的建議並沒有得到美國國務院的支持，原因是當時美國並沒有把台灣視爲是最重要的問題。

戰後二二八事件爆發後，喬治・柯爾在一九四七年五月二十六日回到華府，向長官建議「以聯合國或聯合行政來管理台灣直到中國的內戰停止」，遠東司司長卻說：「在聯合國及華府沒有任何人會對台灣發生興趣。」喬治・柯爾也只能感歎自己人微言輕，他認爲因爲美國輕忽台灣加上對中國抱有錯誤的想像，才導致台灣人被中國政府屠戮的悲劇。

1947.1.7 麥克阿瑟宣布滯中日僑遣送完畢

2022 January

1月8日

舊曆 十二月初六

六日月

演武亭的雀鳥仔，毋驚銃。

因為習慣而失去堅持與警覺。台灣人在戰後習慣了中華文化帶來的髒亂無序，也習慣了中國的武攻與滲透手段，而輕忽了其中所暗藏的真正危險。

• 與林誠一交情深厚的陳水扁

• 林誠一像

• 彭明敏（左）發表新書「逃亡」，林誠一曾親自出席發表會。

• 重創中國軍的二七部隊抗暴戰士黃金島。

禮拜六 SAT 土曜

lé - pài - lák

2022年 1月

日	一	二	三	四	五	六
						1
2	3	4	5	6	7	8
9	10	11	12	13	14	15
16	17	18	19	20	21	22
23	24	25	26	27	28	29
30	31					

2019.1.8

黃金島逝世日

◆ 二七部隊抗暴戰士

黃金島，一九二六年九月二十八日出生於台中州。一九四二年成為日本海軍運輸部機關助士，隨後加入海軍特別志願兵，階級為兵長。二戰後，黃金島逃出中華民國海南島的集中營並雇船返台。二二八事件爆發後，加入台中二七部隊抗暴軍，在第一線指揮烏牛欄戰役並力戰具有人數與武器優勢的中華民國軍隊。敗戰後入獄二十四年，出獄後仍心繫台獨與民主運動，於二〇一九年一月八日逝世。

1937.1.8

林誠一誕生日

◆ 台灣金融家

林誠一，一九三七年一月八日出生於宜蘭。曾留學日本，取得日本慶應大學法學碩士。林誠一擔任過十八年的律師與誠泰銀行董事長，協助台灣安全渡過一九九七年金融風暴，並且大力資助台獨陣營、台派政黨與職業棒球。

林誠一具有台灣仕紳的典型風範，後來成為開發金控董事長，可說是台灣銀行合併的先驅。林誠一與陳水扁交情深厚，曾免費提供競選總部給民進黨。陳水扁上台後推動正名，林誠一表達肯定，他感慨地用台語說：「台灣人應該要愛自己的國家，台灣人似乎有被奴役的民族性，從古早至今一直都由外人統治，今天終於可以勇敢地表達自己的想法。」

林誠一平時熱愛爬山健行，他以獨立建國就像爬山做為比喻，說明建國不是一蹴可及。他曾說：「建國之路如同爬七星山一樣，不是三十分鐘就可到達山頂，中途要不斷休息，停下腳步想想事情，緩緩身體和情緒，再往上攻；要不斷地成長，全台二千三百多萬人，都要有國家意識才行。」喜愛爬山的林誠一於二〇一〇年二月二十七日在宜蘭礁溪爬山時因心肌梗塞昏迷送醫，隔天於二月二十八日逝世於台北，享年七十三歲。

台灣報業大亨吳阿明逝世 2017.1.8

2022
January

1月9日

舊曆
十二月初七

錯掠，無錯放。

戰後台灣人用來形容中華民國濫捕濫殺的白色恐怖手段。用來諷刺國民黨只會抓錯人，不會放錯人的荒謬情境。

• 林宗正牧師

• 許曹德像　• 蔡有全像

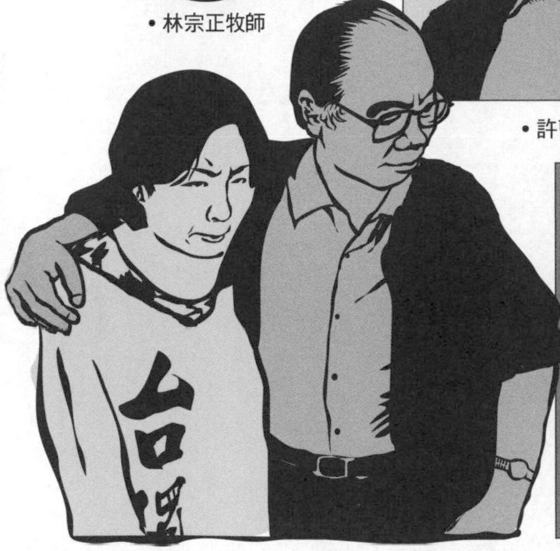

• 許曹德出庭前與妻子同行。（繪圖參考自邱萬興攝影）

• 蔡有全（右）出庭前與江蓋世（左）的留影。

上弦月

禮拜日
lé - pài - ji̍t

SUN
日曜

2022年 1月

日	一	二	三	四	五	六
						1
2	3	4	5	6	7	8
9	10	11	12	13	14	15
16	17	18	19	20	21	22
23	24	25	26	27	28	29
30	31					

許曹德、蔡有全台獨案出庭日

1988.1.9

一九六八年許曹德與友人因主張建立台灣共和國，而被中國國民黨逮捕入獄，也就是所謂的全國青年團結促進會案。直到一九七五年許曹德才因蔣介石身亡而被釋放出獄。一九八七年八月三十日，一百多位曾經遭受國民黨迫害的政治受難者，包括許曹德與蔡有全，聚集台北市國賓飯店，成立「台灣政治受難者聯誼總會」。蔡有全爲會議主持人，會長許曹德則提案要求大會把「台灣應該獨立」列入組織章程當中，大會也順利通過此一提案。

由於許曹德與蔡有全主張台獨，一九八七年十月十二日國民黨再度以「叛亂罪」收押許蔡兩人。此舉引發海內外台灣人群情譁然，因此激怒許多人上街聲援，包括台灣基督長老教會組成「人人有主張台灣獨立自由」牧師團，由林宗正牧師帶領二百位牧師與教徒一起到台北街頭示威抗議。

一九八八年一月九日，許曹德與蔡有全的台獨案，在高等法院進行長達十四個小時的辯論庭，從早上九點半開到晚上十一點二十分才結束。一週之後，也就是一月十六日，高等法院宣判許曹德判處有期徒刑十年、蔡有全有期徒刑十一年。

許曹德入獄之後，在獄中提筆書寫台獨案答辯狀與個人回憶錄，內容陳述台灣獨立理念，也寫下了他對台語文字化的系統介紹與多年心得，並且偷偷將書稿運出監獄。一九八九年，鄭南榕的「自由時代出版社」爲許曹德出版了獄中所寫的回憶錄，但是隨即遭到國民黨查禁。許曹德與蔡有全直到一九九〇年四月四日才被李登輝特赦出獄，其餘被判刑者也恢復被褫奪之公權。此案重判發生於蔣經國聲稱解嚴開放之後，也突顯了國民黨不容異己與打壓言論的獨裁本質。

戰後中國人引爆全台天花大流行　1947.1.9

Tâi-ôan tók-lėk 台灣獨立

2022 January

1月 10日

日	一	二	三	四	五	六
						1
2	3	4	5	6	7	8
9	10	11	12	13	14	15
16	17	18	19	20	21	22
23	24	25	26	27	28	29
30	31					

2022年 1月

禮拜一 lé - pài - it

MON 月曜

舊曆 十二月初八

八夜月

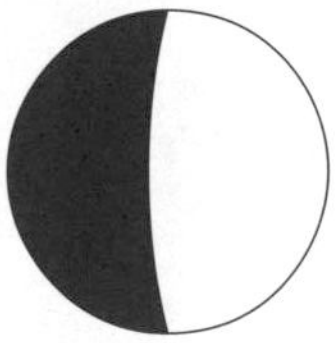

• 雷震像

• 林文德像

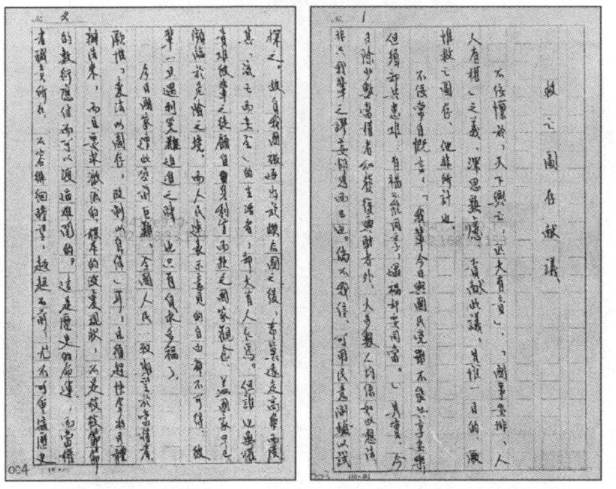

• 雷震的「救亡圖存獻議」手稿

• 鄭南榕像

• 林文德的雕塑作品「自由之翼」

耕者有其田？

這是一句台灣耆老用來嘲笑國民黨號稱「德政」的俚語。用來表示耕者有其田實施之後，地主與自耕農雙輸，自耕農的稅賦更加繁重，鎮日吃蕃藷簽，也逼著農村青年出走到都市打工，只剩國民黨成為最大的地主。

1947.1.10

林文德誕生日

◆台灣雕塑家

林文德，一九四七年一月十日出生於台中。畢業自國立藝專。畢業後曾任教於建國中學，常於課堂上與學生暢談自由的理念，而引起校方的特別關注。林文德爲了脫離國民黨極權統治，於一九七二年選擇遠赴奧地利維也納藝術學院深造。由於他熱心海外事務並參加台獨聯盟，因此被國民黨列入黑名單無法返台，被迫流浪他鄉三十年。不過林文德依舊熱衷公共事務，其雕塑有多件被奧地利政府收藏。

一九九九年鄭南榕基金會成立，詩人李敏勇擔任董事長，邀請林文德替鄭南榕紀念墓園雕塑「自由之翼」銅雕。李敏勇形容林文德用他的雕塑積極地參與公共政治、社會運動。他曾爲台獨運動者，包括鄭南榕、史明、黃昭堂、陳定南等人塑像。二〇一五年九月三十日，林文德病逝於台大醫院，享壽六十八歲。

1972.1.10

雷震救亡圖存獻議提交

中國政論家雷震曾於一九四九年創辦「自由中國」雜誌，後來因提議組黨與批判國民黨而於一九六〇年遭到查禁，他也因此被判刑十年入獄。一九七〇年，雷震出獄後依舊關心政治。一九七一年十月，中華民國被踢出聯合國後，雷震遂於一九七一年十二月開始撰寫「救亡圖存獻議」，內容主張台灣必須改革政治、召開制憲會議、更改國號爲中華台灣民主國（Chinese Republic of Taiwan）以自保，可說是在台中國人公開主張華獨的先聲之一。

雷震清楚表示唯有面對現實才能夠確保台灣。一九七二年一月十日，他將「救亡圖存獻議」提交呈給蔣介石、嚴家淦、蔣經國等國民黨高官，但始終沒有獲得任何回應，也顯示出國民黨對於國際局勢變化的應對遲鈍與迂腐顢頇，最終導致現今台灣國際處境艱困的惡果。

1904.1.10 長崎與基隆完成無線電通訊

Tâi-ôan tòk-lèk
台灣獨居

2022 January

1月11日

舊曆
十二月初九
九夜月

蕃藷藤、肉豆藤，牽歸綰。

用來形容喜歡攀親帶故的人。支那人的官場文化就是這種熱愛四處攀親帶故走後門的文化，也導致公部門充滿「近親繁殖」的不適任蠢材。

• 林獻堂像

• 蔡式穀像

• 蔡惠如像

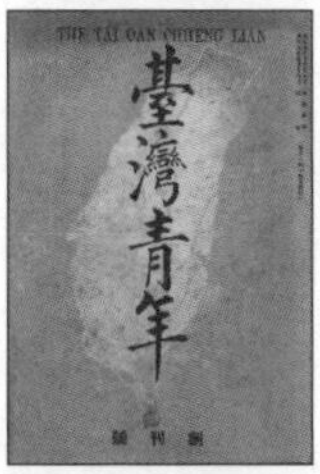

• 新民會的「台灣青年」月刊

• 王敏川像

• 蔡培火像

• 彭華英像

禮拜二 lé - pài - jī | TUE 火曜

2022年 1月

日	一	二	三	四	五	六
						1
2	3	4	5	6	7	8
9	10	11	12	13	14	15
16	17	18	19	20	21	22
23	24	25	26	27	28	29
30	31					

台灣新民會成立日

1920.1.11

一九二〇年一月十一日，新民會成立於東京中澀谷的蔡惠如自宅，是日治時期由在日台灣留學生組織的第一個政治運動團體。其組織的宗旨爲「考究台灣所有應予革新之事項，圖謀台灣文化之向上」。這個組織的成立也象徵在日治時代成長的新生代台灣青壯年對於爭取台灣人權利以及提升台灣文化的渴望。

新民會的前身爲因「六三法撤廢運動」而組成的「啓發會」。後因組織擴大與經費問題，旅日台灣留學生蔡式穀、林呈祿、吳三連與部分旅日台灣士紳重新改組「新民會」。蔡惠如爲組織的重要推手，他除了自掏腰包捐出一千五百圓贊助創會的會務，之後更是散盡家產奉獻給「新民會」，並力推林獻堂擔任會長，自己擔任副會長。會員中較活躍者包括彭華英、蔡培火、王敏川、林呈祿等人。

新民會的重要工作包括推動讓台灣納入日本帝國憲法體制與避免台灣總督獨裁統治的「六三法撤廢運動」、發行機關報「台灣青年」月刊，鼓吹台灣住民自決。稍後參加新民會的留學生亦成立「台灣青年會」，後改稱「東京台灣青年會」。新民會、高砂寮與東京台灣青年會經常互相串聯，成爲日本時代台灣反抗運動的發動引擎。

一九三〇年代後，新民會組織與活動逐漸式微。新民會所強調的「六三法撤廢運動」出現替日本內地延長主義背書與被日本同化的疑慮，後來也被林呈祿提出的「台灣議會設置請願」路線給取代。二戰後，前新民會成員面對中華民國殖民政權之時，卻展現出各種不同的態度，有人逃亡海外，有人遠離政治，有人屈而不從，有人遭國民黨殺害，更有人選擇自甘墮落爲國民黨所利用。

台獨先驅蔡同榮逝世日 2014.1.11

2022 January

1月12日

舊曆 十二月初十

十日夜

大廟毋收，小廟毋留。

意指到處斷交，毫無人緣。戰後流亡的蔣家政權因為不肯正視國際現實，仍堅稱自己是正統中國，導致四處碰壁斷交，正是台語說的「大廟毋收，小廟毋留。」

禮拜三 lé - pài - sa^{n}

WED 水曜

2022年 1月

日	一	二	三	四	五	六
						1
2	3	4	5	6	7	8
9	10	11	12	13	14	15
16	17	18	19	20	21	22
23	24	25	26	27	28	29
30	31					

• 高敬遠像

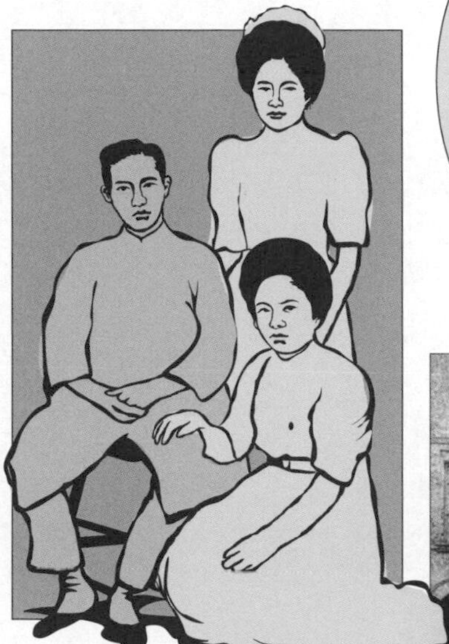

• 高敬遠與護理師同事攝於台北醫院。

• 高敬遠在大稻埕開設的婦產科醫院。

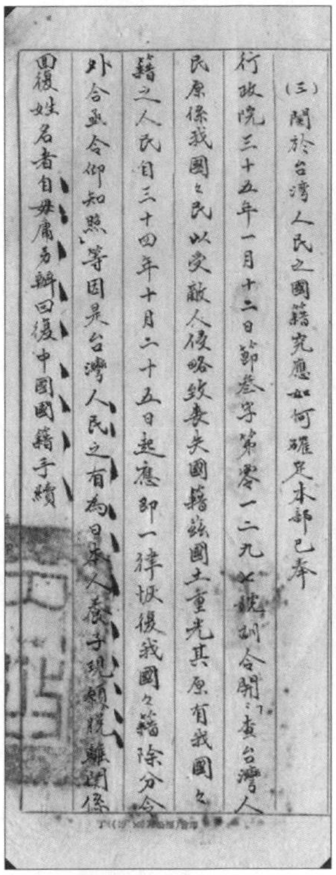

(三)關於台灣人民之國籍究應如何確定本部已奉
行政院三十五年一月十二日節參字第零一二九七號訓令開「查台灣人
民原係我國々民以受敵人侵略致喪失國籍茲國土重光其原有我國々
籍之人民自三十四年十月二十五日起應即一律恢復我國々籍除分令
外合亟令仰知照」等因是台灣人民之有為日本人養子現頒脫離關係
回復姓名者自毋庸另辦回復中國國籍手續

• 中華民國內政部核復台人「恢復」中國國籍的公文檔案。

1896.1.12

高敬遠誕生日

◆台灣婦產學先驅

高敬遠生於一八九六年一月十二日。台北景尾人，一九一五年自台灣總督府醫學校畢業，隨即進入當時極為冷門的台北醫院婦產科。一九二〇年，他請辭了台北醫院並決定自行開業。高敬遠考慮到台北大稻埕雖然人口眾多，卻沒有婦產專科醫師，因此決定在大稻埕開設婦產科醫院，他也成為台灣首位的私立婦產科開業醫師。

由於當時台灣的民風保守，身為男性的高敬遠也經常面臨許多病人在就診時所發生的心理障礙問題。然而因為他的醫術高超，解決了許多婦人難言的困擾與病症，他所開立的婦科醫院也因此聲名大噪。高敬遠不但在執業上聲名遠播，在學術研究上也成就非凡。一九三二年時發表「臍帶賀爾蒙的生物作用」論文，為國際婦產學做出極大的貢獻。於一九八三年逝世，享年八十八歲。

1946.1.12

中華民國非法宣告台灣人民國籍歸屬

一九四六年一月十三日中華民國逕自公告：「發佈節參字第〇一二九七號訓令：『查台灣人民原係我國國民，以受敵人侵略致喪失國籍。茲國土重光，其原有我國國籍之人民，自三十四年十月二十五日請應即一律恢復我國國籍。』」中華民國在尚未與日本政府簽訂條約的情形下就私自將台灣居民「恢復」為中華民國國籍，顯見其偷渡心態與不良動機。

中華民國政府此舉完全違反了「佔領不移轉主權」原則與一九〇七年海牙公約陸戰條例四十五條：禁止強迫被佔領地居民向敵國宣誓效忠。中華民國此一非法舉動引來英、美、荷（簡稱盟軍總部）等國外交部的抗議，美國與英國外交部均發正式公文給中華民國政府，表明美英政府不同意台灣人民恢復中華民國國籍的單方宣稱。而中華民國政府卻以「方便管理之暫時措施」虛與委蛇回覆。

1999.1.12

立院三讀通過廢除出版審查惡法

Tâi-ôan tòk-li̍p
台灣獨立

2022 January

1月13日

舊曆 十二月十一

十一夜

放尿做水災，放屁做風颱。

形容某人吹牛膨風到誇張的地步。就像國民黨韓國瑜整天只會講大話、開空頭支票，正是台語說的「放尿做水災，放屁做風颱。」

• 作家劉宜良（江南）因為揭露蔣經國的醜聞而遭蔣經國手下暗殺。

• 蔣經國暴斃後，國民黨召開臨時中常會，並由李登輝接任總統。

• 岡本要八郎像

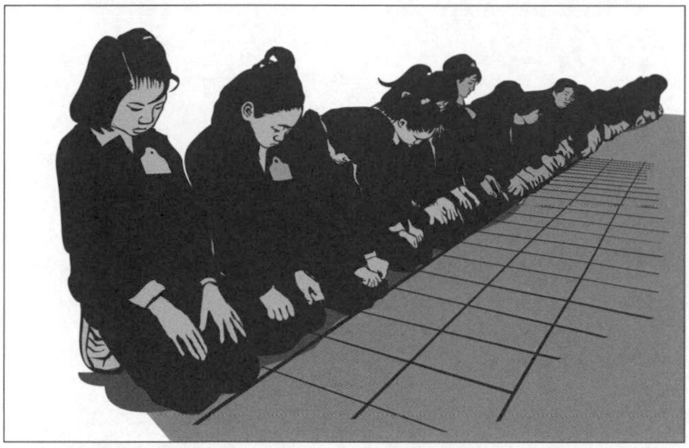

• 蔣經國屍體自榮總移往忠烈祠時，台北市士東國小的教職員竟然叫國小學生在路邊跪成一排迎靈，跟北朝鮮政權與封建皇權毫無二致。

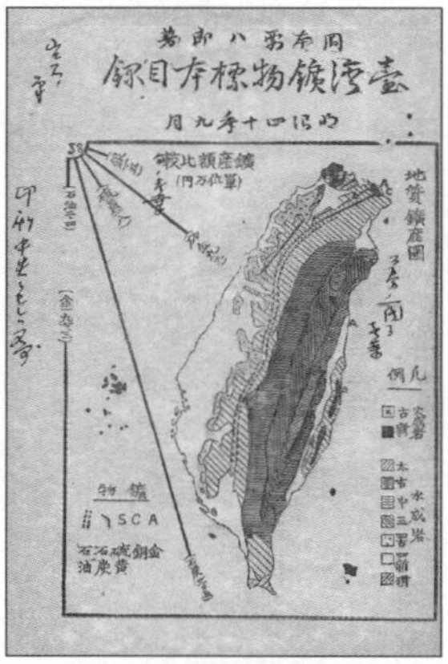

• 岡本的「台灣礦物標本目錄」

2022年 1月

日	一	二	三	四	五	六
						1
2	3	4	5	6	7	8
9	10	11	12	13	14	15
16	17	18	19	20	21	22
23	24	25	26	27	28	29
30	31					

禮拜四 lé - pài - sì

THU 木曜

1876.1.13

岡本要八郎誕生日

◆北投石發現者

岡本要八郎出生於一八七六年一月十三日，逝世於一九六〇年三月二十八日，日本愛知人，為台灣礦物採集的創始人。岡本要八郎小時受到理科教育的影響而熱愛礦物。一八九九年四月來到台灣，隔年到角板山做礦物採集之後，就開始研究台灣礦物。

一九〇五年，岡本在新北投附近的北投溪谷當中發現了富含放射線的「北投石」。北投石以日文發音的北投（Hokuto）命名，是國際公認以台灣地名稱呼的學名。李遠哲也曾在一九六二年發表「北投石放射性之研究」，他從岡本要八郎的研究基礎上繼續做深入的分析。一九〇八年一月，岡本要八郎與植物學家川上瀧彌共同創立台灣博物學會，之後還把自己收集的礦物捐贈出來。岡本著有「台灣礦物調查報告」、「台灣產北投石調查報告文」，皆為台灣重要的礦物學文獻。

1988.1.13

蔣家獨裁政權覆亡日

一九八八年一月十三日，蔣經國吐血暴斃，七孔流血身亡於七海寓所。蔣經國死前雖罹患重病，卻不認為自己會那麼早死，因此並沒有做出過多的政治安排與明確的接班者指示。李登輝、蔣孝勇、沈昌煥、俞國華、郝柏村等當時圍繞在蔣經國身邊的國民黨官均證實蔣經國死時並未留下遺囑。蔣經國機要秘書王家驊所公佈的官方遺囑是蔣經國死後才由國民黨眾高官在幾小時內所草擬寫出。

時任副總統的李登輝就循憲法規定接任中華民國總統，並且引發後續國民黨內本土派與中國派的宮廷鬥爭大戲。蔣經國暴斃也成了中國蔣家主導台灣政局的最後一天。蔣經國雖然自稱宣布解嚴開放，但死前依舊試圖以各種法令取代戒嚴惡法並大肆逮捕異議人士。直到蔣經國死後，台灣的民主才迎來真正的質變。

民進黨發起人民火大嗆馬遊行 2013.1.13

Tâi-oân tok-li̍p 台灣獨立

2022 January

1月14日

舊曆 十二月十二

十二夜

後靠山，比王城壁卡崎。

意指某人靠山很強大，比城牆還硬。很多國民黨政治人物背後靠山超硬，就算貪腐數億元遭到法院傳喚，最後也都能全身而退，無保請回。

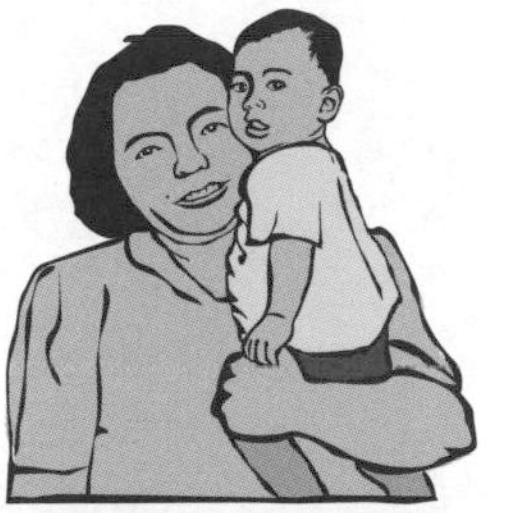

・孫理蓮為痲瘋病人的孩子設立安樂之家

・孫理蓮像

・曾秋祈像

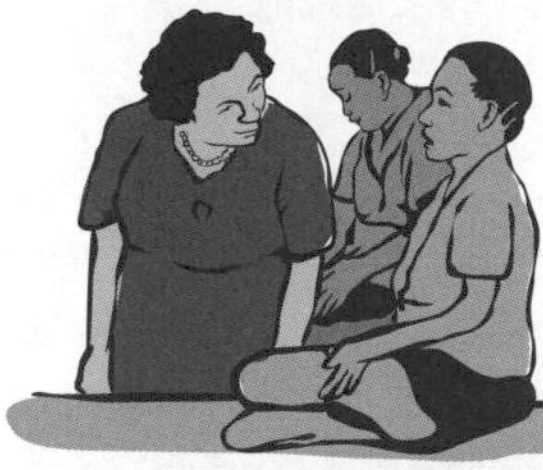

・孫理蓮探望烏腳病的患者

・黃金島在台中自由路親眼目睹一批出來賣菜的女性被中華民國軍隊用機槍掃射致死。

・孫理蓮的丈夫孫雅各牧師

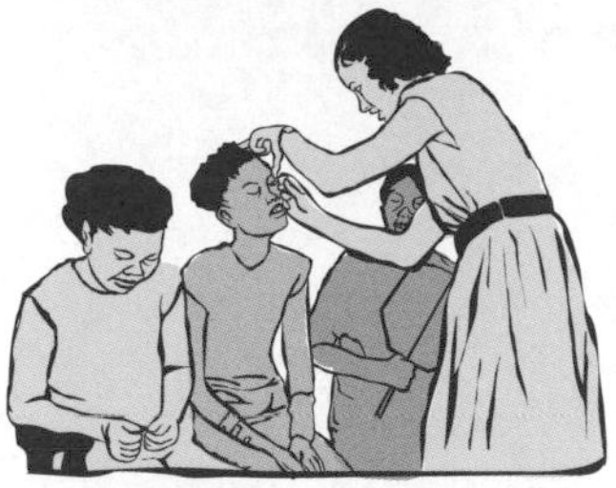

・孫理蓮帶來的醫護人員正在為樂生療養院的病患治療。

・台中教化會館是台灣民軍與支那軍爆發武裝衝突最為激烈的所在。

禮拜五 lé - pài - gō | FRI 金曜

2022年 1月

日	一	二	三	四	五	六
						1
2	3	4	5	6	7	8
9	10	11	12	13	14	15
16	17	18	19	20	21	22
23	24	25	26	27	28	29
30	31					

2021.1.14

曾秋祈逝世日

◆抗中反暴戰士

曾秋祈生於一九二七年。二二八事件爆發後，支那軍在台中開著軍車肆意掃射濫殺，引爆民眾憤怒，曾秋祈基於義憤也參與了抗暴行動。當時支那軍在台中教化會館集結，武裝民軍遂前往包圍之。支那軍在會館二樓架設機槍並居高掃射。曾當過小學棒球隊員的曾秋祈向二樓陽台投了三顆手榴彈，摧毀了影響民軍進攻的機槍。民軍因此士氣大振，教化會館內的兩百多名支那軍最後只好舉著白旗投降。事後曾秋祈在白恐時期偷渡日本，直到一九九一年才得以返台，於二〇二一年一月十四日逝世。

1983.1.14

孫理蓮逝世日

◆芥菜種會創立者

孫理蓮（Lillian R. Dickson）是美國基督長老教會的宣教師，也是孫雅各的妻子。她生於一九〇一年一月二十九日的美國明尼蘇達州，一九二七年跟隨丈夫來到台灣傳教。二戰時因美日開戰，孫理蓮被迫離開原屬日本國土的台灣，戰後一九四七年再度返回台灣傳教。

她曾經到原住民部落，協助改善醫療衛生、就業訓練與生活環境，還曾經向美國與加拿大的基督徒募款，創立台灣第一個社福慈善團體「芥菜種會」，用來照顧台灣貧苦之人。孫理蓮在台灣各地成立許多診所，在台南還成立了首間治療烏腳病的醫院，前後收容七百多名烏腳病患者。反觀當時的中華民國對嘉南爆發的烏腳病疫情仍是不聞不問的態度。

在台北，孫理蓮進入樂生療養院幫助痲瘋病人，一直到她逝世之前都還陪著痲瘋病人一起禮拜禱告。孫理蓮一生爲台灣奉獻達半世紀之久，一九八三年一月十四日於工作中辭世，享年八十二歲，與其夫同葬台灣。她生前曾說過一句話：「你們台灣人住在樂園，卻不知道這是樂園。」

台灣遣返四百餘中國人返回中國 2001.1.14

Tâi-oân tok-lek 台灣獨立

2022 January

1月15日

舊曆 十二月十三

無事，不入公門。

政府公部門本來是為了服務民衆，但是在中華戒嚴時期，民衆到公部門通常都不是好事，輕者罰款遭訓，重者監禁刑求。所以台語有講：「無事，不入公門。」

• 鄭南榕像

• 植村正久像

• 成大學生社團「零貳社」在鄭南榕自焚廿五周年於廣場舉行揭碑儀式，後遭校方移走。

• 大正九年（一九二〇年）六月二十四日，植村正久（中央者）攝於嘉義日本基督教會會堂前庭。

十三夜

禮拜六 lé - pài - lák ｜ SAT 土曜

2022年 1月

日	一	二	三	四	五	六
						1
2	3	4	5	6	7	8
9	10	11	12	13	14	15
16	17	18	19	20	21	22
23	24	25	26	27	28	29
30	31					

1858.1.15

植村正久誕生日

◆ 日本親台牧師

植村正久生於一八五八年一月十五日，日本千葉縣人，爲日本思想家、基督教牧師、神學家。外號有「桔梗生」之稱。植村正久出身德川旗本將軍家，幕府瓦解後家道中落，努力學習英文，一八七三年五月接受日本基督公會受洗，並開始在東京下谷傳道。著有「唯物論」「不可知論」「實証論」「自由神學」等書。

植村正久曾因同情台灣被日本殖民的處境而批評台灣總督府。他除了引見同爲基督徒的日本眾議院、貴族院的議員，協助推動台灣議會設置請願運動，也提供教會場地做爲台灣青年政治集會之用。植村正久曾到訪台灣九次，台灣的民族運動者蔡培火即受他的影響而信仰基督教。他的晚年曾在中國與日本四處傳道旅行，一九二五年一月八日病逝於日本東京，享年六十六歲。

2014.1.15

成大光復樓拆字事件

二〇一三年十一月底，國立成功大學舉行校區廣場命名的網路票選活動。最終投票的結果由取自鄭南榕之名的「南榕廣場」奪冠。師生投票結果送交校方時，成大主秘陳進成（曾任中國國民黨黨代表）竟表示網路投票無效，並否決學生投票結果。

事後成大校長黃煌輝也不願意承認投票結果，並且說出校園必須「保持中立」的話語。因此引發二〇一四年一月十五日成大校友李盈叡憤而拆除成大光復校區的「光復」英文字以符合黃煌輝所說的校園必須「保持中立」一語。台南地檢署隨即以毀損罪起訴並聲請簡判，而後二審皆無罪定讞。此事件也突顯出國民黨勢力深入校園所造成的行政不中立問題。此事還牽扯出成大歷史系教授王文霞批評鄭南榕是自殺炸彈客的荒謬言論，引發輿論反彈之後王文霞才以致歉收場。

1996.1.15 滯台福建省政府遷至金門辦公

2022 January

1月16日

舊曆 十二月十四

唔驚虎生三個嘴，只驚人有二樣心。

再怎麼會吃人的老虎，也沒有表裡不一的人類來得恐怖。很多國民黨人在台灣領台灣人繳的新水，卻跑去中國表忠與舔共，可說比會吃人的老虎還危險。

• 台灣仕紳林熊祥（左）、許丙（中）與辜振甫（右）等人在戰後中國人來了之後隨即遭到逮捕入獄。

• 森丑之助像

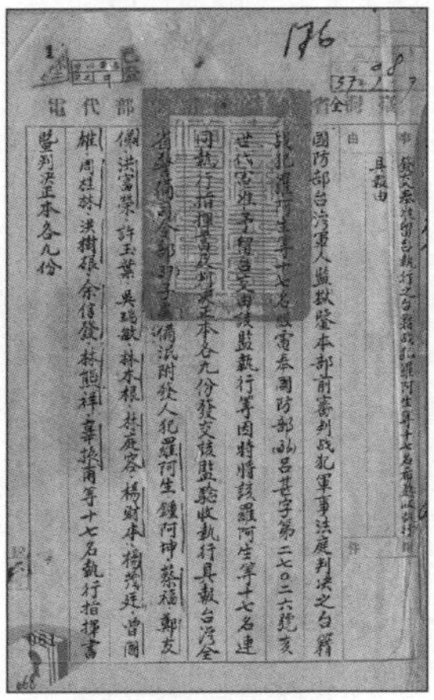

• 中華民國政府將辜振甫、林熊祥等人關進軍人監獄的公文內容。

全省漢奸總檢舉
望民衆盡量告發

• 報紙刊出漢奸總檢舉報導

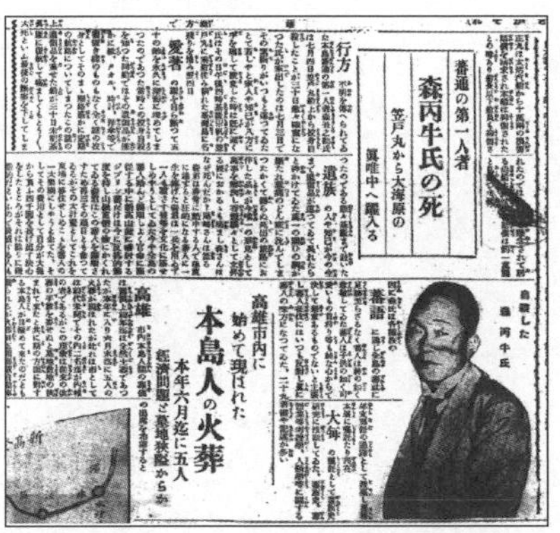

森丑之助氏の死

本島人の火葬

• 「台灣日日新報」報導森丑之助的跳海自殺事件。

2022年 1月

日	一	二	三	四	五	六
						1
2	3	4	5	6	7	8
9	10	11	12	13	14	15
(16)	17	18	19	20	21	22
23	24	25	26	27	28	29
30	31					

小望月

禮拜日 lé - pài - ji̍t | SUN 日曜

1877.1.16

森丑之助誕生日

◆台灣原民研究先驅

森丑之助爲日本人類學家，對台灣原住民有過深入的研究。他出生於一八七七年一月十六日，日本京都市人。年少時曾經就讀於長崎商業學校。十六歲棄家、輟學，決心過流浪的生活。一八九五年森丑之助以陸軍通譯的身分來到台灣，隨著軍隊移防台灣各地，開始探索台灣原住民各社，激發他調查研究台灣原住民部落的好奇心。

一八九六年森丑之助結識正在台灣東部進行調查旅行的鳥居龍藏，日後成爲鳥居龍藏的助手兼嚮導。一九〇〇年，他與鳥居龍藏展開大規模的人類學調查，一度捲入「社蕃」戰爭。森丑之助潛心研究台灣人類、地理以及植物，足跡遍及台灣全島，曾著有「台灣蕃族圖譜」等書。一九二六年七月四日於航行台日之間的輪船「笠戸丸」上投海自殺，得年四十九歲。

1980.1.16

遠東服務社襲擊事件

一九八〇年一月十六日，西德首都波昂的國民黨辦事處「遠東服務社」遭七名蒙面人襲擊，要求服務社打電報給蔣經國以釋放美麗島事件被捕者。服務社人員隨即報警。西德警方趕到後，蒙面人才結束行動。蒙面人表示因氣憤國民黨對台灣人不法刑求才決定行動，其中兩人還是當地西德女性。

1946.1.16

漢奸總檢舉公報

一九四六年一月十六日，中華民國在甫代管台灣之際，由警備總部對全台灣發佈了「漢奸總檢舉」公報。警總以曾經參與草山會議密謀台獨的理由，大肆逮捕台灣士紳，一共逮捕四十一名人士。此舉被視爲中華民國對台灣人的下馬威，也成爲日後中國人劫掠與謀殺台灣人的常見藉口。

柯旗化逝世日 2002.1.16

Tâi-ôan tók-lėk 台灣獨立

2022 January

1月17日

舊曆 十二月十五

七分鑼鼓，三分唱。

意思指再怎麼會唱歌的人，也需要背後強大的樂師團隊。許多人在政治上崇拜強人，卻從來不去觀察該人身後的團隊背景，因此總是做出錯誤的判斷。像是國民黨與柯文哲的支持者都有這種只崇拜強人，卻罔顧團隊素質的傾向。

滿月

•王受祿像

•宋伊莉莎白像

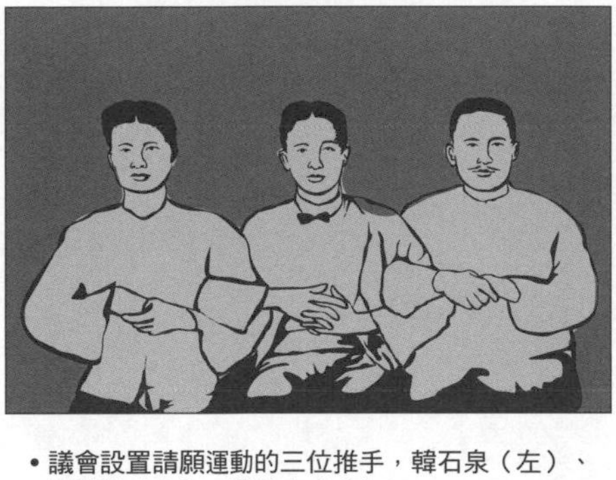

•議會設置請願運動的三位推手，韓石泉（左）、王受祿（中）、蔡培火（右）。

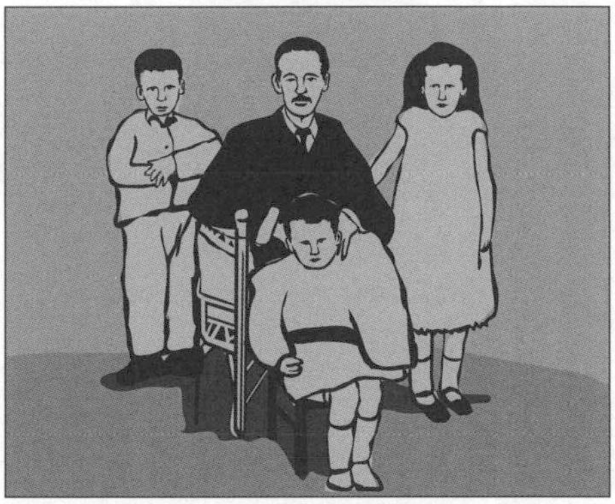

•宋伊莉莎白的丈夫宋忠堅牧師與三個兒女的合照

禮拜一 lé - pài - it ｜ MON 月曜

2022年 1月

日	一	二	三	四	五	六
						1
2	3	4	5	6	7	8
9	10	11	12	13	14	15
16	17	18	19	20	21	22
23	24	25	26	27	28	29
30	31					

1901.1.17

宋伊莉莎白逝世日

◆一生奉獻台灣的蘇格蘭女醫師

宋伊麗莎白（Elizabeth Christie），一八六八年四月三日生於蘇格蘭的格拉斯哥，為家中長女，受到父親從事醫療工作的影響，也踏上習醫的道路。她自幼時即展現聰穎天資，二十四歲時以第一名成績從醫學院畢業，隨後考取三重醫學學位（內科、外科、藥師），成為蘇格蘭首位獲得此一學位的女醫師。原本伊麗莎白可在故鄉行醫進而名利雙收，但是她最後卻選擇了到台灣進行醫療宣教一途。

一八九一年，伊麗莎白隻身來到台灣，並且先在台南學習台語。不久後她與同樣來自蘇格蘭的宋忠堅牧師相識進而結婚，兩人就在台南當地全心進行醫療服務的工作。伊莉莎白醫師不僅四處幫人接生，還到偏遠鄉鎮進行免費的醫療服務。不分晝夜奔波照顧病患的她在一九〇〇年身染重病，於一九〇一年一月十七日病逝台南新樓醫院，年僅三十三歲。

1893.1.17

王受祿誕生日

◆台灣首位德國醫學博士

王受祿生於一八九三年一月十七日，台南人。少年時就考取日治時期台灣的最高學府：台灣總督府醫學校，一九一二年以第一名成績畢業。隨後返鄉奉職於台南醫院，並且以其高明醫術獲得日人信任而成為手術主刀。五年後在台南開業「回生醫院」。一九二一年，參與「台灣文化協會」，王受祿與韓石泉、蔡培火並稱為台灣民族運動的三劍客。

王受祿在醫學校的德文成績特別優異，因此決定赴德國大學深造，僅用一年修業時間就以肺結核診治的論文獲得博士學位，成為首位榮獲德國醫學博士殊榮的台灣人，也成了繼杜聰明之後的第二位台灣醫學博士。王受祿返台後曾擔任「台灣民眾黨」中常委，並被選為「台灣議會期成運動」請願委員。後因長子逝世而淡出政治，以餘生行醫濟世並貢獻社會，於一九七七年九月九日逝世，享年八十五。

朝鮮最後皇太子李垠視察台灣 1935.1.17

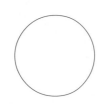

2022 January

1月18日

舊曆 十二月十六

五斤蕃藷，臭八十一兩。

用來形容留下一地爛攤，爛透了。中華民國戰後來台四處劫收、造成金融失序、又只會濫捕濫殺、毫無重大建設，留下一堆爛攤，最後靠美國的龐大金援與工程技術支援才得以挽救台灣局勢。

• 台灣筆會歷任會長陳千武（左上）、楊青矗（中上）、鍾肇政（右上）、鄭清文（左下）、李敏勇（中下）、李魁賢（右下）。

立待月

禮拜二 lé - pài - jī | TUE 火曜

2022年 1月

日	一	二	三	四	五	六
						1
2	3	4	5	6	7	8
9	10	11	12	13	14	15
16	17	18	19	20	21	22
23	24	25	26	27	28	29
30	31					

台灣筆會發起日

1987.1.18

一九八七年一月十八日，一百五十餘位台灣文藝作家發起成立台灣筆會，二月十五日該會於台北耕莘文教院正式成立，由於成立時仍屬戒嚴時期，因此並未向中華民國登記。台灣筆會曾向國際筆會申請入會，但是遭到拒絕，原因是中華民國筆會已經申請成爲會員，佔據了台灣該有的會員名額。台灣筆會成立的主旨「在於保障作家人權，締造台灣新文化」，讓創作者可以無懼言論審查而自由創作。

台灣筆會的第一個分會「鹽分地帶分會」，作家普遍具有強烈的本土意識。一九八八年的台灣筆會會長是鹽分地帶出身的作家楊青矗，因此引起當地文友有意組織分會，來繼承故鄉前輩作家如吳新榮、郭水潭、林芳年、王登山等人在日本時代組成「台灣文藝聯盟佳里支部」的精神，用以關懷鄉土，發展本土意識，並促進地方文學興盛。

台灣筆會的成員也相當關注政治，文學家鍾肇政曾在台灣筆會所發行的月報中語重心長地提到：

「我們所熱愛的島嶼台灣，目前正處於轉型，蛻化的關鍵時刻。譬如所謂民主化、本土化等等，說法雖然不盡相同，而其爲改造與重建則一，簡言之，當可稱之爲『造國運動』。君不見四十餘年來在粗劣黨國體制宰割下，我們社會成了唯利是圖、道德破滅，人文景觀徹底破敗的國度，益之以環境的破壞，自然景觀也趨於毀壞，欲留一片乾淨土地給子子孫孫，幾乎已到了絕望的境地。然而，不記得是誰說的，做爲一個台灣人，是沒有資格絕望的，尤以做爲一名台灣作家爲然。此理甚明，因爲你若絕望，凡事冷漠，隨波逐流，則我們這個曾經是美麗之島的國度將淪於萬劫不復的境地，對於我們子子孫孫而言，我們將不能免於民族罪人的詬責。」

台灣天文學家蔡章獻發現新變星 1952.1.18

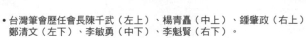

Tâi-ôan tòk-lèk 台灣獨立

2022 January

1月19日

舊曆 十二月十七

山頂無好叫，
山腳無好應。

你怎麼對人，別人就怎麼對你。中國鎮日恐嚇台灣，台灣怎麼可能會有好臉色給中國看呢？無緣無故被人恐嚇，還會低聲下氣求饒的，就稱為自我作賤的華儒奴才。

居待月

• 2010年（平成22年），日本郵政單位設計的日美安保條約五十周年郵戳。

• 岸信介像

• 艾森豪像

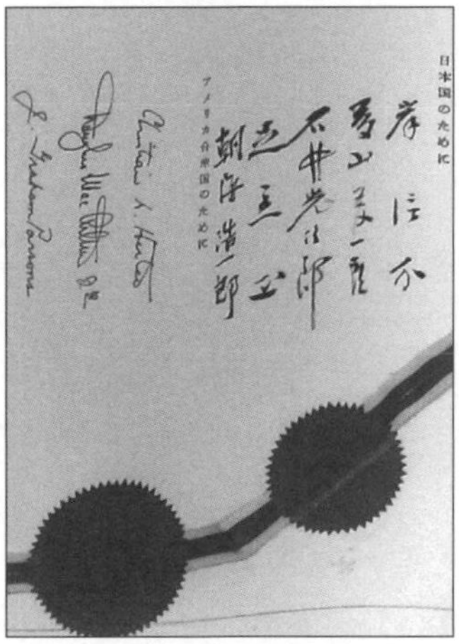

• 美日安保條約正本的雙方代表簽名。

• 岸信介代表日本政府至華盛頓與美國總統艾森豪簽署美日安保條約。

禮拜三 lé - pài - sa^{n} WED 水曜

2022年 1月

日	一	二	三	四	五	六
						1
2	3	4	5	6	7	8
9	10	11	12	13	14	15
16	17	18	19	20	21	22
23	24	25	26	27	28	29
30	31					

美日安保條約簽訂日

1960.1.19

一九六〇年一月十九日，美國與日本在華盛頓簽訂美日安保條約。此條約宣示兩國將共同維持與發展武力並且抵抗他國的武裝攻擊，其中也涵蓋了美軍駐日的條文。條文中明訂美軍的防衛責任與日本的支援責任。此安保條約的特色就是不管日本或是美國遭受第三方的攻擊，都視同對自己國家的攻擊，其思維奠基於冷戰時期聯防蘇聯與中國進犯戰略，也是美國在東亞進行權力平衡的部屬策略。

美日安保條約也形塑出亞洲地緣政治的結構，條約涵蓋的範圍包括整個遠東地區。關於遠東地區的界定美日一開始似乎有意模糊，但是日後卻逐漸統一見解與擴增範圍，也就是菲律賓以北以及日本周邊地域，包括台灣、韓國。日本外務省的解密文件中也顯示出美日安保條約中所泛指的遠東範圍確實有將台灣涵括進去。

一九九五年中國對台灣沿海投射飛彈與進行軍事恐嚇之時，美國就根據美日安保條約派遣「獨立號」與「尼米茲號」航空母艦艦隊前往台灣海峽支援，中國政府隨即就停止軍演與恐嚇，並偷偷派外交官員到美國道歉。

二〇一四年中國政府主導尖閣諸島（釣魚台）抗議與攻擊日人廠房事件，美國白宮隨即發表日美聯合聲明，表明美日安保條約範圍包括尖閣諸島在內，中國在美國表態後也開始冷卻中國內部的保釣抗議與進犯行動。二〇一七年美國川普總統上任後又再次聲明安保範圍包括尖閣諸島。美日安保條約可說是對抑制中俄侵略東亞各國起了重大作用，也受到澳洲、紐西蘭、韓國、菲律賓的肯定。因應北朝鮮與中國武嚇等國際局勢的變化，美日安保條約也歷經重新定義與調整佈署的討論。

World 韓國去中國化，將漢城改名首爾。2005.1.19

Tâi-oân tok-le̍k 台灣獨曆

2022 January

1月 20日

舊曆 十二月十八

節氣 大寒

台諺有云：大寒不寒，春分不暖。意味大寒若不冷，春分時節依舊寒冷。

• 作家巫永福（左一）、畫家李石樵（左二）、張星賢（右二）、張星建（右一）的合照。由此可見張星建是戰前台灣藝文人脈的關鍵媒介。

• 張星建像

民聲日報

大正橋下發生離奇殺案
張星建無辜慘死
解剖結果認爲被殺無疑

【本報訊】昨（廿一）日晨方黎明後，本市建國路與臺中路交接之大正橋〻下南畔沙土帶水土堆上，發現男屍一具，屈曲其間，因該處爲貫通南臺中唯一之要道，且橋前橋後，南有星光旅社，太平旅社，西有青龍旅社，可謂熱鬧之地，竟能有此奇案發生，故一時傳說紛紛：轟動遐近，記者聞訊，特卽趨往現場探查，並根據各方面對此案見解，綜合報導如次：查死者名張星建，年……一）時許，各同意停盤，張某以張星建家居南臺中，道路僻遠，乃着司機賴惠澤先行駛車載其回家，渠料摩托車之發動機任寧任搖不能起火，張星建與賴惠澤及一些頭童卽合在車後推行引火，無如車推至大正橋上（約數十步）仍未遂如願，張見狀爲省却麻煩起見，告賴稍渠欲自行步行返家，賴祗好應命將車返推向西而進，不久，機動輪轉，賴再駛車向南臺中行欲追載張星建，然沿途遍找……，因，死者身着西裝，上身天青色，下身關防色，脚穿赤色皮鞋，鞋底帶牛糞，屍體彎俯屈曲，頭部右額着水，鼻流血，手上亦有血，在橋上欄杆及地上有血跡七八處，初步研究所得，均認爲暗殺可疑，臺中地方法院檢察處據報後，亦立由檢察官張壽石偕同法醫邱六琛，暨江警長等多人，抵地檢驗，憲兵隊暨各有關者均先後到達先將屍體在處情況拍影後，福届工將死者抬上河畔草地上作

• 民聲日報關於張星建死亡的報導

• 張星建（右）與張星賢（左）兄弟坐在重型機車上於台中公園合照。（攝於一九三五年二月八日）中國人來台後，張星建被殺害，台灣首位奧運選手張星賢也遭打壓。

寢待月

禮拜四 lé - pài - sì

THU 木曜

2022年 1月

日	一	二	三	四	五	六
						1
2	3	4	5	6	7	8
9	10	11	12	13	14	15
16	17	18	19	20	21	22
23	24	25	26	27	28	29
30	31					

1949.1.20

張星建遇難日

◆台灣第一位策展人

張星建，筆名掃雲。一九〇五年十月出生於台中市楠町，台灣總督府立台南商業專門學校肄業（今成功大學前身）。一九二八年，張星建出任台中中央書局營業部主任，開始推動台灣美術運動的發展，包括幫畫家辦展覽、辦理洋畫講座。他透過各重要股東的關係，也開始與台灣文化協會，台灣地方自治聯盟，東亞共榮協會進行聯繫。

一九三四年張星建與好友張深切、賴和、賴明弘等人發起全島文藝作家聚會，舉行「第一回全台文藝大會」，成立「台灣文藝聯盟」，並創立「台灣文藝」雜誌，由張星建擔任發行人兼總編輯。「台灣文藝」雜誌的發行是一個帶有濃厚台灣意識的文學運動，它將全台文藝家與創作者集合起來，甚至匯集日本等國的文藝家，成為促進台灣文學快速進步的新文學運動。

張星建不但重視文藝人士也對他們照顧有加，例如油畫家李石樵、雕刻家陳夏雨、小說家張文環的生計皆有受到他的照顧與資助。他經常幫忙藝術家找到適合的買家與贊助者。作家張深切曾經給張星建一個綽號叫「萬善堂」，意思就是什麼都好，有求必應。另外包括展覽洽借場地、海報設計製作等，張星建皆親自包辦，可說是台灣初代的策展人。

二戰後中華民國來台劫收，二二八事件發生之後，張星建被國民黨列為台中地區的暴動首謀份子，國民黨特務欲以暗殺的方式謀害他。他雖投案自首暫時逃過一劫，但是在一九四九年一月二十日深夜，仍然被人刺殺於台中市柳川邊，並且被棄屍於綠川大橋下。事後從國家檔案局的機密檔案中可以得知國民黨特務仍欲置張星建於死地的意圖。

World

捷克議長柯佳洛遭中國威脅而猝逝 2020.1.20

1月21日

舊曆
十二月十九

大案聽命令，中案看錢，小案依法辦理。

台灣民間用來形容國民黨掌控下的中華民國司法的荒謬情況。大案聽蔣家的命令，中案看你有沒有錢買通法官，小案沒油水撈，依法辦理。

• 鄭南榕自焚身亡後，覆蓋在大體與棺木上的就是印有「新國家運動」標誌的白布。

• 草擬「台灣共和國憲法草案」的許世楷

• 鄭南榕像

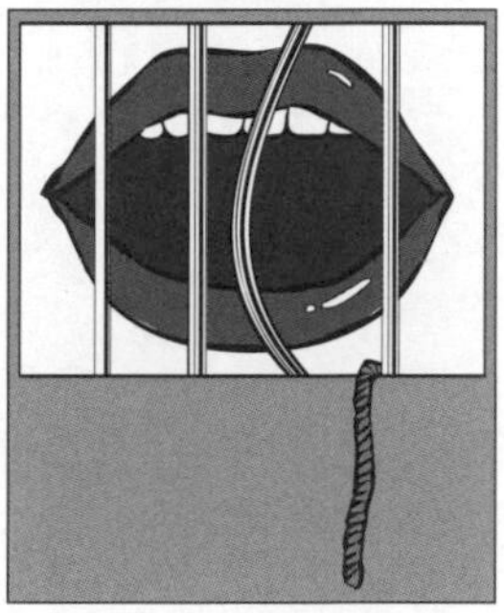

• 鄭南榕在每期的自由時代雜誌封底都會印上「爭取100%自由」的標誌。

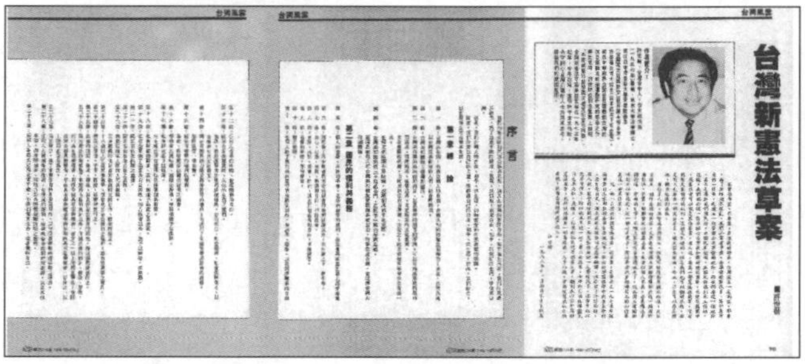

• 在「自由時代周刊」上刊載的「台灣共和國憲法草案」內頁。

更待月

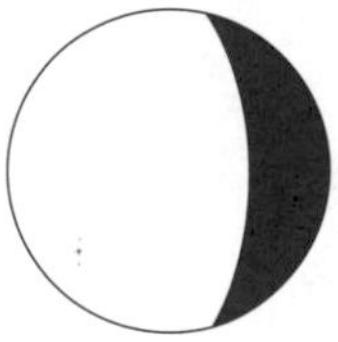

禮拜五 FRI
lé - pài - gō 金曜

2022年 1月

日	一	二	三	四	五	六
						1
2	3	4	5	6	7	8
9	10	11	12	13	14	15
16	17	18	19	20	21	22
23	24	25	26	27	28	29
30	31					

1989.1.21

中華民國以涉嫌叛亂傳喚鄭南榕

一九八八年十二月十日，也就是國際人權日那天，鄭南榕在「自由時代周刊」上刊登了許世楷所草擬的「台灣共和國憲法草案」，因此遭國民黨控制的檢調專案小組給鎖定。一九八九年一月二十一日，中華民國高等法院檢察署簽發了「涉嫌叛亂罪」的傳票給鄭南榕。這張傳票也徹底改變了鄭南榕的命運，讓他走向了壯烈犧牲的不歸之路。

鄭南榕無法容忍刊登文章的自由遭到打壓，認為中華民國政府的作為是對知識分子的最大汙辱。一月二十七日，他表示由於不滿國民黨的打壓與誣衊，因此將行使抵抗權並拒絕出庭應訊。鄭南榕聲明司法機關必須到雜誌社才能夠將其拘捕並送至法庭，他自己將會抵死不從。他除了表示將堅守台灣獨立的信念，也抵死抗議中華民國政府對於言論自由的嚴重戕害。

鄭南榕在訪問稿「獨立，是台灣的唯一活路：鄭南榕談台灣新憲法涉嫌叛亂案」中公開宣示：「國民黨不能逮捕到我，只能夠抓到我的屍體。台灣人與從中國來的人們之間有難於解決的遺恨。但是，無論如何此遺恨非化解不可。若不建立台灣國，台灣無法達成真正的民主化。台灣須以一個獨立國家獲得世界各國的承認。必須依據公民投票決定台灣的獨立。」

鄭南榕的宣示也等於是以死向中華民國政權明志，隨後他便展開自囚於台北市民權東路時代雜誌社內的行動。不久檢察官陳涵決定以強制拘提的攻堅方式衝入雜誌社。一九八九年四月七日，也是鄭南榕自囚的第七十一天，台北市警局派出兩百名員警包圍雜誌社，侯友宜負責帶隊攻堅。鄭南榕轉身進入總編輯室將房間反鎖，引燃汽油自焚而壯烈殉道。

新竹湖口裝甲兵反蔣兵變事件 1964.1.21

Tâi-oân tók-li̍p 台灣獨立

2022 January

1月22日

舊曆 **十二月二十**

水鬼升城隍。

用來諷刺某個能力低下的人升到肥缺高位。這種情形經常發生在國民黨執政的時期，一堆毫無能力卻攀親帶故的國民黨人靠著關係得到公職肥缺。

• 聽信國民黨謊言然後構陷余登發的吳泰安，在失去利用價值後就被滅口。

• 陳菊年輕時的留影

• 參加橋頭遊行的黃信介

• 余登發像

• 陳菊等人當時無懼黨國戒嚴體制，勇敢為台灣人民上街抗議政治迫害。

• 余登發的兒子余瑞言長期罹患糖尿病，根本無心從事政治運動，卻仍被國民黨誣陷為匪諜。

二十夜

禮拜六 lé - pài - la̍k | **SAT** 土曜

2022年 1月

日	一	二	三	四	五	六
						1
2	3	4	5	6	7	8
9	10	11	12	13	14	15
16	17	18	19	20	21	22
23	24	25	26	27	28	29
30	31					

1979.1.22

高雄橋頭事件

一九七九年一月二十二日，高雄縣橋頭鄉發生中華民國政權在台灣實施獨裁戒嚴三十年來第一次的政治示威活動，史稱橋頭事件。一九七八年八月，當時的前高雄縣長余登發與他兒子余瑞言被國民黨政府造謠誣指涉及「匪諜吳泰安事件」，並受華國鋒指派來台灣進行武力推翻政府。當時中國國民黨要整肅政敵卻找不到理由時就經常使用這種將人打成匪諜的入罪方式。

國民黨誣陷余登發父子的目的就是要恐嚇威脅當時已逐漸形成氣候的黨外人士。余登發父子受此指控後隨即遭特務逮捕。此舉引發黨外人士反彈，群起集結抗議政治迫害。許多黨外人士無畏當時戒嚴令的威脅，集結於高雄橋頭遊行示威。遊行的路程雖只有兩百公尺，卻是場視死如歸的示威活動，許多參與者在遊行前晚都已跟家人交代後事。

遊行當日，主要由二十七名黨外人士組成，陳菊和陳婉眞走在最前頭，拉著「堅決反對政治迫害」以及「立即釋放余登發父子」的布條。途中圍觀者雖然眾多，但是卻沒有人敢加入隊伍。由於黨外人士集結聲援，加上國際人權團體關注，且誣控情節過於荒謬，因此國民黨無法對余氏父子求處極刑，只能對余登發判刑有期徒刑八年，余瑞言判刑兩年。而被國民黨利用來誣陷余登發的「證人」吳泰安以爲自己即將獲得自由，卻被載去刑場槍決滅口。

此次國民黨逮捕余登發父子的行動不但促成了橋頭遊行，也反向激發黨外勢力的團結與民主化的連鎖反應。余登發父子案牽引出許信良案，許信良案導致美麗島事件的爆發，而美麗島事件則讓台灣政治產生了重大改變，橋頭事件可說是引爆當代台灣民主運動的關鍵點。

彭明敏等三人遭軍事檢察官起訴 1965.1.22

Tâi-oân tók-li̍p 台灣獨立

2022 January 1月 23日

舊曆 十二月廿一

二十一夜

毋出錢，毋出工，要出嘴，閣要塞嘴孔。

在政治領域中，經常看到一種人，不出錢不出力，只出一張嘴批評別人，還貪錢貪利、吃相難看，油水通通倒進自己的嘴裡。

• 中華民國政府在國中公民教材謊稱韓戰戰俘在集中營鑄大刀。（圖為1958年的國中公民課本插圖）

• 聯合國軍的土耳其士兵正在對支那戰俘進行搜身。

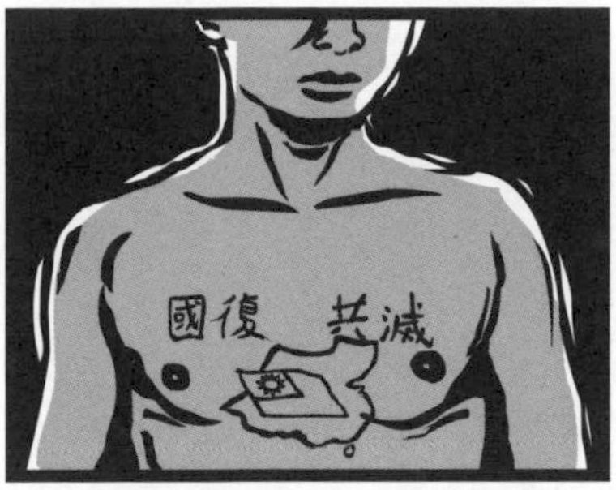

• 許多韓戰戰俘被國民黨強迫在胸前刺下「滅共復國」的刺青。

• 對台實施獨裁統治的國民黨人卻厚顏發行了掙脫鎖鍊的自由日郵票（左）以及反共義士自由日紀念章（右），對照目前舔共成癮的國民黨，實屬諷刺。

禮拜日 lé - pài - ji̍t | SUN 日曜

2022年 1月

日	一	二	三	四	五	六
						1
2	3	4	5	6	7	8
9	10	11	12	13	14	15
16	17	18	19	20	21	22
23	24	25	26	27	28	29
30	31					

韓戰中國俘虜遣送台灣

1954.1.23

一九五〇年六月韓戰爆發之後，以美國為首的聯合國軍對上朝鮮加中國的聯軍，雙方慘烈交戰也各有勝負。長達三年的韓戰不但死傷慘重，也讓交戰雙方各自擄獲大量的戰俘。交戰期間雙方也針對戰俘交換進行多次協商。直到韓戰末期，雙方才研擬出包含戰俘遣返協議的「朝鮮停戰協定」。此協定的換俘原則採美國所提出的非強制性遣返，也就是戰俘可以自願選擇留下或是回去原國。

韓戰於一九五三年七月底停戰後，雙方也開始進行換俘作業。當時被美軍所擒的戰俘當中，有一萬四千餘名的中國戰俘自願前往台灣，僅有四百多名的中國戰俘願意回到支那。而返回支那且自認忠誠的戰俘以為可以得到中國政府寬待，但是最後卻遭到共產黨背叛而遭到整肅。中朝戰俘明顯選擇反共陣營的趨勢也讓雙方於戰後再打了一次文宣戰。

一九五四年一月二十三日，聯合國軍將韓戰中俘獲的一萬四千名中國人民志願軍戰俘分批遣送台灣。這些中國戰俘到達台灣後，受到中華民國政府盛大歡迎。他們在台北市遊行，市民張燈結綵慶祝。並被國民黨稱為自願起義的反共義士，甚至被編進當時的公民課本，謊稱他們在集中營鑄造大刀，用血染製作中華民國國旗。

其實有許多中國戰俘早在韓國的戰俘營區中就被反共者給威逼利誘甚至被活活打死，或是被迫在全身上下針刺上「殺朱拔毛」、「反共抗俄」的刺青。這些中國戰俘被遣返台灣後，有共產黨員案底的「反共義士」繼續被送到綠島監獄去監禁服刑，有的則是被編入國民黨軍中服役。諷刺的是，中華民國還明定一月二十三日為「一二三自由日」來紀念這些中國戰俘的「起義來歸」。

台灣膠彩畫先驅郭雪湖逝世日 2012.1.23

Tâi-oân tok-li̍p
台灣獨立

2022 January

1月24日

舊曆 十二月廿二

石磨仔做鏡，無影。

意思是把石磨當成鏡子來用，連倒影都看不到。無影的意思就是根本沒這回事。台灣民間經常嘲笑國民黨的反攻大陸口號是石磨仔做鏡，無影啦。

• 美軍協防司令部第一任司令 Alfred M. Pride

• 美國國務卿約翰杜勒斯像

• 艾森豪像

• 美軍協防台灣司令部（United States Taiwan Defense Command）的標章。

• 美國駐台陸軍標章

• 此為1960年美國總統艾森豪訪台時，交通部郵政總局發行的紀念郵票外部封套設計。

二十二夜

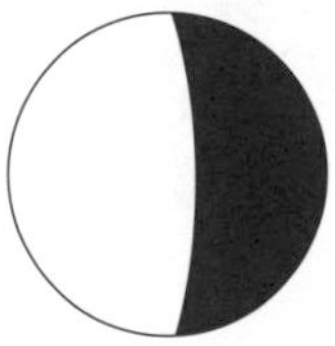

禮拜一 lé - pài - it | MON 月曜

2022年 1月

日	一	二	三	四	五	六
						1
2	3	4	5	6	7	8
9	10	11	12	13	14	15
16	17	18	19	20	21	22
23	24	25	26	27	28	29
30	31					

1955.1.24

艾森豪提協防台澎諮文

一九五三年七月底韓戰結束之後，台灣因為被捲入中國的國共內戰之中，仍然持續受到中國的武力恐嚇與威脅。一九五四年，中國政府發佈「解放台灣共同宣言」，並對金門與馬祖發動大規模的砲擊。一九五五年一月中，中華人民共和國的軍隊開始攻擊浙江沿海仍由中華民國軍隊佔領的島嶼，並派出軍機轟炸浙江的大陳島且迅速攻下一江山島。隨後中國總理周恩來就要求美國的武裝力量必須從台灣海峽撤出。

時任美國總統的艾森豪便與國務卿杜勒斯緊急開會商討，最後決定要求國會授權總統動用武力來保衛台灣與澎湖。一九五五年一月二十四日，艾森豪向美國國會提出「特別諮文」，要求授權總統於其認為必要時，「得使用美國武裝部隊專事確保台灣與澎湖列島」，也就是所謂的「台灣決議案」。

特別諮文在發佈之後不久艾森豪於二月五日下令美軍第七艦隊協助毫無渡海能力的中華民國軍隊從大陳島撤退來台。此一美國協防台澎的「特別諮文」並未將金門、馬祖，以及其他仍被國民黨軍控制的中國沿海島嶼包含在協防範圍之內，顯見美國始終認定台澎並不是屬於中國的一部分，而金門與馬祖也不屬於台灣。中華民國與美國於一九五四年所簽訂的「中美共同防禦條約」第六條內文也同樣確認了所謂的「中華民國」只有包括台灣與澎湖。

這種繼承自二戰後對台灣領土的國際法理界定也成了日後台獨運動對於領土範圍宣稱的依據。當時的國民黨因為仍然心懷反攻大陸，所以對「中美共同防禦條約」宣稱美國只肯防禦台澎，但是不包括全中國而感到不滿，然而大勢已去的蔣介石與國民黨也只得認清國際現實以求苟活。

溫斯頓・邱吉爾逝世日 1965.1.24

Tâi-oân tok-li̍p
台灣獨立

2022
January

1月25日

舊曆

十二月廿三

無食西螺米，毋通講道理。

日本時代，西螺米是高級米的代表。意指若是沒有經歷過頂級的體驗，很難跟別人評論講理。很多中國人沒有經歷過民主，卻超愛對台灣民主制度說三道四。

• 易錦銓曾批判日本教科書將台灣列為中國的一部分。

• 易錦銓像

• 陳水扁也相當欣賞易錦銓並向其諮詢重要的經貿政策。

• 易錦銓曾經是李登輝所重用的經貿幕僚，也是日本李登輝之友會的重要成員。

• 收託於孫運璿的請求而找上易錦銓幫忙的辜振甫。

下弦月

禮拜二 lé - pài - jī | TUE 火曜

2022年 1月

日	一	二	三	四	五	六
						1
2	3	4	5	6	7	8
9	10	11	12	13	14	15
16	17	18	19	20	21	22
23	24	25	26	27	28	29
30	31					

2014.1.25

易錦銓逝世日

◆台灣經濟推手

易錦銓是台日兩國經貿專業顧問，曾經擔任過蔣經國、李登輝到陳水扁的重要經建幕僚。易錦銓生於日治時期的一九二八年，早年受日本教育。二戰後因家庭經濟問題，進入台電工作，曾花數月時間，從屏東走山路到宜蘭，走過許多人煙罕至的地方，為台電探勘配電路線。他以白天在台電工作，晚上念書的半工半讀方式完成東吳大學法商學業，預官退伍後曾到台灣水泥公司工作。

六〇年代，易錦銓有感於日本貿易發達且台灣的最大貿易夥伴國也是日本，便決定遠赴日本早稻田大學商學研究所攻讀貿易經營，並取得早稻田大學第一屆貿易經營學的博士學位。返台後，他在一間貿易公司工作，同時也在東吳大學任教國際貿易與日文，由於教學認真，獲得許多學生肯定，聽課人數可說是場場爆滿。

一九七二年，台日斷交。當時的經濟部長孫運璿請求辜振甫幫忙拓展台日之間的貿易，而辜振甫便找上了易錦銓。易錦銓身受重託前往日本，為斷交後的台日建立實質經貿關係，短短數年就讓台日間的貿易總額從二十億美元衝高到百億美元。他每次返台幾乎都會獲歷任總統召見，並向其諮詢台日產業動態，然而到了馬英九上任總統之後，卻拒絕易錦銓主動請求面見，其器量格局也高下立見。

易錦銓從台經院所長退休之後，仍然持續關心台灣經濟，為台灣引進日本官方與民間資源。晚年簡居於日本，於二〇一四年一月二十五日逝世，享年八十五歲。易錦銓終生拒絕加入中國國民黨，拒絕入日本籍，推動台灣獨立，將台灣國家的利益置於上位，個人則低調不求名利，堅持以台灣人的身份度過一生，可說是台灣人的典範表率。

日本台生報創刊 1966.1.25

Tâi-ôan tók-li̍p
台灣獨立

2022 January

1月26日

舊曆

十二月廿四

二十四夜

愛食饅頭，閣驚死父。

形容某人愛做壞事又怕被抓到的心態。許多滯台中國人壞事幹盡，大小都貪，晚年時怕被報復，拿著貪來的錢，像老鼠一樣地逃到美國加拿大當外國人。這種惡人又以警總特務居多。

• 陳文成也遭國民黨警總冷血殺害，遺體肋骨與恥骨多處斷裂。

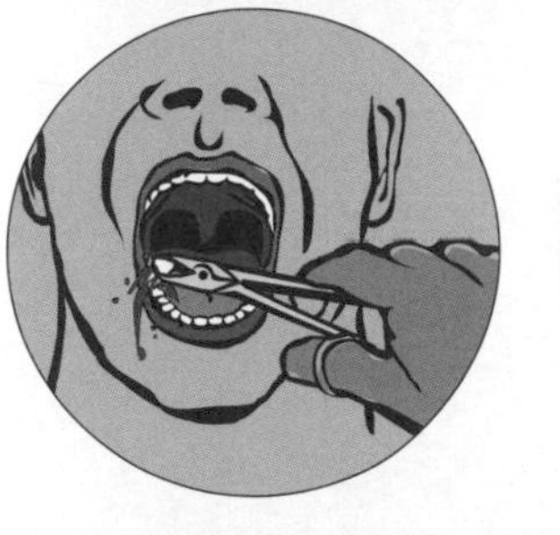

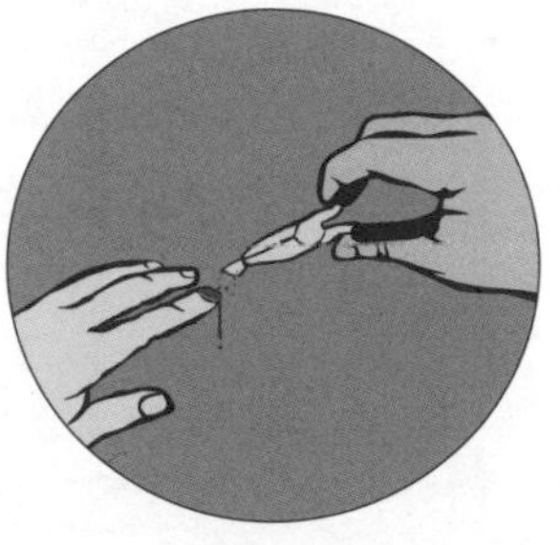

• 做為支那鷹犬的警備總部經常使用無麻醉拔牙（圖左）與老虎鉗拔指甲（圖右）的方式進行刑求。從許多白恐倖存者多有著一口假牙就可得知當時被刑求的慘況。

• 政治受難者歐陽劍華曾親眼目睹警總軍法處看守所（青島東路三號）中殘酷的刑求場景（右圖），並且將之描繪成畫。甚至還有將孕婦曾碧麗吊打導致胎盤剝離大出血的慘況（左圖）。

禮拜三 | WED 水曜

lé - pài - sa^n

2022年 1月

日	一	二	三	四	五	六
						1
2	3	4	5	6	7	8
9	10	11	12	13	14	15
16	17	18	19	20	21	22
23	24	25	26	27	28	29
30	31					

1949.1.26

台灣省警備總部成立

一九四九年一月二十六日台灣省警總司令部成立，由陳誠擔任總司令，高雄屠夫彭孟緝為副總司令。其頒布的第一號命令就是實行長達三十八年的「台灣省戒嚴令」。台灣省警備總司令部後來雖經過裁撤、更名，最終被整併為台灣警備總司令部，但是其與納粹蓋世太保以及蘇聯特務機構的邪惡本質並無二異。警總可以不經法院開令具狀，任意到民房私宅抓人關押，因此被人戲稱為「匪諜製造工廠」以及「政治犯批發中心」。

初估警總以軍法處理的政治受難人數高達十數萬人以上。警備總部成員多為以前國民黨的軍統局與中統局系統出身，他們把在中國對待異議人士的整套虐殺方式帶到台灣來。警備總部內部極為變態可怕的刑求更是經常將人虐待成殘廢、精神疾病、終生不孕或者是傷重至死。

警總刑求方式包括拔除指甲、針刺指尖、不經麻醉拔牙、電刑、毆打、強迫吃排泄物、強迫吃鹽並禁止喝水、禁止小便、尖木插入肛門、對生殖器用刑穿刺等。曾遭刑求的政治犯謝聰敏與魏廷朝都公開描述過這些殘酷的刑求方式。在綠島蹲過牢的政治受難者歐陽劍華還曾經把警總特務刑求的方式給生動地描繪下來。

許多人被警總帶走後就一去不返，家屬通常只能在事後看見冰冷的遺體。中華民國警備總部「寧可錯殺一百」的濫捕濫殺政策，造成許多無辜台灣家庭的破碎，也斷送無數台灣菁英的前程。其嚴苛的思想與言論管制手段也造成台灣人民長期思想停滯與集體弱智化。警總殺人無數的邪惡行徑所造成的恐懼與自我閹割的奴性心理也讓「每個人心中都有個小警總」成了台灣人的常用俚語。

World

1950.1.26 印度正式宣告獨立建國

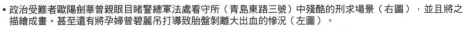

Tâi-ôan tòk-lèk
台灣獨立

2022 January

1月27日

舊曆 十二月廿五

衙門八字開，有理無錢莫進來。

國民黨執政下的公部門多是收錢辦事的後門捷徑。雖然大門開開歡迎你進來，但是進去之後，就算你理直氣壯，但是沒錢賄賂，一樣碰壁或重判。

• 蔡培火曾與矢內原忠雄見面會談。

• 矢內原忠雄像

• 矢內原忠雄曾到霧峰拜訪林獻堂。

• 啟發矢內原忠雄政治意識的新渡戶稻造。

• 鄭南榕像

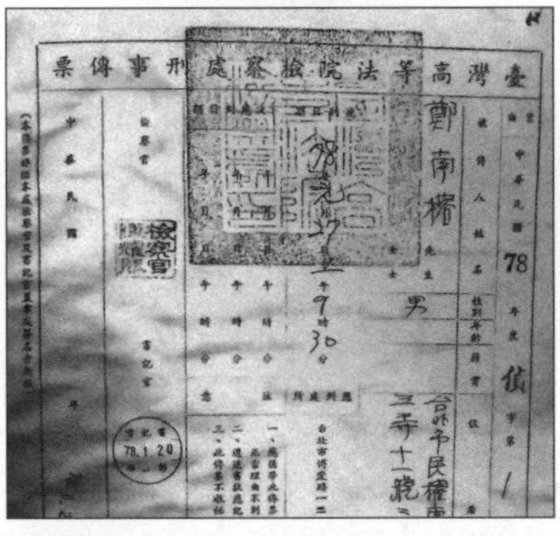

• 高等法院發給鄭南榕的傳票，應到日期就在一月二十七日上午九點三十分。

二十五夜

禮拜四 lé - pài - sì

THU 木曜

2022年 1月

日	一	二	三	四	五	六
						1
2	3	4	5	6	7	8
9	10	11	12	13	14	15
16	17	18	19	20	21	22
23	24	25	26	27	28	29
30	31					

1989.1.27

鄭南榕公開殉身宣言

一九八八年，鄭南榕在「自由時代周刊」上刊登許世楷所草擬的「台灣共和國憲法草案」，遭到國民黨的司法系統告發「涉嫌叛亂罪」。隔年一月二十七日，鄭南榕公開宣示「國民黨不能逮捕到我，只能夠抓到我的屍體。」並且展開自囚行動。一九八九年四月七日，台北市警局派出員警攻堅雜誌社，鄭南榕引燃汽油自焚殉道，實踐他所許下的殉身宣言，寫下台灣建國歷史中最壯烈的一頁。

1893.1.27

矢內原忠雄誕生日

◆日本良心學者

矢內原忠雄出生於一八九三年一月二十七日，愛媛縣人。曾經於一九一三年進入東京帝國大學法科就讀，受到「台灣糖業之父」新渡戶稻造的影響而改攻讀經濟學並且鑽研政治學。一九二〇年遠赴歐美留學，同時考察西方帝國的殖民統治問題。

隨後矢內原忠雄也將殖民地的關心投射到台灣人民的身上。一九二七年，他前往台灣進行私人調查，還在台灣各地舉行演講，鼓勵台灣人組黨以便爭取自由，他並透過蔡培火會見台灣人的意見領袖，瞭解台灣政治的現況。矢內原忠雄返回日本後發表了他的重要代表作「帝國主義下的台灣」一書。書中剖析了日本與歐美帝國主義的差異性，以及台灣在日本殖民統治下的特殊模式。書中也表達了他對台灣人遭不公平對待的同情，他說：「台灣甚麼都有了，只缺政治上的自由。」然而當時的台灣總督府卻以違反「台灣出版規則」而查禁該書。

一九三七年，矢內原忠雄直言批判日本政府的戰爭政策而得罪當局，被迫辭去教職。戰後日本政府向他道歉，並請他回到東京大學復職。一九五一年擔任東大校長。一九六一年十二月二十五日逝世。

World

國際要求支那鎮壓義和團 1900.1.27

舊曆
十二月廿六

無食烏豆，叫伊放烏豆屎。

用來形容某人不曾幹過某事，卻強迫他要承認幹過此事。中華民國來台之後，底下的中國軍警經常濫抓無辜，用刑求的方式強迫台灣人畫押不曾犯過的罪行。

二十六夜

Tâi-oân tok-li̍p
台灣獨立

2022
January

1月28日

•馬英九拿著相機當抓耙仔，結果也當場被人在波士頓市立圖書館前拍下笑著離去的噁心照片。

•一九七八年一月二十八日，美國波士頓台灣留學生為抗議國民黨選舉做票且開槍射殺兩名年輕人引起的中壢事件，因此頭戴面具並聚集在中華民國政府駐波士頓領事館外示威。

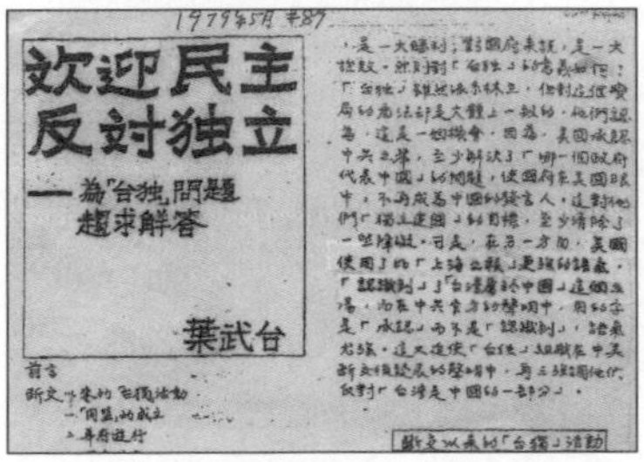

•專當抓耙仔的職業學生馬英九化名葉武台，還在海外的國民黨學生刊物「波士頓通訊」上撰文批評與嘲諷台灣獨立。

•范清亮（右圖）在麻省理工擔任生化博士後研究的期間，因為曾發表中華民國是獨裁國家的言論，因此遭到中國職業學生拍照紀錄，並被威脅生命安全，還成了波士頓當地報紙的新聞標題（左圖）。范清亮博士後來在美國開創生物醫藥事業有成，並且與翁啟惠合作推動台灣生技產業。

禮拜五 lé - pài - gō

FRI 金曜

2022年 1月

日	一	二	三	四	五	六
						1
2	3	4	5	6	7	8
9	10	11	12	13	14	15
16	17	18	19	20	21	22
23	24	25	26	27	28	29
30	31					

馬英九波士頓偷拍事件

1978.1.28

一九七八年一月二十八日，美國波士頓台灣留學生為抗議國民黨選舉做票且開槍射殺兩名年輕人引起的中壢事件（發生於一九七七年十一月十九日），因此聚集在中華民國政府駐波士頓領事館外示威。另外包括休士頓、紐約、洛杉磯等地的台灣人也主動發起示威遊行聲援。

當時策劃波士頓遊行的陳重信博士在遊行前接到電話密告，說遊行當天會有國民黨派抓耙仔來拍照並且打小報告回去給特務單位。因此陳重信在遊行前夕發出警告給參與者，要求眾人戴上面具來掩蓋身分。結果沒想到遊行當天來的就是當時就讀哈佛大學的國民黨職業學生馬英九。當時馬英九是透過他父親馬鶴凌的黨國特權而取得國民黨的中山獎學金到美國攻讀碩博士學位，也因此身負在海外對異議人士打小報告的抓耙仔任務。

馬英九拿著相機，跑到波士頓示威群眾當中拍照，欲要幫國民黨蒐證做為政治黑名單參考之用。馬英九經人勸阻不聽而一再拍照，直到有人前去制止才轉頭離開。他也被人拍下把相機收到大衣後笑著離去的歷史照片，照片背景就是波士頓市立圖書館。

馬英九這種為國民黨當抓耙仔的臭俗仔行為，曾經造成許多名列政治黑名單的台灣人被國民黨吊銷護照而有家歸不得，甚至發生許多海外台灣人在自己父母親人病重死亡的時候都不得返台見最後一面的悲劇。被抓耙仔檢舉的人，他在台灣的家人也有可能遭到國民黨特務的威脅與騷擾，即使回到台灣也有可能被判刑。這種國民黨派遣抓耙仔學生的事情曾經在七〇年代遭到美國媒體的嚴厲抨擊，等到陳文成命案發生之後，美國派中情局對特務學生進行徹底調查，國民黨在壓力下才逐漸放棄此一惡道，後來由中國共產黨的職業學生接續抓耙仔任務。

警總法庭宣判王幸男無期徒刑 1977.1.28

2022
January

1月 29日

舊曆 十二月廿七

有明月

死豬鎮砧。

死豬肉放攤商砧板上，但是沒人要買，意喻佔著位置卻不做正事。像是戰後來台的支那民代，數十年不改選，死了用同省籍替補，整天不幹事情，卻配有洋房轎車，開會只會睡覺吊點滴，就像豬肉放在砧板上發臭一樣。

• 民主進步黨的基層黨員在孫文紀念館前扮演萬年老賊的行動劇。（插圖參考自余岳叔的攝影照片。）

• 一九八九年一月二十九日，民主進步黨舉辦「國會全面改選、萬年老賊下台」遊行活動，號召萬人上街示威，兵分三路在台北市遊行。畫面中央的遊行者為長老教會牧師高俊明，布條製作者為台灣基督長老教會。

• 這些由中華民國政府從中國帶來的支那老民代，一開會就倒頭睡成一片，可說蔚為奇觀。管仁健還曾講述過建國中學的中國籍工友，在快要退休時僅僅因同省籍就被遞補當上國大的荒謬情事。

• 文化部長鄭麗君也曾經於一九九一年在台大發起抗議萬年老賊的絕食活動。

禮拜六 lé - pài - lák | SAT 土曜

2022年 1月

日	一	二	三	四	五	六
						1
2	3	4	5	6	7	8
9	10	11	12	13	14	15
16	17	18	19	20	21	22
23	24	25	26	27	28	29
30	31					

萬年老賊下台遊行日

1989.1.29

一九八九年一月二十九日，民主進步黨舉辦「國會全面改選、萬年老賊下台」遊行活動，號召萬人上街示威，並且兵分三路在台北市遊行。民進黨舉辦遊行的原因就是中國國民黨從一九四九年流亡到台灣之後，也帶來了中國各省的中央民意代表（包括國大和立委），而這些做爲「中華民國法統」的樣板代表從一九四七年選出之後就從來沒有改選過，一直做到一九九二年，時間長達四十五年。

這些中國各省代表不用改選，不用做事，只需要聽令中國國民黨中央一聲令下統一投票表決，然後就可以坐領台灣人納稅給的高薪，配有房子與車子，還可以終生職做到死，死了之後還有同省籍的中國老賊們繼續遞補上去。台灣民間因此多以「萬年國代」、「老賊」、「老法統」、「老表」、「怪老子」等綽號稱呼之。

之所以會有這種怪誕現象的原因就是失去中國領土的中華民國想保有一種仍然統治中國的樣板象徵。這些四十五年不用改選候補的「立委、國代」，將近有一千兩百人，分別是國民大會八百六十五人，立法院兩百一十八人，監察院三十六人，國民黨可以透過他們任意通過法案與表決想要選的總統。

由於這些長年不改選的中國各省民代年事已高，所以在國會機關就經常可以看到一堆人柱著拐杖、提著尿袋、推著輪椅與氧氣鋼瓶、戴著氧氣罩的荒謬奇景。這種反對萬年國代的抗議在八〇年代屢見不鮮，並且一直延續九〇年代初期，甚至間接引發一九九〇年的野百合學運。直到一九九一年這些萬年國代才全數優退。不過國民黨在立法院通過的自願退職條例，還讓萬年國代可以每人領走五百多萬元退休金，實爲可恥萬分與下流至極。

美國參議院高票通過協防台灣案 1955.1.29

Tâi-oân tok-le̍k 台灣獨曆

2022 January

1月30日

舊曆 十二月廿八

放尿抄沙袂做堆。

撒個尿也想把沙和成一團。形容某群人內鬥內行，完全無法團結合作。例如台灣人在戰後被中國人洗腦分化，人數佔多數的台灣人始終無法團結對抗中國人。

• 新民會會長林獻堂

• 提出「議會設置請願」路線的新民會幹部林呈祿。

• 大正十三年（1924年）報紙上對於台灣議會請願運動的報導。

• 東京的台灣留學生歡迎台灣議會設置請願團代表。

二十八夜

禮拜日 lé - pài - ji̍t

SUN 日曜

2022年 1月

日	一	二	三	四	五	六
						1
2	3	4	5	6	7	8
9	10	11	12	13	14	15
16	17	18	19	20	21	22
23	24	25	26	27	28	29
30	31					

台灣議會設置請願運動

1921.1.30

一九一八年之後由新民會、高砂寮與東京台灣學生會等團體推動的「六三法撤廢運動」因爲有著被日本同化的疑慮，所以新民會幹部林呈祿便從同化與拒絕同化之外，提出了第三條路線，也就是「台灣議會設置請願」的路線。而這條路線也在一九二〇年底新民會在東京神保町的會議中，由新民會會長林獻堂拍板定案。

一九二一年一月三十日，由林獻堂代表的一百七十八人台灣士紳聯名簽署的「台灣議會設置請願書」第一次向日本帝國議會提出，要求日本設置台灣人的議會並開放民選台灣議員。此後台灣議會設置請願運動便持續了十四年之久，一共向日本帝國議會提出十五次請願，直到一九三四年九月二日爲止。而林呈祿也成爲主要的文膽，台灣議會設置請願運動的重要文件皆是出自其手。

台灣議會設置請願運動的遊行一次比一次熱鬧與壯大，請願連署的人數也越來越多，因此獲得不少親台派的日本議員和學者的注意與支持。台灣總督府爲了紓解請願運動的壓力，從一九二一年六月開始諮詢台灣人對於總督府重要施政的意見。然而日本統治當局認爲議會設置請願運動包藏著台灣獨立的意圖，因此始終沒有在帝國議會成爲正式提案。

在後起的台灣地方自治聯盟的接棒之下，一九三五年三月三日，日本眾議院通過「台灣地方自治」的預算案。日本政府隨後開始實施「台灣地方自治改正案」，並在一九三五年舉行第一次市街庄協議會選舉。雖然此次選舉仍然有財產條件的限制，但也成爲台灣歷史上第一次的民主選舉，台灣議會設置請願運動可說扮演了前期催化的角色，也是台灣人在日治時代爲期最久的公開政治運動。

台獨先驅王育德誕生日 1924.1.30

2022 January

1月31日

舊曆 十二月廿九

【年兜一】

又叫做二九暝，或稱圍爐或除夕。

• 賴和年輕時在攝影棚的留影。

• 賴和像

勇士當為義鬥爭

• 賴和曾留下「世間未許權存在，勇士當為義鬥爭。」的詩句。

• 賴和曾經到廈門參訪，發現支那人普遍抽食鴉片且秩序敗壞，因此對支那文化失望透頂。

晦月

禮拜一 lé - pài - it | MON 月曜

2022年 1月

日	一	二	三	四	五	六
						1
2	3	4	5	6	7	8
9	10	11	12	13	14	15
16	17	18	19	20	21	22
23	24	25	26	27	28	29
30	31					

1943.1.31

賴和逝世日

◆台灣新文學之父

賴和出生於一八九四年五月二十八日，因此也有人將五二八訂爲賴和日。賴和從小學習漢文，也奠定了他文學寫作的基礎。他是日治時期重要的作家，曾催生與主編過「台灣民報」的文藝專欄。主編新潮文庫的林衡哲稱賴和爲「台灣現代文學之父」。

賴和是台灣彰化人，本職是醫生，一生都在彰化行醫、寫作。他樂於助人，同情弱者，自願免費替病人治療。窮困人家付不起醫藥費，他通常只會拿出帳本簡單紀錄，並不會要求病人馬上付出醫藥費。甚至過年過節的時候他還會將帳本燒掉，自動註銷欠款。若有窮困人家要來還債，他都會一概拒絕，也否認帳本的費用記載。賴和雖然在醫生本職有著良好聲譽，但是讓他眞正享有歷史盛名的卻是來自於他的文學創作，其中又以詩作最具有宣示台灣民族的意味。

賴和推動台灣新文學運動，創作中充滿左翼與反殖民的思想，並且主張台灣文學必須大眾化。他使用台語與漢語白話文創作小說、散文與評論。在其詠史名篇「台灣通史十首」中，記敘了台灣重大的歷史事件。其中賴和曾對第七首的詞句做過修改，原詩作爲：「旗中黃虎尚如生，國建共和竟不成。天限台灣難獨立，古今歷歷證分明。」而後改爲：「旗中黃虎尚如生，國建共和怎不成。天與台灣原獨立，我疑記載欠分明。」賴和的改詩動作可以作爲他本人從寄懷中國轉向台灣認同的證明。賴和還曾經到支那廈門參訪，發現支那人普遍抽食鴉片且秩序敗壞，因此對支那文化失望透頂。

一九四一年太平洋戰爭爆發，曾在一九二三年「治警事件」入獄的賴和又再次無故被日警逮捕入獄五十天。他在獄中用草紙撰寫「獄中日記」，不久後即罹患重病，因病重獲釋的賴和很快就於一九四三年一月三十一日病逝，得年五十歲。

World 日本爆發中國毒水餃事件 2008.1.31

二月

◆泰源事件紀念日。【詳見二月八日。】

Tâi-oân tok-li̍p 台灣獨立

2022
February

2月1日

舊曆 正月初一

新正一

又稱新春、正月、新正年頭、開正或是春節。

閏月

禮拜二 lé-pài-jī | TUE 火曜

• 史明像

• 張福興像

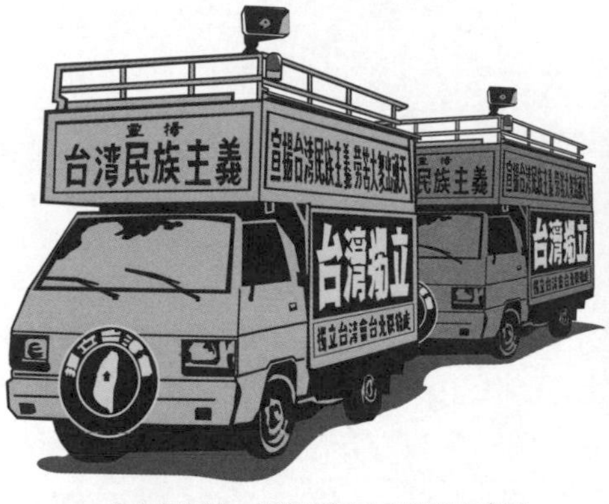

• 史明返台後，於街頭組成台灣獨立車隊。

• 一九二五年，張福興為玲瓏會成員小竹長子（左）伴奏鋼琴。

2022年 2月

日	一	二	三	四	五	六
		1	2	3	4	5
6	7	8	9	10	11	12
13	14	15	16	17	18	19
20	21	22	23	24	25	26
27	28					

1888.2.1

張福興誕生日

◆首位留日音樂家

張福興生於一八八八年二月一日，苗栗頭份人。他是第一位以官費赴日學習西洋音樂的台灣留學生。一九〇三年考取台灣總督府國語學校，一九〇六年受總督府推薦，以官費生身分前往東京音樂學校，隨島崎赤太郎教授學習大風琴。一九一〇年歸台，回母校擔任音樂科助教授。

除了教學外，張福興也熱衷考證台灣原住民音樂，他所出版的「水社化蕃杵音及歌謠」是第一本台灣原住民音樂付梓出版的作品，他也成爲第一位採集整理台灣原住民音樂的台籍音樂家。一九二四年，張福興著手搜集台灣民間音樂與童謠。一九三四年前往勝利唱片擔任文藝部長，出版製作「台灣日月潭杵音及蕃謠」、「打獵歌」等唱片，並爲當時台灣流行歌曲界譜寫作品。退休後張福興以採集佛教音樂爲志，直至一九五四年去世爲止。

1994.2.1

獨台會台北總部成立日

一九六七年六月三十日史明於東京創立獨立台灣會（Taiwan Independence Association，簡稱獨台會或 TIA）。獨台會除了主張台灣民族主義、堅持台獨建國外，也是台獨運動中少見的左翼團體，同時強調大眾參與的重要。獨立台灣會雖然成立於海外，但是曾多次派員前往台灣進行工作，因此一共有四名獨台會成員「因從事革命工作犧牲死亡」，其中包括鄭評等人，八十一人因此坐牢。

由於台灣情勢開始民主化，政治黑名單解除，一九九三年史明將獨立台灣會的總部由東京遷回台北。一九九四年二月一日，獨立台灣會的台北總部正式成立，這也是獨台會在台灣第一次設立總部，之後相繼於高雄、嘉義、台中、台東、新竹等地成立聯絡處。獨立台灣會在台灣除了設立電台宣傳之外，也有進行車隊與大旗隊宣傳等活動。

民進黨政府主導的高鐵正式營運 2007.2.1

2022 February

2月2日

舊曆 **正月初二**

> 人參殺人無罪，大黃救人無功。

人參是高貴的藥材，醫死人也無罪過，大黃是低賤藥材，就算救人無數，大家也不會感謝他。在台灣，中國人殺人放火，一樣被歌頌緬懷，台灣人做事做到流汗，一樣被嫌到流涎。

新月

• 美國總統雷根

• 美國參議員穆考斯基（Frank Murkowski）

• 李源棧像

SECRET

August 17, 1982

MEMORANDUM FOR THE HONORABLE GEORGE P. SHULTZ
The Secretary of State

THE HONORABLE CASPAR W. WEINBERGER
The Secretary of Defense

SUBJECT: Arms Sales to Taiwan (S)

As you know, I have agreed to the issuance of a joint communique with the People's Republic of China in which we express United States policy toward the matter of continuing arms sales to Taiwan. (S)

The talks leading up to the signing of the communique were premised on the clear understanding that any reduction of such arms sales depends upon peace in the Taiwan Straits and the continuity of China's declared "fundamental policy" of seeking a peaceful resolution of the Taiwan issue. (S)

In short, the U.S. willingness to reduce its arms sales to Taiwan is conditioned absolutely upon the continued commitment of China to the peaceful solution of the Taiwan-PRC differences. It should be clearly understood that the linkage between these two matters is a permanent imperative of U.S. foreign policy. (S)

In addition, it is essential that the quantity and quality of the arms provided Taiwan be conditioned entirely on the threat posed by the PRC. Both in quantitative and qualitative terms, Taiwan's defense capability relative to that of the PRC will be maintained. (S)

Ronald Reagan

NSC Declassification Review [EO 13526]
DECLASSIFY IN FULL
by John R. Bolton on 8/30/2019

• 曾與中國簽署「八一七公報」的美國總統雷根，留了一紙備忘錄，內容說明美國對台軍售減少的前提在於中國必須減少對台武力威脅。此一密件直到二〇一九年九月才透過美國在台協會公布解密。

• 在支那人恐怖統治台灣的五〇年代，被台灣人稱為「五龍一鳳」的黨外議員：（由左至右）李萬居、郭雨新、許世賢、郭國基、吳三連、李源棧。

禮拜三 lé - pài - saⁿ | **WED** 水曜

2022年 2月

日	一	二	三	四	五	六
		1	2	3	4	5
6	7	8	9	10	11	12
13	14	15	16	17	18	19
20	21	22	23	24	25	26
27	28					

1910.2.2

李源棧誕生日

◆台灣民主先驅

李源棧生於一九一〇年二月二日，台南廳人，為黨外時期的議會五虎將之一（其他四人為李萬居、郭國基、郭雨新、吳三連）。李源棧畢業於台北高等商業學校，後來到日本就讀並從岩手醫學專門學校畢業，隨後即留任在當地醫院小兒科擔任副主任。二戰結束後返回台灣並在高雄左營開設醫院。

一九五一年李源棧開始從政，並以無黨籍的身分連任高雄市市議員與台灣省臨時省議會議員。他在白色恐怖時代就勇於批評時政並且發表反抗國民黨獨裁的言論，因此有著「大砲議員」稱號。一九六〇年曾參與雷震等人所籌組的第一個反對黨：「中國民主黨」，可說是台灣民主運動的先驅之一。後來因為國民黨大肆逮捕組黨人士而使得組黨行動宣告失敗。李源棧於一九六九年七月十三日因病逝世，享年六十歲。

1994.2.2

美國法案H.R.2333通過日

一九九四年二月二日美國參議院通過美國參議員穆考斯基所支持的「一九九四－一九九五年國務院授權法案」（H.R.2333）。其中關於台灣部分，隱含對一個中國架構的挑戰。內文確立「台灣關係法」的效力優於美中簽署的「八一七公報」，另外也要求美國總統應該派遣內閣官員訪問台灣，以及美籍台灣人士在「美國護照」上的出生地，今後可填上台灣，而不必填上中國。

此法案的通過也顯示美國意識到台灣人民主體意識的崛起而開始調整對台關係的架構，並且暗示台灣與中國已經分別成為兩個不同的國家。這項法案通過也有另外一個重要意義，那就是美國對台灣的軍售將不受美國跟中國簽訂的八一七聯合公報影響而導致逐年遞減的結果。即使中國對此結果表達強烈抗議，美國依舊會持續對台軍售的政策。

台灣膠彩畫之父林之助誕生日 1917.2.2

Tâi-oân tok-li̍p 台灣獨立

2022 February

2月3日

舊曆 **正月初三**

剃頭刀，剉大欉樹。

小支的剃頭刀也可以砍倒大樹，用來形容小蝦米也可以對抗大鯨魚。台灣人長期面對中國的恐嚇都存在著一種投降主義的奴才心態，從來不思如何讓自己成為那把足以砍倒大樹的剃頭刀。

• 日本與清國官員於日本下關春帆樓簽訂馬關條約，並且無條件割讓台灣給日本。

• 日本指定舊港、後龍、梧棲、鹿港、東石、馬公等港口作為特別開港場，並且給予清國戎克船合法出入。

• 日本軍旭日旗

纖月

禮拜四 lé - pài - sì | THU 木曜

2022年 2月

日	一	二	三	四	五	六
		1	2	(3)	4	5
6	7	8	9	10	11	12
13	14	15	16	17	18	19
20	21	22	23	24	25	26
27	28					

1896.2.3

日本宣告台灣為殖民地

一八九四年大清帝國因甲午戰爭敗給日本，雙方簽訂馬關條約割讓台灣給日本，日本在台灣施行始政之後，隨即展開國際關係的運作，以謀求各國對其領有「第一個殖民地」的支持。首先日本與當時佔有菲律賓群島的西班牙交換版圖境界的文件。

一八九六年一月二十九日，日本向締盟國家宣告台灣的通商情形，其宣言大致如以下二點：一、與日本簽訂通商條約的各國人民，得居住與往來通商口岸城市。二、締盟國的人民，必須遵守在台灣施行的法令。此宣言由日本臨時代理外交部長所發布。台灣總督府再根據此宣言於一八九六年二月三日，通知各國駐台灣領事，宣告日本領有其第一個殖民地：台灣。各締盟國便據此「宣言」，得以繼承清帝國取得在台從事通商貿易的權利，並將交涉對口改爲日本。

日本鑑於過去台灣與清帝國的貿易關係，先後指定舊港、後龍、梧棲、鹿港、東石、馬公等港口爲特別開港場，並給予清國帆船（戎克船）合法出入，以維持台灣人所習慣的貿易模式。

日本經濟學者矢內原忠雄曾在其著作「帝國主義下的台灣」一書中提及台灣身爲日本殖民地的特殊處境。矢內原忠雄提到日本由於當時尚未發展到歐美資本國家的經濟規模，所以對於海外殖民地的做法並不同於一般歐美國家。也就是說當時歐美國家對外擴張的壓力來自於國內的資本家，而日本因爲國內資本市場尚未發展成熟，所以就得由國家投入資本來發展國內的企業。而日本對它的第一個殖民地台灣也是同樣的做法。也就是說日本必須先行以日本納稅人繳納的錢對台灣進行大量的投資與建設，才能在建設完成之後開始取得真正的獲利。

日本啟蒙思想家福澤諭吉逝世日　1901.2.3

Tâi-oân tok-li̍p 台灣獨立

2022 February

2月 4日

舊曆 正月初四

節氣 立春

台諺有云：立春落雨透清明。意思就是立春若下雨，到清明前都會多雨。

▲・上圖爲二二八和平日的標誌。

◀・左圖，一九八七年三月七日，群眾在彰化市發起二二八大屠殺平反運動，要求國民黨向二二八屠殺道歉。（插圖參考自宋隆泉的攝影照片）

・一九九九年二月二十八日，民眾參加二二八紀念活動時，高舉中國殺人魔的稻草人像，稻草人身上的衣服分別寫著這些殺人魔的姓名。（插圖參考自謝三泰的攝影照片）

・一九八七年，鄭南榕（前排左一）與林宗正牧師（前排黑衣牧師袍者）等夥伴手舉二二八和平日標誌，走上台南街頭宣示。

眉月

禮拜五 lé - pài - gō

FRI 金曜

2022年 2月

日	一	二	三	四	五	六
		1	2	3	4	5
6	7	8	9	10	11	12
13	14	15	16	17	18	19
20	21	22	23	24	25	26
27	28					

1987.2.4

二二八和平日促進會成立

中華民國在二二八事件之後對台灣人進行大屠殺的歷史事件，長期以來都被中華民國政府視爲言論與出版上的禁忌。二二八受難家屬與見聞者，都因受特務軍警恐嚇，而不敢公開談論二二八與其冤屈。直到八〇年代，台灣民主運動興起之際，許多前輩便開始試圖解除二二八的政治枷鎖與言論禁忌。

一九八七年二月四日，「二二八和平日促進會」成立，以推動平反二二八事件爲組織目標。「二二八和平日促進會」是在「自由時代週刊」創辦人鄭南榕與陳永興、李勝雄等人的提倡下所發起成立，並經由台灣人權促進會、台灣政治受難者聯誼會、台灣基督教長老教會北區聯合祈禱會、黨外屏東聯誼會、黨外嘉義聯誼會、民進黨雲林籌備處及民進黨幹部服務處等團體所聯合組成。

二二八促進會成立後，陸續有多個人權團體加入。這是解嚴前最大規模的團體串聯用以訴求平反二二八事件。該會除了主張將每年二月二十八日訂爲國定紀念日之外，還要求政府公佈二二八眞相和史料並公開道歉、對二二八受難家屬給予平反賠償、將二二八史實編入教科書，並且立刻釋放所有的良心政治犯。「二二八和平日促進會」當時還在全台灣各地舉行了二十一場的公開群眾活動與演講。

隨著台灣言論自由逐漸解禁，關於二二八的出版與研究也如雨後春筍般大量湧現。「二二八和平日促進會」當時的主張也在日後逐一實現。雖然陳水扁主政下的台北市政府與李登輝掌控下的行政院已相繼宣布二二八爲和平紀念日，但是在歷史教育的方面依舊相當匱乏，許多台灣人仍然不知道事件的來龍去脈，部分中國人至今還試圖扭曲當時的眞相。

台灣首位女性漢醫師莊淑旂逝世日 2015.2.4

莊淑旂，一九二〇年出生於台北市，爲台灣首位女性漢醫師。一九五五年遭到中華民國政府迫害，入獄三年。出獄後長期旅日，並獲慶應大學醫學博士學位。後來成爲太子妃美智子的皇室健康顧問與親密好友。逝世時，日本宮內廳還因擔憂美智子受到打擊而未馬上告知。

2022
February

2月5日

舊曆 正月初五

千金買厝，萬金買厝邊。

形容房屋重要，厝邊隔壁更是重要。台灣雖然好山好水、身處國際貿易線的重要位置，但是隔壁卻住了一個名為中國的恐怖惡鄰，鎮日對台灣恐嚇叫囂、惡意騷擾，台灣人想圖個清靜都不可得。

• 遭到中國迫害流亡的「世界維吾爾代表大會」主席熱比婭曾對台灣人說：「台灣人千萬要自己作主，決定自己的命運。」

• 二〇一二年，流亡瑞典的維吾爾人在斯德哥爾摩紀念與抗議中國政府血腥屠殺的伊寧慘案。

• 東土耳其斯坦的獨立旗。

• 中國政府如同納粹一樣在新疆廣設大型集中營關押與殺害維吾爾人，並且不時對男性施打毒針使其失去生殖能力。

五日月

禮拜六 lé - pài - lák SAT 土曜

2022年 2月

日	一	二	三	四	五	六
		1	2	3	4	5
6	7	8	9	10	11	12
13	14	15	16	17	18	19
20	21	22	23	24	25	26
27	28					

World 1997.2.5

東土耳其斯坦伊寧事件

一九四九年，中國人民解放軍進入新疆之後就開始了對維吾爾族與哈薩克族的清洗大屠殺並對相關領導人進行搜捕，藉以剷除蘇聯所扶植的「東土耳其斯坦共和國臨時政府」。「新疆屠夫」王震率領中國軍隊所導致的大規模屠殺，造成維族與哈薩克族共二十萬人往海外逃亡，流亡者多移往土耳其的安卡拉與伊斯坦堡一帶，其中維吾爾族還成立了「東土耳其斯坦流亡政府」。

然而留在新疆的維族卻因爲中國施行的大量移墾政策、洗腦教育與文化控制手段而感到絕望與憤怒，情況就如同當年中華民國政府對待台灣人的方式。中國軍隊就地屯墾的政策也造成士兵與人民搶地爭房的強奪貪汙情形，而中國人全面壟斷水、電、瓦斯與工商事業重要位置的做法也造成維吾爾人等族的高失業率。中國種種自私的殖民舉措就逐漸累積爲種族仇恨與排華厭中的結果。

一九九七年二月五日，伊犁首府大城伊寧市有數千名維吾爾等族青年走上街頭抗議，並對中國政府要求平等與自治。最後和平示威在中國軍隊阻擋下演變爲全城暴動，伊寧地方的中國軍警一度被逐出該地，雙方因此爆發激烈的對峙與衝突。中國政府事後雖然宣稱只有七人死亡，百人被逮補。但是一般認爲最少有數百人於動亂中喪生，傷者無法估計。

中國在事後開始大規模搜捕示威者，並且採取秘密處決與秘密關押的方式。東土耳其斯坦分離組織指控至少有四百多名青年與婦女被逮捕與凌虐至死。中國事後的搜捕與秋後算帳長達數年，期間至少有五萬人遭到逮捕訊問，八千餘人被槍決，數萬人被判刑入獄。然而中國對伊寧的血腥鎮壓與長期的剝削也引發更多的維族青年加入獨立運動，並且得到伊斯蘭國家的同情與支援。

艾森豪協助支那大陳島難民逃往台灣 1955.2.5

2022 February

2月6日

舊曆

正月初六

六日月

雞籠無城，食飽著起行。

原出自於基隆當地俚語，諷刺一堆來基隆賺錢的人，賺飽就閃人。這種撈一筆就走人的蝗蟲作法，就是標準中國人心態。君不見一堆滯台中國人，把台灣當撈錢地，等到狠撈一票之後，馬上拍拍屁股移民美加澳紐。

• 井手薰曾協助森山松之助興建台灣總督府。

• 井手薰曾師事於辰野金吾的門下

• 井手薰像

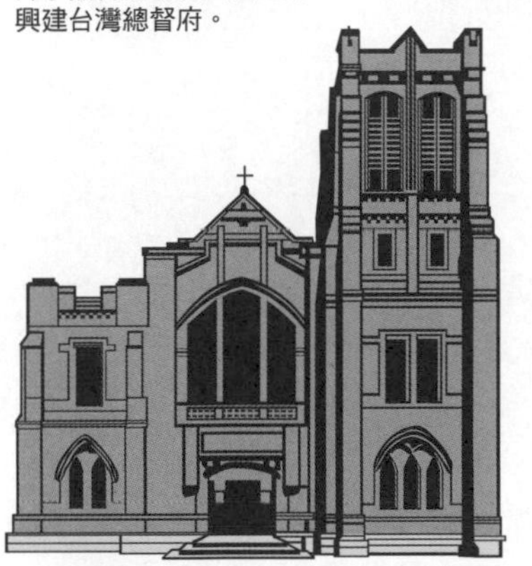

• 日本基督教團台北幸町教會（今濟南教會）

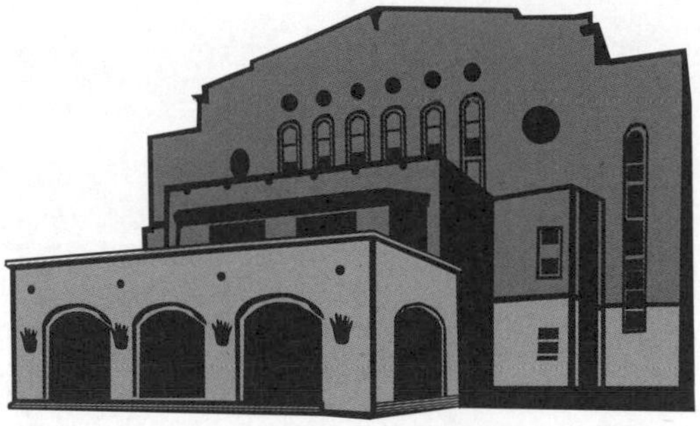

• 台北市公會堂

禮拜日 lé - pài - ji̍t | **SUN** 日曜

2022年 2月

日	一	二	三	四	五	六
		1	2	3	4	5
6	7	8	9	10	11	12
13	14	15	16	17	18	19
20	21	22	23	24	25	26
27	28					

1879.2.6

井手薰誕生日

◆台灣建築先驅

井手薰，日本岐阜人，生於一八七九年二月六日。一九〇六年畢業於東京帝國大學建築科。曾在東洋汽船株式會社工作。後來進入東京「辰野葛西」聯合事務所，跟隨日本建築大師辰野金吾從事設計建築。一九一〇年時得到辰野金吾推薦而前往台灣，並且與森山松之助共事，共同參與台灣總督府的工程計劃。隨後擔任總督府土木官職直到一九四〇年退休，期間參與主導許多台灣重大建築的規劃與設計，其建築特色常見結合西方歷史式樣的裝飾與現代建築的風格。

井手薰經常發表建築論述，文章見於「台灣建築會誌」、「台灣時報」、「台灣日日新報」、「台灣技術協會誌」等刊物。他曾經於一九二六年開始催生「台灣建築會」並擔任會長，也開啓台灣建築領域相關知識與論述的研究。

井手薰相當注重建築物與當地氣候風土的關係。針對台灣高溫潮濕、多白蟻且多地震的環境，他提倡必須使用鋼筋混擬土建材來解決相關問題的方法。而他所參與設計的台灣建築至今仍保存良好也證明了他的論點無誤。

井手薰的主要作品包括早期輔助森山松之助設計的台灣總督府、日本基督教團台北幸町教會（今濟南教會）、建功神社、台灣教育會館（今爲二二八國家紀念館）、台北市市役所、台北市公會堂、台北高等法院（現爲台北重慶南路一段的司法大廈）、帝國大學校舍、台北高等學校校舍、始政四十週年紀念台灣博覽會規劃。他除了參與建築工事，也投入台灣史料編纂與史蹟調查工作。井手薰影響台灣近代官方建築風格甚鉅，他的建築作品幾乎都在台灣，可說是日治時期的指標建築師。一九四四年五月十一日，井手薰病逝台北，享年六十六歲。

藝術家李梅樹逝世日 1983.2.6

Tâi-oân tók-li̍p 台灣獨立

2022 February

2月7日

舊曆 正月初七

有執照的土匪，穿制服的強盜。

此為中華民國來到台灣之後才開始流行的台灣民間俚語，用來形容中華民國政權底下一堆胡作非為、貪污搶錢的軍警與公務員。

七日月

• 劉宜良像（筆名江南）

• 葉廷珪像

• 長期對台灣友善且幫助台灣人對抗中國暴政的美國眾議員索拉茲（Stephen J. Solarz）

• 劉宜良的遺孀崔蓉芝

• 遭到支那人擄去丈夫又被玷污的劉瓊瑛，最終又被國民黨派人下藥毒死。

禮拜一 lé - pài - it | MON 月曜

2022年 2月

日	一	二	三	四	五	六
		1	2	3	4	5
6	7	8	9	10	11	12
13	14	15	16	17	18	19
20	21	22	23	24	25	26
27	28					

1905.2.7

葉廷珪誕生日

◆ 黨外先驅

葉廷珪生於一九〇五年二月七日，台南市人。日治時期曾任台南市會民選議員。一九四七年二二八事件發生後，葉廷珪遭到中華民國政府從台南家中綁票到上海監獄。他的夫人劉瓊瑛變賣家產土地換取一船黃金向國民黨人交付贖款，然而國民黨綁匪卻沒有交付人質，反而把劉瓊瑛拖去輪姦，並丟棄到上海的巷弄等死，幸而最後獲救而得以返台。

國民黨為了掩飾綁票擄人的實情，教唆幫兇偽造文書，然後再把葉廷珪移送到國際戰犯法庭審判，最後無罪釋放。二戰後他曾經三度當選台南市長，也是台南市第一個黨外市長。葉廷珪從政清廉又勤於建設，因此深受人民愛戴，也是早期黨外運動指標人物之一。國民黨高層因此視葉廷珪為心頭大患，一九六一年派特務將葉廷珪夫人劉瓊瑛下藥毒死，其女兒也險被國民黨特務刺死。

葉廷珪一家人可謂是中國暴政統治下的悲劇代表。陳水扁在二〇〇四年頒發恢復名譽證書給葉廷珪。後來立法院審查通過「戒嚴時期不當叛亂暨匪諜審判案件補償條例部分條文修正草案」，增列「葉廷珪條款」，用以補償中華民國暴政下的犧牲者。

1985.2.7

江南案美國聽證會召開

一九八四年十月十五日發生中國國民黨派黑幫份子陳啓禮赴美殺害作家劉宜良（江南）的案件。透過台灣人公共事務會運作，美國眾議員索拉茲於一九八五年二月七日舉行江南案聽證會。眾院亞太小組同日通過索拉茲所提的議案。事後劉宜良遺孀寫信向台灣人公共事務會表達感謝，信中說明聽證會對國民黨造成一定壓力，並間接促使台灣走向民主。

2017.2.7 民主雕塑家李良仁逝世日

Tâi-oân tok-li̍p
台灣獨立

2022 February

2月8日

舊曆

正月初八

善的掠來縛，惡的放伊去。

台灣民間用來形容中華黨國司法的玩笑話。真正作奸犯科的惡人總是被中國軍警縱放，被法院輕判，甚至得以交保潛逃，而無辜善良的古意人卻總是被刑求重判。

上弦月

• 鄭金河像

• 陳良像

• 江炳興像

• 詹天增像

• 謝東榮像

禮拜二 lé - pài - jī ｜ TUE 火曜

2022年 2月

日	一	二	三	四	五	六
		1	2	3	4	5
6	7	8	9	10	11	12
13	14	15	16	17	18	19
20	21	22	23	24	25	26
27	28					

1970.2.8

泰源事件紀念日

一九七〇年二月八日，台東泰源監獄內主張台灣獨立的政治犯，欲聯合台籍士官兵、原住民青年，共一百三十餘人，呼應逃亡赴美的彭明敏，號召台灣獨立並發動革命起事。江炳興、鄭金河、陳良、詹天增、鄭正成、謝東榮六名政治犯計劃起義多時，預備奪槍越獄，並奪取輕裝師武器與台東的軍艦，聯合原住民在山區打游擊，計畫攻佔廣播電台，放送預錄好的「台灣獨立宣言書」以發動全島武裝革命推翻國民黨。然事發時未能立刻刺殺衛兵班長，導致警備提升，六人只得攜械逃亡。

事發後六人逃往山區。警備總部封山搜索，六人相繼被捕，除鄭正成之外，其餘五人均被判處死刑。鄭正成存活原因是鄭金河等人希望有人可爲反抗中華民國暴政的事蹟留下見證，所以五個人都異口同聲說鄭正成是被脅迫的人質。

江炳興等五人於一九七〇年五月三十日從容就義，槍決前五人同時拒絕注射麻醉藥，並一起高喊「台灣獨立萬歲」。江炳興身後留下手寫的「台灣獨立宣言書」，內容提及：「深信壓迫與奴隸存在時，爲自由奮鬥是應該的。台灣是屬於所有台灣人的台灣，我們決心不再受壓迫。我們現正遵從你們歌頌的方法，追求我們台灣的完整獨立，追求我們台灣民眾的自由與幸福。」

鄭金河行刑前對鄭正成說：「台灣如果沒有獨立，是我們這一代人的恥辱。」因爲江炳興等人緊守口風，即使被殘酷刑求也沒有抖出他人，所以監獄中的其他政治犯與當地原住民才沒有被連累。也正因爲泰源事件的發生，使得中國國民黨決定將台灣的政治犯全部移往綠島關押。泰源事件也成了台灣獨立運動當中最爲壯烈的一段歷史。

1904.2.8 日俄戰爭爆發

2022
February

2月9日

舊曆
正月初九

七仔，笑八仔。

半斤八兩的意思。實施白色恐怖的中國國民黨嘲笑施行紅色獨裁的中國共產黨，兩個中國黨都是七仔笑八仔，彼此彼此。

THE WASHINGTON POST ··· THURSDAY, MAY 26, 1988 A19

返 Formosans' Right To Return Home 鄉

The freedom to leave and return to one's homeland is a basic human right guaranteed by the United Nations Universal Declaration of Human Rights, of which the Nationalist Chinese regime (KMT) was a signatory government. This basic human right is being denied to many overseas Formosans, including Taiwanese-Americans, by the KMT, whose agent, the Coordination Council for North American Affairs (CCNAA), refuses to issue them visas. At issue here is an alien regime, not an indigenous government, dictating the terms of the native born people's "homecoming" right.

We, the undersigned, ask for international support to oblige the KMT regime to respect the rights of all Formosans to freely depart and re-enter their native country when they so desire.

The island of Formosa (Taiwan) has been under KMT occupation since the end of World War II. For the past 42 years, its people, ruled by martial law, cum National Security Law, have never enjoyed a free general election. Despite the efforts of the KMT government to portray Taiwan as a Free China, the fact remains today—Taiwan is neither Free nor China.

In recent years, the people of Formosa, at great risk to their personal safety, have become increasingly active in demanding their basic human rights, one of which is the freedom to travel to and from their Motherland. Unfortunately, the infringement on this basic right continues to be as severe today as ever before. Numerous Formosans who have requested permission to return to their homeland for humanitarian reasons, including visiting critically ill family members or attending funerals for deceased relatives, are being denied the freedom to do so, while others who have been appointed to faculty positions at universities in Taiwan are being prevented from assuming their posts due to denial of their visas.

Formosans living abroad, having been deprived of their original passports or denied visas to return to their country, have been holding annual conventions in Europe, Japan and the American continents—North and South—during the last 14 years. At the 1987 Convention held in Canada, the participants selected their native country as the venue for the celebration of the 15th anniversary event. To date, this planned "homecoming" has encountered obstacles brought on by the KMT dictatorship, which refuses to issue visas to would-be participants at the 1988 Convention. For these Formosans, their basic human rights are being violated.

It is high time the world stands up to KMT tyranny!

• 一九八八年五月二十六日，第一個台灣海外婦運組織「促進民主台灣婦女運動」（縮寫為 WMDIT，台語音為「穩得」），在「華盛頓郵報」（The Washington Post） 刊出了福爾摩沙人有權返鄉一文，下方還寫「現在正是全世界站出來對抗國民黨暴政的時刻」的句子並且列出眾多連署的台灣人姓名。

• 陳翠玉年輕時身穿護理服的留影（插圖參考自陳翠玉家人提供給筆者的珍藏照片）

• 陳翠玉像

• 陳翠玉少女時的留影（插圖參考自陳翠玉家人提供給筆者的珍藏照片）

九夜月

禮拜三
lé - pài - sa^{n}
WED
水曜

2022年 2月

日	一	二	三	四	五	六
		1	2	3	4	5
6	7	8	(9)	10	11	12
13	14	15	16	17	18	19
20	21	22	23	24	25	26
27	28					

陳翠玉誕生日

◆台灣護理先驅

1917.2.9

陳翠玉，一九一七年二月九日生於彰化。她曾到日本專修護理和助產士。一九四一年畢業時，她婉拒日本聘約，堅持返台服務。戰後陳翠玉協助聯合國戰後救濟總署在台工作。一九四七年二二八事件期間，陳翠玉好心收留國民黨官員，事後卻遭國民黨官員列入槍斃名單。在友人營救之下，她於一九四七年三月遠赴加拿大多倫多大學攻讀護理學位，學成之後返台。

一九五〇年，在台大校長傅斯年支持下，陳翠玉創辦台大護校並擔任校長。她因拒絕聘用不符資格的國民黨籍教師，並嚴禁教官以黨務干預校務而得罪中國國民黨。一九五三年，陳翠玉被國民黨冠上貪污、反黨、叛國等罪名，遭軟禁三年之久。雖然事後法院還她清白，她仍決定辭去職務，離開台灣並前往中南美洲加入世界衛生組織擔任顧問。

陳翠玉定居於中美洲波多黎各，對於波多黎各人爭取獨立的情況深表同情，因而傾全力投入台灣獨立運動。一九八六年，她在紐約曼哈頓發起第一個台灣海外婦運組織「穩得」，全力推動「民主從家庭開始」的理念。一九八七年，返台推動民主理念，因此被國民黨列入拒發簽證的「黑名單」。

一九八八年，為參加第一次在台灣舉行的世台會，陳翠玉全球奔波尋求中華民國簽證，因疲勞過度引發舊疾，抵台後急診就醫，一九八八年八月二十日病逝於台大醫院。陳翠玉生前說過：「台灣是我的故鄉，我們要回去，這是我們的權利，我將以我的生命爭取這個權利。」一九八八年八月二十六日，陳翠玉治喪委員會在告別禮拜之後，決定讓送葬隊伍前往總統府遊行，以示對中華民國流亡政權的最大抗議。

民主先驅黃爾璇逝世日

2019.2.9

Tâi-oân to̍k-li̍p
台灣獨立

2022
February

2月10日

舊曆
正月初十

軟殼蝦，會食得。

人越是卑躬屈膝，就越會被人踩在頭上欺凌，也就是所謂的「軟土深掘」。台灣有一批見到中國就下跪舔共的軟殼蝦，不但台灣人瞧不起，中國政府更不屑這種垃圾。依照共產黨的一貫思維，這種人在台灣被併吞後，將是第一批被整肅的對象，就跟被中國送去韓戰的國民黨降將一樣。

• 白雅燦像

• 陳達儒像

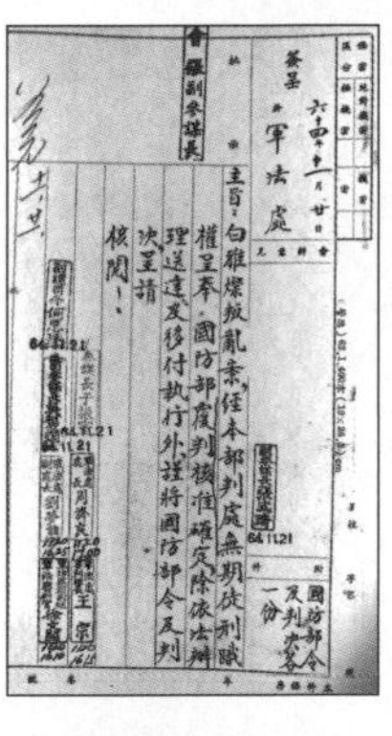

• 白雅燦遭判處無期徒刑的國防部簽呈。

• 白雅燦剛出獄的模樣。

• 陳達儒作詞之後就交由作曲家蘇桐進行譜曲。

• 台灣新音樂之父張福興曾引薦陳達儒進入唱片業。

十日月

禮拜四 lé - pài - sì

THU 木曜

2022年 2月

日	一	二	三	四	五	六
		1	2	3	4	5
6	7	8	9	10	11	12
13	14	15	16	17	18	19
20	21	22	23	24	25	26
27	28					

1917.2.10

陳達儒誕生日

◆台語歌曲作詞家

陳達儒，一九一七年二月十日生於台北市艋舺清水祖師廟附近。陳少年時即苦學漢文，奠定台語創作的文學基礎。一九三〇年代，台語歌曲市場蓬勃發展。一九三五年，加入台語流行歌市場的勝利唱片公司，透過「台灣新音樂之父」張福興的引薦，讓年輕的陳達儒進入勝利唱片公司擔任寫詞的工作。沒想到唱片發行之後，市場反應熱烈，歌曲造成轟動，陳達儒也因此成爲勝利唱片的幕後創作台柱。

然而隨著二戰的爆發與戰後中華民國殖民政權對台語歌曲的打壓查禁，台語流行歌曲市場逐漸式微。陳達儒只好轉職從商另謀出路。他寫過的歌詞包括膾炙人口的「安平追想曲」、「青春嶺」、「白牡丹」、「心酸酸」、「港邊惜別」、「中山北路行七擺」、「南都夜曲」等曲。陳達儒於一九九二年十月二十四日病逝於台北市，享年七十五歲。

1976.2.10

白雅燦二十九問被判處無期徒刑

白雅燦，彰化花壇人。一九六六年政大法律系畢業後，即入伍擔任軍法見習官。一九六九年底，他曾爲黃信介競選立委助選。一九七五年十月，白雅燦宣布競選台北市立法委員，他印了一份傳單，向蔣經國提出二十九個問題，公開質疑蔣家財產的由來與特權黨營事業的問題。此著名的先知二十九問，內容涉及陽光法案、稅制公平、特權關說、責任政治、黨營事業、掏空剝削、健康保險、失業補助、社會住宅、養老退休、公共衛生、基本工資、公民投票、釋放良心犯、解除黑名單等問題。

由於白雅燦的二十九問直接命中國民黨暴政的脆弱核心，一九七六年二月十日，白雅燦就在未經公開審判之下被判處無期徒刑。直到蔣經國死後，一九八八年四月二十二日，才獲得釋放。他只因誠實的言論，就坐了十二年黑牢，顯見中華黨國之荒謬。

北檢起訴二二八參與者林飛帆等人 2015.2.10

Tâi-ôan tók-lék
台灣獨立

2022
February

2月11日

舊曆
正月十一

牛仔，呣識虎。

形容不知自身險境的愚人。許多台灣人缺乏憂患意識，天真到敵我不分，選舉時憑感覺亂投票給國民黨，完全不知道中國國民黨與中國共產黨的暗盤交易與中國想要併呑台灣的企圖與手段。

• 松本巍像

• 廖史豪像

• 王桂榮像

• 松本巍與妻子在離台前的合照

• 廖文毅像

• 美國民主黨總統候選人泰德・甘迺迪

十一夜

禮拜五
lé - pài - gō

FRI
金曜

2022年 2月

日	一	二	三	四	五	六
		1	2	3	4	5
6	7	8	9	10	11	12
13	14	15	16	17	18	19
20	21	22	23	24	25	26
27	28					

2012.2.11

王桂榮逝世日

◆ 民主先驅

王桂榮生於一九三一年的台北大稻埕。十五歲就讀成功中學時，爲了賺取零用錢而在台北市的天馬茶房前販賣洋菸。一九四七年二月二十七日晚間，警察查緝林江邁販售香菸，王桂榮和其他小販衝向前幫林江邁搶回被扣押洋菸，因此意外目睹引發二二八事件的緝菸血案過程。中華民國強徵暴斂的歷史情景，從此深深烙印在王桂榮心中。

一九七三年王桂榮移民美國。一九八〇年，他和台灣同鄉爲美國民主黨總統候選人泰德•甘迺迪舉行募款餐會，促使美國國會通過台灣獨得兩萬名移民配額的法案，將台灣移民的配額獨立於中國之外。一九八二年王桂榮捐出百萬美元成立台美基金會，獎勵台灣人才。同年與蔡同榮、彭明敏、陳唐山等合創台灣人公共事務會（FAPA）。二〇一二年二月十一日病逝台北，享年八十二歲。

1923.2.11

廖史豪誕生日

◆ 台獨先驅

廖史豪生於一九二三年二月十一日，雲林西螺人，爲廖文毅姪子。戰後廖史豪目睹中華民國的腐敗暴斂，因此開始積極從事台獨運動。一九四九年，提出「台灣人家鄉防禦軍」構想，要求國民黨引退。廖史豪因多次參與台獨行動且計劃暗殺蔣經國而被國民黨逮捕，最後被當成人質要脅台灣共和國的廖文毅返台投降，於二〇一一年九月二十八日逝世。

1891.2.11

松本巍誕生日

◆ 台灣植物病理先驅

松本巍生於一八九一年二月十一日，日本東京人。曾擔任台北帝大理農學部教授、台大農學院教授。其間從事甘蔗葉病害、露菌病及白葉病等植物病理學研究，被譽爲「台灣植物病理學的第一人」。

布袋戲偶藝師黃海岱逝世日 2007.2.11

Tâi-oân tok-le̍k 台灣獨立

2022 February

2月12日

舊曆 **正月十二**

戲虎哈燒茶，師公穿破鞋。

唱戲老藝人不喝冰水，只喝燒茶，好保養喉嚨；道士師公要作法，只穿舊步鞋，好方便移步。意指巷仔內老經驗。

•張文環像

•西川滿像

•張文環等人於一九四一年創辦「台灣文學」雜誌。

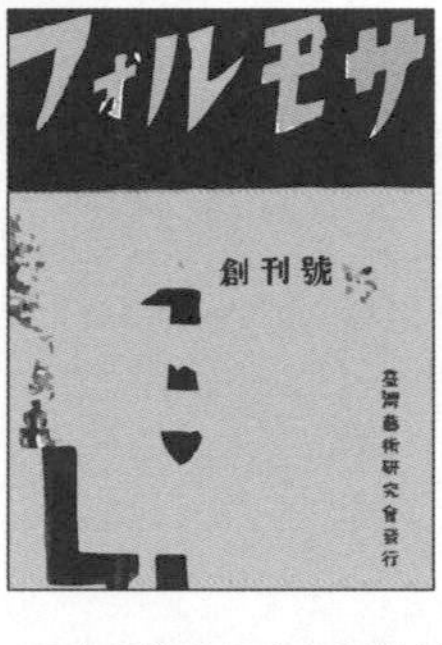

•張文環等人在東京留學創辦的「福爾摩沙」雜誌。

•西川滿的手工裝幀書「梨花夫人」封面。

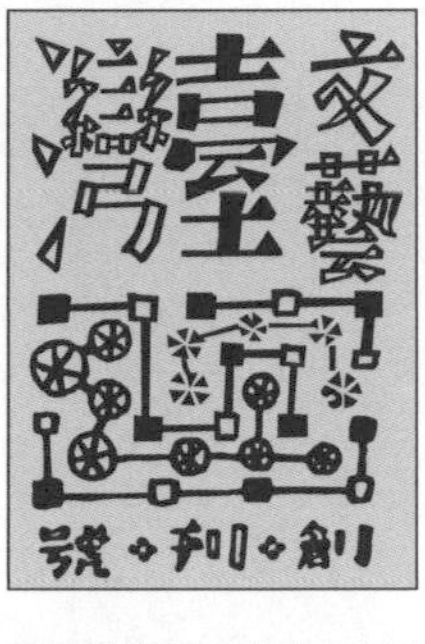

•西川滿與日本官方創辦的文學雜誌「文藝台灣」。

十二夜

禮拜六 lé - pài - la̍k | **SAT 土曜**

2022年 2月

日	一	二	三	四	五	六
		1	2	3	4	5
6	7	8	9	10	11	12
13	14	15	16	17	18	19
20	21	22	23	24	25	26
27	28					

1908.2.12

西川滿誕生日

◆日本文化工作者

西川滿生於一九〇八年二月十二日，日本福島人，台灣日治時期的日本作家與文化工作者。畢業於早稻田大學文學部法文科。幼年時隨父親來到台灣，在台灣待過約三十年的時間，直到一九四六年離開台灣。西川滿曾創辦文學雜誌「文藝台灣」，其觀點以日本人視角爲主，與張文環等人創辦「台灣文學」的台灣人視角有所不同。

西川滿本身因爲出身日本統治階級，因此偏好抹去現實的浪漫主義與耽美風格來呈現台灣的「異國風情」，這點與出身台灣的張文環所走的現實主義路線形成強烈的對比。西川滿本身對於版畫創作與書籍裝幀的努力，也在台灣出版史留下華麗的一頁。一九九七年，西川滿將自己收藏的兩萬冊台灣古書籍捐贈給淡水工商學院（眞理大學）。於一九九九年二月二十四日逝世。

1978.2.12

張文環逝世日

◆台灣現實主義作家

張文環生於一九〇九年，嘉義梅山人，台灣日治時期小說家。日本東洋大學文學科畢業。一九三三年與王白淵、巫永福等台灣留學生在東京組織「台灣藝術研究會」，發行文學雜誌「福爾摩沙」。二十三歲的張文環首次發表小說「父親的臉面」，入選日本「中央公論」雜誌。一九四一年並與王井泉、中山侑等人創辦「台灣文學」，與日本人西川滿的「文藝台灣」分庭抗禮。

張文環熱心於地方政治，一九四四年出任台中大里莊長，戰後當選第一屆台中縣參議員。二二八後他對中華民國極度失望，停止文學創作。直到一九七二年才創作長篇小說「滾地郎」，小說中被賣的養子養女暗喻台灣在國際上的孤獨處境。張文環的作品多取材台灣本土，充滿現實主義風格。於一九七八年二月十二日逝世，享年六十九歲。

陳水扁推動國營事業正名運動掛牌 2007.2.12

Tâi-oân tok-li̍p
台灣獨立

2022
February

2月13日

舊曆 正月十三

貓肚、馬腳、牛港力。

這是用來形容中華民國慣老闆心目中對理想員工的夢想。就是吃得跟貓一樣少量（貓肚），跑得跟馬一樣勤快（馬腳），操得跟牛一樣兇（牛港力），簡單說，就是把人當奴隸看而已。

十三夜

• 圖博雪山獅子旗為1912年設計的圖博軍旗，十三世達賴喇嘛於1918年宣布為圖博國旗。

• 十三世達賴喇嘛像

• 2012年，一名流亡印度的圖博人在新德里的抗議支那活動當中自焚身亡。

TIBET IS NOT A PART OF CHINA

• 自由圖博學生運動的成員於美國的中國大使館前進行抗議。

禮拜日 lé - pài - ji̍t | SUN 日曜

2022年 2月

日	一	二	三	四	五	六
		1	2	3	4	5
6	7	8	9	10	11	12
13	14	15	16	17	18	19
20	21	22	23	24	25	26
27	28					

World

1913.2.13

圖博獨立宣言發佈日

清帝國覆亡之時，清帝國軍開始在圖博大肆搶劫，後來被駐印度的英軍聯合圖博軍隊給擊敗而撤出。十三世達賴喇嘛重新返回拉薩。隨即於一九一三年二月十三日發表圖博獨立宣言，表明圖博是獨立、自由且有信仰的國家。圖博獨立宣言指出圖博必須去殖民，圖博人才能活得有尊嚴，並且享有真正的快樂與幸福。

圖博獨立宣言還提及保護境內的寺院文化與信仰傳承、禁止貪腐與酷刑、維護主權獨立與社會經濟上的分配正義等事項，也與日後國際人權憲章所提到的價值不謀而合。由於中華民國成立後內戰頻繁，無力侵略圖博，十三世達賴喇嘛便安穩統治圖博直到一九三三年逝世爲止。直到一九五九年中華人民共和國軍隊大舉侵略圖博並進行大屠殺之前，圖博都處在半自主（被英國控制）的狀態。

中國入侵圖博之後，圖博獨立宣言上所說的主權獨立、人身自由、宗教信仰與分配正義都不復存在。取而代之的則是中國政權的極權暴力、貪腐濫殺、思想控制與文化滅絕。中國的殖民式侵略也爲圖博帶來全面性的災難，數百萬圖博人在中國的侵略迫害之下，失去了自由與人權，也失去了他們自己的語言與文化。

圖博人因爲佛教信仰的關係，相信因果輪迴，因此拒絕使用暴力去對付敵人，只好選擇自焚做爲最沉痛的抗議，也造成無數圖博平民與僧侶自焚身亡的悲劇。圖博青年大會的主席丹增晉美曾強烈批評中國的殖民統治是圖博歷史上最黑暗的時代。丹增晉美更指出中國非法佔領和侵略圖博期間共造成逾一百二十餘萬圖博人死亡，六千多座寺院遭到摧毀，成千上萬的圖博家庭因此流離失所。

馬英九被查緝黑金中心起訴貪汙罪 2007.2.13

Tâi-oân tók-lèk
台灣獨立

2022
February

2月14日

舊曆
正月十四

算命若會準，草仔埔都會生竹筍。

由於中華民國的教育完全不重視邏輯辨思與哲學討論，使得許多台灣人將自身命運交付給未知的鬼神以及算命仙手上。最後結果就是算命算命，有命算到沒命。

• 蔡同榮像

• 台灣人公共事務會的識別標誌。

• 王桂榮像

• 陳唐山像

• 彭明敏像

• 羅福全像

十四夜

禮拜一
lé - pài - it

MON
月曜

2022年 2月

日	一	二	三	四	五	六
		1	2	3	4	5
6	7	8	9	10	11	12
13	14	15	16	17	18	19
20	21	22	23	24	25	26
27	28					

台灣人公共事務會成立

1982.2.14

一九八二年二月十四日，由蔡同榮、彭明敏、王桂榮、陳唐山等人在美洛杉磯成立台灣人公共事務會（Formosan Association for Public Affairs，簡稱FAPA）。首任會長為蔡同榮。台灣人公共事務會的成立象徵著台灣人在美國有了第一個專業遊說與外交任務型的團體，也不需要再經由黨國控制的中華民國外交部來代表台灣人對外發聲。

台灣人公共事務會的工作目標包括促進國際對於台灣人權與台灣獨立與民主的支持，強化台美關係，保護台灣人民的自決權利，增進台灣和平與安全。FAPA除了主要在美國從事外交工作之外，也結合了海內外支持台灣民主與獨立運動的力量，向中華民國施壓廢除戒嚴令、解除黨禁報禁、釋放良心政治犯、廢除政治黑名單，並且從事改善台灣人權等重要工作。

台灣人公共事務會曾經達成許多重大成就，包括幫台灣到美國的移民爭取到兩萬五千名配額，並且讓台灣獨立於中國配額之外；促進美國國會舉辦台灣議題聽證會；讓台灣移民的美國護照出生地可以填寫「台灣」，而非「中國」；推動美國參議院通過了「支持台灣民主決議案」，迫使蔣經國放棄連任總統，並且考慮解除戒嚴；推動美國參、眾兩院通過「台灣安全決議案」，明確表示美國將助台防禦中國侵犯；成功推動眾議院通過「美國協防台灣軍售法案」；推動美國國會通過讓台灣加入國際組織的議案。

美國參院議員甘迺迪曾經誇讚台灣人公共事務協會的成就：「任職參院二十多年以來，雖然見過很多遊說團體，但沒有一個團體能像你們組織那樣，對於美國國會議員的想法發生那麼重大的衝擊。」

美國友台眾議員索拉茲獲李登輝贈勳 2000.2.14

Tâi-oân tok-lėk
台灣獨立

2022 February

2月15日

• 許永華的好友陳文成被國民黨殺害身亡之後，許永華便開始投入捐款、抗議、組織等工作。

• 許永華像

• 許永華於1989年在洛杉磯參加全美台灣同鄉會代表大會。

• 許永華於2005年參加台獨聯盟會議。

舊曆 正月十五

上元

正月十五又叫上元節，也稱元宵暝，台灣早年有「迎鼓仔燈」的習俗。

小望月

禮拜二 lé - pài - jī

TUE 火曜

2022年 2月

日	一	二	三	四	五	六
		1	2	3	4	5
6	7	8	9	10	11	12
13	14	15	16	17	18	19
20	21	22	23	24	25	26
27	28					

2015.2.15

許永華逝世日

◆台獨先驅

許永華於一九三六年出生於台南佳里。一九五五年從台南師範學校畢業後曾經在地方學校服務。一九五九年考上政治大學財稅系，學業結束後即通過銀行員特考並服務於交通銀行。許永華在初中時期即瞭解到中華民國政權以三等國民對待台灣人的殖民本質，一九六六年赴美留學之後更積極投入台灣獨立運動。

在猶他州立大學攻讀碩士時，許永華就曾邀請就讀政治系的廖光生（廖文毅之姪）籌組台灣同學會。一九六九年，許永華從猶他遷移至密西根州求學與就業，期間二十年曾籌設美國中西部台灣人夏令營基金，成立台灣同鄉聯合行動會，聲援美麗島事件受害者，籌設美麗島週報，出任世界台灣同鄉會秘書長與起草全美台灣同鄉會組織章程，可說全心投入海外台獨運動工作而無怨無悔。

許永華在密西根州期間結識陳文成，並成爲多年好友。一九八一年七月三日密西根大學畢業的陳文成在台灣被國民黨特務殺害身亡，人在密西根的許永華便開始投入捐款、抗議、組織連絡、陳文成基金會設立、紀念專集編輯等工作。他曾於「台灣新社會」月刊中論述台灣意識的形成，並且強調獨立建國運動應該奠基在台灣民族意識之上，方能避免將台獨運動停止在只爭取民主自由的層次。

鑒於台灣政治局勢的改變，許永華於一九九二年在南加州成立台灣主體協會用以宣揚台灣主體意識。一九九四年陳水扁當選台北市長之後，許永華決定返台任教並擔任台北銀行駐行常務董事。直到陳水扁競選市長連任失敗後才又返回美國，並繼續從事台獨論述工作。於二〇一五年二月十五日逝世於台北，享年八十歲。

World

美國務院表態反對中國反分裂法 2005.2.15

Tâi-ôan tòk-li̍p 台灣獨立

2022 February

2月16日

舊曆 正月十六

一暝看到天光，呣知皮猴一目。

看皮影戲看一整晚，卻不知道皮影偶長什麼樣子。形容人抓不到重點，因為愚昧遲鈍而視而不見。就像國民黨在台灣胡作非為七十年，一堆台灣人卻對中國黨的土匪本質毫無知悉與洞察。

滿月

• 一九五三年，許遠東初到合作金庫花蓮支庫報到。

• 李登輝相當賞識許遠東並提拔他為央行總裁。

• 許遠東像

• 許遠東熱愛古典音樂，也愛演奏小提琴，曾大力資助過台北愛樂管弦樂團，可說充分體現早期台灣仕紳的涵養與格調。

• 許遠東年輕時騎著動力自行車的留影。

禮拜三 lé - pài - sa^{n} | WED 水曜

2022年 2月

日	一	二	三	四	五	六
		1	2	3	4	5
6	7	8	9	10	11	12
13	14	15	16	17	18	19
20	21	22	23	24	25	26
27	28					

1998.2.16

許遠東遇難日

◆台灣財經長才

許遠東，一九二七年五月二十二日生於苗栗竹南。許家後來舉家搬至台北，許遠東幼時便在台北艋舺成長。從台北州立第二中學（戰後稱為成功高中）畢業後，考取台灣大學政治系。二二八抗暴事件之後，中華民國開始大肆迫害知識分子以及大學生，許遠東逃往宜蘭與鶯歌避難。後來卻因就讀台大期間參加讀書會而被莫名捲入政治冤獄，被國民黨特務逮捕囚禁一年餘才被釋放。

許遠東獲釋後繼續完成台大學業，畢業後曾在延平中學擔任教職，後來到台灣省合作金庫擔任金融業務工作。他自基層開始做起，歷任數家銀行與財政部金融司司長等重要職位。一九八九年起，開始兼任銀行公會理事長，並對公營銀行內部稽核制度、改善逾期放款、人員培訓及業務創新等改革付出許多心力。

一九九五年三月許遠東出任中央銀行總裁，推動金融檢查一元化、亞太金融中心計畫。任職期間歷經過彰化第四信用合作社、國際票券公司金融事件、一九九六年中國軍事威脅、一九九七年東南亞金融風暴，許遠東均謹慎度過危機，獲得國際的肯定。

一九九八年二月十六日，許遠東於桃園大園空難中罹難。多年之後，二〇一〇年十月三日，許遠東的傳記「台灣紳士許遠東」正式發表。傳記透露他對外來政權的反感與「台灣建立獨立國家」的信念。書中提及：「為何台灣人註定在『外來政權』統治下，非得過著殖民地生活不可？難道這是台灣人的宿命嗎？我絕不接受這句話。」「台灣人日比一日增強自覺的能力，終有一天，時機成熟，相信不經流血，台灣必定建立一個完全獨立的民主國家。」許遠東的話語可謂充滿對於台灣建國的期待。

四千名台派學者與專家表態挺公投 2004.2.16

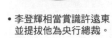

2022
February

2月17日

舊曆

正月十七

伊會通放火燒厝，
我毋通點火食煙。

等同於北京話常說的「只許州官放火，不許百姓點燈」。用來形容中國軍隊來台後，劫財貪汙殺人放火樣樣來，卻對老百姓設下嚴刑峻法戒嚴宵禁樣樣什麼都要管。

• 科索沃國徽，上方六顆星代表科索沃的六個民族，中間則為科索沃的地圖。

• 陳文成與妻子陳素貞（左）的合照，一對原本有著幸福未來的夫妻就這樣被蔣經國與滯台支那人給抹殺掉。

• 陳文成像

• 陳庭茂在陳文成的墳前哀悼與默思。

• 陳文成之父陳庭茂至總統府前抗議。

立待月

禮拜四 lé - pài - sì

THU 木曜

2022年 2月

日	一	二	三	四	五	六
		1	2	3	4	5
6	7	8	9	10	11	12
13	14	15	16	(17)	18	19
20	21	22	23	24	25	26
27	28					

陳庭茂逝世日

1990.2.17

◆ 陳文成之父

陳庭茂生於一九一一年一月二日，台北板橋人，出身於日本時代的寺廟建築師世家。二戰後曾目睹中華民國的腐敗劫掠與國民黨的貪婪暴斂，卻也只像大多數台灣人一樣無奈屈從。直到一九八一年七月三日，陳庭茂的四子陳文成從美國留學返台後遭國民黨特務殺害死亡之後，才改變了他的一生。當時的陳庭茂已七十高齡，卻因遭受喪子之痛而深切體悟到逃避參與政治並無法避免厄運降臨己身。

原來刻意疏離政治的陳庭茂開始參與台灣民主運動與對抗國民黨的集會行動。他不但巡迴全台替黨外人士助選，還前往日美訪問台灣社團，並為「台美文化交流中心」的建築募款並且籌募「陳文成博士文教基金會」的經費。黨外人士均尊稱他為「陳老爹」。陳庭茂於一九九〇年二月十七日病逝家中，享年七十九歲。

科索沃宣布獨立日

World 2008.2.17

科索沃位於歐洲東南部的巴爾幹半島之上，因歷史緣故長期處在阿爾巴尼亞裔和塞爾維亞裔的種族衝突狀態之中。一九八九年鼓吹大塞爾維亞統一思想的塞爾維亞總統米洛塞維奇撤銷科索沃的自治權。一九九二年新成立的南斯拉夫聯盟共和國依然將科索沃劃入版圖之中，視科索沃為自古以來不可分割的領土。

一九九八年米洛塞維奇決定以武力侵犯方式攻擊謀求獨立的科索沃。美國及北約也決定發動空襲行動加以反擊，科索沃戰爭因此爆發。二〇〇一年米洛塞維奇被逮捕，在國際法庭被以種族清洗罪起訴。二〇〇八年科索沃新上任民選總理開始推動獨立。二月十七日，科索沃國會召開會議宣讀「科索沃獨立宣言」，科索沃正式獨立，後來獲得百餘國家的承認，國際法院隨後也認可科索沃的獨立地位。

台灣名鋼琴師高慈美誕生日 1914.2.17

Tâi-oân tok-le̍k 台灣獨立

2022 February

2月18日

舊曆 正月十八

屈死毋告狀，餓死毋做賊。

中華民國戒嚴時期，想去法院平反冤屈根本就是無三小路用。所以很多人寧願受冤而死，也不想上法院去控告這個支那土匪政權。

居待月

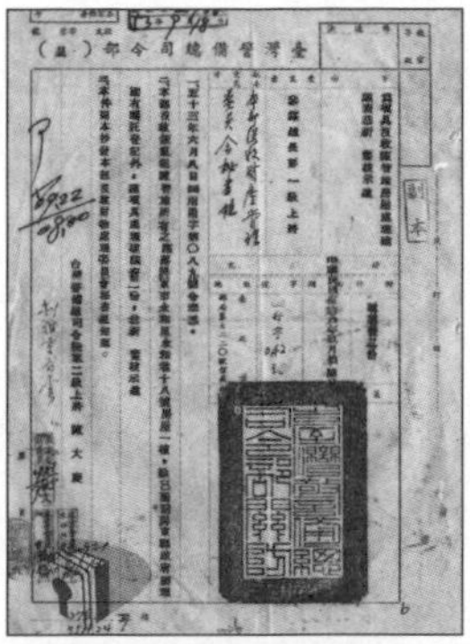

• 陳智雄殉國後，中國警總鷹犬竟還沒收其私人財產與房屋。

• 中華民國軍法局執行死刑後所發出的公文，上面還留有當時軍法局長走狗汪道淵的簽名。

• 陳智雄與陳英娘於一九四六年在印尼結婚，隨後因陳智雄投身台獨運動，陳英娘只好改嫁，她也告誡子女不要責難父親的義行。

• 陳智雄像

• 陳智雄獄中像

禮拜五 lé - pài - gō | FRI 金曜

2022年 2月

日	一	二	三	四	五	六
		1	2	3	4	5
6	7	8	9	10	11	12
13	14	15	16	17	18	19
20	21	22	23	24	25	26
27	28					

1916.2.18

陳智雄誕生日

◆台獨第一烈士

陳智雄出生於一九一六年二月十八日，阿緱廳人。東京外國語大學畢業後曾任職日本外務省，並被派遣到印尼擔任翻譯。二戰後陳智雄留在印尼從事生意。戰後長期受西方帝國主義統治的殖民地紛紛爭取獨立，他也加入了印尼的獨立運動以對抗荷蘭殖民統治。陳智雄暗中購買日軍在二戰時遺留下來的大批武器提供給印尼的獨立革命軍，因此遭到荷蘭軍政府逮捕監禁。

印尼順利從荷蘭軍事統治中獨立之後，陳智雄便成了印尼國父蘇卡諾的座上貴賓。目睹印尼獨立過程的他也隨即開始幫助他的故國台灣脫離中華民國的暴政統治。陳智雄加入廖文毅的「台灣共和國臨時政府」並擔任駐東南亞大使。隨後因中國的施壓，他被印尼監禁並被逐出印尼，而成了無國籍狀態。之後設法取得瑞士國籍而得以繼續從事台獨運動。

一九五九年，國民黨駐日特務將持有瑞士證件的陳智雄綁架回台灣。日本媒體公開報導國民黨特務綁架的過程，礙於國際輿論壓力，中華民國只好釋放陳智雄。出獄後他不顧中華民國政府的威脅警告，立即投入台灣獨立組織「同心社」，並繼續在台灣從事台獨運動。

一九六一年陳智雄再度遭到國民黨逮捕，並以唯一死刑定罪。他面對軍法官的審訊一概以台語回答，軍法官喝令他以「國語」應訊，他大聲地以台語回應：「台灣話就是我的國語。」一九六三年五月二十八日，陳智雄從警總看守所被押往馬場町，他因拒絕下跪而遭到警總衛兵拿斧頭砍斷腳掌，獄卒更以鐵絲刺穿他的雙頰，使他無法張嘴，但陳智雄仍奮力撕裂滲血喊著「台灣獨立萬歲！」直到被槍決殺害的前一刻。

World

滿洲國宣告脫離支那並正式獨立 1932.2.18

2022
February

2月19日

舊曆
正月十九

節氣
雨水

台語常說：雨水連綿是豐年，農夫免用力耕田。

• 古倫美亞唱片的封套設計

• 作詞家陳達儒

• 蘇桐像

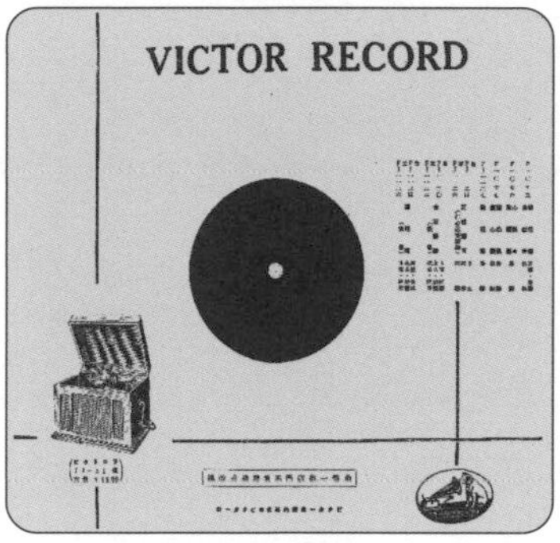

• 勝利唱片的封套設計

• 蘇桐（中）彈奏揚琴。

寢待月

禮拜六
lé - pài - la̍k
SAT
土曜

2022年 2月

日	一	二	三	四	五	六
		1	2	3	4	5
6	7	8	9	10	11	12
13	14	15	16	17	18	19
20	21	22	23	24	25	26
27	28					

蘇桐誕生日

◆台灣作曲家

1910.2.19

蘇桐生於一九一〇年二月十九日，台灣著名作曲家與琴師。他才華洋溢卻個性孤傲，因此鮮少與人交往，只遺留少數歷史資料。一九三〇年代台灣流行歌謠運動興起，蘇桐在一九三二年被延攬至日人經營的古倫美亞唱片因而嶄露頭角。他爲賣座的默片電影譜寫的曲目因爲好聽易記，也讓眾人開始注意到他的音樂才華。

蘇桐並沒有正式學過音樂，但其作曲才華深受古倫美亞唱片的日本老闆欣賞。後來因個性火爆與老闆發生衝突，離職後轉入由台灣人經營的勝利唱片。在勝利唱片時期，他和作詞家陳達儒合作寫出膾炙人口的透早就出門，天色漸漸光之「農村曲」、「雙雁影」、「青春嶺」、「姐妹愛」、「日日春」等名曲。在勝利唱片的任職期間也是蘇桐創作生涯當中的高峰期。

一九三八年之後，因戰爭因素與日本推動皇民化運動的關係，台語唱片業紛紛蕭條歇業。蘇桐離開勝利唱片，後加入日軍勞軍團，並到市場擺攤過活。二戰後，中華民國殖民政權來到台灣，開始全面推行北京話，台語歌謠再度受到打壓與禁唱，就連蘇桐譜曲的「農村曲」也遭禁唱。

絕頂才華的蘇桐無用武之地，只好到賣藥團彈奏與歌仔戲班後台擔任樂師謀生，但是三餐經常不繼且生活困苦。晚年曾加入台視的天馬歌仔戲團，擔任戲班樂團裡的揚琴師。天馬歌仔戲團雖然曾經捧紅楊麗花，但是蘇桐因爲罹患氣喘，無法參加電視錄製工作，只好辭去戲班樂師職務。才華洋溢的蘇桐晚年相當悽涼，於一九七四年十一月二十六日病逝於台北九號水門租屋處。死後身無分文，只得靠楊麗花歌仔戲團的友人募款才得以安葬。

硫磺島戰役爆發 1945.2.19

Tâi-oân tok-li̍k 台灣獨立

2022 February

2月 20日

舊曆 **正月二十**

更待月

不會打獵的男人，就不是男人。

Ini kla maduk ka snaw o' oxay snaw ki da，此為太魯閣族的諺語，用來表示狩獵是族中男人應該有的英勇表現與正當的行為。

• 第五任總督佐久間左馬太

◈ 太魯閣族戰士像

◈ 哈鹿那威頭目像

◈ 哈鹿那威（左二）與族人的合照。右二為哈鹿那威的貼身護衛比紹，左一為哈鹿那威的妻子，右一是副頭目牙考．白楊。

◈ 此為太魯閣族的菱形花紋，代表祖靈的眼睛之意。

禮拜日 lé - pài - jit **SUN 日曜**

2022年 2月

日	一	二	三	四	五	六
		1	2	3	4	5
6	7	8	9	10	11	12
13	14	15	16	17	18	19
20	21	22	23	24	25	26
27	28					

1915.2.20

哈鹿那威逝世日

◆ 太魯閣戰役頭目

哈鹿那威生於一八五〇年代前期，爲台灣太魯閣族諸社總頭目。一八九五年日本開始接收台灣並在花蓮新城設監視哨，駐哨隊員因強姦太魯閣族女子，太魯閣族人因此襲擊新城監視哨，並殺死日本隊長與隊員做爲報復，史稱新城事件。一八九七年日軍爲報復太魯閣族而派兵攻擊，卻無功而返。日軍開始鎖定英勇擅戰與熟悉地形的太魯閣族頭目哈鹿那威，並開始招撫政策，改以商業與教育手段控制太魯閣族。

一九〇六年發生二十三名日人遭太魯閣族殺害的威里事件，日本改採經濟封鎖與武力攻擊的雙管壓迫方式來控制太魯閣族，也因此造成太魯閣族人的嚴重傷亡。一九一三年，日本政府也開始籌備大規模武力攻擊太魯閣族的計劃，並派人以道路開鑿探險隊的名義進行地形探勘與情報蒐集。

在完成地形勘查之後，一九一四年五月台灣總督佐久間左馬太決定率軍對太魯閣族展開兵分東西兩路的夾擊。此役日軍調動三千一百名士兵、三千一百名警察，與四千八百名軍夫，總共一萬一千餘人，配合山炮機槍，大舉進攻「太魯閣蕃」。哈鹿那威也率領一千多名的族人據險強力反抗，多次阻斷日軍攻勢。

哈鹿那威在二千多公尺高山上，與日軍相持多日，終因寡不敵眾，武器簡劣而失敗。哈鹿那威爲了避免族人遭到全面性屠殺，在一九一四年七月三日率領成員向日軍繳械投降。太魯閣戰役造成日軍死傷三百多人，佐久間總督在此役中也墜崖傷重死亡。哈鹿那威很快地也於一九一五年二月二十日因戰敗而抑鬱病逝。戰後日本人因欽佩哈鹿那威的英勇善戰，將太魯閣族守備的山峰改名爲哈鹿那台。

台灣感染免疫學權威黃崑巖逝世日 2012.2.20

Tâi-oân tȯk-lėk 台灣獨曆

2022
February

2月21日

舊曆
正月廿一

有唐山公，
無唐山嬤。

用來形容早期渡海來台的清國人因為政策緣故而不得攜帶女伴，因此清一色都是男性羅漢腳。最後落地生根者就必定要與台灣平埔族等具有南島語系血緣的原住民族女人共組家庭。生下的後代再經過多代的在地混血，所謂的「純正華夏血統」早已混到只剩下個位數以下的百分比了。

• 伊萊沙的丈夫李麻

• 台南新樓女學校的女子學生合照

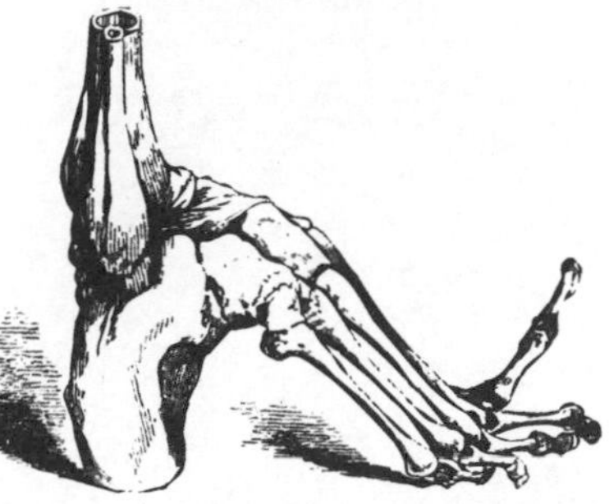

• 支那文化中的女性纏足習俗將導致腳骨嚴重變形。伊萊沙因此規定入學女子不得纏足。

• 長榮女中的校徽依然留有一八八七年新樓女子學校第一屆開學的年份。

二十一夜

禮拜一
lé - pài - it

MON
月曜

2022年 2月

日	一	二	三	四	五	六
		1	2	3	4	5
6	7	8	9	10	11	12
13	14	15	16	17	18	19
20	21	22	23	24	25	26
27	28					

1902.2.21

伊萊沙逝世日

◆台灣女校創立者

伊萊沙（Elizabeth Cooke Ritchie）是英國長老教會福爾摩沙傳教團的老師兼宣教士。一八六七年她與李麻牧師結婚並且陪同李麻一起來到台灣。李麻夫婦抵台的第二年，即一八六八年，台灣發生了樟腦戰爭與埤頭教案，清帝國被迫承認傳教師在台灣有傳教居住之權。一八七一年，伊萊沙開始投入教育與傳教工作，包括輔導婦女和女童學習認字，並協助閱讀教會讀物等工作。

一八七九年，他的丈夫李麻向台南教士會建議興建女子學校，並差遣女傳教士來台規劃女學，堪稱倡導台灣女子教育的先驅。一八七九年李麻因罹患瘧疾病逝台南之後，伊萊沙繼續接手她丈夫未完竟的女子學校設立工作。她向倫敦長老教會總會與女傳教士協會寫信，申請派遣女宣教師來台灣發展教育與傳道等工作。

伊萊沙於一八八〇年二月二十六日受英國女宣道會指派爲第一位台灣女宣教師。她開設主日讀經班，同時晚上在醫院教授病人認字讀經，並專注於台灣偏遠地區的女子教育。一八八〇年，她個人則拿出三百元英鎊，捐款設立女子學校。伊萊沙爲了鼓勵女性入學，學費只收平均費用的一半，並且規定入學女子不可以纏足。

一八八〇年，伊萊沙因病返回英國，隔年一八八一年又返回台灣繼續工作。直到一八八四年，她因病重才申請退休。在「新樓女子學校」（長榮女中前身）尚未成立之前，伊萊沙便已經離開台灣。建校的工作由後續來台的傳教士接辦。伊萊莎奉獻台灣期間，她同時失去至愛的丈夫與兒子，可以說是爲了神聖理念而犧牲甚巨。返回英國後於一九〇二年二月二十一日逝世。

八田與一 誕生日 1886.2.21

World 國際母語日 2.18

Tâi-oân tok-li̍p
台灣獨立

2022
February

2月22日

舊曆
正月廿二

頂司管下司，鋤頭管糞箕。

形容某些芝麻小官，超愛對下屬頤指氣使，官威陣仗一樣都少不了。很多台灣人到鄉鎮市公所都吃過中華民國公務員的臭臉與排頭，越是底層的公務員，那種看不起人的高姿態就越明顯，所謂廟小妖風大，池淺王八多。

二十二夜

• 湯德章像

• 蔡丁貴像

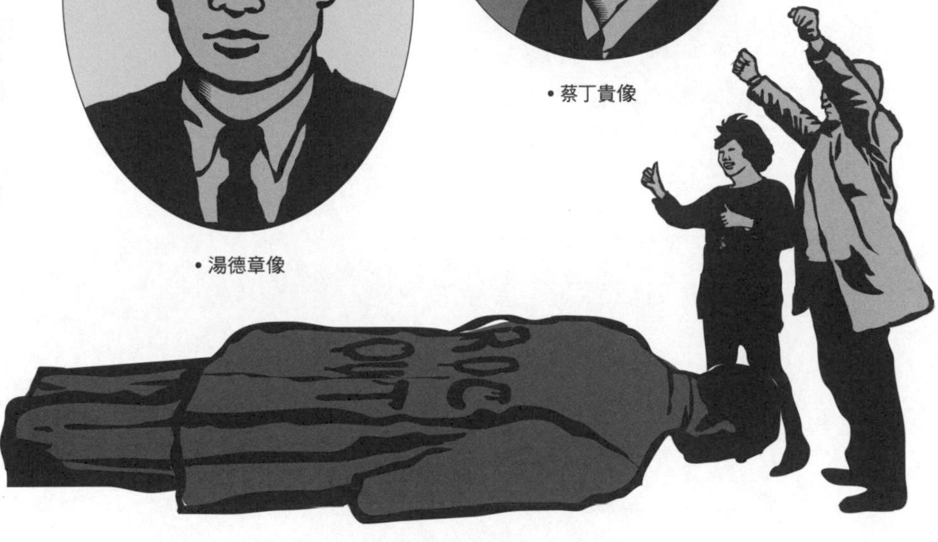

• 孫文銅像被推倒後，眾人歡呼。

禮拜二 lé - pài - jī
TUE 火曜

2022年 2月

日	一	二	三	四	五	六
		1	2	3	4	5
6	7	8	9	10	11	12
13	14	15	16	17	18	19
20	21	22	23	24	25	26
27	28					

孫文銅像推倒事件

2014.2.22

流亡來台的中華民國長期在台灣各地建立數量龐大的政治銅像，包括孫文與蔣介石的塑像，試圖用空間佔據的方式加固黨國所建立的洗腦神話。此類黨國塑像通常與該地並無任何歷史淵源與地緣關係，因此隨著台灣民智漸開，此類威權的殘存物也多被撤除與集中管理，尚未拆除的塑像則經常成爲民眾抗議或是破壞的對象。

二〇一四年二月二十二日，公投護台灣聯盟總召集人蔡丁貴率百名成員抵達設有孫文銅像的台南市湯德章紀念公園。蔡丁貴等人以測試地震安全爲由爬上銅像，使用繩子套住孫文銅像的脖子，並用工具切割腿部，然後由數人合力拉倒。不到一分鐘，六百多公斤的銅像便應聲倒下。隨後銅像並被人噴漆上「ROC OUT」（中華民國滾出去）的英文字樣。參與成員也組成人牆保護蔡丁貴，阻撓警方調查。

此次孫文銅像推倒事件也是台灣在二戰後首次有人對孫文銅像進行破壞動作，也引發台灣與中國兩陣營的政治角力與抗爭活動。事後蔡丁貴等行動成員被依「毀損器物罪」以及「意圖侮辱中華民國」提起公訴並被判決拘役，並於二〇一七年入監服刑。蔡丁貴表示中華民國是流亡政府，孫文也非台灣國父，因此不承認判決結果。

台南湯德章紀念公園原來前身是被中國國民黨命名的民生綠園，在日本時代則被稱爲大正公園，也是湯德章律師被中華民國軍隊當場槍殺的地方。但是湯德章被殺害之地後來卻被放上與本地無關的孫文銅像，因此才引發台灣獨立支持者的集體行動。在推倒孫文銅像之後，台南市政府也決定將銅像移往他處，不再放回原地，好讓湯德章公園的空間得以恢復原來的歷史脈絡。

台獨烈士詹益樺誕生日 1957.2.22

2022 February

2月23日

舊曆
正月廿三

目周，藏於褲底。

意思就是眼睛藏在褲底胯下，形容某人視而不見、眼力極差的意思。看看國民黨籍的韓國瑜，自稱用屁眼看人，在台語的語境裡，不就是自婊自己眼力不好，眼光極差嗎？

大阪毎日新聞
第二號外 昭和十三年二月廿三日
發行所 大阪毎日新聞社

支那機、台灣に現る
飛行場を狙ひ民家へ盲彈
我戰鬪機に擊退さる

• 大阪每日新聞刊出支那飛機（蘇聯航空志願隊）空襲台灣的新聞。

• 瓦西里耶維奇為蘇聯航空志願隊的高級顧問，曾到中華民國協助對抗日本並轟炸台灣。

• 中華民國政府派轟炸機前往台北進行轟炸。

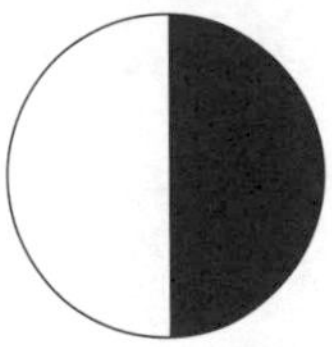

下弦月

禮拜三 lé - pài - sa^{n} | **WED 水曜**

2022年 2月

日	一	二	三	四	五	六
		1	2	3	4	5
6	7	8	9	10	11	12
13	14	15	16	17	18	19
20	21	22	23	24	25	26
27	28					

1938.2.23

中華民國首次轟炸台灣

一九三八年，中日戰爭期間，中華民國與蘇聯航空志願隊合作，由蘇聯航空志願隊策劃與主導，預計從中國南昌與漢口兩基地出動四十架的SB轟炸機前往台北飛行場（現今爲松山機場）來進行轟炸，轟炸日期選定一九三八年二月二十三日。然而當日眞正抵達台灣的僅二十八架轟炸機，原因是從南昌出發的十二架轟炸機因偏離航線而被迫返航。剩下的轟炸機於一九三八年二月二十三日早上十一點到下午三點陸續抵達台北飛行場上空進行轟炸。

此次空襲投下兩百八十枚炸彈，投彈噸數爲二十八噸。事後中華民國與蘇聯雖然宣稱轟炸成果豐碩，號稱炸毀多架敵機與軍事設施，然而日本海軍的報告卻說轟炸機因在高空盲炸，所以損失輕微，只波及到少數無辜居民。台灣卻也從此開始進入防空警備的防禦狀態。

此次轟炸是中華民國主導對台灣進行的第一次空襲行動，史稱松山空襲。蘇聯選定二月二十三日來進行轟炸，是因爲該日爲蘇聯紅軍節，以此加強政治象徵與勝利宣傳的意味。蘇聯航空志願隊以中華民國空軍名義執行，並且在蘇聯轟炸機上塗漆上代表中華民國的青天白日徽，代表中蘇兩國同盟友好。

由於日後中國國共兩黨關係惡化，中華民國開始全面撇清原來與蘇聯的親密合作關係，包括這次中蘇聯手的松山空襲、孫文與蘇聯共黨的密切交往、蔣經國留學蘇聯並加入蘇聯共產黨的歷史以及中華民國國軍仿效蘇聯共產黨建立黃埔黨軍的歷史過程。直到現在中華民國軍隊依舊保有蘇聯在軍隊中安插打小報告的政治委員傳統（如政戰官、輔導長），對照中華民國日後全面醜化蘇聯的洗腦歷史教育實屬諷刺。

二戰美軍於馬尼拉戰役擊敗日軍 1945.2.23

Tâi-ôan tok-li̍k 台灣獨立

2022 February

2月24日

舊曆

正月廿四

蝦仔兵，草蜢將。

形容不堪一擊的爛軍隊。例如國民黨帶的中國軍隊軍紀敗壞，一路被日軍還有紅軍打得抱頭鼠竄，只有來台灣搶糧搶錢殺平民的時候最神氣。

二十四夜

• 一九六一年蕭泰然與高仁慈訂婚。

• 蕭泰然像

• 蕭泰然譜寫的「台灣翠青」被譽為台灣國歌，台灣翠青國旗也是依此命名。

• 蕭泰然於一九九五年在國家音樂廳指揮他自己所譜寫的「一九四七序曲」。

禮拜四 lé - pài - sì | THU 木曜

2022年 2月

日	一	二	三	四	五	六
		1	2	3	4	5
6	7	8	9	10	11	12
13	14	15	16	17	18	19
20	21	22	23	24	25	26
27	28					

2015.2.24

蕭泰然逝世日

◆台灣作曲家

蕭泰然於一九三八年一月一日出生於台灣高雄州。其父親爲齒科醫師，母親爲留日鋼琴家，蕭幼時即受音樂薰陶並開始修習音樂。一九五九年蕭泰然考上台灣省立師範學院音樂專修科，主修鋼琴演奏，並開始學習作曲。一九六五年赴日本武藏野音樂大學鍵盤專攻科深造，並師事於鋼琴教授中根伸也與和聲學教授藤本秀夫。

一九六七年，蕭泰然學成返回高雄，也開始他的教學生涯，先後任教於高雄文藻女子外語專校、高雄女師、台南家專與台南神學院等校。一九七七年移民美國後，基於對故鄉的思念，開始重新整理台灣歌謠並改編成演奏曲。蕭泰然於一九八六年進入加州州立大學洛杉磯分校音樂研究所攻讀作曲碩士，就此確立了融和台灣主體精神以及西方音樂技巧的作曲方向。

蕭泰然畢生致力於台灣本土音樂的創作與改編，因此被譽爲「台灣拉赫曼尼諾夫」。其作曲方向被評爲「以台灣民謠的精神爲主體，融入西方古典、浪漫、印象及現代音域的技巧，來培育現代的台灣新音樂。」蕭泰然曾將許多台灣歌謠重新改編成演奏曲，例如「望春風」、「台灣調」、「黃昏的故鄉」等。同時也創作台語歌謠，如「出外人」、「嘸通嫌台灣」，與譽爲台灣國歌的「台灣翠青」。

一九八〇年蕭泰然因創作「出頭天進行曲」，被中華民國列入政治黑名單而無法返回台灣。一九九三年，創作了「一九四七序曲」用以紀念二二八抗暴事件。直到一九九五年蕭泰然返台之後，仍然持續創作「台灣魂」、「傷痕之歌」以及「玉山頌」等曲。蕭泰然於二〇一五年二月二十四日病逝於美國洛杉磯，享年七十八歲。

台灣關係法起草者費浩偉逝世日 2009.2.24

Tâi-oân tok-le̍k 台灣獨曆

2022 February

2月25日

舊曆 正月廿五

加人加水，無加米。

台灣民間的玩笑話，形容客人來家裡作客，為了避免對方不好意思，就說煮飯只是加水不加米，大家著免客氣啦。這句俚語也反映戰後台灣米遭中國人搶掠所造成的糧荒，直到美援與麵粉到來才解除危機。

• 呂泉生與王昶雄合作譜寫「阮若打開心內的窗」一曲。

• 王昶雄曾加入張文環開創的「台灣文學」並用日文發表小說與散文。

• 王昶雄像

• 王昶雄年輕時候的模樣。

• 王昶雄在淡水河邊山丘眺望遠處八里與觀音山景色。

二十五夜

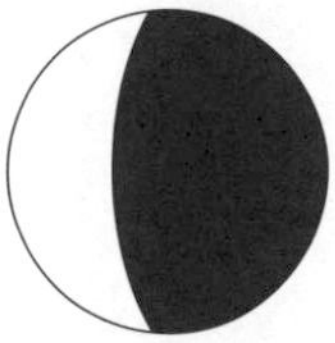

禮拜五 lé - pài - gō | FRI 金曜

2022年 2月

日	一	二	三	四	五	六
		1	2	3	4	5
6	7	8	9	10	11	12
13	14	15	16	17	18	19
20	21	22	23	24	25	26
27	28					

王昶雄誕生日

◆台灣文學家

1916.2.25

王昶雄（王榮生）生於一九一六年二月二十五日，淡水人。王昶雄父親因爲從事海外貿易，長年在中國奔波，幼時便由居住淡水的外祖母所帶大。一九二九年，王昶雄從淡水公學校畢業之後便前往日本東京就讀中學，三年後返台就讀台灣商工。王昶雄原於一九三五年考上日本大學文學系，後因父親過世的生計問題而轉念齒學系。

王昶雄雖然被迫就讀齒學系，但是仍然對於文學創作念念不忘，在日本時曾經加入「青鳥雜誌」與「文藝草紙」的投稿，並且發表中篇小說「淡水河之漣漪」。學成返台之後在台北行醫，同時投入張文環開創的「台灣文學」刊物以及台灣新文學運動。他以日文寫出許多精彩的小說、散文與評論，從一九四二年返台一直到二二八抗暴事件期間是王昶雄日文創作的黃金時期。

二戰後中華民國帶來的白色恐怖，讓王昶雄因鬱悶灰心而長期封筆。一九五〇年，他從淡水搬至台北市中山北路，繼續齒科醫師的工作。一九五八年，當台灣歌曲遭到中華流亡政權全面打壓之時，王昶雄與作曲者呂泉生合作譜寫「阮若打開心內的窗」一曲，成爲台灣人傳唱的經典歌曲。

王昶雄將台灣人的憤恨與失望都深埋在歌詞的最隱晦之處。此曲表面是在講述遊子思念故鄉的心情，但是歌詞內所隱藏的卻是對中華民國暴政的控訴。王昶雄在一九九六年接受李筱峰教授訪問之時，也清楚表示當時在中華民國統治之下台灣了無希望，才把「雖然前途無希望」填入歌詞中。此曲發表後也迅速在台灣民間流行起來。王昶雄晚年積極推動文化台獨，參加「台灣筆會」等文學組織的活動，於二〇〇〇年一月一日病逝台北。

台灣首位醫學博士杜聰明逝世日 1986.2.25

Tâi-oân tok-lėk 台灣獨曆

2022
February

2月26日

舊曆
正月廿六

雞規寮仔歎雞規。

原來是玻璃工廠工人在自嘲自己在吹玻璃的情形。後來衍生成形容吹牛與唬爛成性的人。看看國民黨人從蔣介石、馬英九以降，一路到韓國瑜、郭台銘，哪個不是雞規寮仔歎雞規的嘐潲大王。

• 義軍粟原安秀陸軍步兵中尉。

• 二二六事件的起義軍官首謀，由左至右分別為野中四郎陸軍步兵大尉、香田清貞陸軍步兵大尉、安藤輝三陸軍步兵大尉等人。

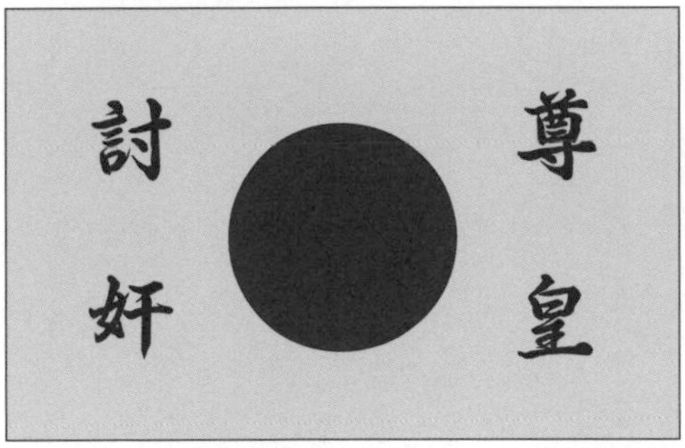

• 義軍的「安藤隊」旗。

• 二二六事件中起義的日軍軍官與士兵。

二十六夜

禮拜六
lé - pài - lák
SAT
土曜

2022年 2月

日	一	二	三	四	五	六
		1	2	3	4	5
6	7	8	9	10	11	12
13	14	15	16	17	18	19
20	21	22	23	24	25	26
27	28					

日本二二六事件

1936.2.26

二二六事件是日本陸軍內部派系「皇道派」與「統制派」因對於國家想像、政治主張與軍事路線的理念不同而產生的一次武裝刺殺政變事件。當時日本軍隊對於政治的影響力相當龐大，軍隊內部的分裂也相當嚴重。其中支持「皇道派」的少壯派軍官因爲對政客控制、派閥佔據、財團剝削、農村貧困、經濟大恐慌引發的社會慘況感到不滿，加上「皇道派」的軍官持續被「統制派」打壓與剝除權力，認爲日本天皇周圍已被惡人包圍。

年輕軍官決定以武力刺殺的方式「清君側」，並於一九三六年二月二十六日決定由二十二名年輕軍官率領一千四百多名士兵執行刺殺政敵行動，試圖控制皇居以及東京市中心。年輕軍官自稱「義軍」，並且仿照明治維新的「尊皇倒幕」與「尊皇討奸」的口號來進行號召與行動。

二二六行動雖然順利進行，有兩名前首相與多名內閣大臣以及侍從長遇刺身亡，叛軍甚至一度佔領東京市中心，包括東京警政署、首相府等官方機構。但是反叛軍官並未成功佔領皇居與刺殺現任首相。加上後來高階將領多未站在叛軍的這一邊，而年輕軍官所擁戴的裕仁天皇竟也公開表態不支持叛軍，最後二二六事件在起義四天後隨即以失敗收場，起事軍官多被處死與監禁。而東條英機等「統制派」高階將領則在此事件後成爲主導軍隊的人物，也帶領日本往軍國的方向前進。

二二六事件對日本與日後太平洋局勢的走向影響巨大，包括台灣歷史也因此受到牽連。海軍大將小林躋造在二二六事件後也被究責並被編入預備役，旋即被派任爲第十七任的台灣總督，任內開始全面推行皇民化運動。

中研院公佈張七郎遭中國軍殺害真相 2009.2.26

Tâi-oân to̍k-le̍k 台灣獨曆

2022 February

2月27日

舊曆

正月廿七

大賊劫小賊，魷魚劫墨節。

形容黑吃黑、賊吃賊的情形。戰後中華民國來台劫收，許多中國軍警紛紛加入搶劫台灣民家的行列。低階的軍警搶到了錢，還得上繳高階的大官，正是所謂的大賊劫小賊，魷魚劫墨節。

• 鹽月桃甫像

• 在天馬茶房前遭中國官員用槍柄敲擊頭部而流血昏倒的林江邁婦人。

• 許世楷於一九八八年提出「島內獨立運動公開化、海外返鄉普遍化」的主張。

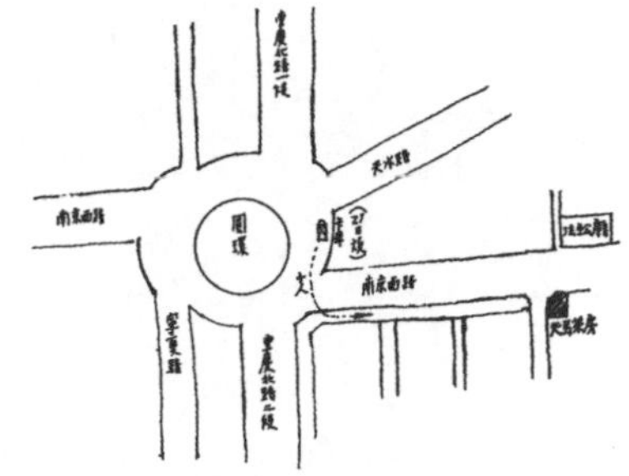

• 此圖為二二八受難遺族黃守禮手繪的台北緝菸血案地圖，圖中標明了卡車的停車位置以及中國武警與緝菸員的行進路徑，也間接證明了目前二二八事件引爆地紀念碑的位址其實有誤。

有明月

禮拜日 lé - pài - ji̍t | SUN 日曜

2022年 2月

日	一	二	三	四	五	六
		1	2	3	4	5
6	7	8	9	10	11	12
13	14	15	16	17	18	19
20	21	22	23	24	25	26
27	28					

1947.2.27

台北緝菸血案

二戰後中華民國專賣局所產香菸品質低劣，使得許多菸商轉而走私洋菸。一九四七年二月二十七日，販賣香菸的有牌菸商林江邁婦人在台北市太平町天馬茶房前販售洋菸。傍晚時分，中華民國專賣局查緝員與武裝警員前來查緝洋菸，並沒收林江邁香菸與現金。林婦跪地哀求卻遭到查緝員用槍托重擊額頭，導致鮮血直流並暈倒在地。現場圍觀群眾因此極爲憤怒而包圍查緝員，查緝員因而慌張逃竄，其中查緝員傅學通被群眾追上後而開槍擊斃遠觀的無辜市民陳文溪。此舉使得民眾憤怒情緒更爲高漲，將查緝員遺留的卡車搗毀焚燒，之後更包圍派出所與憲兵隊要求交出兇手。此次緝菸事件也引爆了二戰後因中華民國貪腐劫收以及橫徵暴斂而累積已久的台灣人情緒，經常被視爲二二八起義抗暴事件的導火線。

1886.2.27

鹽月桃甫誕生日

◆台灣美術先驅

鹽月桃甫出生於一八八六年二月二十七日，日本宮崎縣人。鹽月桃甫於一九二一年來台後任教於高校並從事美術教育推廣。他崇尚獨立自由，反對學生穿制服，也不配合日本政府的藝術宣傳政策。一九二七年他和石川欽一郎、鄉原古統、木下靜涯等人創設台灣美術展覽會（簡稱台展），並爲台灣引進油畫技術，也曾被人暱稱爲「野獸派鬼才桃甫」。

1988.2.27

許世楷提台獨公開化

一九八八年二月二十七日，台獨聯盟總本部的主席許世楷在「二二八」四十一周年演講會義中提出「島內獨立運動公開化、海外返鄉普遍化」的主張。許世楷的主張也成爲九〇年代初期台獨運動主軸。

陳水扁宣布終止國家統一綱領 2006.2.27

Tâi-ôan tȯk-lėk 台灣獨曆

2022
February

2月 28日

舊曆

正月廿八

二十八夜

嘸捌字央人看，
嘸捌人死一半。

嘸捌（bat）字大不了還可以請教別人，但是分辨不出人心善惡，就有可能出人命。戰前台灣仕紳對支那抱持著浪漫的祖國幻想，終戰後不思獨立，反而還歡喜迎接中國人到來。結果中國人一來馬上就對台灣進行血洗屠殺，也印證了「嘸捌人死一半」的道理。

林義雄家宅血案遇難者

• 林游阿妹

• 林亮均

• 林亭均

• 黃榮燦繪製，「恐怖的檢查—台灣二二八事件」。

禮拜一
lé - pài - it

MON
月曜

2022年 2月

日	一	二	三	四	五	六
		1	2	3	4	5
6	7	8	9	10	11	12
13	14	15	16	17	18	19
20	21	22	23	24	25	26
27	28					

二二八大屠殺暨抗暴事件紀念日

1947.2.28

二戰結束後，中華民國對台灣的劫收惡行不斷，缺乏法治概念的中國官兵與守法的台灣人形成巨大的文化衝突。中華民國因管控失當而造成的物價飛漲與通貨膨脹也導致台灣生活艱困。中華民國官員荒廢米糧配給並放任官商勾結，也導致米價飆漲與糧食匱乏甚至造成飢荒。而日本時代絕跡的天花、霍亂、鼠疫在中國代管台灣後又再度流行。

在中華民國的荒唐治理之下，台灣民怨已經高度沸騰。美國駐台北領事館在一九四六年的情勢報告中不斷提及到中華民國因嚴重失政而導致民怨如潮。連國民黨高官汪彝定事後的回憶錄都說到：「中國來台人士多是抱著搶地盤、揩油水的心理而來。」一九四七年二月二十七日的台北緝菸血案終於全面引爆爲台灣人對中國殖民政府的抗暴行動，最後也演變成中華民國對台灣平民的血腥大屠殺。

林義雄家宅滅門血案

1980.2.28

一九八〇年二月二十八日，當時的林義雄因美麗島事件被國民黨逮捕並拘禁在新店監獄。她的妻子方素敏與時任林義雄助理的田秋堇前去探監，林義雄家中就只留下三個女兒與母親林游阿妹。田秋堇探監後返回林家卻驚見滅門血案。林義雄的六十歲母親被刺殺十三刀，慘死住處地下室。雙胞胎幼女林亮均、林亭均被背部一刀貫穿胸部，當場死亡。

唯一生還的大女兒林奐均雖被刺六刀，然因身上背著書包而未被刺中要害。凶手以短刺刀刺入後都橫向反勾與故意下切，刻意加深傷口以致人於死地。由於凶手手法類似受過軍事訓練的殺手所爲，故令社會大眾認爲該案出自中國國民黨特務單位之手，目的是爲了要打擊八〇年代開始具有社會影響力的黨外運動，藉此警告所有想要民主自由的人士。

蠻番島嶼社等人對蔣臭頭棺木潑漆 2018.2.28

三月

雄中自衛隊抗暴日。【詳見三月三日。】

Tâi-oân tok-li̍p
台灣獨立

2022 March

3月1日

舊曆

正月廿九

人飼人，一支骨，
天飼人，肥朒朒。

形容大地提供豐富的資源給人類，但若是只靠人類的話，根本無法養活彼此。身處亞熱帶的台灣一年可兩到三穫，本來是有足夠物產養活所有人。但是戰後中華民國來台之後，劫收搶糧不斷，把台灣搞成飢荒島，甚至出現日治時期都不曾出現過的餓死人景況，根本與土匪政權無異。

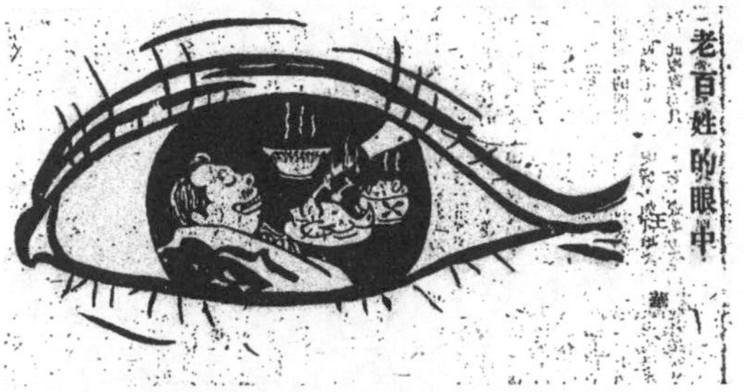

• 圖為一九四七年「新新」雜誌刊載的漫畫，標題為「老百姓的眼中」。圖中描繪當時台灣人眼中看到的「中國接收大員」，鎮日只會腦滿腸肥地吃喝，完全無心於施政，所以台灣人才會用「狗去豬來」形容這些跟肥豬一樣只會吃的中國官員。

• 王清佐像

• 圖為台灣戰後藝文雜誌「新新」於一九四六年八月十二日第六期所刊出的諷刺時事漫畫，暗諷這些鎮日貪錢過日，吃得跟肥豬一樣的中華民國大官。

• 中國軍警使用八號鐵絲綁絞王清佐，並用老虎鉗旋緊，導致王雙手殘廢。插圖參考施並錫的「串綁之冤魂」。

晦月

禮拜二 lé - pài - jī | **TUE 火曜**

2022年 3月

日	一	二	三	四	五	六
		1	2	3	4	5
6	7	8	9	10	11	12
13	14	15	16	17	18	19
20	21	22	23	24	25	26
27	28	29	30	31		

1900.3.1

王清佐誕生日

◆二二八事件受害者

王清佐出生於一九〇〇年三月一日，屏東萬丹人。台中中學畢業後赴日深造，入中央大學法科就讀，一九二八年三月畢業，並通過文官高等試驗司法科考試。一九三一年返台，於台南擔任辯護士。戰後出任三民主義青年團高雄分團籌備主任。二二八事件發生時，以三青團員身分協助維持社會秩序，擔任地方法院院長。

王清佐因拒絕高雄市警察局長，同時也是中國人的童葆昭想要到王家避難的意圖，事後因此遭到公報私仇，被國民黨警察逮捕並遭到嚴刑拷打。王清佐雙手被八號鐵絲綁絞，鐵絲並以老虎鉗旋緊，直到痛極慘叫，以至於雙手殘廢。後來雖緩刑獲釋，但是終生無法執筆拿筷，吃飯都要由妻子餵飯，從此便不再過問政治。王清佐只是當時眾多台灣菁英被中華民國政權迫害清洗的例子之一。

1947.3.1

台灣人民抗暴日

一九四七年三月一日，台北緝菸血案所引發的暴動之後，台北街頭出現了「台灣獨立」、「建立台灣民主自治政府」、「建立台灣民主自衛軍」、「打倒國民黨十八年一黨專政」等標語。許多的人民團體也紛紛成立，在街上到處散發傳單與張貼標語。英國駐淡水領事館也記載了當時傳單標語的盛況。

之後有數百名台灣大學、省立師範學院與私立延平學院的學生集會，高舉標語「擁護獨立」，也象徵著在中華民國的腐敗統治下，台灣人民從歡欣迎接祖國的心情轉而興起獨立自主的抗暴意念。三月一日那天，鄒族青壯年也開始集結義勇軍，湯守仁集合槍枝、獵槍以及山刀，準備反攻中華民國軍隊。不久鄒族義勇軍就快速攻下紅毛埤軍械庫，並進而聯合嘉義民兵前往圍堵嘉義水上機場並展開攻防，成為二二八抗暴史中的重要戰役。

日俄戰爭日軍發起奉天戰役總進攻　1905.3.1

Tâi-oân tok-le̍k 台灣獨曆

2022 March

3月2日

舊曆 正月三十

閏月

便所蠟燭，臭火。

形容一些人自大狂妄，虛張聲勢，本質其實是卑鄙小人。台灣政壇上舉目可見國民黨籍或是無黨籍的官員民代，多是這種便所蠟燭，當選內幕都臭不可聞。

• 蘭大弼在彰化街頭騎單車的模樣

• 蘭大弼的父親蘭大衛

• 蘭大弼像

• 蘭大弼與妻子高仁愛的結婚照

禮拜三 lé - pài - saⁿ

WED 水曜

2022年 3月

日	一	二	三	四	五	六
		1	2	3	4	5
6	7	8	9	10	11	12
13	14	15	16	17	18	19
20	21	22	23	24	25	26
27	28	29	30	31		

2010.3.2

蘭大弼逝世日

◆蘇格蘭良心名醫

蘭大弼（David Landsborough IV），一九一四年十二月十六日出生於台灣彰化，蘇格蘭人。其父親是彰化基督教醫院的創辦人蘭大衛。蘭大弼從小在彰化長大。直到一九三一年才回英國受教育，因爲受到父親行醫的影響也決定成爲宣教醫師，並且在倫敦皇家內科醫學院主修腦神經內科。

一九四〇年蘭大弼學校畢業後曾到中國福建服務，一九五二年又返回台灣彰化基督教醫院服務。之後蘭大弼將人生的二十八年青春歲月全部奉獻給彰化民衆。他將彰化基督教醫院原本五十床的規模，增加成兩百八十床現代化的教學醫院，並擴充臨床部門，以培養全方位的醫療人才。爲了達到「全人醫治」，他還設立院牧部、社會工作部來幫助貧困就醫者。蘭大弼創設的彰基神經內科也成爲台灣醫界知名的強項專科。

一九七〇年蘭大弼設立精神科部門，成爲台灣中部第一家關心精神病患並提供照護的醫院。他還協助台灣痲瘋救濟協會前來照顧台灣中部的痲瘋患者。蘭大弼的夫人高仁愛醫師也積極到南投、苗栗、台中縣等原住民部落與沿海地區推展公共衛生。夫婦兩人不但對台灣中部醫療貢獻卓著，也對救助社區貧困傷病不遺餘力。蘭大弼在台灣社會仍處貧困之際，就四處對外募款，用以擴建先進的醫療設備與提供穩定的醫療品質。

蘭大弼雖是蘇格蘭人，但是他的台語相當流利，常以台語自稱「台灣囝仔」以及「英國籍台灣人」，辭世之前仍念念不忘台灣，並寫下「台灣」兩字。二〇一〇年三月二日，蘭大弼病逝於倫敦，享年九十六歲。彌留時以台語說出：「要照顧艱苦人」，此言也成蘭大弼最後遺言。

2007.3.2 高鐵台北站正式營運

Tâi-ôan tók-lėk 台灣獨立

2022 March

3月3日

舊曆 二月初一

一個拽尿，換一個拽屎。

走了一個撒尿的，來了一個拉屎的，形容每下愈況。二戰後，殖台日本人走了，卻來了拉屎的中國人。中國人不但強奪公產與米糧，更缺乏文明素養與公共道德，最終引發民怨後又以屠殺無辜收場，所以台灣人才在當時出現「狗去豬來」的說法。

新月

• 雄中自衛隊的抗暴紀念碑設計

• 僅受過日本軍訓的雄中學生組成自衛隊向中華暴政宣戰。

• 涂光明曾加入雄中自衛隊擔任參謀少佐，後來與彭孟緝談判時遭逮捕槍決。

• 圖為日本時代的高雄車站。由於高雄屠夫彭孟緝下令軍隊對聚會民眾進行隨機開槍濫殺，雄中自衛隊決定組織「決死隊」驅逐高雄車站的國民黨憲兵隊，最終因武器不足而全員殉國。

禮拜四 lé - pài - sì | THU 木曜

2022年 3月

日	一	二	三	四	五	六
		1	2	3	4	5
6	7	8	9	10	11	12
13	14	15	16	17	18	19
20	21	22	23	24	25	26
27	28	29	30	31		

雄中自衛隊抗暴日

1947.3.3

台北緝菸血案之後，一九四七年三月三日，高雄市民響應台灣各地反抗中華民國暴政的起義行動，開始到處搜索中國國民黨的貪官汙吏，其中又以雄中自衛隊最爲知名。其實早在中華民國前來劫收台灣之時，許多高雄的學校，例如雄女、雄中、雄工、雄商就已經對國民黨帶來素質低劣的教職員與公務行政人員感到不滿而採取罷課與抗爭行動。

二二八事件之後，三月三日雄中學生自行組成雄中自衛隊，並有雄工、雄商等學生軍的加入，高雄女中學生則負責食物與後勤支援。雖然當時雄中校長林景元和導師有勸阻學生，但是並無法阻止學生起義的行動。雄中自衛隊以「高雄學生軍」的名義發表「告親愛的同胞書」與「告台灣同胞書」，沉痛控訴台灣「走了狗，竟來了豬」，呼籲建立自由民主的新台灣。

雄中自衛隊並無特定領導者，團體採集團式領導，除管理並保護當時已停課的校園外，亦在當時校園旁的倉庫收留與保護中國籍人士。當時高雄各校校長亦有發給教職員「三角證章」，以保護清廉的中國籍教員。然而國民黨日後卻污名化自衛隊拘禁中國人甚至綑綁當成沙包，甚至偽造雄中自衛隊的歷史文件。

在高雄屠夫彭孟緝下令軍隊開始對聚會民眾進行隨機開槍濫殺之後，雄中自衛隊決定組織「決死隊」驅逐高雄車站的國民黨憲兵隊以避免糧食供應遭切斷，然因武器落後與訓練不足而以失敗收場。學生軍抵抗至最後一人，全部壯烈犧牲。後來在雄中僅存的高雄自衛隊學生也自行解散。中華民國軍隊當時還下令用迫擊砲攻擊高雄中學，雄中自衛隊也成爲台灣反抗中華民國暴政史中極悲壯的一頁。

獨立台灣會公開宣告國民黨惡行 1978.3.3

Tâi-oân tok-li̍p 台灣獨立

2022 March 3月4日

舊曆

二月初二

見小利，失大利。

這是一句充滿智慧的台語俗諺。中國人經常以小利誘惑台灣人，像買票、旅遊招待、地方派系資源分配、台商讓利等手段，交換台灣人出賣自己的權利與主權，最終結果就是讓自己與後世子孫陷入更大的不幸與貧困。

纖月

• 川上瀧彌像

• 陳君玉作詞的「橋上美人」。

• 遭中華民國軍隊屠戮的葉秋木

• 以川上瀧彌命名的川上氏擬鱗毛蕨

• 陳君玉作詞的「想要彈像調」。

• 黃西川戰後於屏東工業學校教授英文。屏東三四事件爆發後，曾勸告手持訓練用槍的學生回家，卻仍然被憲兵誣陷私藏槍械，遭刑求逼供後導致大腿至臀部潰爛而終生不良於行，最後仍被判處死刑。直到家人用錢買通中國狗官後才得以保釋，後因精神受創投身神職工作。

禮拜五 lé - pài - gō | FRI 金曜

2022年 3月

日	一	二	三	四	五	六
		1	2	3	4	5
6	7	8	9	10	11	12
13	14	15	16	17	18	19
20	21	22	23	24	25	26
27	28	29	30	31		

1947.3.4

屏東三四事件

由於中華民國政府來台後的種種劫收惡行與貪腐失序，終於導致一九四七年爆發了二二八抗暴事件。事件從台北緝菸事件開始延燒後，到了三月二日，消息傳至屏東，屏東市參議會副議長葉秋木決定召集議員、民眾與學生，響應台北開始的抗暴起義。

三月四日早晨，憤怒的屏東市民與青年學生代表向國民黨籍屏東市長龔履端提出辭職與繳械的要求。同一時間，民間的武裝組織也攻入屏東警察局內並搶奪槍械彈藥。屏東市長得知之後立刻慌張逃亡，民軍也順利佔領警察局與市政府。三月五日下午，屏東民軍圍攻憲兵隊，數百名原住民也下山支援起義，憲兵隊逃竄至屏東機場並與前來圍攻的民軍發生衝突。三月八日，中華民國援軍開至屏東，屏東民軍潰散，屠殺行動接著展開，參議員葉秋木慘遭中華民國軍隊割去鼻耳與生殖器，並被遊街槍決。

1963.3.4

陳君玉逝世日

◆台語流行歌曲先驅

陳君玉出生於一九〇六年，台北大稻埕人。曾先後於「古倫美亞」、「博友樂」等唱片公司服務，將台語流行歌曲帶到百花盛開的階段。陳君玉不但加入「台灣文藝協會」，還在報紙撰寫小說與新詩。李臨秋誇讚陳君玉是投身流行歌壇年輕人中最有眞才實學的一位。於一九六三年三月四日病逝。

1871.3.4

川上瀧彌誕生日

◆台灣植物專家

川上瀧彌生於一八七一年三月四日，日本山形人。爲日本知名植物學家，在台十年期間曾全力投入台灣植物研究，足跡踏遍台灣各地以及離島，對台灣植物學研究貢獻卓著，以川上爲名的植物就高達四十餘種。於一九一五年八月二十一日病逝。

陳水扁提「四要一沒有」主張 2007.3.4

Tâi-ôan tók-lèk 台灣獨立

2022 March 3月 5日

節氣 **驚蟄**

舊曆 **二月初三**

台諺有云：驚蟄，鳥仔曝翅。意味驚蟄升溫，鳥兒也飛到樹上曬太陽。

眉月

• 陳篡地像

• 蔡阿信像

• 陳篡地與妻子陳謝玉露的合照。同為醫師的陳謝玉露回憶當時斗六戰況：「本來他們在樟湖打是包贏的，但卻被當地居民陷害，帶領中國軍包抄。」

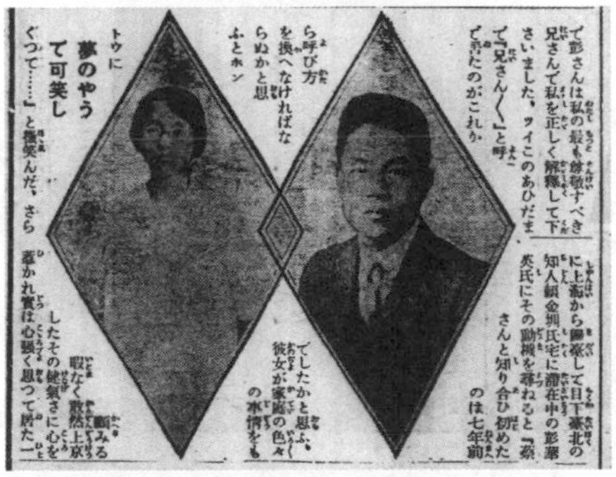

• 一九二四年，蔡阿信與彭華英結婚時，臺灣日日新報還以才子佳人的標題形容這對新婚夫妻。

禮拜六 lé - pài - lák | **SAT 土曜**

2022年 3月

日	一	二	三	四	五	六
		1	2	3	4	5
6	7	8	9	10	11	12
13	14	15	16	17	18	19
20	21	22	23	24	25	26
27	28	29	30	31		

1990.3.5

蔡阿信逝世日

◆台灣第一女醫生

蔡阿信生於一八九九年，台北艋舺人。她在幼時即展現聰穎的天資，十二歲進入「淡水女學」就讀，一九一七年畢業之後，考取「東京女子醫學專門學校」。一九二一年學成返台時，報社記者蜂擁前來基隆港採訪這位第一位留學日本的台灣女醫師。

一九二六年蔡阿信在台中開業「清信醫院」，行醫時仍不忘救濟貧困，免費幫貧苦者看醫。蔡阿信同時開設「清信產婆學校」用以訓練台灣的助產士。一九三七年戰爭爆發，蔡阿信前往美加遊學深造。直到二戰結束才於一九四六年返台。蔡阿信返台後目睹中華民國的貪腐與濫殺境況，便決定離台並前往加拿大定居。一九七九年，蔡阿信返台探親，並於一九八〇年捐出畢生積蓄，與朋友成立「至誠服務基金會」，為台灣孤寡婦女提供保健諮詢。蔡阿信於一九九〇年三月五日病逝，享年九十一歲。

1947.3.5

陳篡地與斗六之役

◆台灣游擊戰士與斗六名醫

陳篡地生於一九〇七年，彰化二水人，台中一中畢業後即前往日本就讀大阪高等醫學專門學校。畢業後返台於斗六執業並且成為名醫。二戰爆發後，被日本徵調至越南擔任軍醫。戰爭結束後，陳篡地目睹越南人驅逐中華民國並成功建國，因此了解到中國人的暴虐本質，便從越南攜帶槍械返台自保。

二二八抗暴事件之後，陳篡地英勇率領「斗六隊」攻打虎尾機場，與中華民國軍隊在斗六市街進行游擊戰，隨後撤退到小梅與樟湖一帶繼續作戰。不久後，斗六隊解散，陳篡地藏匿於二水陳家大厝後方山區，開始六年的逃亡生涯，期間多名親友遭中國軍刑求槍決。最後陳篡地被人出賣並供出藏身處，中國人派出他的中一中同窗謝東閔進行斡旋與條件談判，陳因此免於一死，獲釋後被迫將診所遷往台北以便中國特務監看，於一九八五年逝世。

1910.3.5 台灣發明家安藤百福誕生日

Tâi-ôan tôk-lı̍p 台灣獨立

2022 March

3月6日

舊曆

二月初四

一更報喜，三更報死。

用來形容福禍無常，悲喜交錯迅速的人生。這句台語也可以拿來形容二戰後台灣人原來歡歡喜喜迎接中華民國政府的到來，沒想到兩年後這個中國政權就開始對台灣人進行無差別大屠殺與長達數十年的白色恐怖統治。

四日月

• 林界的妻子胡錦華在林界死後因壓力過大而自殺身亡。

• 告誡彭孟緝不該濫殺無辜的苓雅區區長林界也遭殺害。

• 與彭孟緝談判後遭槍決的涂光明。

• 在市政府開會時遭中國軍殺害的台灣漁業鉅子王石定。

• 走出市政府就馬上遭中國軍開槍殺害的工運先驅黃賜。

高雄全市緊張極點

砲聲時遠時近

士兵携帶手留彈投擲無辜民衆

• 三月六日高雄大屠殺的前一日，支那士兵就已經開始砲擊高雄並且對無辜民眾濫丟手榴彈。（圖為民報三月五日的報導。）

• 中華民國軍隊衝入高雄市政府（今高雄市立歷史博物館）進行無差別大屠殺。

禮拜日 lé - pài - ji̍t

SUN 日曜

2022年 3月

日	一	二	三	四	五	六
		1	2	3	4	5
6	7	8	9	10	11	12
13	14	15	16	17	18	19
20	21	22	23	24	25	26
27	28	29	30	31		

中華民國軍隊在高雄大屠殺

1947.3.6

一九四七年台北緝菸血案發生之後，全台反抗中華民國暴政的行動紛紛展開。三月三日高雄也開始響應反抗行動，隨後民眾控制了市內的軍政機關，並把七百餘國民黨官兵集中監管。隨著事件的擴大，高雄當地的民意代表與市民也開始尋求與中華民國軍隊談判的空間。

一九四七年三月六日上午十點，高雄市二二八事件處理委員會推派代表與時任高雄要塞司令的彭孟緝交涉以防止流血事件擴大。處理委員會的代表包括黃仲圖（高雄市市長）、彭清靠（高雄市參議會議長）、涂光明、曾鳳鳴、林界五人。然而彭孟緝卻將遞交和平條款的代表綑綁並槍決，僅留黃仲圖與彭清靠兩人活口。隨後彭孟緝下令三百多名的軍隊官兵攜帶機槍與步槍開始沿路進行無差別大屠殺，許多四歲到五歲的幼童也慘遭槍殺。

中華民國軍隊沿路見人就殺，高雄到處屍橫遍野。即使民眾躲入愛河之中，士兵依舊向水中掃射。國民黨軍到達高雄市府後將大門關閉，然後以機槍向手無寸鐵的開會代表掃射。許多人死在辦公室中，包括台灣工運先驅黃賜與南台灣漁業鉅子王石定都死於這次的高雄屠殺。參議員進入高市府後發現腳下都是死屍與鮮血，地下室甚至積血達五公分。

許多台灣人被迫在高雄火車站前觀看父親或兒子被槍決。隨後國民黨軍將屍體丟入河中，鮮血將西子灣都染成紅色。估計高雄屠殺當天死傷者達數千人之多。下令屠殺的彭孟緝因此得到「高雄屠夫」的惡名，後來卻獲蔣介石一路提拔。就在高雄大屠殺同一日，蔣介石在中國南京也批准了派兵來台進行殺戮的軍令，也就是兩天後的三月八日，中華民國二十一師登陸之後在全台所進行的大屠殺。

李登輝表示台灣已是獨立國家 2007.3.6

Tâi-ôan tók-lék
台灣獨立

2022 March

3月 7日

舊曆 二月初五

官人見錢，蚊仔見血。

形容做官想要貪錢跟蚊仔想要吸血一樣。中華民國政府在一九四五年來到台灣之後，一整批的中國官員像吸血蚊仔一樣，把台灣人的荷包吸得乾乾淨淨。

五日月

• 吳振瑞像

• 林錦文像

• 一九八九年中華民國政府歸還當時用來誣陷吳振瑞的金碗，隨後還平反當時無故捏造的賄絡罪名，吳振瑞（右）與二子吳庭光（左）開心地拿著金碗合照。

• 林錦文曾與廖文毅聯繫並商討台獨行動計畫。

禮拜一 lé - pài - it | MON 月曜

2022年 3月

日	一	二	三	四	五	六
		1	2	3	4	5
6	7	8	9	10	11	12
13	14	15	16	17	18	19
20	21	22	23	24	25	26
27	28	29	30	31		

1953.3.7

林錦文殉國紀念日

◆台獨戰櫻

林錦文生於一九二一年，彰化人，畢業於彰化商業學校。他曾經於太平洋戰爭的期間加入日本海軍志願兵，並接受情報員與特攻隊員特訓，戰爭結束後返台經商。一九四七年二二八事件發生時，林錦文與「水交社」人馬成立「彰化部隊」，搶奪駐軍步槍百餘枝，隨後前往台中加入二七部隊。二七部隊解散之後，遭到中華民國通緝而逃亡多年。

逃亡期間，林錦文曾與左翼人士組成「台灣獨立志願軍」，後來因爲理念不合而拆夥，隨後前往台北組織「台灣振興會」，對外號稱「台灣獨立黨」。林錦文後來因計劃失敗逃往台中，多次機警躲過特務的搜查，但是最後還是在一九五二年遭到逮捕。一九五三年三月七日，林錦文與台灣獨立黨黨員被押赴刑場槍決而壯烈成仁。林錦文因此被稱爲「台獨戰櫻」，用以形容他擅戰與淒壯的一生。

1969.3.7

吳振瑞剝蕉案

一九六三年，日本開放台灣香蕉進口，同年高雄青果合作社理事主席吳振瑞便開始推動「五五制」，減少青果公會的中間剝削，使台灣蕉農收入大增，卻也擋到國民黨權貴如連戰的親家陳查某所控制壟斷的青果輸出公會財路。除此之外，龐大的香蕉輸出利益也引起國民黨覬覦。吳振瑞因爲拒絕蔣經國下屬李國鼎所提出用紙箱包裝香蕉的要求（紙箱公司的經理爲李國鼎之弟），而遭到蔣經國以司法構陷的方式迫害下獄。

一九六九年三月七日，檢調系統在蔣經國示意下對吳振瑞進行全面搜索起訴，指控他用金碗金盤賄絡官員，並利用媒體全面抹黑。然而司法機關卻查無任何舞弊證據，最後竟以禁止黃金買賣的行政命令判他兩年刑期。剝蕉案對台灣的最大傷害就是事件後台灣輸日香蕉量全面慘跌，蕉業從此一蹶不振。

World 中華民國軍隊屠殺越南難民船事件 1987.3.7

Tâi-oân tok-li̍p 台灣獨立

2022 March

3月 8日

舊曆 **二月初六**

留目睭，看你拖屎連。

這是一句報復用的詛咒句。意思是好好活著，要留眼睛看你病魔纏身，看你在病床上沾著大便滾動，看你不得好死的悲慘下場。戰後台灣經過中國的殘酷屠殺與邪惡統治之後，這句「看你拖屎連」的名句也再度在台灣民間流行起來，用來詛咒這些迫害台灣人的中國屠夫、國民黨員、黨國特務鷹犬還有半山共犯。

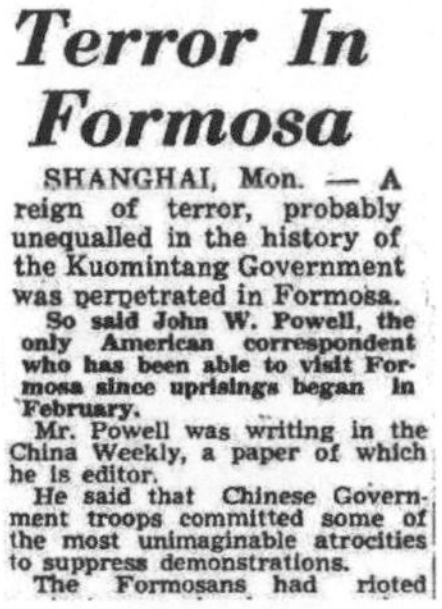

Terror In Formosa

SHANGHAI, Mon. — A reign of terror, probably unequalled in the history of the Kuomintang Government was perpetrated in Formosa.

So said John W. Powell, the only American correspondent who has been able to visit Formosa since uprisings began in February.

Mr. Powell was writing in the China Weekly, a paper of which he is editor.

He said that Chinese Government troops committed some of the most unimaginable atrocities to suppress demonstrations.

The Formosans had rioted

• 澳洲每日新聞的標題為「在福爾摩沙的恐怖」。

FORMOSA KILLINGS ARE PUT AT 10,000

Foreigners Say the Chinese Slaughtered Demonstrators Without Provocation

By TILLMAN DURDIN

Special to THE NEW YORK TIMES.

NANKING, March 28—Foreigners who have just returned to China from Formosa corroborate reports of wholesale slaughter by Chinese troops and police during anti-Government demonstrations a month ago.

• 紐約時報三月二十九日的報導，標題為「福爾摩沙萬人被殺」。

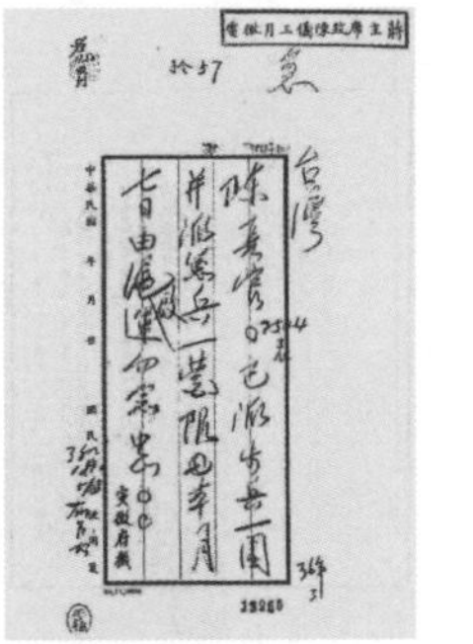

• 蔣介石下令派軍隊來台屠殺的電報內文。

• 施並錫教授繪製的「串綁的冤魂」，畫中描繪中華民國軍隊在基隆港將無辜的台灣人用鐵絲串綁，再開槍殺害。

六日月

禮拜二 lé - pài - jī

TUE 火曜

2022年 3月

日	一	二	三	四	五	六
		1	2	3	4	5
6	7	8	9	10	11	12
13	14	15	16	17	18	19
20	21	22	23	24	25	26
27	28	29	30	31		

1947.3.8 中華民國軍隊對全台灣大屠殺日

二二八事件發生之後，一九四七年三月八日到三月九日期間，蔣介石在南京批准來台屠殺的中華民國軍隊，包括二十一師與憲兵第四團陸續抵達基隆與高雄，並開始對台灣人進行全面性不分男女老幼的濫殺，造成全台灣死傷者達三萬人以上，美國稱此事件為「三月大屠殺」（March Massacre）。

中華民國軍隊屠殺台灣人的方法相當殘酷，他們一開始不願意開槍浪費子彈，直接對很多台灣人用刀削去手、腳、陽具，挖眼、割鼻、切耳。基隆就有許多青年學生的耳鼻與生殖器被割去，之後被用刺刀戳死。也有許多基隆人被用鐵絲穿過足踝，以三人或五人一組綑綁之，槍殺後丟入海中或是活埋。在台北的軍隊則將平民數十名從四層樓推下，摔死後再對死者補以刺刀。高雄的軍隊則是將人釘在樹上，任其活活被餓死。

中華民國軍隊同時使用機槍與坦克殺害平民，例如警總參謀長柯遠芬就下令對上百名手無吋鐵的台北中學生（多住在士林、北投、石牌）以機槍濫殺，許多人死於圓山明治橋（現為台北市中山北路的中山橋）下的基隆河，鮮血染紅河面，史稱為「圓山屠殺事件」。柯遠芬之所以要對無辜的學生下手，就只是為了要虛構敵人的數量來擴大戰功。

中華民國軍隊還以綏靖清鄉為名進行屠村，不但入民家搜查，將財產奪去後，還把原屋主與其家人殺害滅口。後來國民黨二十一師被中國人民解放軍殲滅之後，從死屍中搜出許多金戒指與金鍊，就是對台大屠殺時掠奪來的財物。還有更多台灣人在未經審判的情況下，被軍警在馬路上逮捕後就直接送去槍決。在中華民國軍隊對台大屠殺之後，緊接著就是長達三十餘年且死傷者更多的白色恐怖時期。

1996.3.8 中國向台灣海峽發射飛彈以恐嚇台灣

Tâi-oân tO̍k-li̍p 台灣獨立

2022 March

3月9日

舊曆 二月初七

會曉洗面，毋免若濟水。

懂得怎麼洗臉的話，就不會用到那麼多水了。看看國民黨執政的時期，所有的建設與國防預算都不斷追加，但是得到的東西卻是又貴又爛。這些中國人不是不懂怎麼洗臉，只是把肥水通通都歪哥到自己的口袋裡而已。

•蘇東啟像

•詹天增像

•台籍充員兵陳庚辛

•蘇洪月嬌像

•鄭金河像

•陳良像

七日月

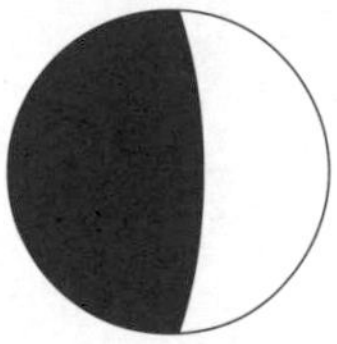

禮拜三 lé - pài - sa^n **WED 水曜**

2022年 3月

日	一	二	三	四	五	六
		1	2	3	4	5
6	7	8	9	10	11	12
13	14	15	16	17	18	19
20	21	22	23	24	25	26
27	28	29	30	31		

虎尾武裝起義事件

1961.3.9

虎尾武裝起義事件發生於一九六一年。這是一件由台灣人民與軍隊士兵聯合密謀武裝革命推翻中華民國的事件。事件發生於雲林縣虎尾鎮，當時經營照相館的詹益仁與黃金戲院擔任管理員的張茂鐘因為在新聞上見到非洲各國紛紛順利獨立，而台灣仍處在中華黨國統治之下，因此心生台灣獨立的意念。

他們邀集雲林當地友人與駐紮在莿桐鄉樹仔腳營區的一〇七四部隊現役士兵加上空軍訓練中心下士教育班長，準備奪取虎尾糖廠保警或空軍的武器，並計畫攻擊莿桐鄉樹仔腳營區以發動武裝革命，然後奪取廣播電台來呼籲全台推翻中華民國政權，最後實現台灣獨立。這群預備武裝起義的成員也找上了雲林知名的黨外民代蘇東啓，蘇東啓相當痛恨國民黨且當時本來就欲與雷震共同組黨，自然也就欣然允諾並予以支持。

一九六一年三月九日，計劃參與者預備起義劫營，然因條件不成熟與部分成員退卻而臨時取消行動。直到一九六一年九月，因為參與計劃者的內部成員向警總檢舉密報，使得計劃成員一一被擒，包括蘇東啓也在九月十九日被警總帶走，成了本事件的「首謀者」。

此次事件共有三百餘人遭到逮捕。本來中華民國警總軍法處要對這些參與者處以死刑與刑期重判，卻因法新社記者袁景濤批露國民黨黑幕而引起海內外爭議，經聲請覆判，國防部發布撤銷原判，發回更審並減輕刑度。蘇東啓的妻子蘇洪月嬌也因該案而無故遭到逮捕，甚至數度帶著剛出生的兒子一起被關進牢中。而部分被關入監獄的現役士兵，包括鄭金河、鄭正成、陳良、詹天增等，後來也成為一九七〇年台東泰源監獄事件的起義主角。

辜嚴倬雲銷毀婦聯會檔案，黨產會提告。2018.3.9

2022 March

3月10日

舊曆 二月初八

貪俗、貴買。

用來形容貪小便宜的消費者，最終還是會害自己買到更貴的東西，或是損失更大的利益。很多黑心食品的出現就是奠基於消費者貪小便宜的心態，個人吃壞肚子事小，但若是賠上全體國民的健康就實在不值了。

• 一九五九年圖博遭中國全面鎮壓與屠殺之後，圖博母親帶著幼兒流亡海外。

• 圖博雪山獅子旗

• 圖博淪陷後，支那人開始四處濫捕圖博人。

• 達賴喇嘛（中間戴墨鏡者）與流亡圖博人。

上弦月

禮拜四 lé - pài - sì | THU 木曜

2022年 3月

日	一	二	三	四	五	六
		1	2	3	4	5
6	7	8	9	10	11	12
13	14	15	16	17	18	19
20	21	22	23	24	25	26
27	28	29	30	31		

World 1959.3.10

圖博抗暴紀念日

一九五〇年中國人民解放軍藉韓戰爆發之際趁機侵略圖博，圖博被迫在一九五一年與中國簽訂「十七條和平協議」，內容承認圖博是中國一部分並允許中國軍隊進入圖博。在「十七條和平協議」之中，中國允諾對圖博的保障幾乎全方位地涵蓋了政治、宗教、語言、教育、文化、經濟等，甚至連中國軍隊不得搶奪人民財產等文字都寫入協議當中。

原本圖博人以爲跟中國簽定和平協定之後就可以永保和平以及自治權力，不過中國政權後來卻全面毀棄協議約定，以廢除「農奴制」以及破除「宗教迷信」的藉口派遣軍隊進入圖博進行大屠殺並搜刮平民財物，同時還摧毀圖博的寺院建築與傳統文化，完全地剝奪圖博人的信仰自由與政治權力。中國的殘暴作爲也讓圖博人相當憤慨，決定在圖博首都發起抗議。

一九五九年三月十日，數萬名圖博人在圖博首都拉薩走上街頭抗議中國政府毀棄和平協議，要求中國人退出圖博，也勸阻達賴喇嘛不要接受中國邀約，避免遭到綁架與不測。隨後中國解放軍開始對圖博進行全面性的血腥鎮壓，佛寺也遭大量破壞。達賴喇嘛與數萬名圖博人被迫流亡海外，在印度建立圖博流亡政府。中國這種迫害圖博人的犯行持續數十年，直到今日仍未停止，許多圖博人因此自焚抗議身亡。

中國爲了毀滅圖博人的文化與歷史記憶，還禁止圖博人使用圖博文，就如同中華民國在台灣施行的禁絕母語政策。達賴喇嘛在美國演講曾說中國侵略圖博期間，有一百二十萬餘圖博人因此遭到殺害與餓死。而三月十日這天也被圖博人訂爲「圖博抗暴紀念日」，紀念圖博人反抗中國暴政的歷史。

台灣詩人杜潘芳格逝世日 2016.3.10

Tâi-oân to̍k-li̍p 台灣獨立

2022 March

3月11日

舊曆 二月初九

青暝毋驚槍，啞口毋驚兵。

瞎子不怕真槍彈，啞巴不怕阿兵哥，意指不知天高地厚。戰前台灣的知識分子與仕紳對中國毫無認識且充滿幻想，戰後不思建國還以為「祖國」來到將可得到自由與繁榮，殊不知中國人帶來的只有無盡的災難與恐怖。

• 王添灯像

• 林茂生像

• 陳炘像

• 熱愛中華民國且自認中國人的王添灯在留下此句話之後，就於隔年被中華民國軍警給焚屍殺害。

昭和五年

臺灣人新國記 (12)

本島學壇の異彩

林茂生、杜聰明兩君

• 一九三〇年的臺灣日日新報曾將林茂生與杜聰明譽為台灣學壇異彩，如此人才也被中國人列入必殺名單。

• 蔡培火曾說陳炘是真正的人才，不但有頭腦、有組織力，又有國際觀，因此被中國人視為大患。

九夜月

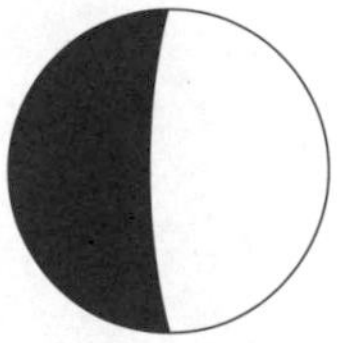

禮拜五 lé - pài - gō | FRI 金曜

2022年 3月

日	一	二	三	四	五	六
		1	2	3	4	5
6	7	8	9	10	11	12
13	14	15	16	17	18	19
20	21	22	23	24	25	26
27	28	29	30	31		

1947.3.11

陳炘受難日

◆台灣金融先驅

陳炘，一八九三年十二月七日出生於台中大甲，曾留學於日本慶應大學理財科並獲取美國哥倫比亞大學經濟學博士。他在留日期間曾參與創立新民會。一九二五年從哥大畢業返回台灣，便致力於本土金融事業，創辦以台灣人資金爲主的「大東信託株式會社」。

二戰後，陳炘因得罪想要壟斷台灣經濟的中國江浙財團，在一九四七年三月十一日凌晨被刑警帶走後被處死。文學家巫永福曾提到戰後蔡培火到重慶見蔣介石時，蔣介石曾經詢問他「最能當台灣領導者是誰？」，蔡培火說「老一輩的是林獻堂，但真正的人才是陳炘，這個人有頭腦、有組織力，又有國際觀。」中華民國殖民政權視有領導力與名望的台灣菁英爲眼中釘，因此多半以關押殺害手段迫害，欲斷絕台灣的政治人才，陳炘便是其中明顯例證。

1947.3.11

林茂生受難日

◆台灣首位哲學博士

林茂生於一八八七年的台南，曾獲美國哥倫比亞大學哲學博士，爲台灣首位哲學博士。林茂生畢業後被美國人全力挽留，但是他仍執意返台服務。他勇於批評時政並參與政治，二戰後創辦「民報」，揭露國民黨貪腐行徑，因此得罪國民黨。一九四七年三月十一日，林茂生遭國民黨特務帶走秘密處死。

1947.3.11

王添灯受難日

◆鐵面議員

王添灯生於一九〇一年，台北安坑人。一九四六年當選台灣省議會參議員，曾直言批判中華民國官員貪污腐敗，雖被稱爲「鐵面議員」，卻也得罪國民黨人。一九四七年三月十一日，王添灯遭軍警逮捕後，被用汽油淋身活活燒死，屍體被丟入淡水河。

World

東日本大震災導致福島核災 2011.3.11

Tâi-oân tok-li̍p
台灣獨立

2022 March

3月12日

舊曆 二月初十

十日夜

食飯大碗公，做工閃西風。

吃的時候很會吃，要做事的時候就閃得遠遠的。一般是拿來嘲笑好吃懶做又混水摸魚的人，後來也衍伸為形容能混就混、能撈就撈的老一輩中華黨國軍公教。

• 葉秋木像

• 阮朝日像

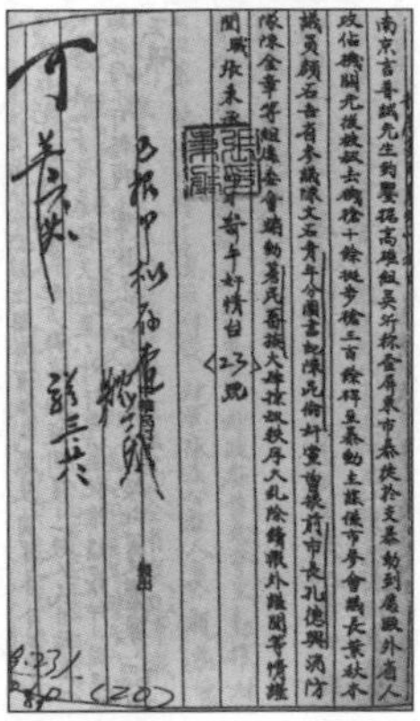

• 中華民國軍警在屠殺檔案中認定葉秋木是參與毆打支那人的暴行主謀。

但是他的遺孀郭一琴卻說葉秋木看見支那人受傷，還會請妻子的哥哥郭一清去幫支那人看診，根本不是支那人在罪狀上所誣衊之情事。

當時抬棺收屍時，郭一琴還懷有身孕，且帶著三個孩子。她永遠記得丈夫在行刑前說的話，「我死不要緊，只希望過後不要有無辜者受害。」

• 父親阮朝日的失蹤與死亡是女兒阮美姝一輩子的痛苦。阮美姝餘生為了追尋父親的蹤跡而四處訪查二二八事件的真相直到抱憾離世。

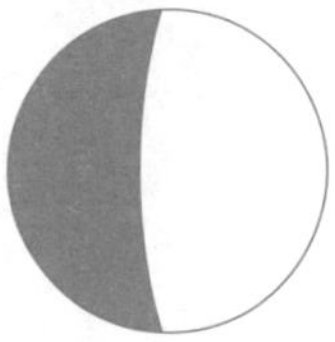

禮拜六 lé - pài - la̍k

SAT 土曜

2022年 3月

日	一	二	三	四	五	六
		1	2	3	4	5
6	7	8	9	10	11	12
13	14	15	16	17	18	19
20	21	22	23	24	25	26
27	28	29	30	31		

1947.3.12

阮朝日失蹤日

◆台灣媒體先驅

阮朝日，生於一九〇〇年七月六日，高雄東港人。阮家家境富裕，他卻以半工半讀完成日本的學業。返台後他承接家族事業，並與人合資創立「屏東信託株式會社」，繼續以濟弱扶貧的方式捐助土地與金錢給有需要的人。一九三〇年，阮朝日有心於推廣台灣文化，決定辭去金融職位，前去「台灣新生報」工作。二戰後升任為台灣新生報總經理。

一九四七年二二八事件爆發，台灣新生報持續詳實報導二二八抗暴始末，因此引發國民黨殺機。阮朝日於三月初因氣喘在家休養，未曾參加任何活動。但是中國國民黨仍然派出特務於三月十二日把他逮捕抓走。後來才知阮朝日在六張犁山區被國民黨軍秘密處決。其女阮美姝提及母親因丈夫失蹤，多次想要自殺，最後竟要求子女在她入眠時將手綑綁，避免她服藥自殺。

1947.3.12

葉秋木受難日

◆屏東民意代表

葉秋木，生於一九〇八年九月十二日，屏東市人。曾留學日本中央大學法律系。留日期間與王白淵、吳坤煌、張文環等人組織關心台灣文化的社團，並且經常參加抗議日本的活動而致學業未完便返台。葉秋木回台後從事水泥與進出口貿易，積極參與公共事務，成為屏東的地方民意代表。二戰後當選屏東市參議會參議員，並參加「三民主義青年團屏東分團」，幫助中華民國政權接收屏東。

一九四七年二二八事件爆發後，葉秋木響應民眾抗暴，但是仍希望以和平手段協調軍警解除武裝並集中管理中國人。然而中華民國軍隊殺到屏東後，他卻被以暴亂首謀的罪名遭到逮捕。一九四七年三月十二日，葉秋木被中華民國軍隊割掉鼻子、耳朵與生殖器，並被當眾拖行遊街，最後被槍殺在屏東市郵局前面的三角公園，得年三十九歲。

民進黨通過捍衛台灣宣言 2005.3.12

Tâi-ôan tòk-lèk 台灣獨立

2022 March

3月13日

舊曆 二月十一

直直柴，剖到曲。

台語用來表達明明白白的道理，卻被人扭曲到不可理喻。講這句話的當事者通常處於憤慨的情緒。戰後中華民國司法就是這種直直柴剖到曲的荒唐狀態。黑的都可以說成白的，貪汙作奸的無罪開釋，清白無辜的重判入獄。

十一夜

• 湯德章與兒子湯聰模的合照。湯聰模在七十二年後受邀觀看了馬克吐溫國際影像公司所製作的歷史行動劇「少了一個之後」，行動劇重新模擬當時他的父親湯德章被中華民國軍隊押送至大正公園行刑的過程。湯聰模感概萬分並稱此事不該再發生。

• 湯德章像

臺南選定
市長候選人
黃百祿侯全成湯德章

【中央社臺南十日電】臺南市全體參議員區長人民團體，暨學生代表等四百餘人，昨下午集會，依據陳長官諮詢，推舉七月一日實行縣市長民選以前過渡期間之市長候選人三名，結果黃百祿以二七九票，侯全成二零七票，湯德章一零五票當選，日內即呈報圈定，按黃百祿現任臺南市參議會議長，並執行律師業務，侯全成為市參議員，醫師，湯德章現任市人民自由保障會主委律師。

• 湯德章曾被選為台南市長候選人。

禮拜日 lé - pài - jit | SUN 日曜

2022年 3月

日	一	二	三	四	五	六
		1	2	3	4	5
6	7	8	9	10	11	12
13	14	15	16	17	18	19
20	21	22	23	24	25	26
27	28	29	30	31		

1947.3.13

湯德章受難日

◆ 人權律師

湯德章生於日本時代的一九〇七年一月六日，台南楠西人。雖然家境貧困，但他並沒有因此變得畏勢欺小，小學導師反而誇讚他具有抑強扶弱的氣概。湯德章公學校畢業之後，考上台南師範學校，輟學後返回玉井當耕農。之後考入台北警察練習所並擔任警官，任職警察期間他相當照顧台灣人，卻也因此受到日本籍長官的打壓。

一九三九年，一名日籍醫師鹿沼開車輾斃台灣人，卻利用特權而被判無罪。湯德章主張究責到底，卻受到日本長官施壓，因此憤而辭去警察職務。隨後前往東京中央大學深造，考取高等文官司法人員。一九四三年返回台灣後向台灣總督府登錄成為辯護士（律師），開始為台灣人主持正義，並酌收廉價費用，甚至為貧者義務辯護，也因此常與日本司法人員發生衝突。

二戰後，中華民國開始劫收台灣，台灣省行政長官陳儀邀湯德章擔任「台灣省公務員訓練所」所長。曾被派往中國擔任警察顧問的湯德章，深知中國人的民族劣根性以及官場黑暗面。他婉拒了陳儀的邀請，並道出了中國的眞實面貌：「當中國官，在心理上要做貪污的準備，我不願埋沒自己的良心。」

一九四七年二二八事件發生後，湯德章被推選為事件處理委員會治安組長。然而他為了保護許多知識分子以及學生，並未交出參與者名單，隨後就於三月十一日被中華民國軍警逮捕。一九四七年三月十三日，湯德章被押往台南民生綠園槍決。臨刑時遭士兵踹踢，並強逼下跪。槍決時他拒絕下跪並大罵中華民國賊軍，在高喊「台灣人萬歲！」之後被子彈貫穿頭部，死時怒目圓瞪，挺立許久後才倒下。死後曝屍多日，家屬才得以收屍。

2007.3.13 高雄市政府拆蔣臭頭銅像

Tâi-ôan tók-lék 台灣獨立

2022 March

3月14日

舊曆 二月十二

十二夜

禮拜一 lé - pài - it

MON 月曜

2022年 3月

日	一	二	三	四	五	六
		1	2	3	4	5
6	7	8	9	10	11	12
13	14	15	16	17	18	19
20	21	22	23	24	25	26
27	28	29	30	31		

食軟，無食硬。

比喻欺善怕惡的人。台灣人不了解中國人習性就是食軟無食硬，台灣人總是以為自己的謙遜有禮可以換取中國人的尊重。但是結果多半是被軟土深掘，讓對方得寸進尺，甚至被對方踩在頭上羞辱。對應中國人最好的方式就是以強硬姿態對待，備戰姿勢回應，對方求饒時絕對不能原諒。

• 美國眾議員萊斯特・沃爾夫是「台灣關係法」的推手，曾就人權議題對蔣家施壓。

• 美國人權工作者韋傑里寫信給中國國民黨官員施壓。

• 楊清化的弟弟楊金海

• 美國眾議員索拉茲召開聽證會用以施壓中國國民黨。

• 郭雨新向國際特赦組織與海外人權團體請求幫助。

楊清化血案

1980.3.14

一九八〇年三月十四日，擔任英籍環球郵輪船長的楊清化在他香港的公司被三個闖入者綑綁，而後砍斷腳動脈流血過多而亡。香港的目擊者形容行兇者的口音來自台灣，而且曾經勘查場地多次，之後才執行殺人行動。其手法與半個月之前（一九八〇年二月二十八日）才發生的林義雄家祖孫慘死血案非常雷同。

國民黨派人殺害楊清化的原因是因爲楊清化的弟弟楊金海曾經資助黨外人士，鼓勵台灣民主化運動。楊金海在一九七六年與郭雨新暗中組織反對政黨，鼓吹台灣獨立，因此被警總逮捕。他遭到長達三個月的殘酷刑求，不但每天遭到痛打，還用一公尺半長槌子捶打至吐血昏死，他的指甲還被針刺，然後強迫吃下自己嘔吐物，從鼻孔強灌辣椒水，被電擊與強迫吃鹽，導致身體發燒重病。

隨後楊金海被以叛亂罪起訴，審判時軍法官要他用國語（北京話），他說，母語台語就是國語。楊堅持用台語繼續回答，氣到國民黨軍法官怒吼：「你會叛亂，我也會亂判」。結果楊金海遭警備總部軍法處以懲治叛亂條例二條一求處死刑。他的哥哥楊清化與郭雨新便開始了救援行動，向國際特赦組織與海外人權團體請求幫助。

美國籍的人權工作者韋傑里開始寫信給國民黨官員施壓。美國國會議員索拉茲、伍爾夫也在國會召開多次聽證會，國民黨受到國際指責的壓力後，才將楊金海改判無期徒刑。而楊金海的哥哥楊清化仍繼續組織海外台灣同鄉會的行動，因此才遭到國民黨派人暗殺。楊金海曾經表示：「國民黨爲了鞏固獨裁政權，這樣血腥的掃除異己，他是活見證，不應該忘記，才能眞正記取教訓。」

台灣出現首起中國發源SARS病例 2003.3.14

Tâi-oân tỏk-lèk 台灣獨立

2022 March

3月15日

舊曆 二月十三

一句呣知，百句無代（代誌）。

敷衍一句不知道，接下來就可以什麼事情都不用做。意指多做多錯的避事心態。很多國民黨的老公務人員都有這種多做多錯的逃避心態。整天把改革掛在嘴上，但是能不做事就不做事。一問三不知，能把事情甩給約聘人員或替代役去做就甩給他們。能混則混就是國民黨公務員的日常。

• 創辦延平中學的朱昭陽因為賞識林旭屏的正直與才能，戰後推薦他進入專賣局煙草課擔任課長，也成為機構中職位最高的台灣人。

• 林旭屏像

• 上圖為二戰後的「新新」雜誌所刊載的漫畫，內容描繪中華民國公務人員目中無人的肥樣與官商勾結的醜態。

十三夜

禮拜二 lé - pài - jī

TUE 火曜

2022年 3月

日	一	二	三	四	五	六
		1	2	3	4	5
6	7	8	9	10	11	12
13	14	15	16	17	18	19
20	21	22	23	24	25	26
27	28	29	30	31		

林旭屏受難日

1947.3.15

◆台灣公務員典範

林旭屏，生於一九〇四年，嘉義東石人。幼時曾跟隨父親學習漢文，具有漢學基礎。成年後同時考取東京帝國大學法學部與日本醫科大學，林旭屏認為在日本殖民統治之下，惟有讀法律才能幫台灣人，遂放棄醫科而就讀法律。東京帝大法學部畢業後，林旭屏於一九三一年考取高等文官，一九三二年通過司法科高考。

隨後林旭屏便任職台灣總督府下的公務行政人員達十二年之久，曾任職台灣總督府、新竹市助役、竹南郡守、專賣局煙草課長等職，是日本高階文官中的少數台籍人士。林旭屏個性耿直，為官清廉，從未收受過禮，所以即使任職高官，家境依舊清苦。二戰爆發時，他被日本政府外調至印尼。二戰結束後，他在李瑞漢律師與施江南醫師等人的協助下，於一九四六年返回故鄉台灣。

林旭屏回台後受朱昭陽推薦進入專賣局煙草課擔任課長，也成為機構中職位最高的台灣人。由於他為人正直，不收賄絡，因此就與前來劫收的中華民國殖民政權產生了極大的衝突，也無意中得罪許多能撈則撈、能混則混的國民黨高官。一九四七年二二八抗暴事件爆發之後，台籍醫學博士杜聰明曾規勸他逃往外地避難，但是林旭屏自認做事光明，問心無愧，何須逃難。

當時所有專賣局的中國籍員工都曠職走避逃難，唯獨林旭屏仍堅守崗位處理公務。一九四七年三月十五日晚，林旭屏果然就被國民黨的特務持槍押走，隨即遭殺害，被棄屍於南港橋下。事後他的家人仍然不斷遭到國民黨特務打電話來恐嚇威脅不得將事情張揚出去。林旭屏身後留下傷痛欲絕的妻子方西雀還有失去父親的八個子女。

李登輝主張將中華民國改為台灣國 2003.3.15

Tâi-oân tok-lék 台灣獨立

2022 March 3月16日

舊曆 二月十四

十四夜

豆油分伊搵，連碟仔也要捧去。

醬油分給你沾菜，結果你把整碟拿走，比喻乞丐趕廟公。中國人的特性就是欺善怕惡、軟土深掘。你分中國人一碗飯吃，他們就會把整桌菜都給搶走，你同情中國人給他們房間住，他們就會把你家給佔領然後把你給趕出去，你捐錢給中國人，他們就用來買武器打你。

• 黃金島

• 二七部隊部隊長鍾逸人

• 謝雪紅

• 蔡鐵城

• 野百合學運的象徵，野百合是台灣固有種，經常可見於海風冷冽的山邊，也象徵著獨立與自主性。

• 二七部隊烏牛欄之役的地圖

• 野百合學運開始時，僅由九名台大學生在臭頭廟的圍牆邊以靜坐抗議方式發起，隨後引發大學生與社會共鳴而湧入成千上萬的支持群眾。

禮拜三 WED 水曜

lé - pài - sa^{n}

2022年 3月

日	一	二	三	四	五	六
		1	2	3	4	5
6	7	8	9	10	11	12
13	14	15	16	17	18	19
20	21	22	23	24	25	26
27	28	29	30	31		

1990.3.16

野百合學運起始日

八〇年代末期，隨著解嚴與中國蔣家政權的崩壞，台灣社會開始了要求政治改革的浪潮。而首波被要求改革的對象就是多年未改選的萬年民代（民間稱爲老賊）。一九九〇年三月十三日，多年未改選的國大代表在陽明山中山樓通過修正案，自行通過法條將自己的任期延長。此種自肥擴權的行爲也引發社會與學生團體的反彈。

三月十六日，數十名台大學生與工技學院的學生自行前往中正廟靜坐，拉起「同胞們，我們怎能再忍受七百個皇帝壓榨」的抗議布條，也開啓了野百合學運的序章。在短短數天之內，原來數十人的靜坐擴大成數萬人聚集的全國學運。隨後國民黨籍的總統李登輝也回應了部分學運人士的訴求，包括召開國是會議與修憲，立法院與大法官會議則協助完成終結萬年民代。野百合學運可說起了關鍵的作用。

1947.3.16

二七部隊烏牛欄之役

二二八事件後，反中華民國暴政的怒火蔓延全台，各縣市相繼成立處理委員會與中華民國談判，但僅有台中市成立武裝民軍部隊，也就是史稱的二七部隊（台灣民主聯軍），武器來自營區與警局接收的長槍與手榴彈。二七部隊由數百名自願投身反抗軍的民眾所組成，部隊領導包括鍾逸人、謝雪紅、蔡鐵城、黃金島等人。

三月十二日，國民黨派來屠殺台灣人的二十一師已接近台中，二七部隊爲避免市區戰鬥傷及無辜，遂撤退至埔里，並開始與國民黨軍展開戰爭。其中最激烈的一場戰役發生在埔里入口處的烏牛欄，雙方激戰而互有傷亡，被稱爲「烏牛欄之役」。之後二七部隊彈盡援絕，於一九四七年三月十六日晚間解散。部隊指揮鍾逸人被捕，坐牢十七年，烏牛欄指揮官黃金島，坐牢二十四年。

美國總統川普簽署台灣旅行法 2018.3.16

2022 March

3月17日

舊曆 二月十五

西皮倚官，福祿走入山。

西皮是竹筒做成的管絃樂器，而福祿是椰子殼所製成的絃樂器。早在清國時代，宜蘭就因漳泉兩派互鬥，導致樂器演奏方面也分成兩派比拼，演變成所謂的曲館分類械鬥。西皮投靠官方政府，福祿變成在野。這種因地域產生的分類械鬥影響深遠，到了日本時代依舊存在分界鬥毆情事，直到現在還是放尿抄沙袂做堆。

• 台灣新劇「閹雞」是由「厚生演劇研究會」的劇作家林摶秋改篇的舞台劇，曾在台北永樂座演出。劇中結合呂泉生所採集的台灣民謠「丟丟銅仔」、「六月田水」、「一隻鳥仔哮啾啾」等配樂。呂泉生同時還擔任指揮、合唱與獨唱。

• 王昶雄與呂泉生合作寫下「阮若打開心內的門窗」一曲

• 呂泉生像

• 呂泉生年輕時在東京東洋音樂學院彈奏鋼琴的模樣。

小望月

禮拜四 lé - pài - sì

THU 木曜

2022年 3月

日	一	二	三	四	五	六
		1	2	3	4	5
6	7	8	9	10	11	12
13	14	15	16	17	18	19
20	21	22	23	24	25	26
27	28	29	30	31		

呂泉生逝世日

◆台灣合唱之父

2008.3.17

呂泉生出生於一九一六年七月一日，台中神岡人。他出身於基督教家庭，從小接觸教會也熱愛唱歌。一九三六年考取東京東洋音樂學校（東京音樂大學的前身）。呂泉生原來主修鋼琴，後來因爲摔傷導致肩膀脫臼與手指神經受傷而放棄彈奏鋼琴，改以主修聲樂。一九三九年從學校畢業之後，先後任職於東寶演藝株式會社、松竹演劇會社的聲樂隊以及NHK廣播電台的特約歌唱家，同時師事於母校的田爲山教授，專研理論作曲。

一九四三年返回台灣後，呂泉生任職於台北放送局文藝部的歌唱指導、合唱指揮、編曲、作曲工作。回台後他除了致力合唱團工作，也開始進行台灣民歌採集的田野調查研究，蒐集改編了多首歌謠，包括「丟丟銅仔」、「一隻鳥仔哮啾啾」、快樂的聚會」、「六月田水」等曲。

太平洋戰爭末期，二十九歲的呂泉生創作了「搖囝仔歌」，此時他的長子剛滿三個月，而美日激戰也加深爲人父母者的不安，這首歌在一九四五年六月八日在台灣廣播放送時也讓許多台灣人感同身受。

戰後，中華民國開始劫收台灣，接著引爆二二八事件與中華民國軍隊對台灣進行大屠殺的暴行。呂泉生在事件結束之後於一九四九年寫下了「台語飲酒歌」（也就是「杯底毋通飼金魚」，陳大禹作詞）一曲。原因是當時他在「台灣廣播電台」（中廣電台前身）擔任演藝股長，身邊的台灣籍主管都被國民黨特務鷹爪以莫須有罪名逮捕失蹤，他因此想藉由此飲酒曲來泯滅族群的仇恨。而後呂泉生在一九五八年時與寫詞的王昶雄合作寫下「阮若打開心內的門窗」一曲，成爲膾炙人口的台語歌經典。晚年赴美定居，於二〇〇八年三月十七日逝世於美國。

民進黨與中國黨立委為服貿爆發衝突 2014.3.17

Tâi-ôan tok-lèk 台灣獨居

2022 March

3月18日

舊曆 二月十六

「提錢，買奴才來做。」

許多不識中國政權本質的台商，提著滿袋的熱錢到中國經商，最後卻因為中國官方的坑殺而落得血本無歸，錢也匯不出來，甚至流落街頭變台流。這就是台語經常說的「提錢，買奴才來做。」

• 時年三十歲的陳菊被中國憲警押至美麗島軍法大審時卻依舊展現無懼氣勢。

• 學生用椅子疊成路障以阻擋外人進入立法院。

• 馬雅各醫師

• 台獨支持者（圖為蔡丁貴），包括基進側翼（基進黨前身）也在三一八運動時幫忙佔領行動與運送物資。

• 民眾自製嘲諷馬英九的海報。

滿月

禮拜五 lé - pài - gō | FRI 金曜

2022年 3月

日	一	二	三	四	五	六
		1	2	3	4	5
6	7	8	9	10	11	12
13	14	15	16	17	18	19
20	21	22	23	24	25	26
27	28	29	30	31		

2014.3.18

三一八運動

中國國民黨長期以來的經濟政策主要偏向親中財團與裙帶商人，而無視資金外流與西進中國對中小企業與一般民眾所造成的衝擊與損害，更刻意輕忽中國對台的經濟統戰手段。二〇一四年三月十七日下午，國民黨立委張慶忠以三十秒時間宣布完成原來應逐條審查的「海峽兩岸服務貿易協議」，因此引發長期關注此議題的社運團體與學生反制。

三月十八日晚上，數十名學生趁立法院駐警不備，擊碎立院側門玻璃後，成功進入立法院議場並開始長達二十幾天的佔領行動。隨著立院佔領的展開，全國性的聲援與抗議人數也快速上升，各行各業湧至立法院前靜坐抗議。三月二十三日的行政院佔領行動更把學運推升至全面與國民黨政府正面衝突的層次。這場持續到四月十日結束的學生運動也從此改變了台灣的政治生態與台獨板塊。

1980.3.18

美麗島大審

一九七九年十二月十日，美麗島雜誌社成員在高雄舉辦人權紀念日演講大會卻遭到國民黨暴力鎮壓。隨後蔣經國決定逮捕並刑求參與成員。在人權團體救援與美國壓力下，一九八〇年三月十八日國民黨在媒體公開為期九天的軍法審判。此次大審啓蒙了台灣人對於民主的想像，也揭穿了國民黨的謊言。

1836.3.18

馬雅各誕生日

◆ 台灣醫療宣教之父

馬雅各（James Laidlaw Maxwell）生於一八三六年三月十八日的蘇格蘭。他曾於十九世紀後期到台灣南部傳教並行醫，是英國長老教會第一位駐台宣教師。他所創設的新樓醫院也是台灣第一座的西式醫院。於一九二一年三月六日逝世於英國倫敦。

陳水扁當選總統，華國首次政黨輪替。2000.3.18

2022
March

3月19日

舊曆
二月十七

甕內蛟。

北京話的井底之蛙是用來嘲笑沒見識過世面的人。其實台語也有一句同義詞叫做「甕內蛟」。中國人總愛嘲笑台灣人是沒見過世面的井蛙，但是卻不照照鏡子看看自己是怎麼困在資訊封鎖的防火牆裡而不得脫身。

• 台灣基督長老教會的標誌。

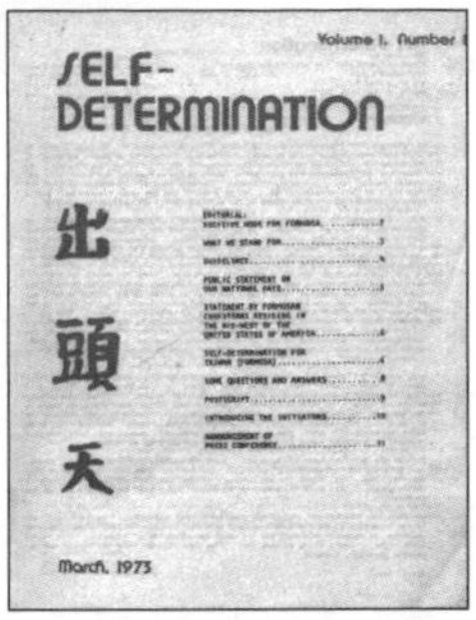

• 長老教會基督徒所創辦的「出頭天」刊物，倡導台灣人民自決獨立。

• 宋泉盛牧師

• 由左至右分別為黃武東牧師、黃彰輝牧師、林宗義博士。

立待月

禮拜六
lé - pài - la̍k

SAT
土曜

2022年 3月

日	一	二	三	四	五	六
		1	2	3	4	5
6	7	8	9	10	11	12
13	14	15	16	17	18	19
20	21	22	23	24	25	26
27	28	29	30	31		

1973.3.19

台灣人基督教徒自決協會成立日

一九七一年，中華民國流亡政權的代表被逐出聯合國席次。對於國際情勢相當敏銳的台灣基督長老教會就在同年十二月二十九日發表「對國是的聲明與建議」，明確表示台灣人應該要有權利決定自己國家的未來前途，等於間接表明台灣必須獨立的政治意圖，因此遭到中國國民黨的全面抹黑與抹紅成中共同路人的攻訐。

台灣基督長老教會的國是聲明指出了台灣未來應該發展的建國方向，也引起廣大海外基督徒的呼應。一九七二年十二月廿五日，黃彰輝牧師邀請當時在美國的黃武東牧師、瑞士的宋泉盛牧師、加拿大的林宗義博士等四人，在美國首都華盛頓共同發起「台灣人自決運動」，因此獲得許多海外台灣人的組織支持，黃彰輝牧師等人也因此被中華民國政府列入政治黑名單之中而無法返台。

一九七三年三月十九日，黃彰輝牧師等人更是再接再厲，以發起人名義邀請美國、加拿大各地的代表齊聚華盛頓，成立「台灣人基督教徒自決協會」。研議「台灣人民自決運動宣言」，並於三月二十日召開記者會宣讀，內容包括：「台灣一千五百萬人民決不容許再被當作交易的商品，一如以往。我們有權決定自己的命運，這種人權是上帝所賦予的，也是聯合國憲章所承認的。」

台灣人基督教徒自決協會的成員藉由不斷地對普世宣教的行動，教育了許多人對於自由、民主與人民自決的觀念。這群在台灣處於中華民國暴政統治時期而發起自決之聲的基督徒，經常被類比成一九三四年德國納粹時期一群在工業大城巴門發表「巴門神學宣言」以抗拒納粹詮釋教義的基督徒，成爲黑暗時代反抗暴政的先驅。

中國幕後指使派人槍擊陳水扁 2004.3.19

槍擊陳水扁由中國第五局高級研究員辛旗策劃，中共中央辦公廳副主任令計劃監督，中國情報部熊光楷負責執行。

Tâi-ôan tok-le̍k 台灣獨立

2022 March

3月 20日

節氣 春分

舊曆 二月十八

農諺有云：春分暝日對分。意思就是春分這天，晝夜各為十二小時。

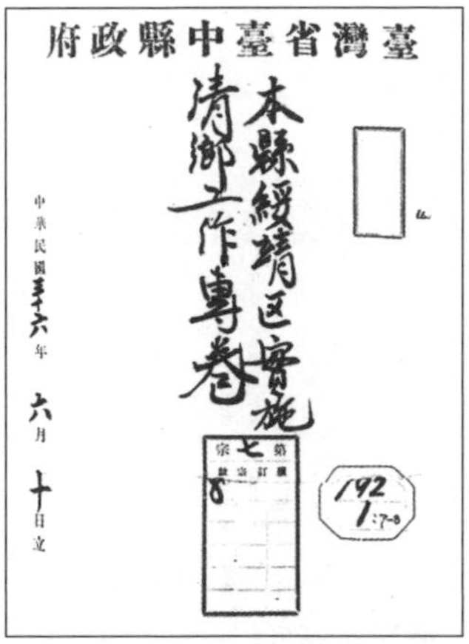
臺灣省臺中縣政府
本縣綏靖區實施清鄉工作專卷
中華民國三十六年 六月 十日立

• 當時台中縣政府留下的清鄉屠殺檔案。

• 台灣省行政長官陳儀於一九四七年三月二十日發佈清鄉屠殺，要求民眾交出武器與惡人，不過最後結果多是要脅民眾交出財物與女人。清鄉屠殺持續了九個月，造成更大規模的死傷與社會信任的崩壞。

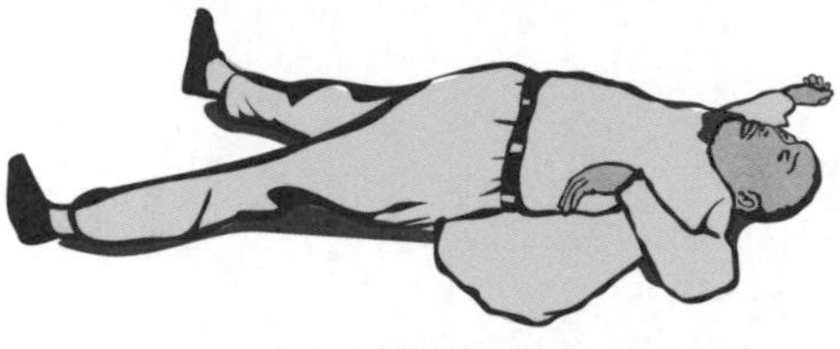

• 與蔣介石同為清鄉屠殺元兇的陳儀，在決定投共之後，於一九五〇年被蔣介石關押並載至新店槍決，死時背後被連開兩槍，倒地後自己轉身肚朝上後，再被補一槍斃命。

• 圖為中華民國軍隊執行清鄉屠殺行動，遭逮捕槍決的無辜民眾。繪圖參考溫文卿提供的清鄉受難者照片。

居待月

禮拜日 lé - pài - ji̍t | SUN 日曜

2022年 3月

日	一	二	三	四	五	六
		1	2	3	4	5
6	7	8	9	10	11	12
13	14	15	16	17	18	19
20	21	22	23	24	25	26
27	28	29	30	31		

陳儀宣布清鄉屠殺行動

1947.3.20

一九四七年反抗中國暴政的二二八事件爆發之後，三月八日中華民國國軍開始進行全島大屠殺。台灣仕紳在這段期間不管有無參與事件，都被一一逮捕殺害。在都市的仕紳民代被屠殺殆盡之後，中華民國軍隊便以清鄉的名義執行鄉里屠村的血洗計劃。一九四七年三月二十日，陳儀以中、日文頒佈「爲實施清鄉告民眾書」，宣告清鄉行動的開始。

文告內容誣指二二八抗暴事件是「亂黨叛徒所造成的暴動」，並謊稱爲了「徹底肅清惡人」而「實施清鄉」，要求民眾配合軍警的清繳工作，交出「武器」與「惡人」。然而「清鄉」一語是中國國民黨爲無差別大屠殺所取的美化辭令，實際上卻是藉此把軍隊派往村里進行進一步的血洗與搜刮財物。許多台灣人被迫交出與武器無關的個人財物，國民黨軍也是照單全收。

許多中華民國軍隊藉清鄉藉口到民家中搜索，搜刮財物之後，甚至將原屋主與其家人殺害滅口。若家中有姿色貌美的女人被國民黨軍幹部看上，就會發生男被殺，女被姦殺的慘劇。由於「惡人」標準，全由國民黨軍警主觀認定，就有許多人挾平日私怨胡亂檢舉，造成許多冤案與濫殺案件。

國民黨軍屠夫柯遠芬當時就曾說：「寧可枉殺九十九個，只要殺死一個眞的就可以。」此種明白宣示濫殺無辜是可以被允許的談話也讓中華民國軍隊更肆無忌憚地濫捕濫殺台灣人。陳儀宣布的清鄉屠殺行動一直承接到一九四九年後的白色恐怖秘密捕殺時期，許多在第一波清鄉沒有被當場殺死的人，在後續的白色恐怖時期又面臨著關押處決與被秘密暗殺的處境。台灣也進入完全被中華民國暴政統治的黑暗時期。

連戰敗選總統後提選舉無效之訴 2004.3.20

Tâi-oân tók-li̍p 台灣獨立

2022 March

3月21日

舊曆 二月十九

七月半鴨仔，毋知死。

中元普渡的時候會大量宰殺牲畜用以祭祀餓鬼，但是鴨仔到了七月半仍然不知道即將被宰殺的命運，比喻大禍已經臨頭卻仍然不知死活。二戰後台灣仕紳對中國抱持著不切實際的幻想，還滿心歡喜地興建牌樓歡迎中國人的來到，殊不知將到來的卻是清鄉屠殺與長達數十年的白色恐怖，真的是七月半鴨仔毋知死活。

• 林熊徵像

• 許丙像

• 辜振甫像

• 台灣末代總督安藤利吉曾與台灣仕紳討論過台灣獨立的可能性。

• 簡朗山像

• 陳炘像

寢待月

禮拜一 lé - pài - it | MON 月曜

2022年 3月

日	一	二	三	四	五	六
		1	2	3	4	5
6	7	8	9	10	11	12
13	14	15	16	17	18	19
20	21	22	23	24	25	26
27	28	29	30	31		

台灣獨立事件

1946.3.21

一九四五年八月十五日，日本投降時，駐台日軍的主戰派擬定「台灣自治方案」，希望利用駐台的四十萬日軍，結合台灣仕紳來促使台灣獨立，並拒絕中華民國與美國的接收，這場台灣仕紳與日本軍方的秘密會議又稱爲「草山會議」、或是「八一五台獨」。然而「草山會議」的主張後來卻因台灣仕紳的軟弱以及對於中國的虛妄幻想與大中華情懷，使得「台灣獨立計劃」無疾而終。

中國殖民政權的台灣行政長官陳儀在完成軍事劫收後，爲了清除政治異己，藉口展開台灣全島下馬威式的「漢奸總檢舉」行動，而曾經參與這場「草山會議」的台灣仕紳與商人也因此被翻出來算舊帳。一九四六年三月二十一日，中華民國的警總司令部將疑似參與計劃的台灣仕紳辜振甫、林熊徵等三十多人逮捕，也就是戰後初期的「台灣獨立事件」。

陳儀將這批被逮捕的台灣仕紳送往台灣戰犯軍事法庭。一九四七年七月二十九日判決出爐，許丙、林熊祥各判處一年十個月有期徒刑，簡朗山、徐坤泉各判處一年有期徒刑，辜振甫則被判處兩年六個月有期徒刑。曾經資助國民黨同盟會的台灣富豪林熊徵也被拘捕審問，雖然在判決前就被釋放，但也很快病故身亡。而林獻堂因爲親中立場且持反對意見而未被逮捕。

由於此案缺乏正式文件與證人，許多人根本被冤枉拘禁，例如陳炘根本沒有參與此事，照樣被拘禁在警總保安司令部，經過二個月偵訊才不起訴獲釋。後來有人認爲「台灣獨立事件」是陳儀構陷異己而誇大所言。林熊徵的秘書許丙之子許伯埏指說事件起因是林熊祥向陳儀追討數十萬元的借款，陳儀因爲不想還錢，才以公器狹私怨報復。

陳水扁將介壽路改名為凱達格蘭大道 1996.3.21

2022 March

3月22日

• 台灣共和國臨時政府成立（前排左為廖文毅）

• 廖文毅像

フォモサニズム
台湾民本主義
廖文毅著
FORMOSANISM
By
Dr. Thomas W. I. Liao

• 廖文毅的台獨著作「台灣民本主義」。

舊曆 二月二十

牛腸馬肚。

台灣人用來形容中國貪官的極大胃口，貪汙貪到吃銅吃鐵什麼都吃。牛的腸與馬的肚都是容量極大也極臭的器官與身體部位，因此也被台灣農民拿來比喻中國貪官的龐大貪欲與污錢數量。

更待月

禮拜二 lé - pài - jī ｜ TUE 火曜

2022年 3月

日	一	二	三	四	五	六
		1	2	3	4	5
6	7	8	9	10	11	12
13	14	15	16	17	18	19
20	21	22	23	24	25	26
27	28	29	30	31		

1910.3.22

廖文毅誕生日

◆台灣獨立先驅

廖文毅，雲林西螺人，出生於一九一〇年三月二十二日，生於西螺望族廖家。廖家父母皆爲基督徒，且重視西方文明的現代教育，家中子女共栽培出六位博士。廖文毅在一九三五年也獲得美國俄亥俄州立大學的化學工程博士，畢業後曾到中國浙江大學擔任工學院教授，後返台與兄長成立公司。

二戰結束後，廖文毅與許多的台灣知識份子一樣，曾經對祖國「中華民國」有過期待，並積極投入參與政治以及擔任政府公職。他曾經兩次競選中華民國國民意代表，兩次皆落選。落選原因除了國民黨民政廳長周一鶚做票，造成廖文毅以一票之差落選之外，另外就是廖文毅提出「聯省自治論」，希望台灣人可以有高度自治的權力，並與中國各省組成共和聯邦，因而被國民黨視爲造反份子而遭到排擠。廖文毅也開始質疑自己對於中華民國的過度期待。

隨著中華民國劫收台灣的惡行逐一顯露，廖文毅終至轉向台灣獨立一途。廖文毅的哥哥廖文奎在二二八事件發生前夕撰文指出中國官員統治台灣仍是走帝國主義的殖民模式。二二八事件爆發時，人在中國上海的廖文毅竟被國民黨列爲首謀叛亂通緝犯，他便轉向海外發展台獨運動。一九四八年，廖文毅向聯合國請願表達台灣獨立與台灣人民公投決定前途的訴求。

一九五六年二月二十八日，台灣共和國臨時政府在日本東京成立，廖文毅擔任大統領。之後台灣共和國臨時政府遭國民黨特務滲透而分裂，蔣介石也開始逮捕廖文毅親戚與台獨盟友，沒收廖家財產，以交換條件迫使廖文毅於一九六五年五月十四日返台救援人質。隨後廖文毅遭到中華民國終身監視以及軟禁，一九八六年五月九日病逝於台中。

台獨行軍事件 1988.3.22

Tâi-oân tok-li̍p 台灣獨立

2022
March

3月 23日

舊曆 二月廿一

扑(Phah)頭損角

帶頭的人一定會有所犧牲。曾為台灣民主與建國獨立打拼的前輩幾乎都曾經遭逢身體傷害、精神折磨、親友離棄與性命喪失的威脅。台灣人若不希望這些前輩白白犧牲，就要好好珍惜得之不易的自由，遠離中國，才是保台正道。

• 三二三行政院佔領事件中，七十六歲的台獨支持者周榮宗遭警察毆打與水車噴水，於隔年三月二十一日逝世。

• 行政院佔領行動時有很多律師與醫師自願站出來為行動者提供法律保護與診斷治療。

• 無腦暴警。

• 三二三行政院佔領行動中遭暴警打傷的民眾。

二十一夜

禮拜三 lé - pài - sa^{n} | WED 水曜

2022年 3月

日	一	二	三	四	五	六
		1	2	3	4	5
6	7	8	9	10	11	12
13	14	15	16	17	18	19
20	21	22	23	24	25	26
27	28	29	30	31		

三二三行政院占領日

2014.3.23

二〇一四年三月十八日，因服貿協議所引發的佔領立法院行動逐漸擴大成全國性的學運與社運行動。不過中華民國當局包括馬英九與行政院長江宜樺持續表示拒絕學生要求退回服貿協議的訴求。到了佔領立法院的第六天，也就是三月二十三日的晚間，部分學生與群眾決定前往中華民國行政院進行新一波佔領行動以加強施壓政府的力道，此一行動也引發學運內部領導層的正反意見爭論。

晚間七點半，數百名群眾翻過行政院正門，然後前往行政院大樓靜坐。晚間八點，行政院大門的拒馬與鐵絲網被破壞之後，大批群眾進入行政院院區聲援。行政院主建築大樓內部也逐漸被民眾佔領，廣場與建築旁通道則坐滿靜坐抗議的民眾，許多在立法院佔領期間義務幫忙的律師群與醫護人員也前往行政院支援。

隨後馬英九與行政院長江宜樺要求增派鎮暴警察支援並下令強制暴力驅離，許多民眾在被警察驅離的過程中遭到警棍與警盾暴力攻擊而導致頭破血流，警察將人拉至媒體鏡頭看不到的人牆與盾牌之後便開始爆打。三月二十四日凌晨，警方展開數波的驅離與逮捕行動，鎮暴水車以強力水柱向群眾噴灑。早上七點時，行政院內部與周圍街道被清場一空。

部分媒體以血腥鎮壓形容馬英九與江宜樺所下令的驅離行動，江宜樺也對參與行政院佔領的民眾進行後續的法律訴訟行動，直到二〇一六年民進黨重新執政後才全面撤告。三二三行政院佔領事件對台灣政治生態產生巨大的影響，包括年輕世代對於台灣獨立認同的快速竄升，也間接促成稍後中國國民黨在二〇一四年九合一大選與二〇一六年總統大選的完全潰敗。

1981.3.23 丁善理宣布台灣奧會名稱為中國台北

Tâi-oân tok-le̍k
台灣獨立

2022 March

3月24日

舊曆 二月廿二

真珠看做鳥鼠屎。

形容人糊塗、目幹、眼光差、不識貨。台灣明明就是好山好水，擁有獨特的生態體系與南島文化，但是就是有一群從小被大中華教育洗腦的人，只認遠在天邊的黃河長江，卻把自己家的真珠看做鳥鼠屎。整天就只會靠破壞環境與拆燒房子來拼經濟，把真正可以賺大錢的碗都摃破，再來問為什麼發不了財，愚蠢之至。

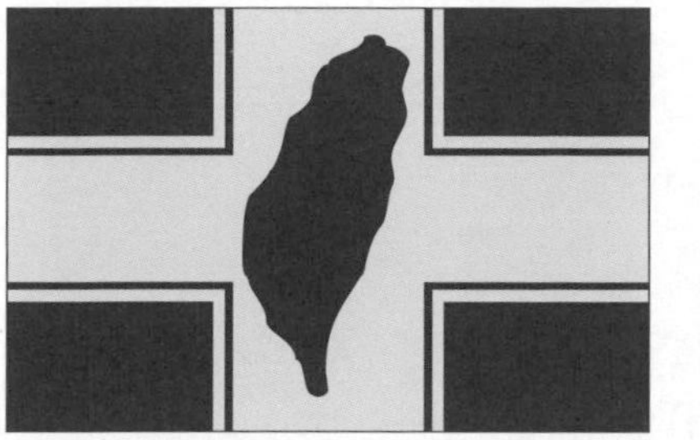

• 民主進步黨的黨旗。

• 位於高雄市三民區大連街一七二號的「高雄民主有線電視台」。

• 群眾聚集在「民主電視台」的一樓觀看電視台放送的節目。

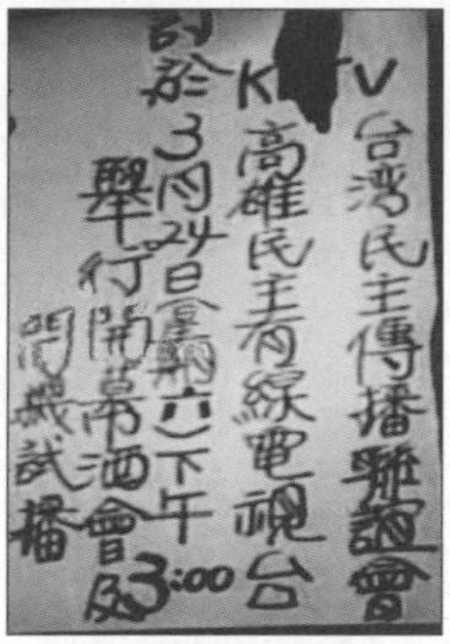

• 電視台開幕試播的手寫海報。

二十二夜

禮拜四 lé - pài - sì

THU 木曜

2022年 3月

日	一	二	三	四	五	六
		1	2	3	4	5
6	7	8	9	10	11	12
13	14	15	16	17	18	19
20	21	22	23	24	25	26
27	28	29	30	31		

民進黨民主電視台於高雄市開幕試播

1990.3.24

戰後中國國民黨長期掌控電視、廣播、報紙等大眾傳播媒體，使得爲數眾多的台灣人被黨國思想嚴重洗腦與弱智化，將來自中國的殺人犯與貪汙者誤當成救世主而不自知。蔣經國受迫於美國壓力而不得已解嚴之後，台灣民間的有識之士便希望可以重新掌握大眾傳播的視聽選擇權與話語權。醞釀成立台灣人的專屬電視台想法便逐漸從紙上計畫落實到實際的行動當中。

一九九〇年三月二十四日，民主進步黨於高雄三民區大連街一七二號籌設「高雄民主有線電視台」並且開機試播。當時由於行政院新聞局仍然有權審核廣播電視的節目表內容，因此當民進黨開播電視，國民黨主政下的新聞局官員便配合高雄市政府新聞處官員並且會同警方人員，對民進黨的電視台進行取締工作，隨後民進黨籍的民意代表也出面強力阻止國民黨官方的取締行爲。

面對地方的強烈民意反彈，新聞局取締人員也只能象徵性地剪斷幾條線路，不過高雄民主電視台的工作人員很快就把線路重新接好並且復原放送功能。下午三點整，「高雄民主有線電視台」正式開機試播並且舉行開幕酒會。前來電視台剪綵的政界人士包括民進黨籍主委許昆龍、立法委員張俊雄、黃天生、李慶雄與國大代表黃昭輝。電視內容播放國民黨老三台所看不到的野百合學運報導與民主講座。

雖然「民主電視台」的放送範圍無法遍及全台，日後也未能再持續地經營下去，但是這段歷史可說是民視（民間全民電視）於一九九七年開播之前，台灣人在大眾傳播的資訊戰中希冀從中國人手上奪回話語權的重要一頁標記。

World

了解侵犯人權與維護尊嚴國際日 1980.3.24

2022 March

3月25日

舊曆 二月廿三

狗食落豬肝，
腹內知。

形容做了壞事還在假裝沒事的人。這句台語是專用來罵那些假仙的惡人，自己幹的壞事，自己還會不知道嗎。看看那些國民黨人，自己成天在幹魚肉鄉民、貪污腐敗之事，到了選舉的時候，又個個成了滿嘴禮義廉恥的偽君子。國民黨人的腹內到底吃了多少錢，只有牠們自己知道。

• 陳澄波像

• 潘木枝像

• 陳澄波的妻子張捷認為丈夫是冤枉而死，因此堅持丈夫的大體要送進家中客廳，並且要求攝影師拍下他死不瞑目的遺照。

• 此為潘木枝與妻子許素霞的合照。潘木枝無辜遭中國軍殺死之後，其長子潘英超三年後才收到法院寄來的無罪判決。潘木枝死後對其家人也是可怕的煎熬，幫父親收屍的三子出現躁鬱症，還將自己孩子痛揍到送進精神病院，長女在日後也得到精神疾病，身障的五子因缺乏照顧而病故。中國人的罪行可謂深重惡極。

下弦月

禮拜五 lé - pài - gō | FRI 金曜

2022年 3月

日	一	二	三	四	五	六
		1	2	3	4	5
6	7	8	9	10	11	12
13	14	15	16	17	18	19
20	21	22	23	24	25	26
27	28	29	30	31		

1947.3.25

潘木枝受難日

◆台灣醫師

潘木枝，出生於一九〇二年，嘉義市人。潘因家境清寒，曾剝龍眼乾賺取學費。台南師範學校畢業後擔任教職，後來爲了追求妻子，遠赴日本東京醫學專門學校求學。畢業後留在東京工作。一九三五年返回台灣後，在嘉義開設了「向生醫院」。潘木枝因出身貧困，所以他都會善待貧窮的病人，不但給予最好的藥，甚至提供免費治療。戰後還曾經免費爲當時駐紮在嘉義的中國士兵看病。

潘木枝宅心仁厚，贏得許多嘉義當地民眾的敬重，一九四六年因而高票當選嘉義市參議員。一九四七年二二八事件發生之後，潘木枝代表嘉義市二二八事件處委會前往嘉義水上機場與中華民國軍隊談判協商，卻遭到拘捕與刑求。槍決前夕，潘木枝留下七封遺書，強調自己爲正義而死，於三月二十五日被國民黨軍槍殺於嘉義火車站前。

1947.3.25

陳澄波受難日

◆台灣畫家

陳澄波，一八九五年二月二日生於嘉義。自幼家境困苦，母親早逝，他仍靠自己的努力在一九一三年考上總督府國語學校師範科並接受畫家石川欽一郎的教導。一九二四年陳澄波前往日本東京美術學校學習美術。一九二六年，他以「嘉義街外」首度入選第七屆帝國美術展覽會，也是台灣人首次以西洋畫入選日本官辦帝展。返台後陳澄波致力推動台灣美術並創設台陽美術協會。

二戰之後，陳澄波滿心嚮往中華民國並加入「歡迎國民政府籌委會」與「三民主義青年團」，他甚至成爲第一個加入國民黨籍的台灣畫家。然而如此熱愛中國的台灣人卻在二二八之後，因爲擔任嘉義市談判代表，被國民黨拘捕刑求，而於一九四七年三月二十五日被中華民國軍隊槍殺在嘉義火車站前，遇難後屍首呈現死不瞑目的狀態。

World

1879.3.25 日本派軍前往併吞琉球國

Tâi-oân tok-li̍p 台灣獨立

2022 March

3月26日

舊曆 二月廿四

二十四夜

鞋破，底原在。

人即使落魄，但是基本原則還是一定要有。很多人滿腦只想著發大財，甚至想要出賣自己的自由與主權，來換取中國口頭承諾的空頭支票。這種人不但是把鞋賣了，連自己的腳都砍了送給敵人。

• 黃昭堂像

• 柳文卿在羽田機場遭日警強制遣送回台，台獨聯盟成員奮力抱住柳文卿不放，柳文卿本人也咬舌自盡且滿口鮮血高喊台灣獨立萬歲。

• 黃昭堂在羽田機場試圖阻攔遣返柳文卿回台的班機。

禮拜六 lé - pài - la̍k | SAT 土曜

2022年 3月

日	一	二	三	四	五	六
		1	2	3	4	5
6	7	8	9	10	11	12
13	14	15	16	17	18	19
20	21	22	23	24	25	26
27	28	29	30	31		

柳文卿事件

1968.3.26

中華民國劫收台灣之後，先是用血腥屠殺的方式對付起義反抗的台灣人，而後採取白色恐怖手段關押刑求異議人士。許多主張台灣獨立或是要求民主自由的台灣人逃離台灣之後，在外國繼續幫台灣發聲與爭取自由民主，中華民國流亡政府此時便以外交干涉、囚犯交換與秘密逮捕等非法手段將海外民主人士羈押回台灣。

直到柳文卿事件爆發之後，中華民國才從主動濫捕的手段改以列舉「政治黑名單」的被動方式來禁止海外的民主異議人士返回台灣。而柳文卿事件就是讓中華民國政府改變手段的關鍵分水嶺。此事件發生於一九六八年三月二十六日，在日本的台灣青年獨立聯盟幹部柳文卿因辦理簽證到期手續，前往日本入出國管理局處理延長簽證，竟然遭到日本警方羈押，並且告知要被遣返台灣。

柳文卿要被遣返台灣的原因是中華民國要求以在台灣抓到的日本煙毒犯跟日本交換海外的台獨人士。隨後日本台獨組織幹部二十多人，包括黃昭堂率領成員前往羽田機場搶救，並與日本警察大打出手，柳文卿當時欲咬舌自盡並滿口鮮血高喊：「台灣獨立萬歲！」後來一行人被日警抓到拘留所，最後不起訴處分。而柳文卿最終還是被日本遣送回台灣。

海外台獨成員隨即展開大規模的聲援與抗議，像是一九六八年四月七日，台獨美國本部向日本駐華府大使館發動大規模的抗議遊行。這些海外聲援對日本還有中華民國產生極大的輿論壓力，中國國民黨的濫捕濫殺手段被國際媒體廣爲報導，也因此形象大傷。國民黨經柳文卿事件之後，從此改以佈建抓耙仔並羅列「政治黑名單」的方式來禁止海外民主人士返回台灣。

三二六護台遊行，反支那訂反分裂法。2005.3.26

Tâi-oân to̍k-li̍p 台灣獨立

2022 March

3月 27日

舊曆 二月廿五

鬱卒在心底，笑面陪人禮。

把鬱卒憂愁藏心裡，表面依舊強顏陪笑。台獨先驅魏廷朝總是笑容滿面，但是他因投身政治而遭致退學、監禁、毒打、三度入獄的痛苦卻總是藏在心底。同跟魏廷朝一起受難的謝聰敏也被台灣歷史學家張炎憲稱爲「帶著微笑的勇者」。這些前輩的堅毅人格實在讓人欽佩。

• 謝聰敏（左）、彭明敏（右）與魏廷朝三人共同發表「台灣人民自救宣言」。

• 魏廷朝像

• 魏廷朝於一九八七年出獄時，白恐政治難友與家屬都前來迎接，並且舉出布條表達對魏廷朝的支持與敬愛。

• 魏廷朝全家福的照片。左一為妻子張慶惠，左二為兒子魏新奇。右一為女兒魏筠，成年後曾代表民進黨參選桃園市市議員。

二十五夜

禮拜日 lé - pài - jı̍t | SUN 日曜

2022年 3月

日	一	二	三	四	五	六
		1	2	3	4	5
6	7	8	9	10	11	12
13	14	15	16	17	18	19
20	21	22	23	24	25	26
27	28	29	30	31		

1935.3.27

魏廷朝誕生日

◆ 台獨人格者

魏廷朝，一九三五年三月二十七日生於桃園龍潭，從小就表現出不服權威的獨立性格，就讀國中的時候因爲不願在演講台上稱頌蔣介石而被老師列爲問題學生。魏廷朝進入台北市立成功高中就讀之後，因爲不配合校長潘振球推動的救國團政策，率領全班同學拒絕參加救國團，最後只剩他一人堅持下去而被校方開除。後來他以半工半讀方式考上台大法律系。畢業與退伍後曾經擔任過教職員、國防部與中研院等公職。

魏廷朝時常和台大同學謝聰敏與台大政治系主任彭明敏討論台灣政治以及國際局勢。一九六四年九月二十日，魏廷朝、謝聰敏、彭明敏三人共同發表「台灣人民自救宣言」，主張「建立新國家」、「制定新憲法」與「加入聯合國」的三大目標，宣言的主筆就是出自魏廷朝之手。

魏廷朝、謝聰敏、彭明敏三人因爲發表「台灣人民自救宣言」，被國民黨以預備顛覆政府罪名起訴，其中魏廷朝被判處八年徒刑，於一九六八年服刑四年後假釋出獄。一九七一年，美國商業銀行發生炸彈爆炸案，魏廷朝被警總誣陷參與此案，還被警總特務用電刑求與打斷牙齒，他始終拒絕屈服，但仍被國民黨判處十二年的徒刑。

魏廷朝出獄後，又因爲參與美麗島雜誌社事務，在一九七九年被第三度被逮捕入獄，直到一九八七年才出獄。他一生平白冤坐十七年三個月又七天的政治黑牢，卻說從政者不應該有恨的話，被台獨支持者尊稱爲「人格者」。魏廷朝的名言就是「只要有反國民黨的事，就直接算我一份，不必通知我！」魏廷朝於一九九九年十二月二十八日因心肌梗塞而病逝，享年六十五歲。

1996.3.27 台灣人的電視台民視開播

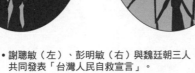

3月 28日

舊曆 二月廿六 二十六夜

食蕃藷，看勢面。

想要用筷子夾一塊煮到軟熟的蕃藷，不懂得看勢面的話就會失敗。比喻要推動困難的任務，必須得要領與觀時機。食蕃藷如此，從事政治與獨立建國也是如此。

• 邱永漢在廖文奎（中）與廖史豪（左）的介紹下加入廖文毅（右）在海外的台獨組織。

• 邱永漢像

• 邱永漢的自傳小說「濁水溪」曾入圍直木賞，為日本文學最高獎項之一。

• 邱永漢曾描述：「戰後接收台灣的國民黨軍隊是罕見的低水準部隊。」

禮拜一 lé - pài - it | MON 月曜

2022年 3月

日	一	二	三	四	五	六
		1	2	3	4	5
6	7	8	9	10	11	12
13	14	15	16	17	18	19
20	21	22	23	24	25	26
27	28	29	30	31		

1924.3.28

邱永漢誕生日

◆台獨實業家

邱永漢，一九二四年三月二十八日出生於素有「台獨街」之稱的高砂町（今民權路一段），推動台獨運動的王幸男與張燦鍙也生在同一條街。一九四二年邱永漢從台北高等學校畢業（與李登輝跟王育德是同期生），後來就讀東京帝大經濟學部，因批判日本帝國主義而險遭退學。學成後返台繼承家業。

二戰後，邱永漢目睹中華民國軍隊劫收台灣與二二八事件後屠殺台灣人的慘況，他因此寫道「戰後接收台灣的國民黨軍隊是罕見的低水準部隊，二二八事件中，許多要求自治的台灣同胞受到無情的機槍掃射，那些被軍隊或警察帶走的人，就因此永遠沒有再回家。」二二八事件之後，邱永漢等人隨即聯名向聯合國提出請願，並透過國際媒體傳播「決定台灣未來地位時，應訴諸公民投票」的理念，可謂是相當具有前瞻性的見解。

邱永漢隨後在廖文奎與廖史豪的介紹下加入二戰後海外的第一個台獨運動組織「台灣再解放聯盟」。一九四八年，他因爲參與台獨運動，遭到中華民國監視並下達逮捕令，邱永漢因此逃亡至香港，寄住在台獨先驅廖文毅的家裡。一九五四年移居日本，並加入「台灣青年獨立聯盟」。一九五五年開始寫下許多關於台灣人遭國民黨迫害的文學創作，其中描寫自己逃亡海外見聞的小說「香港」一書，還獲日本文學界最高賞直木獎。

邱永漢長期被中華民國列爲政治黑名單而無法返回台灣，連自己父母逝世都無法見到最後一面。直到一九七二年才以日僑的身分返台投資。邱永漢經營有術，事業有成，且擅於投資股票，曾創辦「財訊月刊」與「永漢國際書局」。二〇一二年五月十六日病逝日本，享年八十九歲。

台獨月刊創刊 1972.3.28

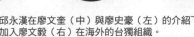

Tâi-oân to̍k-li̍p
台灣獨立

2022
March

3月29日

• 民進黨新潮流系大老張維嘉曾經在巴黎奔波營救刺殺國民黨賊的青年黃昭夫，還每週從巴黎開車七十公里到市郊監獄探監，直到黃昭夫假釋為止。

• 青年黃昭夫在法國獄中所寫的「獄中書簡」。

黃昭夫志士近況

·編輯部·

黃昭夫志士自關在巴黎南郊之監獄後，健康狀況良好，精神奮發，紅光滿面，該監獄設有圖書館，黃志士進修精神甚佳，對台灣獨立及台灣革命的理論，有更深入的看法與認識。

現在監獄方面已經允許他讀信，歡迎各位讀者直接寫信給黃志士，可以加以慰問，也不妨和他討論台灣的各項問題。

信件可以寄去下面監獄的地址——

Monsieur Hwang, Zyau-fu
No 625429
Division No 1, Cellule No 384
Prison de Fresnes
1 Avenue de la Division
Leclerc 94 Fresnes, FRANCE

• 一九七三年九月海外台獨月刊介紹了巴黎獄中黃昭夫的近況。

• 廖文毅於一九六五年返台投降，對黃昭夫的心理產生重大衝擊，因此誓言要對支那政權執行革命行動。

舊曆 二月廿七

死蟳活鱟，未死先臭。

快死的螃蟹與活著的鱟魚都是很臭的，這句台諺用來形容某人還沒有死，但是臭名早已遠播。看看蔣介石與中華民國政權，在國際上早就因濫殺與貪腐而臭名遠播，但還是有一堆被洗腦的台灣人把死臭頭仔當神拜。

有明月

禮拜二 lé - pài - jī | TUE 火曜

2022年 3月

日	一	二	三	四	五	六
		1	2	3	4	5
6	7	8	9	10	11	12
13	14	15	16	17	18	19
20	21	22	23	24	25	26
27	28	29	30	31		

青年黃昭夫起義行刺國民黨官員

1973.3.29

台灣獨立支持者在七〇年代曾經採取武力革命與暗殺行刺的路線希望可以推翻中華民國政府。包括泰源監獄武裝起義、四二四行刺蔣經國、中華民國駐巴西僑務秘書廖俊明遭射殺事件、高雄變電所破壞事件、王幸男郵包炸彈事件等都發生在這個時期，而黃昭夫起義行刺國民黨駐法總書記滕永康也是其中一段重要歷史。

一九七三年三月二十九日，台灣獨立建國聯盟盟員黃昭夫趁中華民國政府在法國巴黎一家咖啡館慶祝青年節餐會的時候，在巴士底廣場前持刀割喉殺傷中國國民黨駐法總書記滕永康（國民黨將領滕傑的兒子）。當時群居巴黎的華僑正在舉行青年節慶祝活動，黃在人群中貼近滕永康，以短刀割斷喉嚨，致使頸部鮮血直流。滕永康送醫後獲救，黃昭夫因此被法國警方逮捕入獄五年。

黃昭夫台灣意識極爲強烈，對於國民黨人在外國打小報告，當抓耙子，而且處處壓迫與監視台灣人感到相當不滿，尤其一九七二年聽聞威廉波特棒球賽中台獨支持者被國民黨的海軍人員毆打後更是憤怒異常。滕永康曾經威脅海外台灣人不得參加台灣同鄉會，即使台灣同鄉會聚會多是以互相照顧生活與交換學業資訊爲主，國民黨官員依舊蠻橫干涉海外台灣人集會自由，黃昭夫因此憤而對滕永康行刺。

黃昭夫在事後的自白書說道：「我永遠同情弱者，同時也敵對強者。我對武力鬥爭的解釋是：弱者對抗壓迫者的最有效戰略，同時因爲弱者勢被迫採用這種手段，所以理由正當。」七〇年代這波台獨武力反抗與暗殺的浪潮，後來在美國政府的反對下與台獨組織內部改採取非暴力抗爭的路線之後而逐漸式微。

美國參眾兩院同意通過台灣關係法 1979.3.29

Tâi-oân tok-li̍p 台灣獨立

2022 March

3月30日

舊曆 二月廿八

浸水蠔，排面攤。

台灣西部沿海產蠔仔，有些商人會把蠔仔浸水讓其膨脹，然後用來排在攤位的最前面來吸引外地客。比喻愛面子，卻沒有實際內涵。台灣人最大的弱點之一，就是愛面子。家事愛面子，頂多是鋪張浪費，政治愛面子，就會被殖民主利用，然後禍延後世子孫。

•台灣總督府法務部長高野孟矩

•台灣第三任總督乃木希典

•清水照子像

•台灣第三任總督乃木希典上任後原來想掃除貪污，卻因為法務部長高野孟矩認真查弊，導致案件往高層官員延燒，最後經日本政府與乃木溝通，決定撤換一批總督府高官，也順便將高野孟矩撤職掉。此事引發六三法是否賦予總督過大權力以及違反日本憲法的疑慮。

•清水照子的丈夫施乾

二十八夜

禮拜三 lé - pài - sa^{n}

WED 水曜

2022年 3月

日	一	二	三	四	五	六
		1	2	3	4	5
6	7	8	9	10	11	12
13	14	15	16	17	18	19
20	21	22	23	24	25	26
27	28	29	30	31		

1909.3.30

清水照子誕生日

◆台灣乞丐之母

清水照子，日本人，後改漢名施照子，一九〇九年三月三十日出生。父親為京都和紙批發商，家境富裕。京都高等第二女校畢業。日後感於台灣人施乾建造愛愛寮照顧乞丐的事蹟，開始與其通信往來。一九三四年不顧雙親的反對，與喪偶的施乾結婚。婚後來台定居，協助丈夫照顧愛愛寮院民，幫他們洗澡、換藥，並投入社會救濟的事務，艋舺居民都稱她為「乞丐母」。

一九四四年丈夫施乾積勞成疾病逝，她全權負責起愛愛寮的重擔。戰後日本人被遣送回台，她不願捨棄兩百多位院民及施乾遺子，毅然歸化台灣，並改名為施照子，繼承施乾遺志。施照子對台灣默默付出六十年的歲月，照顧對象遍及乞丐、病患到孤苦無依的老人，她卻低調不願接受採訪與宣傳。二〇〇一年十二月九日逝於台北。

1896.3.30

日本對台六三法公佈日

一八九六年三月三十日，日本國會通過第六十三號法律「應於台灣施行法令相關之法律」，全名簡稱為六三法，授權台灣總督在其管轄區域內得發布與法律同等權限的行政命令，等於讓日本的台灣總督集行政、立法、司法、軍事的完全大權，可以不經中央主管機關呈請就發佈命令。六三法也成了日本在台灣實行殖民統治的根本大法，並轉化成所有違反人權、濫捕與處刑台灣人的惡法依據。

後來發生台灣總督府法務部長高野孟矩認真查貪，卻遭台灣總督府違憲免職的事件，也引發六三法違反日本憲法的爭議。六三法原訂施行期限為三年，做為日本殖民初期的過渡法，然而卻因許多因素而延長施行到一九〇六年，最後才由稍微限制台灣總督立法權的「三一法」取代，但惡法本質卻沒有改變太多。

反服貿黑衫軍占領凱道 2014.3.30

Tâi-ôan tok-lėk 台灣獨立

2022 March

3月 31日

舊曆

二月廿九

鋤頭嘴，糞箕耳。

形容一個人愚蠢至極，嘴巴像鋤頭一樣，整天吃屎鏟屎，耳朵像糞箕一樣，整天只會把垃圾以及糞土倒進大腦裡。看看那些國民黨與共產黨支持者，整天看中天台跟TVBS，把垃圾資訊跟假新聞倒進糞箕耳裡，然後嘴巴吐出來的東西跟屎一樣臭不可聞，正是「鋤頭嘴，糞箕耳」的寫照。

晦月

• 池田敏雄像

• 王育霖像

• 池田敏雄的著作「台灣的家庭生活」中的插圖，生動描繪台灣人家磨臼做粿的樣子。版畫插圖為立石鐵臣所繪。

• 王育霖（右）與弟弟王育德（左）的合照。

禮拜四 lé - pài - sì | THU 木曜

2022年 3月

日	一	二	三	四	五	六
		1	2	3	4	5
6	7	8	9	10	11	12
13	14	15	16	17	18	19
20	21	22	23	24	25	26
27	28	29	30	31		

1947.3.31

王育霖受難日

◆ 肅貪律師

王育霖生於一九一九年，台南市人。台北高等學校畢業後，爲了想要向日本爭取台灣人的權利，便選擇就讀日本東京帝國大學法律科。王育霖就讀大學的時候就高分考取日本高等文官司法考試，一九四四年畢業後直接分發到京都地方法院擔任檢察官，成爲台灣人在日本的第一位檢察官。

二戰結束後，王育霖擔任新竹地方法院的檢察官。他個性耿直且不畏權勢，曾親自偵辦國民黨高官犯下的「救濟奶粉」貪汙弊案，得罪國民黨籍將領也是時任新竹市長的郭紹宗，因此招惹上殺身之禍。一九四七年二二八事件之後，王育霖被國民黨特務逮捕並遭殘酷刑求。一九四七年三月三十一日他被中華民國軍隊槍殺後棄屍於淡水河。身後留下孤苦的妻子與兩個幼子，其弟王育德後來移居日本從事海外台灣獨立運動，也揭發兄長遭到殘虐的史實。

1981.3.31

池田敏雄逝世日

◆ 台灣民俗專家

池田敏雄生於一九一六年八月六日，日本島根縣簸川郡人，從小就受外祖父的文化薰陶與影響而對藝文領域產生興趣。一九二三年，池田舉家從日本搬到台北市東門町，池田敏雄也進入台北第一師範學校就讀，畢業後成爲公學校教師，在教學之餘從事觀察與紀錄台灣民俗文化的工作，並四處採集台灣的童謠與民間故事。

一九三九年，池田敏雄參與西川滿所創刊的「台灣風土記」之編輯事務。一九四一年七月，「民俗台灣」創刊，池田敏雄與金關丈夫主導企劃與編輯，並找了畫家立石鐵臣等人參與美術與封面設計，也讓「民俗台灣」成了經典的傳世刊物。戰後池田敏雄仍留在台灣繼續從事民俗研究，直到二二八事件之後才返回日本，之後仍孜孜不倦於出版工作，直到一九八一年三月三十一日逝世爲止。

多名台灣人在中國千島湖遭劫殺身亡 1994.3.31

四月

鄭南榕
我主張
台灣獨立
Mock Mayson

◆鄭南榕自焚日。【詳見四月七日。】

◆我叫做鄭南榕，我主張台灣獨立。【詳見四月十八日。】

2022 April

4月1日

舊曆

三月初一

嘴唇皮相款待。

形容只剩一支嘴在說大話，聽起來誠懇，卻完全沒誠意。看看國民黨的韓國瑜，整天開空頭支票，用嘴唇皮款待伊ㄟ選民，像個老鼠會的直銷鼠頭，一堆愚民還跟著隨之起舞，實在是大悲無言。

閏月

• 張七郎像。戰前就自認是中國人且熱愛中華民國的張七郎與長子及三子都慘遭中華民國軍隊殘酷殺害。

• 許世賢像

• 三民主義青年團的許錫謙也慘遭中華民國軍隊殺害。

• 五〇年代，被台灣人稱為「五龍一鳳」的黨外議員：由左至右分別為李萬居、郭雨新、許世賢、郭國基、吳三連、李源棧。

禮拜五 lé - pài - gō ｜ FRI 金曜

2022年 4月

日	一	二	三	四	五	六
					1	2
3	4	5	6	7	8	9
10	11	12	13	14	15	16
17	18	19	20	21	22	23
24	25	26	27	28	29	30

1908.4.1

許世賢誕生日

◆台灣第一位女博士

許世賢，一九〇八年四月一日生於台南。一九三〇年畢業於日本東京女子醫專，而後在台南州立台南病院服務，並自行開設醫院執業。一九三九年從九州帝國大學醫學部取得醫學博士學位，成爲台灣第一位女博士。一九四〇年返台後，許世賢在嘉義開設順天堂醫院。二戰後，雖然一度加入中國國民黨並當選嘉義市參議員與台灣省議員，卻因不受國民黨團控制而於一九五六年主動退黨。

許世賢問政犀利，與其他五位男性議員吳三連、郭雨新、李萬居、郭國基、李源棧並稱議會的「五龍一鳳」。她長期以黨外身分參與公共政治，曾經於一九六〇年參與雷震的創黨活動，也曾當選嘉義市長與立法委員。因爲從政不像國民黨人貪污腐敗，深受市民擁戴，被人稱爲「嘉義媽祖婆」，立下嘉義「許家班」的名聲。

1947.4.1

中華民國軍隊花蓮屠殺

一九四七年二二八事件爆發後，中華民國軍隊開始對全台灣進行慘絕人寰的大屠殺。四月一日，中華民國軍隊整編二十一師進入花蓮，成立台灣東部綏靖司令部，並在花蓮鳳林交通要道建造軍事陣地，開始對花蓮進行清鄉屠殺，並羈押囚禁兩百多人，造成許多不幸冤案。當時極度親善中華民國的花蓮縣參議會議長張七郎雖臥病在床，卻也派長子張宗仁前往參加歡迎「國軍」的晚宴。

酒足飯飽後的中華民國軍隊卻將張七郎與他的三個兒子綑綁關押，隨後殘酷殺害張七郎與長子以及三子，並洗劫他們身上財物，僅留二子存活。此外，三民主義青年團花蓮分團的股長許錫謙也在返回花蓮的途中，在南澳遭到中華民國軍隊逮捕後槍殺，後腦中彈，屍體被踹下山崖，身上錢財與懷錶被中國軍人搶奪一空。

World 美國與中國撞機事件 2001.4.1

2022 April

4月2日

舊曆

三月初二

全識全驚，呣識呣驚。

形容知道越多的人，越會謹慎小心，什麼都不知道的人，反而是天不怕地不怕。二戰後，經過五十年日治時代的台灣人根本不瞭解中國人習性，許多年輕的台灣人甚至對中國抱著不切實際的幻想。反而是一些曾經歷過清國時代的耆老，深知支那文化，因此對中國人到來莫不感到擔憂。

新月

Tâi-oân tok-li̍p 台灣獨立

• 廖述炘像

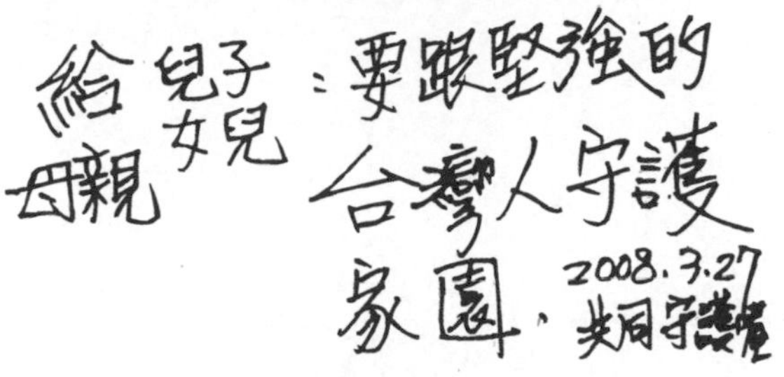

• 廖述炘給家人的遺書。

禮拜六 lé - pài - la̍k ｜ SAT 土曜

2022年 4月

日	一	二	三	四	五	六
					1	2
3	4	5	6	7	8	9
10	11	12	13	14	15	16
17	18	19	20	21	22	23
24	25	26	27	28	29	30

2008.4.2

廖述炘自焚日

◆台獨行動者

廖述炘，又叫阿湧，筆名黑傑克，生於一九六三年九月十四日。廖述炘高職畢業後曾經從事室內設計與開過計程車，對社會百態有感，也對許多不公不義的現狀感到不滿。後來受彭明敏的影響，開始投入台灣獨立運動，曾經擔任「海洋之聲廣播電台」台北台台長與台灣玉山網路電視台記者。他相當重視台灣文化的傳承，曾經到偏遠國小擔任義務性質的台語教師，並且發表許多台灣人文歷史的作品。

二〇〇八年中國國民黨在總統大選全面獲勝與復辟之後，廖述炘深感台灣前途無望，加上經營電台遭國民黨抄台並箝制言論，於二〇〇八年四月二日凌晨，在台北縣新莊市中山路的海洋之聲廣播電台台北台辦公室自焚身亡。在廖述炘自焚的前一日，已經經濟結据的他還奉獻五千元新台幣給基督教恩友中心，希望他們可以照顧並救濟弱勢與貧寒人士。

廖述炘身後留下了一封遺書，內容提及：「咱e國家要有人關心，參與e人愈多，咱才有可能建國。政治需要咱先去了解學習，工作以外e時間要參與組織學習⋯大家若有忍耐，肯認真來拚，過簡單e生活，認真學習，（包括）社區e學習照顧，家庭e學習照顧。我欲升華做恁e力量，再升華台灣e精神。希望我是最後為咱犧牲的人。我鼓勵大家有空去關心社會，去參與各種組織，關心藝文與政治等事，去關愛台灣。」

廖述炘自焚後，時任民主進步黨立法院黨團幹事長賴清德表示民進黨支持者要往前看，切勿因選舉結果結束生命，未來一定會克盡職責贏回政權，並且建立一個主權獨立的正常國家。然而國民黨立委陳根德卻對廖自焚身亡一事表示嘲諷與不屑之意，引發爭議後再喊冤稱說被斷章取義。

美國眾議院議長金瑞奇與李登輝會面　1997.4.2

Tâi-ôan tók-lèk 台灣獨居

2022 April

4月3日

舊曆

三月初三

閒到掠虱母相咬。

發閒到抓虱母看牠們互咬，用來形容閒閒沒代誌的情形。筆者認識一個朋友的爸爸是國民黨員也是公務人員，他爸爸早上就是拿著老花眼鏡看報紙喝茶，中午提前去外面吃飯閒晃，下午就在辦公室等下班，根本閒到掠虱母相咬。

纖月

• 一九三〇年代位於榮町二丁目的辻利茶鋪，現為重慶南路與衡陽路交叉口的星巴克。

• 三好德三郎像

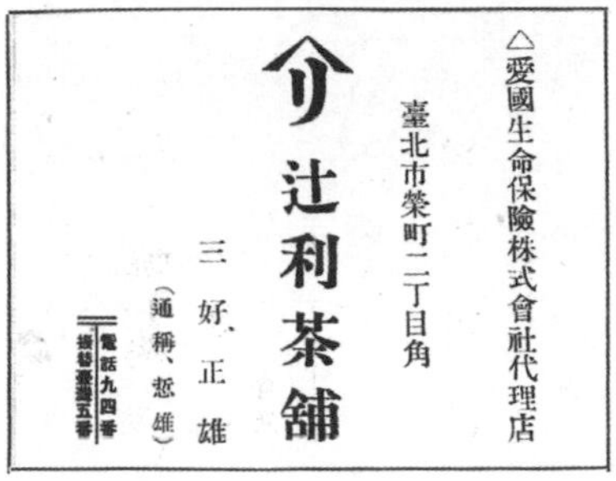

△愛國生命保險株式會社代理店

臺北市榮町二丁目角

(り) 辻利茶舖

三好、正雄

（通稱、惣雄）

電話九四番
振替臺灣五番

• 辻利茶鋪的報紙廣告。

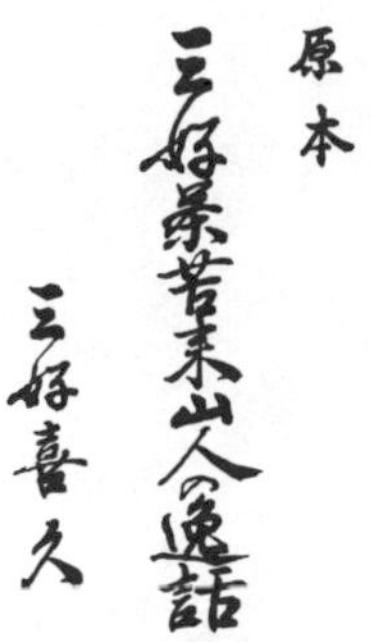

• 三好德三郎所寫的回憶錄「三好茶苦來山人逸話」，內容包括許多日治時代台灣政治的秘辛與逸事，可說相當珍貴。

禮拜日 lé - pài - ji̍t ｜ SUN 日曜

2022年 4月

日	一	二	三	四	五	六
					1	2
3	4	5	6	7	8	9
10	11	12	13	14	15	16
17	18	19	20	21	22	23
24	25	26	27	28	29	30

1939.4.3

三好德三郎逝世日

◆台灣茶葉之父

三好德三郎，一八七三年五月二日生於日本京都。其家族在京都宇治市從事茶葉經營事業，三好德三郎從小習茶，其創新理念卻跟傳統的茶葉界不合，因此便決定前往台灣開拓事業。一八九九年四月，德三郎來到台灣並在台北開設茶舖，經遷址後茶舖就位在今台北重慶南路一段與衡陽路交叉口之處，當時被稱爲榮町二丁目。

三好德三郎自稱爲「茶苦來山人」或是「三好茶苦來」，經常與文化界人士與收藏家往來交流。來台後長期在台北文山與坪林一帶從事烏龍茶的調查研究，並到南港種植茶葉，對於台灣茶的推廣發展具有極大的貢獻。三好德三郎除了販售烏龍茶、紅茶之外，也販售自製茗茶，其茶葉多次成爲日本皇家指定與台灣總督府的御用茶，也榮獲許多博覽會與共進會的金銀賞大獎。

三好德三郎在台灣長居約四十年，除了從事商業活動之外，也積極參與公共政治事務。德三郎政商關係良好，曾擔任許多重要的公職，例如郵局局長、台北州協議會會員、台灣總督府評議會員、臨時產業調查會委員、台灣共進會迎賓館主任委員職務，對台灣有著極大的影響力，也因此被人暱稱爲「民間總督」。

一九三九年四月三日，三好德三郎病逝於台灣，其在台的四十年期間曾以手稿相片詳細記錄許多台灣政商的秘辛，成爲後世研究台灣的重要參考史料。二〇一五年，台灣中央研究院台灣史研究所將三好德三郎回憶錄重新整理後出版「茶苦來山人逸話：三好德三郎的台灣記憶」一書。其子孫承繼父業，以台北茶舖的創業基礎在京都祇園開店並發展成大型茶商集團，旗下宇治抹茶更成家喻戶曉的產品。

World 杜魯門簽署戰後歐洲復興計畫 1948.4.3

Tâi-oân tok-li̍p 台灣獨立

2022 April

4月4日

舊曆 三月初四

彭祖走到不死州，也是死。

就算是八百歲的長壽翁彭祖，終究還是免不了一死。回到一九七五年，蔣介石死亡的那一年。很多被國民黨愚民教育洗腦的黨國信徒竟然不相信蔣介石也會有死亡的一天，還因此鬧出許多荒謬的笑話。

眉月

• 一九六四年桃園信東藥廠出資邀請林摶秋拍攝「五月十三傷心夜」。曾與黑澤明同為東寶影業助理的林摶秋以嚴謹的手法拍攝此片，也記錄下大稻埕五月十三日迎城隍的盛況。

• 林摶秋的代表作「阿三哥出馬」因諷刺戰後選舉亂象，遭中華民國審查單位刁難並被胡亂剪片，更因片中出現乞丐畫面，被支那人認為在中華民國治理下，台灣不會有乞丐的理由而慘遭修剪。

• 林摶秋曾說：「我就不相信台灣人在台灣拍台語片，台語片會興盛不起來。」

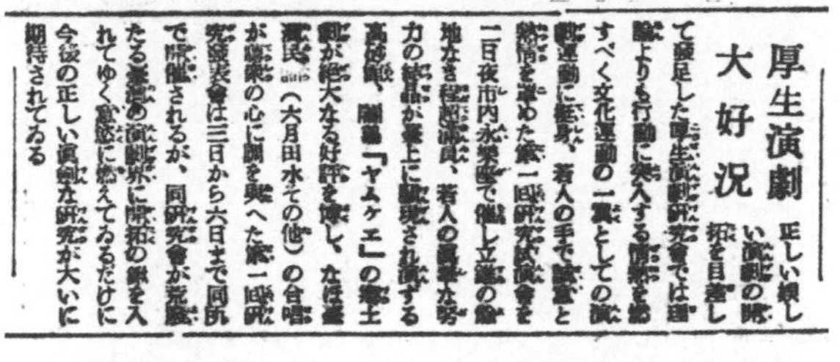

• 戰前林摶秋與張文環合作改編的厚生演劇受到廣大民眾的歡迎。

• 張文環像

禮拜一 lé - pài - it | MON 月曜

2022年 4月

日	一	二	三	四	五	六
					1	2
3	4	5	6	7	8	9
10	11	12	13	14	15	16
17	18	19	20	21	22	23
24	25	26	27	28	29	30

林摶秋逝世日

1998.4.4

◆台灣電影先驅

林摶秋，一九二〇年十月六日出生，桃園人。林父經營礦場運輸行銷，家境富裕，林摶秋少年時便遠赴日本求學，並就讀於日本明治大學政治經濟科。就讀大學期間接觸到現代戲劇，並且開始從事劇本創作。一九四二年大學畢業後便進入日本最大電影公司「東寶影業」工作，也加入以新喜劇運動聞名的新宿紅磨坊劇團。

一九四三年林摶秋返台之後，成立「厚生演劇研究會」，並陸續發表改編「高砂館」、「閹雞」（改編自張文環小說）等代表作，隨後在台北永樂座公演，引起極大迴響。林摶秋在「閹雞」一劇中巧妙運用台灣元素，包括歷史、符碼與歌謠，「丟丟銅仔」等台灣民謠首次以交響曲形式出現在舞台上，成了日本殖民時期少數具有抗爭意識的舞台戲劇，劇院也因此遭到當局斷電。

二戰後，隨著二二八抗暴事件爆發，這位被劇評稱為「台灣新劇運動黎明」的林摶秋也從此停止戲劇創作，返回家鄉承繼礦務家業。直到一九五七年，台語電影進入黃金時期，林摶秋才開始投入台語電影的拍攝，不但創辦「玉峰影業公司」，也在鶯歌興建當時台灣最大的電影製片廠「湖山製片廠」。林摶秋的電影代表作包括「阿三哥出馬」、「嘆煙花」、「錯戀」等。

然而隨著中華民國打壓母語、實施電檢制度等禁絕措施，台語電影迅速沒落，林摶秋也只好結束電影事業，一九九八年四月四日逝世於家鄉。林摶秋生前留下了一段話，表明了他的終生志向：「我在拍台語片，純粹是爲了要爭一口氣，不是爲了要有什麼名與利，我就只是想養成我們台灣人自己會做台灣電影，我的任務就是在這裡。」

台聯率團至靖國神社參拜台灣英靈 2005.4.4

2022 April
4月5日

節氣 清明

舊曆 三月初五

台諺云：雨淋墓頭紙，日曝穀雨田。意謂清明若下雨，穀雨多半是好天。

• 千千岩助太郎進行測繪的模樣。

• 二二八事件後，台灣畫家顏水龍曾幫千千岩助太郎秘密保管許多原住民建築的珍貴史料。

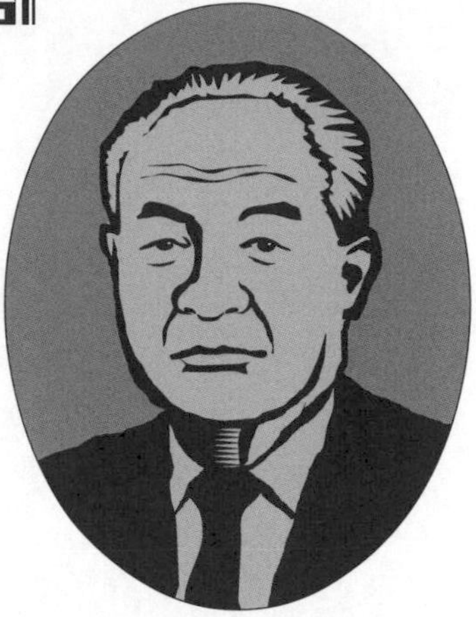

• 千千岩助太郎像

高砂族の住家
建築資料に登場
臺北工業千々岩教諭の研究資料

• 千千岩助太郎研究原住民建築的報導

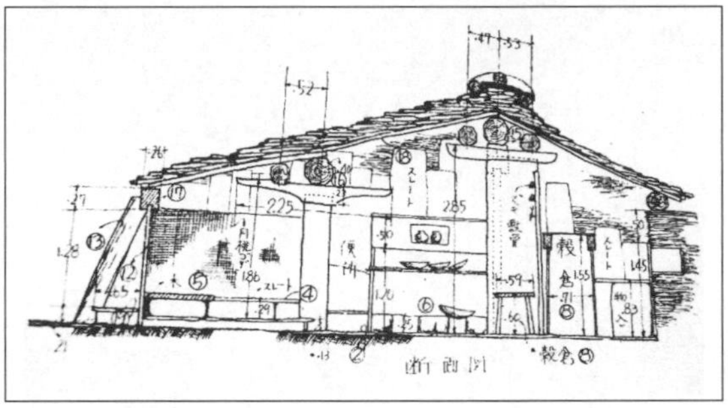

• 千千岩助太郎繪製的原住民石板屋建築剖面圖

五日月

禮拜二
lé - pài - jī
TUE
火曜

2022年 4月

日	一	二	三	四	五	六
					1	2
3	4	5	6	7	8	9
10	11	12	13	14	15	16
17	18	19	20	21	22	23
24	25	26	27	28	29	30

千千岩助太郎逝世日

◆台灣建築先驅

1991.4.5

千千岩助太郎，出生於一八九七年九月二十五日，日本九州佐賀縣人。畢業於名古屋高等工業學校建築科，一九二五年來台灣前曾經任教於日本的工業學校，來台後則是任教於台北州立台北工業學校建築科達十四年之久，也曾短暫任教於台灣總督府台北高等學校，並且擔任井手薰的得力助手。

千千岩助太郎對於南島語系民族建築、漢人宗廟建築與荷西時期考古均有深入研究，可說是對台灣建築歷史有著全面性的洞徹，但是他最爲人所知的還是台灣原住民（高砂族）住屋的研究，被認爲是此領域的頂尖專家。一九四三年他曾經主持台南赤崁樓的整修工程，一九四五年創立台南工業專門學校建築學科（今成功大學建築系），也是台灣第一個大學級別的建築科系。二戰後一九四六年曾主持過台灣省立台南師範學校的紅樓本館修復工程。

除了建築領域外，千千岩助太郎還專精於人類學、民族學、考古學、登山技能、攝影與編輯等，可說是學識淵博的通才。一九四七年二二八抗暴事件爆發後，他被迫遣返回日本，許多原住民建築的珍貴史料只得交由台灣畫家顏水龍秘密保管，直到一九五八年中國國民黨同意開放日本人來台灣觀光之後才得以帶回。

即使被迫返回日本，千千岩助太郎仍不忘台灣，經常幫助引薦台灣原住民與學生。一九八二年台灣南投縣日月潭的九族文化村開始動工之時，還必須要借重他對於台灣原住民建築的研究長才來重現設計原貌。營運單位還特別邀請他主持園區內原住民住屋樣本的興建工程，他也不吝提供日治時期的拍攝照片以及測繪資料，並親自來台灣指導。一九九一年四月五日，千千岩助太郎於日本福岡家中逝世。

支那殺人魔蔣介石死亡 1975.4.5

Tâi-oân tok-li̍p 台灣獨立

2022 April 4月6日

舊曆 三月初六

呣捌(bat)一箍芋仔番薯。

愚蠢到連芋仔與番薯都分不清楚。戰後一群中國人因為黨國裙帶關係來到台灣各級學校擔任教職。但是因為學識低下，什麼芋仔番薯都呣捌。反而是真正受過日本高等教育的台灣人只能做工友職務，也造成教育體系的崩壞，教出一整批壞掉的戰後嬰兒潮世代。

• 四六事件後逃亡的省立師範學院學生周慎源，後遭刑警擊斃。

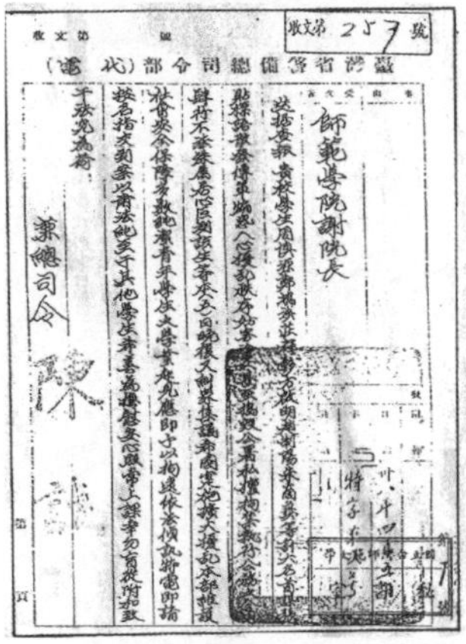

• 警備總部總司令陳誠發公文給師範學院院長謝東閔，命令他交出散發傳單的學生。

陳總司令發表談話
政府決心整頓學風
昨召集各有關機構首長舉行會議

• 公論報報導陳誠以整頓學風為藉口，開始對大學進行整肅。

警備總部
電令台大師院兩校
拘捕不法學生十餘人

• 新生報於四月六日報導警總開始對台大與師範學院境行逮捕行動。

這些毫無節操的黨國教育人員，包括台大校長傅斯年以及接任師範學院院長的劉真都沒有做出任何捍衛學生的舉動，而是以犧牲學生的方式來換取自己的穩固名位。

師範學院對於警總的拘捕行動採取激烈的反抗行動，還以椅子堵住樓梯。不過此舉也讓警總從原本要逮捕六名師院生，變成大逮捕三百多人。師範體系經此整肅後，從此成為最聽令黨國鷹犬的奴才訓練場。

中央日報
省府電令師院
即日停課聽候整頓
所有學生一律重新登記
約束學生不得再行越軌
被捕學生依法處理
省府通令告誡全省學生
行動越軌即予除名法辦

• 中央日報報導學生遭逮捕與失蹤之後，必須重新登記入學。

六日月

禮拜三 lé - pài - saⁿ | WED 水曜

2022年 4月

日	一	二	三	四	五	六
					1	2
3	4	5	(6)	7	8	9
10	11	12	13	14	15	16
17	18	19	20	21	22	23
24	25	26	27	28	29	30

1949.4.6 四六學潮事件

一九四九年中華民國政權在中國全面覆亡，並且被中華人民共和國所取代。流亡台灣的許多中國國民黨人因此相當恐懼讓他們失去江山的左翼思潮與學生運動，便想盡辦法要控制與打壓校園自主，四六事件就成了中國國民黨以恐怖統治手段全面介入台灣校園的起始點。

事件開始於一九四九年三月二十日，台灣大學的學生李元勳與省立師範學院學生何景岳因爲騎單車雙載，遭警察取締並且被毆打，然後被帶回台北市警察局第四分局（今爲大安分局）拘留。由於學生早已對中華民國政權的腐敗暴斂感到不滿，這次拘留事件便引發數百名大學學生前往警察局包圍並要求道歉。隨後在三月二十九日，台北各大學院校的學生集合在台大法學院操場前，進行「爭取生存權、反飢餓反迫害、要求民主自由」的集會訴求。

在中國兵敗如山倒的國民黨人如驚弓之鳥，竟把這次單純的學生集會視爲中共間諜滲透操作的活動。當時的台灣省主席兼警備總司令陳誠決定命令高雄屠夫彭孟緝對學生進行鎮壓與逮捕行動。一九四九年四月六日，中華民國殖民政權派出軍警包圍台灣大學與師範學院宿舍，並接著進行逮捕行動。當日有一百多名學生遭到非法逮捕，事後有多名學生遭到中華民國軍隊槍決，逃脫者也在清鄉行動中遭軍隊所殺害。

四六事件發生之時，也考驗當時教育人員風骨，但是時任師範學院院長的謝東閔與代理院長的劉眞，全成黨國走狗，不但沒有營救學生，還幫忙軍警逮捕學生。事件發生之後，校長劉眞還以整頓學風爲由，全面以軍事監控方式管理校園，台灣學院的自由風氣頓時傾滅，長期戕害台灣教育環境甚鉅。

感謝台灣捐助震災，寶塚首次登台演出。2013.4.6

Tâi-oân tok-lek 台灣獨立

2022 April

4月7日

舊曆

三月初七

蕃藷毋驚落土爛，
只求枝葉代代湠。

這句話是我們獨派人士經常用來鼓勵建國參與者的名言。蕃藷雖然落土後會腐爛，但是很快就會長出新芽、開出新葉，象徵所有的犧牲奉獻都不會白費，新一代的建國運動者也會繼續跟隨前輩的腳步前進，一代一代地傳承下去。這句話也曾經被黨外先驅郭雨新所引用，用來勉勵台灣人要繼續傳承民主聖火與建國意志。

• 鄭南榕像

七日月

禮拜四 lé - pài - sì | THU 木曜

2022年 4月

日	一	二	三	四	五	六
					1	2
3	4	5	6	7	8	9
10	11	12	13	14	15	16
17	18	19	20	21	22	23
24	25	26	27	28	29	30

鄭南榕自焚日

1989.4.7

鄭南榕出生於中華民國對台大屠殺的一九四七年。小時候學習成績表現優異，曾考上建國中學，因家境的關係曾選擇就讀成大工程科學系，後來仍因爲興趣不符而轉學到台大哲學系，潛心於邏輯與自由主義，因拒上中國國民黨強制要求學生必修的國父思想課程而無法從台大畢業。在學時鄭與葉菊蘭相識相戀而後結婚，並定居於台北市。

鄭南榕曾歷經數次創業，最後踏上政治一途，並於一九八一年開始以作家身分在黨外雜誌發表評論。一九八四年創辦「自由時代周刊」，訴求「爭取百分之百的自由」。由於國民黨全面禁止言論出版自由，所有黨外雜誌與非經審查的刊物都會被警備總部查禁，鄭南榕便利用友人的身分一口氣申辦十八張雜誌社執照，好讓刊物被國民黨查禁後仍可以迅速維持雜誌社的正常運作。

鄭南榕開辦的黨外雜誌經常揭露中國國民黨高官的黑幕醜聞，因此也被國民黨官與深藍軍方視爲心頭大患。鄭南榕在一九八六年發起五一九綠色行動，領導群眾靜坐龍山寺以訴求解除戒嚴。一九八七年鄭串聯許多團體，發起「二二八眞相平反運動」，四月十六日，在演講時公開主張台灣獨立，九月聲援蔡有全、許曹德的台獨案。

一九八八年國際人權日當天，鄭南榕在「自由時代周刊」刊登許世楷所撰寫的「台灣新憲法草案」，此舉卻因此讓他在一九八九年一月遭高等法院簽發涉嫌叛亂罪的傳票。鄭南榕爲了堅守台獨理念與百分之百言論自由的原則，決定自囚於雜誌社內長達七十一天。一九八九年四月七日，警察派員包圍攻堅雜誌社，他反鎖房間門之後自焚就義身亡。這天後來也被民進黨推動訂爲「台灣言論自由日」。

白恐受難者委員會於總統府公園設紀念碑 2008.4.7

Tâi-oân to̍k-li̍p 台灣獨立

2022 April

4月8日

舊曆 三月初八

【豬哥牽對牛稠去。】

牽豬哥的把豬牽到牛舍，用來罵人愚蠢糊塗，盡幹些誇張可笑之事。例如國民黨籍的前高雄市長韓國瑜，連高雄有幾個行政區都不知道，就是典型的豬哥牽對牛稠去。

八夜月

• 富田芳郎像

• 蔡秋桐像

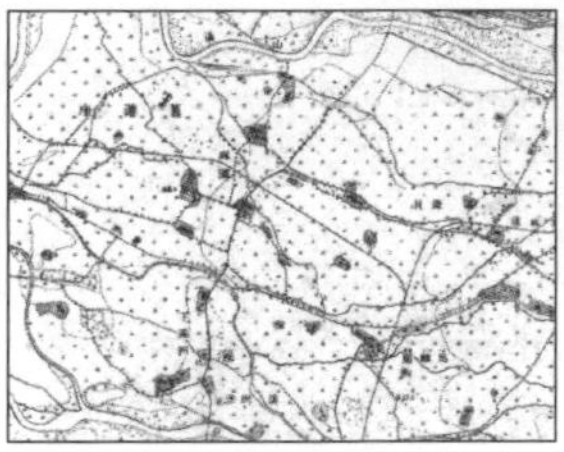

• 富田芳郎繪製的二萬五千分之一地形圖顯示出台灣北部（新竹）多散村的型態。

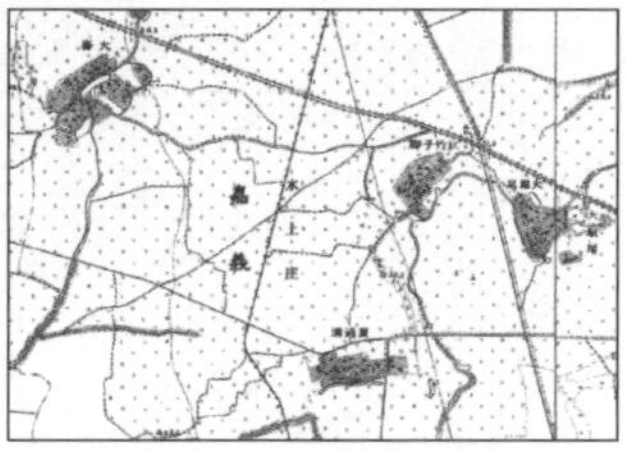

• 富田芳郎繪製的二萬五千分之一地形圖顯示出台灣南部（嘉義）多集村的型態。

• 張星建像。蔡秋桐曾參與「台灣文化協會」並當選張星建所發起的「台灣文藝聯盟」南部委員。

禮拜五 lé - pài - gō | FRI 金曜

2022年 4月

日	一	二	三	四	五	六
					1	2
3	4	5	6	7	8	9
10	11	12	13	14	15	16
17	18	19	20	21	22	23
24	25	26	27	28	29	30

1900.4.8

蔡秋桐誕生日

◆台灣寫實嘲諷作家

蔡秋桐於一九〇〇年四月八日出生於雲林。幼年時曾上過私塾學習漢文，二十二歲的時候才從公學校畢業。他在就讀公學校時就對寫作產生濃厚興趣，畢業後以漢字的台語寫作。由於家住偏鄉，民多務農，公學校的學歷就足夠以擔任協調警察與民眾之間事務的保正一職，蔡秋桐便選擇該職務以維生。

由於蔡秋桐的保正職務必須周旋在日本政府與台灣民眾之間，因此相當了解底層人民的疾苦，他卻用反諷筆法例如「放屎百姓」一詞用來寫實形容一群備受殖民壓迫、充滿矛盾卻沒有自主意識的奴化台灣人。蔡秋桐筆下描寫許多日本殖民統治下的荒謬鬧劇，淚中帶笑卻也隱埋著反抗意識。蔡秋桐曾經參與「台灣文化協會」並當選張星建所發起的「台灣文藝聯盟」南部委員，其寫作中常見的本土話語也成爲台灣話寫作的絕佳典範與文化資產。

1895.4.8

富田芳郎誕生日

◆台灣地理學先驅

富田芳郎，一八九五年四月八日生於北海道札幌，曾就讀東京高等師範學校，專研地理學與博物學。一九二四年，畢業於日本東北帝國大學地質學科。一九三一年，富田芳郎前來台北帝國大學地質學科任教。在台十六年期間，他對於台灣的地質結構、聚落、地形有過深入研究，著有「台灣鄉鎮之地理學研究」、「台灣地形發展史研究」。

富田芳郎曾行遍台灣百岳，翔實調查各種地質，也對台灣動植物感到高度興趣。來台之後，研究興趣從地質學跨向人文地理，對台灣南北聚落曾經發表過多篇論文，提出「北部多散村，南部多集村」的觀察結論。二戰後，富田芳郎續留台大教書，直到一九四六年十二月才返回日本任教，因爲對學術貢獻卓著，獲日本政府贈勳。一九八二年一月八日逝世於日本。

2008.4.8 守護痲瘋病友傳教士白寶珠逝世

4月9日

十二十三讓你歹，
十九二十你就知。

這是清國時代艋舺安溪人與艋舺三邑人之間因為彼此看不順眼而衍伸出來的拼場諺語。當時三邑人的主祭祀廟是龍山寺，在七月十二、十三進行普渡，而安溪人的主祭祀廟是祖師廟，在七月十九、二十進行普渡。兩地人為拼熱鬧而彼此放話。安溪人才對三邑人說，十二十三看你囂擺，十九二十你就知道我們的實力。

舊曆 三月初九

• 立石鐵臣像為「民俗臺灣」繪製的封面插圖，左圖是台灣早期的稀有玩具，叫做搗餅鬼。

• 立石鐵臣的落款章

• 立石鐵臣像

• 立石鐵臣在一九四三年「民俗臺灣」中為專欄繪製的「竹搖籃」一圖，生動描繪了台灣早期放置嬰兒的竹搖籃構造。

• 立石鐵臣繪製的永樂市場小吃攤，畫中精細呈現了當時大稻埕小吃攤的擺設、食物與用餐情形。

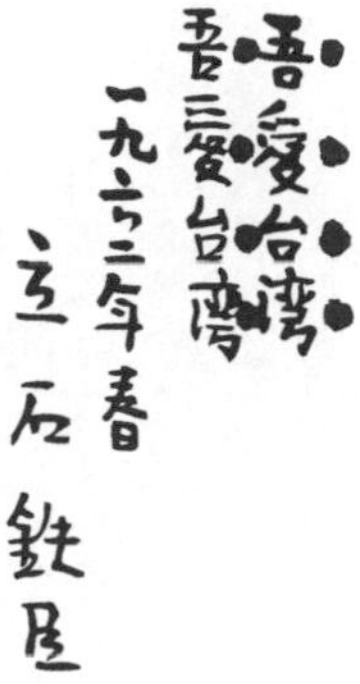

• 立石鐵臣在吾愛台灣一畫的畫末留下了吾愛台灣的結語。

上弦月

禮拜六 lé - pài - lák SAT 土曜

2022年 4月

日	一	二	三	四	五	六
					1	2
3	4	5	6	7	8	9
10	11	12	13	14	15	16
17	18	19	20	21	22	23
24	25	26	27	28	29	30

1980.4.9

立石鐵臣逝世日

◆ 灣生畫家

立石鐵臣一九〇五年三月十一日生於台北東門街，是從小生長在台灣的日本人，俗稱「灣生」，他一直到七歲的時候才隨著任職台灣總督府的父親回到日本。在日本求學過程，立石鐵臣開始學習速寫與臨摹爲基礎的日本畫以及西洋油畫。一九三三年，已經二十八歲的他再度返台進行寫生並舉辦畫展，其描繪的萬華、淡水景色還入選日本國畫會展。

立石鐵臣以「天國」與「童話國度」形容記憶中的台灣，他返台的時候被強烈色彩與厚重線條的南國風格所吸引，因此決定長居台灣。在台期間立石鐵臣與西川滿等人成立「版畫創作會」，開始創作台灣民俗題材的版畫作品。許多關於台灣民俗題材的刊物封面，例如「民俗台灣」、「媽祖」、「華麗島民話集」皆爲立石鐵臣所繪，其樸拙自由的筆墨加上大塊豔麗水墨色彩也成爲他的招牌識別畫風。

立石鐵臣熱愛台灣風土，曾經以淡水、大稻埕的風景畫入選台展，也曾在台北舉辦洋畫個展，並在各大報發表美術評論。台北帝大教授中村哲曾評論他的畫作：「鑲嵌工似的色彩構成之美。色彩嶄新令眼睜不開的鮮豔。」立石鐵臣在一九三九年受台北帝大農學部聘約，繪製昆蟲標本的精密畫作，練就細部寫實的技法。他的兒子立石雅夫曾形容他父親繪製昆蟲花草時的單純快樂，就像他自己也成了描畫之物一樣。

一九六二年的時候，立石鐵臣在日本畫下了「吾愛台灣」的圖文，記錄一九四八年他離開台灣時在船上看到的基隆港口景象，畫中也寫下台灣人在港邊合唱著「螢之光」的日文驪歌來表達對日本人的不捨與對中國人的厭惡表現。一九八〇年四月九日，立石鐵臣病逝日本東京，享年七十五歲。

World 美中國防部長就對台軍售互槓 2014.4.9

Tâi-oân tok-li̍p
台灣獨立

2022
April

4月10日

舊曆
三月初十

興家猶如針挑土，敗家猶如水推舟。

要成家立業就像用針挖土一樣，是緩慢且困難的。但是若要敗家毀業，跟順水推舟一樣簡單快速。建國也是如此，幾十年前輩的流血流汗才有了一個本土政黨與民主制度，但是在國共兩黨的夾擊之下，一個不小心也很容易潰敗崩解，讓台灣再次掉入獨裁中華的地獄之中。

•郭國基外號又叫郭大砲。

•美國總統吉米．卡特簽署台灣關係法並且頒布，正式界定了不含中華民國的美台新關係。

•郭國基的競選傳單，版面配上聳動的標題與大砲插圖，清楚顯示郭國基的問政風格。

•美國與中華民國斷交之時，卡特總統指派美國副國務卿克里斯多福（右）前往台北說明與談判斷交事宜，陪同者為美國駐中華民國大使安克志（左）。

十日夜

禮拜日 lé - pài - ji̍t

SUN 日曜

2022年 4月

日	一	二	三	四	五	六
					1	2
3	4	5	6	7	8	9
10	11	12	13	14	15	16
17	18	19	20	21	22	23
24	25	26	27	28	29	30

1979.4.10

台灣關係法簽署頒布日

一九七九年，美國與中華民國流亡政權中止官方往來之後，隨即於三月底在美國國會表決通過「台灣關係法」（Taiwan Relations Act），一九七九年四月十日由美國總統吉米•卡特簽署並且頒布之，用以規範台美的正式關係。美國「台灣關係法」中第二條第三款提及維護與促進台灣人民的人權，因此也被稱爲人權條款，此條款對實施獨裁極權的中國國民黨產生不小的壓力。

美國政府承諾提供防禦性武器與物資技術給台灣人民也間接對台灣的民主化與西太平洋的穩定發展起了巨大作用。「台灣關係法」通篇不以中華民國稱呼，只提台灣一詞，也僅把台灣限定於台灣本島與澎湖列島，而不包含中華民國正式統治的金門與馬祖，顯見美國已將台灣視爲非中華民國統治也非中國一部份的政治實體。

1900.4.10

郭國基誕生日

◆黨外大砲議員

郭國基出生於一九〇〇年四月十日，屏東東港人。曾就讀明治大學政治系，並加入新民會與台灣文化協會等爭取台灣自治與民主的組織。因評論犀利、語出驚人，林獻堂遂以「郭大砲」稱呼之。

一九四七年一月十二日，郭國基曾公開演說：「中國國民黨成立國民政府三十餘年，並未眞實實行三民主義。中國民族性之懦弱，我台灣民族，現有六百餘萬人，自元明清歷代以來，均不願受中國統治，應有抵抗事實，望各青年均能立志爲台灣獨立而努力，勿再受中國之管轄。」演講時獲聽眾不少掌聲，卻也因此被國民黨列入黑名單，二二八事件後遭到逮捕入獄兩百多天。郭國基戰前曾秘密加入過國民黨，戰後因爲遭到國民黨迫害後隨即退黨，從此以黨外身分參選公職，也是議會「五龍一鳳」的一員。

台灣青年創刊號發行 1960.4.10

2022
April

4月11日

舊曆 三月十一

十一夜

拳頭母，鬥大粒。

只想比拳頭大小，簡單說就是窮兵黷武，也就是中國人最愛講的「槍桿子出政權」。中國就是這種最愛講拳頭母，鬥大粒的國家，結果遇到拳頭比他大粒的美國，就連個聲都不敢吭。

• 矢內原忠雄的左翼思想曾經影響過許多台灣學人。

• 涂南山像

• 陳茂源教授是矢內原忠雄的學生，對涂南山啟發甚多。

• 涂南山出獄後娶賴秀枝為妻，兩人刻苦營生並互相扶持。

• 陳重光是涂南山的嘉中同學，同時也是陳澄波的兒子。

• 涂南山來不及告知同學的父親陳澄波，陳就已被槍殺身亡。

禮拜一 lé - pài - it | MON 月曜

2022年 4月

日	一	二	三	四	五	六
					1	2
3	4	5	6	7	8	9
10	11	12	13	14	15	16
17	18	19	20	21	22	23
24	25	26	27	28	29	30

1925.4.11

涂南山誕生日

◆台獨先驅

涂南山，一九二五年四月十一日生於嘉義。幼時家境貧苦，因繳不起學費遲至十歲才念小學，後來因成績優異考上台南州嘉義中學校。在嘉中的期間，因爲受到日籍校長的嘲笑與侮辱而萌生台灣意識。涂南山希望台灣人可以擺脫被日本人歧視的現實，決心從政當官。從嘉中畢業之後遂棄醫並選擇報考培養高等官員的滿洲國建國大學。

二戰結束，涂南山返回台灣之後遇上二二八抗暴事件，得知中華民國軍隊即將來台展開大屠殺，趕回嘉義找嘉中的同學陳重光，也順便提醒同學的爸爸陳澄波進行避難，但是還來不及遇到，陳澄波就已被槍殺身亡。二二八事件後，涂南山考上台大土木工程學系，因親眼目睹中華民國官兵的屠戮暴行，便組織學生自治會，從事反中華民國的宣傳工作，並與同學到新店碧潭湖開會討論，以防機密外洩。

涂南山後來轉系到法律系就讀，遇到改變他一生命運的陳茂源教授，他也是矢內原忠雄的學生。涂南山跟隨他學習馬克思主義並鑽研矢內原忠雄的著作「羅馬書講義」。一九五一年，涂南山在台大法學院宿舍遭到逮捕，國民黨羅織罪名說他加入共產黨外圍組織，只因他翻譯矢內原忠雄的「馬克思主義與基督教」著作。

涂南山在警總關押期間原來想要招供其他成員姓名以換取自由，後來突然蒙受到聖經羅馬書的啓發，決定自己承擔罪名，因此被以「參加叛亂組織」判刑十年。在獄中服刑期間完成「耶穌傳」與「羅馬書講義」的漢字翻譯，並在出獄後將獄中翻譯給付梓出版。涂南山後半生致力於追求台灣獨立建國，在二〇一四年三一八學運期間還親赴立法院勉勵抗爭的學生，於隔年二〇一五年逝世，享年九十歲。

World 中華民國情報人員炸毀印度客機 1955.4.11

2022 April

4月12日

舊曆 三月十二

十二夜

食國民黨，飲國民黨，票毋投國民黨。

中國國民黨就是台灣選舉賄選文化的始祖與發揚者。國民黨若說他是貪腐第二，沒人敢稱第一。在這樣的國民黨賄選文化之下，窮困的台灣鄉親們也發展出一套手段，就是買票錢照拿，但是投票就不投給國民黨，讓國民黨偷雞不成蝕把米嘛好。

• 郭芝苑像

• 黨外國是聲明由姚嘉文（左上）、許信良（右上）、施明德（右下）所共同擬訂，並且由艾琳達（左下）翻譯成英文發表。聲明中強調台灣要參與國際活動，並且以台灣名義爭取成為聯合國會員國。

• 台灣作曲家江文也經常與郭芝苑書信往來並且討論作曲，郭芝苑也因此萌生創作「自己國家的音樂」的想法。（背景為江文也寫給郭芝苑的日文信件內容。）

禮拜二 lé-pài-jī TUE 火曜

2022年 4月

日	一	二	三	四	五	六
					1	2
3	4	5	6	7	8	9
10	11	12	13	14	15	16
17	18	19	20	21	22	23
24	25	26	27	28	29	30

2013.4.12

郭芝苑逝世日

◆台灣國寶作曲家

郭芝苑生於一九二一年十二月五日，苗栗苑裡人。小時因家境富裕，得以接觸各種音樂並立志成為音樂家。他不顧家人反對，赴日學習音樂，因小指內彎只得轉修習理論作曲。二戰戰事激烈，學校全面停課，他只好靠自修學習。當時他還拜訪了旅日台灣作曲家江文也，萌生創作「自己國家的音樂」的想法。戰後郭芝苑返台任職於省立交響樂團。

郭芝苑通曉古典與流行作曲，曾創作出許多具台灣特色的樂曲，包括第一部台灣交響樂「台灣土風交響變奏曲」，並為台語電影「阿三哥出馬」配樂。晚年推動台語歌曲運動並且為二二八受難者譜曲。二〇一三年四月十二日，郭芝苑逝於苗栗，他曾經說過：「戰後的台灣，在國民黨統治下至少有二十年時間是文化沙漠，無樂之邦。在禁說台語嚴厲實施的環境下，眞正變成失聲的一代！」

1979.4.12

黨外國是聲明發表日

一九七八年十二月底，美國與中華民國斷交之後，中華民國流亡政權氣急敗壞，不但加強軍事戒嚴，將大選日無限地延期，還開始全面圍剿黨外人士，甚至圖謀暗殺異議人士，並將人權運動者等同於台獨支持者，再將台獨支持者等同於中國共產黨，形成國民黨著名的「三合一敵人」滑坡謬誤論述。

為因應國際局勢的演變以及中國國民黨打壓手段，一九七九年四月十二日黨外人士聯合發表「黨外國是聲明」做為應對。聲明中強調台灣要積極參與國際活動，促進國家安全，並且以台灣名義爭取成為聯合國會員國資格。黨外國是聲明中加入聯合國的訴求使得國民黨難以反駁，也讓台灣獨立精神得以突顯。黨外人士藉由發表「黨外國是聲明」開始集結，也間接了引發五月底的第二次中壢事件以及十二月的美麗島事件。

肯亞判刑無罪台灣人遭遣送中國 2016.4.12

4月13日

舊曆

三月十三

拍棉被，拼灶腳。

日治時代，民政長官後藤新平為了革除台灣的支那髒臭文化，開始推行「拍棉被，拼灶腳」的衛生運動。日本政府還規定每個月某一天是家庭清潔日，全家都要清掃環境。然而二戰後，中國人來到台灣，不但把大量已在台灣絕跡的傳染病帶進來，也把中國人的髒亂習慣再度帶入台灣。

十三夜

• 兒玉源太郎反對將台灣賣給法國，並且積極尋求治理台灣的方法。

• 日本臺灣總督府標誌

• 後藤新平像

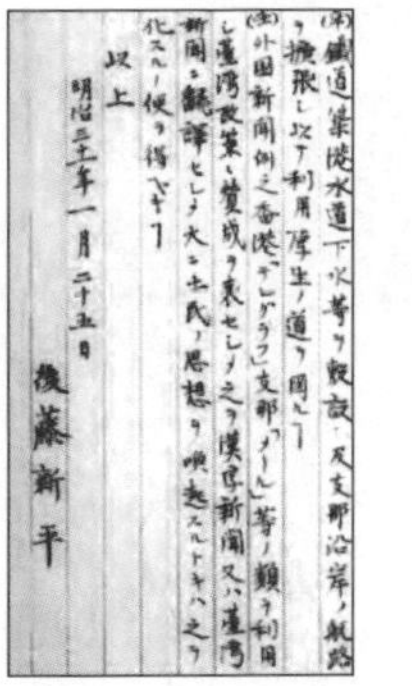

(丙)鐵道築港水道下水等ヲ敷設シ又支那沿岸ノ航路ヲ擴張シ以テ利用厚生ノ道ヲ開クコト
(丁)外国新聞例之香港「テレグラフ」支那「メール」等ノ類ヲ利用シ臺灣政策ノ賛成ヲ表セシメ之ヲ漢字新聞又ハ臺灣新聞ニ飜譯セシメ大ニ土民ノ感想ヲ喚起スルトキハ之ヲ化スルノ便ヲ得ヘキコト
以上
明治三十三年一月二十五日
後藤新平

• 後藤新平曾提出「台灣統治急務策意見書」，任內開始實施意見書的鐵道、電信、水利與醫療政策。

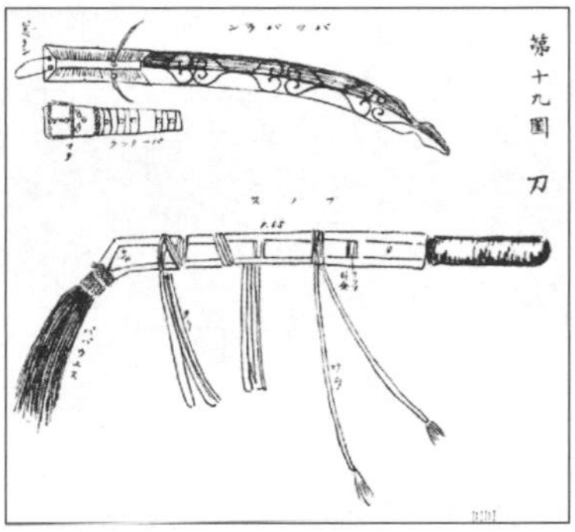

• 臺灣總督府在一九〇一年成立臨時臺灣舊慣調查會，由後藤新平出任長官。附圖出自「臨時臺灣舊慣調查會第一部，蕃族調查報告書」。右圖為阿眉族與卑南族的「食器日用品」與「釀造具」。左圖為「蕃刀」的描繪圖。

禮拜三 WED 水曜

lé - pài - sa^{n}

2022年 4月

日	一	二	三	四	五	六
					1	2
3	4	5	6	7	8	9
10	11	12	13	14	15	16
17	18	19	20	21	22	23
24	25	26	27	28	29	30

1929.4.13

後藤新平逝世日

◆台灣現代化奠基者

後藤新平生於一八五七年七月二十四日，日本陸奧鹽釜村人。年少時畢業於福島須賀川醫學校，並進入內務省衛生局任職，隨後留學德國並獲得醫學博士學位。一八九五年清帝國割讓台灣給日本之後，後藤新平受聘擔任台灣總督府的衛生顧問，並著手推動自來水、下水道的建設與烏山頭水庫的規劃。

一八九八年，兒玉源太郎被選爲第四任台灣總督，後藤新平升任爲民政局長，權力僅次於台灣總督。由於日俄戰爭的因素，兒玉源太郎長年在外征戰，台灣事務幾乎全權交由後藤新平處理，也開啓了他在台灣推動現代化建設的時期。後藤新平身爲日本殖民政府的一員，依舊延續高壓統治台灣人的殘酷政策，唯一差別是他任內開始放寬台灣地方自治，全面進行精細的土地、戶口與風俗調查，推展科學與認眞執行對台建設，奠定台灣現代化的基礎。

後藤新平接任民政局長之後，爲了瞭解台灣的文化習性以規劃因地制宜的政策，首先開始大規模對台灣土地、戶口與風土民情進行普查，不但成功測量與改革土地，還留下許多翔實的調查資料，即使中華民國來台灣之後依舊繼續沿用。

後藤新平全面推動台灣電力、通訊、交通、水利、農業等建設，包括現在的台灣縱貫鐵路、阿里山登山鐵道、灌溉嘉南平原的烏山頭水庫，大多是在後藤新平任內規劃建設完成。到了一九〇四年，台北地下水道覆蓋率已是亞洲第一，部分公共建設甚至比日本進步。後藤新平任內也強化了台灣人的守法與衛生習慣，大幅地降低台灣人吸食鴉片的人數。一九〇六年，兒玉源太郎總督任滿，後藤新平也隨同離開台灣，於一九二九年四月十三日因爲腦溢血病逝於日本。

1989.4.13 後勁反五輕民眾設鄭南榕靈堂與警爆發衝突

Tâi-oân tok-li̍k 台灣獨立

2022 April 4月 14日

舊曆 三月十四

擋久，著輸管甫。

管甫是用來形容清國派來欺壓台灣人的軍人，又叫管埠。管甫這種清國軍人專幹放高利貸逼死別人的勾當。如果跟管甫借錢欠款拖太久，高利貸的利率一定會把人拖垮，就是「擋久，著輸管甫」的由來。很多中華民國軍人也會在退伍後大搞高利貸錢莊的不法生意，整死一堆底層營生的台灣人，跟清國時代的管甫沒兩樣。

十四夜

• 一六八四年，台灣納入清帝國版圖。

• 清國雍正皇帝像

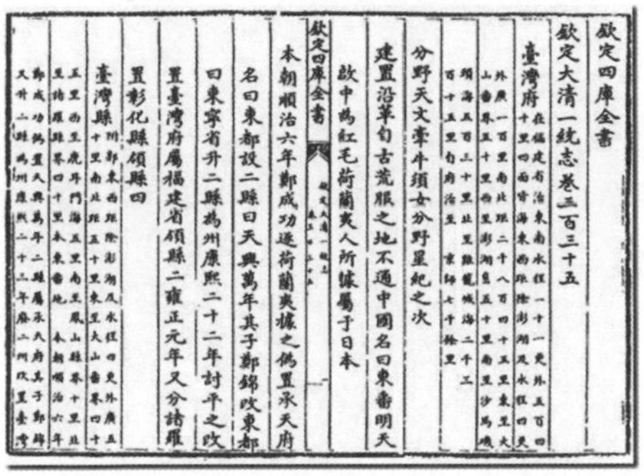

欽定四庫全書

欽定大清一統志卷三百三十五

臺灣府

分野天文牽牛須女分野星紀之次

建置沿革自古荒服之地不通中國名曰東番明天啓中爲紅毛荷蘭夷人所據屬于日本

本朝順治六年鄭成功逐荷蘭夷據之偽置承天府名曰東都設二縣曰天興萬年其子鄭錦改東都曰東寧省升二縣爲州康熙二十二年討平之改置臺灣府屬福建省領縣二雍正元年又分諸羅置彰化縣領縣四

臺灣縣

• 清國的四庫全書之「大清一統志」說明了名曰東番的台灣其實是「自古荒服之地不通中國」，也證明支那官方總是宣示「台灣自古屬於中國」的說法僅是用以併吞台灣的謊言與藉口。

• 施琅像

禮拜四 lé - pài - sì | THU 木曜

2022年 4月

日	一	二	三	四	五	六
					1	2
3	4	5	6	7	8	9
10	11	12	13	14	15	16
17	18	19	20	21	22	23
24	25	26	27	28	29	30

台灣納入清帝國版圖

1684.4.14

一六八三年，施琅率領清帝國軍隊攻打台灣，東寧王國皇帝鄭克塽投降清國。滿人的清帝國跟漢人建立的明帝國一樣，始終認爲台灣是不屬中土的蠻夷化外之地，即使康熙的繼位者雍正皇帝也抱持同樣想法，在「清世宗實錄選輯」中雍正還表示：「台灣地方自古不屬中國。」

清帝國不但缺乏佔領台灣的意圖，更晃論想要治理台灣的擘劃，清帝國軍消滅東寧王國的目的只是爲了杜絕來自海上的騷擾與進犯。因此在東寧王國覆滅之後，清帝國官員在福建福州召開「台灣善後會議」時竟開始討論是否要放棄台灣，包括康熙皇帝與絕大多數清國官員都贊成要放棄台灣。清帝國官員甚至想到要把當時二十餘萬台灣住民全部遷移到清國，讓台灣成爲無人島，就應該可以「解決」台灣成爲海外威脅的荒謬想法。

雖然清國上下一片「棄台」聲浪，施琅基於個人利益因素考量，以不攜眷與不築城的駐兵理由說服深怕海外漢人兵變的康熙皇帝佔據台灣。一六八四年四月十四日，台灣正式納入清帝國版圖，隸屬福建省，並設台灣府，下轄台灣縣、鳳山縣、諸羅縣三個縣。清帝國以東南省份海外屏障看待台灣地位，僅把台灣當成擋子彈的邊陲盾牌，還設置在福建省之下，自然就不會重視台灣住民的營生問題與基礎建設甚至是長遠的市政規劃。

台灣被併入清帝國之後，施琅開始掠奪台灣土地，當起土皇帝，他個人就佔據了七千甲土地。清帝國據台的兩百多年期間也以壓榨奪取資源卻不思建設的態度對待台灣，例如清國官員郁永河來台也只是爲了挖取北投硫磺給清國當火藥原料而已，直到清法戰爭發生後清帝國才開始想要建設台灣。

鄭南榕之女鄭竹梅遭黨國鷹犬潑鹽酸 1989.4.14

Tâi-oân to̍k-li̍p
台灣獨立

2022 April

4月15日

舊曆 三月十五

現代包公，包賭包娼包工程。

台語用來形容國民黨的地方派系與樁腳生態。中國國民黨可說是台灣地方政治的毒瘤，所有關於賭毒黃的非法事，幾乎都跟國民黨的地方派系脫不了關係。最近二十年，這些中國國民黨的地方派系（包括無黨籍）更投入利潤更豐富、量刑更低的工程圍標，一堆又貴又爛的地方建設就這樣像癌細胞一樣擴散開來。

• 巫義德像

• 蘇洪月嬌像

週刊
臺灣民報
臺灣人唯一之言論機關
每星期日定期刊行
大正十五年九月五日發行
第一百二十一號要目

• 臺灣民報的刊頭設計，刊頭右上還標註「臺灣人唯一之言論機關」。蔡惠如（右頭像）是「臺灣青年」的出資者。蔡培火（左頭像）後來將「臺灣民報」增資改組為廣受台灣人歡迎的「臺灣新民報」。

• 蘇東啟像

小望月

禮拜五 lé - pài - gō

FRI 金曜

2022年 4月

日	一	二	三	四	五	六
					1	2
3	4	5	6	7	8	9
10	11	12	13	14	15	16
17	18	19	20	21	22	23
24	25	26	27	28	29	30

1931.4.15

蘇洪月嬌誕生日

◆台灣民主先驅

蘇洪月嬌出生於一九三一年四月十五日，台南人。少時聰穎且性格獨立，自嘉義女中畢業後就嫁給雲林縣議員蘇東啓。在蘇東啓力挺與支持之下，連任兩屆北港鎮民代表。一九六一年九月十九日蘇東啓參與虎尾武裝起義推翻中華民國的案件爆發，蘇洪月嬌與蘇東啓雙雙遭到國民黨逮捕。國民黨軍警對蘇洪月嬌進行疲勞審訊並逼看刑求，威脅她不得對外請託營救。

蘇洪月嬌在軍警脅迫下仍持續對外發出求救，也讓國際注意到中華民國的人權問題，國民黨被迫才將原判蘇東啓的死刑改無期徒刑。蘇東啓入獄期間，蘇洪月嬌持續推動台獨，並且兼差撫養家中的六個小孩。一九七七年開始連選連任台灣省議員達十七年，爲政期間清廉認眞，並且堅持用台語問政，於二〇〇四年八月三十日逝世，身後未留下遺產。

1924.4.15

巫義德誕生日

◆台獨思想先驅

巫義德，一九二四年生於高雄，曾受日本高等教育並擔任海軍判任官。戰後曾以無黨籍身分參選中華民國高雄市議員與省議員。早在一九五九年巫義德就對貪贓炒地的國民黨高雄市長陳武璋提出罷免，但是卻因國民黨威脅提案人而失敗。後因提出民主與建國思維的「六大原則」而遭判刑十年入獄，於一九七〇年出獄，一九八五年四月二十四日逝世。

1923.4.15

台灣民報創刊日

一九二〇年，旅日台灣留學生與台灣士紳在東京成立新民會，成爲台灣反抗運動的重要組織。新民會爲推廣政治理念，由蔡惠如出資發行「台灣青年」雜誌。「台灣青年」後來改名爲「台灣」，因發行量不足，主事者遂有擴大發行與改版增刊的規劃。「台灣民報」就在一九二三年四月十五日於日本東京創刊。二戰時遭日本當局改組合併而日益沒落。

1989.4.15 台大學生為鄭南榕自焚靜坐抗議

Tâi-ôan tók-li̍p
台灣獨立

2022 April

4月16日

舊曆 三月十六

滿月

要娶嘉義某，要嫁台南尪。

這是較古早的台灣俚諺。早期嘉義民情單純，風氣敦厚，女子多為性情溫厚且善良刻苦之人。而台南士紳雲集，產業發達，男子多具備較好的經濟條件，因此才會出現「要娶嘉義某，男子要嫁台南尪」的說法。

【中華民國三十五年四月二十六日】

霍亂由溫州侵入本省
當局積極籌劃檢疫
電令各縣市實施豫防注射

（本報訊）省民最恐怖之霍亂症（虎烈剌）、日昨由溫州航抵基隆之一帆船內發生、關此、於昨二十五日記者往訪本省檢疫總所蔡所長立懿，其對于本省港口之檢疫方針及將來之計劃、所長與記者作問答如下：

問：請問現在本省之檢疫工作情形如何？

答：可以說是停止狀態，此次因基隆港檢疫分所之失落霍亂病由溫州侵入本省，本人爲總所長應該負責，但是本人到本省來只二三星期而檢疫總所之工作亦剛剛開始、所以本人對于基港分所已經緊急嚴令共積極工作。

問：可是霍亂病已侵入本省，到底檢疫工作有沒有進行？

答：首先本人有說過、在本人到台北前是完全停止工作、但是本人以後一定爲本省之衛生工作盡量努力。

問：那末、這次發生之霍亂病有沒有證實？

答：現在派人調查中又有由台灣大學指派許多學生檢診、還沒有得到確實之消息、如果確認爲霍亂病、當然應急設法豫防。

問：對于將來之檢疫計畫方針如何？

答：本所定於下月一日起正式設基隆、高雄、松山（飛機場）、淡水、蘇港、台中、鹿港、海口、安平、花蓮港、蘇澳、公司寮、馬公、東港、台東、東新港等處之分所開始嚴重檢疫、而爲要保護台北市、計畫在基隆台北間之火車內派檢疫員進行鐵路檢疫。

又問、對于此次之霍亂病豫防等、經由衛生局電令、各縣市即時實施豫防注射云云。

危險！危險！

天花猖獗

市府未有積極方策
開業醫亦難處理

（本報訊）本省天花、自甚猖流入以來由省垣傳布各市、北部各市鎮、患斯病被發見者、屢誌報端、現下患病者、但避而不受診於西醫、於是甚難發見患此症者、故無從查明、開病者因其身體不大康健、得到處遊行、其傳染範圍愈廣、危險殊甚、而市府衛生當道、尚未有積極防止方策、關於防退、各開業醫亦技不若何矣、唯望市民自行留意防止而已。

• 一九四六年四月二十六日台灣報紙報導霍亂由中國溫州傳入台灣。報導中可見當時中華民國檢疫體系根本處在停擺與混亂的狀態。

• 曾經親眼目睹嘉義布袋事件的鍾逸人。

• 一九四六年時任宜蘭病院院長的郭章垣自掏腰包，親自率領醫療人員施打霍亂疫苗，還緊急向聯合國申請疫苗來救助台灣人。結果這批救命疫苗竟被中國貪官沒收還轉賣給黑市。郭章垣還因擋到官派宜蘭市長朱正宗的財路，在二二八事件後被槍斃在宜蘭頭城媽祖廟前。

禮拜六 lé - pài - lák | SAT 土曜

2022年 4月

日	一	二	三	四	五	六
					1	2
3	4	5	6	7	8	9
10	11	12	13	14	15	16
17	18	19	20	21	22	23
24	25	26	27	28	29	30

1946.4.16 嘉義布袋事件

二戰結束後，中華民國前來劫收台灣，原來已經在台灣絕跡的傳染病也開始從中國過海而來，造成多人死亡，其中又以嘉義布袋港所發生的布袋事件做爲代表。嘉義布袋港因爲距離中國的汕頭、廈門、福州港很近，所以日本戰敗後兩個月，一九四五年十月就已經開始與中國通商，台灣的民生物資便從布袋港運往中國，許多人員往來中國，在台灣絕跡已久的霍亂便開始從中國傳入嘉義布袋。

一九四六年四月，霍亂疫情就已經開始在布袋港爆發擴散，四月十六日，中華民國派遣荷槍實彈的警察進駐，架設機槍並且封鎖所有路口，禁止任何民眾出入。中華民國只派軍警封鎖嘉義布袋來隔離疫情，卻不派遣防疫與醫療人員進駐，也禁止食物與民生物資入內，等同於強迫當地居民挨餓受苦與自生自滅。

布袋港居民因爲軍事封鎖而產生飢荒問題，許多民眾只好靠賄賂警察來出入封鎖線以購得所需米糧，而沒有賄賂警察的人則被禁止進出。許多面臨死亡邊緣的飢民只好集體衝出封鎖線，卻遭警察以輕機槍掃射，造成多位民眾受傷倒地。當時的「和平日報」嘉義區負責人也是後來二七部隊部隊長的鍾逸人在回憶錄中描述：「這些求生不得坐等只有死路一條的飢民，終於不顧一切集體衝破防線，接著，槍聲和慘絕的哀嚎叫聲齊響宛如阿修羅場。」中華民國政府事後卻對受傷民眾置之不理。

中華民國的軍事封鎖並沒能阻止疫情外擴。霍亂疫情到七月後從布袋往北擴散，造成三百多人死亡。布袋事件也引發後來警察爲防疫而開槍傷人的新營事件。中華民國軍警濫射事件頻繁，加上貪污腐敗與無能施政，最終累積成二二八事件的民眾怒火。

日本皇太子裕仁抵台灣巡視 1923.4.16

2022 April

4月17日

舊曆 三月十七

賊是小人，智過君子。

不要小看那些當盜賊匪徒的惡人，他們的運作手腕與交際智慧可能都遠勝於那些自認清白正當的君子與好人。很多台派朋友瞧不起國民黨的地方派系與基層系統，但是這些黑金組織通常具有龐大的動員能力與金錢實力，不是一般只會拿學位的讀書人可以扳倒的，唯有政治智慧與革命家手腕才能剷除國民黨的基層勢力。

• 日本與清國官員於日本下關春帆樓簽訂馬關條約。

• 樂信．瓦旦像

• 高一生女兒高菊花，因為失去父親而被迫唱歌賣藝維生。

• 吾雍．雅達烏猶卡那（高一生）像

立待月

禮拜日 lé - pài - jit | SUN 日曜

2022年 4月

日	一	二	三	四	五	六
					1	2
3	4	5	6	7	8	9
10	11	12	13	14	15	16
17	18	19	20	21	22	23
24	25	26	27	28	29	30

1895.4.17 馬關條約簽訂日

一八九四年，清帝國與日本帝國因朝鮮發生新舊黨爭而各自出兵進入朝鮮半島，隨後演變為兵戎相見的「甲午戰爭」。清國戰敗求和，日本提出「日清媾和條約」，內容包括永久割讓台灣、澎湖島與附屬島嶼，清國被迫同意。一八九五年四月十七日，清國派出代表李鴻章，前往日本山口縣下關港一間名為「春帆樓」的旅館與日本首相伊藤博文正式簽訂「馬關條約」，這一天也成為影響台灣百年命運的關鍵日，台灣就此結束兩百多年清國統治狀態。

日本殖民的五十年期間，台灣人雖然也遭受到不公平的待遇與迫害，但同時台灣也遠離了中國開國以來的紛爭與內戰，開始真正接觸到現代化與法治，並與蒙昧的中國人產生觀念上的分歧與隔閡。直到一九四五年日本戰敗後，中華民國開始劫收台灣，台灣才又被捲入中國的無盡內戰與醬缸愚昧當中。

1954.4.17 吾雍．雅達烏猶卡那受難日

吾雍．雅達烏猶卡那（漢名高一生），出生於一九〇八年，鄒族人，為知名音樂家、詩人與政治家，曾致力高山族自治運動與公共事務，並投入原住民文化的保存與紀錄事務。一九四七年二二八事件，高一生組成原住民部隊，阻止國民黨軍增援屠村。後遭逮捕，於一九五四年四月十七日遭槍決身亡。其女高菊花因失去父親，被迫成為歌手賣藝維生。

1954.4.17 樂信．瓦旦受難日

樂信．瓦旦，生於一八九九年，泰雅族人，為台灣原住民意見領袖，曾於台灣總督府醫學校習醫，對原住民醫療現代化的貢獻極大。二二八事件之後，曾力保高一生免遭求刑，但是卻因為試圖向中華民國政府討回原住民土地，而被國民黨羅織匪諜與貪污罪名，與高一生在同一天被槍決身亡。

民進黨反老賊與主張制憲大遊行 1991.4.17

Tâi-oân tok-li̍p
台灣獨立

2022
April

4月18日

舊曆
三月十八

中國，中國，花碌碌。

台灣民間用來形容中國認同的混亂分歧，搞得台灣人與外國人一頭霧水。這些滯台中國人一下子說中華民國才是正統中國，一下子說中華民國自由地區，一下子說中華民國在台灣，一下子又說台澎金馬，最後又來個沒有共識的一中各表，真的是中國，中國，花碌碌。

居待月

• 鄭南榕獄中日記：「我們是小國小民，但是我們是好國好民。」

• 「我是鄭南榕，我主張台灣獨立。」

民進黨報 49
DEMOCRATIC PROGRESSIVE NEWS
以自焚之火
發台獨之光
「台灣國際關係中心」聲明

• 鄭南榕自焚後，當時民進黨文宣部發行的報紙立刻做了「以自焚之火，發台獨之光」的特刊。

• 鄭南榕（左）與戴振耀（右）頭戴「台獨有罪嗎」的布條。

禮拜一
lé - pài - it

MON
月曜

2022年 4月

日	一	二	三	四	五	六
					1	2
3	4	5	6	7	8	9
10	11	12	13	14	15	16
17	18	19	20	21	22	23
24	25	26	27	28	29	30

我叫做鄭南榕 我主張台灣獨立

1987.4.18

一九八七年四月十八日，鄭南榕在台北市立金華國民中學的操場進行演講。演講內容除了要求國民黨獨裁者蔣經國解除戒嚴，也當場向台下成千上萬的群眾以握緊拳頭的堅定手勢大聲宣示：「我叫做鄭南榕，我主張台灣獨立。」鄭南榕也成爲二戰後首次在台灣公開演講中宣示支持台灣獨立的第一人。

這段台獨宣示也成爲鄭南榕最爲人所熟知的歷史時刻，許多年輕的天然獨世代經常將鄭南榕的這段話語與手勢設計爲各種圖像，印在衣服或出版品上，成爲台獨支持者的精神表徵。鄭南榕曾不斷挑戰中華民國流亡政權所設下的圍牆與牢籠，突破眾人所不敢爲的禁忌與限制，以自己生命守衛自己所堅信的理念，捍衛言論自由而自囚於雜誌社七十一天，一直到一九八九年四月七日遭到中華民國軍警圍捕並自焚身亡爲止。

鄭南榕的台獨宣言也預示了台獨言論的公開化與合法化時代即將來臨。在鄭南榕公開宣示台灣獨立的五年後，也就是一九九二年五月十五日，立法院三讀通過刑法一百條修正，台獨言論才真正除罪化。

鄭南榕的許多文章在多年後依舊被視爲是超越時代的先知評論。例如在「全面展開建國運動」一文中提到：「台灣已走到一個面臨抉擇的十字路口，在客觀的國際局勢中，中國不斷孤立、斷絕台灣的對外關係，而國民黨從來沒有與台灣共存亡的決心，一直拖一步算一步，拖不過去時就準備逃向預置已久的海外金窩，還有不少島內住民在國民黨長期宣傳洗腦下，對自身『國家認同』，產生錯亂、混淆的現象。」這篇一九八八年由鄭南榕所撰寫的文章在二〇一六年總統大選之後又重新被熱烈討論，可見鄭南榕對於台灣前途的遠見與深慮。

恆春立碑紀念二戰於巴士海峽罹難日軍 1996.4.18

2022 April 4月19日

禮拜二 lé - pài - jī　TUE 火曜

舊曆 三月十九　寢待月

腹肚儲牛肉，嘴念阿彌陀。

形容言行不一的人。另外一句台語「嘴念經、手摸奶」也是一樣的意思。看看中華民國來台灣之後，整天教台灣人禮義廉恥忠孝仁愛，但是這些中國人卻盡幹些狗屁倒灶的無恥之事，正是「腹肚儲牛肉，嘴念阿彌陀」。

• 穿著雨衣的民進黨員帶著小孩一起參加佔領行動。

• 時任佔領行動指揮小組召集人的林義雄。

• 四一九佔領行動的民眾遭警察拖走。

• 四一九佔領行動中，民眾在拒馬前掛上「總統民選」與「大家的總統大家選」的布條。

2022年 4月

日	一	二	三	四	五	六
					1	2
3	4	5	6	7	8	9
10	11	12	13	14	15	16
17	18	19	20	21	22	23
24	25	26	27	28	29	30

四一九佔領行動

1992.4.19

由於中國國民黨長期控制憲法與國民大會，並透過國大代表來間接決定總統人選，使得台灣遲遲無法落實民主，國民黨甚至污名化總統直選將破壞社會安定，馬英九更是其中反對總統直選最力者之一。

一九九二年四月十九日，民主進步黨便在台北發起總統直接民選遊行。與此同時國民大會正在召開臨時會，參與代表爲修憲問題發生肢體衝突，國民黨派出鎮暴部隊阻止民進黨籍國代進入中山樓開會。民進黨也臨時決定在街頭升高抗爭層級做爲反制。

由民進黨發起的總統直選遊行原本預定到台北車站靜坐，但是群眾走到忠孝西路的時候，數千名遊行者突然無預警坐下占領忠孝西路，佔領行動爲時三天兩夜。警方隨後出動噴水車，並用警棍驅離靜坐者，雙方爆發激烈衝突，多人遭到警方毆打成傷。

佔領忠孝西路的群眾除了提出總統直接民選與廢除國民大會的訴求，現場也聚集許多台灣獨立社團，訴求制憲建國的主張。佔領行動範圍除了忠孝西路也包括台北火車站站前要道，佔領時間從一九九二年四月十九日延續到四月二十四日。警方隨後出動噴水車驅離民眾，並用抬離與警棍毆打的方式驅離靜坐者，雙方爆發激烈衝突，包括部分民進黨基層黨工、學生、教授與國會助理都遭到警察毆打與警棍攻擊而受傷。

許多國際媒體因此注意到四一九佔領事件並派員到現場採訪，了解到國民黨竟然還以從中國逃亡來的萬年國代來代表民意的荒謬情形，也對執政的國民黨造成一定壓力，逼迫國民黨在隔月完成第二階段修憲，明訂總統將從一九九六年起開始進行直選，四一九佔領行動也完成其歷史的階段性任務。

反年改米蟲為自身利益暴力攻擊無辜　2017.4.19

Tâi-oân tok-li̍p 台灣獨立

2022 April

4月20日

舊曆 三月二十

節氣 穀雨

台諺常云：穀雨寒死虎母。意思就是雖然已經是穀雨，氣溫依舊寒死郎。

更待月

禮拜三 lé - pài - saⁿ　WED 水曜

2022年 4月

日	一	二	三	四	五	六
					1	2
3	4	5	6	7	8	9
10	11	12	13	14	15	16
17	18	19	20	21	22	23
24	25	26	27	28	29	30

• 郭秋生像

• 黃石輝像

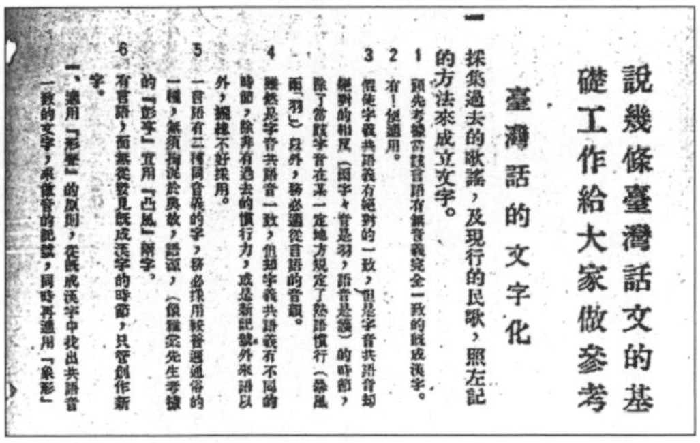

說幾條臺灣話文的基礎工作給大家做參考

臺灣話的文字化

一 採集過去的歌謠，及現行的民歌，照左記的方法來成立文字。

• 郭秋生在台灣新文學雜誌「南音」上發表關於台語文採集與建構的基礎工作建議。

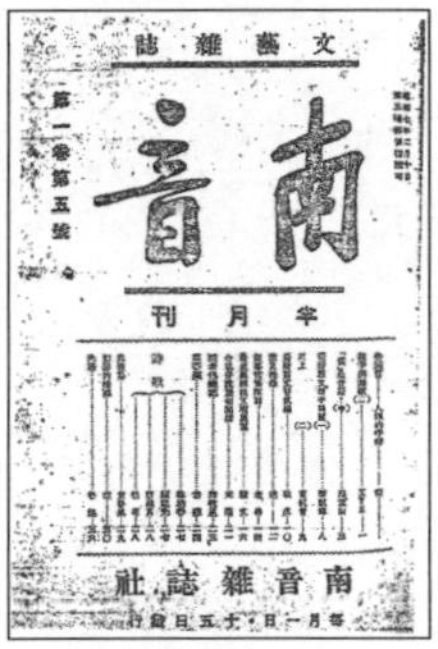

• 葉榮鐘、賴和等人創辦的「南音」雜誌刊有多篇關於台語文與台灣文學建構的文章。

1900.4.20

黃石輝誕生日

◆台灣話文運動先驅

黃石輝生於一九〇〇年四月二十日，高雄鳥松人。他曾在一九二六年參加無政府主義的左翼組織「台灣黑色青年聯盟」，開始促發其左派意識，雖然曾經遭到日本政府逮捕，仍積極加入台灣民眾黨與新台灣文化協會。

黃石輝從一九三〇年陸續發表「怎樣不提倡鄉土文學」與「再談鄉土文學」，提及：「你是台灣人，你頭戴台灣天，腳踏台灣地，眼睛所看的是台灣的狀況，耳孔所聽見的是台灣的消息，時間所歷的亦是台灣的經驗，嘴裡所說的亦是台灣的語言，所以你的那枝如椽的健筆，生花的彩筆，亦應該去寫台灣的文學了。」以及「台灣是一個別有天地，在政治的關係上，不能用中國話來支配，在民族的關係上，不能用日本普通話來支配，所以主張適應台灣實際生活，建設台灣獨立的文化。」

黃石輝意識到喚起台灣勞苦大眾共同情感的重要，而文學所使用的語言文字就必須是基層民眾所能熟稔的，才能激發共鳴並凝聚共識，他因此提倡將台灣話文字化並以此進行文學創作，同時也做為抵抗殖民同化的一種方法。

緊接著作家郭秋生也贊同黃石輝的主張，並在「建設台灣白話文一提案」一文中詳細指出台語文字化的生成方法學，例如漢文若無法對應多音節的台灣話，則應該在有音無字的狀態下另造新字，並主張改造台灣話文，使其言文一致，並統一讀音。黃石輝的主張引發日本時代的「鄉土文學論戰」，許多從事文學創作的有識之士都加入了這場戰局，包括賴和與語言學家李獻璋都站在支持黃石輝立場的這一方。這場逐漸興起的台灣話文運動後來在日本皇民化運動下被迫暫停。

中山大學公投決定撤離蔣臭頭銅像 2018.4.20

Tâi-oân tok-le̍k
台灣獨曆

2022
April

4月21日

舊曆 三月廿一

二十一夜

【食果子拜樹頭，食米飯敬鋤頭。】

勸喻人要對餵養我們的土地與人民感恩。君不見一堆滯台中國人拿著台灣人繳的稅金，吃著台灣農民辛苦種植的米飯，享受著台灣人爭取來的自由民主，然後鼓吹要給獨裁中國統治，標準的「食果子砍樹頭」心態。

• 周添旺像

• 倪蔣懷像

• 溫連章像

• 鄧雨賢曾與周添旺合作「雨夜花」。

• 石川欽一郎曾是倪蔣懷的繪畫導師。

• 溫連章曾加入史明的「獨立台灣會」，並在日本受訓。

禮拜四 lé - pài - sì | THU 木曜

2022年 4月

日	一	二	三	四	五	六
					1	2
3	4	5	6	7	8	9
10	11	12	13	14	15	16
17	18	19	20	21	22	23
24	25	26	27	28	29	30

1972.4.21

溫連章革命事件

溫連章爲移居巴西的雲林斗六人，曾經在美國加州接受都市游擊戰法訓練，後來加入史明在日本組織的「獨立台灣會」，並在日本受訓，任命爲「台灣獨立革命軍」第二組負責人，史明直接指導並金援溫連章。一九七一年十月，溫連章返台吸收成員與發展組織，並暗地進行武力推翻中華民國的計畫。

溫連章曾在台南下營洲仔農路附近的蕃薯園實驗火藥爆炸，卻因爲行事不周而形跡敗露。一九七二年四月二十一日，在外出途中遭中華民國軍警逮捕，其他參與成員將近五十人也相繼被捕，經刑求審訊之後被移送警總與軍法處。溫連章被依「懲治叛亂條例」判處有期徒刑十五年，其他成員則被判處五年到十二年不等刑期。史明在回憶錄中評論溫連章革命事件是「獨立台灣會」的一大挫敗，影響可謂相當深遠。

1943.4.21

倪蔣懷逝世日

◆台灣西畫先驅

倪蔣懷生於一八九四年八月十二日，台北瑞芳人。曾向石川欽一郎學習繪畫。學成後以其礦業背景傾力資助與培養台灣藝術人才（如洪瑞麟），自己也不忘西畫，曾畫下許多台灣都市的街景，可說是台灣水彩畫的先驅，逝於一九四三年四月二十一日。

1988.4.21

周添旺逝世日

◆台語歌曲作詞者

周添旺生於一九一〇年，台北人。二十四歲時就進入古倫美亞唱片公司擔任作詞工作，並與鄧雨賢合作「雨夜花」。周添旺作詞的經典歌曲包括「孤戀花」、「秋風夜雨」、「月夜愁」、「黃昏嶺」以及「西北雨」等曲。他終生盡心於台語歌謠創作，於一九八八年四月二十一日逝世，享年七十九歲。

台灣漢文詩人蔡旨禪逝世日 1958.4.21

Tâi-ôan to̍k-li̍p 台灣獨立

2022 April 4月22日

舊曆 三月廿二

二十二夜

猴死，豬哥也著沒命。

原意是指具有真正實力的孫悟空死了，好吃懶做的豬八戒也會跟著沒命。許多滯台中國人與國民黨支持者整天舔中貶台，殊不知如果台灣真的被中國併吞的話，他們保證會是第一批被清算鬥爭的對象。

• 日治時期，李臨秋伴隨樂團現場親唱「望春風」一曲。

• 李臨秋像

• 作曲家鄧雨賢與作詞者李臨秋合作「望春風」、「四季紅」與「對花」。

• 作曲家蘇桐與作詞者李臨秋合作「倡門賢母」與「懺悔」。

• 古倫美亞唱片的封套設計

禮拜五 lé - pài - gō ｜ FRI 金曜

2022年 4月

日	一	二	三	四	五	六
					1	2
3	4	5	6	7	8	9
10	11	12	13	14	15	16
17	18	19	20	21	22	23
24	25	26	27	28	29	30

李臨秋誕生日

◆「望春風」作詞者

1909.4.22

李臨秋出生於一九〇九年四月二十二日的台北牛埔庄（今台北雙連）。李家原家境優渥，他也因此備受栽培，受過良好的漢學教育，後來卻因父親替人作保，家產輾米廠與居屋被查封而導致家道中落。年少的李臨秋只好進入「高砂麥酒株式會社」當臨時工友，並且到大稻埕永樂座戲院擔任茶房。

李臨秋在戲院期間接觸到默片電影的幕後工作，加上他漢學基礎與台語造詣深厚，遂被戲院前輩鼓勵從事創作電影配樂歌詞與編劇工作。一九三三年，他開始受邀撰寫電影宣傳歌曲，其中包括「懺悔的歌」、「倡門賢母」等曲，推出後大受民眾喜愛，遂被古倫美亞唱片網羅，開始與知名作曲家蘇桐與鄧雨賢合作譜曲。李臨秋自此開啓了他大量台語歌曲的寫詞創作生涯，他也因此成爲一九三〇年代最爲炙手可熱的台語電影配樂與主題曲作詞家。

一九三三年，李臨秋與鄧雨賢首次合作，就推出經典傳世的台語歌曲「望春風」，歌詞細膩描寫女性感情，也是李臨秋第一首的個人創作歌曲。隨著二戰延燒，他的許多歌曲還被日本政府擅自改爲愛國歌曲與軍歌傳唱。

二戰之後，李臨秋於一九四八年發表了情歌「補破網」，市場反應熱烈，中華民國殖民政府卻因二二八抗暴事件而杯弓蛇影，認定該曲有所影射而以歌詞灰暗的理由禁唱，事後甚至強迫李臨秋加寫歡樂歌詞來文飾太平。此曲後來也爲黨外人士傳唱，做爲彌補台灣民主破網的隱喻。此外他的「四季紅」也因爲國民黨恐共而改名「四季謠」。李臨秋秉持著「三分雅氣、七分俗氣」的原則創作，使得他的歌曲因爲貼近社會現實而廣爲普羅大眾所傳唱。於一九七九年二月十二日病逝大稻埕，享年七十歲。

良心醫師黃媽典遭中華民國軍殺害 1947.4.22

2022 April

4月 23日

舊曆 三月廿三

台灣蟳，有膏。

清國時代，台灣人到支那參加儒教科舉，落選的多，中榜的少，因此被支那迂儒嘲笑台灣蟳無膏，也就是無才無內涵的意思。到了日治時代，台灣人開始接受現代化教育，民智不但獲得啓蒙，也在科學與人文方面取得極大進展，「台灣蟳有膏」的說法因此興起，成了調侃清國的反句。

• 王金河背負著因烏腳病而被截肢的病患。

• 王金河像

• 林海音擔任聯合報副刊主編期間，刊登了一篇諷刺蔣臭頭的短詩，因此被迫辭去主編一職。

其實我沒有權利替你決定，
其實我應該親身承擔這種痛苦。

雖然我們知道截肢是為了減輕
目前的痛苦，
這也不是個容易的決定。

• 王金河寫給因為烏腳病而必須截肢病患的沉痛文句。

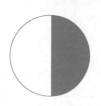

下弦月

禮拜六 lé - pài - lák SAT 土曜

2022年 4月

日	一	二	三	四	五	六
					1	2
3	4	5	6	7	8	9
10	11	12	13	14	15	16
17	18	19	20	21	22	23
24	25	26	27	28	29	30

1916.4.23

王金河誕生日

◆台灣烏腳病之父

王金河出生於一九一六年四月二十三日，台南北門人。一九四一年自東京醫專畢業，原在日本執業，因母親生病的緣故而返回故鄉台南開設診所行醫。王金河體恤民眾辛勞，對前來看診的貧困者不收取任何醫藥費，因此受到地方鄉親的尊敬景仰。二戰結束後，王金河在故鄉被選爲北門鄉長，並連任兩屆無黨籍縣議員，後來卻因擋到國民黨派系的財路而被誣陷入獄，自此對政治灰心而退出政壇。

五〇年代台灣西南沿海居民因飲用含砷地下水而導致烏腳病流行，中華民國當局對此情形置若罔聞，直到十多年後才提出防治計畫。王金河等人只好騎著腳踏車四處探訪烏腳病患，並發送醫療物資，試圖喚起社會的重視。王金河隨即在北門成立烏腳病診所，免費替烏腳病患看診，因此也被人稱爲「台灣烏腳病之父」，於二〇一四年三月十三日逝世。

1963.4.23

林海音事件

林海音，一九一八年生於日本大阪，原籍新竹人，幼時曾遷居中國北京。一九四八年返回台灣後任職於國語日報與聯合報。一九六三年四月二十三日，林海音擔任聯合報副刊主編期間，聯合報刊登了一篇名爲「故事」的短詩，作者筆名爲風遲（音似諷刺）。詩中敘述一位愚昧無知的船長迷航在海上，然後漂流到一個孤獨的小島。他遇到孤島上的美麗富家女，讓他免於飢餓。隨著歲月流逝，船長逐漸老去，他卻遺忘了要返回家鄉。

由於這首詩所描寫的內容實在太雷同於蔣介石的尷尬處境，導致中國國民黨認定此首詩有「影射總統愚昧無知」之嫌。林海音因此辭去聯合報副刊主編一職，此詩的作者風遲（本名王鳳池）也因「叛亂嫌疑」而被收押。此事又稱「船長事件」，可謂國民黨白色恐怖時期的荒謬文字獄代表之一。

台北和平醫院爆發中國SARS病毒 2003.4.23

Tâi-ôan tok-le̍k
台灣獨立

2022 April

4月 24日

舊曆

三月廿四

二十四夜

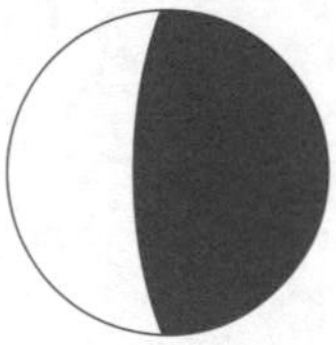

寧可徛咧死，毋願跪咧活。

寧願站著死，也不要跪著苟活。這是台灣人的骨氣展現。一九七〇年四月二十四日，台灣人黃文雄在美國紐約對特務頭子蔣經國開槍刺殺失敗後，被美國警察壓制在地，他大喊：「讓我像個台灣人一樣地站起來。」這種精神同樣可見遭中國軍槍殺的湯德章身上，當時中國兵要他跪下，他寧死不跪也要站著臭罵支那軍。

• 黃文雄：「讓我像個台灣人一樣站起來！」

• 主導刺殺蔣經國的台獨聯盟成員，由左至右分別為執行刺殺的黃文雄（左一）、鄭自才（左二），參與計劃討論的賴文雄（中）與黃晴美（右二），以及購買槍火的陳榮成（右一）。

禮拜日 lé - pài - ji̍t | SUN 日曜

2022年 4月

日	一	二	三	四	五	六
					1	2
3	4	5	6	7	8	9
10	11	12	13	14	15	16
17	18	19	20	21	22	23
24	25	26	27	28	29	30

四二四刺蔣行動日

1970.4.24

一九七〇年四月二十四日，台獨聯盟成員黃文雄藉著時任行政院副院長的蔣經國訪問美國並準備進入紐約廣場飯店（The Plaza Hotel）的時候，開槍刺殺蔣經國。美方安全人員迅速將黃文雄持槍的手托高，子彈從蔣經國頭上飛過，擊中飯店的玻璃旋轉門。黃文雄立即被安全人員壓制在地上，他一邊掙扎一邊喊著：「讓我像個台灣人一樣站起來！」（Let me stand up like a Taiwanese!）隨後躍身上前搶救的刺蔣計劃成員鄭自才也被一起押入警車，兩人在警車內仍高喊著：「台灣獨立萬歲！」黃文雄與鄭自才被捕後，海外台灣人迅速發起救援募款以籌措保釋金。兩人交保出獄後，黃文雄秘密潛逃加拿大，直到一九九六年才返台露面，鄭自才則是逃往瑞典後被引渡回美服刑，於一九九一年返台。

刺蔣事件發生的隔年（一九七一年），中華民國被踢出聯合國，蔣經國爲了穩固獨裁政權開始加強監控與打壓異議人士的力道，但是另一方面爲了緩和台灣人對中國國民黨的憤怒不滿，避免新一代的台灣人採取武鬥路線，開始執行以官爵祿位收買台灣人的白臉手段。

蔣經國於一九七二年五月接任行政院長後，開始進行一連串的「吹台青」計畫，拔擢台灣本籍青年進入公職官位，包括李登輝也在此波「吹台青」中被延攬進國民黨並擔任行政院政務委員，顯見四二四刺蔣事件對台灣政治的深遠影響。刺蔣案也引發台獨聯盟內部的眾多爭論，甚至造成首任台獨聯盟主席蔡同榮的退位。台獨的武鬥路線在刺蔣案後逐漸被推向高峰，直到八〇年代之後，台獨組織才逐漸改以非暴力抗爭路線來推行運動。

台灣曝光首例H7N9流感患者由中國傳來 2013.4.24

Tâi-oân tok-li̍p
台灣獨立

2022 April

4月25日

舊曆

三月廿五

魈貪，鑽雞籠。

只看眼前近利、貪小便宜的人，最後一定會像畜生一樣被人騙進雞籠而失去自由。很多台灣人只想賺輕鬆錢，國民黨拿一點小錢買票，就把自己的靈魂給出賣了。共產黨口頭說要讓一點點利，就連主權跟自由都不要了。這種人保證最後一定是錢沒賺到，連自由跟生命財產都被剝奪。

• 一九八三年，江鵬堅參與增額立委選舉，以「民主、自決、救台灣」作為競選口號，無畏國民黨的恐嚇而獲得勝選。

• 江鵬堅像

• 江鵬堅創辦「台灣人權促進會」並擔任首任會長。

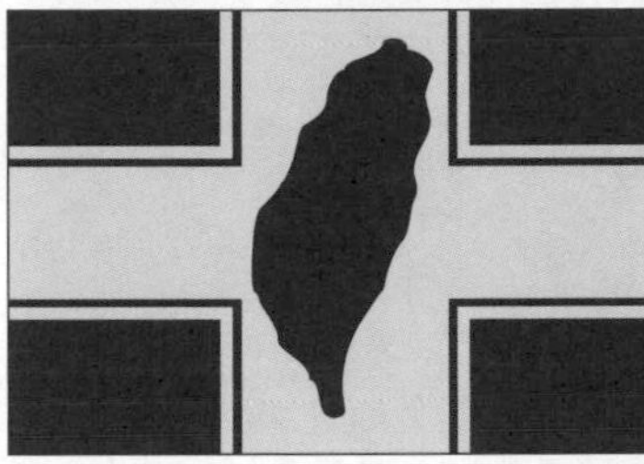

• 江鵬堅為民主進步黨的任黨主席。

二十五夜

禮拜一 lé - pài - it

MON 月曜

2022年 4月

日	一	二	三	四	五	六
					1	2
3	4	5	6	7	8	9
10	11	12	13	14	15	16
17	18	19	20	21	22	23
24	25	26	27	28	29	30

江鵬堅誕生日

◆ 台獨先驅

1940.4.25

江鵬堅出生於一九四〇年四月二十五日，台北大稻埕人。二二八事件發生於江鵬堅小學一年級之時，事件爆發的天馬茶房只距離他的住家百公尺之內。如同許多台灣人家庭，他也因此被家人告戒要遠離政治。一九五八年江鵬堅考取台大法律系，一九六五年通過律師高考。一九七〇年，他與一群抱持改革理念的年輕律師共同創立「中國比較法學會」。江鵬堅因爲經常造訪姚嘉文的律師事務所而開始接觸黨外資訊。

一九七九年十二月十日，美麗島事件爆發，一群以美麗島雜誌社成員爲主的黨外人士遭國民黨軍警逮捕刑求並以叛亂罪起訴。在一片肅殺的氛圍中，江鵬堅與許多年輕律師（包括陳水扁、謝長廷、張俊雄、蘇貞昌、尤清等人）挺身爲被起訴的民主人士義務辯護，從此踏上政治的不歸路。

一九八〇年林義雄家發生滅門血案，此事引發美麗島律師團的憤慨而投入體制內選舉。一九八三年，江鵬堅也參與增額立委選舉，以「民主、自決、救台灣」作爲競選口號，無畏國民黨的恐嚇，最終以人權訴求獲得勝選。一九八四年十二月九日，江鵬堅成立「台灣人權促進會」並擔任首任會長。一九八六年五月十九日，鄭南榕在艋舺龍山寺發起五一九反戒嚴行動，他主動擔下與警方談判的總領隊重責，並且穿上寫著「取消戒嚴」的白衣靜坐抗議。

一九八六年九月二十八日，民主進步黨在台北圓山飯店成立，江鵬堅在十一月當選民進黨的首任黨主席。卸任民進黨主席之後，他因爲孤鳥傲骨性格而連連競選失利，隨後便退居幕後並擔任監委一職。江鵬堅於二〇〇〇年十二月十五日病逝，他信守承諾與不畏權勢的風骨也爲政壇眾人所尊敬。

美國與中華民國斷交，協防台灣司令部降旗。1978.4.25

Tâi-oân tók-li̍p 台灣獨立

2022 April
4月26日

舊曆 三月廿六

二十六夜

要好，蕃藷生顛倒。

這件事可能成功的話，蕃藷都會倒著長。這句台諺語比喻不可能的妄想，類似北京話的太陽打西邊出來。例如支那政府提出的一國兩制對台灣有利的話，蕃藷攏會顛倒生。

• 爆炸行動的執行指揮與接應者為李朝望。

• 台北兩報爆炸案的炸彈放置者黃世宗。

• 曾任獨盟主席的張燦鍙被當時的國民黨認定是爆炸案的幕後主使。

• 現任台獨聯盟主席的陳重光被認為是爆炸案的指揮者。

• 出獄後移居巴西的鍾謙順，寫了「煉獄餘生錄」的回憶錄，書中揭發中華民國政府的惡劣情事，間接促使巴西台僑發起武攻計畫來對付滯台中國人。

禮拜二 lé-pài-jī | TUE 火曜

2022年 4月

日	一	二	三	四	五	六
					1	2
3	4	5	6	7	8	9
10	11	12	13	14	15	16
17	18	19	20	21	22	23
24	25	26	27	28	29	30

1983.4.26

台北兩報爆炸案

七〇年代到八〇年代中期是台獨組織採取武攻路線的高峰時期，其中又以巴西做爲海外訓練基地的大本營。許多台獨武鬥者曾在巴西受過射擊、爆破、游擊戰鬥等軍事訓練，然後再回到台灣執行任務。巴西之所以成爲海外台獨武裝組織的重要根據地，主要源自於曾受國民黨迫害並坐過二十七年牢獄的台獨先驅鍾謙順。

鍾謙順曾目睹中華民國在二二八事件後的大屠殺，遂投身台獨運動，因此被捕入獄三次，總刑期達二十七年。一九八二年出獄後，鍾謙順隨即移民巴西並且撰寫「煉獄餘生錄：坐獄二十七年回憶錄」，內容控訴中華民國與國民黨的種種惡劣行徑。許多巴西台僑與青年在閱讀之後深受衝擊，萌發起以暴制暴的念頭並付諸行動。其中又以巴西台僑黃世宗與李朝望所發動的台北兩報爆炸案作爲代表。

一九八三年四月二十六日上午十一時，位於台北市忠孝東路四段的「聯合報」總社大樓九樓電機房發生爆炸，當時並無造成聯合報人員的傷亡。二十二分鐘後，忠孝西路的「中央日報」總社一樓也發生爆炸，一共造成中央日報相關人員十二人被炸傷，一樓大廳幾乎全毀。國民黨隨即動員安全局、調查局、警備總部與警政署，並成立偵查小組全面進行追查。

一九八三年十二月十二日，法務部調查局宣布主嫌名單，包括放置炸彈者爲巴西台僑也是台獨支持者的黃世宗，執行指揮與接應爲人在巴西的李朝望。國民黨同時指控經常往來巴西的陳南天（陳重光）與張燦鍙爲幕後謀畫者。黃世宗在引爆炸彈後已迅速離開台灣，此案因此無人遭逮捕處刑，也成爲國民黨戒嚴時期僅見針對國民黨媒的炸彈攻擊事件。

2007.4.26 美國阿嬤瑪喜樂逝世日

Tâi-oân tok-le̍k 台灣獨立

2022
April

4月27日

舊曆

三月廿七

精神皮，戇餡。

比喻人徒有外表，內在卻是個草包。看看國民黨出了個馬英九，就是標準的精神皮戇餡。後來又出了個韓國瑜，連精神皮都免了，韓粉照樣買單。

有明月

公投護台灣聯盟
Alliance of Referendum for Taiwan

• 公投盟也參與了四二七反核遊行，直到隔日凌晨被鎮暴警察驅離為止。

核電歸零
Nuclear go zerO

• 現場發送的核電歸零標誌

• 長年參與反核運動的林義雄。

2014
反核
不要再有下一個福
反核
不要再有下一個福島
NO NUKES
No more Fukushima

• 常見於反核遊行中的設計。後來也引發日本方的抗議，認為對災民是二次傷害。

• 反核遊行群眾在忠孝西路就地坐下。

禮拜三 lé - pài - saⁿ | WED 水曜

2022年 4月

日	一	二	三	四	五	六
					1	2
3	4	5	6	7	8	9
10	11	12	13	14	15	16
17	18	19	20	21	22	23
24	25	26	27	28	29	30

2014.4.27

反核遊行佔領忠孝西路事件

由於中國國民黨與提供核電技術的外商有著複雜的利益交換關係，使得台灣的能源政策長期爲國民黨的擁核立場所綁架。然而二〇一一年日本福島發生核災，使得台灣反核聲浪逐漸升高，核四廠存廢問題也浮現檯面。二〇一四年四月二十六日，由一百多個團體組成的全國廢核行動平台在台北凱達格蘭大道發起遊行並同時呼應反核指標人物林義雄所發起的禁食行動。主辦單位當晚宣布隔日將在台北車站前忠孝西路發起佔領行動。

四月二十七日下午，反核隊伍抵達已被警方以人牆與路障封鎖的忠孝西路外圍，然而數萬名遊行群眾仍跨過路障並迅速佔領忠孝西路。由於三一八運動甫於四月十日結束，包括聲援三一八的台獨社團「公投盟」也從立法院方向前來佔領忠孝西路和中山南路口並與群眾合流。

遊行群眾佔領忠孝西路之後，中國國民黨當局爲安撫群眾，也放出「核四停工安檢，安檢後封存」的消息，以暫時停工的方式試圖迴避群眾所訴求的永久終結核四主軸。反核團體隨後也決定以長期抗戰的方式佔領忠孝西路。晚間十點半，時任國民黨籍台北市長的郝龍斌召開記者會，強調要以各種方式強力淨空交通路口。

四月二十八日凌晨三時，台北市警方派出鎮暴水車與警察開始對民眾執行驅離，期間零星發生員警以盾牌與棍棒攻擊民眾的事件。凌晨五時，警察以抬離群眾以及鎮暴水車對民眾近距離噴水的方式驅散千名仍靜坐在忠孝西路與中山南路口的民眾，警民因此爆發多次暴力推擠衝突，造成多名民眾受傷。早晨七時，忠孝西路被警方全面清空，四二七反核佔領事件也至此告一段落。

World

共產支那在上海發動鎮反運動，專殺國民黨降將與軍公教人員。

1951.4.27

Tâi-oân tok-li̍p 台灣獨立

2022 April

4月28日

舊曆 三月廿八

二十八夜

人前一面鼓，人後一面鑼。

比喻前後不一、雙重人格、前恭後倨的人。看看那些精神錯亂的中華民國人，在台灣的時候見人就說自己是中華民國，到了國外後又說自己的國籍是台灣，到了中華人民共和國又說自己是中國人，卻絕口不敢提中華民國四個字。根本是國內一面鼓，國外一面鑼。

• 二戰多數同盟國成員（不包括中國）與日本在一九五一年九月八日於美國簽訂舊金山和約，並於一九五二年四月二十八日正式生效。

• 中華民國外交部對日和約案卷第五十四冊載明：「舊金山和約僅規定日本放棄台灣澎湖，而未明定其誰屬，此點自非中日和約所能補救。」日本也於一九七二年廢止「台北和約」，更使得「台北和約」缺乏規範台灣歸屬的效力。

• 日本代表河田烈（右）與中華民國代表葉公超（左一）簽署「台北和約」。

禮拜四 lé - pài - sì | THU 木曜

2022年 4月

日	一	二	三	四	五	六
					1	2
3	4	5	6	7	8	9
10	11	12	13	14	15	16
17	18	19	20	21	22	23
24	25	26	27	28	29	30

1952.4.28

舊金山和約生效日

舊金山和約爲二戰時的多數同盟國成員（並不包含中國）與日本在一九五一年九月八日於美國舊金山戰爭紀念歌劇院所簽訂，並於一九五二年四月二十八日正式生效。此項和約明訂了戰後日本領土、財產、佔領、戰爭責任等眾多法律條文，其中又以第二條b款：「日本放棄對台灣、澎湖等島嶼的一切權利、權利名義與要求。」對台灣地位至關重要。

由於「舊金山和約」僅強調日本放棄對台澎主權，而未說明繼任主權者爲何者，日本官方在日後也公開聲明從未承認台灣是中國領土的一部分，加上舊金山和約條文推翻先前「開羅宣言」以及「波茨坦宣言」中同盟國要求將台灣交還給「中華民國」的主張，且和約簽訂者並不包括中華民國與中華人民共和國，因此引發關於國際法與台灣地位未定論的眾多爭議。

1952.4.28

台北和約秘密簽署日

一九五二年四月二十八日，在「舊金山和約」生效的同一日，日本在美國的施壓下與中華民國在台北賓館秘密簽署「台北和約」，又稱「中日和約」。此約明訂終止日本與中華民國的戰爭狀態，同時承認「舊金山和約」中日本放棄台灣與澎湖的權利。由於美國施壓的「台北和約」不脫「舊金山和約」的框架，使得「台北和約」依舊存在台灣地位未定的爭議。

中華民國外交部對日和約案卷第五十四冊載明：「舊金山和約僅規定日本放棄台灣澎湖，而未明定其誰屬，此點自非中日和約所能補救。」加上「台北和約」第十條所述：「應認爲」具有中華民國國籍一詞普遍被法界解讀爲「實際上不是」。最終日本於一九七二年廢止「台北和約」，更使得「台北和約」缺乏任何規範台灣歸屬的法律效力。

台澎主權自由日 1952.4.28

Tâi-ôan tok-le̍k 台灣獨立

2022 April

4月 29日

舊曆 三月廿九

大人咬一喙，
囝仔食到畏。

大人吃一口的份量，小孩會吃到怕。意指留一口份量的食物給囝仔吃，不要全部吃乾抹淨。留餘地給別人一直都是台灣人的傳統美德，跟中國人的趕盡殺絕文化完全不同。

晦月

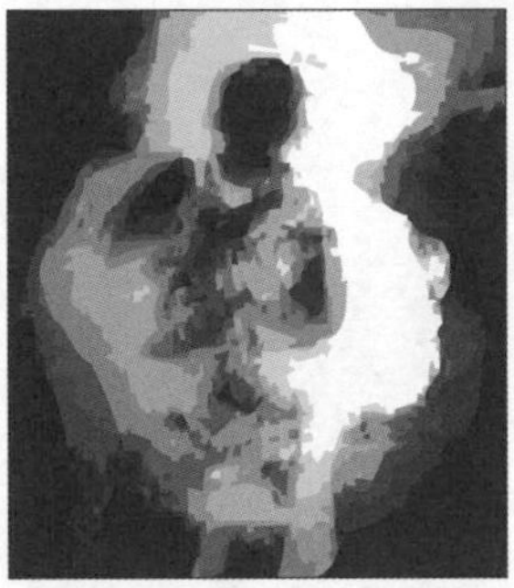

• 圖丹歐珠為抗議中國侵略與殘殺圖博人民的暴行而自焚。

• 圖丹歐珠（Thupten Ngodup）

• 圖博人對中國的侵略與迫害發出怒吼。

禮拜五 lé - pài - gō | FRI 金曜

2022年 4月

日	一	二	三	四	五	六
					1	2
3	4	5	6	7	8	9
10	11	12	13	14	15	16
17	18	19	20	21	22	23
24	25	26	27	28	(29)	30

1998.4.29 World

圖博愛國英雄日

一九五〇年，中國開始對圖博進行侵略戰爭。一九五一年，中國逼迫圖博簽訂「十七條和平協議」使得圖博問題被中國內政化。一九五九年，中國對圖博首都拉薩進行血洗大屠殺，圖博人開始大量流亡海外。有一位名爲圖丹歐珠（Thupten Ngodup）的圖博僧人，也於此時從圖博流亡到印度。

圖丹歐珠曾經參加過圖博人的前線武裝部隊，也參加過孟加拉的獨立戰爭。由於圖博亡國的緣故，圖丹歐珠只好到印度當造路工人，在惡劣環境下賺取微薄的生活費。他因爲在軍隊期間學會煮菜，所以他就住在寺廟中幫外國觀光客煮菜來賺錢，如此渡過數十年的流亡歲月。然而中國殘害圖博的行爲從未停止，至今造成圖博上百萬人死亡，六千多座寺廟摧毀，母語文化漸被消滅，圖丹歐珠始終看在眼裡、掛念在心，並在心裡萌發行動的意念。

一九九八年三月十日，圖博人在印度首都新德里發起了「圖博三十自由抗暴紀念日」並且展開了無限期絕食活動，抗議中國侵略與屠殺圖博。圖丹歐珠此時也默默地把五百盧比與其他財產捐贈給圖博青年大會，並參與這次的絕食抗議。他自願成爲第二批絕食抗議者，也就是第一批絕食抗議者倒下與死亡之後，他將是第二批輪替上來的人。

一九九八年四月二十七日，圖丹歐珠選擇了跳過緩慢絕食的過程，決定違背佛教對自殺者無法轉生的教義，以引火自焚的方式抗議中國侵略與殘殺圖博人民的暴行。兩天之後，也就是一九九八年四月二十九日，圖丹歐珠在印度新德里的醫院傷重逝世。圖博人因此決定把圖丹歐珠因自焚而逝世的日子，也就是四月二十九日訂爲「圖博愛國英雄日」以紀念所有爲獨立與自由而付出生命的圖博先烈。

民進黨申請登記成為體制內政黨 1989.4.29

基進黨改名為台灣基進 2019.4.29

Tâi-oân to̍k-li̍p 台灣獨立

2022 April

4月30日

屎緊，褲帶打死結。

舊曆 三月三十

急著要大號脫褲的時候，卻發現褲頭帶打死結，形容緊要關頭的時候，卻總是遇到狀況。當過兵的台灣人都知道中華黨國的黃埔軍人有多爛。這些黃埔軍人平時不重精實訓練，帶兵也不帶心，整天搞人事內鬥，有的人甚至還會污裝備與偷伙食。等到裝檢或是演習的時候，就一堆荒謬狀況出現，氣死老兵也急死菜鳥。

• 荷蘭軍隊作戰示意圖

• 鄭軍標誌

• 鄭成功像

• 荷蘭東印度公司標誌

• 荷蘭末代台灣長官揆一

• 排成長列隊伍的鄭軍，插圖為一六六二年大員鳥瞰圖。鄭軍登台後，延續荷蘭人奴役台灣人的重稅政策，甚至開始對平埔族進行滅村屠殺的惡行。

• 荷蘭人所建的熱蘭遮城。

閏月 ●

禮拜六 lé - pài - la̍k

SAT 土曜

2022年 4月

日	一	二	三	四	五	六
					1	2
3	4	5	6	7	8	9
10	11	12	13	14	15	16
17	18	19	20	21	22	23
24	25	26	27	28	29	30

1661.4.30

明鄭軍登台日

一六六一年四月三十日，鄭成功率領兩萬五千名軍隊在大霧中抵達台南鹿耳門。五月初渡鹿耳門並進入台江，開始包圍荷蘭的熱蘭遮城與普羅明遮城。明鄭軍與荷蘭軍打了八個多月的台江攻防戰。一六六二年二月一日，荷蘭投降並正式退出台灣，結束三十八年的統治。然而荷蘭人離開之後，鄭成功所帶來的明鄭王國所加諸在台灣人民身上的稅賦並沒有少於荷蘭人，甚至嚴苛重賦的程度更甚荷蘭人。

由於鄭成功強迫台灣平埔族的勞役過於血汗，導致平埔族多次起身反抗暴政，隨後明鄭軍隊便對平埔族進行多次滅村屠殺。黃叔璥的「台海使槎錄」裡提及：「沙轆番原有數百人，爲最盛；後爲劉國軒殺戮殆盡，只餘六人潛匿海口。」此爲明鄭軍隊對大肚王國轄社的屠村記載，連婦幼都不放過，可謂至爲殘酷。

明鄭軍隊首開漢人大規模屠殺台灣原住民的先例，也強行佔領平埔族的土地，並且向各族徵收重稅。收藏於印尼國立檔案館的「巴達維亞城日記」就提到：「大部分農民深受國姓爺的壓榨，很少人能享受他們的勞力所得，而且無法擁有全部的土地所有權。福爾摩沙人得將欠荷蘭人的款項交給國姓爺。國姓爺把大戶人家的婦人和孩子拘禁起來，因爲國姓爺認爲他們仍藏有金錢。」

荷蘭人所寫的「梅氏日記」裡也提到鄭成功追繳福爾摩沙人積欠荷蘭人債務的殘暴，動輒以杖刑、枷鎖來關押福爾摩沙人。清帝國「福建通志」中也記載：「自僞鄭竊台灣，取之田所生十中之八九，從丁重斂，二十餘年民不堪命」。然而二戰後中華民國開始劫收台灣，爲了營造復興基地的宣傳樣板，遂開始全面美化鄭成功的歷史形象。

李登輝總統宣佈動員戡亂時期終止 1991.4.30

五月

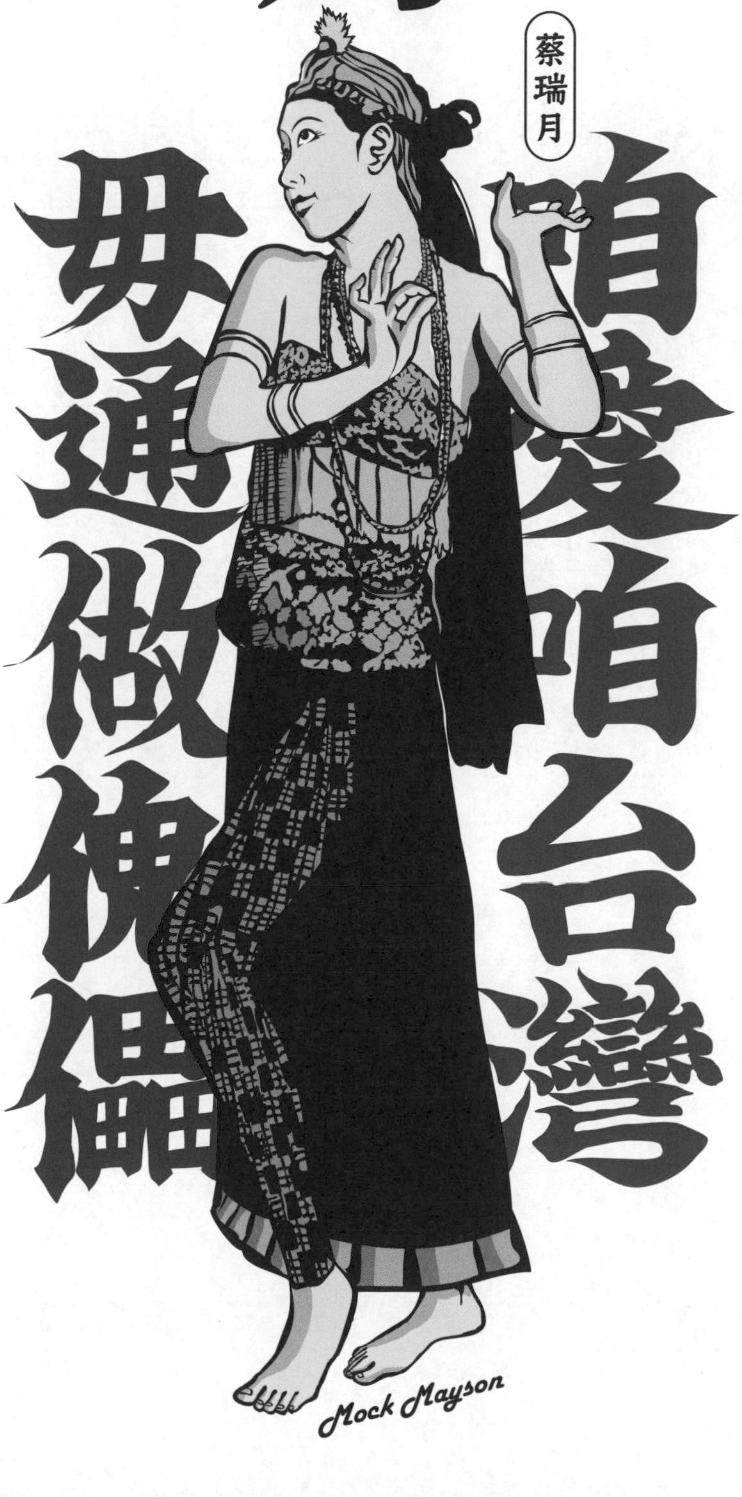
蔡瑞月
咱愛咱台灣
毋通做傀儡
Mock Mayson

◆ 蔡瑞月逝世日。【詳見五月二十九日。】

Tâi-oân tok-lėk
台灣獨立

2022 May
5月1日

• 李登輝以「退一步進兩步」的手法巧妙終止動員戡亂時期臨時條款。

• 李登輝在總統府召開記者會宣佈動員戡亂終止。

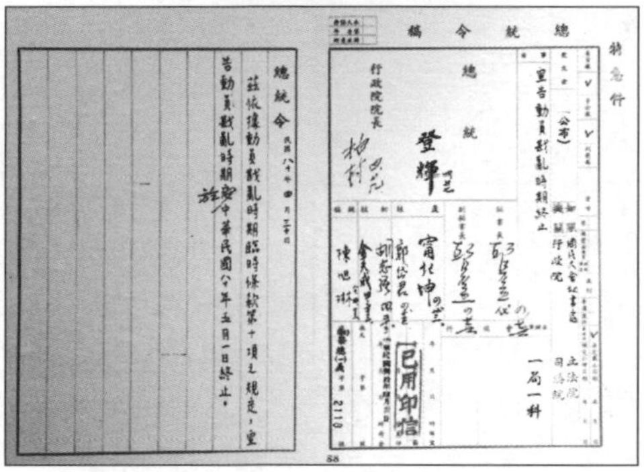

總統令
茲依據動員戡亂時期臨時條款第十項之規定，宣告動員戡亂時期於中華民國八十年五月一日終止。

• 李登輝批示的「動員戡亂時期終止」公文。

中華民國四十九年三月十二日
中央日報
國大二讀修正臨時條款
議決通過新增條文
總統連任不受限制
原案名稱序文及前三款條文均完成二讀
第四款以下條文將在今日大會繼續討論

• 一九六〇年，國大代表為了迎合主子蔣介石想要當總統當到死的願望，便修正動員戡亂時期臨時條款，讓總統連任不受限制。

舊曆 四月初一

【鐵管生銑：歹講。】

鐵管生銑就是台語諧音的歹管（歹講），也就是難說的意思。台灣選舉選情變幻莫測一日數變，沒有到開票結束，一切都是「鐵管生銑：歹講」。其他像「塑膠管歹去」以及「煙筒破孔」也同樣是歹講的意思。

新月

禮拜日 lé - pài - jit | SUN 日曜

2022年 5月

日	一	二	三	四	五	六
1	2	3	4	5	6	7
8	9	10	11	12	13	14
15	16	17	18	19	20	21
22	23	24	25	26	27	28
29	30	31				

動員戡亂時期臨時條款廢除

1991.5.1

惡名昭彰的「動員戡亂時期臨時條款」就是中華民國長期用來打壓異己與擴增權力的法源依據。此條款原是爲了因應中國內戰的緊急狀態而設立，但是隨著中國內戰結束，中華民國全滅並流亡台灣後，此法卻繼續荼毒台灣達四十三年之久。「動員戡亂時期臨時條款」從一九四八年五月十日公布實施，直到一九九一年才經過國民大會決議，並由時任總統的李登輝公告於同年五月一日廢止。

「動員戡亂時期臨時條款」雖然依附在「中華民國憲法」之下，卻得以超越憲法而不受憲法約束，使得中華民國政府可以任意逮捕異議人士，也成爲白色恐怖的法源依據之一。最重要的是此條款得以擴充蔣介石與蔣經國的權力，讓總統有緊急處分權，可不經立法院同意而宣布戒嚴，也可以不經任何行政立法程序發佈緊急命令。

蔣介石利用「動員戡亂」與許多加蓋的「臨時」體制爲他自己的獨裁政權量身訂做出一套黨國規則，並且把許多中國施行的法律套用到台灣來，表面仍厚顏稱己爲民主憲政。許多加上「動員戡亂時期」的惡法，如「動員戡亂時期檢肅匪諜條例」、「動員戡亂時期懲治叛亂條例」，皆成了打擊政敵與異己的制度工具，多少台灣人因此被胡亂檢舉與惡意誣陷而蒙不白之冤。

從一九四九年到一九六〇年，不過十餘年的時間就有九千多人因此惡法受冤入獄或是無辜遭到處決。廢除「動員戡亂時期臨時條款」除了代表獨裁惡法時代的結束，也宣告台灣正式脫離了處於中國內戰邏輯的荒謬法律定位，表明台灣與中國從此往兩國各自分離的主要方向前進，也進一步地加速了台灣民主化的進程與主體性的發展。

台灣首位抗中國SARS英雄陳靜秋病逝 2003.5.1

2022 May

5月 2日

舊曆 **四月初二**

心思無定，抽籤算命。

由於長期接受中華黨國的愚民教育洗腦，台灣人的精神生活普遍貧乏，也缺少科學邏輯的驗證習慣。這使得許多台灣人不喜推論與增長知識來充實心靈與解決問題，只愛凡事追問鬼神與算命仙。迷信的結果只會讓自己深陷更大的不幸，輕則被騙財騙色，重則連自由與生命都會失去。

• 曾任北美台灣人教授協會與醫師協會成員的周烒明當時也曾參與國旗活動。

• 曾任民進黨執政時期外交部長的田弘茂也曾經參與過這次的國旗事件。

• 台灣學生自製的福爾摩沙國旗。

• 台灣學生在威斯康辛大學國際日遊行中舉出自製的國旗。

纖月

禮拜一 lé - pài - it | MON 月曜

2022年 5月

日	一	二	三	四	五	六
1	2	3	4	5	6	7
8	9	10	11	12	13	14
15	16	17	18	19	20	21
22	23	24	25	26	27	28
29	30	31				

威斯康辛大學國旗事件

1965.5.2

威斯康辛大學國旗事件發生於一九六五年的美國。當時爲慶祝聯合國成立二十週年紀念，威斯康辛大學副校長羅本・弗萊明（Robben Fleming）發通知給所有外國學生社團，邀請學生們手持自己國家的國旗，參加國際日國旗遊行。「威大台灣同鄉會」裡「台灣問題研究會」的會員，都一致贊同應該利用此機會，表達台灣人的心聲，避免總是被中國人或是被黨國教育洗腦的人給搶去發言權，並趁機表達要求台灣民主自由和獨立的心聲。

因爲海外的台灣留學生並不認同以國民黨黨旗爲基底的中華民國國旗可以代表台灣，討論結果就決定乾脆自己重新製作台灣的國旗。設計者使用海藍色作爲背景，象徵台灣四周的海洋。台灣與澎湖則使用白色以象徵和平，再綴以金色的ＦＯＲＭＯＳＡ七個大字以放置於旗面之上。

一九六五年五月一日，各國的學生代表，集中在威斯康辛大學學生中心，按英文字母次序排列。當唱名到「中國」時，台灣來的中國（中華民國）學生代表，將中華民國國旗插在一幅世界地圖的台灣島上面。當唱名到「台灣」時，一位「台灣問題研究會」的會員，把中華民國國旗插在中國大陸，又喊了一聲「反攻大陸成功？」，然後把台灣國旗插到台灣島上。因事出突然，中國學生代表措手不及，又聽到「反攻大陸成功」而啞口無言。

隔天五月二日，台灣學生們就舉著這支新設計的台灣國旗，參加國際日國旗遊行，獲得副校長羅本・弗萊明的關注詢問。國旗事件過後，「台灣問題研究會」的成員士氣大振，並於同年六月向校方申請爲正式社團。此事件後來也成爲海外台獨社團與留學生的逸談趣事。

台灣人民自救宣言起草人謝聰敏誕生日 1934.5.2

2022 May

5月3日

島民愛慕の鳥人
嗚呼！楊飛行士慘死
三日體育デー奉祝飛行中
五十米の低空から墜落
墜落して棒立ちになつた愛機高雄號

• 楊清溪墜機後的報紙報導。

• 楊清溪像

• 楊清溪的座機「高雄號」。

禮拜二 lé - pài - jī | TUE 火曜

2022年 5月

日	一	二	三	四	五	六
1	2	3	4	5	6	7
8	9	10	11	12	13	14
15	16	17	18	19	20	21
22	23	24	25	26	27	28
29	30	31				

舊曆 四月初三

眉月

清朝重風水，民國重嘴水。

台灣人用來諷刺中華民國官員靠一支嘴到處行騙。從蔣介石喊出的「一年準備，三年成功」與「反攻大陸」再到蔣經國的「三民主義統一中國」，再到馬英九提出的「六三三」、韓國瑜的「高雄發大財」，一路一直行騙，講得嘴水亂噴，結果沒有一樣做得到。

1908.5.3

楊清溪誕生日

◆台灣飛行先驅

楊清溪，生於一九〇八年五月三日，高雄右昌人。於就讀明治大學時就對飛行產生濃厚興趣，之後進入東京多摩郡立川飛行學校學習飛行技術，並且於一九三三年取得二等飛行士執照。楊清溪返台後獲得兄長資助，並於一九三四年購得日本陸軍退役偵查機，經過整修後命名爲「高雄號」，楊清溪也成爲第一個擁有私人飛機的台灣人，當時日本全國私有飛機僅有六架。

楊清溪原來曾向中華民國政府申請跨國飛行計畫，後來因中華民國認定楊清溪是日本人而未獲批准，他因此將計畫改爲台灣環島飛行。一九三四年十月十七日，他從台北練兵場駕機升空，途經台南與高雄還低空飛行接受民眾歡呼，經過兩個多小時後降落屏東。後來因爲東部天候不佳，改成從台灣西海岸飛回，於十月十九日返回台北。

一九三四年十一月三日，楊清溪再次展開環島飛行並先搭載兩位贊助者在台北上空繞行。第一位登機者是台中富商郭錫明，他駕機順利繞行台北後降落機場。然而就在搭載第二位贊助者大稻埕商行老闆王德福的時候，於鳥瞰「台北州聯合運動會」上空遇上亂流，返航時楊清溪墜機當場身亡於台北練兵場溪畔菜園，乘客王德福則於送醫途中不治。楊清溪也不幸成爲台灣第一位空難罹難者，罹難時年方二十七歲而已。

楊清溪駕駛飛機環遊世界的壯志無法實現，日本遞信大臣追贈他爲一等飛行士。楊家將楊清溪葬於現在的高雄右昌森林公園，並特別將墓園設計成兩翼飛機的形狀，楊清溪的骨灰罈就放置於水泥飛機造形的機腹中。楊家也在其古厝正廳掛上「高雄號」的機翼，作爲紀念台灣環島飛行的先驅。

陳水扁申明九二共識根本不存在　2005.5.3

Tâi-ôan tȯk-lėk
台灣獨居

2022 May

5月4日

•彭清靠像

•鳥居龍藏像

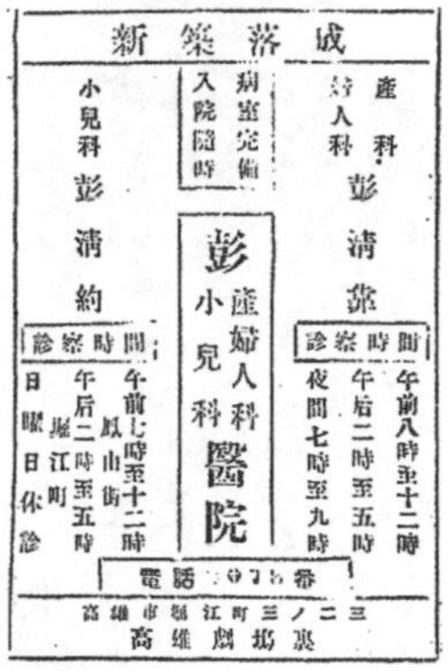

•彭清靠在高雄開設的婦產醫院廣告

•鳥居龍藏在台灣田野踏查時所留下的身影。

2022年 5月

日	一	二	三	四	五	六
1	2	3	4	5	6	7
8	9	10	11	12	13	14
15	16	17	18	19	20	21
22	23	24	25	26	27	28
29	30	31				

禮拜三 lé - pài - sa^{n} | WED 水曜

1870.5.4

鳥居龍藏誕生日

◆台灣人類學先驅

鳥居龍藏生於一八七〇年五月四日，日本德島人。他在小學的時候就已中斷就學，後來靠著自學習得人類學知識，並加入東京人類學會。一八九二年，鳥居龍藏成為東京帝大人類學標本管理員，師事日本人類學之父坪井正五郎。一八九六年，日本治理台灣的第二年開始派出學術專家到台灣探勘調查，他也於此時攜帶攝影器材來到台灣。

鳥居龍藏曾經前往蘭嶼對雅美族進行研究，留下珍貴的雅美族歷史照片，並完成紅頭嶼（蘭嶼）的民族學誌研究。之後他在台灣本島以及綠島四處跋涉行旅，橫越中央山脈並攀登玉山，深入台灣人煙罕至之地，留下許多重要的踏查文獻。鳥居龍藏研究足跡踏遍亞洲各地，包括東西伯利亞、蒙古、中國與朝鮮，著作驚人，曾於日本、中國擔任過教職，於一九五三年一月十四日病逝於日本東京。

1890.5.4

彭清靠誕生日

◆彭明敏之父

彭清靠出生於一八九〇年五月四日，高雄鳳山人。曾於一九〇七年就讀台灣總督府醫學校，一九一二年取得醫師資格，成為馬偕醫院的首批合格醫師。一九三三年彭清靠前往日本專研婦產學，回台後在高雄開設婦產醫院。二戰後，於一九四六年被選為第一屆高雄市參議會議長。

二二八事件爆發之後，彭清靠參與民間協調工作。三月六日中華民國軍隊開始對高雄進行大屠殺，彭清靠與高雄市長等處理委員會一行人前往與高雄要塞司令彭孟緝協調，並要求中華民國軍隊停止濫殺無辜，卻慘遭綑綁，他親眼目睹同行交涉者涂光明被中華民國軍隊擊斃的慘狀。彭清靠深感理想主義者被出賣的悲痛，自此對於中華民國殖民政權深惡痛絕，從此不再碰公共事務。事後更告戒其子彭明敏永世不要成為中國人。

舊曆

四月初四

一指遮目，無看見大山。

被小事遮蔽，而看不到真相的全貌。比喻人只看到眼前近利，卻丟棄了更長遠的利益。很多台灣人拿了國民黨的買票錢，卻犧牲自己跟子孫的長遠利益，實在是愚不可及。

四日月

台獨先驅蔡有全逝世日 2017.5.4

Tâi-oân tok-lèk
台灣獨立

2022
May

5月5日

舊曆 四月初五

節氣 立夏

台諺云：立夏補老父。意謂嫁出女兒要在立夏準備食物給娘家父親進補。

• 美國駐中華民國大使司徒雷登曾會見黃紀男，聽其表達台灣公投與獨立的訴求。

• 喬治・柯爾曾接受黃紀男提出的台灣獨立與公投請願書。

• 黃紀男像

• 黃紀男晚年曾獲陳水扁邀請擔任國策顧問。

• 黃紀男向國際求援失敗後，轉向投身廖文毅的台獨地下工作。

五日月

禮拜四 lé - pài - sì | THU 木曜

2022年 5月

日	一	二	三	四	五	六
1	2	3	4	5	6	7
8	9	10	11	12	13	14
15	16	17	18	19	20	21
22	23	24	25	26	27	28
29	30	31				

黃紀男逝世日

◆台灣獨立先驅

2003.5.5

黃紀男生於一九一五年十一月九日，嘉義朴子人。一九三九年，自日本東京大學政治科畢業，返台後任職於台灣總督府文教局。二戰結束之後，中華民國開始劫收台灣，黃紀男目睹中華民國官員的腐敗與暴政，心中便開始萌生台灣獨立的意念並參與廖文毅的台獨運動。

一九四六年，黃紀男以「台灣青年同盟」的主席之名，提出一份英文請願書，請美國駐台領事喬治・柯爾代爲轉交給美國政府與聯合國，內容倡議台灣獨立，並且在聯合國監督下舉行公民投票，成立如瑞士的永久中立國。這是二戰後台灣第一起台獨支持者對國際的公開呼籲。一九五〇年五月，黃紀男因主張台灣獨立而遭中華民國逮捕，判刑十二年，隨後因時任台灣共和國臨時政府成員的陳哲民返台而提前出獄。

一九六二年，黃紀男重新與在日本東京的廖文毅取得聯繫，並接受廖文毅指派爲台獨地下工作人員，因此被警總逮捕入獄並被判處死刑。廖文毅爲了營救被國民黨以死亡威脅的家人與同志而返回台灣，黃紀男因此在一九六五年十二月被「特赦」出獄。

黃紀男出獄後被分配到曾文水庫工作，但是卻遭有心人士將他的個人抽屜撬開，並把他私下閱讀的四二四刺蔣事件的海外報導資料給拿去密告，因此在一九七二年他再度被捕，並被判處了十五年的有期徒刑。這是他第三次的入獄，直到一九八二年才獲減刑出獄。黃紀男一生因爲從事台獨運動而入獄服刑達二十四年。直到民進黨成立之後，黃紀男才以高齡身分擔任民進黨仲裁委員，首次政黨輪替後並獲陳水扁邀請擔任國策顧問，之後於二〇〇三年五月五日逝世，享年八十九歲。

台灣歌手王英坦（金門王）逝世日 2002.5.5

Tâi-oân to̍k-li̍p 台灣獨立

2022 May

5月6日

舊曆 四月初六

入虎喉，無死嘛臭頭。

入險境不死也半條命。中國就像老虎的喉嚨，任何有良知與正義感的人，在中國長居無死嘛臭頭。只有畏縮懦弱且對中國極盡諂媚的狗腿奴才方能在中國過得安穩舒適。

六日月

• 台灣文藝聯盟可說集合了日治時期台灣文藝菁英，例如（由右至左）賴和、張深切、張星建、吳新榮等人。

• 台灣文藝聯盟成立時成員拍攝合照。

禮拜五 lé - pài - gō | FRI 金曜

2022年 5月

日	一	二	三	四	五	六
1	2	3	4	5	6	7
8	9	10	11	12	13	14
15	16	17	18	19	20	21
22	23	24	25	26	27	28
29	30	31				

台灣文藝聯盟成立日

1934.5.6

日本統治台灣期間，曾經對台灣的抗日組織與政治團體進行大規模的鎮壓與查禁。許多具有批判精神與反抗意識的知識分子或是仕紳只好轉入地下或是成立看似不具「政治性格」的「文藝團體」。部分參與人士爲對抗日本體制，便捐棄左右路線之爭，先以團結成員爲前提，因此也在一九三〇年代前期產生了一些結合左右派人士的「聯合陣線」團體。像是台中「南音社」、東京「台灣文藝研究會」。台北江山樓成立的「台灣文藝協會」就是在這樣的時空背景下誕生。

然而這些社團規模不大，容易遇到經費人事停擺的問題，因此一些台中的文學作家像是張深切、賴明弘與台灣初代策展人張星建，便萌生了串聯全台文學界以成立全國性文藝聯盟的想法，並希冀藉聯盟來實踐介入政治與爭取自由的目的。

一九三四年五月六日，「台灣文藝聯盟」在台中小西湖咖啡館正式決定成立。許多「南音社」、「台灣文藝研究會」、「台灣文藝協會」的成員也紛紛加入，此聯盟集合了全台的文學作家，連不少畫家都報名加入，成了台灣知識分子的重要精神堡壘。聯盟也陸續在嘉義、埔里、佳里、東京成立支部，並引發日本政府的關切注意。

由創作者與知識份子所組成的「台灣文藝聯盟」還出版了「台灣文藝」刊物，編輯主張要深入大眾，並且爲台灣人發聲。「台灣文藝」內容包括詩作、評論、小說等，在兩年期間一共發行十五期，也成了台灣人自辦的文藝雜誌中壽命最長、作家最多、對台灣文化影響最大的刊物。後來「台灣文藝」卻因主張左翼寫實的楊逵與張深切等人的路線紛爭問題而間接導致聯盟式微並在一九三六年八月解散。

台獨先驅王幸男假釋出獄 1990.5.6

Tâi-ôan tòk-li̍p
台灣獨立

2022
May

5月7日

舊曆
四月初七

尻川互人挖一孔，猶毋知。

形容愚昧之人被別人佔便宜都還不知道。很多台灣人都不知道自己繳的稅金有一大半是拿給那些能混則混的國民黨官與八百裝死，甚至還會投票給曾經強奪台灣人財產、四萬元換一元的國民黨，真的是尻川互人挖一孔，猶毋知。

七日月

• 洪瑞麟礦工自照

• 林恩魁像

• 洪瑞麟筆下描繪的礦工生活（翻攝自文化部受贈藏品）

• 林恩魁在綠島服刑時，他的女兒林美里經常跟著媽媽一起來綠島參與晚會的表演，並且跳舞與唱歌給難友欣賞。

禮拜六 lé - pài - la̍k | SAT 土曜

2022年 5月

日	一	二	三	四	五	六
1	2	3	4	5	6	7
8	9	10	11	12	13	14
15	16	17	18	19	20	21
22	23	24	25	26	27	28
29	30	31				

2015.5.7

林恩魁逝世日

◆台灣醫師

林恩魁出生於一九二三年二月一日，高雄茄定人。小時候曾因父親經商而移居印尼，隨後於一九三三年返回台灣升學。二戰期間，林恩魁對中華民國政權滿懷期待，遂放棄東京大學醫科學業，自行前往中國求學，戰後返回台大醫學院就讀。然而中華民國殖民政權的貪腐暴斂引爆二二八抗暴事件，讓目睹一切的他感到灰心喪志，便開始與台大同學組成讀書會討論時政，因此被中華民國政府列入抓捕黑名單當中。

一九五〇年十月三十日，林恩魁遭到警察逮捕，並被送往綠島服刑七年。出獄後，林恩魁在高雄岡山開設診所執業。一九八五年，年屆退休之際，篤信基督的他開始將「羅馬拼音台語聖經」翻譯成一百多萬字的「台語漢字聖經」。林恩魁晚年長居在台北三芝，於二〇一五年五月七日逝世。

1912.5.7

洪瑞麟誕生日

◆台灣礦工畫家

洪瑞麟生於一九一二年五月七日，台北大稻埕人。從小便對繪畫產生濃厚興趣，並且受到法國農民畫家米勒（Millet）的啓發與日本普羅藝術思潮的影響而走向勞動寫實的路線。洪瑞麟曾於一九二九年進入台灣首位水彩畫家倪蔣懷創立的「台灣繪畫研究所」接受科班授課，隨後前往日本帝國美術學校求學，並於一九三六年畢業。

一九三八年洪瑞麟返回台灣後在倪蔣懷經營的瑞芳煤礦工作，開始以礦工生活作爲描繪題材。他不但與礦工生活工作在一起，還娶了礦工工頭的女兒。洪瑞麟說：「我的畫就是礦工日記，也是我自己的反省。」他在礦場工作長達三十五年，直到一九七二年才從礦場退休，期間描繪眾多歷經滄桑的礦工群像也成了他的代表作品。洪瑞麟晚年長居美國，於一九九六年十二月三日逝世於加州。

World
美軍戰機擊中支那駐南斯拉夫使館事件 1999.5.7

Tâi-oân tók-li̍p
台灣獨立

2022
May

5月 8日

舊曆

四月初八

好家教，
歹厝邊。

對小孩的家庭教育再怎麼好，旁邊住著惡鄰居，一樣無采工。台灣最大的不幸就是旁邊住了個叫做中國的歹厝邊，整天輸出假新聞到台灣，動不動就對台灣恐嚇威脅、暴力相向。就算自身的家教修養再怎麼好，遇到這種惡鄰，一樣秀才遇到兵、人善被人欺。

• 八田與一的銅像與墓碑位於烏山頭水庫園區當中，每年都有台日親友與農家因感念其恩而獻花致意，曾被滯台支那賤畜破壞，已用複品翻模修復完成。

• 八田與一像

• 嘉南大圳水門圖。

• 八田與一的妻子外代樹也於終戰後為追隨夫君並化身水壩守護靈而跳入烏山頭水庫自殺。

上弦月

禮拜日
lé - pài - ji̍t

SUN
日曜

2022年 5月

日	一	二	三	四	五	六
1	2	3	4	5	6	7
8	9	10	11	12	13	14
15	16	17	18	19	20	21
22	23	24	25	26	27	28
29	30	31				

1942.5.8

八田與一紀念日

◆嘉南大圳之父

八田與一出生於一八八六年二月二十一日，日本石川縣人。一九〇七年，進入東京帝國大學土木工學科就讀。求學期間深受「港灣工程之父」的廣井勇老師與校友青山士的影響，遂決定帝大畢業之後，於一九一〇年隻身前往台灣並擔任台灣總督府土木局土木課技手，開始參與台灣南部水道與桃園大圳的工程計畫。

一九一七年，八田與一返回日本故鄉與米村外代樹結婚，婚後夫妻一同前往台灣定居。一九一八年，他開始向總督府提出建造嘉南大圳的計劃，用以灌溉素有乾旱、鹽害與洪水等多重問題的嘉南平原。本來因爲建設計畫的經費過高而被日本政府駁回，後來該年日本因糧價失控發生著名的米騷動事件，讓日本決定加強殖民地的糧食生產計劃，嘉南大圳因此獲得日本當局同意興建。

一九二〇年，亞洲規模最龐大的灌溉工程嘉南大圳正式動工，八田與一參考世界先進大壩施做工法，加上自己研發的半水力沖淤式土壩施工法，從歐美引進當時亞洲從未用過的大型蒸氣動力工程機械，讓烏山頭水庫成了東亞唯一也是世界規模罕見的濕式土堰堤。在歷經十年艱辛工程與一百多名工程人員殉職之後，嘉南大圳終於在一九三〇年四月十日通水使用。

嘉南大圳灌溉嘉南平原十三萬甲農地，使得農業生產量倍增，數十萬南部農民因此受惠，因此八田與一也被農民尊稱爲「嘉南大圳之父」。太平洋戰爭爆發後，八田與一在乘坐大洋丸號前往菲律賓的途中，座船遭美軍潛艇擊沉，於一九四二年五月八日罹難。八田之妻外代樹也於終戰後爲追隨夫君並化身水壩守護靈而跳入烏山頭水庫自殺。

1874.5.8 牡丹社事件，日軍於屏東登陸。

Tâi-oân tok-lék 台灣獨立

2022 May

5月9日

舊曆 四月初九

棚頂做到流汗，棚腳嫌到流涎。

努力認真地做事，卻被嫌棄到一文不值。台灣經過半世紀的蠶蛋黨國教育洗腦，一堆滯台天龍人與國民黨員就算再怎麼摸魚打混，一樣高票當選。但是本土政黨的民代官員再怎麼努力打拚，一樣被嫌棄甚至敗北落選。

• 安正光像　• 廖偉程像　• 陳正然像　• 王秀惠像　• 林銀福像

• 獨台會案中調查局以「意圖叛亂」罪名逮捕廖偉程、陳正然、王秀惠、林銀福及安正光等人，圖為他們獲得交保釋放時高舉雙手比出勝利手勢的樣子。

九夜月

禮拜一 lé - pài - it　MON 月曜

2022年 5月

日	一	二	三	四	五	六
1	2	3	4	5	6	7
8	9	10	11	12	13	14
15	16	17	18	19	20	21
22	23	24	25	26	27	28
29	30	31				

獨台會事件

1991.5.9

一九九一年，清華大學歷史研究所學生廖偉程與校外人士陳正然（後來的蕃薯藤創辦人）、王秀惠、林銀福等四人只因爲閱讀史明所寫的「台灣人四百年史」，並且協助製作散發文宣就被中國國民黨保守派系所掌控的調查局盯上。五月九日，法務部調查局派幹員衝入清華大學校園逮捕廖偉程等四人，指稱他們接受史明資助，在台灣發展獨台會組織，並以違反「懲治叛亂條例」等重罪罪名拘提。隨後負責張貼文宣的安正光也於五月十一日遭到逮捕。

此次獨台會逮捕事件立刻引起大學各社團的串聯，學生決定於五月十二日重返中正廟前的廣場抗議。約百餘名抗議學生雖然於集會當天就立刻被保警與憲兵給驅散並強制開車載走，但是卻因此引發之後更大規模的台北車站佔領行動以及刑法一百條廢除運動。

一九九一年五月十五日，來自全台灣各地的學生與社會運動工作者佔領台北車站大廳以聲援獨台會案的被捕人士。抗議群眾持續地佔領台北車站達六天五夜。中國國民黨承受巨大群眾壓力也於五月十七日在立法院三讀通過廢除「懲治叛亂條例」。抗議群眾在五月二十日發起反政治迫害萬人大遊行之後才撤離台北車站。

雖然「懲治叛亂條例」已廢止，但是全案仍改以刑法一百條第二項的預備內亂罪起訴判刑，因此廢除刑法一百條的群眾行動也接續展開。直到隔年一九九二年五月十五日，立法院三讀通過刑法第一百條修正案，全案改判免訴後，獨台會事件所引發的連鎖效應才暫告落幕。此案促使「懲治叛亂條例」被立院三讀廢除，刑法第一百條修正案也在隔年得以通過，對於台灣民主可謂影響深遠。

World 納粹德國投降書生效日 1945.5.9

Tâi-oân tok-le̍k 台灣獨立

2022 May

5月10日

舊曆 四月初十

豬屎籃仔結彩。

農家裝豬屎的籃子拿去裝飾綁彩帶，比喻根本多此一舉。中華民國就是中華民國，台灣就是台灣，中華民國台灣就是豬屎籃仔結彩，兩個名詞的概念根本互不相容，畫蛇添足，多此一舉。

• 代表國民黨的李登輝（左）與代表獨派參選的彭明敏（右）在一九九六年的總統大選分出勝負之後，也引發民進黨內部路線的辯論與歧異。

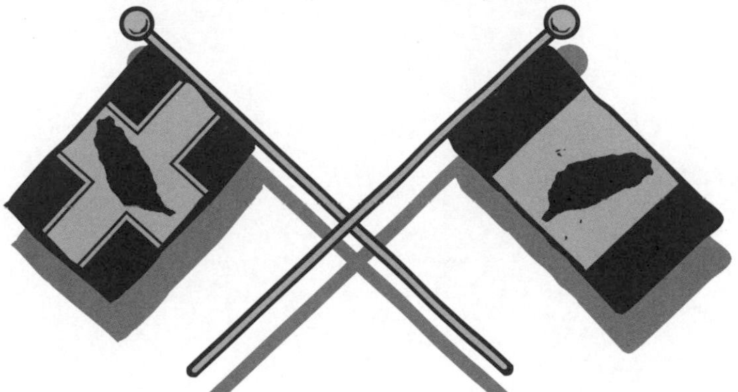

• 民進黨旗與台灣國國旗

十日夜

禮拜二 lé - pài - jī　TUE 火曜

2022年 5月

日	一	二	三	四	五	六
1	2	3	4	5	6	7
8	9	10	11	12	13	14
15	16	17	18	19	20	21
22	23	24	25	26	27	28
29	30	31				

民進黨新世代綱領發佈

1996.5.10

民進黨在一九九六年派出獨派大老彭明敏競選總統失敗後，遂引發民進黨內部對於台獨路線的辯論。一九九六年五月十日，民進黨中一些新生代成員包括周奕成、陳俊麟、段宜康、鍾佳濱與外獨會秘書長田欣發動百餘人聯署，由周奕成主筆，發佈「台灣獨立運動的新世代綱領」。

綱領內容將台獨做了新舊世代的區分，提出台灣史觀的多元性與台獨的起因，討論台獨與實質生活改善的關聯性，明言法理台獨（更改國號、國旗、國歌）不是台獨的主要目的，指出台獨將從反國民黨運動轉化為台灣對抗中國的整體目標，提倡社會與族群和解與團結，並且對民進黨的台獨路線做出重新的詮釋。綱領文末表示了這是年輕世代對台獨的思考，並肯定台獨前輩的努力，新世代綱領無意取代其他的台獨論述。

新世代綱領的發佈引發獨派內部不同的解讀，突顯出民進黨內部學運新生代與創黨世代的思想差異，也產生了以「中華民國本位」思考台獨的爭議性。文中顯示出民進黨新世代對於民進黨能否執政的焦慮，因此對台獨路線產生了某種程度的模糊詮釋甚至是妥協，也讓民進黨內部路線產生了法理台獨與僅求維持現狀的華獨兩個分流。

由民進黨年輕世代所擬定的「台灣獨立運動的新世代綱領」直接影響了民進黨全代會在一九九九年五月八日通過的「台灣前途決議文」。「台灣前途決議文」的內文主旨與「台獨新世代綱領」有著雷同的精神。民進黨學運世代對台獨路線的模糊化詮釋的確讓當時的民進黨擴大了基本盤面，也順利讓陳水扁於兩千年時獲得總統大選，但是也對台獨發展的進程產生一定程度的影響與爭議。

遭國民黨汙衊，中研院院長翁啟惠請辭。2016.5.10

2022 May

5月11日

舊曆 四月十一

艱苦頭，快活尾。

先苦後甘的意思。台灣人爭取民主的過程就是一段艱苦頭快活尾的歷史。戰後中國人來台就開始對台灣實施全面的軍事戒嚴，早期替台灣人出頭爭民主的人不是身陷牢獄或遭逢死劫，就是不得不流亡海外，現在台灣人能夠快活享受民主自由，就是由一群不怕死的台灣人所扛起來的。

十一夜

• 一九八七年五月十一日，台大學生於椰林大道抗議遊行。左二為台大社會系鄭文燦。（繪圖參考自蔡明德攝影。）

• 一九八六年，台大政治系學生李文忠在台大傅鐘前嚴厲控訴台大校方對他的退學處分。

• 台大歷史系鍾佳濱（左）與台大社會系鄭文燦（右）在五一一台大學生日抗議時呼喊口號。（參考自蔡明德攝影。）

• 五一一台大學生日遊行抗議，圖中拿擴音器者為年輕時的林佳龍。（繪圖參考自邱萬興攝影。）

禮拜三 lé - pài - sa^{n} | WED 水曜

2022年 5月

日	一	二	三	四	五	六
1	2	3	4	5	6	7
8	9	10	11	12	13	14
15	16	17	18	19	20	21
22	23	24	25	26	27	28
29	30	31				

自由之愛／台大學生日

1987.5.11

中華民國從一九四五年劫收台灣以來，就試圖全面箝制台灣人的思想與言論，包括介入校園以控制學生言行。中國國民黨相當恐懼左翼學生運動再起，因此就在一九四九年四月六日派出軍警包圍台大與師範學院，並對學生進行逮捕與濫殺，史稱「四六事件」。此事件之後，中國國民黨全面以軍事監控的方式管控台灣各級學校，並嚴審學生言論，灌輸中華黨國的教條思想，台灣校園也開始進入了思想禁錮的黑暗時期。

直到八〇年代，台灣各大學追求自由與多元思想風氣再起，關心台灣政治的大學社團以及校園刊物蓬勃地發展，對抗國民黨組織的人際網絡逐漸成形，一九八三年二月二十八日甚至發生台大學生前往高雄屠夫彭孟緝的住家外噴漆抗議的事件，因此再度引起國民黨的緊張以及反制動作。

一九八六年，台大的「大學新聞社」因為在刊物上揭露只因參加黨外運動就被台大校方退學的「李文忠事件」，加上提及國民黨介入校園普選的報導，此外社團成員還參與了鹿港反杜邦運動，終於引發台大校方同時也是黨國走狗的不滿，透過懲戒會議將台大「大新社」停社一年。校方此舉引發學生反彈，十二個台大學生社團共同發表「爭取校園言論自由聯合宣言」，要求廢除刊物的事前審查制，並且在兩天內向校內外發送了萬餘份的傳單。

台大學生以「自由之愛」的名義發行地下刊物，舉辦街頭演講，並到立法院提出「政治校長與教官退出校園」與「修改大學法」等請願。一九八七年五月十一日，台大學生發起「五一一台大學生日」抗議，要求全面改革大學積弊並爭取言論自由。此事件也成為八〇年代台灣校園民主運動的引爆原點。

台灣正名大遊行，李登輝任總召集人。2002.5.11

Tâi-oân tok-li̍p 台灣獨立

2022 May 5月12日

舊曆 四月十二

十二夜

遠看白波波，近看就無膏。

諷刺某人名氣雖大，但是卻毫無實力。一堆中國人靠著黨國關係與國家資本堆疊出名氣與規模，但是實際上卻是個草包。例如中企「阿里巴巴」的前董事長馬雲，跟人工智能專家伊隆・馬斯克（Elon Musk）對談，馬上就暴露出草包本質並且淪為網路笑柄。

• 堀內次雄像

• 西班牙帝國旗幟

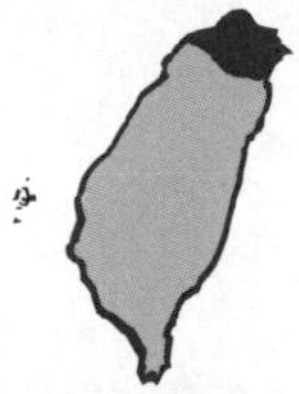
• 西班牙人的活動範圍多在台灣北部。

• 考取臺灣總督府醫學校的蔣渭水（左）、賴和（中）與杜聰明（右）都曾經受教於堀內次雄。

• 一六二六年，西班牙遠征艦隊於雞籠登陸，並且在基隆和平島建立聖薩爾瓦多城。

禮拜四 lé - pài - sì | THU 木曜

2022年 5月

日	一	二	三	四	五	六
1	2	3	4	5	6	7
8	9	10	11	12	13	14
15	16	17	18	19	20	21
22	23	24	25	26	27	28
29	30	31				

1626.5.12

西班牙軍隊登台日

十七世紀初西班牙爲了與荷蘭爭奪海上貿易據點，決定從菲律賓馬尼拉派遣遠征艦隊前往台灣北部。一六二六年五月十二日，西班牙遠征艦隊抵達三貂角外海，並從雞籠（今基隆）北邊的社寮島（今和平島）登陸，隨後就在雞籠築城，名爲「聖薩爾瓦多城」。西班牙人登陸不久後便開始掠奪原住民的村落與土地。

一六二八年，西班牙在淡水建立「聖多明各城」（即今淡水紅毛城）。爲了尋找更便捷的海陸交通路線，西班牙人將勢力擴及到台北盆地與整個台灣北海岸，包括淡水河與基隆河沿岸的原住民部落以及宜蘭的噶瑪蘭族都遭到西班牙軍隊的攻擊與侵害。隨著西班牙的財政惡化與裁減軍力，一六四二年荷蘭人進攻雞籠，西班牙軍戰敗並退出台灣，也結束西班牙在北台灣十六年的統治時期。

1955.5.12

堀內次雄逝世日

◆ 台灣醫學先驅

堀內次雄出生於一八七三年，日本兵庫縣人。一八九五年清帝國割台，他以軍醫的身分隨日軍抵台，專研傳染病與細菌學。在台灣擔任醫師期間先後發現了鼠疫、登革熱、流行性腦脊髓膜炎等多種傳染病例，對於台灣的公共衛生與疫情防治貢獻良多。堀內次雄擔任台灣總督府醫學校校長與台北帝大任教期間，也認同學生參與反殖民與抗日運動，同時認真學習台語，因此遭日本特務監視也毫不在意。

堀內次雄曾力薦杜聰明獲醫學博士並升任教授，提拔台灣學生不遺餘力，對台灣醫學教育貢獻良多。二戰後，他因爲在醫學界名望甚高而被續留台大醫學院執教，直到二二八抗暴事件後才被遣返日本。堀內次雄於一九五五年五月十二日病逝日本，享年八十三歲，台灣學生並以「永遠的校長」稱呼並悼念之。

民進黨成為中華民國體制內政黨 1989.5.12

2022 May
5月13日

舊曆 四月十三

五步一宮，十步兩廟。

到處都是宮廟，這也是台灣常見的景象。信仰本來就是為了慰藉心靈與獲得安全感，但是台灣的信仰系統卻因為中國因素而有了暴力黑金與統戰組織的介入。對無神論的中國而言，台灣被併吞之後，這些宮廟組織因為缺乏利用價值且不事生產，絕對都會被優先處理掉。

•郭水潭年輕時的日常辦公留影

•郭水潭像

•一九三五年，郭水潭獲得大阪每日新聞本島人新人賞的「某男人的手記」，內容提到台灣人與日本人之間的差別待遇。

•南溟樂園為日本時代收錄新文學與新詩的刊物，內容包括郭水潭等人的新詩作品。

•郭水潭僅存的日記本「自由日記帖」，內容為一九三八年到一九四〇年的記事。

十三夜

禮拜五 lé - pài - gō | FRI 金曜

2022年 5月

日	一	二	三	四	五	六
1	2	3	4	5	6	7
8	9	10	11	12	13	14
15	16	17	18	19	20	21
22	23	24	25	26	27	28
29	30	31				

1907.5.13

郭水潭誕生日

◆鹽分地帶文學家

郭水潭生於一九〇七年五月十三日，台南佳里人。雖然只有公學校高等科的學歷，卻在學生時期就開始創作日本的「和歌」，其短歌作品曾入選「皇紀二五九四歌集」。後來受台灣新文學運動的影響，加入了台北的「南溟樂園」而開始創作新詩，也成爲「鹽分地帶」（包括台南佳里、學甲、西港、七股、將軍及北門一帶含鹽分較多的沿海地區）最重要的文學家與詩人之一。

郭水潭曾經參與成立「台灣文藝聯盟」，並在一九三五年寫下「台灣文藝聯盟佳里支部宣言」，宣示中南部文學社團不再缺席台灣新文學運動，強調文學寫作的在地觀點，也爲鹽分地帶文學的主體性做了清楚的定位。他同時也在一九三五年底與賴和、楊逵、廖漢臣等人另外組織了左翼路線的「台灣新文學社」。

郭水潭的詩作著重現實與普羅大眾，內容多描寫本土題材、社會黑暗與階級壓迫的問題。雖曾任職日本官職（台南北門郡勸業課技手），但他同時也批判日本以現代化之名施行資本主義剝削的殖民式統治，創作內容顯露出強烈的台灣主體意識。郭水潭曾於一九三九年加入日人西川滿主編的「華麗島」詩刊，並於創刊號發表「世紀之歌」的反戰詩作，明顯與日本當局的主戰立場相違背。

郭水潭創作高峰集中在一九二九年到一九四二年，並且多以日文書寫。戰後由於語言隔閡與政治戒嚴等因素，他的文學創作逐漸趨於沉寂與稀少，甚至被人形容爲喑啞失聲的台灣詩人，徒有滿腹才華卻有口難言。郭水潭晚年從台北搬回台南定居，妻子逝之後搬入安養院，於一九九五年三月九日病逝，享年八十八歲。

World

1998.5.13 印尼爆發反中暴動

2014.5.13 越南爆發反中暴動

2022
May

5月14日

舊曆
四月十四
十四夜

戶口板仔，釘佇電火柱仔。

家戶門牌釘在電線杆上，指某人是居無定所的無賴混帳。戰後流亡的中華民國，像是倉促狼狽地帶著南京與重慶的住址門牌，然後釘佇台灣這根電火柱仔上的無賴難民，然後還逼迫真正的台灣人流亡海外。

• 廖文毅擔任大總統時的留影

• 廖文毅因為遭到國民黨以綁架親友的方式威脅，只好返回台灣投降。雖然在媒體前被國民黨安排套上歡迎花圈，臉上卻露出落寞神情。

• 廖文毅返台投降後，於五月十六日返回西螺拜見九十二歲高齡的母親。當時廖母雙目已經失明，無法親眼見到自己的兒子。

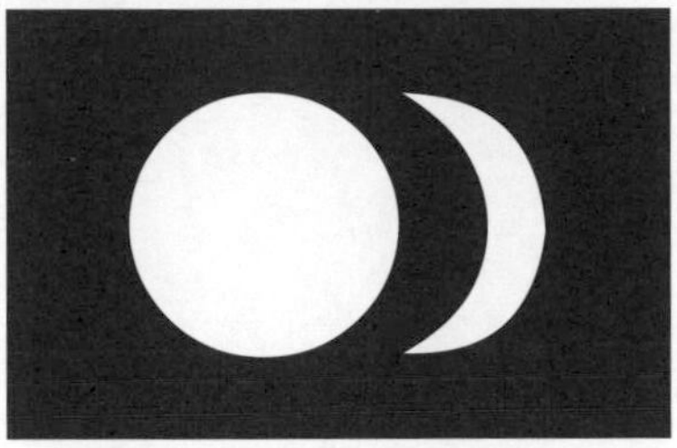

• 台灣共和國臨時政府國旗

禮拜六 lé - pài - lák | SAT 土曜

2022年 5月

日	一	二	三	四	五	六
1	2	3	4	5	6	7
8	9	10	11	12	13	14
15	16	17	18	19	20	21
22	23	24	25	26	27	28
29	30	31				

廖文毅返台投降

1965.5.14

出身雲林西螺望族的廖文毅曾經和許多日治時期的台灣知識分子一樣，對「中華民國」有過不切實際的幻想與期待。二戰後，他還曾經兩次競選過中華民國的民意代表。然而隨著中華民國劫收台灣的暴斂惡行不斷發生，他也終於清醒並且走向台灣獨立運動一途，隨後轉往日本發展組織。

廖文毅於一九五六年在東京成立「台灣共和國臨時政府」，以流亡政府大統領的身分與第三世界國家建立外交關係，並受邀參加馬來西亞的獨立大典。蔣介石統治下的中華民國爲了反制，遂在東京設立調查局辦事處，並派出多組特務在日本分化與策反廖文毅的組織。另外蔣介石也開出利誘條件，並在台灣以沒收廖家財產的方法以及逮捕廖文毅的姪子廖史豪甚至判處台獨盟友黃紀男死刑的下流手段逼迫廖文毅返台投降。

一九六五年五月十四日晚，廖文毅搭機返台投降，並接受國民黨所安插的「曾文水庫興建委員會」副主委的花瓶官位。中國國民黨也於此時動員所有媒體大肆宣傳台獨組織的解散與歸順，廖文毅被迫投降遂成了六〇年代台灣獨立運動的重大挫敗事件。雖然廖文毅在國民黨的終生軟禁與監視之下度過餘生的二十年，並於一九八六年五月九日病逝台中，但是台獨運動並未因爲他的返台投降而結束終止。

年輕的台灣海外留學生一波波接續廖文毅的理念，台獨海外重鎮也從日本轉往美國且開始茁壯發展。七〇年代，海外台獨進入流血武鬥的高峰；八〇年代，台獨組織開始進行遊說美國與海外施壓的工作計劃；一直到九〇年代的台獨返鄉潮與台灣紮根策略，都顯示了廖文毅的投降僅是支系的解散，並無助於阻擋台獨運動的長期發展態勢。

韓獨志士趙明河刺殺久邇宮邦彥王事件 1928.5.14

2022
May

5月15日

舊曆 四月十五

好心的倒著餓，歹心的戴王帽。

善心的人倒在那裡快餓死，壞心的人卻反而能榮華富貴。這種善有惡報、惡有善報的事情剛好就是中華民國據台後的標準寫照。屠殺一堆無辜台灣人的中國人得以高陞官位還壽終正寢，而充滿正義感且熱心助人的台灣人反而招致牢獄與殺身之禍，證明了中華奴性文化的反淘汰特質。

• 李鎮源像　• 張忠棟像　• 瞿海源像　• 陳師孟像　• 林山田像

• 一九九一年，民眾上街抗議，要求廢除刑法一百條。

小望月

禮拜日 lé - pài - ji̍t

SUN 日曜

2022年 5月

日	一	二	三	四	五	六
1	2	3	4	5	6	7
8	9	10	11	12	13	14
15	16	17	18	19	20	21
22	23	24	25	26	27	28
29	30	31				

1992.5.15

刑法一百條修正案通過

一九九一年五月十五日，來自全國各大學的學生與社會運動工作者前往佔領台北車站，以靜坐抗議方式聲援只因閱讀史明的「台灣人四百年史」與散發台獨文宣就被調查局以違反「懲治叛亂條例」等重罪逮捕的清大學生廖偉程與陳正然、王秀惠、林銀福等人（獨立台灣會案）。抗議人士並提出政府應無罪釋放獨台會案被捕者、教官與特務退出校園、廢除懲治叛亂條例及刑法一百條等訴求。

雖然「懲治叛亂條例」與「檢肅匪諜條例」兩種戒嚴時代的惡法在群眾抗議的壓力下隨即被立法院陸續廢除，獨台會案的被捕人士依舊被改以刑法一百條第二項預備內亂罪起訴判刑。關切台灣政治與言論自由的社運人士、學者與學生便將焦點轉向廢除刑法第一百條的籌備行動，以追求眞正的思想與言論自由。

包括林山田、陳師孟、瞿海源、張忠棟與中研院院士李鎮源等知識分子於一九九一年九月二十一日組成「一〇〇行動聯盟」，推動廢除刑法第一百條，開啓台獨完全除罪化的路程。經過數個月的朝野協商角力之後，一九九二年五月十五日立法院三讀通過刑法一百條修正案，廢除「思想叛亂罪」條款，刪除預備犯處罰刑責。

刑法一百條修正後，許多名列國民黨黑名單的台獨人士得以自由返台，言論「政治犯」在台灣也成爲歷史名詞，思想、學術與言論自由因此獲得保障。只是在中國國民黨立法院黨團的堅持之下，刑法第一百條始終沒能被完全地廢除。當時公然反對並表示不能接受刑法一百條修正的就正是馬英九本人。陳師孟因此嚴厲批判馬英九是「反民主、站在威權統治、打壓民主的打手」。

抗中國SARS醫師林重威病逝　2003.5.13

Tâi-oân tok-lėk
台灣獨曆

2022 May 5月16日

舊曆 四月十六

用別人的拳頭母，摃石獅。

利用別人的力量來硬幹某事，反正別人家的囝仔死未了。中華民國來到台灣之後，強徵台灣男子去打他們中國人的內戰，去反攻他們的「大陸」。如果哪一天台灣又被中華人民共和國併吞，恐怕又要被中國人利用，去充當抵擋美軍的砲灰與太平洋戰場的犧牲打。

• 圖為中華民國戒嚴時代的「反攻大陸」海報，可說是滯台支那人的終極妄想與自慰範本。

• 鍾肇政像

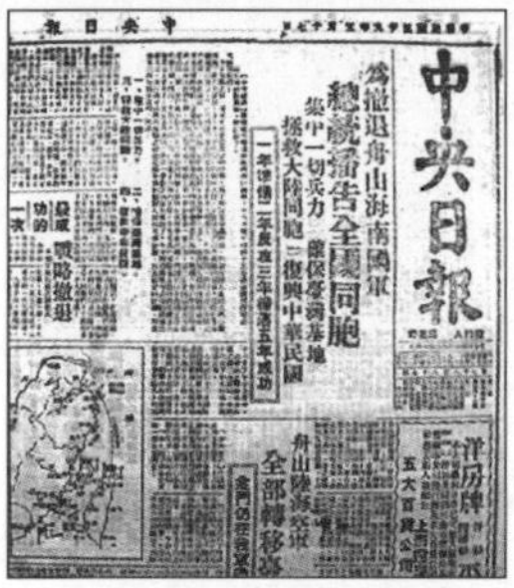

• 國民黨的黨報中央日報在頭版放上蔣介石的舟山海南撤退文告。

• 鍾肇政的長篇小說「臺灣人三部曲」舊版封面

滿月

禮拜一 lé - pài - it | MON 月曜

2022年 5月

日	一	二	三	四	五	六
1	2	3	4	5	6	7
8	9	10	11	12	13	14
15	16	17	18	19	20	21
22	23	24	25	26	27	28
29	30	31				

2020.5.16

鍾肇政逝世日

◆ 台灣文學之母

鍾肇政，生於一九二五年一月二十日，新竹州龍潭庄人。戰後曾就讀台大中文系，因聽力障礙、支那教師口音問題以及課程內容爲四書五經等原因，因此輟學。一九五一年與張九妹結婚後，便在雜誌上刊登首篇文章，隨即開始積極從事寫作。長篇小說代表作包括「魯冰花」、「濁流三部曲」、「臺灣人三部曲」、「卑南平原」等。

鍾肇政與許多熱心創作的台籍作家共同發起文學刊物「文友通訊」用以互相鼓勵，後來卻被國民黨的立法委員指稱爲台獨三巨頭之一。解嚴後，鍾肇政積極從事母語運動與發揚客家文化的行動。曾獲國家藝術基金會文藝獎、李登輝頒發的二等景星勳章以及陳水扁頒發的總統文化獎百合獎。於二〇二〇年五月十六日逝世，享年九十五歲。

1950.5.16

反攻大陸文告發表

一九四九年，中華民國全面覆亡，中華人民共和國取而代之。到了一九五〇年，殘餘的中華民國軍隊也從舟山島與海南島陸續逃亡到台灣。由於流亡的中國軍民人心浮動，蔣介石遂在一九五〇年五月十六日，在台灣廣播電台發表「爲撤退舟山、海南國軍告大陸同胞書」，內容提及的「反攻大陸」計劃就是爲許多年長國民黨支持者所背誦上口的「一年準備，二年反攻，三年掃蕩，五年成功」的口號。

許多流亡來台的中國士兵與眷屬對此文告中的反攻口號信以爲眞，卻不知蔣介石根本無能執行此項宣言中的行動。一直到一九五五年，文告中的「五年成功」已屆之時，中華民國的軍隊依舊無能反攻中國，甚至連一江山島與大陳島的守軍都敗退而流亡來台，泰緬邊境的「孤軍」更是全面解散，少數滯留台灣的中國人才體悟到大勢早已底定。

台獨先驅邱永漢逝世日 2012.5.16

Tâi-ôan tók-li̍p
台灣獨立

2022 May

5月17日

舊曆 四月十七

做粿無包餡。

紅龜粿一定要包餡，若沒包餡，吃下去會有受騙的感覺。比喻某人只重外表，內在卻是草包一個，就跟某韓姓高雄市長一樣。

立待月

• 小林正成像

• 張維賢（右）在日本留學時，參與築地小劇場的演出。

• 張維賢像

• 謝聽敏曾因起草「台灣人民自救宣言」而多次入獄，小林正成因傳單事件被中華民國拘留，獄中巧遇謝聽敏，因此偷偷幫謝聽敏將英文的求救信帶往國外發表，謝因此獲保外就醫而免於死劫。

• 張維賢在一九五八年拍攝的台語電影「一念之差」廣告。可惜後來因為賣座不佳，使得張維賢放棄電影事業而開始務農養雞，後又因颱風淹毀養雞場。

• 關心弱勢的慈善家施乾曾經創辦收容街友的愛愛寮，而同樣關心貧困底層的張維賢為了幫愛愛寮宿舍募款，也帶劇團四處公演籌錢。

禮拜二 lé - pài - jī

TUE 火曜

2022年 5月

日	一	二	三	四	五	六
1	2	3	4	5	6	7
8	9	10	11	12	13	14
15	16	17	18	19	20	21
22	23	24	25	26	27	28
29	30	31				

1905.5.17

張維賢誕生日

◆台灣新劇第一人

張維賢原名張乞食，生於一九〇五年五月十七日，台北人。他生性熱心，熱愛遊歷，年輕時曾經到廈門、汕頭、香港、婆羅洲旅行。返回台灣後，他與王井泉等友人成立「星光演劇研究會」，開啓了他的新劇生涯，也成了台灣新劇的先驅。（新劇一詞源於日本明治末期，是一種有別於亞洲傳統戲劇，且受西方文化影響的新式戲劇形式。）

張維賢成立的星光劇團大受民眾歡迎，在台北掀起新劇熱潮。他曾經兩度前往東京研習劇場藝術以及舞蹈，大幅提升台灣新劇展演的水準，並且深受日人讚賞。他不但投身戲劇，也同樣關心政治，曾經籌組無政府主義團體「孤魂聯盟」，因此遭到日本取締。二戰後，張維賢從事經商投資與拍片卻屢屢失敗收場，最後成無業遊民，於一九七七年五月十八日病逝於台北。

1971.5.17

小林正成散發台獨傳單

一九七一年五月，加入台灣獨立聯盟的日本人小林正成搭機前往台灣散發鼓勵台灣獨立運動的傳單。他利用大型的氫氣球裝入宣傳單，上升到一定高度即自動破裂的裝置來散發傳單。一九七一年五月六日他將三個氣球與三千張的傳單帶入台灣。五月九日在台北市中心的大樓屋頂，成功升上兩個氣球，第三個氣球因故無法上升，剩下的一千張傳單只好在各地公共場所散發。

隨後小林正成因爲在餐廳遺失裝有入國證件與傳單的皮包，五月十七日回到旅館之後就被警察逮捕，隨後被遣返回日本。遣返之際他也順便幫忙因「台灣人民自救宣言」而入獄的謝聰敏將其手寫書信帶出台灣。台灣獨立聯盟就在美國紐約時報公開小林正成帶出的謝聰敏書信，美國媒體得以據此報導中華民國違反人權的惡行，小林正成可說幫了大忙。

政治受難者首次被押送至綠島 1951.5.17

白色恐怖政治受難者陳新吉逝世日 2019.5.17

2022
May

5月 18日

舊曆 四月十八

居待月

禮拜三 lé - pài - saⁿ

WED 水曜

• 戰後台灣籍與中國籍的意見領袖首次在新蓬萊公共食堂聯合共議，
上排由左至右為雷震、石錫勳、高玉樹、郭雨新。
下排由左至右為夏濤聲、楊金虎、李萬居、余登發。

死蛇諍kah變活鰻。

強詞奪理，搬弄是非，死的都說成活的。中國人缺乏日本人的言靈信仰，也缺乏西方人的實事求是與法治精神，加上長期華儒奴化嚴重，言語與文字就成了最廉價的搬弄工具，信口開河與指鹿為馬的歷史可說不勝枚舉，看看中國官媒與韓國瑜政見就可以得知。

2022年 5月

日	一	二	三	四	五	六
1	2	3	4	5	6	7
8	9	10	11	12	13	14
15	16	17	18	19	20	21
22	23	24	25	26	27	28
29	30	31				

新蓬萊公共食堂聚會

1957.5.18

一九五七年五月十八日下午三點，將近七十位的黨外人士群聚台北市成都路的「新蓬萊公共食堂」，共同商討關於中國國民黨在選舉中舞弊的情事與選舉法規不公的問題。此次聚會由台灣籍的知名意見領袖與政治人物，包括李萬居、郭雨新、楊金虎、楊基振、高玉樹、石錫勳、余登發等人具名邀請，許多出席者都曾經參與過一個月前的縣市長和省議員選舉。

聚會中最特別的是前來參與的人員還包括中國籍的政治人物，包括創辦「自由中國」雜誌的雷震、「中國民主黨」的夏濤聲、「中國民社黨」的蔣勻田等人。這場「新蓬萊公共食堂」的民主會議成了首次台灣籍與中國籍政治人物大規模公開集結共商國是與批判中國國民黨的歷史時刻，也可謂是中華民國白色恐怖時期黨外人士組黨的前兆與先聲。

這次「新蓬萊公共食堂」的聚會年代距離一九四七年的二二八事件僅十年之久，因此台灣籍與中國籍意見領袖的聯合共議也被後世解讀爲具有族群共生的象徵意味。

新蓬萊公共食堂聚會之後的兩個月，雷震創辦主導的「自由中國」雜誌就在七月以「今日問題」爲標題，連續發表多篇社論，痛陳中國國民黨一黨獨大與爲所欲爲的問題，之後更發表反對蔣介石連任總統的文章。到了一九六〇年，雷震更意欲聯合多位曾參與「新蓬萊公共食堂」聚會的台籍政治人物籌組反對黨，此舉導致蔣介石下令查禁「自由中國」雜誌並將雷震判處十年徒刑。至此好不容易聚合的民主微光與議會路線派看似被撲滅無蹤，但是這股台籍與中籍聯合反中國國民黨的隱流到了八〇年代再度在民主進步黨組黨的歷程之中重現。

刑法一百條修正案生效 1992.5.18

Tâi-oân tók-li̍p 台灣獨立

2022 May

5月19日

舊曆 四月十九

孤木難做梁。

只有一個人，卻沒有團隊支持，也難成氣候。支那文化崇尚強人政治與一人領導，結果就是一人難分身處理衆多繁雜的公共事務，導致政治淪為親屬朋黨分贓，最終只能用嚴刑峻法來迫害有識之士與反對異音。

寢待月

• 五一九綠色行動的宣傳單

• 五一九由鄭南榕所發起

• 江鵬堅擔任五一九總指揮

• 詹益樺像

• 五一九反戒嚴行動的數百名抗議人士靜坐於龍山寺，遭上千名鎮暴警察圍困於內。（前排中為江鵬堅）

• 詹益樺在總統府前自焚

禮拜四 lé - pài - sì | THU 木曜

2022年 5月

日	一	二	三	四	五	六
1	2	3	4	5	6	7
8	9	10	11	12	13	14
15	16	17	18	19	20	21
22	23	24	25	26	27	28
29	30	31				

1989.5.19

詹益樺自焚日

◆ 台灣獨立烈士

詹益樺出生於一九五七年二月二十二日，嘉義縣竹崎人，曾擔任過遠洋漁船船員，見識過外國的自由與人權，因此開始反思台灣的現況與弱者的處境。詹益樺返台後成爲黨外義工與民進黨的基層黨工，曾參與過農運、工運、原運與環保抗爭運動，同時也是台獨支持者。

一九八九年五月十九日，群衆爲了追悼鄭南榕，在總統府前舉行鄭南榕喪禮遊行，當隊伍遊行到總統府前之時，卻遭到鎮暴警察噴灑水柱驅趕。參與遊行的詹益樺此時在現場拿出預藏汽油，將汽油淋在自己身上，點火後撲向掛著「生爲台灣人、死爲台灣魂」布條的蛇籠鐵絲網而自焚身亡，以火噬的身體對中華民國流亡政權做出最嚴厲的控訴。台獨運動先驅史明曾表示：「詹益樺的犧牲是人民對抗專制、行使『抵抗權』的極致。」

1986.5.19

五一九反戒嚴綠色行動

一九四九年五月十九日，中華民國開始在台灣實行戒嚴令，台灣人權全面受到嚴重戕害。中華民國施加於台灣的戒嚴令前後長達三十八年，直到一九八七年七月十五日才終止戒嚴。在解嚴之前，「五一九綠色行動日」就是台灣人民首次挑戰中華民國的反戒嚴抗議行動。

一九八六年五月十九日，由鄭南榕所發起，江鵬堅擔任總指揮的首次反戒嚴抗議於台北艋舺龍山寺展開。數百名抗議人士靜坐於龍山寺，遭上千名鎮暴警察圍困於內，歷經十數個小時才告結束。第二次綠色行動於一九八七年五月十九日在孫文紀念館展開，此次行動是爲了抗議國民黨雖然允諾解嚴，卻想用國家安全法取代的謬行。第三次綠色行動則是爲了追悼鄭南榕，於一九八九年五月十九日在總統府前舉行，台獨烈士詹益樺也於當天自焚身亡。

警總總司令陳誠頒布台灣省戒嚴令 1949.5.19

Tâi-oân to̍k-li̍p
台灣獨立

2022 May

5月20日

舊曆 四月二十

庄頭有親，
隔壁有情。

形容鄰里之間彼此照顧，互相照應。在一九四五年中國人來到台灣前，台灣本來還保有這種鄰里之間互相照顧的默契與人情味。但是中國人帶來的欺騙風氣、失序行為以及從蘇聯學來的檢舉告密制度，使得台灣人之間的信任與人情被破壞殆盡，中國文化中的偷搶風氣也使得台灣走上家戶鐵窗的醜陋景象一途。

• 戴振耀在五二〇之後開始推動全國性農民組織。 • 社運人士蕭裕珍 • 五二〇副總指揮宋吉雄 • 五二〇總指揮林國華

• 遭沉重稅賦欺壓的台灣農民與中華民國鎮暴警察發生嚴重的暴力衝突。

更待月

禮拜五 lé - pài - gō̄ | FRI 金曜

2022年 5月

日	一	二	三	四	五	六
1	2	3	4	5	6	7
8	9	10	11	12	13	14
15	16	17	18	19	20	21
22	23	24	25	26	27	28
29	30	31				

五二〇農民抗暴事件

1988.5.20

一九八八年春，中華民國決定擴大開放外國進口農產品，引發台灣農民對權益損害的疑慮。一九八八年五月二十日，台灣農運先驅林國華與蕭裕珍等人率領雲林農權會，並帶領雲林、嘉義十縣市數千名農民聚集於台北市的中山北路與台北車站前請願，以「開放農業可能導致農民權利受損」做爲抗議主軸，並提出七大訴求，包括全面辦理農民與農眷保險、免除肥料加值稅、有計畫收購稻穀、農會還權於會員、廢除農田水利會會長遴選、設立農業部以及農地自由買賣。

台灣農民之所以會提出這七大訴求其實是反映中華民國長期以來重工商、輕農業的偏頗政策，加上以沉重賦稅甚至變相加稅（控制肥料價格）的方式來剝削農民，同時還以黨國黑道勢力介入水利會與農會選舉，種種積弊終引發農民不滿而上街抗議。

五二〇農民抗議遊行原本和平進行，然而到了下午兩點，聚會民眾希望到立法院如廁，卻遭鎮暴警察擋於門外，因此與警察在立法院前爆發嚴重衝突。群眾對立法院丟擲瓶罐與石塊，其中詹益樺還憤而拆掉立法院的橫匾。

傍晚過後，鎮暴警察開始拿著長棍見人就打，警方並以強力水柱沖向抗議群眾。鎮暴警察將盾牌壓在民眾身上，憲兵隊甚至踩在學生與民眾的肩背上狂奔以進行暴力驅離。群眾與警察以汽油彈石塊與警棍盾牌互相攻擊，流血衝突從下午延續到清晨，時間長達二十個小時，並造成群眾、員警與學生多人受傷。警方當場逮捕上百名民眾與學生，事後多人被移送起訴，國民黨更發動黨國媒體全面抹黑主辦單位。此事件成爲解嚴之後，時間最長、衝突規模最大與流血程度最重的街頭事件。

反政治迫害萬人大遊行 1991.5.20

Tâi-ôan tok-lėk
台灣獨立

2022 May

5月21日

節氣 **小滿**

舊曆 **四月廿一**

台諺云：小滿雨水也相趕。意思就是台灣每逢小滿，就會落雨紛至。

• 蒙特內哥羅國徽

• 梅艷芳與許多的港星在五月二十一日那天清唱「勇敢的中國人」來聲援中國學生。諷刺的是多年後一堆港星跑去舔共舔中，然後這些中國人卻跑來嘲諷、欺壓與殺害想要追求自由民主的香港人。

• 推動蒙特內哥羅獨立的久卡諾維奇曾是共產黨人，但是卻勇於向黨國不分的共產黨體制挑戰，也敢於跟大塞爾維亞主義的大統派米洛塞維奇決裂，並且逐步推動蒙國獨立運動與公投，因此引發俄國的不滿而欲派人暗殺之。

• 香港人當初聲援中國八九學運，甚至在國族認同上也普遍認為自己是中國人。然而九七香港淪陷後，中國人的各種劣行反而讓香港人開始認清支那真相並且產生港獨意識。

二十一夜

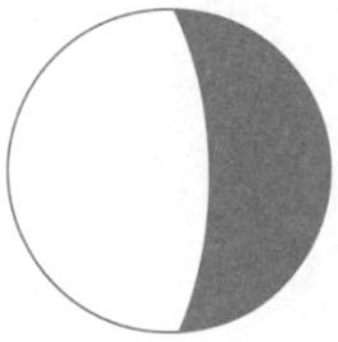

禮拜六 lé - pài - lák | SAT 土曜

2022年 5月

日	一	二	三	四	五	六
1	2	3	4	5	6	7
8	9	10	11	12	13	14
15	16	17	18	19	20	21
22	23	24	25	26	27	28
29	30	31				

World 1989.5.21

香港人聲援中國八九學運

一九八九年四月十五日，中華人民共和國中共中央總書記胡耀邦逝世，中國北京的學生與民眾以悼念活動爲名義開始在天安門廣場集結，並藉集會順勢向中國政府提出必須面對通膨、失業、貪腐與人權自由等問題的政治訴求。

到了五月中旬，天安門廣場的學生開始進行更爲激烈的絕食行動，中國各大城市也開始串連與聲援。此時還屬於英國領地的香港也開始進行規模龐大的群眾遊行以聲援中國北京的民主示威運動。

一九八九年五月二十一日，香港出現有史以來首次的百萬人大遊行活動。群眾由香港中環的遮打道行人專用區出發，一路遊行到跑馬地馬場，包括九龍也聚集了大量的遊城民眾。當時許多的香港人仍將中國視爲自己的祖國，隨著中國政府在六月四日進行北京血腥屠城之後，部分香港人在國族認同上產生極大轉變，對中國的恐懼與不信任也引發香港移民潮。二〇一九年的反送中逃犯條例事件與中國雇用黑道暴打平民的元朗血腥事件發生之後，香港人對於中國的信任更是全面崩壞，更間接激發港人的香港獨立意識。

World 2006.5.21

蒙特內哥羅通過獨立公投

蒙特內哥羅又稱黑山，爲東歐巴爾幹半島的國家，面積僅一萬四千平方公里，人口六十幾萬人。原爲南斯拉夫的一部分，長期遭到塞爾維亞統派所洗腦與阻撓，也是南斯拉夫加盟共和國中最後脫離塞爾維亞掌控的國度。蒙特內哥羅於二〇〇六年五月二十一日舉行獨立公投，獨派以百分之五十五點五的得票終止與塞爾維亞的聯邦關係而成爲獨立國家。

許信良與施明德獲李登輝特赦 1990.5.21

Tâi-oân tók-li̍k
台灣獨立

2022 May

5月22日

舊曆 四月廿二

不會駛船，嫌溪彎。

自己本領差，卻總是找一堆理由怪東怪西，意思同於「不會泅，嫌卵葩大球」或是「袂生牽拖厝邊」。例如國民黨官員總愛找一堆藉口來推託施政不佳的責任，不是說錢不夠，就是說中央或是在野黨不支持，要不然就是說國際局勢不好，自己運氣不佳，最後找不到理由竟然還會說刁民太多，太自由民主，應該要實施戒嚴。

• 清大學生因為閱讀史明「台灣人四百年史」，導致調查局依「懲治叛亂條例」來逮捕學生。

• 美麗島大審的八位要角包括姚嘉文（左）、陳菊（中）、黃信介（右）等人，都是依懲治叛亂條例來求刑，其中陳菊原來是要被求處死刑。

• 描繪自電視劇「燦爛時光」劇照。劇中許明強被槍斃前高舉雙手比出二一，代表二條一，即懲治叛亂條例第二條第一項，觸犯此法，唯一死刑。

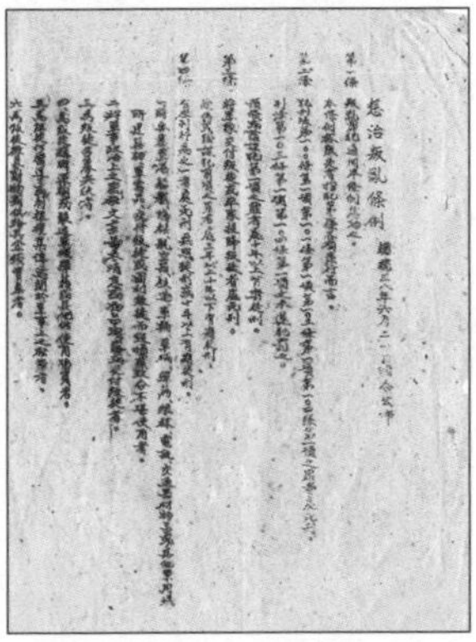

• 懲治叛亂條例當中第二條第一項的內容：「犯刑法第一百條第一項、第一百零一條第一項、第一百零三條第一項、第一百零四條第一項之罪者，處死刑。」歷來依此法條遭判處死刑者高達五千餘人。

下弦月

禮拜日 lé - pài - ji̍t | SUN 日曜

2022年 5月

日	一	二	三	四	五	六
1	2	3	4	5	6	7
8	9	10	11	12	13	14
15	16	17	18	19	20	21
22	23	24	25	26	27	28
29	30	31				

1991.5.22

懲治叛亂條例廢除日

中華民國殖民政府在一九四九年五月十九日頒布全台軍事戒嚴令之後第五天，也就是五月二十四日，隨即由立法院三讀通過「懲治叛亂條例」，做爲關押殺害政治異議者的法源依據。「懲治叛亂條例」將犯罪的構成要件與刑度做了過度解釋，也與「中華民國刑法」的罪刑法定原則牴觸，使得順從黨國上意的法官可以任意定人於罪並加重其刑，因此造成許多不幸的政治冤獄。

在「懲治叛亂條例」條文中最為惡名昭彰的就是所謂的「二條一」，也就是「懲治叛亂條例」中第二條第一項的內容：「犯刑法第一百條第一項、第一百零一條第一項、第一百零三條第一項、第一百零四條第一項之罪者，處死刑。」此法造成許多非國民黨主張的異議人士只因爲主張某個思想就被控觸犯「二條一」而被處以唯一死刑。

當時刑法第一百條第一項規定「意圖」破壞國體、竊據國土者將被判處七年以上有期徒刑，首謀者處無期徒刑。此一刑法經由「懲治叛亂條例」延伸後不但加重刑期至唯一死刑，還使得一般民眾得接受專責軍人刑事的軍事機關審判，實屬荒謬。由於「意圖」一詞過於空泛，使得許多人僅是閱讀左翼刊物或是談論人權議題就被定罪判刑，顯見此等惡法戕害自由與造成的寒蟬效應至爲巨大。

直到一九九一年五月九日，法務部調查局的幹員依照「懲治叛亂條例」直接進入清華大學逮捕閱讀台獨書籍的學生（獨立台灣會案）才再度引發學生罷課與民眾抗議並要求廢除「懲治叛亂條例」。國民黨在群眾連日抗議壓力下才於同年五月十七日由立法院通過廢除「懲治叛亂條例」，稍後並在一九九一年五月二十二日正式宣告廢止。

牡丹社總頭目於石門山與日軍交戰身亡 1874.5.22

2022 May

5月 23日

禮拜一 lé - pài - it　MON 月曜

舊曆 四月廿三　二十三夜

阿婆跟港。

就是扮成阿婆逃走的意思。此語出於清國官員成立台灣民主國之後，面對日軍登陸台灣時的懦夫表現。當時駐守台南的劉永福號稱黑旗軍大將軍，結果面對乃木希典的軍隊卻是連戰連敗。最後只好帶著隨從躲在戎克船船艙內，倉皇逃回廈門去。民間還盛傳劉永福打扮成阿婆的樣子連夜逃走，因此成為阿婆跟港的笑談由來。也另有一說阿婆跟港的主角其實是唐景崧。

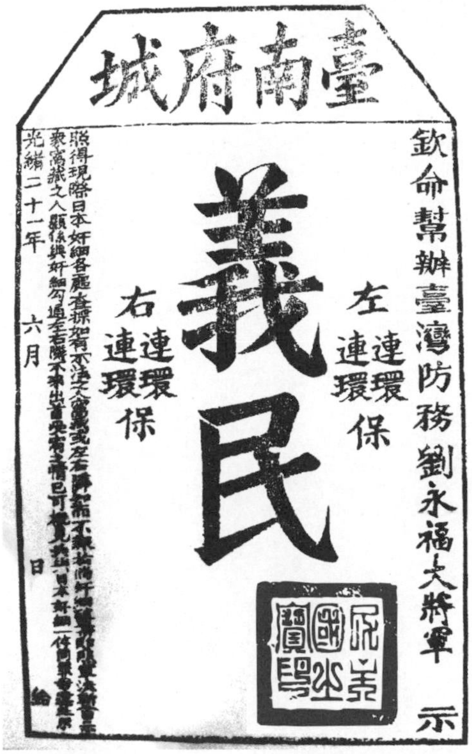
臺南府城
欽命幫辦臺灣防務劉永福大將軍 示
義民
左連環保
右連環保
光緒二十一年 六月 日 給

• 一八九五年六月，跟港（落跑）將軍劉永福印製的台南府城義民證。紅印為台灣民主國官印。

• 唐景崧像

• 此為台灣民主國發行的郵票，又稱獨虎票。為清國官員籌措抗日軍餉而發行的郵票。左方的「士擔幣」三個字即是「郵票」（stamp）的英文音譯。

2022年 5月

日	一	二	三	四	五	六
1	2	3	4	5	6	7
8	9	10	11	12	13	14
15	16	17	18	19	20	21
22	23	24	25	26	27	28
29	30	31				

唐景崧發表獨立宣言

1895.5.23

一八九四年，清帝國於日清戰爭（甲午戰爭）中敗給日本，並在一八九五年與日簽訂「馬關條約」，決定割讓台灣、澎湖與附屬島嶼。然而清帝國官員心有不甘，當時的南洋大臣兼兩江總督張之洞便向朝廷表達「台灣建國」的計劃，希望以此做爲拖延緩衝之計。清國官員的盤算即「建國」若是成功，台灣將成爲清國的附庸國，即使失敗，呼應建國的義勇軍也將重挫日本。

一八九五年五月二十三日，清帝國台灣巡撫唐景崧便發表了「台灣民主國獨立宣言」。宣言中雖明言要獨立成爲島國，卻又向清帝國「報備成立」，文中更提「遙戴皇靈」，年號甚至稱爲「永清」，而劉永福在台南發行的台灣民主國銀票竟然還用著大清帝國光緒年號，再再顯示所謂的「台灣民主國」僅是清國操控的傀儡政權。

清帝國官員設計出「藍地黃虎」的「台灣民主國」國旗，使用台灣沒有的物種黃虎，只爲表示臣服於清帝國旗幟上的黃龍。而所謂的「民主國」卻仍然沿用清帝國對皇帝的跪叩大禮，將清國的三跪九叩改成兩跪六叩而已。

台灣民主國成立後不久，日軍便從基隆澳底登陸，原清帝國官兵迅速潰逃，高官紛紛搶錢逃回清國。唐景崧賄賂士兵偷偷搭船逃回廈門，丘逢甲領了全軍餉銀後捲款逃回清國。剩下的「華軍」（包括清帝國在廣東招募的廣勇與本地的土勇）竟開始在台北城內燒殺擄掠，導致台北城居民不得已打開城門迎接日軍，以便結束「華軍」對人民的屠戮暴行。隨著台灣南部駐軍將領劉永福也於十月十九日逃回清國，清國一手操控的台灣民主國鬧劇至此結束，僅僅維持了一百四十餘天而已。

立法院通過戡亂時期檢肅匪諜條例 1950.5.23

Tâi-oân to̍k-li̍p 台灣獨立

2022 May

5月 24日

舊曆 四月廿四

食人歡喜酒，趁人歡喜錢。

讓人心甘情願地給予，意指清清白白、正正當當地得到收穫。老一輩的台灣人還保有這種賺清白錢且賓主盡歡的體貼思維。但是隨著戰後中國黑心文化與支那功利教育的滲入，這種顧及雙方立場的文化習慣也逐漸消逝。

二十四夜

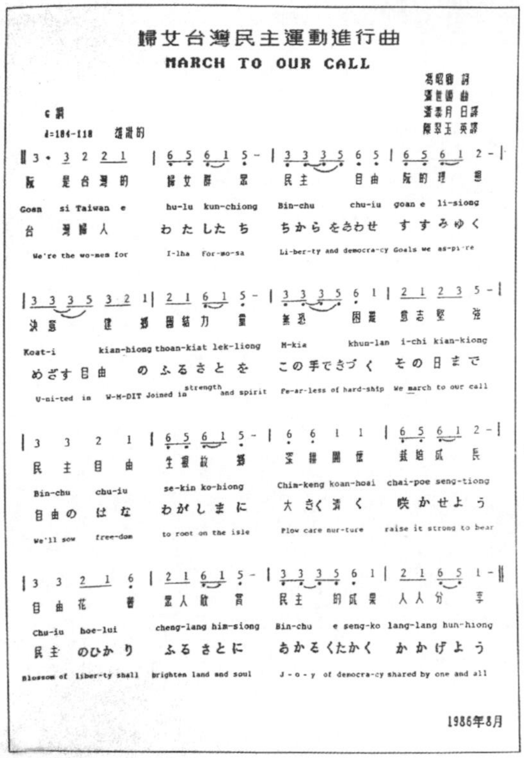

• 婦女台灣民主運動進行曲由馮朝卿作詞、潘世姬作曲。歌詞日文翻譯潘素月、英文翻譯陳翠玉。

• 推動民主台灣婦女運動的陳翠玉

• 陳翠玉曾在加拿大就讀多倫多大學護理教育系並且取得學士學位。

禮拜二 lé - pài - jī | TUE 火曜

2022年 5月

日	一	二	三	四	五	六
1	2	3	4	5	6	7
8	9	10	11	12	13	14
15	16	17	18	19	20	21
22	23	24	25	26	27	28
29	30	31				

1986.5.24

促進民主台灣婦女運動

一九八六年五月二十四日，台灣護理先驅陳翠玉與何康美等人，在美國紐約曼哈頓發起成立第一個台灣海外婦運組織，名為「促進民主台灣婦女運動」(Women Movement for Democracy in Taiwan)，又簡稱為「穩得」(縮寫WMDIT的發音，以台語發音便是「穩得」)。

「穩得」的主要目標包括：喚醒追求民主的決心、加強台灣人自尊和自信、提高台灣人對鄉土、歷史和文化的認同、鼓勵台灣婦女積極參與公共事務、幫助婦女發揮特殊才能的機會、聯合世界友人的力量，促進台灣民主化等。「穩得」以民主自決人權為標榜，推動民主從家庭開始的理念，最終實現台灣獨立自決的目標。陳翠玉當時並以實際行動向美國遊說，讓美國政府在台美人護照上的出生地註記為Formosa，也成為台灣正名的先驅。

身為「穩得」的創立者同時也是發言人的陳翠玉是台灣早期的護理先驅，曾創辦過台大護校，後因遭受中華民國政府構陷與迫害而遠離台灣，並定居於中美洲波多黎各。陳翠玉曾擔任世界衛生組織中南美洲護理顧問達十八年，期間目睹波多黎各人爭取獨立而受挫的情況而深表同情，因此決定傾全力投入台灣獨立運動，幫助台灣人得以獨立自主。

一九八〇年，陳翠玉退休後開始公開參與與成立海外台灣人的社團。一九八七年，返回台灣四處演講並探視關在綠島的良心政治犯，試圖將「穩得」的民主精神帶回台灣，卻因此遭到中華民國軍警特務的監視與威脅，甚至被中華民國列入政治黑名單而不得進入台灣。陳翠玉於一九八八年因為要參加世台會而奔波入境台灣之事，返台後卻因病重而隨即送急診，於八月二十日病逝台大醫院。

1957.5.24 國民黨策動劉自然反美事件

2022 May

5月 25日

舊曆 **四月廿五**

家己擔肥毋知臭。

挑糞的人不知道自己有多臭，形容人缺乏自知之明。很多深受華毒文化影響的台灣人或是中國人，完全無法理解自己缺乏公德、自私自利的行為在別人眼中是什麼樣子，被糾正後還一副理直氣壯、死鴨子嘴硬的醜陋樣。

• 此為斗六廳歸順會場的降軍與日軍的大合照。合照完之後，日軍就開始對所有合照的降民進行大屠殺。

• 圖為台灣民主國的黃虎旗。之所以設計成黃虎旗，是因為支那文化以龍為尊，虎為下位者，不敢僭越清國皇室的唐景崧才會以黃虎做為國旗，也可見其假獨立、真傾中的意圖。

• 簡水壽因為不信任日本人的招降，因此提早離開會場而逃過歸順會場屠殺。不過其他參與招降儀式的仕紳、降軍、勸降者與和事佬等兩百六十五人則是全員當場死亡。

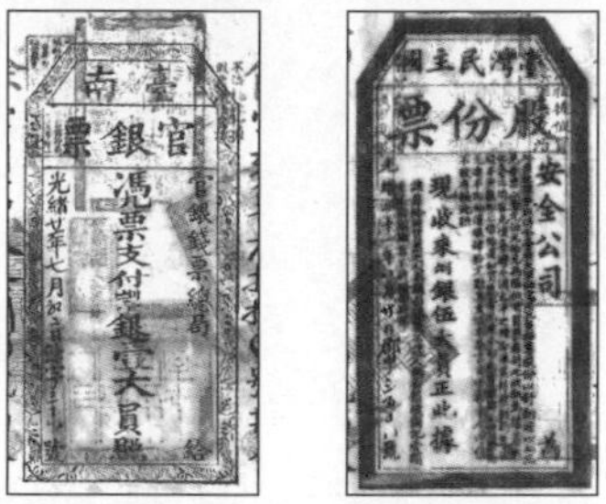

• 清國官員為籌措軍費而發行的台南官銀票（左圖）與台灣民主國股票（右圖），不久後全成了壁紙。當時劉永福與幕僚為了籌錢還跑回去清國找金主，結果支那人根本沒人想掏錢資助台灣抗日。

二十五夜

禮拜三 lé - pài - sa^{n} | **WED 水曜**

2022年 5月

日	一	二	三	四	五	六
1	2	3	4	5	6	7
8	9	10	11	12	13	14
15	16	17	18	19	20	21
22	23	24	25	26	27	28
29	30	31				

1895.5.25

台灣民主國成立日

由於清帝國於甲午戰爭中敗給日本，因此與日本簽訂「馬關條約」，割讓台灣、澎湖以及附屬島嶼。清帝國官員便謀議在割讓日本前由當時的台灣巡撫唐景崧發起台灣民主國的獨立運動，做爲拖延與反制日方之計。一八九五年五月二十五日，清帝國的台灣巡撫唐景崧在台北舉行台灣民主國獨立典禮，宣布成立「台灣民主國」。唐景崧被推爲台灣民主國大總統，丘逢甲爲副總統兼團練使，劉永福被推爲大將軍。

然而這場由清帝國操控的獨立運動很快就淪爲一場鬧劇。「台灣民主國」成立不久後，日軍從基隆登陸，唐景崧馬上就賄賂士兵搭船偷渡逃回廈門，丘逢甲在貪污完全軍餉銀後捲款潛逃清國，駐守南部的劉永福也扮裝易容浪港清國。清國操控的台灣民主國僅維持了一百四十餘天便壽終正寢。

1902.5.25

歸順會場屠殺／紅白花事件

清帝國於一八九五年割讓台灣給日本之後，清國官兵紛紛逃回清國，但是台灣人反而起身反抗日本。日本殖民政府見抗日事件不斷發生，便決定以公開屠殺的方式來恫嚇台灣人，「歸順會場屠殺」，又稱爲「紅白花事件」便是因此而起。一九〇二年，雲林與斗六一帶的抗日軍聽信了御用士紳的甜言蜜語與日本提出的和平協議，因而接受了招降。台灣總督府便決定在五月二十五日在斗六等六處同時舉辦反抗軍歸順典禮，並設局典禮結束後殺害降軍。

日方要求參與典禮的降軍不得攜帶武器，並在身上別上白花，而日本官員則是別上紅花，做爲埋伏日軍的目標識別。歸順典禮結束後，埋伏的日軍在現場以機槍掃射殺害降軍，造成兩百六十五人當場死亡，而遊說反抗軍投降的台灣士紳也在稍後遭日方以通諜罪名逮捕並處死。

2020.5.25 台灣演員吳朋奉逝世日

Tâi-ôan tok-lek 台灣獨立

2022 May

5月26日

舊曆 四月廿六

二十六夜

走魚大，死囡仔乖。

釣不到的魚最大尾，死掉的孩子最乖巧，簡單說就是逝去的總是最美的。很多人總是懷念黨國戒嚴時代，認為那個時候的治安最好、政治最清明。殊不知當時的犯罪率、綁票率與女性從娼的數字遠高於現在，國庫通黨庫、冤獄與政治謀殺案更是一堆，只是黨國管控媒體沒報導給你聽，你就以為天下太平、政治清明。

• 台獨先驅王育德創辦的「台灣青年」對於留日台灣學生的政治啟蒙影響甚深。

• 林朝棨像

• 許信良像

• 林朝棨發現的十三行遺址所出土的人面陶罐。

禮拜四 lé - pài - sì

THU 木曜

2022年 5月

日	一	二	三	四	五	六
1	2	3	4	5	6	7
8	9	10	11	12	13	14
15	16	17	18	19	20	21
22	23	24	25	26	27	28
29	30	31				

1910.5.26 林朝棨誕生日

◆台灣第四紀地質學之父

林朝棨出生於一九一〇年五月二十六日，台中豐原人，為台北帝大地質古生物學第一屆畢業生。曾經發表論文「台灣之第四紀」，並在台東長濱鄉八仙洞發現一萬五千年前台灣舊石器文化遺址，因此遭受國民黨打壓迫害。於一九八五年七月四日逝世。

1963.5.26 在日台生連誼會成立

一九六三年五月二十六日，反中國國民黨的在日留學生成立了「在日台灣留學生連誼會」，簡稱「台連會」。「台連會」所發行的刊物「台生報」影響留學生思想甚巨，許多人都從「台生報」或是「台灣青年社」的「台灣青年」得到政治啟蒙。「台連會」並提供獎學金給留日學生，協助其完成學業。

1979.5.26 第一次中壢事件日

許信良在經歷國民黨做票與中壢事件（一九七七年十一月十九日）後當選桃園縣長，然而他因為全程參與一九七九年的橋頭遊行而被國民黨忌恨在心。國民黨控制的台灣省政府以許信良參加橋頭遊行，擅離職守一天的理由，將他送交監察院彈劾，並移送司法院公懲會懲處。黨外人士決定以舉辦大型集會活動的方式來回應國民黨的私怨報復動作。

由於當時中華民國戒嚴令禁止人民集會結社，所以黨外人士在一九七九年五月二十六日，以慶祝許信良生日為由，在許信良競選總部原址進行「慶生活動」。結果國民黨卻以各種低劣的方式阻止人民進行集會，包括印製假傳單宣傳生日取消、強制工人加班、憲警持槍管制交通。不過現場仍有上千位黨外人士前往參加活動，此事件也成為戒嚴時期黨外第一次非選舉期間的大型集會。

2014.5.26 黨外先驅余陳月瑛逝世日

Tâi-oân tok-li̍p
台灣獨立

2022
May

5月27日

舊曆 四月廿七

「日本要倒生虱母，國民黨要倒大家樂。」

二戰末期，台灣人深受虱母所苦。到了蔣經國執政末期，簽賭大家樂的歪風極為興盛。台灣民間因此興起「日本要倒生虱母，國民黨要倒大家樂」的說法，類似北京話「國之將亡，必有妖孽」的概念。

有明月

• 瑞芳礦業鉅子李建興

• 日治時期設立的「贈從五位濱田彌兵衛武勇之趾」石碑，戰後卻被中華民國政府竄改成「安平古堡」碑。

冤沉大海銜慟千秋
瑞芳思想案追悼會
於昨日隆重舉行
式後扮演地獄劇

• 一九四六年一月二十一日民報報導五二七瑞芳思想案追悼儀式，式後還演出地獄模仿劇，殊不知支那人帶來的活地獄也即將在次年二二八事件後上演。

• 佐藤正持繪製的濱田彌兵衛事件圖

禮拜五 lé - pài - gō
FRI 金曜

2022年 5月

日	一	二	三	四	五	六
1	2	3	4	5	6	7
8	9	10	11	12	13	14
15	16	17	18	19	20	21
22	23	24	25	26	27	28
29	30	31				

1628.5.27 濱田彌兵衛事件

荷蘭曾於十七世紀在海外建立廣大的貿易市場與殖民屬地，而台灣南部也是當時荷蘭的殖民地之一。隨著荷蘭與漢人貿易逐漸擴大，也與日本產生了利益衝突。一六二五年，荷蘭東印度公司開始向前來台灣的日商課徵貨物稅，日本人拒絕納稅，引發雙方關係惡化。

一六二六年，日人濱田彌兵衛前往台灣購買生絲並欲向荷蘭借船而遭拒。濱田彌兵衛返日後向德川家光將軍建議以武力攻擊在台荷蘭人。一六二八年五月二十七日，濱田彌兵衛率船返台欲攻擊荷蘭人，卻遭荷蘭台灣長官彼得奴易茲查扣武器並被軟禁。濱田遂率領日本人攻擊與綁架奴易茲及他的兒子，並將其子羈押至日本。荷蘭政府為息事寧人，也將奴易茲判刑並引渡到日本服刑。日人曾於台南安平古堡立碑紀念此事件，後遭國民黨篡改碑文。

1940.5.27 五二七瑞芳事件

日中戰爭爆發後，日本政府對台灣人採取不信任的態度，深恐台灣人與中華民國政府勾結。因此一經舉發與中國政府互通訊息的台灣人，便會遭到日本當局嚴厲的處置與關押，其中又以發生在瑞芳及猴硐一帶的五二七瑞芳事件（日方稱五二七思想案）最為慘烈。

一九四〇年五月二十七日，瑞芳礦業鉅子李建興等多人因被誣陷與中華民國政府勾串，意圖以武力進行反日叛變，而遭到日方逮捕。瑞芳當地仕紳與礦工百餘人接連遭日本憲兵大規模逮捕入獄，許多人在獄中遭到殘酷刑求而導致傷殘甚至死亡。李建興的弟弟李建炎也遭刑求致死，獄中死亡者據記載達七十二人。許多遭逮捕之人直到二戰結束後才被釋放出來，倖存者事後回憶被逮捕之人根本沒有反日的動機與行為，多是被屈打成招而冤死的。

1990.5.27 李登輝批准郝柏村除役公文以卸下軍權

2022 May

5月 28日

舊曆 四月廿八

二十八夜

濁水溪五十年清一遍。

就算濁水溪也總有清澈的一天。本句諺語用來鼓勵人不要失志，總有轉運與出頭的一天。台灣國的建立看似遙遙無期，但已經比蔣氏黑暗時代要來得樂觀許多。印度獨立建國也花了九十年的時間，許多國家的建國史更是橫跨數百年，所以台灣人請不要失志，濁水溪五十年總會清一遍。

• 陳智雄獄中像

生是台灣人
死是台灣魂

• 陳智雄生前的最後遺言

• 陳智雄行刑前被押解時仍顯露無畏的表情。

禮拜六 lé - pài - la̍k | SAT 土曜

2022年 5月

日	一	二	三	四	五	六
1	2	3	4	5	6	7
8	9	10	11	12	13	14
15	16	17	18	19	20	21
22	23	24	25	26	27	28
29	30	31				

陳智雄殉國紀念日

◆台獨第一烈士

1963.5.28

陳智雄出生於一九一六年二月十八日，阿緱廳人。自東京外國語大學畢業後，因爲精通多國語言而被日本外務省派遣到印尼擔任翻譯。二戰之後，陳智雄眼見西方的殖民地紛紛開始爭取獨立，在印尼從商的他也加入了印尼的獨立運動，並購買軍火支援印尼獨立軍對抗荷蘭，因此被荷蘭政府逮捕拘禁。印尼獨立成功之後，陳智雄成爲印尼國父蘇卡諾的座上賓，並被授予榮譽國民的頭銜。

陳智雄參與印尼獨立的經驗也讓他萌發了幫助台灣獨立的意念。他加入了廖文毅在日的「台灣共和國臨時政府」並擔任駐東南亞巡迴大使，於一九五五年參加了以抵制殖民主義爲號召的「萬隆會議」。隨後因中國施壓，陳智雄遭印尼監禁後並被逐出印尼。一九五八年，他改以瑞士國籍繼續前往日本從事台獨運動。

一九五九年，國民黨駐日特務將持有瑞士證件的陳智雄綁架回台灣。日本媒體報導國民黨綁架人的詳細過程，國民黨礙於國際壓力只好釋放陳智雄。出獄後的陳智雄立即投入台灣獨立組織「同心社」，並繼續在台灣從事台獨運動。一九六一年他再度遭到國民黨逮捕，並以唯一死刑定罪。陳智雄面對軍法官的審訊一概以台語回答，軍法官喝令他以「國語」應訊，他仍堅持用台語回應說：「台灣話就是我的國語。」

一九六三年五月二十八日，陳智雄從警總看守所被押往馬場町，他因拒絕下跪，堅持要尊嚴並直挺地站立，而遭到警總衛兵拿斧頭砍斷腳掌並一路拖行至刑場，他們更以鐵絲刺穿他的雙頰，使他無法張嘴，但陳智雄仍奮力撕裂滲血的嘴並高喊「台灣獨立萬歲！」直到被槍決殺害的前一刻。

立院三讀通過二二八補償條例 1998.5.28

Tâi-oân tok-li̍p 台灣獨立

2022 May

5月 29日

舊曆 四月廿九

竹篙鬥菜刀。

想要起義抗暴，武器與手段卻是土法煉鋼、臨時湊數，結果想見一定是敗北收場。台灣人長期有「竹篙鬥菜刀」的拼湊傳統，街頭起義勇猛無比，但是遇到正規軍就迅速潰散。台灣人必須深思如何以系統與現代化的方式建軍，才能夠擺脫竹篙鬥菜刀的散兵游勇模式。

• 蔡瑞月於一九三六年時所留下的學生時代身影。

• 蔡瑞月像

• 日本人繪製的乙未戰爭，日人將交戰雙方都畫得勇武擅戰，但是實際的狀況多半是清國軍已經變成土匪劫掠民家，或是早已棄械投降尿遁清國。

晦月

禮拜日 lé - pài - ji̍t | SUN 日曜

2022年 5月

日	一	二	三	四	五	六
1	2	3	4	5	6	7
8	9	10	11	12	13	14
15	16	17	18	19	20	21
22	23	24	25	26	27	28
29	30	31				

2005.5.29

蔡瑞月逝世日

◆台灣現代舞之母

蔡瑞月生於一九二一年二月八日，台南人。她於台南第二高女畢業後就前往日本並隨石井漠舞蹈團學習現代舞。習舞期間，曾隨團前往東南亞進行勞軍演出。二戰後蔡瑞月婉拒恩師的慰留而返回台灣。返台不久後即爆發二二八抗暴事件，蔡瑞月因此受到無辜牽連入獄，國民黨還將其夫雷石榆給拆散。她在綠島被囚禁三年後出獄，並開始在台北開班教授舞蹈，卻屢屢遭到軍警特務的騷擾與刁難。

然而蔡瑞月依舊不畏困難，持續致力教學與創作，因此獲得國際舞蹈界的肯定。然而中國國民黨卻利用蔡瑞月的才華，要求她爲國慶典禮編舞，並從中貪汙回扣，然後再將蔡辭退。蔡瑞月爲了脫離中華民國的政治迫害與壓榨，於一九八三年移民澳洲。她於一九九九年重回台灣從事舞作，卻遇到舞蹈社縱火事件，於二〇〇五年五月二十九日逝世澳洲。

1895.5.29

日本軍隊登台日／乙未戰爭

一八九四年，清帝國於甲午戰爭中敗給日本。一八九五年，清帝國與日本簽署「馬關條約」，割讓台灣與澎湖列島給日本。日本明治天皇任命北白川宮能久親王率領日軍，於一八九五年五月二十九日在北海岸的澳底登陸。日軍甫登陸，駐守澳底與三貂嶺的清國軍約千人未發一彈就立刻攜械逃亡。日軍隨後便開始進攻基隆，基隆的清國守軍隨即逃竄，導致台灣北部防線全面崩潰。

清軍將領李文奎（原爲支那河北的土匪）便率殘兵流竄台北城並四處劫掠燒殺。唐景崧不久後便賄絡士兵逃回廈門，丘逢甲也在貪汙軍餉後逃回清國。駐守台灣南部的劉永福將軍也倉皇易容逃回支那。這場被日方稱爲乙未戰爭（甲午年後爲乙未年）的戰役，日本軍隊僅受到零星地方義勇抵抗，便於六個月後成功佔領台灣。

王獻極成立九〇八台灣國運動 2005.5.29

2022 May

5月 30日

舊曆

五月初一

閏月

靠人攏是假，
跋倒家己爬(peh)。

靠別人的都是假的，跌倒了只有自己爬起來。中國武漢肺炎爆發時，全世界聽信被中國收買的世衛組織建議，結果疫情爆發到不可收拾。被國際孤立的台灣卻靠著自己的抗疫經驗與民進黨政府的防中意識而建立起堅強的防護網，使得疫情死亡人數被控制在個位數以下。

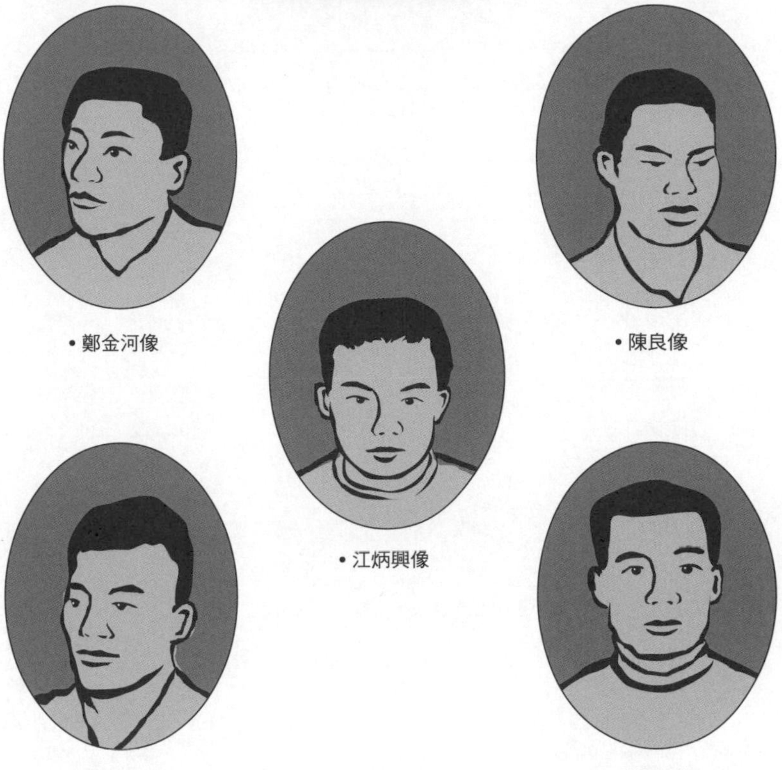

泰源五烈士臨刑就義前的最後留影。

禮拜一 lé - pài - it | **MON** 月曜

2022年 5月

日	一	二	三	四	五	六
1	2	3	4	5	6	7
8	9	10	11	12	13	14
15	16	17	18	19	20	21
22	23	24	25	26	27	28
29	30	31				

1970.5.30

泰源事件五烈士就義日

一九七〇年二月八日，台東泰源監獄內主張台灣獨立的政治犯，欲聯合台籍士官兵、原住民青年，共一百三十餘人，呼應逃亡赴美的彭明敏，號召台灣獨立並發動革命起事。江炳興、鄭金河、陳良、詹天增、鄭正成、謝東榮六名政治犯計劃起義多時，預備奪槍越獄，並奪取輕裝師武器與台東的軍艦，聯合原住民在山區打游擊，計畫攻佔廣播電台放送預錄好的「台灣獨立宣言書」以發動全島武裝革命推翻中華民國。

然事發當時因爲未能立刻刺殺衛兵班長，導致警備提升，六人只得攜械逃亡。事發後六人逃往山區。警備總部封山搜索，六人相繼被捕，除鄭正成外，其餘五人均被判處死刑。鄭正成存活的原因是鄭金河希望有人可爲反抗中華民國暴政留下見證，所以五個人都異口同聲說鄭正成是被脅迫的人質。

泰源起義的五人被捕後，遭蔣介石親批改判死刑。江炳興等五人於一九七〇年五月三十日從容就義。五人就義之時的年齡僅二十七歲到三十二歲不等，槍決前五人同時拒絕注射麻醉藥，並一起高喊「台灣獨立萬歲」結束生命。

江炳興身後留下手寫的「台灣獨立宣言書」，內容提及：「深信壓迫與奴隸存在時，爲自由奮鬥是應該的。台灣是屬於所有台灣人的台灣，我們決心不再受壓迫。我們現正遵從你們歌頌的方法，追求我們台灣的完整獨立，追求我們台灣民眾的自由與幸福。我們並不準備讓你們歌頌，但求苦難的同胞，不再被壓迫與奴隸。」鄭金河行刑前曾對鄭正成語重心長說道：「台灣如果沒有獨立，是我們這一代人的恥辱。」泰源事件不但成爲台灣武裝起義的指標，對於台獨運動者也產生重要的啓發與鼓勵。

World 支那學生在天安門豎立民主女神像 1989.5.30

Tâi-oân tok-li̍p 台灣獨立

2022 May 5月 31日

舊曆

五月初二

三年著賊偷，毋值一年火加落。

年年被小偷光顧，都沒有一次火災要來得損失慘重。日本時代的台灣雖然因為戰爭而連年遭受盟軍轟炸，但是都沒有戰後中國人來到台灣後貪汙洗劫外加金融秩序崩壞與惡性通貨膨脹要來得損失慘重。

新月

• 一九四四年美軍空投台灣的心戰傳單

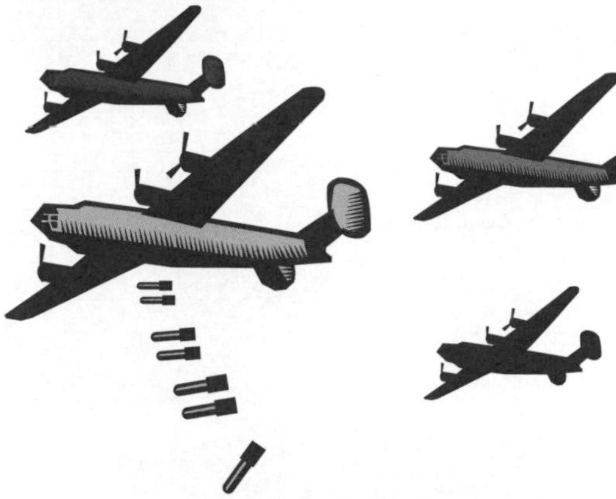

• 五三一台北大空襲

• 海軍台籍充員兵邱萬來因為看了「叛艦喋血記」的電影而決定計劃攻佔澧江軍艦並且投效台獨。

• 美軍Ｂ－２４轟炸機對台北進行大轟炸，空照圖中冒黑煙的地方就是台灣總督府。

禮拜二 lé-pài-jī TUE 火曜

2022年 5月

日	一	二	三	四	五	六
1	2	3	4	5	6	7
8	9	10	11	12	13	14
15	16	17	18	19	20	21
22	23	24	25	26	27	28
29	30	31				

1945.5.31

五三一台北大空襲日

二戰進入尾聲時，美國取得太平洋的海空主導權，開始派出大量飛機來轟炸日本本土（包括台灣）。一九四五年五月三十一日，美國駐菲律賓蘇比克灣的航空隊派出一百一十餘架次的Ｂ－２４轟炸機，於上午十時到下午一時對台北進行不間斷大轟炸。美軍轟炸區域為現在的台北舊城區，共投下三千八百枚炸彈，造成三千多名台北市民死亡，數萬人受傷與無家可歸。

許多日本官方建築在此次轟炸中毀損，包括台灣總督府、總務長官官邸、台灣鐵道飯店、台北帝大附屬醫院、台北車站以及台灣銀行等處。為數更多的平民住宅、學校、教會、寺廟也遭到無辜波及，置於龍山寺中的黃土水雕塑「釋迦出山」即燬於此次轟炸。荒謬的是，日後中華民國的愚民教育竟把二戰時美軍轟炸台灣描述成日軍轟炸台灣。

1963.5.31

澧江軍艦案

一九六三年，服役於海軍澧江艦一等槍帆兵的台籍充員邱萬來因為長期遭受艦上的不當管教，遂萌生武裝反抗的念頭。邱萬來想起日前在基隆靠港時，下船看了「叛艦喋血記」的電影，決定仿效電影情節來攻佔軍艦，並計劃將軍艦開往日本以加入廖文毅的台獨組織。邱萬來陸續獲得也同樣具有台獨理念的軍中好友謝發忠、林明永的支持，並與其他台籍充員兵高金郎、王科安等人共同謀畫攻佔軍艦的行動。

孰料參與行動的楊天義與侯文龍兩人卻因心生畏懼而將計畫密告給海軍艦長。五月三十一日，澧江艦返回基隆後，邱萬來等五名台籍充員兵隨即被憲兵隊逮捕並遭到長達半年的各式殘酷刑求。最後邱萬來等五人被起訴判刑，歷經上訴與覆判，最終以求處無期徒刑到有期徒刑十五年不等定讞。

促進轉型正義委員會成立 2018.5.31

六月

◆田朝明誕生日。【詳見六月十日。】

2022 June

6月1日

舊曆

五月初三

要死緊死，
死死免了米。

台灣常用的罵人語，要死快死，死一死就不會浪費糧食。筆者小時候經常聽到同學在罵人的時候用這句話。長大之後，看到那些靠著國民黨裙帶關係進入公職單位的吸血米蟲還有黨國鷹犬，也會在心中自動播放這段名句。

纖月

• 鹽月桃甫曾幫林輝焜繪製「命運難違」的小說單行本封面。

• 吳三連邀請林輝焜在台灣新民報撰寫長篇小說「命運難違」。

• 長篇小說「命運難違」封面。

• 林輝焜小說中經常出現明治橋等日治時代著名的台北場景。可惜美麗的明治橋在馬英九主政台北市長時被拆除破壞，馬英九與龍應台承諾的橋體重組計劃始終未見下文。

禮拜三 lé - pài - sa^{n} | WED 水曜

2022年 6月

日	一	二	三	四	五	六
			1	2	3	4
5	6	7	8	9	10	11
12	13	14	15	16	17	18
19	20	21	22	23	24	25
26	27	28	29	30		

1902.6.1

林輝焜誕生日

◆台灣長篇小說先驅

林輝焜出生於一九〇二年六月一日，淡水人。出身於淡水名門望族，一九二八年自日本京都帝國大學經濟學部畢業後，隨即成爲台灣興業信託株式會社社員。返台後於一九三〇年獲選爲淡水信用組合專務理事，一九三六年轉任台灣農林株式會社主事。一九三九年林輝焜進入台北帝國大學醫學院就讀，於七月時中斷學業，轉赴中國的廈門特別市政府擔任實業科長，並兼任廈門至誠會幹事。

林輝焜職業生涯平淡無奇，然而讓他在後世留下盛名的卻是他在報紙上所連載的長篇小說。一九三三年，他接受好友吳三連的邀請，以七個月的時間爲台灣新民報撰寫長篇小說「命運難違」，內容描述傳統體制下男女追求自由戀情的境況。此篇小說一舉爆紅，於台灣新民報上連載達一百七十回，也開啓了日治時期台灣作家出版長篇小說的風氣。

林輝焜以日文寫成的長篇小說「命運難違」對於三〇年代的台北都會摩登生活有著生動的刻劃，也深入討論了當時男女所關切的自由戀愛與婚姻自主議題。小說中展現了台灣從明治、大正到昭和的社會過渡演變，描寫台灣面對現代化與自由主義興起的衝擊，更加入國際政經局勢變化的側寫。

林輝焜的小說中還出現包括明治橋、菊元百貨、榮町、大稻埕、敕使通道、台灣神社、北投溫泉等重要的台北歷史場景，讓這本小說成了如同浮世繪般的經典作品。小說中呈現峰迴路轉的男女情愛吸引了大量讀者的追文，讓「命運難違」成了台灣大眾文學的重要代表作。此篇連載於報紙的小說之後還發行了單行本，並且由鹽月桃甫擔任封面的設計。林輝焜於一九五九年因病逝世，「命運難違」也成了他生涯唯一代表作。

台灣愛文芒果之父鄭罕池逝世日 2018.6.1

Tâi-oân tók-le̍k
台灣獨曆

2022
June

6月2日

舊曆
五月初四

救蟲蟯蟯趖，
救人無功勞。

救蟲至少還可以看到蟲蠕動的樣子，救人可能還會被告甚至要賠償。醫勞低薪與醫療糾紛頻傳的時代，辛苦的醫護人員應該都有這種「救蟲蟯蟯趖，救人無功勞」的感慨。

眉月

• 馬偕四處看牙行醫，並且以熟練的台語宣教行善，還免費發給瘧疾患者特效藥金鶴納霜。許多人聽說馬偕有治療瘧疾與腿部膿瘡的特效藥便不遠千里前來拜訪馬偕。馬偕便開設醫館來接納眾多的病人。

• 馬偕像

• 馬偕全家福照，馬偕與妻子張聰明一共育有兩女一子。張聰明是台灣早期少數受過教育的現代女子，也是女學堂的教師。張聰明辭世前將家族的五千坪土地捐贈給淡水中學。

禮拜四
lé - pài - sì
THU
木曜

2022年 6月

日	一	二	三	四	五	六
			1	2	3	4
5	6	7	8	9	10	11
12	13	14	15	16	17	18
19	20	21	22	23	24	25
26	27	28	29	30		

1901.6.2

馬偕逝世紀念日

◆ 台灣醫診先驅

馬偕（George Leslie Mackay）於一八四四年三月二十一日生於加拿大安大略省。他出生於基督教家庭，父親就是長老教會的長老，年輕時曾接受神學教育訓練，並於一八七一年成爲牧師，隨後在該年年底以海外宣教師身分渡船來到台灣打狗。一八七二年，在淡水落腳開始傳教，並建立了北台灣的第一間基督教會。

馬偕來到台灣之後，僅以數月的時間就習得台語會話，並以熟練的台語四處宣教講道。他不但替村民義診、拔除蛀牙，還發放藥品並推廣現代衛生觀念與科學知識。他的善心義行贏得地方民眾的尊敬，許多人跟隨他受洗成爲基督徒，北台灣的教會因此相繼成立。馬偕也在加拿大同鄉的資助下，在淡水成立了第一間的西醫醫院：偕醫館（馬偕紀念醫院的前身）。

馬偕來台六年多，於一八七八年與台灣女子張聰明相愛成婚，並生下二女一子，其子女之後也繼承父志在台灣行醫與傳道。一八八二年，他在淡水成立北台灣的第一所神學院：「牛津學院」，也是真理大學的前身，兩年後又在「牛津學院」旁邊成立了北台灣第一所的女子學堂，開啓了北台灣的新式教育之門。

馬偕曾深入到原住民的地區傳教與義診，並以博物學家的觀察角度爲台灣留下許多珍貴的紀錄史料。他於一九〇一年六月二日因喉癌逝世於淡水自宅，骨灰葬於今日淡江中學校內。馬偕生前爲了替人治病而餐風露宿，爲了傳道而經常挨餓受凍，其精神爲台灣後世所永久傳頌。他對於台灣的大愛也顯露在他的詩作之中：「我全心所疼惜的台灣啊！我的青春攏總獻給你。我全心所疼惜的台灣啊！」

清國與樺山資紀在基隆外海完成台灣交割 1895.6.2

Tâi-ôan tók-li̍p 台灣獨立

2022 June 6月3日

舊曆 五月初五

端午

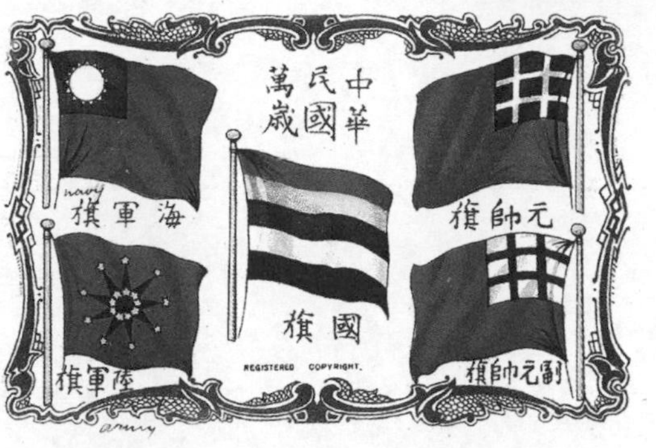

• 真正的中華民國國旗其實是象徵五族共和的五色旗，但是在一九二四年的時候，中國國民黨卻偷偷將帶有國民黨徽的旗幟偷渡成為國旗。

• 台灣畫家李石樵在一九六四年秘密在畫室內創作「大將軍」的畫作，諷刺黨國不分的臭頭將軍蔣介石，多年後才由畫家公開畫作。

• 愚昧華腦人總愛狡辯青天白日徽大者為黨徽，小者為國徽。那麼請問救國團、中華奧會、新北市警察局與陸軍官校標誌上的徽章是黨徽還是國徽？

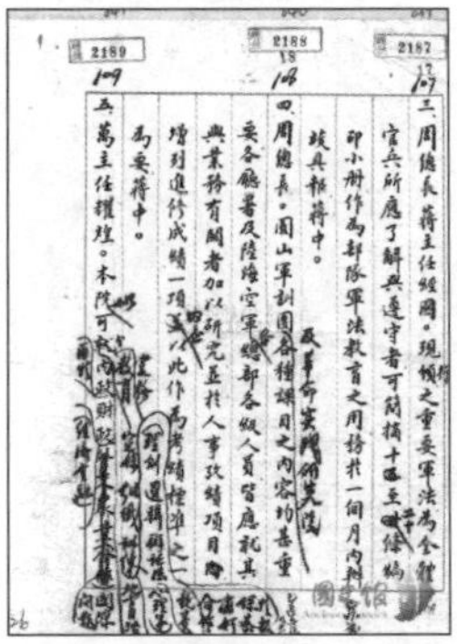

• 蔣介石批示國防部軍人送國民黨革命實踐院受訓的公文。

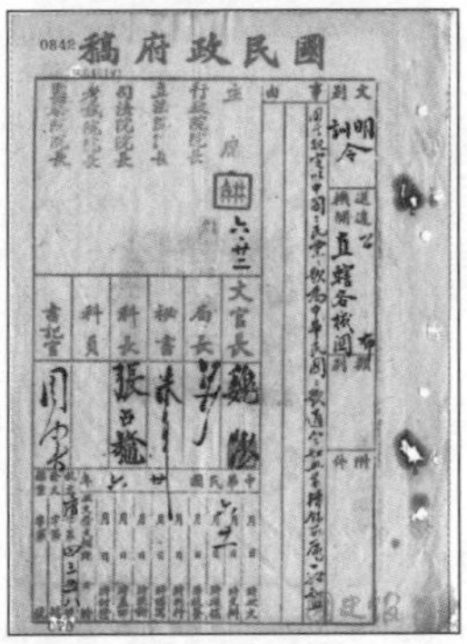
國民政府稿

• 中華民國於一九三七年訓令直轄機關以國民黨歌為中華民國國歌的公文。

台諺云：未食五月節粽，破裘仔毋願放。意指端午前天氣還有可能轉冷。

五日月

禮拜五 lé - pài - gō FRI 金曜

2022年 6月

日	一	二	三	四	五	六
			1	2	3	4
5	6	7	8	9	10	11
12	13	14	15	16	17	18
19	20	21	22	23	24	25
26	27	28	29	30		

1937.6.3

中國國民黨決議將黨歌改為國歌

一九三七年六月三日，中國國民黨第五屆中常會第四十五次會議決議通過常務委員報告：「即以現行黨歌，作爲國歌。」將中國國民黨黨歌訂爲中華民國國歌。此議通過後，中華民國各直轄機關「以中國國民黨黨歌爲中華民國國歌」。此一黨歌即爲孫文的黃埔軍校訓詞，歌詞中仍然保有「吾黨所宗」的字彙。

其實國民黨這種以私黨代替公共國家的做法早已行之有年。早在一九二四年，中國國民黨中央執行委員會就已經決議將帶有中國國民黨徽的青天白日滿地紅旗做爲中華民國國旗，以代替原帶有五族共和之義的五色旗。這種黨國不分的惡習源自於協助國民黨建軍的蘇聯共產黨，之後的德國納粹黨更是接續發揚這種黨國思想。中國國民黨將蘇共與納粹的黨國獨裁體制結合在一起，並發揮到極致狀態。

中華民國於一九四五年劫收台灣之後，這種黨國不分的體制依舊繼續延續下去，各種政府機關的識別圖騰都標上了國民黨徽（美名爲國徽）。國庫通黨庫、國營變黨營、黨職併公職這種荒謬情事更是層出不窮。中國國民黨以黨國的私人血脈來決定公共預算的金脈流向，造成利出一孔（給予利祿賞賜只有一條途徑）與攀關係走後門而不靠實力的歪風。

一九五二年，雷震在「自由中國」撰文指出：「以黨歌爲國歌一事，也是一件極不聰明的作法，因爲其他黨派人士，當然不願唱『吾黨所宗』一語。」中華民國甚至曾要求電影院查驗人員，要對電影開演前不唱黨歌的觀眾進行「勸導糾正」，甚至還可以依「違警罰法」開罰。直到一九八七年宜蘭縣長陳定南才下令取消戲院唱國歌的荒謬規定，其他縣市也隨之跟進。

World 支那調集軍隊屠殺北京天安門群眾 1989.6.3

2022 June

6月4日

舊曆

五月初六

半路認老父。

比喻某人錯得離譜，就像走在馬路上亂認陌生人當老父一樣。台灣人在戰後受到大中華教育的荼毒，錯認中國為祖國，結果導致人文精神與生活品質的全面倒退，連自己的母語與文化都忘光光，只學到中國人缺乏公德的習性，還有撈一筆就移民走人的蝗蟲性格。

• 一名男子在北京長安街阻擋支那坦克車隊前進，被美國美聯社記者攝下而成為支那六四屠殺的知名影像，該名男子也被稱為「坦克人」（Tank Man）。

• 中途島海戰，美國俯衝轟炸機對日艦三隈號進行攻擊。

• 天安門廣場立起的民主女神為中國學生製作，六月四日被支那軍隊推倒傾毀。

• 中途島海戰的日本主將山本五十六。

• 中途島海戰的美國主將切斯特·尼米茲

六日月

禮拜六 lé - pài - la̍k

SAT 土曜

2022年 6月

日	一	二	三	四	五	六
			1	2	3	4
5	6	7	8	9	10	11
12	13	14	15	16	17	18
19	20	21	22	23	24	25
26	27	28	29	30		

1942.6.4

中途島戰役

一九四一年底，日本對美國發動珍珠港襲擊之後，開始取得西太平洋的海空權優勢。一九四二年初，日本開始攻擊與佔領東南亞各國，並取得初步的勝利。隨後日本軍方內部，包括陸軍部、海軍部與聯合艦隊也開始對下一步的軍事行動產生爭辯，最終由聯合艦隊司令長官山本五十六所提出的中途島作戰計畫得到批准，作爲引誘美國太平洋艦隊前去的釣餌並一舉殲滅的圖謀。

一九四二年六月四日，日軍派出首波轟炸機空襲中途島，開啓中途島戰役的序幕。然而由於日軍情報遭到美軍攔截解譯，美軍早已派遣艦隊埋伏，成功伏擊日本艦隊，擊沉赤城、蒼龍、加賀與飛龍四艘航空母艦，美軍僅約克鎮號遭擊沉。經此一役，日本主力艦隊元氣大傷，從此失去海空戰略主導權，也成了二戰美日勝負的關鍵分水嶺。

World 1989.6.4

中國天安門屠殺事件

中國從一九七八年開始實行經濟開放的政策之後，包括官員貪腐、通貨膨脹、勞工失業等問題陸續出現，中國內部也開始興起要求民主與自由的聲浪。一九八九年，隨著同情改革派的中共總書記胡耀邦逝世，中國學生要求民主自由的浪潮更達到高峰。一九八九年四月下旬，北京學生藉由胡耀邦葬禮開始大規模集結於北京天安門廣場並訴求實施民主，一般市民也開始加入行動。

中國政府因恐懼被民眾推翻而於五月二十日下達軍事戒嚴令，並於六月初決定以武力鎮壓清場。六月三日晚間，中國軍隊開始在北京以實彈射殺民眾，並在六月四日的清晨對天安門廣場施行血腥清場，事後英國國家檔案館解密中國國務院內部估計至少上萬人死於此次屠殺。六四事件不但深刻影響中國政治走向，也改變許多台灣人對中國的政治認同。

World

波蘭首次舉辦民主選舉 1989.6.4

Tâi-oân tok-li̍k
台灣獨立

2022
June

6月5日

舊曆
五月初七

壁裏有耳孔。

隔牆有耳，小心被人竊聽。這是戰後台灣人才開始流行的諺語，原因是中國人在戰後帶來的匪諜告密領獎機制，導致許多人僅是批評政府就莫名被人告狀而身陷牢獄之災。這種讓身邊親友鄰居都變成抓耙仔且鼓勵人心向惡的中國式做法也讓台灣社會的集體信任崩潰且造成人心沉淪。

• 日本廣告鬼才片岡敏郎與顏水龍合作設計牙粉廣告

• 林獻堂曾大力資助顏水龍前往法國留學。

• 顏水龍像

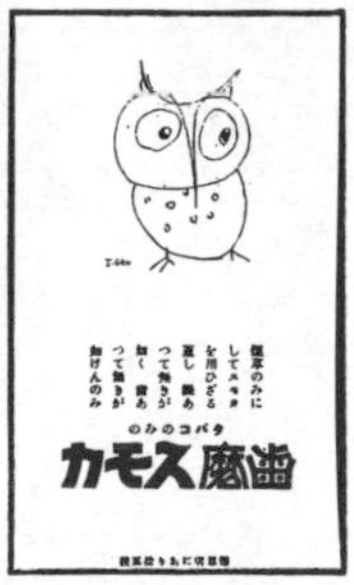

• 顏水龍與片岡敏郎共同設計的牙粉廣告版面

右圖內文：「吸菸不用壽毛加　猶如睜眼的瞎子，枉費一口好牙。」

• 顏水龍詳細考證的主題著作「台灣工藝」

七日月

禮拜日 | SUN 日曜
lé - pài - ji̍t

2022年 6月

日	一	二	三	四	五	六
			1	2	3	4
5	6	7	8	9	10	11
12	13	14	15	16	17	18
19	20	21	22	23	24	25
26	27	28	29	30		

1903.6.5

顏水龍誕生日

◆台灣現代工藝之父與廣告先驅

顏水龍出生於一九〇三年六月五日，台南下營人。他在十八歲時（一九二〇年）就隻身前往日本學習美術，並以半工半讀的方式於一九二二年考取東京美術學校西畫科，求學期間受到洋畫師藤島武二的影響甚鉅。一九二九年畢業後，受林獻堂資助前往法國留學深造。一九三二年，顏水龍因重病歸國，爲了維持生計而擔任大阪「株式會社壽毛加社」（販售牙粉，日文稱齒磨）的廣告設計師，成了台灣第一位的專業廣告人。

一九三四年，顏水龍與廖繼春、李梅樹、楊三郎、陳澄波、李石樵等人創立「台陽美術協會」，並且接受台灣總督府聘約開始在台推廣工藝美術。顏水龍於一九四四年返台定居，任教於台南工業專門學校，教授素描與美術工藝史，同時參與當時台南市的赤崁樓修復工程。

二戰結束後，顏水龍全心投入台灣工藝運動與美學教育，並且從事以台灣原住民爲題材的繪畫。除了從事藝術創作外，他也成了台灣企業識別系統的先鋒開創者，著名的「台中太陽堂」餅店的形象識別就是出自於顏水龍之手。其中店內由他創作的向日葵馬賽克鑲嵌壁畫還因爲被無端聯想成中國東方紅的意象，而在戒嚴時期屢被警總特務騷擾，最終導致該壁畫被以木板覆蓋封死，直到二十五年後才得以重見天日。

顏水龍曾經參與黨外人士高玉樹在台北市長任內的市政建設，包括敦化南北路、仁愛圓環、仁愛路林蔭大道，都是出自顏水龍的規劃，靈感就是來自於留法時期所見的巴黎香榭大道與凱旋門圓環景象。顏水龍一生所關心的就是如何提昇台灣的美學層次以及藝術素養。於一九九七年九月二十四日逝世。

1895.6.5 台民國總統唐景崧坐船逃回清國

2022 June

6月6日

節氣 芒種 一

台諺有云：芒種蝶仔討無食。意謂開花期已經過去，蝴蝶已無花粉可採。

舊曆 五月初八

• 美麗島事件爆發後，高俊明出於公義而藏匿他不認識的施明德，因此被判刑七年。高俊明在出庭軍事法庭時手拿聖經，大步邁前且顯露無懼的表情。

• 高俊明像

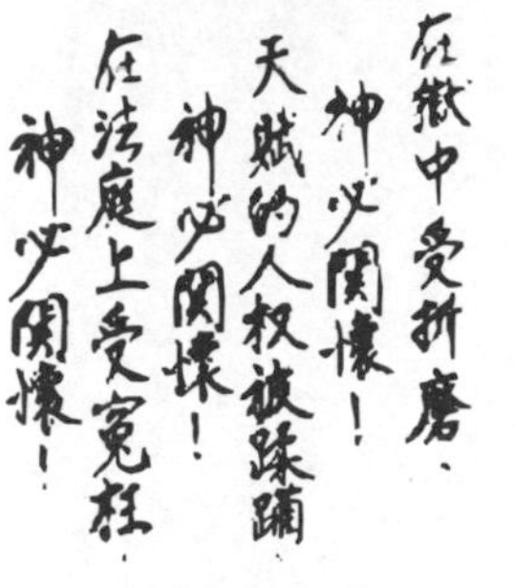

• 高俊明手寫的聖經耶利米哀歌內文

八夜月

禮拜一 lé - pài - it

MON 月曜

2022年 6月

日	一	二	三	四	五	六
			1	2	3	4
5	6	7	8	9	10	11
12	13	14	15	16	17	18
19	20	21	22	23	24	25
26	27	28	29	30		

1929.6.6

高俊明誕生日

◆抗暴牧師與人格者

高俊明出生於一九二九年六月六日，台南人。其祖父高長爲馬雅各來台傳教的第一代台灣人基督徒。高俊明雖然生於基督教家庭，但是他小時候卻相當叛逆，不喜歡到教會也不喜歡念書。十一歲的時候行醫世家的高家就送高俊明去日本就學。高俊明在日期間看見班上同學大多是貧困家庭的子女，必須半工半讀才能維持生計，因此開悟並決定認眞讀書。

當時正值二戰期間，高在日本目睹美軍轟炸後的死傷慘況，開始思索生命意義，最終選擇走上基督神學院一途。一九五三年，高從台南神學院畢業後，就志願前往原住民部落進行巡迴傳道。一九五七年至玉山神學院服事並擔任神學院院長。隨後高俊明於一九七〇年當選爲台灣基督長老教會總幹事，直到一九八九年卸職，期間適逢台灣民主浪潮，也開啓了他政治救援與參與台獨運動的人生路途。

一九七〇年代，早已沒有統治中國的中華民國政權在外交上出現雪崩式的斷交潮。國民黨因爲恐懼失去統治台灣的權力，因此全力打壓新興的民主運動與台獨思潮。一九七七年，長老教會已預見美國即將與中華民國斷交，並且與中華人民共和國建交，高俊明便率領長老教會發佈「人權宣言」，籲請國民黨看清國際趨勢，「使台灣成爲一個新而獨立的國家」，此一宣言也成爲白恐戒嚴時期首見的公開台獨宣示。

一九七九年發生美麗島大逮捕事件，高俊明無懼國民黨鷹爪惡行，協助與藏匿相關人士，因此遭到逮捕而入獄四年。出獄後依舊關心台灣民主運動並聲援台獨人士。二〇一六年曾獲蔡英文總統提名總統府資政，因性格低調且不願佔據政府職位而婉拒。於二〇一九年二月十四日逝世，享年九十歲。

World 同盟國聯軍在法國諾曼第登陸 1944.6.6

Tâi-oân tok-li̍p
台灣獨立

2022 June

6月7日

舊曆 五月初九

唐墨政策

唐墨指的是烏魚子，因為烏魚子形狀很像唐帝國的墨錠，所以別名又叫唐墨。日本人因為很愛吃烏魚子，所以日本時代的台灣人如果想要攏絡官員或是打通關節，都會在過年的時候送日本官員烏魚子，因此才有唐墨政策的說法。到了戰後的中華黨國時代，烏魚子哪夠，最好是在茶葉罐跟月餅盒裡塞滿現金跟金條才行。

• 時為無業遊民的辜顯榮為了貪財打賞而替日軍帶路。

• 率領日軍登陸澳底的北白川宮能久親王。

• 轉繪石川寅治繪製的「日軍入台北城」想像圖。

• 轉繪自應需季芳繪製的「台灣島基隆近衛師戰」，內容描述日軍於基隆登陸與清國軍與土勇交戰的狀況。

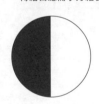

上弦月

禮拜二 lé - pài - jī | TUE 火曜

2022年 6月

日	一	二	三	四	五	六
			1	2	3	4
5	6	7	8	9	10	11
12	13	14	15	16	17	18
19	20	21	22	23	24	25
26	27	28	29	30		

日本軍入台北城

1895.6.7

清帝國於甲午戰爭中敗給日本帝國，並在一八九五年四月簽訂馬關條約割讓台灣與澎湖。清帝國官員心有不甘，隨即發起年號為「永清」的「台灣民主國」，試圖做為拖延緩衝之計，甚至盤算「建國成功」後就可以再度重回清帝國統治。然而在日軍從基隆澳底登陸之後，原為清帝國的官兵迅速敗逃。清國高官紛紛捲款逃回清國。

北台灣的清國兵群蟲無首（包括清國在廣東招募的廣勇、湖南的湘勇與本地土勇），清國軍將領李文奎（原為河北土匪，從淮軍渡台，居唐景崧麾下）與一堆清國殘兵乘亂竄入台北城，開始對台北城居民燒殺擄掠。自命「台灣民主國」大總統的唐景崧賄絡士兵偷偷搭船逃回廈門，許多高喊誓死抗日的清國官員與商人爭先恐後地逃回清國，丘逢甲隨後也捲公款逃回廣東。

前清國官員在跟日軍交戰前便紛紛卸甲逃遁，失控的清國官兵在台北城內劫掠燒殺的情況日益嚴重，許多清軍甚至在大白天穿著軍服就開始結夥搶劫。城中仕紳見此情形決議自力救濟，並商請城內洋商邀請日軍入城維護秩序，時為無業遊民的辜顯榮也在此時為了金錢打賞而自願出面替日軍帶路進入台北城。

日軍在彙整各方情報之後，統帥北白川宮下令軍隊於一八九五年六月七日清晨進入台北城內。日軍進城期間並未遭受清軍的武力抵抗，僅花了十天時間就全面佔領台北城並恢復城內治安與秩序。日本政府隨後也將全面佔領台北城的這天（六月十七日）訂為「台灣始政紀念日」。日軍在北台灣由清國官兵與親中商人主導的區域幾乎都不戰而勝，直到進軍南台灣與原住民區域才面臨到激烈的抵抗。

陳重光接替黃昭堂成為獨盟主席 2012.6.7

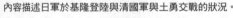

Tâi-oân tok-le̍k
台灣獨曆

2022 June 6月8日

舊曆
五月初十

點油做記號。

偷偷給某人做上記號，然後再找機會找某人算帳，這也是無賴、黑道或是國共兩黨鷹犬最愛用的手段。中國人自知理虧時從來不會自我反省，反而是對指出問題的人點油做記號，趁人不備時再從背後偷襲或是殺害對方的家人，十足臭豎子的行為模式。

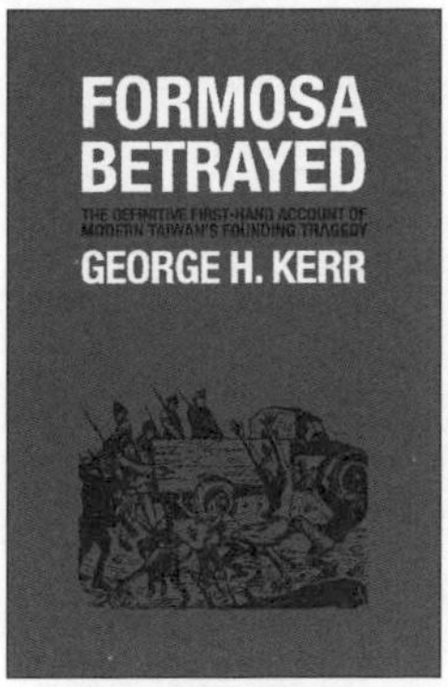

•梅心怡接觸到喬治・柯爾所寫的「被出賣的台灣」，才了解到中華民國對台灣劫掠式統治的邪惡。

•梅心怡像

•梅心怡曾與許世楷（左）、黃昭堂（中）、三宅清子（右）等人在日本組織台灣人權救援工作。

•梅心怡曾暗中協助彭明敏（上）逃往瑞典，並且試圖營救謝聰敏（下左）與魏廷朝（下右），因此遭中華民國驅逐出境。

十日夜

禮拜三 lé - pài - saⁿ

WED 水曜

2022年 6月

日	一	二	三	四	五	六
			1	2	3	4
5	6	7	8	9	10	11
12	13	14	15	16	17	18
19	20	21	22	23	24	25
26	27	28	29	30		

梅心怡逝世日

◆台灣人權鬥士

2015.6.8

梅心怡（Lynn Alan Miles）出生於一九四三年六月十五日的美國紐澤西州。曾於一九六二年前來台灣學習中文，一開始所接觸的人脈均爲中國國民黨安排的樣板高官與特務，因此對於台灣遭到中國惡質劫收與獨裁統治的事情一無所知。直到閱讀到美國外交官員喬治•柯爾所寫的「被出賣的台灣」與結交黨外人士之後才開始瞭解到中華民國對台灣劫掠式統治的邪惡。

一九七〇年，梅心怡暗中協助因爲提出「台灣自救宣言」而遭到國民黨監控軟禁的彭明敏逃往瑞典。一九七一年，他還曾試圖營救遭國民黨逮捕的謝聰敏與魏廷朝，因此遭中華民國驅逐出境，並被列爲政治黑名單長達二十五年之久，直到一九九六年時才得以返台。即使如此，梅心怡依舊沒有放棄聲援與營救台灣良心政治犯的行動。

一九七三年，梅心怡與許世楷、黃昭堂、三宅清子等人在日本組織台灣人權救援工作。一九七五年，他與國際特赦組織合作，協助遭到中華民國迫害的政治犯，並將中國國民黨的獨裁統治惡行以新聞通訊的方式傳播到國際社會，美國國會與國際人權團體才得以藉此對中華民國政府施壓。

一九九六年梅心怡返台時，適逢台灣的總統大選，他以絕食方式抗議中國在總統大選期間向台灣試射飛彈。二〇〇六年，他因長期致力於台灣人權救援而獲得陳水扁授予在台永久居留權。二〇一四年，年屆七十的他仍堅持參與反服貿學運與三二三佔領行政院行動，並在行政院內拍下官員要求資編科十五名下屬人員衝高自家網站點擊率的公文。梅心怡晚年居於桃園龍潭，二〇一五年六月八日因癌症逝世，享年七十一歲。

World

支那參議院議決中華民國國旗為五色旗 1912.6.8

Tâi-ôan tok-lėk 台灣獨立

2022 June

6月9日

舊曆 五月十一

時到時擔當，無米才煮番薯湯。

時候到了再說，沒有米吃就煮番薯湯吃。這種隨機應變與到時再說的樂天性格是南島民族與移民社會常見的習性。但是面對處心積慮要佈局侵略台灣的中國，這種「時到時擔當」的習慣就會成為致命的弱點。

• 李登輝在美國康乃爾大學留下「民之所欲，長在我心」的名言（I do it with the people in my heart），此為李登輝的書法墨寶。

• 李登輝過境美國康乃爾大學演講。

• 前美國在台協會理事主席白樂崎促成李登輝訪美之旅。

• 李登輝接受美國康乃爾大學農業暨生命科學學院「傑出院友獎」。

十一夜

禮拜四 lé - pài - sì | THU 木曜

2022年 6月

日	一	二	三	四	五	六
			1	2	3	4
5	6	7	8	9	10	11
12	13	14	15	16	17	18
19	20	21	22	23	24	25
26	27	28	29	30		

1995.6.9

李登輝過境美國康乃爾大學演講

八〇年代末期，台灣開始從中華民國長期戒嚴統治的桎梏當中甦醒，人民要求民主自由的呼聲也逐漸高漲。九〇年代初期在歷經學運與萬年國會老賊退職之後，台灣人民要求總統由人民直選的條件也逐漸成熟。然而國民黨內的保守反動人士與統派主張者包括包括馬英九、李煥、郝柏村、關中等人仍舊反對總統直接民選，此時掌控國民黨機器的李登輝就成了總統直選的關鍵推手。

在李登輝的主導下，國大臨時會於一九九四年通過憲法增修條文，奠定了總統直選法源。李登輝繼之於一九九五年開始計畫拜訪美國。雖然柯林頓政府基於對中國的顧忌而反對李登輝拜訪美國，但是在美國國會與輿論的支持下，加上美國在台協會主席白樂崎的建議與牽成，李登輝得以用拜訪母校康乃爾大學的名義前往美國。

一九九五年六月七日，李登輝搭機前往美國。六月九日，在康乃爾大學校友會之中，以英語進行「民之所欲，長在我心」的演說，演講內容提及主權在民的概念與國家定位的問題。李登輝此次美國行所帶來的外交突破也激怒了中國。隨後中國開始對台灣進行一連串的文攻武嚇，並對台獨運動進行了激烈的言語攻擊。

緊接著在一九九五年七月下旬，中國開始對台灣進行一連串飛彈射擊與火砲演習，也就是所謂的一九九六年台海危機。之後美國下令尼米茲號航空母艦繞道通過台灣海峽，藉此行動表現防衛台灣決心。最後中國政府見美國防衛台灣的態勢便私下告知美國政府並沒有真的要對台動武，改以息事態度不了了之。李登輝在經歷中國武力恐嚇之後依舊於一九九六年高票當選總統。

World 支那軍炸毀黃河花園口造成數十萬人死傷 1938.6.9

2022
June

6月10日

舊曆
五月十二

台灣時間，
慢一點鐘。

意指台灣人不守時的壞習慣。台灣人不管去婚宴或參加會議都經常遲到，甚至還出現喜帖報到時間跟實際吃飯的時間差了一兩個小時的喜宴文化。日本時代，台灣總督府將守時紀念日（每年六月十日）引進台灣，為了就是導正清國落後文化所帶給台灣人的不守時惡習。

• 田朝明為了台灣公義而走上街頭疾呼。

• 田朝明與田孟淑（左）年輕時的合照。

• 田朝明與田孟淑，前方為大女兒田秋堇。

• 田朝明一家曾經致力於收容以及營救謝聰敏（左上）、彭明敏（右上）、陳菊（左下）、雷震（右下）等人。

• 田朝明曾經長期擔任李萬居（左）與郭雨新（右）的家庭醫師。

十二夜

禮拜五
lé - pài - gō
FRI
金曜

2022年 6月

日	一	二	三	四	五	六
			1	2	3	4
5	6	7	8	9	10	11
12	13	14	15	16	17	18
19	20	21	22	23	24	25
26	27	28	29	30		

田朝明誕生日

◆台灣人權醫師

1918.6.10

田朝明生於一九一八年六月十日，台南山上鄉人。曾於二十歲時到日本留學習醫，並畢業於東京醫學院，直到一九四六年才返回台灣，並在故鄉台南開立「常關庵」診所行醫服務。田朝明並不汲營於開診所賺錢，而是專注於哲學思考與博覽閱讀。他曾親眼目睹中華民國軍人屠殺台灣人的二二八抗暴事件並試圖參與台南的起義行動，從此確立了他追尋台灣獨立的政治志向。

一九五三年田朝明與苦追許久的田孟淑正式結婚。夫妻兩人在中華民國戒嚴時期成了政治良心犯與黨外人士的救援支柱。田朝明曾經長期擔任郭雨新與李萬居的家庭醫師，照顧過許多黨外人士的健康，並致力於收容與營救被國民黨關押刑求與欲加謀害的政治犯，包括陳菊、雷震、謝聰敏、彭明敏等人都曾經受到他的積極幫助。

田朝明與妻田孟淑經常寫信、送餐、送衣物給獄中的良心犯，並照顧他們的家屬，因此被許多人稱為田爸爸與田媽媽，田朝明在台北市的診所也成為人權工作者與追求台獨之士的聯絡工作站。在八〇年代黨外民主運動風起雲湧之際，田家也身處浪潮之中，田朝明的女兒田秋堇時任林義雄秘書，曾第一時間目睹林義雄家宅血案的現場。

田朝明也曾經參與許多重大街頭運動，包括鄭南榕在一九八六年所所發起的五一九反戒嚴行動日、五二〇農民運動與廢除刑法第一百條。他的一生奉行非暴力抗爭的台獨路線，勇敢挑戰中華黨國霸權，然而對於台獨運動進展緩慢與政客妥協深表失望。晚年田朝明因中風臥床，由妻田孟淑照顧，於二〇一〇年三月十八日逝世，其不凡一生被紀錄片導演莊益增與顏蘭權拍成紀錄片「牽阮的手」。

台灣總督府制定守時紀念日 1920.6.10

6月11日

舊曆 五月十三

十三夜

禮拜六 lé - pài - lák

SAT 土曜

半暝食西瓜，天光反症。

半夜吃西瓜的時候還好好的，到了隔天天亮的時候就突然大病倒下。這句話除了用來形容事物變化迅速之外，也用來批評某人突然變卦或是背信食言。看看那些國民黨人在中國見大官的時候一副卑躬屈膝樣，回到台灣又高喊捍衛中華民國，不知情的人還以為這些中華奴才半暝食西瓜。

•一九七九年美麗島事件發生後，張忠棟挺身而出與李鴻禧（左）、楊國樞（右）等人共同發表聲明救援遭到關押的黨外人士。

•張忠棟像

TAUP 台灣教授協會

〔外省人〕台灣獨立協進會 GATI

•張忠棟曾加入「台灣教授協會」與「外省人台灣獨立協進會」。

•張忠棟晚年雖然身體欠佳，但是仍然積極參與各種爭取民主與支持台獨的街頭運動。（繪圖參考自邱萬興攝影）

2022年 6月

日	一	二	三	四	五	六
			1	2	3	4
5	6	7	8	9	10	11
12	13	14	15	16	17	18
19	20	21	22	23	24	25
26	27	28	29	30		

張忠棟逝世日

◆自由主義學者

1999.6.11

張忠棟，一九三三年一月一日出生於中國漢口市。二戰之後於一九四九年跟隨中國難民潮來到台灣，隨後考取台大歷史系並進入研究所就讀碩士，並到美國密西根州立大學攻讀歷史學博士，一九七三年返台於台大授課並任職中研院研究員。

張忠棟擔任教職之時就已經基於自由主義的理念而公開主張台灣應該施行民主。一九七九年美麗島事件發生後，他更是挺身而出與李鴻禧、楊國樞、胡佛等人共同發表聲明以救援遭到關押的黨外人士，這份聲明後來遭聯合報與國民黨封殺而無法刊出，他也因此被中國國民黨視爲寇讎而屢遭特務騷擾。八〇年代，張忠棟全力協助黨外運動，並幫助「黨外公職人員公共政策研究會」成立。民進黨於一九八六年成立後，張忠棟更是全力爲民進黨人士助選站台以對抗國民黨的惡質統治。

隨著台灣在九〇年代初期逐漸民主化，張忠棟也開始轉往台灣獨立的認同方向前進。一九九〇年十二月，他加入了第一個支持台獨理念的學術團體「台灣教授協會」。一九九一年，加入民進黨並參與在八月召開的「人民制憲會議」與「台灣憲法草案」研議。一九九二年，加入了剛成立的「外省人台灣獨立協進會」，希冀盡己之力推動台獨理念。

張忠棟晚年雖然身體欠佳，但是仍然積極參與各種爭取民主與支持台灣獨立的街頭運動，包括「反軍人干政」示威與廢除惡法刑法一百條的靜坐行動。一九九七年，他因不滿民進黨內當權者許信良與國民黨聯合修憲並疏遠台獨理念，因此退出民進黨。一九九九年六月十一日，張忠棟病逝於台大醫院，遺體捐贈醫院。他的生前也留下許多關於台灣民主的史學研究。

台灣民謠之父鄧雨賢逝世日 1944.6.11

Tâi-oân to̍k-li̍p 台灣獨居

2022 June

6月12日

舊曆 五月十四

一家有事，百家忙。

一家有事，其他鄰居也會過來幫忙。這句台語描寫的正是傳統台灣社區的互助文化與集體信任。然而戰後中華民國來台灣後，不但施行戒嚴統治，還推行抓耙仔（告密者）的檢舉制度，造成鄰里之間信任感的嚴重崩壞。社區互助幾乎蕩然無存，只剩下中華文化的自掃門前雪與鄰里彼此不識的冷漠自私社會。

• 六一二時謝長廷在台上激昂演講。

• 六一二事件中抗議民眾與國民黨教唆的「反共愛國陣線」流氓對罵與幹架。

• 因六一二事件而被國民黨濫告出庭的謝長廷（前）、江蓋世（左）、洪奇昌（右後）三人。

• 江蓋世在六一二事件中於鎮暴警察盾前靜坐抗議，上衣還寫著「甘地精神」。

十四夜

禮拜日 lé - pài - ji̍t | SUN 日曜

2022年 6月

日	一	二	三	四	五	六
			1	2	3	4
5	6	7	8	9	10	11
12	13	14	15	16	17	18
19	20	21	22	23	24	25
26	27	28	29	30		

六一二事件

1987.6.12

中華民國自一九四九年五月十九日開始於台灣實行軍事戒嚴令長達三十八年。直到一九八七年七月十五日解嚴前夕，中華民國與蔣經國仍然執意要以變相的方式來箝制人民自由，也就是以「動員戡亂時期國家安全法」來取代戒嚴法。這種做法也被譏諷爲軍事戒嚴的借屍還魂，因此引發民主人士反彈。

一九八七年六月十日，民進黨號召群眾上街抗議國民黨強行通過「動員戡亂時期國家安全法」，這是民進黨繼五一九反對戒嚴和平示威之後，再一次的大型和平示威活動。示威活動從六月十日開始到十二日連續舉辦三天，民進黨在立法院門口以定點聚集與演講的和平方式進行抗議。然而中國國民黨卻動員其附屬的暴力黑道組織「反共愛國陣線」前來鬧場，因此爆發民主派人士與國民黨基層打手的正面暴力衝突。

示威活動一開始僅是民進黨群眾在立法院門口前進行定點抗議與演講。然而到了第三天，也就是六月十二日，國民黨附屬組織「反共愛國陣線」發動百餘名成員，舉著中華民國國旗，前往民進黨抗議地點辱罵與挑釁，雙方因此引發第一波衝突，造成多人受傷。中午過後，「反共愛國陣線」再度發動第二次攻擊行動，派成員衝入民進黨群眾進行毆打，最終演變成打群架的場面。

雖然鎮暴部隊將雙方隔開，但是「反共愛國陣線」成員卻能多次突破鎮暴部隊前來攻擊民進黨群眾。事件結束後，民進黨的江蓋世、謝長廷與洪奇昌遭到判刑，後續法律風波一直延續到一九八九年才告歇止，此事件也被稱爲「六一二事件」。而國民黨三讀通過的國安法因剝奪政治犯上訴權利，也造成無數政治冤案無法平反。

World 支那港警首次對群眾射布袋彈與橡膠彈 2019.6.12

Tâi-oân tok-li̍p 台灣獨立

2022 June

6月13日

舊曆 五月十五

臭耳人，厚彎話。

別人沒講的，卻說別人有講，還加油添醋，任意曲解對方的意思。這種臭耳人多半在中國統派的媒體業工作，像是中天電視或TVBS，整天做假新聞，把別人沒講的事講得跟真的一樣，企圖誤導一堆因忙碌而無法關心政治的民衆。

• 蔡同榮慢跑的形象長植於社會大眾心中。

• 蔡同榮曾任台灣人公共事務會首任會長。

• 蔡同榮為了打破國民黨等統媒壟斷媒體生態而大力募資籌組民視。

• 蔡同榮像

• 美國眾議員索拉茲也是蔡同榮的好友，曾召開聽證會施壓獨裁蠻幹的國民黨。

小望月

禮拜一 lé - pài - it

MON 月曜

2022年 6月

日	一	二	三	四	五	六
			1	2	3	4
5	6	7	8	9	10	11
12	13	14	15	16	17	18
19	20	21	22	23	24	25
26	27	28	29	30		

1935.6.13

蔡同榮誕生日

◆台獨鐵人

蔡同榮於一九三五年六月十三日生於台南州新塭，嘉義高中畢業後便考取台大政治系，後來轉入台大法律系就讀。一九五六年，以第一位非國民黨籍學生的身份當選台大代聯會主席，因此遭到中國國民黨多次刁難，蔡同榮遂萌生推翻中華民國並建立台灣國的獨立意念。

一九六〇年六月十九日，蔡同榮以及張燦鍙、侯榮邦、陳榮成等青年學生發起關仔嶺會議，會議內容討論推翻中華民國與台灣獨立等事宜。後因成員被捕洩密，參與會議者被中華民國列入政治黑名單，已經留美的蔡同榮因此二十餘年無法返台。蔡同榮在美國期間與多位有志之士成立「全美台灣獨立聯盟」，並擔任「台灣人公共事務會」（FAPA）的首任會長，致力於遊說美國政府以加強施壓獨裁統治的中華民國並積極爭取海外台灣人的權益等事務。

蔡同榮於一九九〇年闖關返回台灣，回台後立刻組成「公民投票促進會」並擔任創會會長。他長期致力於推動以公民投票的方式來決定台灣前途，因此也獲得「蔡公投」的封號。一九九二年，蔡同榮當選民進黨籍嘉義市立法委員，開啓他擔任中央民代的從政生涯。

蔡同榮同時也開始募資籌組電視公司，試圖打破國民黨壟斷無線電視的媒體生態。一九九七年，民視開播，蔡同榮擔任董事長。他在民視的內部刊物即明確指示：「確保台灣不被中國併呑，是民視的最高指導原則。」他終身致力於台灣獨立，直到晚年仍生龍活虎地參與各種活動。二〇一三年十二月十八日，蔡同榮於住處中風昏迷，經搶救仍未好轉。家屬同意拔管後，於二〇一四年一月十一日辭世，享年八十歲。

蔡英文見AIT主席談中國威脅 2018.6.13

Tâi-ôan tok-lek 台灣獨立

2022 June

6月14日

舊曆 五月十六

曲館邊的豬母，會拍拍。

豬母住在演奏樂器的曲館旁，就會打拍板（傳統樂器）打節奏，比喻環境對人的巨大影響。看看戰後中國人所帶來的環境毀滅與美學崩壞，整個醜爆的市容與骯髒的街道都充分體現了中國人缺乏公德的自私性格。台灣人在這種被中國人搞爛成鬼島的環境下成長，自然長出一堆缺乏美感且自私自利的庸碌之人。

滿月

• 圖為日月潭第一發電所的全景照。松木幹一郎接任台電株式會社社長之後負責日月潭水力發電工程，歷經多年艱辛終於完成。一九三四年到戰後一九五〇年代，台灣發電量的百分之七十仍依靠日月潭系統，可說台灣工業的重要基礎之一。

• 松木幹一郎像

• 台灣電力株式會社的標誌

禮拜二 lé - pài - jī | TUE 火曜

2022年 6月

日	一	二	三	四	五	六
			1	2	3	4
5	6	7	8	9	10	11
12	13	14	15	16	17	18
19	20	21	22	23	24	25
26	27	28	29	30		

松木幹一郎逝世日

◆台灣電力之父

1939.6.14

松木幹一郎出生於一八七二年三月十日，日本愛媛縣人。他於一八八七年從東京帝大法學科畢業，並開始擔任通信局與鐵道部等文官公職。一九一一年轉任至東京市電氣局並擔任初代局長，之後的十八年間分別任職於不同的高等文官職位，奠定深厚的行政協調與規劃能力。

一九二九年，松木幹一郎受命擔任台灣電力株式會社社長，並接下多災多難卻始終無法完成的日月潭水力發電所工程。當時台灣中部民眾的用電需求遠遠大於發電所供給，日本政府遂決定利用濁水溪注入日月潭的方式來進行水力發電的大型工程計畫。日月潭水力發電工程就在這樣的時空背景下開始興建。然而此工程計劃卻因一戰後的經濟蕭條與東京大震災等因素影響，資金始終無法補足，工程也一再延宕甚至於停擺。

直到一九二九年，日本議會通過對台日月潭工程再興案，此計畫才得以繼續，而松木幹一郎遂於此擔當大任。經過三年艱辛工事與多人殉職之後，日月潭水力發電工程終於竣工，並於一九三四年七月十八日舉行通水奉告式與殉職者慰靈祭。日月潭水力工程發電量達到十四萬瓦，爲當時亞洲之最，直到一九六〇年代，中華民國仍然靠著日本時代建設所產出的發電量在吃老本。

松木幹一郎完成日月潭水力發電工程之後，於一九三七年繼續完成日月潭第二發電所，並著手執行北部火力發電所與霧社水力發電所，直到一九三九年六月十四日去世爲止。松木幹一郎曾參與多項重要的台灣電力工程建設，因此也被人稱爲「台灣電力之父」。二〇一〇年，台灣民間人士在日月潭水社壩設立松木幹一郎的胸像以紀念他的不凡事蹟。

日本台灣總督府正式遷入台北 1895.6.14

Tâi-oân to̍k-li̍p 台灣獨立

2022 June

6月15日

舊曆 五月十七

放屎，著人拭尻川。

意謂留下爛攤，叫別人收拾。中華民國官兵來台後，不但四處劫收財物，還搞爛金融秩序，弄出四萬元換一元，美國人最後只好用龐大美援來收拾中國國民黨留下的爛攤。

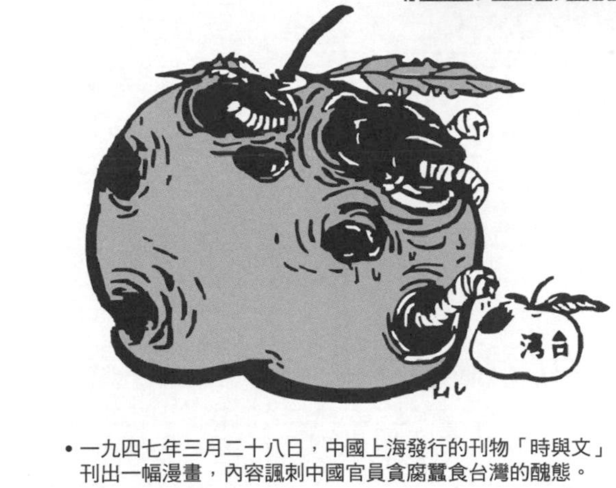

• 一九四七年三月二十八日，中國上海發行的刊物「時與文」刊出一幅漫畫，內容諷刺中國官員貪腐蠶食台灣的醜態。

奉令以四萬元比一元折成新台幣

• 四萬元換一元的銀行刻章。

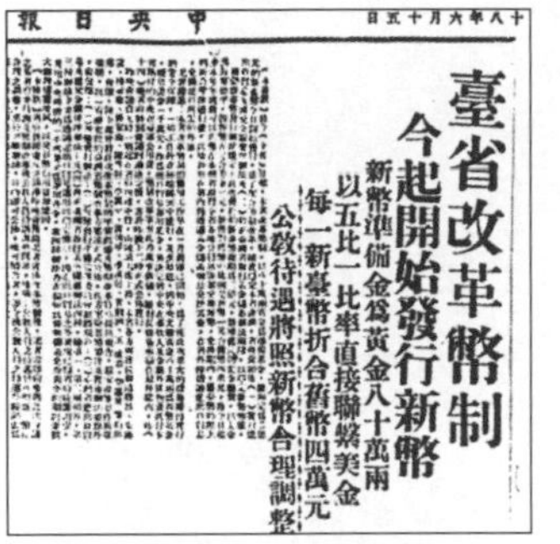
中央日報
臺省改革幣制
今起開始發行新幣
新幣準備金爲黃金八十萬兩
以五比一比率直接聯繫美金
每一新臺幣折合舊幣四萬元
公敎待遇將照新幣合理調整

• 中央日報頭版刊出改革新台幣制的報導，卻無視前面數年的金融弊端與惡性通膨。

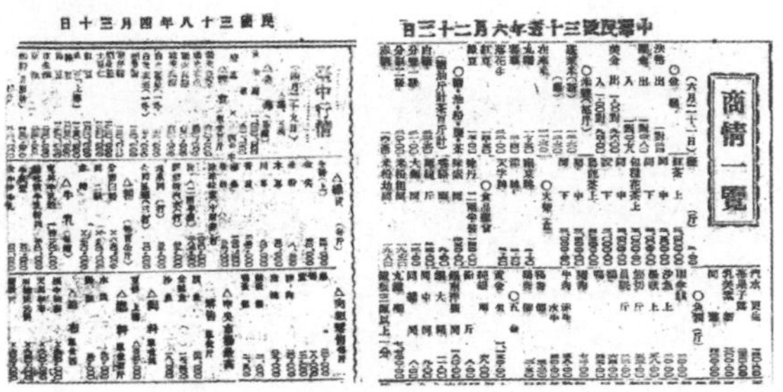
商情一覽

• 右方欄位是一九四六年的民生品物價，當時雞蛋一粒僅三點五元台幣，豬肉一斤七十二元台幣，蓬萊米一斤十二點三台幣。但是到了一九四九年的時候（左方欄位），雞蛋一粒高達兩千八百元台幣，豬肉一斤兩萬元台幣，蓬萊米一斤七萬九千元台幣。（整理者為台灣回憶探險團）

立待月

禮拜三 lé - pài - sa^{n} WED 水曜

2022年 6月

日	一	二	三	四	五	六
			1	2	3	4
5	6	7	8	9	10	11
12	13	14	15	16	17	18
19	20	21	22	23	24	25
26	27	28	29	30		

四萬元換一元施行日

1949.6.15

二戰結束後，中華民國前來劫收台灣，並對台灣施行相當不公平的匯兌政策，造成中國人來台可以輕易取得物資與金融利益，而台灣人卻難以從中國市場獲得任何經濟利益。國民黨所掌控的貿易局壟斷對外貿易，並刻意壓低台灣特產的對中銷售價格，導致台灣人無法透過一中市場得到任何經濟利益，甚至造成台灣商人與生產者嚴重的損失。台灣經濟因此整個受制於中國的京滬市場，也讓台灣成爲高物價的區域。加上中國各省通貨膨脹嚴重，使得台灣也受到連帶影響。

除此之外，中華民國剛來台灣時所公佈的「台灣省管理糧食臨時辦法」，完全拷貝日本時代的米糧配給制度，但是因爲中華民國官員行事馬虎而且屯米貪汙嚴重，甚至還發生軍人搶劫人民白米的情事，使得盛產稻米的台灣竟因爲缺糧而出現嚴重饑荒。

中華民國駐台機關更是不斷要求台灣省政府叫台灣銀行代墊各種款項，造成台幣發行量暴增，成爲台灣嚴重通貨膨脹的原因之一。而中華民國在一九四八年推動的金圓券改革反而讓台灣商人對外採購的成本大增，對外貿易幾成停滯。中華民國因金圓券改革失敗，導致中國鉅額資金流入台灣進行避險，透過匯兌導致通貨膨脹雪上加霜，市場價格一日多漲，出外吃飯得要扛個一袋鈔票更是見怪不怪。

台灣經濟因中國因素而瀕臨崩潰，終於導致中華民國政府決定在一九四九年六月十五日施行四萬元換一元的新台幣政策，並下令切斷與中國貨幣的匯兌交易，才使得台灣金融逐漸回穩。此一政策也讓許多台灣人財產歸零。中華民國的強佔剝削、壟斷經貿、濫印鈔票與錯誤政策讓台灣經濟幾成廢墟，直到後來美援與代工式外貿才再次讓台灣經濟回春。

黨外先驅高玉樹逝世日 2005.6.15

6月16日

舊曆 五月十八

小捲花枝，
無血無目屎。

把海洋生物的生理特徵拿來比喻無情的人，雖然缺乏邏輯與推論過程，卻是早期台灣民間的一種直觀妙喻。二戰後這些中國人來台灣對無辜者進行刑求與屠殺，多年後完全不見這些中國人有任何的反省或是道歉，可說是跟小捲花枝一樣，無血無目屎，比會流目屎的豬狗都還不如。

• 江炳興畢業於台中一中，後來考上陸軍軍官學校，期待未來能以武裝兵變推翻中華民國，因此組成「自治互助會」。

• 陳三興在高雄中學就讀時目睹中國籍同學欺負弱小的台灣同學，便組織同學成立「學進會」用以對抗中國人，後來也因此入獄。

• 就讀陸軍官校且參與江炳興「自治互助會」的吳炳坤在二度被捕入獄後因刑求而精神分裂，他的大哥吳呈輝也被牽連入獄，弟弟吳忠和也被特務棄屍鐵軌。

• 施明德一九五七年考入中正中學高中部，並且與同學蔡財源組成「亞細亞同盟」。一九六〇年報考陸軍官校，希冀未來能以兵變推翻支那政權。

居待月

禮拜四 lé - pài - sì | THU 木曜

2022年 6月

日	一	二	三	四	五	六
			1	2	3	4
5	6	7	8	9	10	11
12	13	14	15	16	17	18
19	20	21	22	23	24	25
26	27	28	29	30		

台灣獨立聯盟事件

1962.6.16

中華民國於一九四九年被中華人民共和國全面擊潰之後，在五〇年代的台灣開始全力清洗及殺害左派與共產黨，也因此導致無數的冤案。而六〇年代因爲台獨運動興起，中華民國政府開始轉向攻擊台灣獨立支持者，其中又以「台灣獨立聯盟事件」可作爲六〇年代的代表案件。

此案由三個台獨組織共同組成，分別爲就讀高雄中學的陳三興、蘇禎和、董自得、陳三旺、郭哲雄、王清山、邱朝輝、高尾雄等人組成的「學進會」（成員內部則稱爲「興台會」）、就讀台中一中的江炳興、吳俊輝、黃重光、吳炳坤、林俊光等人組成的「自治互助會」以及高雄中正中學的施明德與蔡財源所組成的「亞細亞同盟」。這三個組織在經過數年的人脈牽線與結識交流之後，最終合併並改名稱爲「台灣獨立聯盟」。

台灣獨立聯盟成員來自四面八方，例如「學進會」的陳三興因爲在高雄中學就讀時目睹中國籍同學欺負弱小的台灣同學，便組織同學成立「學進會」，後來輟學到台北擔任牙醫學徒。「自治互助會」的江炳興則是畢業於台中一中，後來考上陸軍軍官學校，期待未來能以武裝兵變推翻中華民國。江炳興也是泰源監獄起義事件的發起者之一，後因起義失敗遭槍決而壯烈成仁。

然而「台灣獨立聯盟」卻因爲臥底的抓耙仔告密，導致成員於一九六二年六月十六日起陸續被警總逮捕，牽連人數高達兩百人以上。參與成員多人遭到殘酷刑求並被判處重刑。其中吳炳坤因涉入案件，導致他的兄弟遭受無辜的牽連。他的三弟吳忠和甚至遭刑求致死後被棄屍於鐵軌上給火車輾過，國民黨特務經常利用此種手法來製造意外死亡的假象。

雪山隧道正式通車 2006.6.16

2022 June

6月17日

舊曆 五月十九

寢待月

企三年藥店櫃頭，
道要做大先生。

在藥店當三年櫃台，就妄想著要去當有牌醫生。看看韓國瑜當高雄市長不到半年，就說要去參選總統，然後還一堆國民黨支持者捧場叫好。看得出來中國泛統黨的支持者多是崇拜獨裁強人的奴才，根本沒在管行政歷練跟執政團隊的能力，只想著哪天可以一飛衝天當上皇帝。

• 謝緯自費包計程車前往台南王金河醫師的診所為烏腳病患執行手術。

• 瑪喜樂曾因受到謝緯為台奉獻的精神感動而隨謝緯來台。

• 謝緯像

• 謝緯為病患看病

• 謝緯的生活留影

禮拜五 lé - pài - gō

FRI 金曜

2022年 6月

日	一	二	三	四	五	六
			1	2	3	4
5	6	7	8	9	10	11
12	13	14	15	16	17	18
19	20	21	22	23	24	25
26	27	28	29	30		

謝緯遇難日

◆台灣良心醫師

1970.6.17

謝緯出生於一九一六年三月二日，南投人，父親謝斌曾是創辦「大同醫院」的醫生，也是治療瘧疾的名醫。謝緯長大後跟隨父親從醫之路進入東京醫學專科學校就讀，畢業後曾到日本仙台市工作，隨後返台接下父親的醫院事業。受到美國長老教會宣教師孫理蓮的影響與啓發，於一九五〇年開始參與門諾會的山地醫療團，巡迴行醫於原住民部落，並自掏腰包幫民眾義診。

後來謝緯到美國接受三年的外科醫療訓練，同時四處向國際友人籌募在台灣設立肺結核療養所的所需經費。當時有一位美國友人名叫瑪喜樂，因爲受到謝緯爲台奉獻的精神所感動，後來跟隨謝緯返台，成爲她的英文祕書，並創立「基督教喜樂保育院」來照顧台灣腦部疾病的患者，將全部的心力與財產長期奉獻給台灣而無怨無悔。

謝緯返台後，在南投埔里設立基督教醫院與肺結核療養所，並長期爲南投民眾服務與義診，期間更自費包計程車前往台南王金河醫師的診所爲烏腳病患執行手術，這樣南投與台南兩地通車奔勞長達十年之久，直到十年後，中華民國衛生機構才眞正接手治療這些無人聞問的烏腳病患。他還曾幫忙催生出彰化二林基督教醫院，改善二林民眾的醫療品質。

謝緯晚年經常南投與彰化二林兩地奔波看診。一九七〇年六月十七日，謝緯在開車前往二林基督教醫院的路上意外撞樹身亡。謝緯之死引發眾多疑問，一說是他因過度疲勞而導致車禍，另一說則是因爲他拒絕中國國民黨徵召參選南投縣長，加上擔任基督教長老教會總會議長的他拒絕中華民國政府逼迫長老教會退出「普世教協」的要求，導致國民黨派出特務暗殺。

台灣總督樺山資紀於台北舉行始政式 1895.6.17

Tâi-oân tok-li̍p
台灣獨立

2022 June

6月 18日

舊曆

五月二十

敢食敢脹，呣驚人譬相。

用來批評什麼都敢貪，借錢也要用來大吃大喝，也不怕別人當面奚落與諷刺的人。看看國民黨的那些官員與民代，什麼錢都敢貪，甚至還會利用地方的農會信用社系統無償超貸，罪行曝光後，就拍拍屁股落跑中國，完全不在乎別人的譴責與嘲諷，面皮比坦克車裝甲還厚。

•周烒明像

•陳以德像

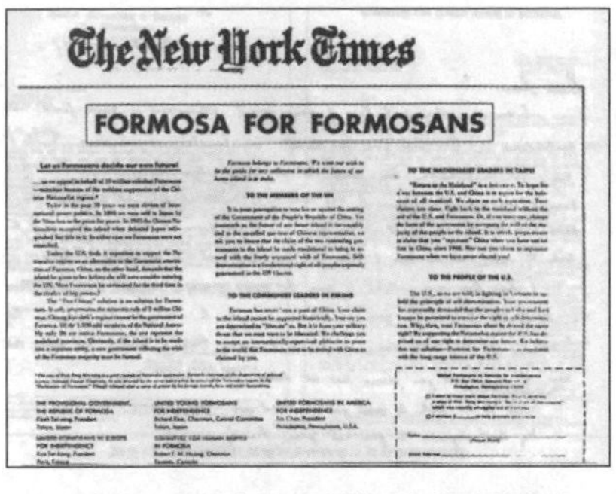

•一九六六年，全美台灣獨立聯盟在費城結盟後，在紐約時報上刊載「台灣自救宣言」，這也是第一次由海外台獨團體聯合具名刊出的文宣。

•UFI 時期的台獨文宣ILHA FORMOSA

更待月

禮拜六 lé - pài - la̍k | SAT 土曜

2022年 6月

日	一	二	三	四	五	六
			1	2	3	4
5	6	7	8	9	10	11
12	13	14	15	16	17	18
19	20	21	22	23	24	25
26	27	28	29	30		

1966.6.18

費城結盟日

受到一九六四年彭明敏、魏廷朝與謝聰敏發表「台灣人自救宣言」的影響，加上一九六五年位於日本的「台灣共和國臨時政府」大統領廖文毅返台投降的刺激，當時在北美洲的台獨團體決定開始進行整合工作好讓台獨運動得以發揮更大效應。首先是威斯康辛大學的「台灣問題研究會」負責人周烒明與UFI（United Formosans for independence，前身為3F）主席陳以德於一九六五年十月底邀請台獨代表到威斯康辛大學召開「麥迪遜會議」。

會後兩個台獨團體發表聯合公報並呼籲團結。全美各地校園內的台灣學生也開始發行刊物以宣揚台獨理念。一九六六年二月，UFI 宣布組織重整，希望改以聯盟型式結合散聚各地的台灣社團。運作方式由社團獨立自治，聯盟設置中央委員會，並由社團派代表所組成。

在各方共識成熟與前置工作完成之後，一九六六年六月十八日，來自全美九個地區的台獨團體代表在費城舉行會議，會中決議統整各方台獨團體，並共同成立「全美台灣獨立聯盟」，積極在全美各大城市與校區吸引有共同理念的海外台灣人。

台獨組織在費城結盟之後，首波國際媒體宣傳攻勢就發動於一九六六年十一月二十日，也就是第廿一屆聯合國大會討論中國問題期間，在紐約時報以半版篇幅刊登「台灣自救宣言」，內文標題是：「台灣是台灣人的」，並提出「讓台灣人決定自己的未來」的主張。這是第一次由海外台獨團體聯合具名刊出的台獨文宣。紐約時報刊出後也引發台灣留學生熱議。經由費城會議所整合的台獨聯盟也迅速擴展組織，許多參與成員日後也都成為台獨運動的重要推手與代表人物。

中華民國發布軍事封鎖支那沿海政策 1949.6.18

Tâi-oân tok-lėk 台灣獨立

2022 June

6月19日

舊曆

五月廿一

年冬好收，分予鳥食。

二十一夜

年末農作豐收，也留給田間的小鳥吃。這是台灣人的善良風俗，延續到工商業時代就變成企業老闆給員工加薪與分紅的模式。但是隨著中華奴性文化對台灣人的侵蝕改造，低薪高工時的血汗剝削反而成為常態。

• 關仔嶺會議發起人黃崑虎

• 蓬萊島三君子：陳水扁、黃天福、李逸洋。

• 曾經參與關仔嶺會議的蔡同榮（右上）、羅福全（左上）、張燦鍙（右下）、陳榮成（左下，「被出賣的台灣」的譯者）。

• 蓬萊島三君子入獄前身戴花圈接受眾人歡送。

禮拜日 lé - pài - jit ｜ SUN 日曜

2022年 6月

日	一	二	三	四	五	六
			1	2	3	4
5	6	7	8	9	10	11
12	13	14	15	16	17	18
19	20	21	22	23	24	25
26	27	28	29	30		

1984.6.19

蓬萊島事件

一九八四年六月十九日，黨外雜誌「蓬萊島週刊」刊出一篇批評東海大學校長梅可望的文章，文中提及時任東海大學哲研所所長的馮滬祥「以翻譯代替著作」的學術醜聞。當時國民黨正要全力打擊與封鎖黨外雜誌，馮滬祥見機不可失也隨即對雜誌的主要負責人提出誹謗告訴。而由國民黨掌控的法院在未經查證下就判決毀謗罪成立，黃天福、陳水扁與李逸洋因此遭判處一年徒刑並要賠款二百萬元。

後來「北美洲台灣人教授協會」成立「馮著評鑑委員會」，花費四個月的時間，詳細對馮滬祥的論文進行前後比對，並明確指出馮抄襲翻譯之處，但是留美教授的見解卻不爲黨國法官所接受，高等法院二審卻仍然宣判有罪，三人因此入獄服刑。此事件突顯出國民黨企圖以濫訴來對付黨外人士的手段，也證明了中華民國法院的確是國民黨所開的。

1960.6.19

關仔嶺會議

一九六〇年，黨外人士包括郭雨新、蘇東啓、李萬居、雷震開始積極組織反對黨，而台灣的青年學子受此激勵也開始思考台灣獨立的可能性。一群從台南一中與嘉義中學畢業後並考取台大的學生，包括羅福全、蔡同榮、張燦鍙、侯榮邦、陳榮成等人於一九六〇年六月十九日在台南關仔嶺「靜樂旅社」秘密召開台獨會議，發起人爲台大畢業的養雞大王黃崑虎，史稱關仔嶺會議。

然而參與會議者的劉家順事後遭警總逮捕而供出會議內容與成員名單，導致已出國的成員被列爲政治黑名單而無法返國，另有陳安瀾與蔡家順被警總約談後失蹤。參與會議者幾乎都遭警總約談，有幾位參與者甚至被非法拘禁達半年之久。而供出會議內容者的劉家順最後也遭判處十年徒刑。這群曾經參與關仔嶺會議的成員後來多成爲台獨運動的重要推手與台灣民主的開拓先鋒。

World

日本首相岸信介宣布美日安保條約成立 1960.6.19

2022 June

6月20日

舊曆 五月廿二

大工一下比，小工磨到死。

大工指上司長官，小工則是基層下屬。意思是長官一發號施令，下屬就要做到沒命才能完成任務。比喻很多長官不知基層辛勞，只會出一張嘴地濫用權勢，最後就是將帥無能，整死官兵，就像長期為國民黨籍將領所把持的中華民國軍隊一樣。

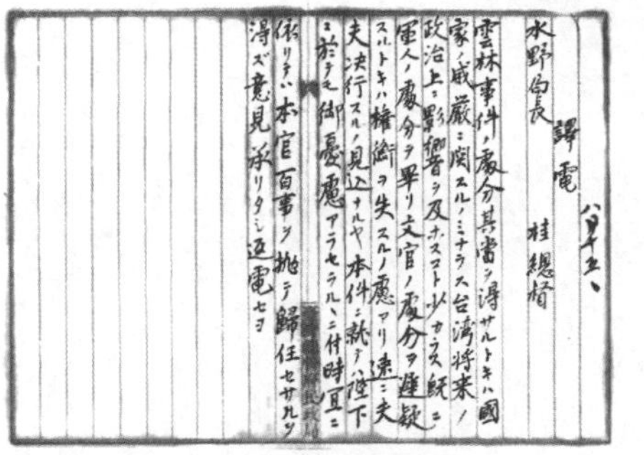

八月十五、
歸電 桂總督
水野局長
雲林事件ノ處分其當ヲ得サルトキハ國家ノ威嚴ニ關スルノミナラス台湾將來ノ政治上ニ影響ヲ及ホスコト少カラス既ニ軍人ノ處分ヲ畢リ文官ノ處分ヲ遲疑スルトキハ權衡ヲ失スルノ慮アリ速ニ夫夫決行スルノ見込ナルヤ本件ニ就テハ陛下ニ於テモ御憂慮アラセラル、ニ付時宜ニ依リテハ本官百事ヲ拋テ歸任セサルヲ得ズ意見承リタシ返電セヨ

• 雲林屠殺事件後，日方內部電報公文，當時的台灣總督為桂太郎，下任總督為強力鎮壓鐵國山的乃木希典。

• 日軍雲林屠殺事件。

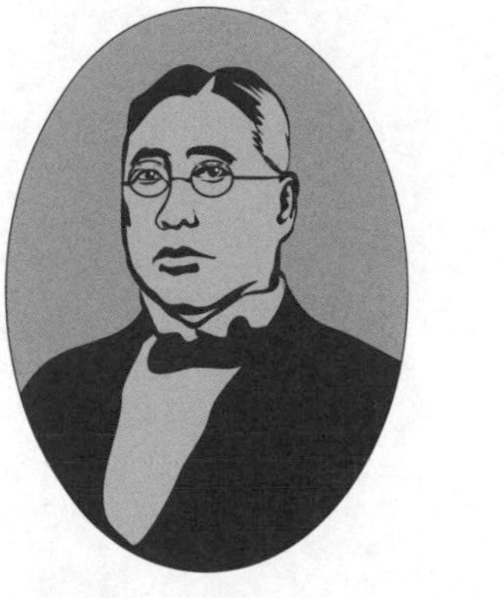

• 辜顯榮曾代表日方向簡義勸降。

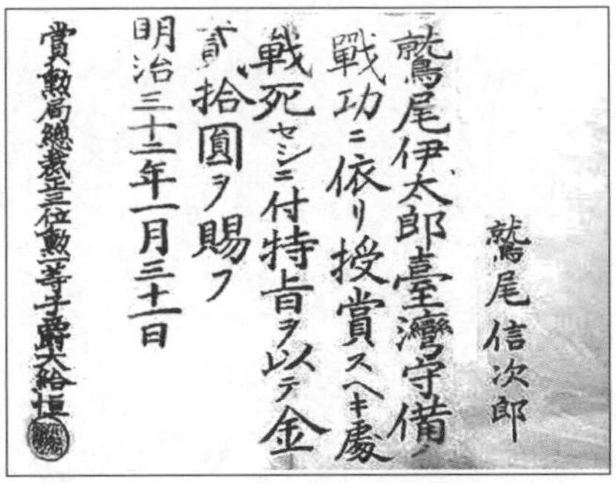

鷲尾信次郎
鷲尾伊太郎臺灣守備
戰功ニ依リ授賞スヘキ處
戰死セシニ付特旨ヲ以テ金
貳拾圓ヲ賜フ
明治三十二年一月三十一日
賞勳局總裁正二位勳一等子爵大給恒

• 日軍「台灣守備混成旅團」士兵鷲尾伊太郎在台灣雲林一戰中身死的賜金撫卹令。

下弦月

禮拜一 lé - pài - it

MON 月曜

2022年 6月

日	一	二	三	四	五	六
			1	2	3	4
5	6	7	8	9	10	11
12	13	14	15	16	17	18
19	20	21	22	23	24	25
26	27	28	29	30		

日本軍對雲林大屠殺

1896.6.20

一八九五年，清帝國割讓台灣與澎湖給日本帝國，原來誓言抗日的前清官兵在日軍登陸基隆後紛紛卸甲逃竄。唐景崧、丘逢甲與劉永福等將領捲款逃回清國，其餘清國官兵甚至逃至台北城內劫掠燒殺。全台僅剩中南部的地方義勇起身抗日，其中又以柯鐵與簡義等人率眾在斗六雲林一帶抗日最爲激烈，時間長達三年之久。

柯鐵等人世居在地勢險要的雲林大坪頂（又稱「鐵國山」）。直到一八九六年六月，日本政府將雲林劃爲台中縣管轄，並派兵到斗六街（日方稱爲雲林支廳）駐防，才引爆柯鐵於六月十日率六百名義民突襲斗六街日人商社的事件。六月十四日，簡義祭告天地，自立政權並率眾下山攻擊雲林支廳，造成駐守日軍多人死傷。簡義與柯鐵等人的抗日行動也引發日軍隨後的報復性屠殺。

日本政府爲了報復抗日行動，於六月二十日到二十三日集結大軍，在雲林一帶進行無差別的大屠殺。日軍當時見人就殺，即使婦女與幼兒也不放過，並任意將村庄指爲匪窟而四處焚屋，造成五十六處村莊遭焚燬，五千戶民房遭縱火，尤以斗六街及石龜溪庄死傷最爲慘重。日軍此一屠殺事件也稱爲「雲林大屠殺」，因此造成數千人死亡。（台灣日本綜合研究所指出約六千人遇害，支那盛傳的屠殺四十萬人爲造假訊息。現今雲林人口不過六十餘萬人，更何況是清國時代人口更爲稀少。）

日本政府此一殘酷屠殺行爲，經西洋傳教士投書國際媒體，也引發國際社會的撻伐。日軍的報復屠殺讓雲林一帶的抗日勢力更爲壯大，開啓了長達三年的游擊戰事。隨後日方也開始了強勢攻佔與懷柔招順的兩手策略。不久簡義就在辜顯榮的勸降下對日本投降，柯鐵也於一八九九年歸降後病死，餘眾被日軍殲滅，即使投降者也被日本政府設局於歸順會場中格殺殆盡，史稱爲「紅白花事件」。

日軍設立大日本台灣病院（台大醫院前身）1895.6.20

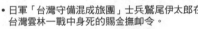

Tâi-oân tok-li̍p
台灣獨立

2022 June 6月21日

節氣
夏至

台諺云：夏至，種籽齊去。意思指台灣南部二期作物的種籽，已全部播種下去。

舊曆 **五月廿三**

• 一九九一年的「獨台會案」，遭到逮捕的王秀惠（左上）、林銀福（右上）、廖偉程（左下）、陳正然（右下）也是調查局依據懲治叛亂條例所制定的荒謬行動計劃。

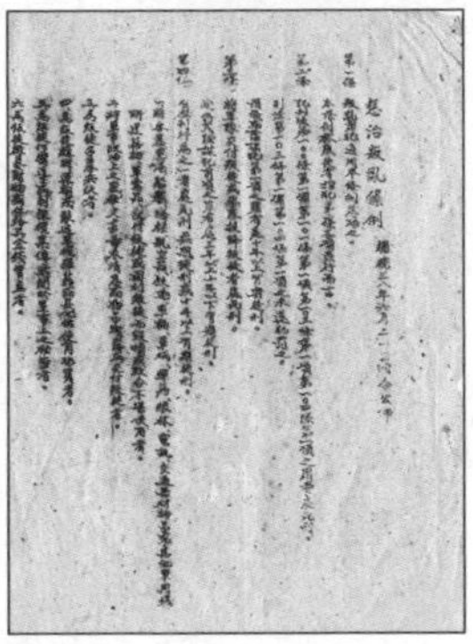

• 懲治叛亂條例當中第二條第一項的內容：「犯刑法第一百條第一項、第一百零一條第一項、第一百零三條第一項、第一百零四條第一項之罪者，處死刑。」歷來依此法條遭判處死刑者高達五千餘人。

• 紹德像

• 美麗島大審的八位要角包括姚嘉文（左）、陳菊（中）、黃信介（右）等人，都是依懲治叛亂條例來求刑，其中陳菊原來是要被求處死刑。

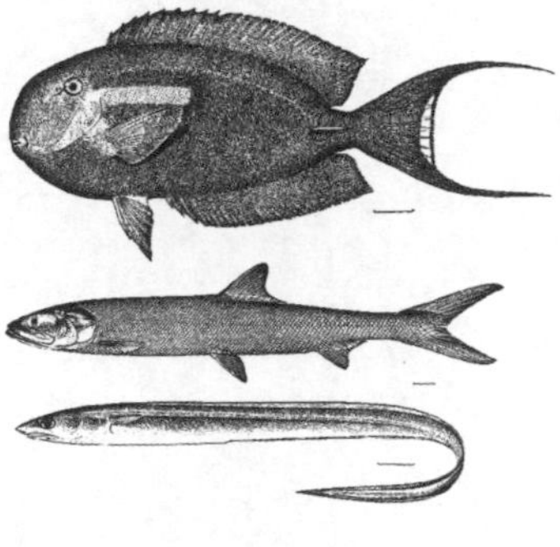

• 紹德在台灣採集的魚類繪圖

二十三夜

禮拜二 lé - pài - jī | TUE 火曜

2022年 6月

日	一	二	三	四	五	六
			1	2	3	4
5	6	7	8	9	10	11
12	13	14	15	16	17	18
19	20	(21)	22	23	24	25
26	27	28	29	30		

1871.6.21 紹德誕生日

◆台灣動物研究先驅

紹德（Hans Sauter）出生於一八七一年六月二十一日，德國人。學生時代曾就讀慕尼黑大學生物系並深入鑽研動物學科。一九〇二年，決定來到台灣進行研究，主因是他認爲台灣當時的昆蟲學與動物學仍屬起步階段，有很大的開拓空間。紹德來台後定居於台南安平，並開始採集半翅類的昆蟲，許多台灣採集品被他寄回歐洲的博物館與機構。一九〇三年，前往日本教書並與龜山卜結婚。

一九〇五年，紹德再度返台，以埔里爲基地並僱用大批生物採收員，對全台灣進行採集工作，許多生物也因此被重新發現與認識。眾多台灣生物便以紹德的名字做爲命名，例如紹德春蜓、紹德氏蛙、紹德鐵甲蟲、紹德氏草蜥等。紹德晚年遷居大稻埕，並在總督府醫學校與臺北高等學校擔任教職。最終於一九四三年五月七日逝世，遺體安葬於台灣。

1949.6.21 懲治叛亂條例施行日

一九四九年六月二十一日，中華民國開始在台灣實施「懲治叛亂條例」，將濫捕濫刑與任意定罪給制度化，開啓俗稱白色恐怖時期的序幕。「懲治叛亂條例」與一九五〇年公布的「戡亂時期檢肅匪諜條例」，其設置原意在掃除中國共產黨勢力，但是卻因規定相當模糊不清，加上刑度過重，因此造成一堆無辜民眾被莫須有理由給誣陷入罪而遭判重刑。

一九五〇年到一九五五年的台灣監獄甚至一度出現人滿爲患的怪異現象，許多人更是被莫名槍決後集體丟至亂葬崗埋掉，直到多年之後才被意外發現。原是拿來應付中國內戰的「懲治叛亂條例」，後來卻成了整肅台灣政治異議人士的殘忍工具。一直到一九九一年的「獨台會案」，調查局竟然還在用此法來拘提閱讀台獨書籍的清大學生。此惡法也於稍後的一九九一年五月二十二日被廢止施行。

老賊全數退休，萬年支那國會終結。1991.6.21

2022 June

6月22日

舊曆

五月廿四

二十四夜

惡馬惡人騎。

你對別人惡劣，還會有另一個比你更惡劣的人來壓制你。國際社會就是一個惡馬惡人騎的現況，像是中國整天對著台灣威脅恐嚇，結果遇到美國的貿易制裁還有俄國的爛貨傾銷，也是只能乖乖地含血含淚吞下。

• 台灣關係法的原始起草人費浩偉（Harvey Feldman）

• 美國總統吉米・卡特簽署「台灣關係法」。

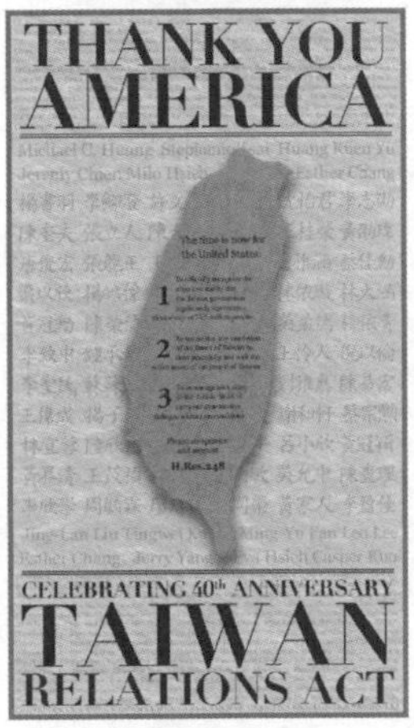

• 留美台灣人與台灣人公共事務會（FAPA）在兩天內就募資一萬九千美元，並於二〇一九年於「華盛頓時報」與「國會山莊」刊登全版廣告，廣告內容為慶祝與感謝台灣關係法簽署四十週年。

• 美國與中華民國斷交之時，卡特總統指派美國副國務卿克里斯多福（右）前往台北說明與談判斷交事宜，陪同者為美國駐中華民國大使安克志（左）。斷交之後美國於同年就制訂了不含中華民國成分的「台灣關係法」。

禮拜三 lé - pài - saⁿ | WED 水曜

2022年 6月

日	一	二	三	四	五	六
			1	2	3	4
5	6	7	8	9	10	11
12	13	14	15	16	17	18
19	20	21	22	23	24	25
26	27	28	29	30		

1979.6.22

卡特簽署台灣關係法

一九七九年一月一日，美國終止與中華民國的外交關係，並轉承認中華人民共和國才是眞正的中國。美國政府爲了重新看待與台灣的外交關係，便在同年制訂了「台灣關係法」來規範美國與台灣之間的各種交流與合作方式。一九七九年三月底，美國國會表決通過「台灣關係法」，四月十日由美國總統卡特簽署與頒布。

一九七九年六月二十二日，卡特以一二一四三號行政命令簽署「台灣關係法」，開始正式實施此法。根據「台灣關係法」所規範與指涉的人民只單指台灣與澎湖群島，而不包括金門縣、連江縣，與南海諸島。此種思維便是來自戰後美國視台澎主權未定且不歸屬中（華民）國的邏輯。在「台灣關係法」總篇中便暗指台澎人民（people on Taiwan）雖然尚未建立國家但已經擁有準主權實體的現實。

除此之外，「台灣關係法」中最重要的實質內容就是第二條第四款：「任何企圖以非和平方式來決定台灣的前途之舉，包括使用經濟抵制及禁運手段在內，將被視爲對西太平洋地區和平及安定的威脅，而爲美國所嚴重關切」，以及第二條第五款：「提供防禦性武器給台灣人民。」

美國也依據此法提供與販售防衛武器給台灣，並對台灣進行必要協防，讓中國不至於輕易以武力侵略台灣。而「台灣關係法」中第二條第三款提及到維護與促進台灣人民的人權，因此被稱爲人權條款。此條款對於獨裁極權的中國國民黨產生不小壓力，許多本來會被判處重刑的黨外人士也因爲人權條款的影響與美國官方的關切而被國民黨改判成輕刑。美國政府所制定的「台灣關係法」對於尚未建立國家的台灣而言可謂影響長久且深遠。

台灣青年會爆發陳純真間諜事件 1964.6.22

Tâi-oân tok-li̍k 台灣獨曆

2022 June

6月23日

• 日軍沖繩島指揮官牛島滿於六月二十三日因敗戰而切腹自殺。

• 樹立在沖繩南端平和祈念公園的台灣之塔，碑文由蔡英文題字。

• 參與沖繩戰役的美軍陸戰隊員Davis Hargraves（左）與Gabriel Chavarria（右）。

舊曆 五月廿五

屎比醬，臭頭比和尚。

拿大便跟調味醬比較，拿癩痢頭跟和尚比，形容拿兩個完全不一樣的東西做比較，根本不倫不類。很多隱性的國民黨支持者與不關心政治的人最愛說藍綠一樣爛，拿一個曾經屠殺過成千上萬台灣人的中國黨跟一個推動台灣民主的台灣黨相比，根本就是「屎比醬，臭頭比和尚」。

二十五夜

禮拜四 lé - pài - sì | THU 木曜

2022年 6月

日	一	二	三	四	五	六
			1	2	3	4
5	6	7	8	9	10	11
12	13	14	15	16	17	18
19	20	21	22	23	24	25
26	27	28	29	30		

沖繩慰靈日

1945.6.23

二戰末期，美軍麥克阿瑟上將決定在西太平洋戰區施行跳島戰術，直接攻佔菲律賓群島與沖繩群島。由於美軍僅以空襲對台施行攻擊，而不實施登島作戰，也決定了沖繩與台灣的差異命運，讓台灣免去了因登陸戰而產生的大規模死傷結果。一九四五年三月二十三日，英美聯軍在沖繩展開了空襲與砲擊的前期攻擊行動，正式揭開沖繩島戰役的序幕。

四月一日，美軍主力部隊在海軍的砲擊掩護下從沖繩中部西岸順利登陸。而日軍主力部隊因缺乏海空優勢，早已退回充滿石穴與地道系統的北部與南部山岳防線。美軍在順利登陸之後，以爲可以迅速攻佔全島，但是卻在推進掃蕩的過程當中遭遇到埋伏日軍的強烈反擊，死亡數字因此迅速攀升。日軍更在戰役末期下達同歸於盡的玉碎令，並大量出動神風特攻隊進行自殺攻擊，對美軍艦艇造成重創。

沖繩島戰役從四月一日美軍登陸到六月二十三日清晨日軍沖繩島指揮官牛島滿因戰敗而切腹自殺身亡爲止，在短短的八十幾天內一共造成日本與美國兩方軍民共二十餘萬人的死亡，其中更有十餘萬的沖繩平民因此不幸遇難。此役也讓美國海軍陸戰隊創下單一戰役中死亡員數最多的紀錄。

琉球當局後來將沖繩島戰役的結束之日，也就是六月二十三日訂爲沖繩慰靈日。戰後沖繩民眾開始收集亡者骸骨，將之合葬於沖繩南部，並在其上建立慰靈碑。之後日、韓、美等國慰靈碑也陸續興建。台灣人許光輝見沖繩慰靈碑僅列少數台灣死難者，二戰台籍兵參戰死亡人數卻高達四萬人，因此決定向沖繩當局提出設立台灣人慰靈碑的陳情並獲得議會的同意，於是「台灣之塔」終在二〇一六年六月二十五日揭碑，台灣總統蔡英文也在碑上落款。

六二三反統派媒體遊行 2019.6.23

Tâi-oân tók-lėk
台灣獨曆

2022
June

6月24日

舊曆 五月廿六

旱久無落西北雨，
大鯊泅入淡水河。

早期台灣還沒有遭受中華民國政府汙染之前，愛好乾淨的鯊魚還會游入台北的淡水河。當時遇到乾旱的時候，海水漲潮時就會灌入淡水河，鯊魚就會跟著游入，但是此情景今已不復見。

二十六夜

禮拜五 lé - pài - gō
FRI 金曜

• 鹿港居民上街反杜邦（繪圖參考自蔡明德攝影）。

• 鹿港反杜邦遊行是台灣民間針對環保議題的首次抗議行動。

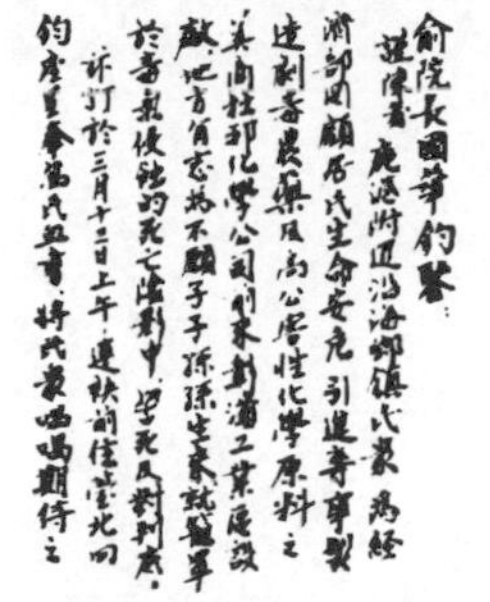
俞院長國華鈞鑒：
謹陳者 鹿港附近沿海鄉鎮代表 為經濟部罔顧居民生命安危 引進毒害製造劇毒農藥及高公害性化學原料之美商杜邦化學公司到彰濱工業區設廠，如有意者不顧子子孫孫生存就範於毒氣後殘的死亡陰影中，堅決反對到底。
訂於三月十二日上午，速赴前往台北向鈞座呈奉萬民血書，特此哀鳴期待之

• 鹿港居民寫給當時的行政院長俞國華的陳情信。

• 一九八七年三月八日，彰化縣公害防治協會在鹿港天后宮前廣場辦反杜邦說明會。

2022年 6月

日	一	二	三	四	五	六
			1	2	3	4
5	6	7	8	9	10	11
12	13	14	15	16	17	18
19	20	21	22	23	24	25
26	27	28	29	30		

鹿港反杜邦遊行日

1986.6.24

一九六〇到七〇年代，中華民國政府不顧台灣的環境生態與人民健康，開始全力推動高汙染與高耗能產業，試圖以廉價環境成本換取漂亮的經濟數字。包括石油加工業、水泥業、化學製造業與核能電業都在此時期大量設立。隨之而來的大量汙染公害、廢料丟棄與環境破壞也在八〇年代開始對台灣造成不可彌補的永久傷害。台灣各地於是興起了反污染的自發性集結抗爭，鹿港反杜邦遊行便是台灣民間針對環保議題的首次抗議行動。

一九八五年八月，中華民國經濟部通過美商杜邦公司在彰濱工業區設立二氧化鈦廠房的申請案。此舉引發彰化居民的反彈，地方人士與縣議員候選人開始串聯，發起簽名與陳情活動，進而籌組「彰化縣公害防治協會」，積極組織與詳細規劃更大規模的反污染抗爭行動。

由於反杜邦的抗爭運動發生在中華民國戒嚴時期，所以行動者必須以祕密與突襲方式進行才不會被情報與警政單位給干涉。一九八六年六月二十四日，抗爭人士趁杜邦公司舉辦設廠說明會的時候，突襲動員群眾前往鹿港遊行。由於事發突然，警察來不及攔阻，群眾便順利沿著鹿港鎮中山路行進抗議，沿途高喊「我愛鹿港、不要杜邦」等口號，兩旁還有商家放鞭炮聲援行動。

此次突襲式的遊行因此引起電視與報紙大幅報導。抗爭人士更在十二月十三日發動包車前往總統府抗議的奇襲行動以及隔年三月八日在鹿港天后宮前與鎮暴警察發生衝突的抗議行動。杜邦公司在各方壓力之下，終於決定於一九八七年三月十二日取消鹿港的設廠案，鹿港地方抗爭人士因此取得台灣環保抗爭史上的第一場勝利。

台灣肝病權威陳定信逝世日 2020.6.24

2022
June

6月25日

舊曆
五月廿七

一馬不備兩鞍，
忠將不事二主。

這句話對於中華民國的將領們根本就是勸世警語。這些國民黨籍的將領鎮日教導官兵要忠黨愛國，結果這些將軍們到了晚年的時候，個個跑去中國跟共產黨表忠還促統，根本下賤奴性無極限。其實這些國民黨降將就連共產黨都瞧不起，只是因為還有利用價值才奉為上賓，等到沒利用價值之時就會像鎮反運動一樣推去槍斃或是送前線當砲灰。

• 韓戰時一名韓國女孩背著弟弟避難，繪圖參考一九五一年的美軍攝影。

• 美國海軍陸戰隊在朝鮮半島進行作戰。

• 大韓民國製作的韓戰宣傳海報。

• 大韓民國的心戰傳單，內容描繪共黨高官推人到前線當砲灰。當時也有一批中華民國降將降兵被中華人民共和國推到韓戰前線當砲灰。

有明月

禮拜六 lé - pài - lák | SAT 土曜

2022年 6月

日	一	二	三	四	五	六
			1	2	3	4
5	6	7	8	9	10	11
12	13	14	15	16	17	18
19	20	21	22	23	24	25
26	27	28	29	30		

韓戰爆發日

1950.6.25

二戰結束後，美國與蘇聯依北緯三十八度線爲界，分別派軍占領朝鮮半島的南部與北部。在美蘇兩大陣營的角力下，朝鮮半島的南部與北部分別在一九四八年各自成立了大韓民國與朝鮮民主主義人民共和國，南北韓對峙的局面也就此展開。在美蘇駐軍撤退後，韓國與朝鮮的衝突局勢也日益惡化，雙方經常在邊界發生小規模的戰鬥。北朝鮮不斷擴軍並請求蘇聯與中國支援以發動南侵的「統一」戰爭。

一九五〇年六月二十五日，朝鮮領導人金日成在蘇聯的背書之下決定發動全面戰爭，派軍往北緯三十八度線以南進攻。金日成主動攻擊韓國，卻在廣播中反稱韓國侵略朝鮮。由於韓國守軍規模與火力相對薄弱，很快被朝鮮人民軍攻佔漢城與眾多據點，韓國軍隊迅速潰敗，戰線也持續往後退守，最後甚至只剩半島東南角的釜山、大邱一帶。

美國在韓戰爆發後也隨即命令美軍回擊朝鮮，杜魯門總統改變原來不願防衛台灣的立場，下令將第七艦隊派往台灣海峽並派美軍駐守台灣，以防止中華人民共和國侵略台灣。以美英爲首的聯合國軍隊迅速進入朝鮮半島加入戰鬥，美軍隨後在仁川進行大規模登陸，戰爭局勢迅速翻轉。

聯合國軍很快地收復漢城並越過三十八度線往北進攻，一度攻下平壤與朝鮮的大部份國土。中國之後也派出人民解放軍前往援助朝鮮，聯合國軍隊與中朝軍隊就此展開長達兩年多彼此拉鋸的慘烈戰役，造成雙方軍民死亡高達百萬人以上的結果，缺乏禦寒裝備與糧食的中國軍隊死亡數更達數十萬以上。直到主戰的蘇聯頭目史達林死後，交戰雙方才終在一九五三年七月二十七日於板門店簽署停戰協定，結束這場死傷慘重卻重回原點的戰爭。

民進黨員率眾衝立院杯葛核四預算 1993.6.25

Tâi-oân tók-le̍k
台灣獨曆

2022
June

6月26日

舊曆
五月廿八
二十八夜

甘蔗粕，喫無汁。

甘蔗殘渣已經吸不到汁了，比喻資源耗盡。中國人長期濫捕漁業資源，抓光自己海域的魚貝之後，就跑來台灣與日韓的經濟海域濫捕。蝗蟲民族總是把自己的自然資源啃成甘蔗粕，然後再跑去啃食別人家的甘蔗。

• 大島正滿在溪邊測量櫻花鉤吻鮭的長度。

• 大島正滿像

• 大島正滿、青木赳雄與大衛・喬登採集與鑑定的台灣櫻花鉤吻鮭（Salmo Formosanus）。

• 幫大島正滿鑑定櫻花鉤吻鮭的美國博士大衛・喬登。

禮拜日 lé - pài - ji̍t
SUN 日曜

2022年 6月

日	一	二	三	四	五	六
			1	2	3	4
5	6	7	8	9	10	11
12	13	14	15	16	17	18
19	20	21	22	23	24	25
26	27	28	29	30		

1965.6.26

大島正滿逝世日

◆台灣淡水魚之父

大島正滿生於一八八四年六月二十一日，日本神奈川縣人。一九〇八年，從東京帝國大學理科大學動物學科畢業，隨後就受台灣總督府土木局的聘約，前往台灣擔任土木部技師。當時台灣的木造建築深受白蟻侵害，他因此擔負起防治白蟻的研究工作，並出版了台灣第一份的白蟻研究報告，他還以台灣白蟻的天敵鳥類鳥秋當成自己的暱稱。

因爲研究白蟻而聲名大噪的大島正滿在一九一六年被推舉爲台灣博物館學會會長。一九一七年，他帶著台灣魚類標本前往美國史丹福大學，隨著國際魚類學家大衛・喬登進行魚類鑑定工作，並同時攻讀博士學位。而大島的助理青木赳雄則繼續留在台灣採集魚類。青木當時在宜蘭聽聞大甲溪上游有一種原住民經常捕獵的特殊鮭魚，循線索取得原住民的醃製魚標本並向人在美國的大島正滿報告此事。

大島正滿因人在美國，無法馬上對標本進行鑑定。直到一九一八年返回台灣，檢視該標本之後，並將繪製圖寄回給美國的大衛・喬登鑑定，最後才確認了這是台灣獨有的國寶魚：台灣櫻花鉤吻鮭。大島正滿與大衛・喬登共同聯名在自然科學期刊上發表了新種魚發現報告。台灣櫻花鉤吻鮭原名爲Salmo Saramao，而Saramao一名即是取自泰雅族部落名，也是鮭魚的發現地。後來大衛・喬登認爲新魚種應該要以世人所熟知的福爾摩沙（台灣）作爲命名，因此建議更改學名爲Salmo Formosanus，日語則稱爲「台灣鱒」。

一九二〇年，大島正滿以台灣淡水魚研究獲得東京帝大理學博士。一九三五年，返回台灣之後，持續發表台灣淡水魚研究與新種發表。一九六五年六月二十六日，大島正滿於日本逝世，享年八十一歲。

民進黨發起反一中共同市場遊行 2010.6.26

Tâi-ôan tók-lėk 台灣獨立

2022 June

6月 27日

The New York Times.
TRUMAN ORDERS U. S. AIR, NAVY UNITS TO FIGHT IN AID OF KOREA; U. N. COUNCIL SUPPORTS HIM; OUR FLIERS IN ACTION; FLEET GUARDS FORMOSA

• 紐約時報頭版報導杜魯門派出第七艦隊援助台灣。

• 杜魯門發表台灣中立化宣言。

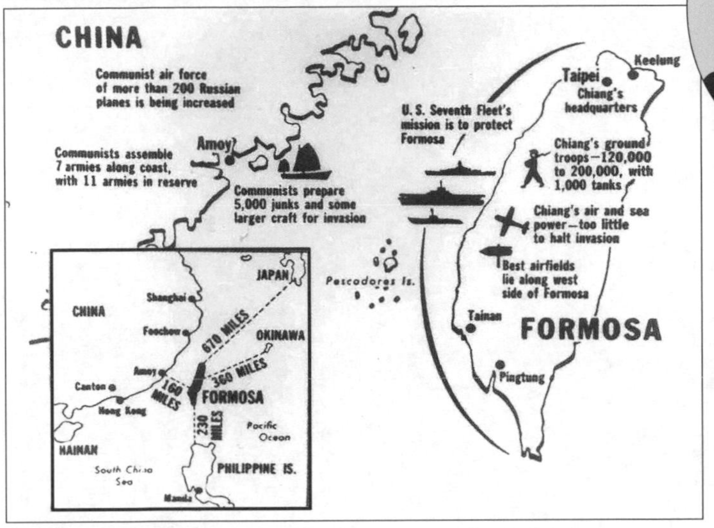

• 韓戰爆發時，西方軍事專家所製作的福爾摩沙與支那軍力比較圖。其中特別提到蔣介石的國民黨軍雖然擁有十二萬到二十萬的陸軍，但是根本缺乏海空實力而無法阻止侵略（Chiang's air and sea power- too little to halt invasion）。現代戰爭在海島的防禦佈署必須完全依賴強大的海空軍，否則下場就會跟沖繩戰一樣。台灣得以保全根本是靠美國第七艦隊，加上當時支那共產黨的海空實力相當落後，因此無法跨海侵略台灣。但是國民黨事後卻宣傳台灣得以守住是他們的功勞，實為無恥扯謊與狐假虎威的說法。

舊曆 五月廿九

石獅，食到爛肚。

清國時代的官府衙門前都會有一對石獅。連這對石獅都因為吃錢吃到腹肚爛掉，就知道官府貪汙貪了多少錢。看看戰後來到台灣的中華民國，不但貪污台灣人的公產私產，巧立各種名目強迫台灣人繳納，連美國給的龐大美援也歪哥，食到爛肚的清國石獅都比不上食到翻肚的中國蝗蟲。

晦月

禮拜一 lé - pài - it | MON 月曜

2022年 6月

日	一	二	三	四	五	六
			1	2	3	4
5	6	7	8	9	10	11
12	13	14	15	16	17	18
19	20	21	22	23	24	25
26	27	28	29	30		

台灣中立化宣言聲明日

1950.6.27

由於痛恨國民黨貪腐且不想捲入中國內戰，美國總統杜魯門曾在一九五〇年一月五日發表「不干涉台灣聲明」，表達拒絕防衛台灣與拒絕軍援中華民國的立場。然而到一九五〇年六月二十五日，韓戰爆發後，美國決定改變戰略方針，以全面圍堵共產勢力作為外交主軸。台灣也在美國戰略主軸的調整中蒙受其利，成為美軍保護傘中的一員。

韓戰爆發後第三天，也就是一九五〇年六月二十七日，杜魯門發表「韓戰聲明」，也被稱為「台灣中立化宣言」，內容提及台灣海峽必須中立化，並且聲明：「台灣若落入共產主義者手中，即直接威脅全太平洋區域的安全。我向第七艦隊下令阻止一切對台灣的攻擊。關於台灣未來的地位，必須等待太平洋地區的安全恢復之後，以及對日本的和平條約成立，或經過聯合國討論之後，再來作決定。」

此一「台灣中立化宣言」除了表明美國防衛台灣的決心以及台灣海峽中立化的內容，也揭露了美國認為「台灣地位未定」以及不信任國民黨的內部官方態度。根據美國史丹佛大學胡佛研究所研究員林孝庭考證美國華府官方檔案的研究，得知當時美國總統杜魯門對蔣介石與代表中華民國的國民黨政權相當反感，認為國民黨根本是「前所未見最腐敗的政權」，本來要放棄防衛台灣，任其自生自滅，所以才會出現杜魯門的「不干涉台灣聲明」。

直到韓戰爆發後，杜魯門才一改之前放棄防衛台灣的態度。事實上，早在二二八事件發生之前，美國政府就已知悉中華民國無能治台的事實，並透過駐台官員向蔣介石遞交杜魯門有關台灣地位未定論的聲明節略。也就是說這段「台灣中立化宣言」只是美國對「台灣地位未定論」的再次公開宣示而已。

泛統陣營於立院罷免陳水扁失敗 2006.6.27

Tâi-oân tok-li̍p
台灣獨立

2022
June
6月
28日

舊曆
五月三十

蝦米腰、橄欖跳。

形容人的腰像曬乾的蝦米一樣屈折，走路像橄欖跳動一樣輕巧，用來諷刺卑躬屈膝、狗腿奴才的樣子。看看馬英九跟那些國民黨籍官員民代，晉見共產黨官的時候，都是一副蝦米腰、橄欖跳的奴顏樣，中華民國四個字連個屁都不敢吭一聲，但是回到台灣又是一付頤指氣使的囂張樣。

多數國是會議代表贊成總統直選
改革中央體制上傾向加強總統職權、並盼以具民意的國代一次完成修憲

• 當時參與國是會議的代表多贊成總統直選，唯有馬英九持反對意見。

• 李登輝主持解嚴後首次國是會議。

• 當時的民進黨主席黃信介（左）也出席國是會議與李登輝詳談修憲事宜與台灣未來。

閏月

禮拜二
lé - pài - jī
TUE
火曜

2022年 6月

日	一	二	三	四	五	六
			1	2	3	4
5	6	7	8	9	10	11
12	13	14	15	16	17	18
19	20	21	22	23	24	25
26	27	28	29	30		

1990.6.28

解嚴後首次國是會議

中華民國在美國官方與台灣民主人士的雙重施壓之下於一九八七年七月十五日解除戒嚴。解嚴之後，台灣社會面臨殘留的國民黨保守勢力與落後的憲法制度等問題，出現了政府施政與民間期望脫節的嚴重落差。包括總統民選、萬年國代、地方選舉、中國政策、動員戡亂時期臨時條款等許多過時的制度與問題都亟待解決。

此時國民黨內出現了擁李登輝與反李登輝兩派的政治鬥爭，許多國民黨死硬派依舊固守著迂腐不堪的反民主思維，加上中華民國劫收台灣以來從未改選的萬年國民大會老賊與米蟲們又在一九九〇年三月通過自行延長任期的自肥修正案條款，終於引爆了野百合學運與來自台灣民間的巨大怒吼。時任總統的李登輝也決定利用這股來自民間的力量與學潮來反制國民黨的守舊派並順勢推動憲政改革。

李登輝當時同意了野百合學運代表的要求，決定於一九九〇年六月二十八日到七月四日召開解嚴後的首次國是會議。這次的國是會議邀集了一百五十位的各界代表在圓山飯店舉行議程。會議結束後，各界達成廢止動員戡亂時期臨時條款、修憲與回歸憲法等重要共識。而參與國是會議的多數代表都贊成總統直選與國會全面改選，唯有國民黨的守舊派包括馬英九本人相當反對總統由人民直選。

國是會議結束之後隔年，也就是一九九一年五月一日，實施多年的「動員戡亂時期臨時條款」隨即廢止，結束了以惡法戕害民主人權以及延續中國內戰思維的荒謬狀態。一九九二年，萬年國會開始全面改選，一九九六年開始首次中華民國體制內的總統民主直選。李登輝所召開的國是會議可說是影響台灣政治深遠的前置關鍵。

台獨聯盟舉辦六二八反中國併吞大會 1997.6.28

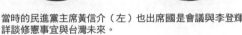

Tâi-oân tok-le̍k 台灣獨曆

2022
June

6月29日

舊曆 六月初一

有廟公，無廟厝。

早期比喻居無定所的羅漢腳，現在經常用來比喻只有一人明星卻缺乏團隊實力的泡沫政黨。看看台灣民眾黨或親民黨，全黨好像只剩柯文哲跟宋楚瑜，底下多是一群崇拜強人政治的盲從粉絲。柯粉跟宋粉早期多半是崇拜國民黨跟兩蔣馬英九的泛統華腦，因為腦袋始終轉不過來，現在也只能換個招牌繼續跪拜新教主。

• 黃爾璇出席台獨聯盟活動

• 黃爾璇像

• 甘做黨國打手的東吳大學前校長端木愷

• 黃爾璇也是民主進步黨的初始創黨黨員之一。

新月

禮拜三 lé - pài - saⁿ | WED 水曜

2022年 6月

日	一	二	三	四	五	六
			1	2	3	4
5	6	7	8	9	10	11
12	13	14	15	16	17	18
19	20	21	22	23	24	25
26	27	28	29	30		

東吳大學政治系事件

1983.6.29

中華民國強行劫收台灣並宣布戒嚴之後，開始長期實施限制自由與打壓人權的白色恐怖手段，其中對於培養高等專業人才的大學校園更是進行全面性的思想箝制與忠誠審查。中國國民黨在大專院校內部更是安插許多只忠於黨國的奴才教授與行政人員。台灣的私立院校有高達三成的比例是由國民黨所創辦，許多創辦者甚至就是國民黨安插的特務鷹犬，例如台南應用科技大學的創辦者唐縱就是蔣介石的軍統特務，明新科技大學的創辦者陳建中就是國民黨的特務主任，也是蔣經國的重要副手。在這種中華民國的黨國體制下，許多提倡自由民主的大學教授與知識份子便慘遭誣陷、調職、解聘以及整肅，例如殷海光就是其中最爲著名的案例。而八〇年代最爲知名的整肅案件例就是東吳大學政治系事件，又稱爲黃爾璇事件。

黃爾璇爲政治大學政治學博士，曾任教於政治作戰學校與中興大學，後來到東吳大學政治系擔任專任副教授。然而因爲他公開發表支持民主改革的言論而遭國民黨列入監視黑名單。國民黨開始在校園中對他羅織各種罪行，並指使特務行文給教育部與東吳大學，謊稱當時人還在中興法商學院兼課的黃爾璇帶學生去台北市議會聽黨外議員質詢。

國民黨還下令校園特務在東吳大學發放攻擊黑函，並指揮教育界鷹犬打手在會議中點名批判黃爾璇，甚至還動員東吳大學的國民黨籍老師集體排擠與攻訐黃爾璇。最後在一九八三年六月二十九日，黃爾璇突然接到東吳大學校長端木愷的解聘信函，後來被稱爲東吳大學政治系事件。此類國民黨介入校園整肅政治異己之事可謂屢見不鮮，也對台灣學術造成深遠的負面影響與劣幣驅除良幣的惡性循環。

江蓋世發起台灣自救之旅 1988.6.29

Tâi-ôan tók-lék
台灣獨立

2022 June
6月30日

舊曆
六月初二

飯會濫擅食，工課勿會濫擅做。

白飯可以亂吃，工作不可以隨便做。早期國民黨一黨獨大時期，工程發包都是交給親友、樁腳與四九中國人去做，導致一堆偷工減料與貪污回扣情事產生。就算是想要把工程做好的工頭工班，發現上面撥下來的款項都被貪光，也只能硬著頭皮做，結果就是發生一堆路垮橋塌的事件。

美國務院批准計劃
供應我學童營養餐
撥出價值五百七十萬美元物資
我須負担物資及款項輔助推行

• 一九六四年美國務院批准物資援助台灣。

• 台灣人熟知的美國援助麵粉袋

• 史明年輕時候的模樣

• 此為美國經合會工程顧問團（CIECD Engineering Consulting Group）的標章，前身為美援顧問團。

• 狄卜賽（V.S de Beausset）是來台美援工程顧問團的核心人物，也是協助台灣工業基礎建設的要角。

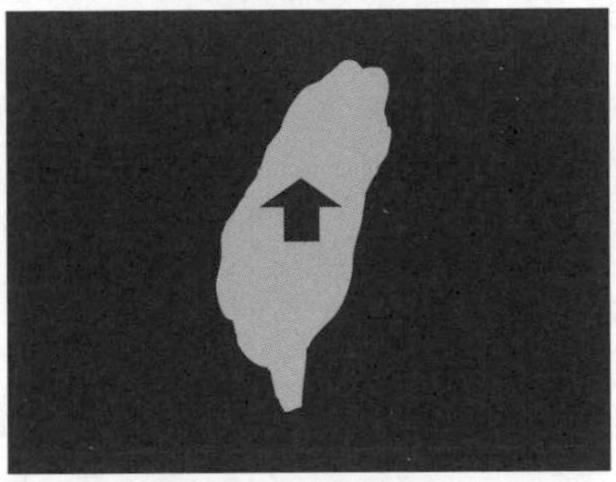

• 史明獨立台灣會的會旗。旗幟中向上的箭頭由三角形（代表斗笠，象徵農民）與長方形（代表斧頭，象徵工人）所組成，箭頭代表工農一體，台灣人一起往前邁進的意思。

纖月

禮拜四 lé - pài - sì | THU 木曜

2022年 6月

日	一	二	三	四	五	六
			1	2	3	4
5	6	7	8	9	10	11
12	13	14	15	16	17	18
19	20	21	22	23	24	25
26	27	28	29	30		

1967.6.30

史明獨立台灣會創立日

台獨先驅史明曾於一九四九在台灣秘密組織「台灣獨立武裝隊」準備用武力推翻中華民國，後因事跡曝光而於一九五二年逃亡日本並受到日本政府的政治庇護。他在東京池袋開設「新珍味」餐廳謀生，並將大多數的餐廳收入投入台獨運動。

在財務穩定之後，史明於一九六七年六月三十日在東京成立「獨立台灣會」，以「主戰場在島內」的行動準則與左獨路線執行在台的地下工作。「獨立台灣會」曾秘密訓練八百餘名的台獨運動工作者，其中有四人因從事革命而慷慨就義身亡，被捕坐牢者則高達八十一人，包括參與全國青年團結促進會案的顏尹謨以及被中華民國囚禁多年的黃華都曾加入獨台會。「獨立台灣會」對台獨運動影響甚深，直到今日仍然活躍於台灣街頭並積極推動台灣民族主義與獨立建國的理念。

1965.6.30

美國終止對台經援日

長期以來，中國國民黨將台灣在六〇與七〇年代的經濟起飛攬為己功，卻矢口不提美國政府對台灣的龐大金援與工程技術支援才是台灣經濟得以發展的關鍵。一九五〇年韓戰爆發後，美國政府憂心共產勢力擴大，決定對台進行大量金援並派工程顧問團前來台灣協助基礎建設。

從一九五一年到一九六五年，台灣每年獲得美國約一億美元的資助與貸款，大量美援物資也從美國源源不絕送到台灣。美國為了避免貪汙成性的國民黨將美援貪進私人口袋中，還特別派遣懷特工程顧問公司與工程師狄寶賽前來台灣主導經濟建設計畫，協助台灣道路、橋樑、堤壩、港口、電廠等建設與天然資源的開發，並指導教育中華民國技術官僚。等到台灣經濟穩定之後，美國遂於一九六五年六月三十日終止對台的經援。

1980.6.30

英國歸還淡水紅毛城給台灣

七月

民の欲するところ
常にわが心に

◆李登輝逝世日。【詳見七月三十日。】

2022 July

7月 1日

2022年 7月

日	一	二	三	四	五	六
					1	2
3	4	5	6	7	8	9
10	11	12	13	14	15	16
17	18	19	20	21	22	23
24	25	26	27	28	29	30
31						

禮拜五 lé - pài - gō

FRI 金曜

舊曆 **六月初三**

眉月

一暝全頭路，天光無半步。

一整晚滿腦充滿各種想法計劃，但是天一亮卻什麼都做不出來，比喻人眼高手低，徒有空想，卻無法實現。蔣介石來台灣之後，拖著台灣人去打他們中國人的內戰，還提了一堆「反攻大陸」的空想方案，例如「國光計畫」，最後通通跳票無半步，還害死了一堆無辜的阿兵哥。

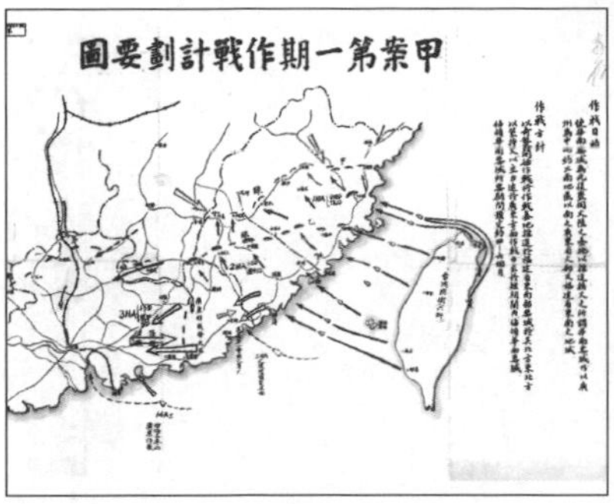

• 國防部解密的「反攻大陸作戰計劃圖甲案」。

• 一九六三年，蔣經國曾到華盛頓向美國總統甘迺迪推薦蔣介石的「反攻大陸」計劃，卻被甘迺迪認為是紙上談兵。

• 支那民國海軍在東山海戰（又稱八六海戰）中慘敗，倖存人員被支那人民共和國軍隊俘虜。蔣介石才因此對「反攻大陸」死心，並且開始裁撤「國光計畫」。

• 支那民國的海軍陸戰隊登陸戰車LVT 俗稱水鴨，又稱為鐵棺材。一九六一年蔣介石到左營桃子園海岸觀看「成功一號」模擬登陸作戰。當時風浪極大，支那民國將領與蔣介石因為死要面子仍執意放登陸艇下水，結果連續沉沒五艘，直到美軍顧問團士官長阻止才停止荒謬的軍演，最終造成六十一名海軍陸戰隊員溺斃死亡。

1972.7.1

國光計畫辦公室裁撤

中華民國於一九四九年在中國全面覆亡之後，流亡來台的蔣介石與國民黨將官一開始仍然抱持著反攻中國的企圖，並於一九五六年起陸續在各地成立作戰計畫辦公室，研擬各種反攻推演與想定。由於中華民國國防部在一九六一年組成「國光計畫室」來執行任務編組，所以「反攻大陸」的作戰計畫後來又被統稱為「國光計畫」。

蔣介石當時還秘密聘請日本軍官團「白團」來訓練戰術技能薄弱的中華民國軍官，包括郝柏村等人都曾經接受過日本軍官的訓練與指導。「國光計畫」一共提出「敵前登陸」、「敵後特戰」、「敵前襲擊」、「乘勢反攻」、「應援抗暴」五大方向的作戰計畫，試圖趁中國勢弱與內亂的時候從中國福建沿海進行大規模的渡海登陸作戰，隨後建立軍事據點再逐步攻佔領土以完成「統一大業」。

然而當時的美國政府為了避免捲入中國內戰，極力反對蔣介石想要利用美援來反攻中國的意圖。而且已經駐台的美軍顧問團早已看清「國光計畫」多是紙上談兵的想像，因此派人全面監控國民黨軍情。當時蔣介石甚至異想天開地想把台灣監獄的囚犯與不聽話的學生給送去前線打仗，以彌補兵源不足的問題。更誇張的是被視為極機密的「國光計畫」其實早已全盤被中華人民共和國的間諜所掌握。

直到一九六一年，發生左營外海兩棲登陸車被海浪打翻的死亡事件，以及一九六五年海軍兩艘軍艦遭中國解放軍魚雷艇擊沉事件（又稱「八六海戰」，共有近兩百名中華民國官兵死亡）之後，蔣介石才真正對「反攻大陸」死心，並且開始裁撤「國光計畫」人員。一九七二年七月一日，國光計畫辦公室正式裁撤，也宣告中華民國放棄武力反攻的意圖。

菲律賓台籍日本兵曹輝樂返台 1978.7.1

Tâi-oân tok-li̍p 台灣獨立

2022 July 7月2日

舊曆 六月初四

有人興燒酒，有人興豆腐。

有人喜歡喝酒，有人喜歡豆腐，比喻人各有志。這句俚語並不適合用在台灣政黨的選擇之上，原因是善惡是非的抉擇與嗜好興趣的選擇是完全不同的事情。一個是充滿屠殺歷史的中國黨，一個是推動民主自由的台灣黨，不能將之等化成如同顏色喜好或是食物口味的偏好選擇。

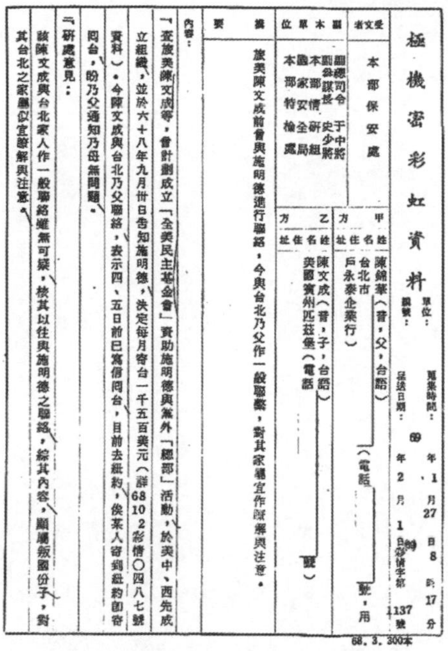
極機密彩虹資料

單位：
編號：

蒐集時間：69年1月27日8時17分
呈送日期：69年2月1日(69)彩情字第1137號

受文者：本部保安處

副本單位：副總司令于中將、副參謀長史少將、本部情研組、國家安全局、本部特檢處

甲方 姓名：陳錦華（昔，父，台語）住址：台北市（電話……號，用戶永泰企業行）

乙方 姓名：陳文成（昔，子，台語）住址：美國賓州匹茲堡（電話……號）

摘要：旅美陳文成前曾與施明德進行聯絡，今與台北乃父作一般聯繫，對其家屬宜作瞭解與注意。

內容：

「查旅美陳文成等，曾計劃成立「全美民主基金會」資助施明德與黨外「總部」活動，於美中、西先成立組織，並於六十八年九月卅日告知施明德，決定每月寄台一千五百美元（詳68 10 2彩情〇四八七號資料）。今陳文成與台北乃父聯絡，表示四、五日前已寫信回台，目前去紐約，俟某人寄到紐約即寄回台，盼乃父通知乃母無問題。

「研處意見：

該陳文成與台北家人作一般聯絡雖無可疑，核其以往與施明德之聯絡，綜其內容，顯屬叛亂份子，對其台北之家屬似宜瞭解與注意。

68. 3. 300本

• 促進轉型正義委員會公佈中國鷹犬警備總部監聽陳文成的機密記錄「彩虹資料」。檔案資料中可見陳文成與親友於命案發前後，都遭到嚴密監控。警總對陳文成在美國動態的掌握來自於當地的抓耙仔或是間諜線報。中華民國情報機構還試圖隱匿落體實驗的結論。經手陳文成案的警總保安處三組組長鄒小韓上校也於案發後退伍移民美國，更顯見支那人預謀殺害陳文成的內情並不單純。

• 陳文成像

• 陳文成與妻子陳素貞（左）的合照，一對原本有著幸福未來的夫妻就這樣被蔣經國及其鷹犬給抹殺。

四日月

禮拜六 lé - pài - la̍k SAT 土曜

2022年 7月

日	一	二	三	四	五	六
					1	2
3	4	5	6	7	8	9
10	11	12	13	14	15	16
17	18	19	20	21	22	23
24	25	26	27	28	29	30
31						

陳文成事件紀念日

1981.7.2

陳文成，生於一九五〇年一月三十日，台北縣人。出身於廟宇雕刻世家，原屬小康家境，其父親陳庭茂曾投資茶園，然而戰後台灣經濟崩壞，陳家也陷入貧困。陳文成雖出身貧苦，但是年少時學業表現優異，一路從建國中學念到台大數學系。一九七五年退伍後，考上台大數學研究所，隨後前往密西根大學數學研究所攻讀碩士與博士，還取得美國精算師資格，以第一名成績取得博士學位，被卡內基美隆大學聘爲助理教授，成爲統計學界的明日之星。

陳文成在赴美前對中華民國迫害台灣人的歷史一無所知，直到在美國接觸到海外資訊並親眼目睹到拿國民黨金錢打小報告的「職業學生」才因此覺醒。他開始積極參與政治活動、關懷台灣議題並在通訊刊物上發表文章，甚至募款資助在台灣的「美麗島雜誌」，因此被國民黨的警總特務給盯上。

一九八一年五月二十日，赴美留學與工作長達六年的陳文成帶著妻子與新生兒返回台灣與家人團聚。當時距離林宅滅門血案僅一年多的時間而已。警總不但全程跟監陳文成，還以他資助「美麗島雜誌」與暢談民主的理由對他進行強制約談。原來陳文成要在七月一日返美，警總卻故意不發出境證給他。

七月二日上午，警總派出三名身材壯碩的人前往陳文成家中把人押走。隔日七月三日，陳文成的屍體就被發現在台灣大學研究生圖書館旁草地，死時僅三十一歲。而國民黨官方的驗屍報告卻以荒謬的「恍神頭暈」、「畏罪自殺」等互相矛盾的誇張理由作結。其父陳庭茂在觀看驗屍解剖後堅稱陳文成是被刑求致死。命案至今仍找不到兇手。此事件也引發海外台灣人的憤怒與美國政府關注，後來的美國電影「被出賣的台灣」就是據此事件所改編拍成。

國民黨員林益世因收賄被收押禁見 2012.7.2

Tâi-ôan tók-lėk 台灣獨曆

2022 July
7月3日

舊曆 六月初五

台北人驚食，下港人驚掠。

台北人招待吃飯非常小氣，下港人卻怕去警察局跟官府報到。這是一句調侃城鄉差異的俚語。台北物價貴居不易，南部鄉親來到台北會覺得台北人招待吃飯很小氣。下港人因為民情純樸，沒有見識過中國人群聚的天龍國險惡，所以很怕到官府與警察局報到。這句話也可以換成「府城人驚食，草地人驚掠」。

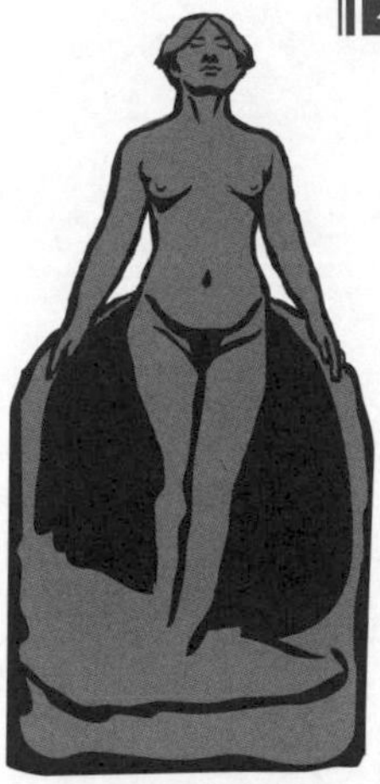
•黃土水的雕塑作品「甘露水」。

•黃土水像

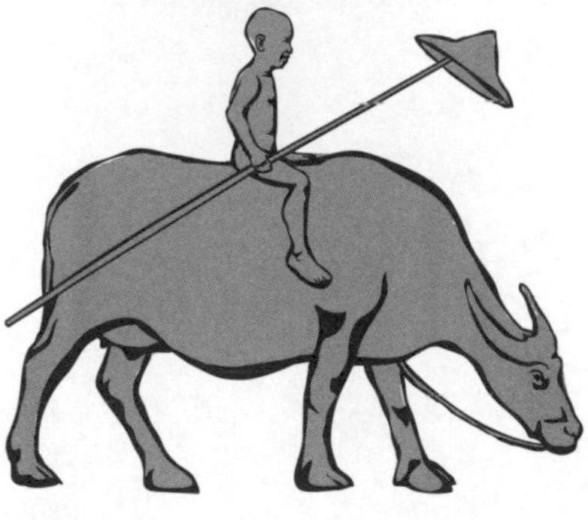
•黃土水的浮雕作品「水牛群像」（局部）。

•黃土水的雕塑作品「釋迦出山」。

五日月

禮拜日 lé - pài - jit

SUN 日曜

2022年 7月

日	一	二	三	四	五	六
					1	2
3	4	5	6	7	8	9
10	11	12	13	14	15	16
17	18	19	20	21	22	23
24	25	26	27	28	29	30
31						

1895.7.3

黃土水誕生日

◆台灣天才雕刻家

黃土水，一八九五年七月三日生於台北艋舺祖師廟的後街。因爲家境清貧，他在十二歲的時候（一九〇六年）才到艋舺公學校就讀。同年因爲從事三輪車木工修復的父親過世，母親帶他投靠繼承父親家業的二哥，因此搬遷到充滿佛雕店的大稻埕街區。黃土水就在父兄與環境的催化影響下，對雕刻產生了濃厚的興趣。

一九一二年，黃土水考上台灣總督府國語學校公學師範部，就學期間在「美術」與「手工」方面表現傑出，藉著作品「鐵拐李」通過審查免試進入東京美術學校雕塑科就讀，並獲得校長隈本繁吉與總督府民政長官內田嘉吉的賞識推薦，爲他爭取前往東京就讀的獎學金。一九一五年，他從國語學校畢業之後，前往東京美術學校深造，成爲該校第一位的台灣留學生，也是台灣人留日學習美術的第一人。

黃土水留學日本期間，全心貫注於雕刻藝術之上，技藝因此更爲精進。其「山童吹笛」、「甘露水」等作品四度入選帝國美術展覽會，也是第一位入選日本帝展的台灣人。一九二六年，他爲故鄉艋舺龍山寺完成「釋迦出山」木雕（後毀於二戰時美軍轟炸，幸有石膏翻模保留。）一九三〇年，黃土水在忍病完成「水牛群像」的作品之後，就因腹膜炎於十二月二十一日逝世，年僅三十六歲。

黃土水曾感慨台灣人身處美麗之島，卻忽略自身的獨特文化。他認爲台灣不能和中國傳統雕刻一樣，只有千篇一律的廟宇建築，必須要創造自己的「福爾摩沙」藝術。二戰後中華民國來台，黃土水的作品因爲充滿強烈台灣意識，遭到中國人刻意打壓達半世紀之久，其生前傑作「水牛群像」被擱置在台北中山堂角落蒙塵，直到九〇年代才重新被注意。

民進黨團於立院完成國安五法修正 2019.7.3

Tâi-oân tók-li̍p 台灣獨立

2022 July

7月4日

舊曆 六月初六

烏狗偷食，白狗受罪。

比喻冤枉受委屈。當過中華兵的台灣人都知道，支那的治軍傳統就是能撈則撈，一堆裝備彈藥不是被貪走，就是被人偷走。結果最倒楣的就是承接業務的基層士官兵，很多人還得自己貼錢買裝備，所謂「烏狗偷食，白狗受罪。」

• UFI主席陳以德（左）與威斯康辛大學「台灣問題研究會」負責人周烒明醫師（右）共同具名邀請全美各地的台獨團體代表或有志之士來整合北美的台獨組織。

• 洪仲丘像

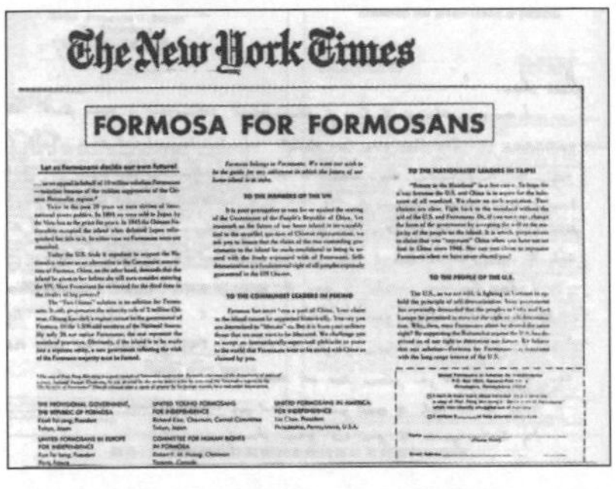

The New York Times

FORMOSA FOR FORMOSANS

• 一九六六年，全美台灣獨立聯盟成立後，在紐約時報上刊載「台灣自救宣言」，這也是第一次由海外台獨團體聯合具名刊出的文宣。

• 洪仲丘的全家福像，右後為洪仲丘的姊姊洪慈庸。

2022年 7月

日	一	二	三	四	五	六
					1	2
3	④	5	6	7	8	9
10	11	12	13	14	15	16
17	18	19	20	21	22	23
24	25	26	27	28	29	30
31						

六日月

禮拜一 lé-pài-it MON 月曜

2013.7.4 洪仲丘事件

二〇一三年七月四日，中華民國陸軍義務役士官洪仲丘在退伍前夕，因攜帶照相手機入營而受到關禁閉處分，隨後遭到軍中長官惡意虐待，導致熱衰竭與橫紋肌溶解症死亡。此事件引發群情譁然，也連帶引爆多年來台灣人對於中華民國軍隊的糟糕管教與眾多積弊的怨恨。事件之後，國防部偵查內容疑點重重，加上當時總統府承諾移交一般司法審理跳票，使得民眾相當不滿，在網路上串連上街抗議。

二〇一三年八月三日，有高達十數萬的民眾前往凱達格蘭大道參與「萬人送仲丘」的抗議活動。由於活動訴求軍中黑幕要「真相大白」，便要求參與民眾身穿白上衣，因此又稱「白衫軍運動」。事件結束後，立法院通過修正「軍事審判法」，將非戰時的軍人刑案交由一般司法機構偵辦。洪仲丘的姊姊洪慈庸後來也因此事而投身政治並當選立法委員。

1966.7.4 全美台灣獨立聯盟成立

一九六六年七月四日，「全美台灣獨立聯盟」（簡稱UFAI）於美國紐約成立。聯盟成立的原因是受到一九六四年彭明敏師生發表「台灣人自救宣言」以及一九六五年廖文毅回台投降的影響，使得北美洲的台獨團體亟思整合。「全美台灣獨立聯盟」訂出四大工作方案：一、刊登台灣人追求民主、自由和獨立的廣告。二、將聯盟總部設在紐約，鼓勵盟員畢業後儘量在紐約找工作。三、「自由長征」，派盟員巡迴各大學，宣揚獨立思想。四、發行文宣刊物Formosagram。

「全美台灣獨立聯盟」成立後，對於海外台灣留學生的思想啟蒙工作、台灣意識鼓吹、傳播獨立建國理念、發掘獨立運動領導人才及經濟上的支援做出了重大貢獻。其中「自由長征」共訪問了全美三十個大學城，整合了不少台灣同鄉和學生組織。

World 美國獨立日 1776.7.4

2022 July

7月5日

舊曆 六月初七

七日月

禮拜二 lé - pài - jī

TUE 火曜

死鴨硬喙盃。

鴨子就算死了，嘴巴一樣很硬，用來比喻死不認錯的人。戰後中國人來到台灣幹了許多傷天害理的事情，但是卻始終未見這些高官鷹犬對他們的惡行正式道歉，可說是死鴨硬喙盃，難怪台獨先驅金美齡會說中國人的民族性就是死不認錯。

• 七五事件之後，中國開始大規模濫捕維吾爾族年輕人，圖中的維吾爾人父親拿出他失蹤兒子的照片。

• 維吾爾族女子Mihrigul Tursaun遭中國迫害並被送至集中營關押，導致她生下的嬰兒死亡，同時還遭到殘酷刑求與藥物控制。

• 中國政府如同納粹一樣在新疆廣設大型集中營關押與殺害維吾爾人，並且不時對男性施打毒針使其失去生殖能力。

• 東土耳其斯坦的獨立旗。

2022年 7月

日	一	二	三	四	五	六
					1	2
3	4	5	6	7	8	9
10	11	12	13	14	15	16
17	18	19	20	21	22	23
24	25	26	27	28	29	30
31						

World 2009.7.5

東土耳其斯坦七五事件

從一九四九年開始，中國人民解放軍進入東土耳其斯坦（新疆）之後就開始了對維吾爾族與哈薩克族的清洗大屠殺。造成維族與哈薩克族共二十萬人逃亡他國。而留在新疆的維族卻因爲中國施行的大量移墾政策、洗腦教育與文化控制手段而感到絕望與憤怒。中國人全面壟斷水、電力、瓦斯與工商事業重要位置的做法也造成維吾爾人等族的高失業率，並且逐漸累積成種族仇恨的結果，最終引爆爲多次的大型暴力衝突。

二〇〇九年七月五日，中國新疆維吾爾自治區首府烏魯木齊市再次爆發大規模的種族暴力衝突。起因是中國廣東省韶關市發生維漢的種族鬥毆事件，有兩名在家鄉失業而被迫到廣東玩具工廠討生活的維吾爾員工在鬥毆中喪命。此事件因此引爆維吾爾人長期對中國人的積怨，決定在七月五日上街抗議。

七月五日這天，上萬名維吾爾人上街在烏魯木齊市示威抗議，要求中國政府對韶關玩具工廠事件的兇手追究嚴辦，以維護維吾爾人的權益。然而中國政府卻派出軍警驅散並逮捕和平請願的維吾爾人，不從者則遭到中國軍警開槍血腥鎮壓。此事導致維族與漢族的全面暴力衝突。中國軍隊開槍掃射的聲音也被攝影鏡頭錄下並被公開在網路上。

漢人因爲長期接受中國政府醜化維吾爾人的宣傳，也對維人產生仇視心理，導致後續七月七日有數萬名漢人手持木棍鐵棒上街，見維族人就打砸搶殺的攻擊事件。此次種族衝突暴力事件最終造成多人死傷，然而因爲中國全面封鎖消息，使得死傷人數不詳。事件之後有多名維吾爾人遭到中國政府判處死刑。而世界維吾爾代表大會則承認策劃此次示威，並呼籲國際社會對事件眞相展開調查。

國民黨雲林縣長張榮味收賄判刑八年確定 2018.7.5

舊曆 六月初八

> 憨死囝仔睏中晝。

蠢蛋還在睡午覺，比喻不知死活的傻子。很多人對於中國有著不切實際的想像，以為靠著善良就可得到好的回報。整天大做十四億市場的春夢，卻不知代價就是拿你的主權與性命安全來換。憨死囝仔睏中晝，怎麼死的都不知道。

7月6日

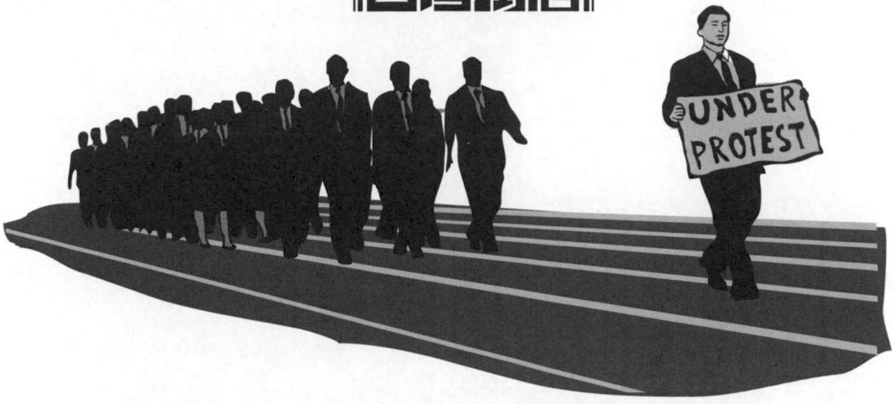

• 1960年羅馬奧運，國際奧會想要以Formosa的正常名稱來稱呼台灣奧運代表隊，但是中華民國官員竟然為了抗議隊名不能用China（支那）一詞，而讓領隊使用抗議中（Under Protest） 的字牌進場，可說愚蠢至極。

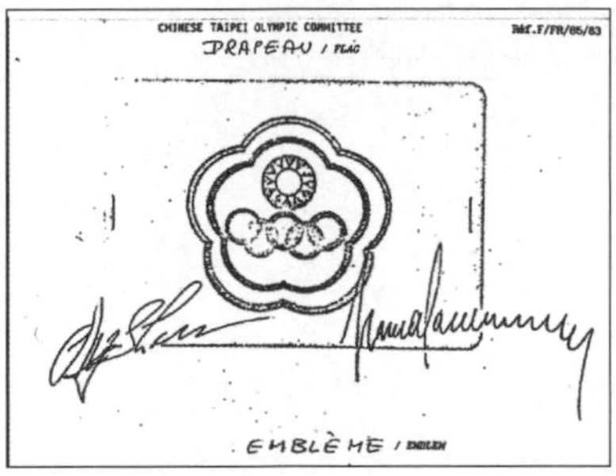

• 圖為愚蠢的國民黨政府代表與國際奧會所簽下的「洛桑協議」內頁與中國台北標誌設計。

〔美聯社蒙特婁十六日電〕中華民國今天拒絕以臺灣名義參加本屆奧運，並宣佈退出比賽。

國際奧會向加拿大政府壓力低頭，投票改變規則，爲蒙特婁奧運會把中華民國改爲臺灣。不出卅分鐘，中國代表團長丁善理即在記者會上宣稱此項條件不能接受。

〔合衆國際社蒙特婁十六日電〕國際奧林匹克委員會今天以五十八票對兩票，六票缺席通過改變其規則，俾使臺灣能夠在本屆奧運會中參加比賽。

國際奧委會的決議說，它是「在非常勉強下」，也是在加拿大政府的壓力下，完成了這一修改。

國際奧委會的這一最後決定，已完全留待中華民國代表隊去決定它是否要以臺灣的名義在明日開始的奧運會中加入比賽。

【本報記者王宗嵩洛杉磯十六日上午九時電話】據淩晨來自加拿大蒙特婁的我國奧運代表團消息說，我代表團將於今天向國際奧林匹克委員會發表聲明，嚴詞拒絕加拿大政府要我國以「臺灣」名義參加本屆奧運，倘使中華民國的國號、國歌與國旗同時出現奧運會中不被接受，我國將堅持退出本屆蒙特婁奧運的原則。

• 一九七六年七月六日，加拿大蒙特婁奧運的外電報導，內容提及中華民國政府拒絕以台灣名義參加奧運的愚蠢行為。

上弦月

禮拜三 lé - pài - saⁿ | WED 水曜

2022年 7月

日	一	二	三	四	五	六
					1	2
3	4	5	6	7	8	9
10	11	12	13	14	15	16
17	18	19	20	21	22	23
24	25	26	27	28	29	30
31						

1976.7.6 加拿大拒發奧運簽證

台灣長期在國際賽事與國際組織中的命名遭到矮化或是被誤認爲中國的一省，中國國民黨其實就是肇禍的主因。中華民國在一九四九年流亡來台後，又於一九七一年被踢出聯合國的席位。然而已流亡台灣多年的蔣氏父子與國民黨高官始終不願意面對國際現實，依舊堅持自己才是正統中國的代表。此種不顧時空變化的冥頑心態也讓台灣陷入了長期的國際困局當中。而造成台灣困境的其中關鍵就是國民黨對於「奧運模式」的處理態度與手法。

一九七六年七月六日，加拿大政府鑒於「中華民國已經不能代表中國」的理性判斷，拒絕發簽證給台灣的奧運代表團，並且要求我國應該要以「台灣」的名義參賽。當時曾拿過奧運獎牌的楊傳廣、紀政等人還先行入境加拿大並與該國交涉，希望可以有轉圜的空間。

經過折衝協商後，奧委會主席與加拿大總理甚至同意台灣代表團可以手持「青天白日滿地紅」的黨國旗和演奏三民主義的黨國歌。然而當時蔣介石與行政院長蔣經國仍然無法接受這樣的寬鬆條件。最終滯美等待簽證的台灣奧運代表團竟然就因蔣氏父子的決定而被迫退賽返台。事實上這不是台灣代表團第一次退賽，早在一九五二年芬蘭赫爾辛基奧運，蔣介石也以「漢賊不兩立」的迂腐理由宣布退賽。

經過一九七六年加拿大退賽事件之後，中華民國政府官員與國際奧運委會談判，最後竟然以「中國台北」（CHINESE TAIPEI）當作台灣的奧運隊名，並在一九八一年三月二十三日簽署「洛桑協議書」確定了荒謬的隊名與參賽會旗、會徽。此一「洛桑協議」影響深遠，導致後來 APEC、OECD、WHO等國際組織都以「中國台北」稱呼台灣，可說遺害無窮。

台獨先驅宗像隆幸逝世日 2020.7.6

Tâi-oân tok-li̍p 台灣獨立

2022 July

7月 7日

舊曆 六月初九

節氣 小暑

台諺云：小暑過，一日熱三分。意謂小暑一過，天氣會一天比一天熱。

• 廖文毅像

• 郭秋生像

• 曾任盟軍參謀長的美國特使魏德邁。

• 作家黃石輝主張用台灣話寫文，郭秋生也寫文呼應之。

九夜月

禮拜四 lé - pài - sì | THU 木曜

2022年 7月

日	一	二	三	四	五	六
					1	2
3	4	5	6	7	8	9
10	11	12	13	14	15	16
17	18	19	20	21	22	23
24	25	26	27	28	29	30
31						

1931.7.7 郭秋生提台灣白話文主張

郭秋生誕生於一九〇四年二月八日，台北新莊人。他曾在台灣的公學校接受日文教育，也曾在私塾學習漢文，後來到中國廈門的集美中學就讀。返台後任職於台北市大稻埕的江山樓飯店，因此開始與文人雅士結交，並且利用空閒的時間進修以及寫作。一九三〇年，台灣文藝協會成立時，出錢出力的郭秋生還曾經擔任過幹事長。

一九三一年七月七日，郭秋生爲了支持作家黃石輝用台灣話寫文的主張，在「台灣新聞」上發表「建設台灣白話文一提案」的兩萬字長文。此文提及將台灣話以漢字呈現的方法原則，並鼓勵多創台語新字。他希望藉此台灣話文運動來達到凝聚台灣民族意識的結果，然而後來卻因日本施行皇民化以及日中戰爭爆發而中止。二戰後中國人據台，郭秋生從此放棄台語寫作並轉而經商，逝於一九八〇年。

1947.7.7 廖文毅提台灣問題意見書

一九四七年七月七日，曾任盟軍參謀長的美國特使魏德邁（Albert Coady Wedemeyer）來台灣訪問。當時被中華民國政府列爲「二二八叛亂主犯」的廖文毅人在上海，他隨即派人對魏德邁提出「處理台灣問題意見書」，試圖影響美國對台的政策。

意見書內容除了批評中華民國政府來台後的種種貪腐暴斂罪狀與陳述二二八起義抗暴事件，也表示美國應該准許台灣人派代表出席日本和約會議，而且台灣代表應該要有發言權。意見書還提及台灣的歸屬問題，應在對日和約會議重新討論，但必須尊重台灣人的意志。台灣歸屬問題應該舉行公民投票來表決，但在舉行公民投票之前，應准台灣人脫離中國，而暫時置於「聯合國託管理事會」管理之下。廖文毅的意見書引發美國與國際媒體的注意，也形塑了日後台灣託管運動與台灣地位未定論的基礎。

1995.7.7 台灣畫家李石樵逝世日

2022 July

7月 8日

舊曆 六月初十

十條番薯九條臭香。

十條番薯裡面有九條臭酸腐爛。比喻一堆爛貨以及一無可取。看看泛統派政黨，像是國民黨、統促黨、台灣民衆黨裡的貨色，十個有九個都是爛貨。十條番薯九條臭香就是用來形容這些泛統混帳。

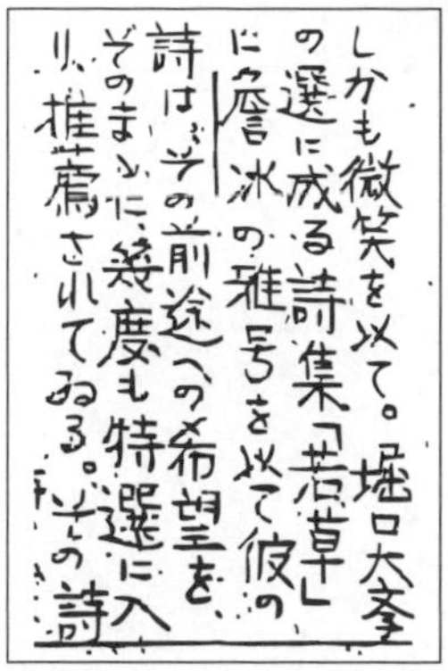
しかも微笑を以て。堀口大學
の選に成る詩集「若草」
に詹冰の雅号を以て彼の
詩は其の前途への希望を、
そのまゝに、幾度も特選に入
り推薦されてゐる。其の詩

• 詹冰曾於「潮流」發表日文詩，獲得詩人同儕的好評：「他的詩作，照著他對自己前途的希望，以詹冰的雅號，曾幾次特別選入堀口大學編選的詩集『若草』，也獲得推薦。」

• 詹冰像

角　角
黑
攪動黑字型的臉
同心圓的波紋就繼續地擴開
等波長的橫波上
夏天的太陽樹葉在跳扭扭舞
水牛浸在水中但
不懂阿基米得原理
角質的小括號之間
一直吹過思想的風
水牛以沉在淚中的
眼球看上天空白雲
以複胃反芻吉默
傾聽歌聲蟬聲以及無聲之聲
水牛忘卻炎熱與
時間與自己而默然等待也許
永遠不來的東西
只
等待等待再等待！

• 詹冰的圖像詩「水牛圖」。

• 詹冰的圖像詩「自畫像」。

十日夜

禮拜五 lé - pài - gō

FRI 金曜

2022年 7月

日	一	二	三	四	五	六
					1	2
3	4	5	6	7	8	9
10	11	12	13	14	15	16
17	18	19	20	21	22	23
24	25	26	27	28	29	30
31						

詹冰誕生日

1921.7.8

◆台灣現代詩先驅

詹冰，一九二一年七月八日出生於苗栗卓蘭（新竹州大湖郡）。家境小康，自小涉獵各種讀物，因此啓蒙甚早，公學校畢業後考上台中一中，當時他就開始以日文寫俳句詩。台中一中畢業之後，於一九四二年到日本求學，因爲父親勸說而放棄文科，改讀明治藥專。雖然如此，他依舊不改其文學志趣，持續在日本刊物上發表新詩，並受到日本名詩人堀口讚賞，也確立了他走向文學創作的方向。

詹冰在日本求學期間與林亨泰、張彥勳、蕭金堆等人發起了學生社團「銀鈴會」，並創辦「緣草」詩刊。一九四四年，詹冰在日修業結束後搭船返台，於隔年結婚並在苗栗家鄉開設藥局。二戰結束後，日本戰敗，中華民國來台代管，全面推行北京話教育並禁絕日文與台語等母語。他也因此面臨失語與無法用日文創作新詩的境況。

面對中華民國禁絕母語的嚴厲政策，詹冰只好重新辛苦地學習北京話，也因此產生了十多年創作空窗期，直到多年後才又再度發表以中文寫成的詩作。由於中華民國來台後進行軍事戒嚴並大興文字獄，詹冰等人成立的新詩團體「銀鈴會」有多名成員因興言而被逮捕與遭特務騷擾，只好被迫解散，他本人也改以撰寫大量看似天眞純潔的兒童詩。

詹冰曾創作一首名爲「遊戲」的新詩，內容講述一群小孩子玩角色扮演遊戲，姐姐扮演老師，弟弟扮演學生，而最小的妹妹因爲什麼都不懂，所以大家就決定讓她當校長。此詩藉由童言童語暗諷黨國介入學術的墮落現象，實屬高明手法。詹冰鼓勵詩人以良心寫作，與黨國詩人余光中形成對照。詹冰是最早實驗圖象詩的台灣詩人，晚年創作結合日式俳句的十字詩，於二〇〇四年三月二十五日逝世。

World

美國海軍艦長培里率黑船到達日本浦賀　1853.7.8

Tâi-oân tok-le̍k 台灣獨立

2022 July

7月9日

舊曆 六月十一

你鬼，我閻羅。

你是鬼的話，我就是閻羅王，此句俚語專門用來對付挑釁的小人。惡人無膽，對付像中國這樣的惡人，你必須比他精明、更兇狠、更膽大，才能阻嚇中國侵略進犯的意圖。

• 李登輝接受德國之聲記者克納伯（Gunter Knabe）的專訪，並且提出台灣與中國的關係是特殊的國與國關係。這次的專訪是李登輝幕僚精心規畫一年多的計劃，也成為轟動國際的重大事件。

中台は「特殊な国と国の関係」

• 圖為日本產經新聞在二〇一九年對李登輝的系列報導，內容為肯定李登輝對台灣民主的貢獻與劃分台灣與中國之間特殊國與國關係的重大成就。

• 深諳支共思維的前台共與二七部隊成員的曾永賢，同時也為李登輝所倚重的國安策士，就是建議提早出手以兩國論反制支那一國兩制騙局的幕後功臣。

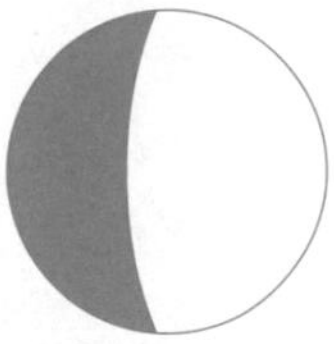

十一夜

禮拜六 lé - pài - la̍k | SAT 土曜

2022年 7月

日	一	二	三	四	五	六
					1	2
3	4	5	6	7	8	9
10	11	12	13	14	15	16
17	18	19	20	21	22	23
24	25	26	27	28	29	30
31						

1999.7.9

李登輝發表兩國論

一九九九年七月九日，時任中華民國總統的李登輝在接受國際媒體「德國之聲」訪問的時候，對於記者提出中國把台灣視爲「叛離的一省」的問題，做出了以下的回應：「一九九一年修憲以來，已將兩岸關係定位在國家與國家，至少是特殊的國與國的關係，而非一合法政府，一叛亂團體，或一中央政府，一地方政府的『一個中國』的內部關係。…北京政府將台灣視爲『叛離的一省』這完全是昧於歷史與法律上的事實…一九九一年的修憲後，兩岸關係定位在特殊的國與國關係。」

李登輝對於「德國之聲」所提出的答覆後來被通稱爲「兩國論」，除了正式宣告打破兩蔣時代自視爲中國法統與自認依舊統治全中國的荒謬思維，也明示了從未統治台灣任何一天的中華人民共和國並沒有任何正當理由宣告台灣是中國的一部分。

李登輝之所以在國際媒體上公開宣示「兩國論」，其實是源自於情報單位顯示中華人民共和國想要藉由一九九九年十月一日國慶五十週年之時宣布「以一國兩制的香港模式統一台灣」的聲明。李登輝爲了制敵機先與避免落入話語圈套，便選擇提前在七月九日提出「兩國論」。

李登輝此一公開聲明當然也激怒了中華人民共和國以及長期滯留台灣的中國統派。中國政府隨後決定取消海協會會長汪道涵的訪台計劃，並全面停止海協、海基兩會交流機制。然而當時台灣民意對於兩國論卻是顯示多數贊成的狀態。李登輝隨後又於十月底投書給美國的「外交季刊」，再度闡述「特殊國與國關係」的內容。李登輝在卸任總統前大張旗鼓宣示「兩國論」，原因也是希冀日後接棒的新政府，仍然可以守住他所劃下的國家主權底線。

美軍攻占塞班島 1944.7.9

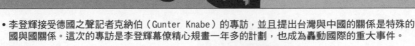

2022
July

7月10日

舊曆 六月十二

十二夜

禮拜日 lé - pài - ji̍t

SUN 日曜

> **騎車無用後架，胸前結油食粿。**
>
> 形容日本時代的新潮仕紳打扮。當時的新潮人士騎著孔明車（腳踏車）時後方不會接載貨架（當時腳踏車後方多接貨架），身穿白襯衫，胸前還會打領帶（當時的領帶又俗稱油食粿，也就是現在說的油條），可說走在時尚與文明開化的前端。

•「民俗台灣」匯集了日治時代相當重要的人文研究與民俗介紹。

•台灣首位社會學博士陳紹馨也是刊物發起人之一。

•台灣人類學先驅金關丈夫也參與刊物發起與撰文。

•擔任封面與插圖繪製的立石鐵臣。

•池田敏雄提出「民俗台灣」的構想。

2022年 7月

日	一	二	三	四	五	六
					1	2
3	4	5	6	7	8	9
10	11	12	13	14	15	16
17	18	19	20	21	22	23
24	25	26	27	28	29	30
31						

民俗台灣創刊日

1941.7.10

日治時代末期，日本開始在台灣大力推行國語（日文）運動，廢除漢文版報紙，並推動皇民化。此時卻有日籍知識分子主導發起了一本探討台灣風土民俗的刊物「民俗台灣」，連帶引發當時台灣知識分子對於自身文化與土地連結的關注。「民俗台灣」由任職總督府的池田敏雄提出構想，金關丈夫、山中登、須藤利一、岡田謙、陳紹馨以及黃得時等人署名發起，畫家立石鐵臣以及攝影師松山虔三則是爲刊物樹立起獨特的美術風格。

刊物「民俗台灣」由不同專業領域的人投稿撰文，內容包羅萬象，題材涵蓋宗教祭典、傳統時節、符咒占卜、喜慶喪葬、台語文化、民間戲曲、遊戲競技等各種民俗，可說爲台灣文化留下珍貴的紀錄。刊物內容還引用了許多台語俚諺與習慣用字，對於身處皇民化運動下的台灣人可說是倍感親切。

一九四一年七月十日，「民俗台灣」推出創刊號，一直發行到一九四五年一月因二戰白熱化而停刊，總共發行四十三期，每期約四十頁到六十頁，由東京三省堂書店的分公司發行，印刷銷量約一千冊到三千冊不等。「民俗台灣」發行時間雖然只有短短的三年七個月，但是影響卻是相當深遠，許多重要的台灣文人與學者也受此啓發而紛紛投入台灣民俗的研究與寫作。

二戰後還出現編輯與美術風格相當類似的民俗學刊物「台灣風物」，可說完全繼承了「民俗台灣」的草根路線。「民俗台灣」戰後曾被多次再版重刊，但總是缺少被戰時日本政府查禁的篇章，包括池田敏雄的「有應公的靈驗」以及蘇維熊的「關於性與台灣俚諺」這兩篇文章，直到一九九八年才由南天書局出版收入佚失篇章的完整版「民俗台灣」。

臺灣民眾黨成立（非柯檳榔台民黨） 1927.7.10

2022 July

7月 11日

舊曆 六月十三

金林投，銀八罩。

描述充滿林投樹的馬公與澎湖八罩島（望安）是漁產豐富之地，堪比金銀島。澎湖人通常比台灣人還要來得富庶，原因就是澎湖周圍的海域因為有洋流經過而擁有龐大的海洋資源，在還是古早帆船的時代就已經可以輕鬆捕到漁獲而致富，「金林投，銀八罩」一說才由此而來。

• 以荷蘭地名命名的東印度公司夾板商船。

• 荷蘭東印度公司標誌

• 荷蘭軍人的操練情景。

• 荷蘭軍隊二度佔領澎湖。

十三夜

禮拜一 lé - pài - it | MON 月曜

2022年 7月

日	一	二	三	四	五	六
					1	2
3	4	5	6	7	8	9
10	11	12	13	14	15	16
17	18	19	20	21	22	23
24	25	26	27	28	29	30
31						

荷蘭軍隊二次佔領澎湖

1622.7.11

十七世紀正值歐洲的地理大發現與帝國主義大擴張的年代，加上鄂圖曼土耳其帝國擋住了歐陸往東的陸路貿易，當時的荷蘭也跟其他歐洲諸國一樣搶著走海路到東亞開通貿易據點與佔領土地。一六〇四年，荷蘭艦隊指揮官韋麻郎就曾經因為攻擊葡萄牙人所佔領的澳門未果，轉而率軍佔領澎湖。韋麻郎試圖以此據點向明帝國談判要求開放貿易，隨後遭到明帝國拒絕而退出澎湖。

到了一六二二年四月，爪哇巴達維亞的荷蘭總督命令提督雷爾生率領艦隊遠征澳門，但是又再度吃了敗仗，雷爾生只好聽從副將建議，二度前去佔領無人防守的澎湖群島。一六二二年七月十一日，雷爾生率七艘軍艦與九百名士兵從紅木埕登陸，隨後進佔澎湖。荷蘭軍隊俘虜四千名澎湖當地漢人，脅迫他們修築軍事要塞，上千名漢人因此遭凌虐致死。

雷爾生佔領澎湖之後，派船前往福建漳州沿海，阻擾明帝國與西班牙的海外貿易，試圖控制台灣海峽的航運往來。明帝國遂派出福建巡撫要求荷蘭人退出澎湖，但是雷爾生根本不予理會。明帝國便決定以武力解決，並聯合海盜鄭芝龍將荷蘭趕出澎湖。一六二三年，明帝國開始施行前置的海禁計劃。

隔年一六二四年，明帝國正式派兵前往澎湖與荷蘭交戰。明帝國派出上萬名士兵與兩百艘兵船，對上千餘人的荷蘭軍隊，依舊苦戰七個月才攻下澎湖。隨後明帝國與荷蘭軍簽訂和約，內容包括明帝國不干涉荷蘭軍隊去佔領台灣，以及默許荷蘭商船與明帝國進行通商貿易。正因為明帝國認為台灣根本自古就不是他們的領土，所以也完全不想理會荷蘭軍隊前去佔領台灣，接著才有荷蘭軍隊登陸鹿耳門，並開始殖民台灣南部三十八年的歷史。

World 「中國自古不可分割」的蒙古宣布獨立 1921.7.11

Tâi-ôan tỏk-lėk 台灣獨立

2022 July

7月12日

舊曆 **六月十四**

大官食小官，小官食百姓，百姓食鋤頭柄。

台灣人用來形容中國官員貪污腐敗的生動描寫。中國人的政治文化就是從上到下整個結構都在貪污，就像國民黨統治台灣一樣，大官貪大錢，小官貪小錢，一層一層地剝削下去，在最底層的民衆就只能啃自己的鋤頭柄來充飢了。

Index

The Washington Daily News

Weather 3¢

CITY EDITION — THURSDAY, MARCH 21, 1946

Exclusive Inside Report:

CHINESE EXPLOIT FORMOSA WORSE THAN JAPS DID

Page 3

From Stimson Diary:

F. D. Bound U. S. to War in Asia if Japs Moved (Page 2)

Commuting by Rail? Now, We're Talking (Page 5)

What Will a 17 Per Cent Pay Raise Mean to You?

John Cramer, The News' 9 to 4:30 columnist, has prepared a table showing in dollars and cents what the proposed increase in pay will mean to Federal workers in many brackets. Page 3.

Army Backs 18-Month Service for Draftees

Fighting hard for continuation of the Selective Act, the Army is giving ground in hearings on the Hill. America's strength and the futures of the country's young men both are in the balance. Page 16.

Look Behind Stalin's Iron Curtain in Europe

How Oriental mystery and modern power politics play their parts in the many satellite states Russia has sealed off from the world by a curtain of iron. Read the inside story in an exclusive News series beginning on Page 12.

• 華盛頓日報的知名刊頭標題「中國人剝削台灣比日本人更甚」一文就是由威廉．牛頓在台灣採訪與調查之後所發的特稿。

• 威廉．牛頓像

• 戰後的台灣漫畫描繪中國人來了之後貪官汙吏與奸商橫行的慘況。

小望月

禮拜二 lé - pài - jī | TUE 火曜

2022年 7月

日	一	二	三	四	五	六
					1	2
3	4	5	6	7	8	9
10	11	12	13	14	15	16
17	18	19	20	21	22	23
24	25	26	27	28	29	30
31						

1949.7.12

威廉・牛頓遇難日

◆ 美國良心記者

威廉・牛頓（William H. Newton），美國俄亥俄州人，生於一九一二年，曾於一九二九年進入俄亥俄州立大學新聞系就讀，並擔任當地報紙通訊員。一九三三年，威廉・牛頓畢業後就進入報社工作，並且因報導俄亥俄州長遭誣陷一案而在業界成名。一九四二年太平洋戰爭爆發之際，他加入了美國陸軍航空隊，官階爲中尉，先後在歐洲與中國服役。

二戰結束後，威廉・牛頓在中國退伍，並留在中國擔任報社的海外通訊員。緊接著中華民國開始劫收台灣，錯誤的金融政策導致通膨嚴重，台灣人民苦不堪言的風聲也傳到人在中國的威廉耳中。他決定於一九四六年三月親自到台灣一趟來採訪並了解實際狀況。威廉來台後拒絕與台灣省行政長官陳儀見面以避免聽信片面之詞，他決定自己實際到台灣街頭採訪以瞭解眞相。

威廉・牛頓深入台灣訪查後才發現了當時中國人強取豪奪台灣的卑劣手段，他因此發了採訪新聞稿到報紙總部，報導內容詳述了中華民國劫收台灣的情形。他不客氣地在報導中說明中華民國從上到下幾乎每個政府官員都在貪污，還利用接收物資之便進行買低賣高的方式來大肆圖利，甚至向日本人索賄與偷竊。中華民國官員更把台灣的礦場、工廠搞到整個荒廢無法生產，還爭先恐後地偷拆設備變賣。

威廉・牛頓對中國人劫掠台灣的報導在美國報紙上刊出後，也引起美國人對中國人惡劣行徑的注意，間接讓中華民國政府受到國際的輿論壓力。威廉的詳實報導不但爲二二八抗暴事件的歷史背景做出清楚的描述，也爲當時遭受中國惡勢力荼毒的台灣人發出正義之聲。一九四九年七月十二日，威廉・牛頓在返美途中，因飛機失事身亡，得年三十八歲。

台灣首份報紙「台灣府城教會報」創刊 1885.7.12

Tâi-oân tok-li̍p
台灣獨立

2022
July

7月13日

舊曆
六月十五

囝仔人有耳無喙。

大人講話，小孩聽到後要守口如瓶。筆者就讀小學時曾聽到班上同學提到二二八一事，回家問阿母什麼是二二八，阿母卻驚恐地對我說：「囝仔人有耳無喙」。顯見中國人的惡行對台灣人心理造成極大的陰影與恐懼。

滿月

• 李石樵在一九六四年秘密在畫室內創作「大將軍」的畫作，諷刺黨國不分的獨裁屠夫蔣介石，多年後才由畫家公開畫作。

• 李石樵像

你們逃不掉的
昨續槍決匪諜七名

• 七一三事件後，校長張敏之、鄒鑑與流亡學生劉永祥、譚茂基、明同樂、張世能、王光耀被以匪諜罪押至馬場町槍決。

• 李石樵的「避難」一作描繪因躲避中國軍屠殺而逃難的台灣人民。

2022年 7月

日	一	二	三	四	五	六
					1	2
3	4	5	6	7	8	9
10	11	12	13	14	15	16
17	18	19	20	21	22	23
24	25	26	27	28	29	30
31						

禮拜三 lé - pài - sa^{n}
WED 水曜

1908.7.13

李石樵誕生日

◆ 台灣畫家

李石樵，生於一九〇八年七月十三日，台北廳新庄支廳人。他於一九二三年考取台北師範學校，受教於石川欽一郎。一九二七年，李的「台北橋」一作入選台展，石川欽一郎因此鼓勵他繼續赴日深造。李石樵在日本經歷兩次落榜才考上東京美術學校，並成了陳澄波的學弟。在日期間刻苦習畫，其作品多次入選「日本帝展」，也成了第一位獲得日本帝展「免審查」資格的台灣畫家。

二戰後，中華民國開始劫收台灣，他的學長陳澄波也在二二八後被槍斃，李石樵只好低調埋首美術。他曾經於一九六四年偷畫過兩幅畫，一幅是描繪蔣介石猙獰模樣的「大將軍」，另一幅名爲「避難」的畫作則是描繪因躲避中國軍而逃難的台灣人民，這兩幅畫在台灣民主化後才被公開。李石樵終生孜孜不倦創作，直到一九九五年七月七日逝世爲止。

1949.7.13

澎湖七一三事件

一九四九年，中國的國共內戰進入末期，八千餘名來自中國山東的高中師生因此坐船逃亡到澎湖，其中的帶領者爲煙台聯合中學的校長張敏之。然而當時駐守澎湖的中華民國軍隊三十九師師長韓鳳儀，因擔心自己麾下兵員不足，便決定強逼學生從軍。

一九四九年七月十三日，這群中國學生被帶往觀音亭，澎湖防衛司令部司令李振清強迫學生要當場加入軍隊，不從者當場遭中華民國軍隊用刺刀刺殺，甚至還有多名學生中彈，現場鮮血遍地，學生四處哀嚎。事發後，韓鳳儀甚至編造匪諜罪名，使得校長張敏之等七名師生因此被押到台北馬場町槍決，另有多人遭到刑求，兩名學生死於獄中，其他受害與失蹤者多達三百餘人。後來滯台的山東籍政要想要對此案究責，軍審卻無疾而終，犯罪者沒有一人遭追究，此案也被稱爲「外省人的二二八事件」。

反中國黨課綱，高中生衝國教署。 2015.7.13

Tâi-oân tok-le̍k
台灣獨曆

2022 July

7月 14日

舊曆 六月十六

離鄉無離腔。

離開了故鄉，腔調還是不會改變。筆者常覺得很多母語是台語的台灣人，平時不說台語就算了，還為了融入天龍國而去矯正北京話中的台灣腔，結果「矯正過度」變成林洋港、吳敦義或是侯友宜的怪腔調，依舊被中國人拿去當成模仿的笑柄。乾脆好好地做自己講台語不就好了，對方聽不懂就是要讓對方去學你的母語。

我要說國語不說方言

• 五〇年代，台灣國中小學教室外都掛上了這類荒謬的狗語宣導牌。

新聞局長宋楚瑜表示
電視台方言節目
今後將逐漸減少

加強提供台
將貸款五千

• 戒嚴時期時任新聞局長的宋楚瑜貫徹中華黨國消滅母語的政策要求電視台減少使用台語。

臺灣省政府令

主席 嚴家淦

• 一九五五年，中華民國轄下臺灣省政府正式發函取締教會教授的羅馬字拼音，導致台語羅馬字系統遭到禁制。

推行說國語
胸前掛紙牌
同歸國小選班示範
議會認爲方法不當

• 中國人早期採用掛狗牌與罰錢的方法來禁絕原生母語，再灌輸錯誤的支國歷史教育，導致台灣出現一堆華奴蠢材。

立待月

禮拜四 lé - pài - sì

THU 木曜

2022年 7月

日	一	二	三	四	五	六
					1	2
3	4	5	6	7	8	9
10	11	12	13	(14)	15	16
17	18	19	20	21	22	23
24	25	26	27	28	29	30
31						

廣電法方言設限解除

1993.7.14

中華民國從一九四六年四月二日成立「台灣省國語推行委員會」後，便傾全力打壓消滅台灣的母語。國民黨官明令公共場所必須要講北京話，而國中小學的教育單位還鼓勵學生當抓耙仔來檢舉不說北京話的人，以罰錢、罰寫甚至掛狗牌的的方式來羞辱說母語的人。長久下來，反而讓某些原來可以自由說母語的人產生病態性的自卑感，部份原住民甚至恥於在公開場所說自己的母語。

中華民國的母語消滅政策更全面落實在影響力龐大的大眾傳播之上。除了全面查禁日文報紙之外，還在一九五〇年十二月制定了「無線電收音機管制辦法」，嚴格管制電台廣播的內容。由於用母語傳唱的歌曲也有著巨大的影響力，中華民國政府甚至在一九六一年六月以「維護社會善良風氣」爲由開始加強取締禁歌，使得許多台語歌手轉赴日本發展。

隨著電視的發明與普及，台灣省政府的台灣電視公司在一九六二年開播。在沒有競爭的壓力下，當時台視節目全部都是北京話內容，電視高層根本不需要考量大多數說台灣母語的觀眾。但是中視與華視的開播之後，三台在競爭廣告主與考慮收視率的情況下，台語節目才終於正式被搬上電視螢光幕。

然而大受歡迎的台語節目卻受到國民黨高層忌恨，包括台語的布袋戲、歌仔戲與連續劇一度遭到全面禁播。一九七六年一月八日，中華民國還頒布了廣播電視法，嚴格規範廣電媒體的母語播出時間限制比例，明文規定電視的方言節目每天不可以超過一小時，還將這些台語節目集中在中午的冷門時段。這種病態的廣電規定直到一九九三年七月十四日，才由立法院刪除其中的方言設限條款而告一段落，但是已經對台灣母語造成難以彌補的長期傷害。

陳水扁頒回復名譽證書給政治受難者 2004.7.14

Tâi-ôan tók-lėk
台灣獨立

2022
July

7月15日

舊曆 六月十七

嚴官府出厚賊，
嚴父母出阿里不達。

政府施行嚴刑峻法，結果小偷反而會更多。父母管教過度嚴格，小孩反而多變成蠢蛋。回想國民黨的白色恐怖戒嚴時代，失憶的國民黨支持者們都以為那是個治安良好的年代，但是攤開內政部的實際數據來看，才知道那是個殺人強盜綁票雛妓與自殺率都遠比現在嚴重許多的動盪年代。

• 台灣人上街抗議，要求黨國解除戒嚴。

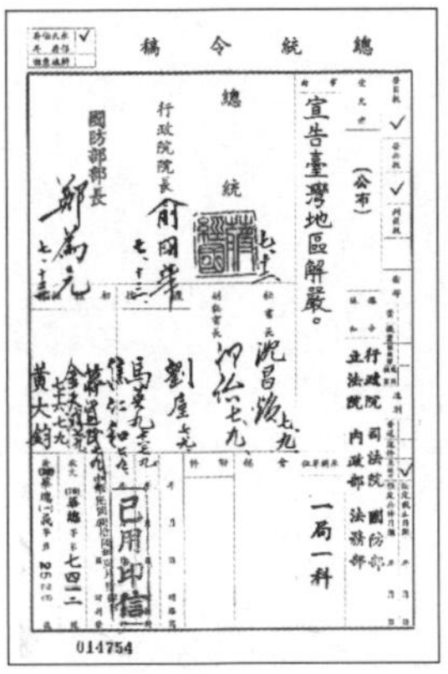

• 蔣經國在美國與台灣社會的壓力之下宣布解嚴的總統令紙。

• 一九八六年五月十九日，由鄭南榕所發起，江鵬堅擔任總指揮的首次反戒嚴抗議於台北艋舺龍山寺展開。數百名抗議人士靜坐於龍山寺，遭上千名鎮暴警察圍困於內。

居待月

禮拜五 lé - pài - gō
FRI 金曜

2022年 7月

日	一	二	三	四	五	六
					1	2
3	4	5	6	7	8	9
10	11	12	13	14	15	16
17	18	19	20	21	22	23
24	25	26	27	28	29	30
31						

解嚴紀念日

1987.7.15

中華民國於一九四五年前來劫收台灣之後，一共對台灣發佈了兩次的戒嚴令，第一次是在一九四七年二二八抗暴事件之後，由台灣行政長官兼警備總司令陳儀陸續對台北市、基隆以及台中市宣布戒嚴。緊接著戒嚴令而來的則是三月六日高雄大屠殺與三月八日後的全台大屠殺，直到該年五月十六日中華民國軍隊清鄉屠殺逐漸告一段落之後，才由新成立的台灣省政府宣佈解嚴。

第二次對台戒嚴則是在中華民國已經在中國全面敗亡之際，由台灣省政府主席兼臺灣省警備總司令陳誠在一九四九年五月十九日頒布，並於隔日五月二十日正式實施戒嚴。這一次的戒嚴時間卻長達三十八年又兩個月，讓台灣成了世界上僅次於埃及軍事戒嚴時間長度之地，直到一九八七年七月十五日，蔣經國才因美國施壓與台灣局勢變化而宣布解嚴。

很多被中華黨國洗腦的台灣人還以爲中華民國解嚴是蔣經國自願放下權力以追求民主化的「德政」。事實上蔣經國會宣布解嚴的最重要因素就是來自於美國的壓力。由於國際局勢轉變，流亡台灣的中華民國在七〇年代陸續被踢出聯合國並跟美日等主要大國斷交。蔣經國爲了繼續穩固對台灣的統治正當性，便開始對民主人士展開血腥的鎮壓與暗殺，包括美麗島事件、林宅血案、陳文成命案與江南案都陸續發生於此時期。

然而美國在八〇年代中期基於輿論壓力以及希望台灣政治開放以取得自由貿易利益的考量，便簽署了各式的台灣民主決議案，對國民黨直接施加壓力，迫使蔣經國不得不宣布解嚴。另一方面就是台灣意識的逐漸抬頭與接連的民主抗爭，也讓國民黨爲了延續政治生命而不得不宣布解嚴並開放民主直選。

台灣地方自治聯盟解散 1937.7.15

Tâi-oân tok-li̍p
台灣獨立

2022 July
7月16日

舊曆
六月十八

刀鈍呣是肉韌。

是刀鈍了，不是肉太硬，嘲諷某人能力不足還怪東怪西。看看馬英九的國民黨執政時期，經濟成長率、失業率與貧富差距指數的經濟表現遠遠輸給陳水扁的民進黨時期，然後國民黨還推託是國際大環境跟在野黨問題，明明是刀鈍還推給肉太硬的諉過心態可見一斑。

閩海我游擊隊再建奇功
突擊東山大獲全勝
島上民衆忽睹王師驚喜交集簞食壺漿夾道歡迎
將孚健兒斃匪千餘俘獲甚夥凱旋歸來

• 中華民國軍隊搭乘美製的兩棲登陸裝甲車登陸東山島，此役慘敗之後，美國人從此不再相信國民黨軍的反攻大陸能力。

我閩海兩棲突擊隊
掃蕩東山島後凱旋
所獲戰果甚豐正清查中

• 東山島戰役慘敗後，中國國民黨竟然在報紙上宣傳戰役大獲全勝。

• 東山島戰役的指揮官金門防衛司令胡璉（左）與美國西方公司駐金門代表漢彌頓中校（中）。

2022年 7月

日	一	二	三	四	五	六
					1	2
3	4	5	6	7	8	9
10	11	12	13	14	15	16
17	18	19	20	21	22	23
24	25	26	27	28	29	30
31						

寢待月

禮拜六
lé - pài - lák
SAT
土曜

東山島戰役

1953.7.16

發生於一九五三年的東山島戰役是中華民國與國民黨官不願意提起的一場荒謬戰役。當時正值韓戰即將結束之際，美國正在金援與軍援流亡來台的蔣介石政權，但是基於中國國民黨曾經在中國大貪特貪的貪腐歷史，美國便決定親自控管與監督援助的項目，其中一個項目就是軍事培訓。當時美國中央情報局以西方公司（Western Enterprises Inc.）做爲掩護，用來秘密訓練在台灣的游擊隊與傘兵。

爲了親自驗收西方公司所訓練的傘兵成果，加上美軍希望藉由突襲與登陸佔領中國東南沿岸的島嶼，來引誘與牽制中國解放軍駐防在朝鮮半島的兵力，空降突襲福建東山島的計劃就因此水到渠成。當時蔣介石仍然滿懷「反攻大陸」的企圖，不時派兵偷襲與攻擊中國東南沿海的島嶼，例如福建的湄州島與南日島，自然就與美國的突襲計劃一拍即合。

一九五三年二月，美軍與中華民國流亡政府開始聯合規劃東山島突襲計劃。美軍預計此突襲行動僅以投放傘兵來驗收訓練結果爲主，也順便測試國民黨軍的三軍聯合作戰能力。一九五三年七月十六日凌晨，一萬多名從金門出發的中華民國兩棲部隊搭著船艇登陸東山島，另外有將近五百名的傘兵搭運輸機空降。此時東山島僅有一千餘名的中國解放軍駐守，很快藉由地形掩護的方式撤退到制高點防守。

由於中華民國軍隊誤判情勢，不但錯估解放軍增援時間，也錯估潮汐天候，加上現場指揮調度無方，傘兵狀況連連，甚至讓空軍誤炸自己人，終於讓這場荒謬的突襲行動在第三日失敗收場，最終造成中華民國軍隊兩千餘人陣亡，七百人遭解放軍俘虜。事後美軍見中華民國將領與軍官的素質如此之差，才全力阻擋蔣介石試圖「反攻大陸」的企圖。

中華民國軍隊開始分批往台灣逃難 1949.7.16

Tâi-ôan tók-li̍p 台灣獨立

2022 July

7月17日

舊曆 六月十九

力若出有路，話就講有譜。

能展現出力量，講話就有份量，政治現實與國際現實也是如此。民進黨政府在中國武漢肺炎爆發時展現出高超的防疫能力與執政效率之後，也順勢讓台灣在世界各大媒體上有了發語權與能見度，更讓美國派衛生部長前來訪台，這就是「力若出有路，話就講有譜」的體現。

• 羅福全與蘇金春於美國賓州大學留學期間認識。當時羅福全擔任費城台灣同鄉會的會長，蘇金春為秘書。

• 蘇金春像

• 一九八二年，「台灣人公共事務會」成立，蘇金春擔任財務與募款工作，並四處奔走於美國國會，對於草創時期的FAPA貢獻良多。

• 台灣人民自救宣言由謝聰敏（左）、彭明敏（中）與魏廷朝（右）所起草與共同發表。當時人在美國費城的蘇金春就熱心將自救宣言影印發送給台籍留學生。

更待月

禮拜日 lé - pài - ji̍t | SUN 日曜

2022年 7月

日	一	二	三	四	五	六
					1	2
3	4	5	6	7	8	9
10	11	12	13	14	15	16
17	18	19	20	21	22	23
24	25	26	27	28	29	30
31						

蘇金春逝世日

◆台獨先驅

2012.7.17

蘇金春，生於一九三三年，高雄岡山市彌陀鄉人。蘇雖出身清寒家境，上天卻賜給他聰穎天資，加上自己也勤學好問，因此順利考上台灣大學電機系，一九五七年台大畢業後再考取第一屆的交通大學電子研究所碩士。蘇金春年輕時就閱讀過雷震所出版的「自由中國」雜誌，首次接觸到西方的民主自由思潮，因此受到啓蒙並嚮往西方自由世界，決定前往美國深造，並於一九六二年前往美國賓州大學，隨後取得賓大電機博士的學位。

蘇金春在美國賓大期間認識了羅福全（後來曾擔任駐日代表），兩人與許多認同台獨理念的留學生推展了在美的台獨運動。蘇金春當時擔任費城的台灣同鄉會秘書，羅福全擔任會長，兩人還在一九六四年一起參加在華盛頓中華民國大使館前所舉辦的二二八遊行，因此被國民黨盯上而列入黑名單。

一九六四年九月，台大政治系教授彭明敏與台大學生魏廷朝以及謝聰敏共同發表了「台灣人民自救宣言」，闡明台灣制憲建國的方向，三人因此遭到中華民國政府逮捕而入獄。此時人在美國費城的蘇金春將日本東京的「台灣青年」刊物所公佈的「台灣自救運動宣言」全文獨力影印四千份後大量分發給美國的留學生，並且郵寄回台灣，也成了美國台獨聯盟對台宣傳理念的啓始點。

一九八二年，蔡同榮、彭明敏等人在美國成立「台灣人公共事務會」（FAPA），蘇金春擔任財務與募款工作，並四處奔走於美國國會，對於草創時期的FAPA貢獻良多。蘇金春平時生活節儉，卻大方資助台獨運動，因爲全力奉獻台獨運動，以致於耽擱青春而終生未婚，可謂犧牲巨大。於二〇一二年七月十七日逝世於美國華盛頓，享年七十九歲。

民進黨台南黨代表提案撤廢中華民國 2016.7.17

Tâi-oân to̍k-le̍k
台灣獨曆

2022 July

7月18日

舊曆 六月二十

未看見藝妲，免講大稻埕。

日本時代，台北大稻埕（今延平北路與迪化街一帶）就像京都花見小路，到處都是藝妓。當時到大稻埕的遊客如果沒有看到風情萬種的藝妲，就別說自己到過大稻埕。可惜保留和洋樓房風情的大稻埕在中國人來了之後就迅速敗壞劣化，也成了二二八事件爆發的起始地。

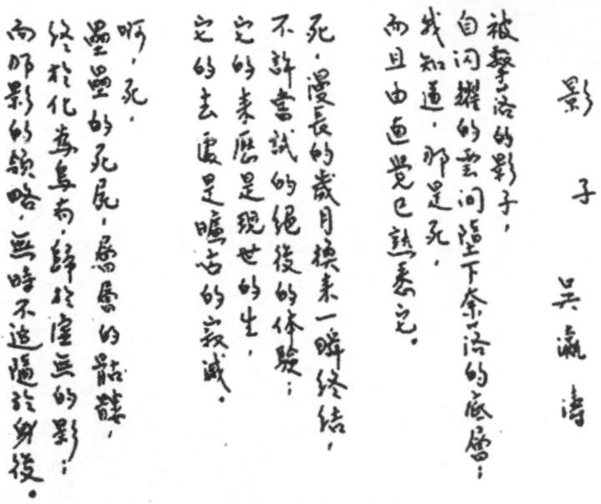
影子　吳瀛濤
被擊落的影子，
自閃耀的雲間墜下奈落的底層；
我知道，那是死，
而且由此覺已熟悉它。
死，漫長的歲月換來一瞬終結，
不許嘗試的絕後的体驗；
它的未來應是現世的生，
它的去處是曠古的寂滅。
啊，死，
黑黑的死屍，愚昏的骷髏，
終於化為烏有，歸於虛無的影；
而那影的領略，無時不追隨於身後。

• 吳瀛濤的手寫詩

• 吳瀛濤像

• 吳瀛濤曾在一九四三年以大江山瀛濤之名出版「臺灣俚諺集」。

• 吳瀛濤因熱愛台灣文化曾出版過「臺灣民俗」。

• 吳瀛濤成長於台北大稻埕的江山樓，曾以「藝妲」一作獲得小說徵文獎。

二十夜

禮拜一 lé - pài - it

MON 月曜

2022年 7月

日	一	二	三	四	五	六
					1	2
3	4	5	6	7	8	9
10	11	12	13	14	15	16
17	18	19	20	21	22	23
24	25	26	27	28	29	30
31						

吳瀛濤誕生日

◆台灣詩人

1916.7.18

吳瀛濤生於一九一六年七月十八日，台北人，爲台北望族吳江山的孫子，幼年時即出生與成長於台北文人雅士聚集的江山樓。在耳濡目染之下，吳瀛濤從小就對文藝產生興趣。一九三四年從台北商業學校畢業之後，兩年後就與張深切等人發起並加入了台灣文藝聯盟台北支部，隨後並開始進行日文詩的創作，一九四二年還曾經以「藝妲」一作獲得「台灣藝術」小說徵文獎。

吳瀛濤在戰前就開始學習北京話，一九四四年曾經旅居香港，因此培養了純熟了中文能力。由於通曉日文與中文，戰後他被中華民國的台灣長官公署延攬爲秘書室的通譯，後來轉任到台灣省菸酒公賣局台北分局。吳瀛濤戰後仍然持續創作，但是因爲面臨中華民國前來刦收與戒嚴的變局，他曾公開表達他做爲一個詩人的苦悶。

一九四七年二二八抗暴事件爆發後，吳瀛濤目睹事件發生經過而深感衝擊，但是又有苦難言，因此創作了一首帶有政治意涵的短詩作「在一個時期」。詩中描寫到：「日子變得愈粗暴，白日下盡是荒廢糜爛的殘骸，更無光耀的飛鳥，馥郁的開花，不是人住的世界。在那邊，像路斃，我曾倒下，太陽晒枯了我的生命，夜寒冰凍了我的心靈，啊，在那一個時期，我確曾死過了一次。」

詩中的「白日」與「太陽」皆隱喻了中國國民黨，而路斃的橫死意象則是暗指中華民國對台灣人的屠殺。吳瀛濤熱愛台灣文化，曾深入研究台灣風土，出版過「台灣民俗」以及「台灣諺語」兩本著作，還曾以詩作「荒地」隱晦表達對台灣土地的深愛。吳瀛濤一生淡泊名利，默默創作了六百餘首詩作，於一九七一年十月六日病逝。

大埔張藥房原地動工重建 2018.7.18

Tâi-ôan tok-li̍p 台灣獨立

2022 July

7月19日

舊曆 六月廿一

二十一夜

禮拜二 lé - pài - jī

TUE 火曜

2022年 7月

日	一	二	三	四	五	六
					1	2
3	4	5	6	7	8	9
10	11	12	13	14	15	16
17	18	19	20	21	22	23
24	25	26	27	28	29	30
31						

鱸鰻掠去花蓮港，得互彪婆尋無翁。

日本時代的鱸鰻（流氓）會被警察抓去花蓮港的無賴漢收容所，他們的女朋友或是太太（彪婆就是太妹的意思，也有大哥的女人之意）因此找不到男伴而寂寞孤獨。日本時代管訓流氓比中華民國時代更嚴格，中國人戰後來台反而還利用地方流氓暴力滋事，勾連起黑金關係，自然治安會比日本時代還要敗壞許多。

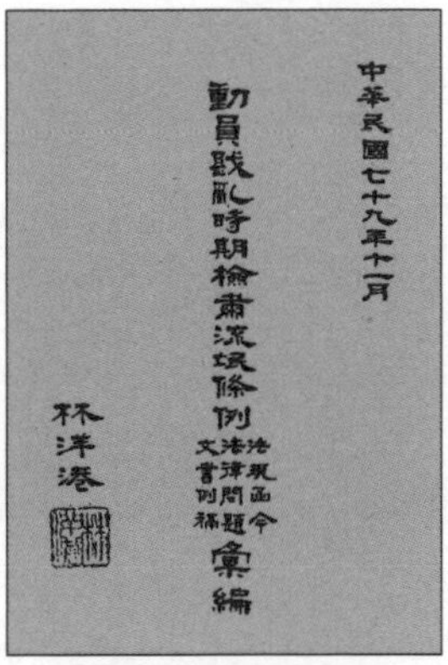
中華民國七十九年十一月
動員戡亂時期檢肅流氓條例 法規命令 法律問題 文書例稿 彙編
林洋港

•動員戡亂時期檢肅流氓條例。

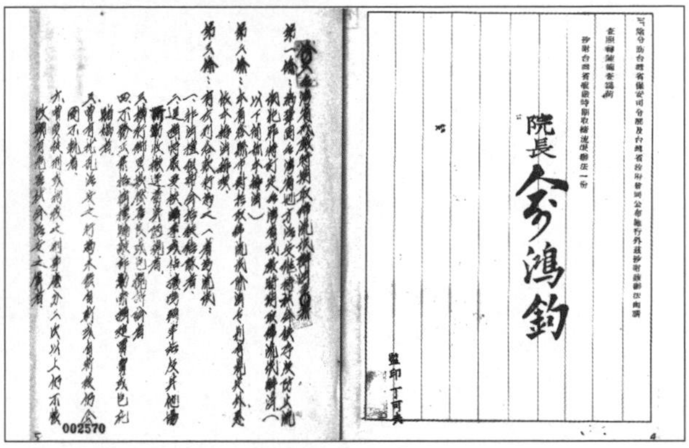
院長 俞鴻鈞
監印 丁可夫

•台灣省戒嚴時期取締流氓辦法（總統府留存檔案）。

處委會治安組昨開
臺北市臨時治安會
決定章程通過辦法五項
忠義服務隊組織已確定

•二二八時中華民國利用流氓（忠義服務隊）滋事。

•日治時期，立石鐵臣所繪製的台灣老鰻圖。

檢肅流氓條例公佈

1985.7.19

中華民國於戰後來到台灣之後，延續日本時代執行的「台灣浮浪者取締規則」，在戒嚴令與「動員戡亂時期臨時條款」的架構之下，前後訂立了「台灣省戒嚴時期取締流氓辦法」（一九五五年十月二十四日公佈）以及「動員戡亂時期檢肅流氓條例」（一九八五年七月十九日公佈）。直到一九九一年廢止「動員戡亂時期臨時條款」之後，「動員戡亂時期檢肅流氓條例」再改名為「檢肅流氓條例」而繼續留存下來。一直要等到二〇〇九年一月二十一日才在司法單位與警政單位的共識下被正式廢止。

這個統稱為「檢肅流氓條例」的執行時間可說長達五十四年之久，之所以會被廢止的原因，就在於行政機關可以利用此法來任意認定誰是流氓，其中可受人為操作與誣陷的空間極大，造成多起遭有心人士陷害的冤案，因此後來被大法官多次宣告違憲。

大法官不僅宣告「檢肅流氓條例」違憲以及侵害人權，早在一九八九年，美國國務院發表「一九八九年世界各國人權報告」的時候也指責該條例「嚴重偏離正當法律程序之合理標準，被指為流氓者可在無訴訟代理人之情況下被監禁，也無須通知家屬其被捕之事，一旦決定交付感訓，便無上訴機會，法院只是批准警方之決定」。

而且仍處在動員戡亂時期的「檢肅流氓」（一九九一年之前）甚至是交給軍方警備總部進行審核與管訓工作，形成以軍方來處理人民刑事的荒謬現象。更誇張的是「檢肅流氓條例」也造成一罪兩罰的怪現象，許多人在服完刑期之後，一走出監獄又被警方帶走拘禁，等待下一輪的警總感訓處分。這種當初僅為了獨裁政權方便行事的怪誕條文也終於在人權自由以及「罪行法定主義」的趨勢之下被廢止。

江南案汪希苓判無期徒刑（九一年出獄）1985.7.19

Tâi-ôan tok-li̍p
台灣獨立

2022
July

7月20日

舊曆 六月廿二

石獅，也驚人告。

就算廟口的石獅子也怕被人告上法院。在已經沒有白色恐怖的今日，中國國民黨對付政敵與反對者的下三流手段就是濫興訴訟，利用國民黨佈下的司法與檢調暗樁來毀滅一個人的名譽，加上長期訴訟來消耗對方精力與金錢。司法改革的目的就是要剪除這些國民黨佈下的黨國鷹犬。

• 林宗義像

• 廖述宗像

• 林宗義的父親林茂生也是台灣首位留美哲學博士。

• 廖述宗的父親廖繼春是知名的台灣畫家。

下弦月

禮拜三 lé - pài - sa^n | WED 水曜

2022年 7月

日	一	二	三	四	五	六
					1	2
3	4	5	6	7	8	9
10	11	12	13	14	15	16
17	18	19	20	21	22	23
24	25	26	27	28	29	30
31						

2014.7.20

廖述宗逝世日

◆台灣生醫研究先驅

廖述宗，一九三一年三月二十四日出生於台南市，為畫家廖繼春的兒子。在就讀台中一中之時剛好遇上二二八事件，當時他親眼目睹中華民國軍隊在台中一中操場進行集體槍決。親戚也有多位遭國民黨迫害，其中三舅林朝棨任教台大地質系，因為發現八仙洞和十三行遺址，證明台灣歷史比中國久遠，也遭到國民黨的打壓迫害。正是這些年少的經歷見聞讓廖述宗日後立志於推動台灣獨立運動。

廖述宗於一九六一年取得芝大生物化學博士學位之後，就開始在美國癌症中心與生化科系擔任教授，隨後並長期發表男性荷爾蒙的研究論文，對攝護腺癌的治療貢獻卓著，還發現綠茶中抗癌的兒茶素。廖述宗在海外經常參與台獨活動，因此被國民黨列入黑名單而長期無法返台。晚年返台後致力於台灣生醫科技，於二〇一四年七月二十日辭世。

2010.7.20

林宗義逝世日

◆台灣精神醫學先驅

林宗義，一九二〇年九月十九日生於台南市。他的父親就是台灣第一位留美哲學博士林茂生，後來在二二八事件中被國民黨殺害。林宗義自小聰穎且受父親細心栽培，一九三九年順利進入東京帝大就讀醫科，畢業後曾留在東京，直到戰後才返回台北。

林宗義面對戰後中華民國來台所造成的敗壞社會，再加上喪父之痛，仍試圖振作並以他的專業開拓台灣的精神醫學。他是台大醫學院首位精神科主任，並在一九五〇年成為首位到哈佛大學進修的台灣精神科醫師。之後還曾在聯合國世衛組織與世界心理衛生聯盟擔任要職。他也相當關心台灣政治，曾於一九七二年與多位基督教會牧師共同發起「台灣人民自決運動」，也曾經擔任二二八關懷聯合會首屆理事長。晚年曾經擔任陳水扁總統的國策顧問，於二〇一〇年七月二十日在加拿大逝世。

馬英九復辟掛回臭頭廟牌匾 2009.7.20

Tâi-ôan tòk-lėk
台灣獨曆

2022
July

7月21日

舊曆
六月廿三

台頂有人，台腳也有人。

形容某人在官場關係良好。很多國民黨人跟中國人都擅於上下打點，上至法官警察，下到地痞流氓，全都用錢打點的服服貼貼，一旦貪污出事，裁判、球證都是他的人。

二十三夜

• 沈乃霖像

• 鄧雨賢像

臺南縣頭社平埔族之體質

沈乃霖

• 沈乃霖曾因研究平埔族而遭構陷入獄。

• 鄧雨賢拉小提琴

禮拜四 lé - pài - sì | THU 木曜

2022年 7月

日	一	二	三	四	五	六
					1	2
3	4	5	6	7	8	9
10	11	12	13	14	15	16
17	18	19	20	21	22	23
24	25	26	27	28	29	30
31						

1906.7.21

鄧雨賢誕生日

◆ 台灣民謠之父

鄧雨賢，生於一九〇六年七月二十一日，桃園人。三歲的時候跟隨其父親來到台北，隨後就在台北長大，並在父親執教的台北師範學校學習音樂，受教於日本作曲家一條慎三郎。畢業後爲了學習作曲前往日本東京音樂學院深造。學成返台後，爲文聲公司寫了「大稻埕進行曲」與「挽茶歌」兩曲，首次展露他的音樂才華。

後來古倫美亞唱片公司禮聘鄧雨賢爲作曲家，也開啓他的創作黃金期，包括著名的「四季紅」、「月夜愁」、「望春風」、「雨夜花」（四曲合稱「四月望雨」）等經典名曲也都在此時期被陸續產出。隨著中日戰爭與太平洋戰爭的爆發，鄧雨賢的諸多名曲被日本政府改爲日文軍歌，他也因此感到悲憤而辭去工作在國小任教。不久即於一九四四年六月十一日，因心肺併發症病逝，得年僅三十九歲。

2008.7.21

沈乃霖逝世日

◆ 台灣醫學先驅

沈乃霖，一九〇九年生於台南新營望族，曾於一九二七年考取日本昭和醫專，畢業後曾於母校服務。一九三六年返台後在新營開業。二戰後中華民國來台劫收，二二八抗暴事件因此爆發，沈乃霖當時正在研究平埔族體質的工作，卻莫名被構陷入獄。

沈乃霖在口述歷史中提及來台中國人的荒謬情形，例如有位中國人帶狗來問診，他回說不會醫狗，竟遭指責「看狗都不會，怎麼看人」，他因此感嘆中國人竟不知人醫跟獸醫的區別。另外他在研究學名爲「中華肝吸蟲」的生物時，竟被中國公務員指控在侮辱中國人。他認爲就是這樣的水準落差，加上國民黨實施貪腐人治，才導致二二八的發生。沈乃霖於一九五〇年取得日本東大醫學博士學位之後，便長期奉獻心力於醫學且不忘關心台灣政治，並獲許多國家殊榮，於二〇〇八年七月二十一日逝世。

1995.7.21 中國對台灣北方海域試射飛彈

Tâi-oân tok-li̍p
台灣獨立

2022 July

7月22日

舊曆

六月廿四

二十四夜

吃米毋知米價。

這句俚語在台語與客語都有一樣的說法，形容某人對周遭事物完全處在無知的狀態。戰後一整批被中華民國愚民教育洗腦的中老年世代，對於中國鐵路山川可以倒背如流，卻對自己每天經過的社區街巷與地方歷史一無所知。整天吃白米，卻不知米價，一輩子住台灣，卻不知道台灣事。

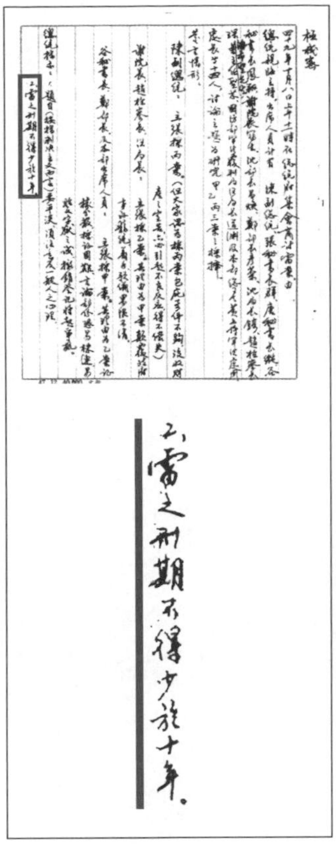

•蔣介石親自批示雷震刑期不得少於十年。

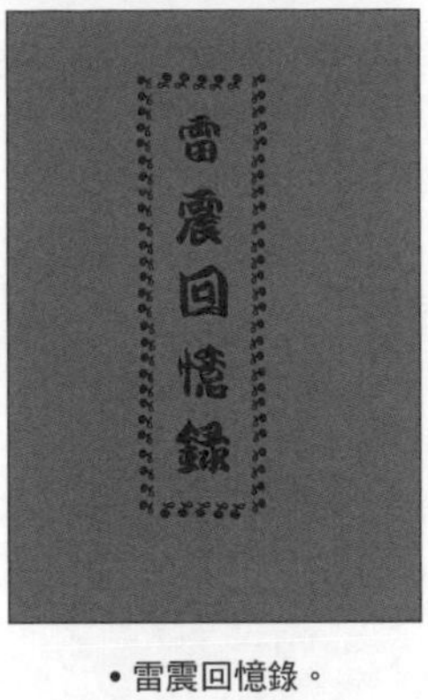

•雷震回憶錄。

•雷震像

•殷海光像

•雷震因「自由中國」而入獄。

禮拜五

lé - pài - gō

FRI 金曜

2022年 7月

日	一	二	三	四	五	六
					1	2
3	4	5	6	7	8	9
10	11	12	13	14	15	16
17	18	19	20	21	22	23
24	25	26	27	28	29	30
31						

雷震回憶錄遭焚毀

1988.7.22

中國浙江人雷震曾於一九四九年在台北創辦「自由中國」雜誌，初期以擁蔣反共做為刊物主軸。由於當時國民黨急需美國援助，因此才容忍部份如雷震的自由派可以有發聲的空間。隨著國民黨取得美國金援以及國際局勢的演變，蔣介石不再需要這群中國自由派的知識份子作為樣板宣傳。但是「自由中國」的作者群仍繼續為文批評中華民國政府的貪腐現象與獨裁弊病，再加上殷海光為文針砭因「反攻大陸」而不顧現實的現象，導致蔣介石與「自由中國」創辦者雷震的關係逐漸疏遠，終至決裂。

直到雷震提出籌組反對黨的想法並開始實踐，才終於踩到蔣介石的痛處，他也因此在一九六〇年九月四日遭到國民黨逮捕入獄，而且一坐牢就是十年。雷震在這坐監十年期間，開始撰寫日記、書信與回憶錄，共留下了四百多萬字的文稿。

雷震的獄中文稿多是批評蔣家與黨國體制的內容，因此他在一九七〇年出獄的時候，新店軍人監獄就強迫他交出回憶錄文稿並沒收之。雷震出獄後只好根據記憶重新撰寫回憶錄，他到死前都沒有再見到自己的獄中文稿。直到一九八八年，雷震的遺孀宋英以監委身份提案要求重新調查雷震案，這件監獄醜聞才被重新翻出。

誇張的是就在監察院進行調查的時候，中華民國的警總鷹犬竟然把雷震的回憶錄文稿偷偷交給國防部軍法局，國防部再交給新店軍人監獄給悉數焚毀。現場親自監督文件焚毀的人包括新店監獄典獄長王祿生、政戰部主任汪將國、保防官周錫郎以及政戰官韋松泉等人。直到監委謝崑山前往調查，才在該年七月二十二日發現雷震回憶錄原稿早在同年四月底被這批中華民國軍人給毀屍滅證。

反中國課綱聯盟學生包圍教育部 2015.7.22

2022 July

7月 23日

節氣 **大暑**

舊曆 六月廿五

台諺云：大暑熱不透，大水風颱到。意謂大暑若不熱，會有水災跟風災。

• 占領教育部的青年學生在林冠華死後表達更為強烈的訴求。

• 施乾像

• 抗議中國課綱的學生所製作的標語與諷刺教育部長的海報。

• 施乾的妻子清水照子

2022年 7月

日	一	二	三	四	五	六
					1	2
3	4	5	6	7	8	9
10	11	12	13	14	15	16
17	18	19	20	21	22	23
24	25	26	27	28	29	30
31						

二十五夜

禮拜六 lé - pài - la̍k | SAT 土曜

1899.7.23 施乾誕生日

◆台灣乞丐之父

施乾於一八九九年七月二十三日出生於淡水滬尾米市仔街。施家家境富裕，自小受家中栽培，於一九一四年考上「台灣總督府工業講習所」。畢業後於一九一九年進入台灣總督府的殖產局商工課工作，負責工商調查以及統計。隨後被派去調查艋舺貧民的生活，目睹乞丐貧困境況，因此心生同情，決定自掏腰包協助乞丐與遊民改善生活。

施乾捐出自己全部的積蓄再加上親友的資助，在艋舺綠町買了一塊地，蓋了一座名爲「愛愛寮」的房舍，作爲收容與救濟乞丐的所在。他親自幫助乞丐清洗身體並提供溫飽，還教導他們謀生技能。來自日本京都的富商之女清水照子也受到施乾善心的感動而遠嫁台灣，成爲施乾之妻。施乾半生致力於救貧助困，曾以科學的方式提出「乞食撲滅論」，於一九四四年因積勞過度而腦溢血早逝。

2015.7.23 反課綱微調佔領教育部

中華民國長期以大中國史觀洗腦台灣學子，導致許多台灣人對自身的環境風土顯得無知與陌生。直到台灣經歷民主化浪潮之後，教育部的官方課綱才逐漸將台灣史地的比例調高。但是隨著中國國民黨於二〇〇八年重返執政，這批仍持有大中國史觀的老朽官儒又想藉由修改高中課綱來重新洗腦學子。

二〇一四年，國民黨執政下的教育部試圖對高中國文科與社會科課綱進行「微調」，大幅更動台灣歷史內容，甚至刻意輕忽白色恐怖歷史，因此引發教師與學生反彈。二〇一五年七月二十二日晚上，數百名反課綱調整的高中學生包圍教育部，並於二十三日凌晨突襲佔領教育部大樓與教育部長辦公室。台北市警察隨後展開驅散並逮捕學生與記者，也引發戕害新聞採訪自由的問題。佔領行動一週後還發生反課綱學生林冠華爲理念而自殺的不幸事件。

日本米騷動 1918.7.23

Tâi-oân tok-li̍p
台灣獨立

2022 July

7月 24日

舊曆 **六月廿六**

白白布，染到烏。

好好一塊白布給染到黑。曾經推動北捷淡水線系統工程的郭清江與發展台灣生技產業的翁啓惠，在國民黨上台執政之後都遭到司法迫害與起訴，最後雖然都是無罪定讞，但是白白布早就染到烏，名譽已經難以回復，這就是中國人與國民黨最令人深惡痛絕之處。

• 施水環像

• 丁窈窕像

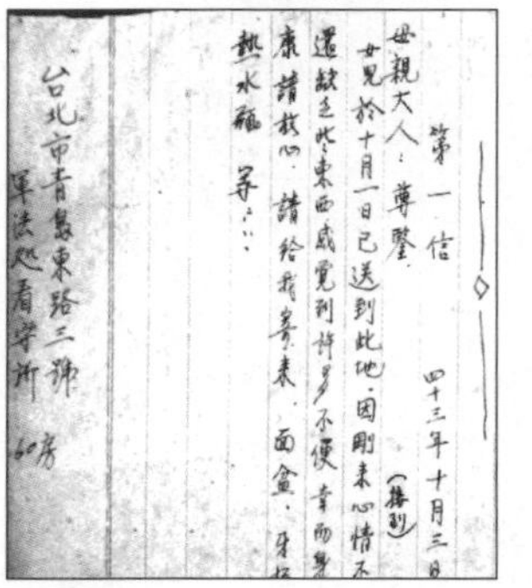

• 施水環的六十八封家書也成為中國恐怖統治期間最令人悲傷的證物。

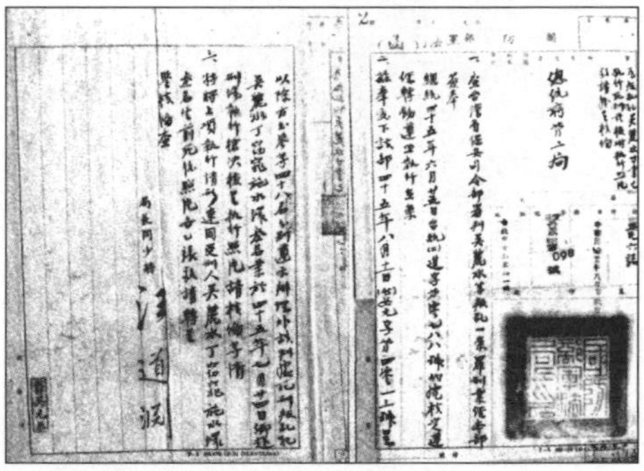

• 國防部軍法局上呈給蔣介石的吳麗水、丁窈窕與施水環槍決公文。

二十六夜

禮拜日 lé - pài - ji̍t | **SUN** 日曜

2022年 7月

日	一	二	三	四	五	六
					1	2
3	4	5	6	7	8	9
10	11	12	13	14	15	16
17	18	19	20	21	22	23
24	25	26	27	28	29	30
31						

1956.7.24

丁窈窕受難日

◆白色恐怖受難者

丁窈窕生於一九二七年十二月二十一日，台南人，於一九四五年畢業於台南第二高等女校，隨後即任職郵政總局台南郵局，並與同事施水環成爲好友。一九五〇年，施水環受到一名王姓男子熱烈追求，丁窈窕規勸好友施水環與該男保持距離，因此被該男懷恨在心。王姓男子便向特務單位構陷說丁窈窕是匪諜，幸虧爲郵局同事吳麗水所攔截銷毀。

直到一九五四年，國民黨特務因爲貪圖檢舉匪諜可沒收他人財產作爲獎金，所以就虛構出一整套「台南市委會郵電支部案」，將吳麗水刑求屈打，導致她胡亂招供並把丁窈窕等一干無辜者都給拖下水，丁窈窕因此被捕入獄並被判處死刑。她在獄中生下一女，臨刑前她的女兒抱著媽媽大叫：「我媽媽不是壞人，你們不要槍斃她。」丁窈窕仍被獄卒強行拖出處決，她女兒大哭不止，聞者皆動容落淚。

1956.7.24

施水環受難日

◆白色恐怖受難者

施水環生於一九二五年，台南市人，原來只是一個有著平凡生活的女孩，但是她的弟弟施至成只因有著左翼思想就涉入國民黨羅織的「台大支部案」，她爲了保護弟弟而將他藏匿在宿舍的天花板內長達兩年之久。後來因爲有抓耙仔向國民黨特務告密，施水環因此被逮捕入獄。施至成則及時被施水環同事接應逃出，但是數名接應者卻都因此被捕入獄。

施水環被捕後被特務冠上子虛烏有的「台南市委會郵電支部案」，因此慘遭刑求之後還被判處死刑。另外她在台南郵局共事的同事與好友丁窈窕當時也因爲阻止王姓同事追求施水環，被該王姓男子憤而構陷爲匪諜並與施水環同時入獄。施水環與她的好友丁窈窕在一九五六年七月二十四日同日被槍決身亡。生前曾留下六十九封寫給她母親的感人家書，也成了白色恐怖時期最令人悲傷的證物。

台灣團結聯盟成立 2001.7.24

Tâi-oân tok-li̍p
台灣獨立

2022 July 7月25日

舊曆 六月廿七

赤腳的逐鹿，穿鞋的食肉。

形容努力的人得不到好處，好逸惡勞的人卻能不勞而獲。長期受到中華黨國統治的台灣已經對這種「不公不義」見怪不怪。辛苦務農的人繳完一堆中華民國強徵的賦稅、田租、肥料費後，根本沒錢吃好料。倒是那些利用特權進入公務單位的黨國裙帶，錢多事少早下班，拿著台灣人辛苦繳的稅金，還嫌台灣臭臊。

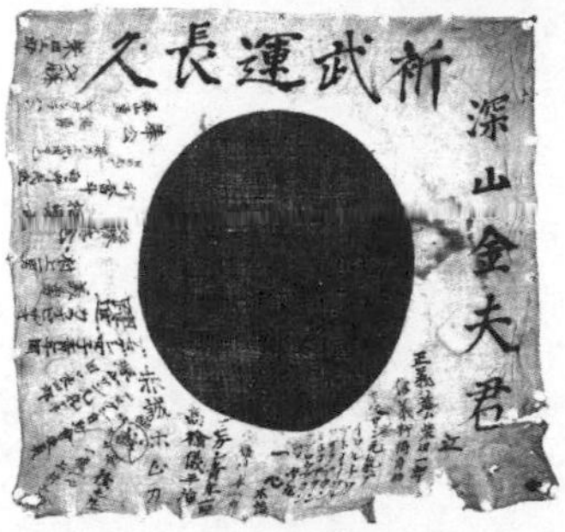

• 日治時期，花蓮太魯閣族原住民深山金夫，受日本徵召成為高砂義勇隊員，帶著寫滿親友祝福的日章旗出征，不幸戰死於新幾內亞，日章旗也被美軍帶回美國。多年後在美、日、台三方人士協調後，日章旗最終由美方交由高雄市關懷台籍老兵文化協會保存。

• 身穿日本海軍軍服的許昭榮

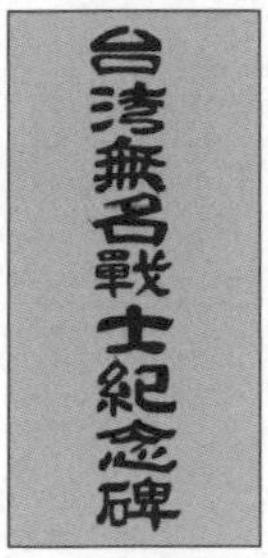

• 台灣無名戰士紀念碑是為了紀念戰後一批被中華民國徵軍到支那打國共內戰的一萬五千名台灣子弟兵。這批台灣人多半死於支那或成為俘虜，但是中華民國卻矢口不提這群人的存在。

• 許昭榮經常上街頭為台籍老兵爭取權益。

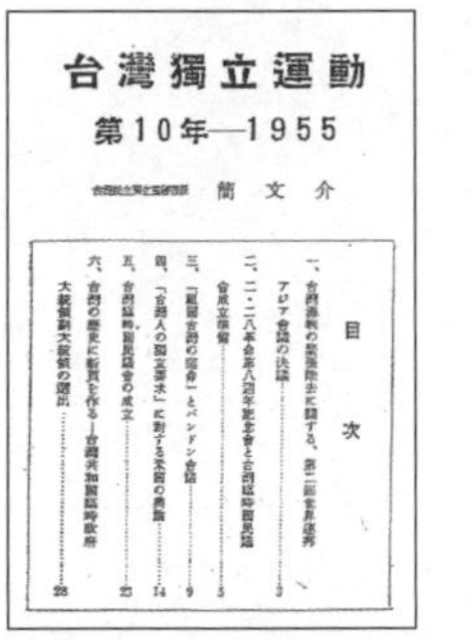

• 許昭榮因為將「台灣獨立運動第十年」一書帶回台灣給民眾傳閱而遭逮捕判刑十年。

2022年 7月

日	一	二	三	四	五	六
					1	2
3	4	5	6	7	8	9
10	11	12	13	14	15	16
17	18	19	20	21	22	23
24	(25)	26	27	28	29	30
31						

有明月

禮拜一 lé - pài - it

MON 月曜

2015.7.25

許昭榮紀念日

◆台籍日本兵

許昭榮出生於一九二八年十一月十三日，屏東人，曾於二戰期間參加日本海軍志願兵，成爲台籍日本兵的一員，並被受訓成爲海軍飛行機的地勤人員。二戰結束，日本戰敗，中華民國前來台灣，緊接著就發生一九四七年的二二八抗暴事件。許昭榮因爲曾經在日本海軍受訓，就突然收到中華民國政府的莫名徵召而成爲中華民國的「台灣技術員兵」，並被派往中國上海與青島參與日本軍艦的接收工作。

隨著中國內戰結束，中華民國敗退來台，許昭榮也跟著流亡的國民黨軍返回台灣。由於擁有艦艇修復與接收工作的經驗，他被多次派往美國去進行相關的任務。一九五五年，許昭榮在美國執行接收軍艦的任務之時，無意間看到「紐約時報」報導台灣共和國臨時議會在東京成立的新聞，因此開始萌生台獨建國的政治意識。

許昭榮決定將台獨運動的消息傳遞給台灣人知道，他將「台灣獨立運動第十年」一書帶回台灣讓民眾傳閱，因此遭國民黨逮捕，被依叛亂罪判刑十年。一九六八年，許昭榮出獄後進入日商公司任職，工作期間將產品產地印上「台灣共和國製造」，遭人密告他涉嫌叛亂，因此再度被警總逮捕，所幸獲不起訴處分。一九八一年，他再度因商務赴美並參加海外台灣社團活動，竟成政治黑名單而無法返台。

一九九二年黑名單解除，許昭榮返台積極爲台籍老兵暨遺族爭取公道。直到二〇〇八年五月二十日，他因抗議政府拆遷「台灣無名戰士紀念碑」，加上不滿退輔制度偏袒「老芋仔」，因此在紀念碑前自焚身亡。許昭榮的一生可說是近代台灣人的悲苦縮影。之後紀念碑被重新遷建於南投台灣聖山，並在二〇一五年七月二十五日舉行揭碑儀式。

不當黨產條例立院三讀通過 2016.7.25

2022 July 7月26日

舊曆 六月廿八

食人一斤，嘛著還人四兩。

受人招待與好處，也要回禮與報答。做人的基本道理是禮尚往來與感恩圖報。台灣的傳統鄰里還保有這種人際互動的習慣，以菜肉水果互贈做為敦親睦鄰的方式。

• 濱野彌四郎是爸爾登的東大助理也是台灣水道水的共同規畫者。 • 爸爾登像

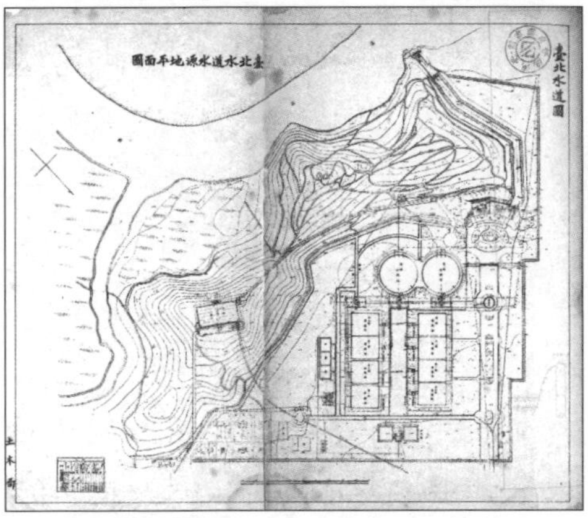

• 日治時代的台北水道水源地平面圖

• 王朝鑫年輕時參與街頭運動的留影。

二十八夜

禮拜二 lé - pài - jī | TUE 火曜

2022年 7月

日	一	二	三	四	五	六
					1	2
3	4	5	6	7	8	9
10	11	12	13	14	15	16
17	18	19	20	21	22	23
24	25	26	27	28	29	30
31						

2021.7.26 王朝鑫車禍逝世日

◆台獨奉獻者與行動家

王朝鑫原爲台中地主與望族子弟，在西班牙遊歷時因爲受到台獨聯盟前歐洲本部主席何康美的啓蒙而轉向支持台獨運動。王朝鑫自此對於台灣獨立與民主運動慷慨解囊，包括鄭南榕、黃華發起的「新國家運動」，陳婉眞、林永生建立的「台灣建國運動組織」，李鎭源等人創立的「建國黨」，還有許多民進黨人士都曾受到王的贊助與幫忙，因此也被人稱爲「台獨萬應公」。王朝鑫長年罹癌，卻於二〇二一年七月二十六日因車禍而不幸逝世。

1896.7.26 爸爾登來台日

◆台灣自來水之父

爸爾登（W. K. Burton）生於一八五六年五月十一日，蘇格蘭人。一八七三年，爸爾登自專門學校畢業後，就開始在事務所內從事基礎工程建設，也因此累積豐富的施工經驗，迅速成爲業界頂尖人士。一八八四年，英國舉辦「萬國衛生博覽會」，爸爾登結識了日本內務省衛生局官員永井久一郎。永井便推薦他成爲日本衛生局的工程技師，也因此結識了後藤新平，成了他前來台灣的重要關鍵。

一八九六年，台灣總督兒玉源太郎透過後藤新平的推薦，禮聘爸爾登前來台灣擔任衛生工程的顧問以及技師。爸爾登與他的東大學生助理濱野彌四郎於一八九六年七月二十六日抵台，隨後正式開始對全台灣各地（包括澎湖）進行衛生水道的工程調查。

爸爾登在台的三年期間，規劃設計了淡水與基隆的水道水工程，並向後藤新平提出大稻埕道路改善、台北市街給水排水工程、民生用水鑽井以及台灣模範家屋等多個建議，可說奠定了全台的自來水衛生工程基礎，因此也被尊稱爲「台灣自來水之父」。他於一八九七年在台北新店溪上游探勘水源地時染疾，返日就醫後於一八九九年八月五日病逝。

1920.7.26 台灣總督府推動行政區重劃

Tâi-ôan tok-le̍k

台灣獨曆

2022 July

7月27日

舊曆

六月廿九

生食嚨無夠，佫有通曝乾。

現吃都不夠了，哪有餘料可以曬乾留著日後吃。很多台灣人對中國市場有種迷思，以為人多市場大，去中國就一定會發財。殊不知中國市場雖大，但搶食的人更多，加上黨官貪污嚴重，法律嚴重偏袒行賄之人，他們中國人自己生吃都不夠，哪來多餘的利益可以分給台灣人。

• 聯合國軍代表與北朝鮮軍代表簽署「朝鮮停戰協定」。

• 韓戰時美軍對北朝鮮與支那投放的投誠安全路條。

• 美國報紙刊出聯軍與北朝鮮軍簽署停戰協定的報導。

晦月

禮拜三 lé - pài - saⁿ

WED 水曜

2022年 7月

日	一	二	三	四	五	六
					1	2
3	4	5	6	7	8	9
10	11	12	13	14	15	16
17	18	19	20	21	22	23
24	25	26	27	28	29	30
31						

1953.7.27

韓戰停戰日

二戰結束後，美國與蘇聯依北緯三十八度線爲界，分別派軍占領朝鮮半島的南部與北部。在美蘇兩大陣營的角力下，朝鮮半島的南部與北部分別在一九四八年各自成立了大韓民國與朝鮮民主主義人民共和國，雙方也就此展開多次的軍事衝突。一九五〇年六月二十五日，朝鮮領導人金日成決定對韓國發動全面進攻，韓戰因此爆發。歷時兩年多且呈現拉鋸狀態的韓戰造成雙方軍民死亡數高達百萬以上，卻也讓台灣重新獲得美國的軍援與重視。

直到主戰的蘇聯頭目史達林死後，聽命於蘇聯的中國與北韓才因此罷手，交戰雙方的聯合國軍與中朝聯軍終在一九五三年七月二十七日於板門店簽署停戰協定（非和平條約），協議在三十八度線的南北兩公里建立非軍事區以隔絕南北韓軍接觸，結束這場死傷慘重卻重回原點的戰爭。

1951.7.27

限制役男出境修正通過

一九四九年，中華民國在國共內戰之中全面潰敗，一群中國黨官流亡來到台灣，開始在台灣大規模徵兵，要拉台灣人當他們國共內戰的前線砲灰，許多台灣子弟也因此死於跟他們無關的中國內戰當中。中華民國黨官爲了防止台灣人不願意替他們打中國內戰，還在港口機場設下嚴格管制，避免台灣人離境躲避兵役，而這些管制卻對高官的子弟不適用。

台灣省政府更在一九五一年七月二十七日通過「限制役男出境修正辦法」，規定處在兵役年齡卻尚未服役者不得出境。此法一實施就是四十七年之久，也產生了一堆像是「國中畢業就趕快出國的小留學生」、「中途跳機」以及「幼年出國就長期滯外不歸」的怪現象。直到一九九七年，此辦法的第八條規定才經由大法官釋憲認定違反憲法保障人民居住遷徙自由的原則，因而在釋憲公佈後六個月失效。

刑法一百條修正，獨立台灣會案改判免訴。1992.7.27

Tâi-ôan tók-lék
台灣獨立

2022
July
7月 28日

舊曆
六月三十
閏月

大石也著石仔撐。

用大石頭砌牆，也需要有小石頭填補空隙與支撐基礎才能完備。意思是成大事者也得要有基層的支持。國民黨與共產黨崇尚從上而下的一人獨裁領導，最終結果就是造成基層支持者的愚蠢化與巨嬰化。

• 日本代表與美國代表簽署舊金山和約。

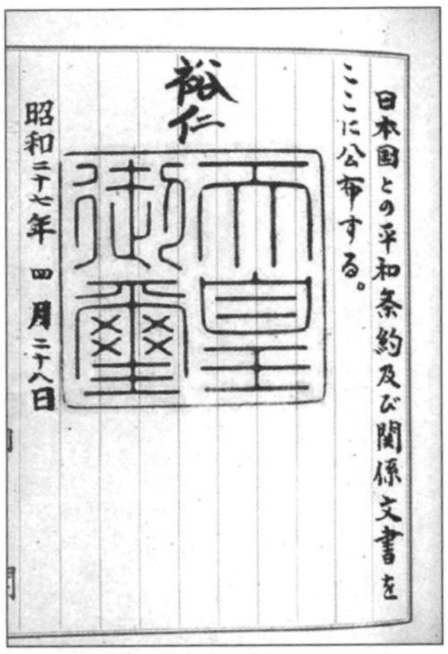
日本国との平和条約及び関係文書をここに公布する。
裕仁
天皇御璽
昭和二十七年四月二十八日

• 舊金山和約的日文留存版本。

• 簽署台北和約的中華民國代表葉公超曾在立法院報告坦承：「微妙的國際形勢使得台澎群島不屬於我們，在現行情況下，日本沒權力把台灣和澎湖群島轉移給我們。」

主權は完全回復
日本国との平和條約

• 被占領國日本的主權已完全恢復。

講和条約こゝに調印
四十九ヵ国が参加
吉田全権署名
会場に「日章旗」を追加

• 舊金山和約簽署時的日本報紙報導。

禮拜四 lé - pài - sì | THU 木曜

2022年 7月

日	一	二	三	四	五	六
					1	2
3	4	5	6	7	8	9
10	11	12	13	14	15	16
17	18	19	20	21	22	23
24	25	26	27	28	29	30
31						

舊金山和約佔領撤離日

1952.7.28

二戰結束後，同盟國成員國（不包括中國）與敗戰國日本於一九五一年九月八日在美國簽訂「舊金山和約」，內容提及日本戰後地位的問題以及日本放棄台澎主權的條文。此和約於一九五二年四月二十八日生效，也成爲決定台灣前途地位的關鍵文件。

首先在「舊金山和約」第二條中，就有特別提到日本放棄對台灣及澎湖群島一切權利與要求，但是日本卻未明言主權歸誰，也因此產生日後台灣主權未定的爭議。理論上台灣此時應該交由聯合國託管，但是卻因中華民國強行佔據台灣之事而產生變化。其實在「舊金山和約」第二十五條中就有特別提到非簽署本約的國家將不給予任何的權利，因此不管是中華民國或中華人民共和國，因爲當時皆沒有參與簽署和約，照法理說均無權對台灣有任何主張，更別說是要以軍隊實質佔領台灣土地。

其中在「舊金山和約」中的第六條就有特別提到各盟國之占領軍應於本約生效後撤離原日本領土（包括台灣），且在任何情形之下，不得遲於本約生效後九十日之期。依照此和所訂立約的期限日，理論上中華民國佔領軍應該要在一九五二年七月二十八日之前撤離台灣與澎湖，不然就會形成非法佔領的狀態。但是在美國的刻意輕忽與中華民國的死皮賴臉之下，中華民國就這樣成了鳩佔鵲巢的強盜。

許多人會認定日本與中華民國有秘密簽定「中日和約」來作爲台灣已屬中華民國的法理證據。但是中華民國外交部對日和約案卷第五十四冊已載明：「舊金山和約僅規定日本放棄台灣澎湖，而未明定其誰屬，此點自非中日和約所能補救。」晁論「舊金山和約」第二十六條已明禁日本不得給予他國較該約規定更大的利益，更證明中華民國竊台的問題。

World
中國對東土耳其斯坦莎車進行大屠殺 2014.7.28

2022 July

7月29日

舊曆 七月初一

好心互雷㖂

存好心做好事，結果卻被雷打，意指好心沒好報。台灣曾經在中國發生震災時捐助巨款，卻換得中國人武力威脅與阻擋國際救援台灣的結果。台灣人一定要看清中國人欺善怕惡的本質，才不會再落得好心互雷㖂的下場。

新月

• 台灣獨立事件中，林熊祥（左上）、許丙（右上）遭判一年十個月有期徒刑，簡朗山（左下）、徐坤泉（右下）遭判一年有期徒刑，辜振甫（中）被判處兩年六個月有期徒刑。

• 林滴娟像

• 就讀台大歷史系的林滴娟曾在鄭南榕自焚身亡後在台大發起靜坐抗議。

禮拜五 lé - pài - gō　FRI 金曜

2022年 7月

日	一	二	三	四	五	六
					1	2
3	4	5	6	7	8	9
10	11	12	13	14	15	16
17	18	19	20	21	22	23
24	25	26	27	28	29	30
31						

1998.7.29

林滴娟事件

林滴娟，生於一九六六年，雲林人，考取台灣大學歷史系後便加入台大濁水溪社與台大大論社，積極參與公共政治活動。鄭南榕於一九八九年四月七日爲台灣獨立與言論自由而自焚身亡的時候，林滴娟還在台大發起靜坐運動。林滴娟於同年加入民主進步黨並且協助周慧瑛參選台灣省議員。一九九四年當選高雄市議員，時年僅二十八歲。她也與時任高雄市長的吳敦義成了議會質詢台上的對手。由於兩人都是自台大歷史系畢業的前後期學生，因此也經常被媒體戲稱爲「小學妹對抗老學長」。

一九九八年，林滴娟隨男友韋殿剛前往中國遼寧，卻因男友的債務問題，於七月二十七日遭人綁架，並被綁匪施打過量藥物導致昏迷。七月二十九日，林滴娟再度被施打藥物後因呼吸緩慢且臉色發白，被綁匪送醫後不治身亡。由於林滴娟是民進黨公職人員，她在中國死亡的消息引發台灣媒體關切，也讓人聯想到台灣旅客被劫財殺害的千島湖事件。

事發後中國政府僅同意林滴娟的親友及台灣媒體前往遼寧辦理後事與採訪，而不同意海基會與陸委會相關人士協助處理。民進黨也對中國發表譴責，認爲中國政府輕忽與漠視人權以及人身安全。事發至今，殺害林滴娟的兇手一直沒有被找到，而林滴娟男友韋殿剛說詞反覆也啓人疑竇。

1947.7.29

戰後台灣獨立事件宣判

二戰後部分台灣仕紳曾秘密參與尋求台灣獨立的草山會議，卻因缺乏建國意志而於一週後不了了之。隔年支那民國掌握軍政之後就開始發起漢奸總檢舉來抓捕疑似參與草山會議的台灣仕紳。一九四七年七月二十九日台灣戰犯軍事法庭判決許丙、林熊祥一年十個月有期徒刑，簡朗山、徐坤泉判處一年有期徒刑，辜振甫判處兩年六個月有期徒刑。

學者抗議教育部採「閩南語」課綱名稱 2009.7.29

2022 July

7月 30日

舊曆 **七月初二**

纖月

一人主張，毋値著兩人思量。

一個人的想法，還不如多人的集思廣益要來得完備。這也是民主的核心精神與價值。崇尚獨裁統治的人始終無法理解公共事務與因果牽連的複雜，總以為一人一黨掌管事務可以讓國家政務變得單純。殊不知個人識見總是有限，朋黨私利總會勾結，寡頭政治總是因專斷自利而導致盲目循私，最終不但會戕害全民利益，更會產出一整批的奴才。

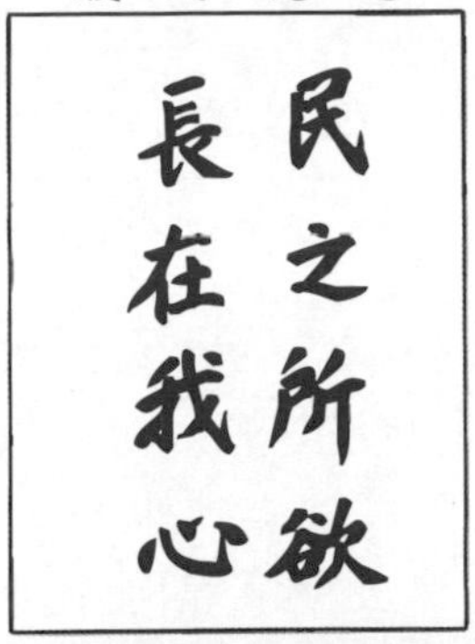

• 李登輝在美國康乃爾大學演講後留下「民之所欲，長在我心」的名言，此為李登輝的親筆書法。

• 李登輝像

• 美國新聞週刊（Newsweek）曾以「民主先生」的封面標題稱呼李登輝。。

• 一九四九年，李登輝自台大畢業之後與曾文惠相親結婚，相伴七十一年。

禮拜六 lé - pài - lák | **SAT 土曜**

2022年 7月

日	一	二	三	四	五	六
					1	2
3	4	5	6	7	8	9
10	11	12	13	14	15	16
17	18	19	20	21	22	23
24	25	26	27	28	29	30
31						

2020.7.30

李登輝逝世日

◆台灣民主之父

李登輝，一九二三年一月十五日生於台北州淡水郡三芝莊。少時就讀淡水中學，後跳級考上台北高等學校，畢業後就讀日本京都帝國大學農林經濟系。太平洋戰爭爆發後服役於名古屋高射砲師團聯隊，戰後返回台大就讀。二二八事件發生時，因高學歷菁英的身分而差點遭中國人屠戮。就讀大學期間對左翼思想甚感興趣，曾一度加入過共產黨的組織。

一九五二年，李登輝獲獎學金至美國留學，隨後在台大與政大任教。一九六五年至美國康乃爾大學進修並取得農業博士學位。返台後曾一度遭警總拘捕訊問，最後在沈宗瀚與王作榮推薦下加入國民黨，並且成爲行政院長蔣經國轄下的閣員。雖然加入國民黨，李登輝在一九七二年時仍私下對辜寬敏透露台灣必須要獨立才會有將來的想法。

李登輝在農業政策的亮眼表現，加上與蔣經國一樣都曾加入過共產黨的經歷，讓李深受蔣經國賞識，蔣便指定他爲官派台北市長，隨後調升爲台灣省主席。一九八四年，蔣經國更提名李登輝爲副總統候選人與國民黨主席。八八年蔣經國暴斃後，沉潛已久的李登輝繼任總統，遂展開一系列的民主改革。

李登輝在總統任內，先利用派系權鬥將支那宮廷派與掌握軍權的郝柏村給解職。接著配合台灣社會要求民主化的浪潮，宣布終止動員戡亂時期、召開國是會議並修憲終止萬年國會、修改刑法一百條、實現地方首長與總統直選等連串舉措，奠定了台灣民主的基礎。李登輝對中國也採取兩國論與戒急用忍的模式，因此讓中國人與被併吞派痛恨不已。

政黨首次輪替後，李登輝依舊積極參與政治並籌組台聯，曾多次訪日並開設生技公司培養台灣和牛。二〇二〇年七月三十日，李登輝以九十八歲的高齡病逝台北，多數台灣人也尊李爲台灣民主之父。

反中殖教育少年先行者林冠華紀念日 2015.7.30

2022
July

7月31日

舊曆 七月初三

眉月

禮拜日 | SUN 日曜

lé - pài - jit

2022年 7月

日	一	二	三	四	五	六
					1	2
3	4	5	6	7	8	9
10	11	12	13	14	15	16
17	18	19	20	21	22	23
24	25	26	27	28	29	30
31						

熱爐添炭，食力兼歹看。

給正燒熱的爐子加炭，費力又難看，比喻錦上添花的手段很難看，吃力不討好。中國總是對外宣稱自己富裕發達。既然如此，中國遇天災人禍，咱台灣人何必捐錢捐物資，最後還會被中國人把好心解讀成示弱與好欺負，何苦熱爐添炭，食力閣歹看。

1981 年 7 月 31 日 星期五 臺灣公論報 Taiwan Tribune 1

FOR OVERSEAS TAIWANESE COMMUNITIES 海外台灣人的報紙

臺灣公論報

Taiwan Tribune P.O. BOX 1057 Long Island City, NY 11101

July 31, 1981 No. 1 一九八一年七月三十一日 創刊

各方憤怒聲討蔣特暴行 美國會舉行聽証會 爲陳文成慘死命案

高屏暴洪肆虐 冲毀沿岸魚塭

美總統獲重大勝利 衆院通過減稅案

蔣經國

伊朗前總統劫機逃往法國

八屆世台會 在巴西圓滿結束 歡聚一堂肝胆相照

恭祝 臺灣公論報 創刊 爲民喉舌

Ever Ready BLUE PRINT

恭祝 臺灣公論報 創刊 Formosan Printing Services Palo Alto, California

Life, Health, Disability Group Insurance Annuities, Pension Plans SERVICE IS MY BUSINESS (212) 759-9800(0) N.Y.L.

• 台灣公論報於一九八一年七月三十一日發行的創刊號。

• 台灣公論報的創刊發行人羅福全博士。

• 台灣公論報的社長兼總編輯洪哲勝。

台灣公論報創刊發行日

1981.7.31

由於中華民國長期對台灣實施戒嚴並全面控制大眾傳播媒體，使得台獨的理念經常被黨國媒體所妖魔化與抹黑，許多台灣人因此被洗腦而不自知。海外台獨人士有感於此，便決定創立自己的報紙來做爲反制。一九八一年台灣發生國民黨特務殺害陳文成博士的命案，中國國民黨竟惡意在黨媒上宣傳陳文成是因爲主張台獨而畏罪自殺。國民黨此一惡意抹黑也加強了台獨聯盟創立報紙的決心。

一九八一年七月三十一日，台獨聯盟所籌辦的「台灣公論報」於美國紐約市創刊，創刊發行人爲羅福全博士，洪哲勝擔任社長兼總編輯，王康陸、張燦鍙、張月瑛、黃再添、陳南天等也積極參與報務。此份報紙爲海外第一份爲獨派發聲的報紙，承接著前一階段已發行多年的「台獨月刊」，改以每週刊行兩次的半週刊形式出版並營運多年。

台獨聯盟發行「台灣公論報」之後，國民黨透過鷹爪高資敏在美國成立「台灣同鄉聯誼會」，用以混淆眞正支持台獨的「台灣同鄉會」。國民黨經常使用成立山寨團體的方式來混淆視聽與分裂社群（台灣也有一個國民黨控制的山寨「台灣公論報」。）

國民黨還進一步地派遣間諜進入報社工作，企圖盜取訂戶名單與內部資訊。更誇張的是，國民黨利用高資敏向美國聯邦法庭對「台灣公論報」提出「毀謗名譽」的告訴（也就是著名的「四腳仔高資敏官司」），要求賠償兩百五十萬美元，試圖以訴訟費與賠償金來拖垮「台灣公論報」的財務。但是中國國民黨與其鷹爪高資敏的無恥之舉反而激發了海外台灣人的憤慨，讓捐款大量湧入報社。最終美國法官也以高資敏爲可受公評的公眾人物而判他敗訴，此事件也提升了「台灣公論報」的知名度與聲譽。

台灣鄉土文學作家洪醒夫逝世日 1982.7.31

八月

陳翠玉
翠玉仔一生攏在做
對台灣有利ê代誌
才會予中國國民黨
ê獨裁官員怨入骨
Mock Mayson

◆海外政治黑名單聲援返鄉遊行日。【詳見八月十九日。】

◆陳翠玉逝世日。【詳見八月二十日。】

Tâi-oân tok-li̍p 台灣獨立

2022 August

8月1日

• 日軍擊敗清軍並且攻下平壤。

• 殷海光在「自由中國」中批評反攻大陸的虛妄。

• 殷海光指控蔣介石藉反攻大陸來行戕害人權之事。

• 全亞洲規模最大的北洋艦隊與日本聯合艦隊展開人類史上第一次大規模的鋼鐵軍艦海戰。

舊曆 七月初四

三講四毋對。

越講越錯，越說越不對。中國國民黨最喜歡講九二共識，一開始講一個中國各自表述，結果被習近平打臉說九二共識只有一個中國。國民黨又急著幫習近平緩頰，幫自己找台階下，越講越離譜，三講四毋對。

四日月

禮拜一 lé - pài - it ｜ MON 月曜

2022年 8月

日	一	二	三	四	五	六
	1	2	3	4	5	6
7	8	9	10	11	12	13
14	15	16	17	18	19	20
21	22	23	24	25	26	27
28	29	30	31			

甲午戰爭爆發日

1894.8.1

朝鮮的地理位置處於中國與日本的中間，自古以來就經常成爲雙方兵戎相見之地。豐臣秀吉曾於十六世紀末（明帝國時期）入侵過朝鮮，十九世紀中後期日本開始明治維新之後，也開始重提征韓論調。從一八七五年日本軍艦停靠江華島所引發的砲擊事件，一直到日本開始全面介入朝鮮的新舊黨爭，終至一八九四年朝鮮東學黨的農民起義，日本與清帝國終於不可避免地在朝鮮全面開戰。

清國於一八九四年八月一日正式對日本下宣戰詔，並出動當時全亞洲規模最大的北洋艦隊與日本聯合艦隊展開人類史上第一次大規模的鋼鐵軍艦海戰。激烈的陸戰同時也在朝鮮以及遼東半島揭開序幕。然而大而無當的清國艦隊遭到日本艦隊全數殲滅，陸地作戰也由日軍全面獲勝，清帝國終於不得不認輸並簽訂馬關條約，割讓台灣與澎湖給日本。

殷海光批判反攻大陸說

1957.8.1

中華民國於一九四九年流亡台灣之後，蔣介石與國民黨官們開始大力鼓吹「反攻大陸」的口號。然而隨著中華民國軍隊在中國東南沿海島嶼節節敗退，明眼人也看得出蔣介石的「反攻大陸」根本就是紙上談兵的空想。但是在黨國獨裁的噤聲之下，多數人並不敢說出心內眞話。

直到一九五七年八月一日，殷海光才在雷震的「自由中國」刊物十七卷三期上首次公開批判「反攻大陸」的虛妄：「一句不能兌現的話，以極其肯定的態度說出，起先是有許多人信以爲眞的；繼而疑信參半；再繼而懷疑。人們希望的代價支付愈大，則幻滅的失望也愈大。」殷海光還在文中暗指蔣介石藉由「反攻大陸」的口號來行戕害人權之事，甚至成了荒廢建設的藉口。殷海光死後，一九七二年國光計畫辦公室被裁撤，才證明了他生前的遠見。

廖文毅公佈台灣共和國臨時憲法 1956.8.1

Tâi-oân to̍k-li̍p
台灣獨立

2022
August

8月2日

• 蘭大衛與妻子連瑪玉

• 蘭大衛像

• 蘭大衛在診所工作的情景

• 蘭大衛的兒子蘭大弼

2022年 8月

日	一	二	三	四	五	六
	1	2	3	4	5	6
7	8	9	10	11	12	13
14	15	16	17	18	19	20
21	22	23	24	25	26	27
28	29	30	31			

舊曆
七月初五

未燒金，先放炮。

還沒燒金紙拜神，就先放鞭炮慶祝，比喻順序顛倒。看看一堆國民黨員，工地建設還沒見到半個影，就先參加剪綵典禮，請來一堆媒體記者大拜拜造勢邀功，多年後工地還是同款暗眠摸。

五日月

禮拜二
lé - pài - jī

TUE
火曜

1870.8.2

蘭大衛誕生日

◆台灣良心名醫

蘭大衛（David Landsborough）生於一八七〇年八月二日，蘇格蘭人，也是台灣中部名醫蘭大弼的父親。他出生於虔誠的基督教家庭，祖父與父親都是牧師，從小在基督教義的耳濡目染之下，也讓他決心學醫濟世以服事主耶穌。蘭大衛於一八九五年從愛丁堡大學醫學院畢業之後，得知福爾摩沙中部的醫療宣教師盧嘉敏（Dr.Gavin Russell）病逝，導致當地居民找不到醫生看病，便決定坐船與另外兩位牧師一起前往台灣來接替職務。

蘭大衛從台南登港之後，行走了四天才來到彰化。當時台灣剛結束兩百多年的清國統治時期，台中彰化一帶幾乎沒有任何醫療資源與設備，蘭大衛便草創診療所來爲眾多病患看診，並從事醫學教育來培育醫療人才，因此還獲得日本政府允許在無醫村執業的「限地醫」身份。

蘭大衛熱心爲窮苦病患免費診治，還慷慨解囊救濟貧困者，並創辦彰化基督教醫院，因此獲得中部民眾的尊敬與感激，彰化一帶還曾流傳著「南門媽祖宮，西門蘭醫生」的台灣諺語。蘭大衛的善行還感動了當時的日本皇室，天皇曾多次御賜賞金給他，裕仁皇太子訪台時還曾親自召見過他。

蘭大衛在台行醫期間與前來台灣宣教的英國人連瑪玉（Marjorie Landsborough）結爲夫妻，兩人攜手從事醫務工作，還發生過感人的「切膚之愛」事蹟。當時彰化有一貧農之子因右腿傷口潰爛無法癒合，連瑪玉便自告奮勇讓蘭大衛從她大腿上切下皮膚移植到該病患身上。後來雖然因爲器官排斥而導致手術失敗，但是病患仍在蘭大衛夫婦的照顧下康復，此一感人事蹟也流傳至今。蘭大衛於一九三六年退休返回英國，一九五七年因車禍逝世。

World
中國人在香港移民局縱火燒傷四十七人 2000.8.2

Tâi-oân tȯk-le̍k
台灣獨曆

2022 August 8月3日

舊曆 七月初六

三百五百，買無一隻鹹水鴨。

三百元五百元，連一隻鹹水鴨都買不到。這是一句專門嘲諷國民黨買票的台灣俚語，形容國民黨的買票錢根本沒有多少錢，不值得這樣就出賣自己的靈魂與良知，甚至賠上子孫的未來。

六日月

• 陳水扁於二〇〇八年十月二十五日參加「反黑心顧台灣大遊行」時揮舞著「台灣中國，一邊一國」的旗幟。

• 二〇〇二年，陳水扁發表一邊一國。

邊 國

• 陳水扁也是一邊一國行動黨的精神領袖。（已解散）

World Federation of Taiwanese Associations 世台會

• 陳水扁在對日本「世台會」進行視訊連線時，發表「一邊一國」談話。

禮拜三 lé - pài - sa^{n} | WED 水曜

2022年 8月

日	一	二	三	四	五	六
	1	2	3	4	5	6
7	8	9	10	11	12	13
14	15	16	17	18	19	20
21	22	23	24	25	26	27
28	29	30	31			

2002.8.3

陳水扁發表一邊一國

二〇〇二年八月三日，時任中華民國總統的陳水扁在對日本東京舉辦年會的獨派組織「世界台灣同鄉會聯合會」進行視訊連線的時候，發表了「一邊一國」談話，內容提及：「台灣是我們的國家，我們的國家不能被欺負、被矮化、被邊緣化及地方化。台灣不是別人的一部分，不是別人的地方政府、別人的一省，台灣也不能成爲第二個香港、澳門，因爲台灣是一個主權的國家。簡言之，台灣跟對岸中國一邊一國，要分清楚。」另外陳水扁還提到：「如果有需要，台灣現狀的改變要公民投票」。

這是陳水扁首次對於國家認知與統獨立場做出清楚的表示，也比李登輝的「兩國論」來得更爲清晰。從此以後，陳水扁的論政主軸不脫「一邊一國」以及「公民投票」，他在二〇〇三年的民進黨中常會上曾再次宣示「一邊一國與公投就是民進黨魂。」

陳水扁的「一邊一國」論除了更清楚地定位台灣的政治現實，也引發外界諸多的揣測。首先中國政府繼續維持文攻武嚇的基調，就像李登輝當時提「兩國論」一樣，國民黨與親民黨也隨之唱和。有人認爲「一邊一國」僅是爲了激怒中國以獲得選票的選舉語言，有的人則認爲這是陳水扁上台後對中國諸多的讓步與妥協，卻遭致中國惡意回應而做出的反彈，也希冀藉此回應來增加對中國在三通與直航談判時的籌碼。

陳水扁事後也有解釋提出「一邊一國」是爲了避免台灣在與中國談判的過程中遭到矮化，另外也強調民進黨的台獨黨綱必須透過「全民公投」才能得以實踐。事實上「一邊一國」也是陳水扁長期的政治主張，尤其在陳水扁執政末期與卸任之後，「台灣中國，一邊一國」的主張也更趨明顯。

五萬人凱道送別洪仲丘 2013.8.3

Tâi-oân tok-li̍p 台灣獨立

2022
August

8月4日

舊曆 **七月初七**

六面骰仔拔無一面。

只有六個面的骰子，連猜哪一面都很難，意謂此局輸多贏少，奉勸世人不要撩落去而輸到脫褲。君不見中國作莊的一帶一路，一堆統派捧到天上，什麼一帶一路概念股都吹得出來，最後結局就是變一堆呆帳的一債一路，下場投注者全輸得一屁股債。

• 鍾理和的小說「夾竹桃」批判中國民族性的醜惡，「笠山農場」則因投稿「中華文藝獎金委員會」而被沒收原稿。

• 鍾理和像

• 鍾理和與鍾台妹在滿州國結婚。鍾台妹在丈夫生前為了讓他專心創作而扛起家務，鍾理和逝世後更一肩扛起家中經濟。

• 鍾理和的異母弟鍾和鳴。

七日月

禮拜四 lé - pài - sì | THU 木曜

2022年 8月

日	一	二	三	四	五	六
	1	2	3	4	5	6
7	8	9	10	11	12	13
14	15	16	17	18	19	20
21	22	23	24	25	26	27
28	29	30	31			

1960.8.4

鍾理和逝世日

◆倒在血泊裡的筆耕者

鍾理和，一九一五年十二月十五日出生於屏東阿緱廳的六堆客家聚落（今屏東高樹鄉）。出生時家境富裕，父親曾經營農場並種植咖啡賣往日本。鍾理和八歲的時候與他同父異母的兄弟鍾和鳴一起進到鹽埔公學校就讀，畢業後鍾理和沒有繼續升學，而是到他父親經營的農場幫忙，也形構出他日後所寫的長篇小說「笠山農場」的基本背景。

鍾理和務農期間，他的兄弟鍾和鳴會從台北以及東京寄日文翻譯的文學作品和文藝理論書籍給他看。受到鍾和鳴的鼓勵與影響，鍾理和開始試著創作文學小說。後來由於家族反對同姓氏結婚，他只好跟妻子鍾台妹私奔到滿洲國成婚與工作，還曾移居到中國北平。鍾理和在中國生活多年，原來對中國的美好幻想因此破滅，批判醜惡中國民族性的「夾竹桃」小說就是在此時期所寫成。

二戰結束，鍾理和一家返回台灣工作，隨後他被醫師診斷罹患肺病而躺臥台大醫院休養，卻因此逃過二二八事件的屠殺，但是他在基隆中學擔任校長的兄弟鍾和鳴就沒那麼幸運了。鍾和鳴因目睹國民黨貪污腐敗，憤而加入共產黨，因此被捕槍決身亡。

事件後鍾理和爲了籌措手術費用而變賣家中土地，因此一貧如洗。一九五五年，鍾理和完成他的唯一長篇小說「笠山農場」，隨後投稿「中華文藝獎金委員會」的徵稿比賽得獎，卻因主辦單位惡性解散而無法出版，原稿跟獎金甚至被主辦方扣住不給，還得透過反覆寫信關說國民黨的文壇有力人士才能在多年後取回原稿。但是取回稿件不久後，一九六〇年八月四日，鍾理和就因肺病發作而吐血身亡，他的最後一篇小說「雨」的稿紙上都是他的血跡，因此才被人稱爲「倒在血泊裡的筆耕者」。

國民黨將台灣郵政改名回中國（華）郵政 2008.8.4

Tâi-oân tók-li̍p 台灣獨立

2022 August

8月5日

舊曆 七月初八

財甲新艋，
勢壓淡防。

用來形容財大氣粗的土豪惡霸。艋舺與新莊是清國時代北台灣最富庶的地方，而淡水外海因為曾爆發過清法戰爭，淡防廳也成了防守最嚴密的地方。可以比新艋還有錢，然後勢力又大過淡防廳軍的，想必就是通天的土豪惡霸。環顧現在的台灣政壇，台中的顏家，花蓮的傅家還有台北的連家都可以用「財甲新艋，勢壓淡防」來形容。

• 杜魯門對蔣介石與中國國民黨的貪腐惡行深惡痛絕。

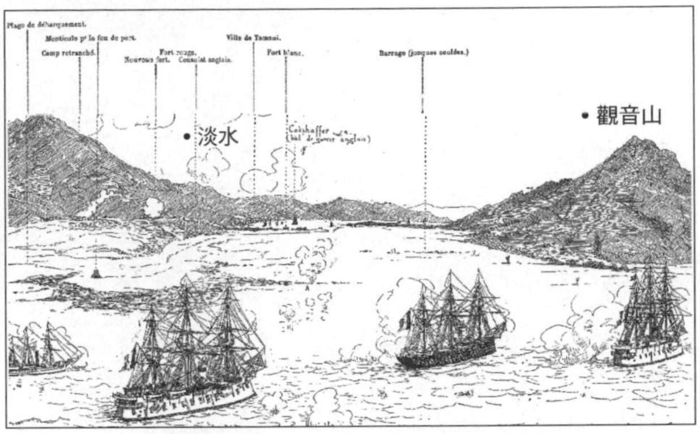

• 法國艦隊開到滬尾（淡水）並且對沿岸進行砲擊。

THE LIBRARY OF CONGRESS
LEGISLATIVE REFERENCE SERVICE

PUBLIC AFFAIRS
BULLETIN No.77

THE CHINA WHITE PAPER

A Summary with Commentary of the Department of State's "United States Relations with China"

by
Francis Valeo
Analyst in Foreign Affairs

• 美國於一九四九年發表中國白皮書，內容痛陳中華民國在支那的暴行。

• 滬尾戰役中的清國主將孫開華

• 滬尾戰役中的法國主將利士比

上弦月

禮拜五 lé - pài - gō

FRI 金曜

2022年 8月

日	一	二	三	四	五	六
	1	2	3	4	(5)	6
7	8	9	10	11	12	13
14	15	16	17	18	19	20
21	22	23	24	25	26	27
28	29	30	31			

1884.8.5

西仔反戰役

西仔反戰役的「西仔」指的是法蘭西國，「反」則是通「叛」字，意指戰亂。西仔反戰役就發生一八八四年，當時正處歐洲帝國主義興盛的時期，海路貿易對於歐陸的帝國相當重要，也因此各大洋的沿海島嶼就成了歐陸帝國的必爭之地，台灣自然無法置身事外。當時法國爲了爭奪基隆的煤礦作爲船艦的能源補給地，以便進一步控制東南亞沿海，就對當時還屬於清國領地的台灣發動了登陸戰爭。

一八八四年八月五日，法國艦隊對基隆的清國守軍發動大規模的砲擊，西仔反戰役就此展開。法軍隨後派兵攻擊滬尾（淡水）與澎湖，並順利攻下基隆與澎湖兩地，但是卻在滬尾一役大敗。一八八五年六月九日，法國與清國簽訂條約議和，法軍撤出基隆與澎湖，西仔反戰役結束。原來對台灣不甚重視的清國，自此役後才開始對台經營並升格建省。

1949.8.5

美國發表中國白皮書

一九四九年，中華民國開始在中國全面潰敗，蔣介石與國民黨的貪腐惡行被時任美國總統的杜魯門所深惡痛絕。其實早在一九四八年，美國政府就想公佈中國國民黨在中國的貪腐惡行，一直到一九四九年五月，美國國務院才開始編纂「中國白皮書」用以痛陳國民黨在中國的暴行，而這份白皮書還被中華民國政府透過外交系統與遊說團體給百般阻擾。

一九四九年八月五日，美國國務院正式發表「中國白皮書」，內容提及美國無法改變中國內戰局勢，也強烈批評中國國民黨集團的腐敗與無能，文中也對中國共產黨進行嚴厲批評。此份「中國白皮書」定調了杜魯門政府決定放棄中華民國以及國民黨的基調，並且不再援助貪腐的中華民國政府。一直到一九五〇年韓戰爆發後，美國才一改之前放棄中華民國的態度，改以援助流亡台灣的中國黨政權。

台灣毒物專家林杰樑逝世日 2013.8.5

2022 August 8月6日

舊曆 七月初九

有廟公，無廟厝。

早期比喻居無定所的羅漢腳，現在經常用來比喻只有一人明星卻缺乏團隊實力的泡沫政黨。看看台灣民眾黨或親民黨，全黨好像只剩柯文哲跟宋楚瑜，底下多是一群崇拜強人政治的盲從粉絲。柯粉跟宋粉早期多半是崇拜國民黨跟兩蔣馬英九的泛統腦，因為腦袋始終轉不過來，現在也只能換個招牌繼續跪拜新教主。

• 此建物原為廣島縣產業獎勵館，位於原爆點正下方，在原爆衝擊波後屋頂及樓板雖被摧毀，但是主結構並沒有倒下，因此也成為日本原爆的象徵物，後來被聯合國列為世界遺產。

• 盧修一像

新型爆彈 目撃者の話

閃光の瞬間熱い爆風 露出の皮膚はみな火傷

朝日新聞

廣島へ敵新型爆彈 B29少數機で來襲攻撃 相當の被害、詳細は目下調査中

落下傘つき空中で破裂 人道を無視する惨虐な新爆彈

• 左欄為讀賣報知一九四五年八月十日對廣島原爆的目擊者形容。右欄為朝日新聞一九四五年八月八日對廣島原爆的頭版報導。

• 盧修一的白鷺鷥競選標誌。

九夜月

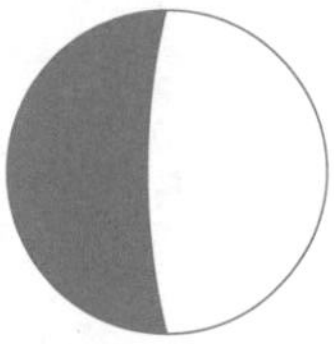

禮拜六 lé - pài - lák SAT 土曜

2022年 8月

日	一	二	三	四	五	六
	1	2	3	4	5	6
7	8	9	10	11	12	13
14	15	16	17	18	19	20
21	22	23	24	25	26	27
28	29	30	31			

盧修一逝世日

◆台灣民主先驅

1998.8.6

盧修一出生於一九四一年五月二十二日，三芝人。家境清寒，父親早逝，少時為分擔家計靠半工半讀考上建中與政大政治系，於一九六八年遠赴比利時魯汶大學深造，後來轉學至巴黎大學攻讀政治並完成博士學位，返台後在文化大學政治系擔任教職。一九八三年，盧修一因「獨立台灣會」一案，被中華民國以「叛亂」罪嫌起訴逮捕並入獄三年。

盧修一出獄後於一九八八年擔任民進黨中央黨部外交部主任。隔年在台北縣參選立委選舉，並以第一高票當選，就此連任三屆立委。曾於一九九三年成立保存與發揚台灣藝文的「白鷺鷥文教基金會」。一九九七年，當時已罹患肺腺癌的他，仍不顧醫囑為台北縣長候選人蘇貞昌站台並下跪求票，也成蘇貞昌逆轉勝的關鍵。一九九八年八月六日盧修一於治癌中心病逝，結束他堅毅與公義的一生。

原爆紀念日

1945.8.6

二戰末期，由於美軍在沖繩島戰役中死傷慘重，加上日軍下達同歸於盡的玉碎命令，使得美國政府因畏懼登陸日本本土將造成美軍巨量傷亡，遂決定動用曼哈頓計劃中所研發完成的原子彈。美軍原選定京都、廣島、橫濱、小倉作為投放原子彈的城市，最後決議取消京都，改至廣島與小倉市兩地投放。

一九四五年八月六日，美軍派出B29轟炸機來到廣島上空，於上午八點十五分投下原子彈，爆炸後造成數萬人當場死亡，十數萬平民在接下來的數個月中因核病變而緩慢痛苦地死去，這也是人類史上首次在戰爭中對平民使用核武的事件。三天後，美軍轟炸機原本要到小倉市投放原子彈，卻因天候不佳改至鄰近的長崎投放，同樣造成數萬平民當場死亡。日本因美軍投放原子彈而提前宣布投降，八月六日這天後來也被日本政府訂為原爆紀念日。

World 支那內戰：東山島海戰 1965.8.6

2022 August

8月7日

舊曆 七月初十

節氣 **立秋**

台諺云：雷打秋，冬半收。意謂立秋打雷下大雨，該年收成將會不好。

十日夜

• 荷蘭東印度公司標誌

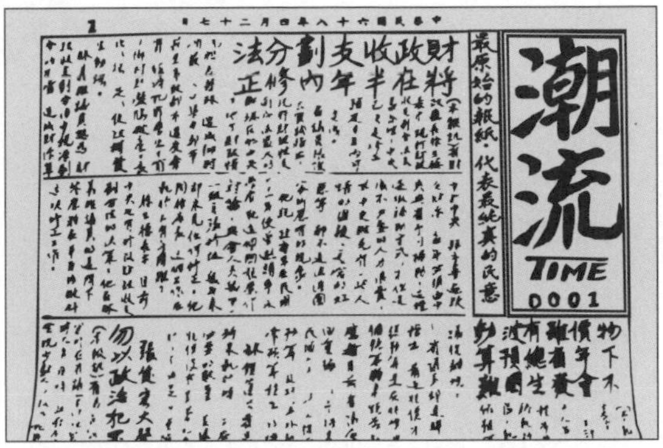

中華民國六十八年四月二十七日

潮流 TIME 0001

最原始的報紙，代表最純眞的民意

財政收支劃分法 將在半年內修正

• 地下報紙「潮流」的發行者使用原始手寫與手抄油印的方式來進行製作。

• 荷蘭醫師與作家Olfert Dapper繪製的荷蘭軍佔領澎湖圖。 圖中顯示澎湖的明帝國駐軍用石頭的原始武器去攻擊配有洋槍的荷蘭軍。

• 吳哲朗像　• 陳婉真像　• 陳博文像

禮拜日 lé - pài - ji̍t | **SUN** 日曜

2022年 8月

日	一	二	三	四	五	六
	1	2	3	4	5	6
7	8	9	10	11	12	13
14	15	16	17	18	19	20
21	22	23	24	25	26	27
28	29	30	31			

1979.8.7

潮流報刊遭查扣事件

一九七九年，美國與中華民國正式斷交。蔣經國與中國國民黨爲了繼續維持在台灣統治的正當性，便加強查禁大眾傳播媒體的力道，並試圖打擊正在集結勢力的黨外民主人士。而當時一份名爲「潮流」的地下報紙就試圖突破這樣的言論封鎖困境。

發起「潮流」的執行者包括吳哲朗、陳婉眞與陳博文等人，他們以最原始的手寫字並配合最簡單的手抄油印來印製八開報紙，內容直言當時主流媒體所不敢講的議題並嚴厲批判國民黨的報禁政策，刊頭還標榜著「最原始的報紙，反映最純眞的民意」。此份不受黨國控制的地下報紙果然很快就被國民黨控制的台灣省議會盯上。一九七九年八月七日，報紙「潮流」遭到軍警抄收，警總還逮捕了負責人與印刷廠老闆。「潮流」雖然遭到查禁，卻也預示了八〇年代即將席捲的黨外運動與解嚴浪潮。

1604.8.7

荷蘭軍隊首次佔領澎湖

十五世紀開始的大航海時代也是歐陸帝國擴張海權的時期，荷蘭當時爲了擴張海外貿易市場，加上跟西班牙之間發生獨立戰爭，便派軍隊前往東南亞與明帝國沿海佔領地盤。其中荷蘭東印度公司爲了搶奪葡萄牙的澳門據點，派兵前往攻打澳門，卻被葡萄牙擊退，荷蘭人只好轉戰明帝國佔有的澎湖。

荷蘭司令官趁明帝國的防守空虛期，於一六〇四年八月七日派艦隊前往佔領澎湖。荷蘭在澎湖當地興建城堡，並向明帝國交涉要求開放貿易。明帝國遂派出將領沈有容前往澎湖與荷蘭人談判。沈有容要求荷蘭人退出澎湖，並拒絕荷蘭通商貿易的要求，還暗示明帝國即將出兵澎湖。荷蘭軍隊在短暫佔領澎湖一百三十一天後，便於一六〇四年十二月十五日撤出澎湖。這也是荷蘭第一次佔領澎湖，第二次佔領澎湖則要等到十八年後（一六二二年）。

瓜達康納爾島戰役爆發 1942.8.7

Tâi-oân tok-li̍k
台灣獨立

2022
August

8月 8日

舊曆
七月十一

食茶食著水，交人交著鬼。

喝茶喝到水，交友交到鬼，比喻衰尾倒楣以及交友不慎。二〇一四年台派跟民進黨合推了個柯文哲出來競選台北市長，就是標準的交人交著鬼。找了一個媽寶雙標牆頭草出來，從此禍患無窮。

十一夜

• 石川欽一郎像

• 鄉原古統像

• 石川欽一郎的台灣學生黃土水（左上）、陳澄波（中上）、倪蔣懷（右上）、洪瑞麟（左下）、廖繼春（中下）、李梅樹（右下），可說都是台灣藝壇的重要前輩。

• 鄉原古統繪製的台北城南女子樣貌

禮拜一 lé - pài - it | MON 月曜

2022年 8月

日	一	二	三	四	五	六
	1	2	3	4	5	6
7	8	9	10	11	12	13
14	15	16	17	18	19	20
21	22	23	24	25	26	27
28	29	30	31			

1887.8.8

鄉原古統誕生日

◆ 台灣美術教育先驅

鄉原古統，出生於一八八七年八月八日，日本長野縣人。就讀中學校時，曾受美術教師啓發而開始學習繪畫。一九一〇年，從東京美術學校師範科畢業之後，就在中學擔任美術老師。一九一七年，前往台灣的台中一中任教，隨後轉往台北第三高女擔任圖畫科老師，並曾經在一九二二年到台北州立台北第二中學校（今成功高中）任教。

鄉原古統擔任教職時曾積極參加聯展與組織畫會，並與畫家石川欽一郎、鹽月桃甫、木下靜涯等人於一九二七年開辦台灣美術展覽會（簡稱爲台展），成爲台籍藝術家最重要的發跡舞台之一。他積極提攜台灣畫家並成立東洋畫研究組織，包括陳進都是他的得意門生。鄉原古統於一九三六年辭去台灣教職返日，一九六五年四月六日逝世，他在台灣的眾多學生還曾爲他建碑紀念。

1871.8.8

石川欽一郎誕生日

◆ 台灣美術教育先驅

石川欽一郎生於一八七一年八月八日，日本靜岡縣人。少年時就對學習西洋繪畫感到興趣，在大藏省印刷局擔任錢幣圖案製作工作的時候與畫家石井柏亭成爲同事與好友，並開始積極參與美術活動與畫作展覽。他還爲了到歐洲習畫而辭去工作，返日後曾從軍而遊歷清國滿洲等地，並於一九〇七年來到台灣，開始了他在台灣教授繪畫的生涯。

石川欽一郎曾在台北師範學校與總督府國語學校等校教畫，並在課餘時間教導學生寫生與水彩畫，許多重要的台灣前輩畫家都曾是他的學生，包括倪蔣懷、陳澄波、李梅樹、廖繼春、洪瑞麟等人。石川曾於一九二七年與鹽月桃甫、鄉原古統等日本畫家提議舉辦「台灣美術展覽會」（簡稱台展），對孕育台灣藝術家貢獻卓著。一九三二年返日後依舊積極創作參展，於一九四五年九月十日逝世。

蘇聯在日本原爆後向日本正式宣戰 1945.8.8

Tâi-oân tók-li̍p 台灣獨立

2022 August 8月9日

舊曆 七月十二

大乳壓細囝。

大乳房壓迫到小嬰兒，比喻以大欺小。這是句比較俚俗的台灣諺語，用女人的器官與嬰兒來直接影射大小之間的不對等關係。中國人是一個習慣以大欺小、欺善怕惡的蝗蟲民族。面對這種無賴惡漢，不能當溫順的綿羊，要當精明勇敢的牧羊犬，這樣他們才會因有所顧忌而不敢威脅你。

•二二七緝菸事件爆發後，二月二十八日上午反華群眾包圍台灣省專賣局臺北分局。

•楊杏庭像

•楊杏庭的日文著作「蔣介石評傳：霸權之路」。

•楊杏庭的著作「太平洋戰爭前夕：開戰前的舞台內」。

•楊杏庭的自傳「受難者」封面。題字為張良澤，封面圖為張道南繪製。

十二夜

禮拜二 lé-pài-jī | TUE 火曜

2022年 8月

日	一	二	三	四	五	六
	1	2	3	4	5	6
7	8	9	10	11	12	13
14	15	16	17	18	19	20
21	22	23	24	25	26	27
28	29	30	31			

1909.8.9

楊杏庭誕生日

◆二二八民變作者

楊杏庭，生於一九〇九年八月九日，台中梧棲人，於一九三〇年畢業於東京高等師範學校，不久即取得日制高等學校教授資格，隨後在一九三九年考入東京文理科大學哲學系並通過高等文官考試。一九四〇年代前往中國南京與浙江的大學謀職任教，還曾在南京汪精衛政權下擔任官職，後來因爲國民黨整肅汪精衛政府而失業。

二戰結束後，楊杏庭繼續留在中國並任職於中華民國內政部專委與教育部編審委員。一九四七年台灣爆發二二八抗暴事件，他奉命返台調查眞相，四處奔走採訪二二八事件的見證者口述與民情，隨後提出「台灣二二八事變眞相報告」，後來出版爲「二二八民變」一書，內容詳述中華民國軍人殘殺台灣人的慘況，包括濫殺無辜以及用鐵線貫穿多人足踝與手掌並集體丟入海中的寫實描寫。

楊杏庭由於調查詳細且據實報告二二八抗暴事件，因此得罪國民黨官員，讓他數次提出要出國留學的計畫都被國民黨駁回，日後他甚至憤而寫下「對蔣介石的質問狀」來敘說這段時期所蒙受金錢與精神上的巨大損失。一九五四年楊杏庭終於成功赴日，並在東京大學東洋文化研究所進修博士學位。

由於楊杏庭在海外強烈抨擊中華民國的獨裁貪腐與種種惡行，且化名加入廖文毅的台灣共和國組織，擔任台灣臨時議會的中央委員兼宣傳部長，因此被國民黨列入海外政治黑名單而無法返台。楊杏庭餘生就在日本渡過，曾經擔任名古屋南山大學教授，著作甚爲豐富，包括「歷史週期法則論」、「太平洋戰爭前夜」、「蔣介石評傳」、「選舉暴動—台灣中壢事件的內幕」、「受難者」等書，於一九八七年六月四日病逝日本東京。

2016.8.9 台灣鄉土文學作家王拓逝世

Tâi-oân tok-li̍p 台灣獨立

2022 August

8月10日

舊曆 七月十三

人去才煎茶，人來才掃地。

人都走光了才泡茶，人來了才掃地，比喻能混則混，隨便應付的意思。國民黨中評會主席陳庚金所說「能撈則撈，能混則混」其實一點都不誇張，那就是國民黨公務員的辦公日常。長期為國民黨執政的台北市政府也是從上到下混吃等死，上班時間理髮買菜根本是基本款，直到九四年陳水扁就任台北市長才一改陋習。

• 主張無條件接受招降的海軍大臣米內光政。

• 外務大臣東鄉茂德對日本無條件投降的決策有著重大影響。

• 日本終戰首相鈴木貫太郎

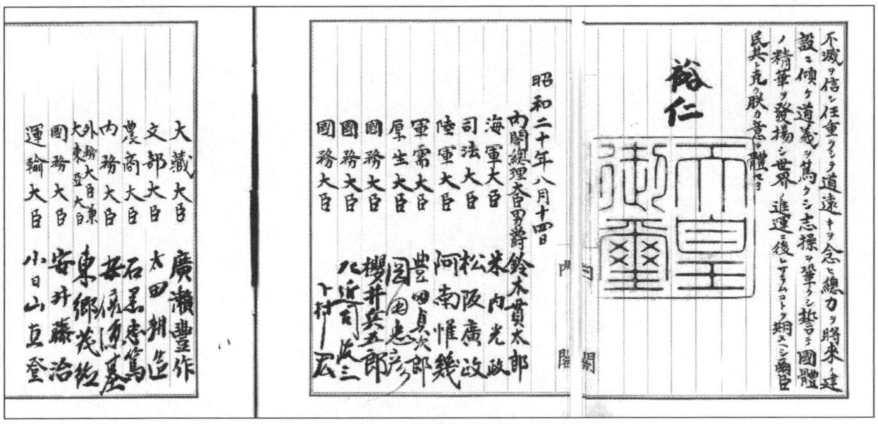

• 鈴木貫太郎內閣起草的「終戰詔書」文末。

小望月

禮拜三 lé - pài - saⁿ

WED 水曜

2022年 8月

日	一	二	三	四	五	六
	1	2	3	4	5	6
7	8	9	(10)	11	12	13
14	15	16	17	18	19	20
21	22	23	24	25	26	27
28	29	30	31			

1945.8.10

日本首次傳達終戰意圖

一九四五年八月六日與八月九日，美軍分別在日本廣島與長崎投下原子彈，造成十多萬日本人死亡，也成了二次世界大戰結束前最後兩場造成大規模平民死傷的軍事攻擊行動。日本本土經歷如此慘烈的傷亡，已經處於敗勢的日本政府終於在一九四五年八月十日這天透露「終戰」的訊息。

當日早晨六點，日本政府照會中立國瑞士以及瑞典駐日大使，傳達日本政府決定投降的消息。此訊息透過中立國的電報傳遞到美國、英國、蘇聯與中國等主要交戰國，這也是日本首次透露敗戰的訊息。然而主戰的日本少壯派軍官仍然不打算言敗，試圖阻止此一終戰訊息的流傳與發佈。日本外務大臣東鄉茂德稍後即親自發表終戰的訊息，然而當時同盟國仍沒有停止軍事行動，蘇聯甚至爲了割稻仔尾而遲至兩天前（八月八日）才對日宣戰並進攻滿洲。

雖然昭和天皇在一九四五年八月十日公佈投降的訊息，但是日軍的主戰派將官還是沒有與主和派達成共識。直到八月十四日上午，昭和天皇召開御前會議來統合主戰派與主和派的意見，才決定讓主和派的首相鈴木貫太郎內閣起草「終戰詔書」，正式爲日本無條件投降做出定調。「終戰詔書」在天皇錄音完之後，也於隔天十五日對外公告。

但是日軍主戰派的年輕軍官仍然不死心，於十五日當天在皇居發起軍事政變，斬殺了駐守皇居的近衛師團團長，並試圖攔截天皇發佈投降的錄音膠盤。但是這次史稱「宮城事件」的軍事叛變終告失敗，參與者多切腹與舉槍自殺，此事件後來也被改篇成電影「日本最長的一日」。天皇的終戰錄音也透過日本放送協會（NHK）正式對外廣播（又稱「玉音放送」），日本宣告投降終戰一事才終告落幕。

World 支那港府開始大肆逮捕媒體與社運人士 2020.8.10

Tâi-ôan tók-lèk
台灣獨立

2022
August

8月
11日

舊曆
七月十四

七洋八溶，溶了了。

二戰後，中國人不但把傳染病帶來台灣，也把詐騙的惡習一併帶來。當時某個從中華民國來的上海人在台北車站附近開了一間「七洋貿易行」，對外說貿易與匯兌生意，但是實際卻是在做龐氏騙局的老鼠會勾當，後來因為倒閉而導致多人受害。台灣民間因此興起「七洋八溶，溶了了」的說法，表示心血付之一炬的意思。

滿月

臺南虎疫勢未息
連日有新患
患者三百三十六人
官民協力積極防疫

• 一九四六年報紙刊出台南霍亂疫情不斷新增病例的報導。

霍亂由溫州侵入本省
當局積極籌劃檢疫
電令各縣市實施豫防注射

• 二戰後衛生習慣極差的中國人將在台灣絕跡的傳染病帶來台灣，造成數千人染疾身亡。（圖為一九四六年四月二十六日的新聞報導。）

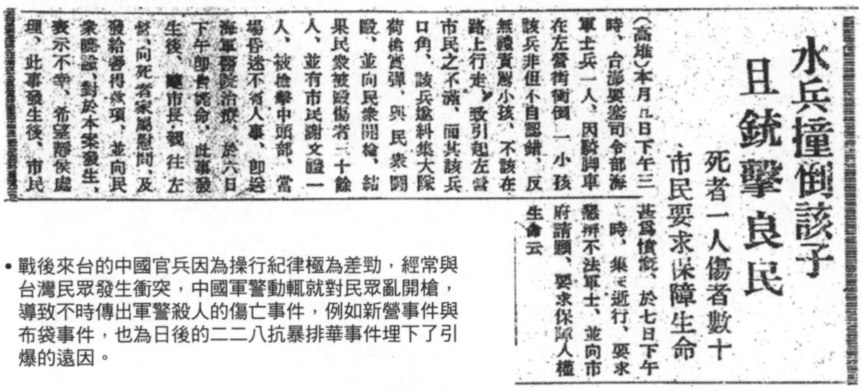
水兵撞倒孩子
且銃擊良民
死者一人傷者數十
市民要求保障生命

（高雄）本月五日下午三時、台澎要塞司令部海軍士兵一人、因騎脚車在左營街衝倒一小孩、該兵非但不自認錯、反無禮責罵小孩、不該在路上行走、致引起左營市民之不滿、而與該兵口角、該兵遂糾集大隊荷槍實彈、與民衆鬦毆、並向民衆開槍、結果民衆被毆傷者二十餘人、並有市民謝文證一人、被槍擊中頭部、當場昏迷不省人事、即送海軍醫院治療、於六日下午即告殞命、此事發生後、陳市長親往左營、向死者家屬慰問、及發給醫得救項、並向民衆曉諭、對於本案發生、表示不幸、希望靜候處理、此事發生後、市民甚爲憤慨、於七日下午一時、集衆遊行、要求懲辦不法軍士、並向市府請願、要求保障人權生命云

• 戰後來台的中國官兵因為操行紀律極為差勁，經常與台灣民眾發生衝突，中國軍警動輒就對民眾亂開槍，導致不時傳出軍警殺人的傷亡事件，例如新營事件與布袋事件，也為日後的二二八抗暴排華事件埋下了引爆的遠因。

禮拜四
lé - pài - sì
THU
木曜

2022年 8月

日	一	二	三	四	五	六
	1	2	3	4	5	6
7	8	9	10	11	12	13
14	15	16	17	18	19	20
21	22	23	24	25	26	27
28	29	30	31			

1946.8.11

台南新營事件

二戰結束後，原屬日本領土的台灣被中華民國政府接管與劫收。許多台灣人開始重啟跟中國的海上貿易，但是卻也同時把中國的傳染疾病給帶來台灣。許多在台灣絕跡已久的疾病就這樣從衛生環境極差的中國傳到台灣，因此造成數千人染疾身亡。一九四六年四月十六日，與中國頻繁通商的嘉義布袋港就因爲爆發霍亂疫情，而發生中華民國軍人封鎖布袋交通，導致當地居民饑荒，想要逃出的民眾還被中華民國軍人用機槍掃射的事件。但是霍亂疫情並沒有因此受到控制，而是繼續向外擴散，中華民國政府只知軍事封鎖，卻不派遣防疫與醫療人員去當地瞭解狀況，也讓事情更加惡化。

緊接著在一九四六年八月十一日，台南新營也發生了中華民國警察以防疫理由要求廟會戲台禁演，最終導致警察對民眾開槍濫射的事件。

當時適逢舊曆中元節，台南新營的上帝爺廟正進行普渡儀式並且搭建戲台演出，吸引大批信眾前來。正當廟會戲台上的戲演到一半的時候，兩名持槍員警突然上台以霍亂疫情擴散爲由，要求停止演戲。此舉引發群眾不滿，並開始鼓譟與投擲石塊抗議。接著台上警察竟對台下民眾開槍，造成數人受傷。

警察在戲台開槍之事引爆民眾憤怒，紛紛衝到台南縣警察局包圍，圍毆駐守員警並且毀壞門窗與局內檔案，隨後台南縣長與議長前來處理協調才平息民眾怒火。不料保安隊前來新營支援的消息傳出，再度引爆民眾怒火，群眾封鎖新營聯外道路，圍堵並阻止警車進入。此事件之所以引爆民眾怒火不僅是因員警處理方法不當，而是中華民國政權來台後貪腐劫收惡行不斷，早已讓台灣民眾積怨已深。新營事件僅是隔年二二八全台抗暴事件的前奏曲而已。

史明革命游擊隊成員姜啟我等人遭起訴 1972.8.11

2022 August

8月12日

舊曆

七月十五（盂蘭盆節）

立待月

食銅食鐵。

原來拿來描寫清國腐敗貪污的官員，什麼東西都敢貪，什麼油水都敢吃。結果到了中華民國時期，這句話又成了台灣人的流行語，用來描述中國國民黨官員什麼公產私產全部都敢貪污到自己的口袋裡。有時候會說成「食銅食鐵，食亞鋁彌」。

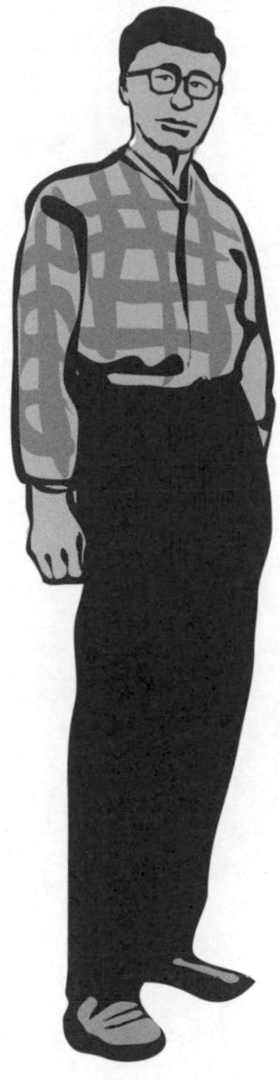

•鄭評的生活留影

•史明秘密訓練鄭評成為台獨革命軍的一員。

•鄭評像

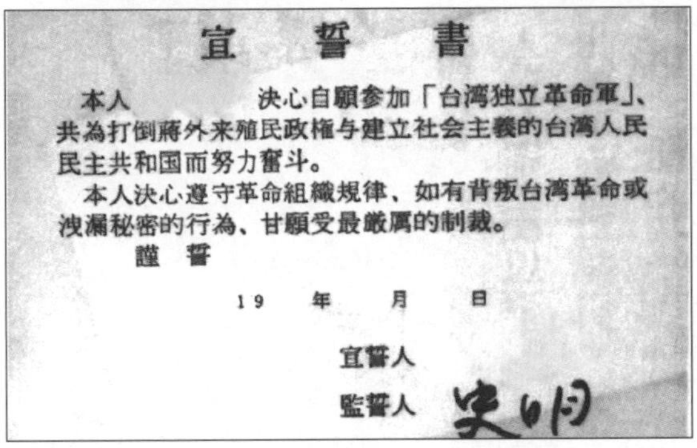

宣誓書

本人　　　決心自願参加「台湾独立革命軍」、共為打倒蔣外来殖民政権与建立社会主義的台湾人民民主共和国而努力奮斗。

本人決心遵守革命組織規律、如有背叛台湾革命或洩漏秘密的行為、甘願受最厳厲的制裁。

謹誓

19　年　月　日

宣誓人

監誓人　史明

•台灣獨立革命軍隊員證背面的宣誓書。

禮拜五 lé - pài - gō

FRI 金曜

2022年 8月

日	一	二	三	四	五	六
	1	2	3	4	5	6
7	8	9	10	11	12	13
14	15	16	17	18	19	20
21	22	23	24	25	26	27
28	29	30	31			

1974.8.12 鄭評受難日

◆台獨革命烈士

鄭評，生於一九二七年，高雄人。鄭評出身貧苦家庭，小時候即信奉基督教，在教友協助下在台北開麵包店與從事印刷事業營生。一九七一年，前往日本參加基督教反共聯合會的國際大會，因此認識了史明，隨後並加入獨立台灣會，成為台獨的忠誠追隨者。他秘密接受史明的游擊戰與政治思想訓練，受訓後返台組織「台灣獨立革命軍鄭評小組七〇一號」，決定執行暗殺獨裁者蔣經國的計畫。

鄭評在台灣四處吸收支持獨立建國的成員，並且秘密散發「台灣獨立萬歲」的標語傳單。鄭評與史明以日本化名在台灣與東京兩地通信，討論執行暗殺蔣經國的計劃細節，史明還囑咐鄭評任何行動都必須從長計議，而且絕對不能在台灣島內尋找槍枝，以避免被軍警特務盯上。史明還另外統籌數組人馬同時進行情報蒐集、武器運輸與計劃執行的任務。

然而鄭評任務小組裡卻有年輕成員因為沉不住氣，直接在台灣尋找槍枝武器，因此被調查局盯上，而且小組內部還被特務鷹爪賴錦桐給滲透，導致鄭評本人與其吸收的台灣獨立革命軍成員在一九七四年全數被「企圖叛亂、槍擊首長未遂」的罪名逮捕。鄭評於一九七四年六月被判處死刑，小組成員包括黃坤能、洪維和、林見中三人遭判無期徒刑，柯金鐘、游進龍則遭處有期徒刑十年。鄭評雖然人在死牢中仍試圖在牆上塗寫獨立台灣會的革命口號。

一九七四年八月十二日，鄭評被押往新店安坑刑場執行槍決，受難前仍激昂高喊「台灣獨立萬歲！」且毫無恐懼地從容就義。史明痛失義勇同志，長年無法釋懷，他在日本臥室內，除祭拜雙親祖先外，還會祭拜鄭評本人。台灣大地文教基金會多年後在南投草屯為鄭評樹立紀念碑以讓人追念英勇事蹟。

1998.8.12 台灣民謠作詞家葉俊麟逝世日

Tâi-oân tók-le̍k 台灣獨曆

2022 August 8月13日

•鹿野忠雄在野外的留影

•鹿野忠雄像

•鹿野忠雄著作「山、雲與蕃人」中的新高山照片。

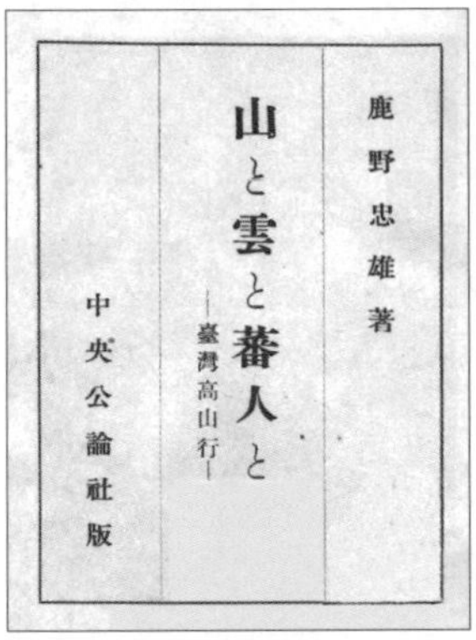

•鹿野忠雄的代表著作「山、雲與蕃人」。

舊曆 七月十六

古井水雞。

形容人識見有限、眼界未開。暴富而得以移民海外的中國人經常用井底之蛙來形容台灣人，卻完全忘記中國因為資訊封鎖與黨國教育的緣故而使得多數中國人早已不自知地成為古井水雞。

居待月

禮拜六 lé - pài - lák

SAT 土曜

2022年 8月

日	一	二	三	四	五	六
	1	2	3	4	5	6
7	8	9	10	11	12	13
14	15	16	17	18	19	20
21	22	23	24	25	26	27
28	29	30	31			

鹿野忠雄失蹤日

1945.8.13

◆博物學家

鹿野忠雄，生於一九〇六年十月二十四日，日本東京人。從小就熱愛自然，喜歡爬山以及採集昆蟲。十六歲時，還在唸國中的他就在學術刊物「昆蟲世界」上發表關於日本蝴蝶分類的論文，因此受到日本昆蟲學者橫山桐郎的關注，他也得以在課餘之時前往橫山博士研究處實習。受到橫山桐郎的影響，鹿野忠雄也決定跟隨他老師的腳步前往台灣研究多樣生態。

一九二五年，鹿野忠雄從中學畢業後就前往台灣總督府高等學校就讀，並且利用課餘時間前往台灣北部各地山區進行踏查與昆蟲採集。他同時也對台灣原住民的主題感到興趣，曾經前往中部的布農族與鄒族部落進行研究，並於一九二七年八月前往紅頭嶼（蘭嶼）訪查，他也成了極少數可以坐上達悟族大漁舟的外人，顯見達悟族人對他的敬重。

僅僅是高校生的鹿野忠雄因爲四處外出踏查還自行學習外文，導致他被學校留級還差一點無法畢業，不過他在一九二九年仍順利考上東京帝國大學理學部地理科。一九三三年，自大學畢業後，應台灣總督府聘約回到台灣從事南島民族的研究。鹿野忠雄於此時期發表多篇重要的學術論文，其中又以台灣高山的冰河遺跡研究最爲學術界所重視，他也以台灣雪山的地質研究獲京都帝大博士學位。

鹿野忠雄可說是天生的冒險家與跨界的天才，台灣許多不曾有過人跡的高山都幾乎被他走過一輪，在一九四四年前他就發表了百餘篇關於台灣研究的論文，至今學術界仍多引用他當時的研究。一九四四年因爲太平洋戰爭的緣故，他以陸軍雇員身分被派往印尼從事調查，後來於一九四五年八月十三日終戰前兩天失蹤未歸，該年他僅三十九歲而已。

李登輝爆拉法葉案若不讓海軍貪汙將兵變 2002.8.13

Tâi-oân tok-li̍p 台灣獨立

2022 August

8月14日

舊曆 七月十七

新娘婿無婿，媒人一支喙。

早期自由戀愛風氣尚未普及前，戀情的牽成多由媒人來決定。男女在還沒見面之前，美醜胖瘦都只能透過媒人的形容來得知。也就是說媒人的一支嘴怎麼說，就顯得相當重要。若是媒人誇大其詞，胡亂講話，恐驚會生出一堆怨偶孽緣。看看整天想把台灣跟中國送作堆的台灣統媒人，就知道這群人的一支喙有多糊瘰瘰。

• 一九六四年，「笠詩社」成員前往后里旅遊的合照。圖中成員分別為林亨泰（左）、張彥勳（中）與詹冰（右）。

• 張彥勳像

• 張彥勳翻譯H.G.威爾斯的科幻著作「世界大戰」（The War of the Worlds）。

• 葉石濤稱張彥勳為「被遺忘的作家」與「台灣文學的老兵」。

• 楊逵是文學社團「銀鈴會」的指導顧問，與張彥勳也多所往來。

寢待月

禮拜日 lé - pài - ji̍t

SUN 日曜

2022年 8月

日	一	二	三	四	五	六
	1	2	3	4	5	6
7	8	9	10	11	12	13
14	15	16	17	18	19	20
21	22	23	24	25	26	27
28	29	30	31			

張彥勳誕生日

◆台灣文學家

1925.8.14

張彥勳，出生於一九二五年八月十四日，台中后里人。張彥勳的父親張信義爲日本時代相當活躍的社會運動者，也曾與文學家楊逵一起蹲過日本苦牢，因此雙方關係密切，日後其子張彥勳也與父親好友楊逵互動頻繁。

張彥勳於一九三九年就讀州立台中第一中學校的時候就開始對文學產生興趣，隨後於一九四二年與中一中的同學發起跨校文學同人社團「銀鈴會」，鼓勵成員以日文創作文學，也延攬校外的藝文人士，成員曾經多達百餘人，成爲中部地區在二戰時期僅見的台籍青年文學團體。張彥勳當時負責編輯「銀鈴會」的雜誌「緣草」，內容包括詩、隨筆、文學評論、短歌以及俳句，他同時還擔任「緣草」的鋼版刻寫工作。一九四三年，年僅十八歲的他就出版了個人日文詩集，可說是文壇的明日之星。

二戰結束後，中華民國前來劫收台灣，原來母語是日語的張彥勳與許多台灣文學前輩一樣，被迫要從頭學習中文，創作也因此中斷，「緣草」雜誌也不得不暫時停刊。二二八抗暴事件與中華民國軍隊大肆捕殺學生的四六事件爆發後，多位「銀鈴會」的成員遭到逮捕與通緝，包括社團的指導顧問楊逵也被關押，張彥勳也遭多次約談與監禁，「銀鈴會」被迫解散，張彥勳甚至因爲恐懼還把「銀鈴會」的資料與自己出版的日文詩集拿去焚燬燒掉。

張彥勳沉潛多年後，重新在一九五八年開始創作中文小說，他也跟許多台灣文學家一樣，爲了避免白色恐怖的文字獄，開始轉向兒童文學與翻譯。張彥勳的戰後小說創作多帶有悲傷死寂的風格與現實主義的筆觸，曾被文學家葉石濤稱爲是「被遺忘的作家」與「台灣文學的老兵」，於一九九五年逝世。

宇昌案特偵組查無不法證據簽結 2012.8.14

Tâi-oân tók-lék 台灣獨立

2022 August

8月15日

舊曆 七月十八

瘦狗抓沙。

骨瘦如材的狗挖沙來吃，比喻飢不擇食。戰後中國人來台後開始四處搜刮搶屯米糧，加上中華民國政府金融制度崩壞以及濫印台幣導致通貨膨脹，使得盛產米糧的台灣也首度出現戰時都沒出現的飢荒。當時台灣竟發生因無米糧可吃而全家自殺的案件，中國人治台之荒謬敗壞由此可見。

更待月

戰爭終結の大詔渙發さる

新爆彈の慘害に大御心

帝國、四國宣言を受諾

畏し、萬世の爲太平を開く

必ず國威を恢弘

聖斷下る途は一つ

• 昭和二十年（一九四五年）八月十五日朝日新聞的頭條標題。

特報 朝日新聞 昭和二十年八月十五日

けふ正午に重大放送

國民必ず嚴肅に聽取せよ

十五日正午重大放送が行はれる、この放送は眞に未曾有の重大放送であり一億國民は嚴肅に必ず聽取せねばならない

• 朝日新聞特報昭和天皇即將於十五日放送終戰詔書的錄音（玉音放送）。

• 此圖轉繪自攝影師喬歐唐納（Joe O´Donnell）在長崎原爆後拍攝到的男孩照片。照片中的小男孩直身挺立，但是身後的嬰兒卻早已死去。此張照片也常被當成太平洋戰爭的終戰意象。

• 昭和天皇像

禮拜一 lé - pài - it MON 月曜

2022年 8月

日	一	二	三	四	五	六
	1	2	3	4	5	6
7	8	9	10	11	12	13
14	15	16	17	18	19	20
21	22	23	24	25	26	27
28	29	30	31			

二戰終戰紀念日

1945.8.15

一九四五年八月六日與八月九日，日本的廣島與長崎分別受到美軍原子彈攻擊而造成廣大平民死傷，已經處於敗局的日本政府也在八月十日這天向中立國使館發佈投降的訊息。昭和天皇也在八月十四日這天召集主戰與主和兩派軍官開會，最後決定由首相鈴木貫太郎內閣起草並發佈「終戰詔書」，對日本無條件投降做出定調。然而不甘心投降的日本主戰派軍官於隔天八月十五日在皇居發起軍事叛變，試圖阻擋天皇發佈投降廣播，但是隨即就被鎮壓平定，多名主戰軍官切腹自殺，史稱「宮城事件」。

叛變事件結束後，日本天皇預先錄製好的「終戰詔書」（又稱爲「大東亞戰爭終結之詔書」）宣讀也於八月十五日中午，透過日本放送協會（NHK）向全國廣播。太平洋戰爭於此日宣告結束，英國通稱爲「V–J Day」（Victory over Japan Day）。

理論上日本宣告終戰應是一九四五年八月十四日，也是日本天皇以書面發佈「終戰詔書」的這天，而不是發佈廣播的八月十五日。但是受到大眾傳播因素影響，加上日本中元節通常在陽曆八月十五日，因此這天也就轉變爲「終戰紀念日」。日本後來也將此日訂爲「追悼戰爭死亡者、祈願和平之日」。

台灣當日也與日本同步播放昭和天皇的「玉音」，但是因爲詔書是由日文的漢文訓讀體所寫成，一般人民難以聽懂其內容，直到隔日報紙刊出全文後，台灣人才眞正確認日本投降的宣告。當時台灣人得知日本戰敗投降的消息之後，有一派心向中國的人表示欣喜，另一批曾經歷清國統治的遺老則是表達疑慮與不安，多數台灣人通常是不知所措或謹慎看待，而少數的台灣仕紳階級則是出現台灣獨立的念頭（草山會議的起因），但是隨即取消行動。

World

小泉純一郎參拜靖國神社引發中韓抗議 2006.8.15

Tâi-ôan tók-li̍k 台灣獨立

2022 August

8月16日

舊曆 七月十九

十九夜

押雞毋成孵。

你無法強迫母雞乖乖坐著孵蛋，比喻很多事情是無法靠強迫手段來達到目的。就像中國獨裁者也知道押雞毋成孵的道理，所以他們也會適時地讓被統治的奴才們享受暫時的娛樂與令人麻木的聲光刺激。一手拿棒，一手餵食，中華黨國就是這樣讓十數億韭菜心甘情願放棄自己的人權。

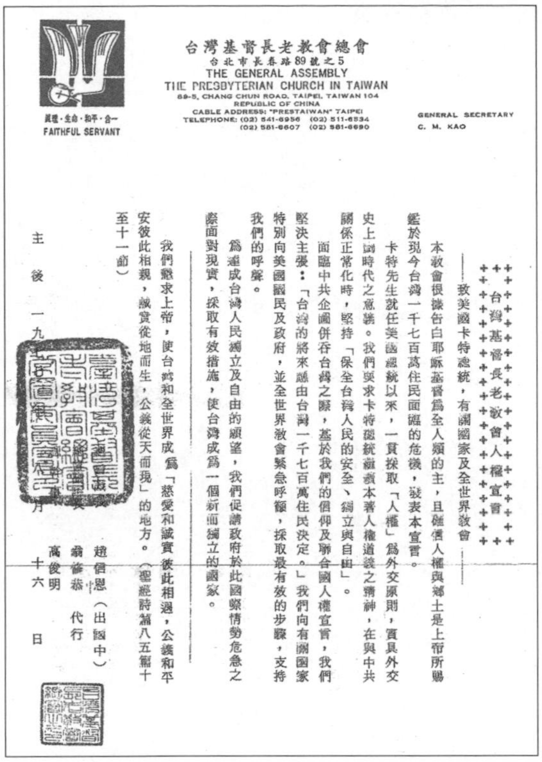

台灣基督長老教會總會
台北市長春路89號之5
THE GENERAL ASSEMBLY
THE PRESBYTERIAN CHURCH IN TAIWAN
89-5, CHANG CHUN ROAD, TAIPEI, TAIWAN 104
REPUBLIC OF CHINA
CABLE ADDRESS: "PRESTAIWAN" TAIPEI
TELEPHONE: (02) 541-6956 (02) 511-6534
(02) 581-6607 (02) 581-6690

眞理・生命・和平・合一
FAITHFUL SERVANT

GENERAL SECRETARY
C. M. KAO

台灣基督長老教會人權宣言
——致美國卡特總統，有關國家及全世界教會

本教會根據告白耶穌基督爲全人類的主，且確信人權與鄉土是上帝所賜，鑑於現今台灣一千七百萬住民面臨的危機，發表本宣言。

卡特先生就任美國總統以來，一貫採取「人權」爲外交原則，實具外交史上劃時代之意義。我們要求卡特總統繼續本著人權道義之精神，在與中共關係正常化時，堅持「保全台灣人民的安全、獨立與自由」。

面臨中共企圖併呑台灣之際，基於我們的信仰及聯合國人權宣言，我們堅決主張：「台灣的將來應由台灣一千七百萬住民決定。」我們向有關國家特別向美國國民及政府，並全世界教會緊急呼籲，採取最有效的步驟，支持我們的呼聲。

爲達成台灣人民獨立及自由的願望，我們促請政府於此國際情勢危急之際面對現實，採取有效措施，使台灣成爲一個新而獨立的國家。

我們懇求上帝，使台灣和全世界成爲「慈愛和誠實彼此相遇，公義和平安彼此相親，誠實從地而生，公義從天而現」的地方。（聖經詩篇八五篇十至十一節）

主後一九七七年八月十六日

趙信悃（出國中）
翁修恭 代行
高俊明

• 台灣基督長老教會於一九七七年八月十六日發表「人權宣言」，公開表達台灣獨立與人權自由的訴求。

• 台灣的末代總督安藤利吉。

• 參與草山會議的台灣仕紳辜振甫（上）、林熊祥（下左）、林獻堂（下右）等人。

禮拜二 lé - pài - jī

TUE 火曜

2022年 8月

日	一	二	三	四	五	六
	1	2	3	4	5	6
7	8	9	10	11	12	13
14	15	16	17	18	19	20
21	22	23	24	25	26	27
28	29	30	31			

1945.8.16 草山會議日

一九四五年八月十五日，日本透過廣播宣布終戰投降之後，台灣的日本主戰派軍官，包括陸軍少校中宮悟郎、牧澤義夫等人便謀劃「台灣自治方案」，希望利用在台的四十萬日軍，加上台灣地方仕紳，用以阻絕美國與中華民國的接收。八月十六日，日軍主戰派邀請三十多位台灣仕紳，包括辜振甫、許丙等人前來開會謀議，因此史稱「草山會議」。

據稱時任台灣總督的安藤利吉就曾扣留日本天皇的終戰詔書，只爲了進行接續的台灣獨立計畫。但是當時並不是全部參與會議的台灣仕紳都同意尋求台灣自治或是獨立，像是反日的林獻堂就持保留的態度。此外當時的台灣仕紳因爲普遍對中國抱有不切實際的幻想，且在關鍵時刻轉而迎向中國，使得終戰後醞釀的台獨計畫在一週後便不了了之，最終也造成戰後台灣永久的劫難並掉入中國內戰的深淵。

1977.8.16 長老教會發表人權宣言

一九七〇年代，流亡台灣的中華民國政權開始在國際上逐漸失去代表正統中國的正當性，不但在一九七一年被踢出聯合國，還被各個主要大國給雪崩式斷交。此時台灣內部的民主人士也趁勢提出各種民主改革甚至修改國號的建言，其中台灣基督長老教會提出的「人權宣言」堪稱爲當時的指標。

一九七七年八月十六日，台灣基督長老教會在尚處白色恐怖的時期就在台灣提出了「人權宣言」，內容提及天賦人權、台灣住民自決原則以及建立台灣成爲一個新而獨立的國家。這類已可以算是台獨建國的公開宣言在當時仍處白色恐怖時期實屬罕見。而長老教會之所以敢於提出宣言，除了因爲他們在早期就做下相當堅實的紮根工作而使信眾倍增，另外就是他們深刻瞭解基層痛苦，所以敢於介入政治運動，此外也與喀爾文教派的反抗權威傳統有關。

台獨運動人格者鄭紹良逝世日 2019.8.16

2022 August 8月17日

舊曆 七月二十

二十夜

禮拜三 lé - pài - saⁿ

WED 水曜

時到時擔當，無米才煮番薯湯。

時候到了再說，沒有米吃就煮番薯湯吃。這種隨機應變與到時再說的樂天性格是南島民族與移民社會常見的習性。但是面對處心積慮要佈局侵略台灣的中國，這種「時到時擔當」的習慣就會成為致命的弱點。

2022年 8月

日	一	二	三	四	五	六
	1	2	3	4	5	6
7	8	9	10	11	12	13
14	15	16	17	18	19	20
21	22	23	24	25	26	27
28	29	30	31			

• 楊肇嘉為台灣地方自治聯盟的重要成員之一。

• 林獻堂為台灣地方自治聯盟的顧問。

• 一九七七年，葉石濤提出台灣文學應建立在紮實的台灣意識思想基礎之上，否則會變中國流亡文學。

• 王拓曾在一九七七年引發台灣鄉土文學論戰。

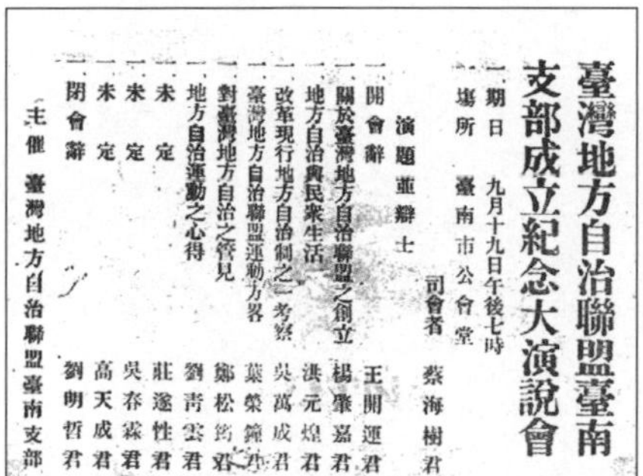

臺灣地方自治聯盟臺南支部成立紀念大演說會

一、期日 九月十九日午後七時
一、場所 臺南市公會堂
司會者 蔡海樹君
演題 並辯士
一、開會辭 王開運君
一、關於臺灣地方自治聯盟之創立 楊肇嘉君
一、地方自治與民衆生活 洪元煌君
一、改革現行地方自治制之一考察 吳萬成君
一、臺灣地方自治聯盟運動方略 葉榮鐘君
一、對臺灣地方自治之管見 鄭松筠君
一、地方自治運動之心得 劉青雲君
一、未定 莊遂性君
一、未定 吳春霖君
一、未定 高天成君
一、閉會辭 劉明哲君
主催 臺灣地方自治聯盟臺南支部

• 台灣地方自治聯盟台南支部成立會的演講議程。

• 黨國文匠余光中發表「狼來了」，竟然指控台灣鄉土文學為中國工農兵文學。

• 一九七七年，王健壯主編的仙人掌雜誌第二期掀起鄉土文學論戰的序章。。

1977.8.17 台灣鄉土文學論戰

中華民國劫收台灣之後，開始長期向台灣人推銷各種反共抗日文學以及中國舊式文學，並且全力打壓具有台灣主體意識的作家及其作品。然而在一九六〇年代台灣文壇卻開始興起西方「現實主義」的文學觀點，並且逐漸滲入鄉土文學當中，最終在七〇年代引爆了關於台灣與中國兩派文學作家的論戰。

一九七七年，作家葉石濤與王拓分別在雜誌上發表關於「鄉土文學」主題的文章，引起中華黨國報媒與中國作家的全面圍剿。一九七七年八月十七日，中央日報總主筆彭歌在聯合報發表文章批判提倡鄉土文學觀的作家，正式引爆鄉土文學論戰。黨國御用詩人余光中也加入戰局，將鄉土文學批評成是毛澤東的工農兵文學，顯見中國人對於台灣文學自主發展的恐懼心理。鄉土文學論戰一直延燒到八〇年代，隨後轉化成一九八三年的「台灣意識論戰」。

1930.8.17 台灣地方自治聯盟成立

一九三〇年八月十七日，「台灣地方自治聯盟」成立於台中醉月樓酒家，成立大會出席的台灣仕紳達兩百二十七人，聯盟會員推林獻堂、土屋達太郎為顧問，重要成員包括楊肇嘉、蔡式穀與蔡培火等。顧名思義「台灣地方自治聯盟」其成立的宗旨就是為了在日本統治下推動台灣地方自治與民主選舉。

其實自治聯盟成員多從蔣渭水的台灣民眾黨而來，因為台灣民眾黨開始走親中左翼與武力反抗路線，使得部分資產階級與地主仕紳出走，因此才組成了較為親日與溫和的「台灣地方自治聯盟」。在一九三五年總督府開始施行地方議員選舉之後，自治聯盟終於獲得初步的成果，但是日本政府依舊以選舉資格限制與官方指派過半議員的方式來操縱政治。一九三七年，日中戰爭全面爆發，「台灣地方自治聯盟」也於該年因迫於政府壓力而宣布解散。

World

1982.8.17 中美簽署八一七公報以限制對台軍售

2022 August

8月18日

舊曆 七月廿一

目睭紅紅要食人。

眼睛紅到像要吃人的樣子，比喻某人只想要佔人便宜撈油水的貪婪醜態。中國國民黨每次一失去執政權，底下龐大的樁腳打手就沒油水可撈也沒股票內線可報。所以一但重返執政，這些嗷嗷待哺的中國奴才們就目睭紅紅要食人，等著大撈特撈大貪特貪。

• 八一八拆政府抗議時，民眾在總統府凱道前的拒馬掛上畫了苗栗縣長劉政鴻畫像與諷刺標語的雨傘。

今天拆大埔
明天拆政府
FUCK THE GOVERNMENT

• 八一八拆政府行動的視覺設計意象。

大埔事件
從未解決

• 張藥房老闆張森文生前舉牌抗議苗栗縣政府強拆家園。

二十一夜

禮拜四 lé - pài - sì | THU 木曜

2022年 8月

日	一	二	三	四	五	六
	1	2	3	4	5	6
7	8	9	10	11	12	13
14	15	16	17	18	19	20
21	22	23	24	25	26	27
28	29	30	31			

八一八拆政府日

2013.8.18

二〇一三年七月十八日，苗栗縣政府與國民黨籍縣長劉政鴻爲了執行新竹科學園區竹南基地的土地徵收計畫，趁拒遷戶組成的大埔自救會等團體北上總統府抗議的時候，突然動員六百名員警前往拆屋。雖然留守的大埔抗爭戶與聲援學生以鐵鍊纏身，誓言守護家園，但均遭到員警抬離。苗栗縣政府以三個多小時的時間就將拒遷戶張藥房與其他三戶的房屋夷爲平地。縣長劉政鴻還於隔日表示大埔自救會北上總統府陳情是「天賜良機」。

苗栗縣政府此一粗暴拆除行爲隨後也引發民眾的連串抗議行動，首先是清大學生陳爲廷在拆除隔日前去劉政鴻家潑漆，民眾於七月二十三日前往衛生福利部向時任總統的馬英九進行抗議，台灣農村陣線學生在八月十五日突襲行政院並向政院招牌潑漆，千餘民眾於八月十六日前往苗栗縣政府蛋洗抗議。

二〇一三年八月十八日，大埔農戶被拆滿月，台灣農村陣線等抗議團體在總統府前的凱達格蘭大道舉辦「把國家還給人民八一八拆政府行動」。此抗議活動約有兩萬餘人參與，抗議訴求除了要求國民黨對大埔農戶「道歉賠償」與「原屋重建」之外，也要求修改土地徵收條例，政府停止浮濫徵地，並請司法機關徹查劉政鴻的土地徵收弊案。活動於晚間十時結束後，抗議群眾還前往突襲占領內政部大樓門口與廣場，直到隔日下午才結束佔領活動。

八一八拆政府行動結束後一個月，九月十八日，大埔拆遷戶張藥房老闆張森文疑似自殺身亡，死於住家附近的排水溝渠。事實上，縣長劉政鴻早在三年前用怪手挖大埔良田的時候，就已造成另外一位農婦朱馮敏飲藥自盡，大埔強拆事件也突顯了國民黨政府粗暴行政而罔顧民眾基本權益的惡劣手段。

World

溥儀在蘇聯威脅下宣布滿洲國解體 1945.8.18

Tâi-ôan tòk-lèk
台灣獨立

2022 August

8月19日

舊曆

七月廿二

拍死，無退。

即使會被打死，也要勇往直前。看看許多遭到中華民國政府列為政治黑名單的海外台灣人，即使面臨暗殺或判刑的威脅，依舊不減其返鄉的勇氣。台灣護理先驅陳翠玉更為了返回台灣而積勞成疾病逝，前仆後繼的台灣人也讓台灣逐漸開出自由的果實。

• 一九八七年，陳翠玉（右）返台參加台灣政治受難者聯誼總會的成立大會並且與蔡有全（左）合照。陳翠玉也因此遭到中華民國政府列為黑名單而取消簽證，隔年陳翠玉利用輾轉管道返台卻因積勞而病逝台大醫院。（插圖參考自邱萬興的攝影。）

• 羅益世闖關返台主持一九八八年第十五屆世台會年會並且參與遊行。

• 許瑞峰是台灣首位黑名單闖關返鄉的人。在陳文成命案兩年後，許瑞峰在仍處戒嚴時期的一九八三年就闖關返回台灣。還在立法委員黃天福與監察委員尤清的陪同下發表「返台告父老鄉親書」。

• 柳文卿在羽田機場遭日警強制遣送回台之後，中華民國政府承受國際輿論壓力，因此改以羅列海外政治黑名單與取消護照效力的方式來拒絕海外民主人士返台。

下弦月

禮拜五 lé - pài - gō

FRI 金曜

2022年 8月

日	一	二	三	四	五	六
	1	2	3	4	5	6
7	8	9	10	11	12	13
14	15	16	17	18	19	20
21	22	23	24	25	26	27
28	29	30	31			

1988.8.19

海外政治黑名單聲援返鄉遊行日

中華民國劫收台灣並實施戒嚴之後，一開始是對異議人士使用刑求屠殺與濫捕濫押的殘酷手段，後來還利用外交干涉、囚犯交換與秘密逮捕的方式將海外民主人士羈押回台灣。但是到了一九六八年發生台獨運動者柳文卿在日本遭日警羈押遣返回台的事件之後，中華民國承受巨大的國際輿論壓力與負面批評，因此改以羅列海外政治黑名單與取消護照效力的方式來拒絕海外民主人士返台。

一般來說，政治黑名單的列舉由當時的國家安全局負責，並交由海外的情治單位、駐外軍方公務員，以及像馬英九的國民黨職業學生去負責蒐集資料、監視活動與認定黑名單成員。名列黑名單的人士，其護照到期後就會被註記失效，也無法加簽。許多留外的民主人士或是台獨運動者因此無法返台，部分人士更是連父母親臨終的最後一面都看不到。

一九八七年七月，蔣經國因為迫於美國壓力與台灣內部民主勢力抬頭而決定宣布解嚴。海外遭政治黑名單封鎖長達二十餘年的台灣人也醞釀集體返台。一九八八年八月十九日，長期在海外致力民主與建國的世界台灣人同鄉會第一次返回台灣召開大會，會中聲援政治黑名單成員返鄉回台並參加遊行。

許多台獨人士在大會召開前後開始紛紛闖關回台，包括因為四處奔波尋求簽證而病重的台灣護理先驅陳翠玉，她在返台後的八月二十日病逝台大醫院。陳翠玉生前還說過：「台灣是我的故鄉，我們要回去，這是我們的權利，我將以我的生命爭取這個權利。」對於名列黑名單而長期無法返鄉的台灣人，文夏翻唱的日本歌謠「黃昏的故鄉」成了最常被吟唱以解鄉愁的歌曲。中華民國長期剝奪這些台灣人返回故鄉的權利，可說是乞食趕廟公的惡劣行為。

World
蘇聯保守派發動政變，失敗後蘇聯解體。1991.8.19

Tâi-oân to̍k-li̍p
台灣獨立

2022 August

8月 20日

甘食甘分，有通食閣有通剩。

舊曆 七月廿三

這句話的意思就是分享食物給需要的人，你自己不但有得吃，還會剩下更多食物。這也是台灣民間信仰中的福報概念。二戰後，中華民國軍人到台灣以「配撥軍糈」名義，搶了十一萬餘噸白米囤積在倉庫。結果造成台灣民間白米匱乏、米價高漲，最後甚至釀成餓死人的飢荒。中國軍人有通食閣有通剩，台灣人餓死厝內也沒人睬。

二十三夜

• 楊啟壽的日文著作「壓傷的蘆葦」，內文敘述台灣人就像受傷的蘆葦一樣充滿被壓迫與受挫折的歷史。

• 發佈「台灣主權獨立宣言」時的長老教會總幹事楊啟壽。

• 台灣基督長老教會標誌。

• 一九八七年，羅榮光牧師（左）、莊經顯牧師（中）、林宗正牧師（右）等長老教會牧師，在鎮暴警察前禱告並聲援蔡許案。（轉繪自邱萬興的攝影照片）

禮拜六 lé - pài - la̍k | SAT 土曜

2022年 8月

日	一	二	三	四	五	六
	1	2	3	4	5	6
7	8	9	10	11	12	13
14	15	16	17	18	19	20
21	22	23	24	25	26	27
28	29	30	31			

台灣基督長老教會發表台灣主權獨立宣言

1991.8.20

台灣基督長老教會傳承喀爾文教派迎向苦難的傳統以及清教徒的平等法治觀念，加上在五〇年代就開始積極經營基層群眾的「倍加運動」而得以深刻了解台灣的政治問題，除此還有留外的管道得以出國瞭解國際現況，因此才會在眾人皆噤聲的中華民國白色恐怖時期，敢於發出不平之聲與獨立主張。

蔣家政權仍然當政的一九七〇年代，台灣基督長老教會就一連發佈了三個重要的政治宣言，包括「台灣基督長老教會對國是的聲明與建議」（一九七一年）、「我們的呼籲」（一九七五年）以及「人權宣言」（一九七七年），內容除了主張人權自由、社會公義，還主張台灣住民自決與建立新而獨立的國家。長老教會也因此與國民黨處於決裂與敵對的狀態，一九七九年美麗島事件爆發之後，國民黨還趁機下令逮捕長老教會的高俊明牧師作為警告。

即使遭受中華民國全面打壓，長老教會依舊勇於支持台灣民主與獨立運動。八〇年代黨外與街頭運動風起雲湧之際，長老教會積極參與各種活動並聲援遭到國民黨關押的民主異議人士。到了九〇年代初期，台灣剛開始落實民主化的時候，台灣基督長老教會便發佈了「台灣主權獨立宣言」，再度確認七〇年代「人權宣言」中關於台灣獨立建國的方向。

一九九一年八月二十日，長老教會發佈的「台灣主權獨立宣言」提及舊金山和約簽定之後，台灣主權已屬於台灣全體住民，而台灣人也有權自決獨立以避免被中國併吞的危險。宣言中提到實現台灣建國的三大主張，分別是：一、制訂台灣新憲法；二、以台灣的名義加入聯合國；三、確立台灣與中國的新關係。這三項主張成為台獨運動者之後所努力的重點目標，也預示了台灣未來的政治走向。

陳翠玉逝世日。 1988.8.20

2022 August

8月21日

舊曆 七月廿四

二十四夜

剖心肝互人食，猶嫌臭臊。

好心好意犧牲自己，結果還被對方嫌棄。很多幫國民黨抬轎的台灣人，以為自己盡了那麼大的心力，總該得到些回報，結果還被嫌說是藍皮綠骨、必有二心。與其說是剖心肝互人食，猶嫌臭臊，不如說是對中國政治文化的天真無知與奴性作祟。

• 許昭榮從美國帶回的「台灣共和國臨時政府」文宣手冊，曾國英只因看過手冊就被判刑入獄。

• 蘇素霞的戀人曾國英

• 綠島百合蘇素霞

在那個時代
有多少母親
為她們
囚禁在這個島上的孩子
長夜哭泣。

• 綠島人權園區記念碑上由柏楊為白恐受難者所寫的詩句。

• 綠島監獄政治犯接受中華民國洗腦再教育的情景。

禮拜日 lé - pài - jit

SUN 日曜

2022年 8月

日	一	二	三	四	五	六
	1	2	3	4	5	6
7	8	9	10	11	12	13
14	15	16	17	18	19	20
21	22	23	24	25	26	27
28	29	30	31			

綠島百合蘇素霞誕生日

1943.8.21

蘇素霞生於一九四三年八月二十一日，台東綠島南寮村人。蘇素霞的伯父爲綠島鄉長，其家族多與綠島有地緣關係，而綠島也是當時國民黨將台灣異議人士送去監禁的孤島刑獄，許多中華民國軍警在此地擔任看守警備的工作，蘇素霞也因此遭遇不幸。

蘇素霞長相清秀美麗，歌聲動人，成爲綠島官兵追求與愛慕的對象，被人暱稱爲「綠島百合」。某一次綠島監獄的新生訓導處安排戲劇表演，她被邀請擔任演出，因此結識受許昭榮「海軍台獨案」而牽連入獄的政治犯曾國英。曾國英當年只因在軍艦上傳閱許昭榮從美國帶回的「台灣共和國臨時政府」文宣手冊，就被判刑入獄然後被押送到綠島服刑。曾國英因此與蘇素霞在監獄安排的戲劇演出中相識進而相戀，兩人甚至決定互訂終身並私下秘密通信討論結婚事宜。

然而就在蘇素霞與曾國英相戀的同時，另一位駐守綠島的中華民國政戰軍官劉覺生也愛上了蘇素霞。劉覺生積極向蘇素霞邀約與獻殷勤，但是蘇素霞完全不爲所動。蘇素霞透過姐姐寫情書給獄中的曾國英，結果卻遭到綠島郵件安檢員攔截，蘇素霞與曾國英相戀之事因此曝光。得知實情的政戰官劉覺生大怒，將曾送去關禁閉，還派人荷槍全天監視，每天只給三個饅頭與鹽水給曾國英進食。

劉覺生接著向蘇素霞與她的親人施壓與威脅，並且逼迫蘇素霞與他成婚，蘇素霞爲了避免曾國英與她的親人受苦與遭到牽連，只好委屈答應與劉結婚。婚宴之後，蘇素霞便在飯店廁所服毒自殺身亡，得年僅二十一歲。此事也被許昭榮寫成「台灣百合」的小說，之後還被台視於二〇〇四年拍成電視劇，也反映當時中華民國軍警以權勢逼人的常見情事。

海外黑名單闖關返鄉大遊行

1988.8.21

Tâi-ôan tôk-lèk 台灣獨曆

2022 August

8月22日

舊曆 七月廿五

二十五夜

禮拜一 lé - pài - it

MON 月曜

毛呼龜粿粽，紅包在你送。

毛呼是舊曆七月盂蘭盆會祭鬼用的無餡料糕點。毛呼龜粿粽就是各式各樣的祭鬼食品，本句諺語在諷刺念經超度的道士們根本心不在焉，滿腦子只想著拿紅包與錢財之事。戰後日本的台灣總督府官員就曾經說過前來接收的中國官員根本沒在管行政交接的重點事項，滿心只想著台灣哪裡有油水跟錢財可以揩。

• 施明正像

乞

由活在永恆的十字架
那個人之旁，自我放逐，而又歸依
形成了我的病歷表
記載著我人格昇降的
病歷，自摸稜的人際
乞活的我，惟有越騰人菌
越騰到無菌的零下高處
那不勝孤寂的嚴寒
我乞憐悲憫及於衆生，恆向人群

一九八四・一一・二五・二〇時四五分

• 施明正寫的自敘詩

• 施明正的著作「島上愛與死」。

• 施明正描繪妻子的速寫畫

• 施明德為施明正的弟弟

2022年 8月

日	一	二	三	四	五	六
	1	2	3	4	5	6
7	8	9	10	11	12	13
14	15	16	17	18	19	20
21	22	23	24	25	26	27
28	29	30	31			

施明正絕食身亡日

1988.8.22

施明正，本名施明秀，生於一九三五年十二月十五日，高雄人，爲施明德的長兄。施明正家境富裕，自高雄中學畢業後即不再求學，並過著浪蕩隨興的酒色生活。由於生性浪漫且熱愛文藝，曾到台北向廖繼春學習繪畫，並多與藝文界人士往來。後來因爲父親逝世，身爲長子的他必須承接家業，因此習得父親的漢醫接骨推拿術，成爲他日後謀生技能。一九五八年從海軍退伍後，很快就結婚成家並在高雄開設推拿中心，閒餘時便從事繪畫與寫詩，原本可以就此無虞地度過一生。

但是到了一九六二年，施明正胞弟施明德涉入「亞細亞同盟案」（又稱「台灣獨立聯盟案」），無辜遭受到牽連的施明正也被判處了五年有期徒刑，被送往台東泰源監獄執行獄期，其妻在他羈押期間也因此離開他，他的人生就此整個轉變。

施明正入獄後因爲恐懼而整個性情大變。他試圖將滿腹積怨發洩於文學創作上，在獄中時曾多次寫作投稿至鍾肇政主編的「台灣文藝」。一九六七年出獄後，他變得相當恐懼政治，鎮日疑神疑鬼，對外人說話都言不由衷，還在其設立的推拿中心掛上蔣經國的巨幅照片，好對不斷前來監視騷擾的特務有所交代，也呈現出某種人格分裂的瘋狂狀態。

施明正寫下多篇諷刺中華黨國意味的文學作品，包括「喝尿者」與「渴死者」還得到吳濁流文學獎的肯定，小說集「島上愛與死」也獲得出版（後來被警總查禁），其細膩寫實與暗藏諷喻的筆法也讓他成爲中華民國白色恐怖時期的重要見證者與文學家代表。一九八八年四月，他爲了聲援在獄中的弟弟施明德而無限期絕食抗議，因此導致肺衰竭，送醫後併發敗血症，於一九八八年八月二十二日病逝。

台灣全島進入太平洋戰爭警備狀態 1944.8.22

Tâi-ôan tók-lèk
台灣獨立

2022
August

8月23日

節氣
處暑

舊曆
七月廿六

台諺云：播田播到處暑過，卡贏擔什貨。意謂插秧插到處暑後，利潤比挑貨四處賣還豐厚。

• 廖中山像

• 外省人台灣獨立協進會的標誌。

• 陳師孟像

• 段宜康像

• 鍾佳濱像

• 張忠棟像

二十六夜

禮拜二 | TUE
lé - pài - jī | 火曜

2022年 8月

日	一	二	三	四	五	六
	1	2	3	4	5	6
7	8	9	10	11	12	13
14	15	16	17	18	19	20
21	22	23	24	25	26	27
28	29	30	31			

1992.8.23

外獨促進會成立

時值九〇年代初期的海外政治黑名單返台潮之際，台獨思想在刑法一百條修正案通過後正式除罪化，各種主張台獨建國的本土社團也開始紛紛地成立。一九九二年八月二十三日，六十餘名中國二戰後移民第一代與第二代（台灣民間俗稱「外省人」）在台北成立「外省人台灣獨立促進會」（簡稱「外獨會」）。發起「外獨會」的知名人士包括廖中山、陳師孟、張忠棟、林向愷等教授與學術專業人士，這群中國戰後的移民基於「在台灣獨立建國的行列裡，外省人不該缺席」的想法而發起組織，更重要的是他們長久生根於台灣的情感，讓他們繼而認同台灣建國的理念，共同發表了「認同台灣，別無祖國」的宣言。「外獨會」成立初期開始到眷村四處宣講，還成立電台與網站傳播理念，包括民主進步黨中的鍾佳濱、田欣、馬永成等人也曾加入該會。

發起「外獨會」的負責人也是第一任會長的廖中山教授曾經在台灣開放中國人返鄉探親之後回到中國河南「尋根」，但是卻早已遍尋不著他記憶中的美好中國。眼見六四屠殺事件爆發，曾經受鄭南榕思想啓蒙的廖中山開始瞭解到中國是一個永遠沒有歷史眞相，沒有民主與人權的國家，因此才決定擁抱這個眞正讓他妻兒子孫安身立命的祖國：台灣。

不願再當「失根蘭花」的廖中山呼籲在台灣的「外省族群」，必須理解上代逃離、這代紮根的道理，徹底擺脫「中國法統」的包袱，不當唐山客，願做開基祖。他還強調台灣島上之所有住民應攜手合作爲後代建立揚棄中國陋封惡質文化之新海洋國家，爲台灣建立新憲法與新國家而貢獻，才是留給子孫最大的財富。廖中山隨後也成立了「海洋台灣文教基金會」以推動台灣人的海洋教育。

World
波羅的海三國舉行百萬人獨立建國遊行 1989.8.23

Tâi-oân tòk-li̍p
台灣獨立

2022
August

8月
24日

舊曆
七月廿七

火到豬頭熟，
錢到公事辦。

火一燒豬頭就熟了，錢一塞事情就辦了。這句台灣俚語是用來諷刺中華民國的公務人員。早期國民黨執政下的公務人員多是看錢辦事、看勢判決的狗奴才，所以沒塞錢就沒下文，有塞錢就最速件。沒錢判死，有錢判生的說法也可說八九不離十。

• 彌迪理牧師像

• 郭雨新像

英國人・蕃薯仔心
——彌迪理牧師 Dr. & Rev. Dan Beeby 訪問記
許天賢

• 許天賢牧師對人權牧師彌迪理的採訪。

• 王幸男因為聽了彌迪理牧師在離台送別會的演講而深受感動，因此決定採用武裝推翻支那民國的手段，於一九七六年用郵包炸彈炸斷台灣省政府主席謝東閔的手臂。

• 郭雨新於一九三四年與石宛然結婚。

有明月

禮拜三
lé - pài - sa^n

WED
水曜

2022年 8月

日	一	二	三	四	五	六
	1	2	3	4	5	6
7	8	9	10	11	12	13
14	15	16	17	18	19	20
21	22	23	24	25	26	27
28	29	30	31			

1908.8.24 郭雨新誕生日

◆ 黨外運動先驅

郭雨新，生於一九〇八年八月二十四日，宜蘭人。少年時即以優異成績考入台北州立宜蘭農林學校，後來進入台北帝國大學農林專門部就讀，畢業後進入林本源興殖株式會社工作。二戰後以無黨籍身分擔任台灣省省議員達二十餘年之久，與許世賢、李萬居、郭國基、吳三連、李源棧合稱省議會的「五龍一鳳」，也被稱為黨外運動元老。

郭雨新長期投入台灣民主運動，也默默支持台灣建國的理念，因此遭受國民黨打壓、攻擊以及跟監。一九七五年，參與立法委員選舉，就提出「國會改選」、「廢除戒嚴」、「總統及台北市長直選」等具有前瞻性的政見，卻遭國民黨做票而導致落選，因此引發兩萬名宜蘭人上街抗議。郭雨新為了擺脫國民黨特務的全天跟監，只好於一九七七年遠赴美國，最終於一九八五年八月二日病逝華盛頓。

1920.8.24 彌迪理誕生日

◆ 人權牧師

彌迪理（Dan Beeby）牧師，一九二〇年八月二十四日出生於英國約克郡。一九四六年曾以長老教會宣教師的身分到中國福建傳教，一九四九年被中國逐出福建，後來於一九五〇年被派往台灣。

彌迪理在台宣教期間，積極關心台灣政治，曾參與一九七一年長老教會「對國是的聲明與建議」的撰寫工作，提出人權與自決的原則，並要求全面改選國會民代。由於關心台灣人權以及政治受難者，加上提出「國是聲明」而觸及國民黨痛處，他在一九七二年被中華民國取消簽證且被限時七天驅逐離開台灣，一直到台灣政治黑名單逐漸解禁後，他才於一九九二年返回台灣。當時即使人在英國的彌迪理依舊相當關心台灣情勢，一九七九年美麗島事件爆發之後，他也成為海外救援計畫的重要主導者。於二〇一三年三月十八日於英國家中逝世。

韓國與支那建交，支那民國撤韓國使館。1992.8.24

Tâi-oân tók-lėk 台灣獨曆

2022 August 8月 25日

舊曆 七月廿八

告曆了曆，告田了田。

興訟本來是為了討回公義，但是在中華民國的黨國司法體系下，是告什麼就沒有什麼。早期國民黨等一干中國黑幫橫行的時刻，這些混帳看到哪塊田地喜歡，不是用收歸國有的方式強佔，就是用低價買農地然後行政變更為工業商業用地的方式，來爆賺一筆。你想告上法庭，法官檢調都是國民黨的走狗，你要怎麼告贏。

•一九二二年，杜聰明與霧峰林家的林雙隨結婚。

•杜聰明像

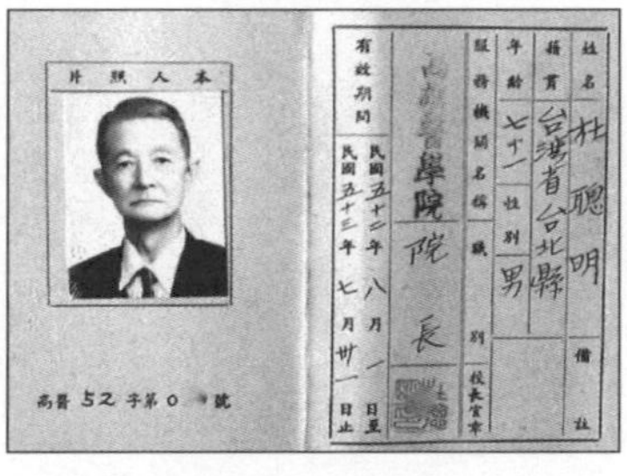

•杜聰明的高雄醫學院院長證件。杜聰明於一九五四年在高雄創辦台灣首間私立醫學院，結果最後畢生心血最後卻被國民黨人陳啟川給搶走，陳家甚至一度把創辦人杜聰明的名字從校史中給抹去。

二十八夜

禮拜四 lé - pài - sì

THU 木曜

2022年 8月

日	一	二	三	四	五	六
	1	2	3	4	5	6
7	8	9	10	11	12	13
14	15	16	17	18	19	20
21	22	23	24	25	26	27
28	29	30	31			

杜聰明誕生日

◆台灣第一位醫學博士

1893.8.25

杜聰明，生於一八九三年八月二十五日，淡水三芝人。年少時在學業就表現優異，曾以第一名考入台灣總督府醫學校，畢業後於一九一五年留學日本，考入京都帝國大學醫學部，一九二二年取得京都帝大的醫學博士學位，成爲第一位獲得醫學博士的台灣人。杜聰明取得博士學位後開始前往歐美進修並擔任醫學教職，曾任總督府醫學校藥理學教授以及台北帝國大學醫學部教授，他也是當時台北帝大唯一的台灣人教授。

杜聰明曾經前往滿洲、上海等地調查毒癮問題，並於一九三〇年出任戒治鴉片成癮者的台北更生院局長，期間發表許多有效診治與戒斷鴉片與嗎啡成癮的研究，也獲得日本學術協會賞的肯定。杜聰明專長於研究細菌、蛇毒與藥理，許多台灣醫學人才都曾經是他的學生，可說是台灣醫學教育的開拓者。

二戰結束後，杜聰明成爲新設立的台灣大學醫學院院長與台大醫院院長。二二八抗暴事件發生後，中華民國政府開始四處獵殺台灣菁英，他因此逃亡躲藏達半年之久才免於死禍。待事件終止之後，杜聰明返回台大醫學院繼續接任院長。然而不久又發生白色恐怖事件，多名他的學生與醫師因左傾而遭國民黨逮捕與處決，加上與當時的中國籍校長錢思亮不合，所以在一九五三年便從台大辭退。

杜聰明後來於一九五四年到高雄創辦了台灣第一間私立醫學院，擔任院長到一九六六年結束，結果最後畢生投注心血卻被國民黨人陳啓川給搶走（國民黨在高雄的大屠殺名單就是由抓耙子陳啓川所提供），陳家甚至把創辦人杜聰明的名字從校史中給抹去。杜聰明晚年回到故鄉台北安養，於一九八六年二月二十五日以九十三歲高齡逝世。

中國國民黨賤賣國發院黨產弊案 2005.8.25

Tâi-ôan tok-le̍k
台灣獨立

2022
August

8月 26日

舊曆
七月廿九

晦月

豆腐肩鴨母蹄。

肩膀像豆腐一樣軟，走路像鴨子一樣搖來搖去，比喻沒擔當的軟弱之人。綜觀台灣政壇，民眾黨黨主席柯文哲就是標準豆腐肩鴨母蹄之人，出了事情，不是叫副市長黃珊珊來擔，就是叫媽媽老婆跟黨內的一堆保姆來扛。

• 荷蘭東印度公司的旗幟，旗幟中的ＶＯＣ是公司名Vereenigde Oost-Indische Compagnie的縮寫。

• 一六二四年，荷蘭軍隊從台南鹿耳門登陸。

• 此圖為一六四四年荷蘭人治下的大員島與熱蘭遮城。圖左方是大員市鎮，右方是熱蘭遮城，其中可見支那與荷蘭商船往來水道與台江海域。

禮拜五 lé - pài - gō
FRI 金曜

2022年 8月

日	一	二	三	四	五	六
	1	2	3	4	5	6
7	8	9	10	11	12	13
14	15	16	17	18	19	20
21	22	23	24	25	26	27
28	29	30	31			

1624.8.26

荷蘭軍隊登台日

時值十七世紀歐洲帝國主義與海外貿易擴張時期，歐陸各國紛紛競逐於海上貿易通路，包括荷蘭也在此爭搶行列之中。荷蘭原先想跟葡萄牙爭奪澳門，以搶下東亞貿易的重要據點，卻因不敵葡萄牙軍，轉而兩次前往進佔明帝國疏於防守的澎湖。荷蘭第一次進佔澎湖是在一六〇四年，後來與明帝國談判後撤退；第二次則是在一六二二年，明帝國遲至一六二四年才派出上萬兵員，花了七個月的時間苦戰方從千餘名荷蘭人的手上奪回澎湖。

明帝國與荷蘭人交戰後簽訂和約，內容除了默許荷蘭商船可以與明帝國進行貿易之外，也表示明帝國將完全不干涉荷蘭人前去佔領台灣，明顯意指台灣自古根本不是屬於明帝國的領土範圍，因此荷蘭人占領台灣也無礙明帝國任何事務。所以荷蘭軍從澎湖撤退之後，自然就全員往台灣航進。

一六二四年八月二十六日，荷蘭軍隊自台南鹿耳門登陸，進入台江，並佔領一鯤鯓（今台南安平），在其上建熱蘭遮城（安平古堡），開啓接下來三十八年荷蘭在台的殖民統治。荷蘭進駐台南後，開始發展商業市鎮，並建立普羅明遮城（赤崁樓），成爲台灣史上首次以現代政府雛形出現的統治組織。

荷蘭統治初期先以招引大量漢人移民屯墾與擴大貿易爲主，也導致原來少有漢人的台灣開始迅速支那化，中後期貿易穩定後就開始向原住民部落進攻。一六四二年荷蘭爲了獨立戰爭的緣故，派艦隊北攻西班牙人駐守的雞籠並將西班牙人趕走，三年後還消滅台灣中部的大肚王國。然而荷蘭不斷加重人民稅收，也引發農民不滿而爆發郭懷一事件。同時鄭成功也在福建沿海崛起，隨後於一六六一年派軍隊攻台，並在隔年擊敗荷蘭軍，終結荷蘭治台時期。

World
支那領導人鄧小平首次提出一國兩制 1981.8.26

Tâi-oân tok-li̍p 台灣獨立

2022 August

8月 27日

•盧修一像

•羅益世像

•蔡正隆像

•海外黑名單的面具。台灣人曾一起戴上黑名單面具掩護從美國返台的郭倍宏逃離支那情治單位的掌控。

•被強拉下車的蔡正隆博士。

•時任黨國鷹犬的侯友宜。

•侯友宜帶霹靂小組與便衣警察攻擊手無寸鐵的盧修一、蔡正隆與羅益世三人。（圖轉繪自邱萬興的攝影照片。）

舊曆 八月初一 閏月

心肝好，免食菜；感情好，免結拜。

心地善良的話，就不用吃齋念佛，感情好的話，也不用祭酒結拜。意思是本質好的話，形式上的東西都可以免了。中華民國戒嚴時期，許多白恐難友與黑名單成員彼此扶持與救急掩護，日後也成為一輩子的生死之交。

禮拜六 lé - pài - la̍k ｜ SAT 土曜

2022年 8月

日	一	二	三	四	五	六
	1	2	3	4	5	6
7	8	9	10	11	12	13
14	15	16	17	18	19	20
21	22	23	24	25	26	27
28	29	30	31			

蔡正隆與羅益世事件

1989.8.27

國民黨長期把持與洗腦中華民國軍警體系，導致封閉的軍警圈多視台灣獨立支持者爲仇敵而更甚於中國共產黨的同路人。這種狀況即使到解嚴之後仍然沒有改善，中華民國軍警依舊把台獨人士當成洪水猛獸，經常以鎮暴甚至對待恐怖份子的方式來對付台獨支持者，而無視於更加暴力且具有併吞野心的中國統派。一九八九年八月二十七日就發生台獨支持者蔡正隆博士與羅益世遭警察霹靂小組暴力攻擊的事件。

當時人在美國留學與工作的蔡正隆博士與世界台灣同鄉會聯合會秘書長羅益世在海外響應政治黑名單集體闖關的計畫，並且秘密返台參加在高雄舉辦的世台會。出席時，現場一片驚呼，蔡正隆久未見面的父母與妹妹也立刻前往高雄與他會面。會後蔡正隆與羅益世坐車離開時，就遭到霹靂小組的突襲。

一九八九年八月二十七日，蔡正隆博士與羅益世坐在盧修一教授的車子裡，準備前往參加與學生對談的座談會，卻突然遭到侯友宜帶領霹靂小組與便衣警察的包圍。毫無攻擊意圖的他們同時遭到侯友宜與警方使用瓦斯槍暴力襲擊，並且被當場抓進警車送往機場，之後押上飛機送回美國。蔡身上的東西也被國民黨軍警洗劫一空，僅留一張駕駛執照以及因爲抗拒被捕而留下的傷痕。

蔡正隆的媽媽知道他兒子被國民黨軍警押走之後即開始哭泣，直到蔡正隆返回舊金山並打電話報平安之時，他的母親已經哭了整整二十個小時。而世台會秘書長羅益世被遣返後，又再度於十一月從加拿大入境返台，中華民國則直接以違反國安法與刑法內亂罪逮捕，隔年獲准交保出獄。此次事件也顯示國民黨在解嚴之後依舊不改其暴力與人治的本質。

基隆蔣臭頭銅像被台左維新成員噴漆 2014.8.27

Tâi-oân tok-li̍p
台灣獨立

2022 August

8月28日

舊曆

八月初二

鱸鰻驚煎盤。

比喻一物剋一物。流氓再歹，也鬥不過官警；官警再歹，也怕特務軍頭；特務軍頭再歹，也怕美國老大哥。此為中華黨國的生態鏈，也體現出支那人欺善怕惡的民族性。

新月

• 一九七一年八月二十八日，巨人少棒隊在威廉波特與美西隊進行決賽時，台獨聯盟安排的小飛機拖曳著「台灣獨立萬歲　GO GO TAIWAN」的標語，在球場上空低空盤旋。（繪圖參考自陳銘誠的照片。）

• 棒球場的觀眾席也有身穿「台獨萬歲」的台灣人為台灣隊加油，即使中國國民黨找來唐人街的支那流氓來攻擊台灣人，海外台灣人依舊勇敢地以武力反擊支那人。

• 台獨飛機事件由張燦鍙（左）提議，王博文與鄭自才（右）兩人共同策劃標語，再由獨盟租下飛機執行任務。

禮拜日 lé - pài - ji̍t | SUN 日曜

2022年 8月

日	一	二	三	四	五	六
	1	2	3	4	5	6
7	8	9	10	11	12	13
14	15	16	17	18	19	20
21	22	23	24	25	26	27
28	29	30	31			

1971.8.28

威廉波特少棒轉播事件

一九六九年，台灣派出少棒代表隊前往美國賓州威廉波特參加世界少棒賽，並且取得冠軍，引發台灣的棒球熱潮。國民黨所控制的電視媒體自此也開始以衛星實況轉播比賽，除了呼應民情之外，也順勢轉移中華民國在國際地位上搖搖欲墜的注意力。

一九七一年八月二十八日，台灣派出的台南巨人少棒隊與美國的美西隊在賓州威廉波特決戰爭奪世界少棒錦標賽的冠軍。就在比賽到一半之時，台獨聯盟租了一架機尾拖著標語的小飛機，上面寫著「台灣獨立萬歲GO GO Taiwan!」，從球場中低空盤旋飛過，吸引全場的目光，也被攝影機給全程拍下。國民黨駐外人員也當場愣住，還有人罵說：「台獨居然有空軍了！眞他媽的！」此時負責現場衛星轉播的中視工作人員緊急將畫面切斷，但是美國當地的媒體都有報導這次飛機宣傳台獨的事件。

此次台獨飛機事件由張燦鍙所提議，王博文與鄭自才兩人共同策劃標語，再由獨盟租下飛機執行宣傳台獨的任務。由於事件宣傳相當成功，也激怒了國民黨的官員與鷹爪特務。國民黨立刻從唐人街找了一批中國流氓到球場用暴力搶奪台灣人高舉的「台灣加油」標語，還在球賽結束後暴力攻擊台灣人，蔡同榮的頭部就被中國人偷襲受傷。後來台獨成員得知情況後立即前來營救，雙方在場外揮棒幹架。

隔年一九七二年同樣在美國舉辦的少棒賽，國民黨找了到美國受訓的海軍士兵與流氓，拿著石塊對台灣人丟擲，還用棍棒進行攻擊，導致二十幾名台灣同鄉頭破血流，不過台灣人仍奮勇奪下棍棒反擊。雖然中國黨在球場不斷以暴力攻擊台灣人，台獨成員日後依舊穿上印有台獨萬歲的衣服與升上寫有台獨萬歲的氣球，完全無懼中國人的恐嚇與攻擊。

乙未戰爭：八卦山戰役　1895.8.28

2022 August

8月 29日

生為正人，死為正神。

舊曆 八月初三

纖月

台灣民間的傳統宗教觀就是生的時候是個正直的人，死的時候也會成為剛正的神。台灣民間多半將見義勇為、剛正不阿或犧牲自我的人封為正神。但是中國來到台灣之後，也將獨裁惡人給神格化，蓋了一堆大廟與銅像，還穿鑿附會一堆前世今生的幹話，簡直重返前現代的末啓蒙狀態。

・在獄中相遇的受難情侶，張常美（左）與歐陽劍華（右）。

・歐陽劍華像

・政治受難者歐陽劍華曾親眼目睹警總軍法處看守所（青島東路三號）中殘酷的刑求場景（右圖），並且將之描繪成畫。甚至還有將孕婦曾碧麗吊打導致胎盤剝離大出血的慘況（左圖）。

禮拜一 | MON 月曜

lé - pài - it

2022年 8月

日	一	二	三	四	五	六
	1	2	3	4	5	6
7	8	9	10	11	12	13
14	15	16	17	18	19	20
21	22	23	24	25	26	27
28	29	30	31			

歐陽劍華逝世日

2011.8.29

◆描繪白恐刑獄的畫家

歐陽劍華，出生於一九二七年，中國福建福州人。出身於貧困家庭，父親遭土匪殺害，母親也拋棄他出走，導致他幼時只得自力更生，四處替人放牛與打工。十五歲被寡婦收養，才得以進入學校念書，還考取上福建省立師範學院。由於時值日中戰爭，他響應了蔣介石「一寸山河一寸血，十萬青年十萬軍」的口號，加入中國青年軍。

一九四九年歐陽劍華隨中華民國軍隊流亡來台，以少尉任職金門防衛司令部，並被指派在金門縣的小學兼任教師與校長。在小學教書期間，其部隊一名屬下很愛到學校對小學生進行洗腦教育，導致歐陽劍華大爲不滿，直接對該部下說：「老蔣多偉大，怎麼整個大陸丟掉了呢？」結果只因這句話，他就被人檢舉思想不純正，一九五二年被送去保安處看守所關押，然後被判送往綠島感訓三年。

原本歐陽劍華可在一九五五年出獄，因爲找不到保人，加上在獄中籌備蔣介石生日慶祝活動的時候又隨口講出「一將功成萬骨枯」，因此被延長獄期，直到一九六一年才得以出獄。歐陽劍華出獄後與在獄中交往的台籍女性獄友張常美共組家庭。解嚴之後，他與妻子才開始向子女說出這段不幸往事。

兩千年民進黨執政之後，歐陽劍華對外界公佈他繪製入獄受難者的畫作，同時也根據記憶畫出當時政治犯遭中華民國特務殘酷刑求的繪圖，內容包括拔指甲、跪冰塊；將人體塗上蜂蜜然後丟入草叢讓螞蟻咬的「螞蟻上樹」；將女性長髮高懸樑柱，然後打到下體流血胎兒早產的恐怖景象；以及把「新生報」女記者用麻繩摩擦下體導致流血的噁心場面。歐陽劍華用畫筆詳盡記錄中華民國的眞實獄史，於二〇一一年八月二十九日安詳辭世，享年八十四。

民進黨廢除蔣臭頭誕辰與逝世紀念日 2007.8.29

2022 August 8月 30日

舊曆 八月初四

日時呣通講人，暝時呣通講鬼。

這本來是一句教人不要多嘴的俚語，後來在中華民國白色恐怖時期成了大人訓誡小孩不要閒言閒語的警句。當時國民黨秘密找了一批抓耙仔（告密者）來監控所有人的一言一行。你以為很親切和善的鄰居親友可能就是偷偷紀錄你日常言行的抓耙仔。「日時呣通講人，暝時呣通講鬼」就成了家中大人常用的告誡語。

眉月

• 台灣政治受難者聯誼總會會議主持人蔡有全

• 台灣政治受難者聯誼總會首任會長許曹德

• 台灣政治受難者聯誼總會首任會長許曹德發言提案，要求大會把「台灣應該獨立」六個字，列入組織章程裡。而大會也通過提案並列入「我們的基本共識」當中。

禮拜二 lé - pài - jī | TUE 火曜

2022年 8月

日	一	二	三	四	五	六
	1	2	3	4	5	6
7	8	9	10	11	12	13
14	15	16	17	18	19	20
21	22	23	24	25	26	27
28	29	30	31			

1987.8.30 台灣政治受難者聯誼總會成立日

中華民國曾在台灣實施長期軍事戒嚴與白色恐怖，一整個世代具有良心且敢於發聲的人幾乎都成了政治受難者而遭週牢獄之災。一九八七年解嚴之後，一百四十二名的政治受難者於八月三十日群聚在台北市國賓大飯店舉行「台灣政治受難者聯誼總會」成立大會。當天的會議主持人是曾經參與美麗島事件而遭中華民國逮捕刑求並被判刑的蔡有全，而首任會長許曹德則是曾在一九六八年因主張建立台灣共和國而遭到判刑入獄，直到一九七五年才出獄。

台灣政治受難者聯誼總會成立大會在討論組織章程之時，許曹德首先發言提案，要求大會把「台灣應該獨立」六個字，列入組織章程裡。而大會也通過該提案並且列入「我們的基本共識」的條目當中。這也是四十年來，台灣首個團體公開在組織章程中主張台灣獨立，因此引發中華民國的司法追殺。

許曹德與蔡有全宣布將台灣獨立列入「台灣政治受難者聯誼總會」的組織章程之後，中華民國也於十月十二日以「叛亂罪」罪名收押許曹德與蔡有全，此案成為解嚴後首件的「台獨叛亂案」，史稱「蔡許台灣獨立案」。中華民國對蔡、許兩人進行收押之後，也引發海內外民主人士的群情憤慨。

當時的民進黨主席江鵬堅以及基督教長老教會對此事表達強烈不滿，長老教會還組成「人人有主張台灣獨立自由」牧師團，走上街頭高喊台獨口號聲援蔡許。鄭南榕也在「自由時代」雜誌中撰文聲援，並組織蔡、許台獨案後援會，在全台各地舉辦三十幾場系列遊行、演講等街頭活動。一九八八年一月九日，蔡許台獨案宣判，蔡有全判處十一年刑期，許曹德十年刑期，兩人直到一九九〇年才被李登輝特赦出獄，蔡有全於二〇一七年五月四日病逝。

駐日盟軍總司令開始代管日本 1945.8.30

Tâi-ôan tók-lèk
台灣獨立

2022 August

8月31日

舊曆

八月初五

一人一家代，公媽隨人拜。

自己家有自己拜祖先的方式，你管別人怎麼拜他家祖先。中國人最愛罵台獨支持者數典忘祖，卻忘了國家的公共認同與家庭的私人血緣完全是兩回事。照中國人的邏輯，祖先是從中國南方省份來的新加坡與馬來西亞華人都要說新加坡跟馬來西亞是中國的一部分了。

• 馬來亞聯合邦國旗

• 廖文毅像

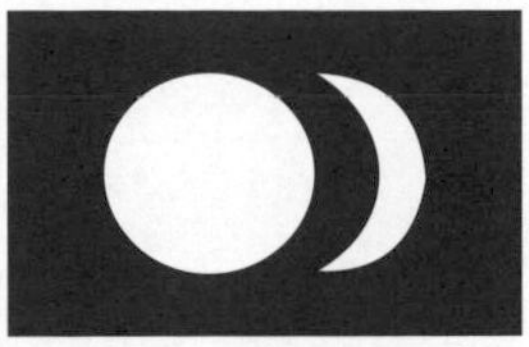

• 台灣共和國臨時政府國旗

• 台灣共和國臨時政府大統領廖文毅曾受邀參加馬來亞獨立慶典。

五日月

禮拜三 WED 水曜

lé - pài - sa^{n}

2022年 8月

日	一	二	三	四	五	六
	1	2	3	4	5	6
7	8	9	10	11	12	13
14	15	16	17	18	19	20
21	22	23	24	25	26	27
28	29	30	31			

廖文毅受邀參加馬來亞獨立慶典

1957.8.31

出身雲林仕紳的廖文毅在二戰後曾經一度擁護中華民國，但是在經歷中國人打壓與二二八抗暴事件之後的迫害，他的政治認同開始轉向台灣獨立，並在一九五六年在日本東京成立台灣共和國臨時政府。

當時許多台灣有志獨立之士與亞洲新興國家的關係相當良好，例如台獨烈士陳智雄曾經參與過印尼獨立革命，而被印尼國父蘇卡諾待爲座上賓，而廖文毅則是與馬來亞的國父東姑阿布都拉曼關係匪淺，兩人早於一九五二年在日本廣島舉辦的第一屆世界聯邦亞洲會議上就互相約定，日後誰先讓他的國家獨立，就要邀請對方參加該國的獨立典禮。等到一九五七年八月三十一日，馬來亞聯邦（後來更名爲馬來西亞）終於脫離大英帝國正式獨立，如同當初雙方約定，馬來亞國父拉曼邀請廖文毅以台灣共和國臨時政府大統領的身分出席馬來亞的獨立慶典。

東姑阿布都拉曼因爲曾經領導馬來亞脫離英國殖民統治，基於他與英國對抗的經驗，讓他相當容易同理台灣人民想要反抗中國蔣氏獨裁統治的心理以及渴望獨立建國的心聲，因此才會邀請廖文毅以台灣大統領的身分出席獨立慶典。

當時馬來亞國父拉曼並未邀請中華人民共和國或中華民國的任何代表，僅邀請台灣共和國的代表廖文毅出席獨立慶典，此舉也引發國際媒體高度關切。馬來亞的「南洋商報」標題就寫上：「台灣共和國首任大總統廖文毅來馬參加獨立慶典」，而日本的媒體也紛紛加以報導，間接引發旅日台灣人加入台灣共和國臨時政府的熱潮。當時廖文毅在吉隆坡機場接受採訪之時還拒絕用北京話應答，僅用台語回答他將繼續宣揚台獨。這段二戰後亞洲新興國家領袖與台獨人士的國際情誼也成爲日後傳頌的佳話。

不當黨產處理委員會掛牌成立 2016.8.31

九月

台灣若是要出頭天
大眾一定要先覺醒

史明

◆史明逝世日。【詳見九月二十日。】

9月1日

舊曆

八月初六

嘴食嘴呣認，
尻川爛到面。

一邊吃偷來的食物，一邊又否認吃東西，意指某人敢做不敢當。戰後中華民國政府來台四處劫收米糧，對外以「配撥軍糈」的藉口開脫，實情卻是將珍貴白米佔為己用，還趁機高價出售海撈一筆，可說標準的支那貪法。

六日月

• 加州大學教授施樂伯（Robert A. Scalapino）曾負責康隆報告的東亞篇章，大膽建議美國政府應讓台灣進入聯合國並且承認台灣共和國。

• 羅伯特・斯文豪像

• 一九五八年金門炮戰之後，英國「衛報」刊登了一幅漫畫，內容諷刺蔣介石想要趁機反攻大陸，但是美國人卻說戰車引擎可能會解體。

• 羅伯特・斯文豪繪製的台灣原住民素描。

禮拜四 THU
lé - pài - sì
木曜

2022年 9月

日	一	二	三	四	五	六
				1	2	3
4	5	6	7	8	9	10
11	12	13	14	15	16	17
18	19	20	21	22	23	24
25	26	27	28	29	30	

1836.9.1

羅伯特・斯文豪誕生日

◆ 博物學家

羅伯特・斯文豪生於一八三六年九月一日的英屬印度，十六歲時被家族送回英國倫敦接受高等教育，十八歲輟學考進英國外交部並長期擔任英國駐廈門與打狗等商港領事。斯文豪青少年時期即對自然生態產生高度興趣，在他擔任外交官期間依舊不改其志趣，曾對清國南方與台灣做過詳盡的生態調查。

斯文豪駐台期間曾到台灣各地踏查，紀錄台灣的鳥類、昆蟲與哺乳動物。台灣現有的鳥類有超過三分之一即是由他首先發表的，台灣特有種台灣獼猴也是由他發現紀錄後才登上國際舞台。現在台灣許多生物的名稱即是以他的姓氏為命名，像是斯文豪氏赤蛙、斯文豪氏蝸牛、藍腹鷴等。斯文豪還曾經將台灣的烏龍茶由淡水直銷到美國紐約，成為台灣茶的國際推手。於一八六六年離開台灣，一八七七年十月二十八日病逝於倫敦。

1959.9.1

康隆報告提出日

中華民國於一九四九年覆亡之後，流亡來台的蔣介石與其國民黨政權依舊計畫拖著台灣人一起去「反攻大陸」。美國政府評估蔣介石根本無能執行反攻計畫，加上美國也不希望涉入中國內戰，遂密謀策動孫立人推翻蔣介石政權的計畫，卻以失敗收場。

一九五八年金門砲戰發生之後，美國為了避免台灣再度涉入中國內戰，便由參議院外交委員會委託美國民間智庫「康隆學社」（Conlon Associates）提出對台政策的研究報告。一九五九年九月一日，康隆學社正式提出對台白皮書，內容包括：協助台灣人建立台灣共和國，讓台灣在聯合國擁有席次；美國應協防台灣；台灣人的軍隊應退出金門、馬祖離島；協助中國難民返回中國以及讓台灣進行公民投票來決定前途。此一康隆報告揭露美國政府早期對台的思考方向，也預示了台灣建國的基本主軸。

2012.9.1 反旺中媒體壟斷大遊行

2022 September

9月2日

舊曆 **八月初七**

千條萬條，毋值著金條一條。

台灣人用來形容中國司法腐敗的俚語。中國人在戰後來到台灣之後，開始對台灣人濫捕濫刑。那些被無辜抓入監獄的台灣人，他們的家人都被中國人要求用金條疏通警察與法官，不然就不放人走，前台南市長葉廷珪與礦業鉅子劉明就是其中的例子。台灣人才會用「千萬條法律條文，毋值著金條一條」來形容這些看錢辦事的中國司法人員。

• 劉傳明像

• 井上伊之助像

• 吳念真曾口述劉明平時因為極為照顧基層員工，劉明出獄後返回村莊，全村都會先大掃除，然後貼紅紙放炮竹歡迎劉明歸來。

台灣人的鮮血，
應該流在清白的襯衫上。

• 劉明在服刑期間，經常叫家人送白襯衫給死囚，並且留下一句名言：「台灣人的鮮血，應該流在清白的襯衫上。」

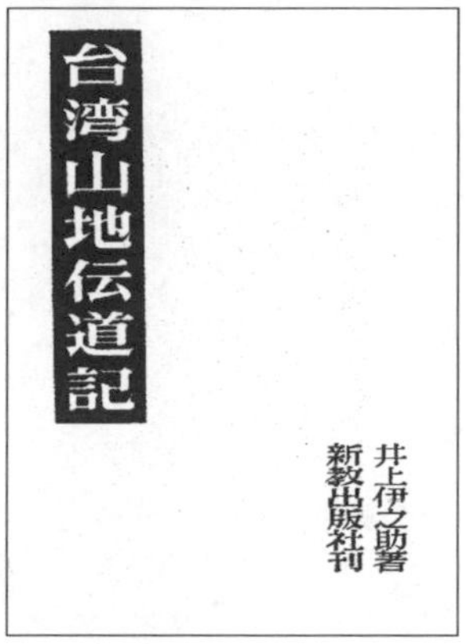

• 井上伊之助的著作「台灣山地傳道記」

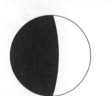

七日月

禮拜五 lé - pài - gō͘ | **FRI 金曜**

2022年 9月

日	一	二	三	四	五	六
				1	2	3
4	5	6	7	8	9	10
11	12	13	14	15	16	17
18	19	20	21	22	23	24
25	26	27	28	29	30	

1882.9.2

井上伊之助誕生日

◆ 原住民醫療之父

井上伊之助生於一八八二年九月二日，日本高知縣人。井上的父親曾在台灣花蓮擔任樟腦採收工作，後來遭太魯閣族出草殺害。當時井上還只是在東京基督教神學院就讀的學生，得知父親遭台灣原住民殺害的死訊，一開始是充滿憤恨之心想要復仇，但是他的基督教信仰卻告訴他「要愛自己的仇敵。」他藉著禱告平復心情之後便決心前往台灣傳道。

井上在日本攻讀醫學學程，並以醫療勤務名義前往台灣的原住民部落支援，奔波往返全台各地部落，治癒許多極需醫療照護的原住民，因此也被台灣人尊稱為「原住民醫療服務之父」。即使跟隨井上來台的三個子女都染病身亡，他依舊繼續將自己奉獻給台灣原住民，直到二二八事件後才被迫返日，於一九六六年逝於日本。井上伊之助的墓碑上刻有大大的「愛」字，正是他一生「以愛復仇」的註腳。

1993.9.2

劉傳明逝世日

◆ 台灣礦業鉅子

劉傳明，又名劉明，出生於一九〇二年，嘉義人。早年曾留學日本攻讀應用化學系。戰後劉傳明返台之後，靠著在九份冶煉金礦與經營煤礦而致富，因此引起國民黨特務的覬覦。

根據前保密局組長谷正文將軍在一九九三年於政治受難者公聽會上的指證，當時有一名保密局王姓幹員想竊佔劉明的進口轎車，就憑空構陷他是匪諜，劉明因此遭判刑入獄十年，龐大家產遭到沒收，他的妻子還拿金條四處行賄國民黨官以保丈夫平安。劉明服刑期間，經常叫家人送白襯衫給死囚，他認為：「台灣人的鮮血，應該流在清白的襯衫上。」劉明出獄後轉趨低調，晚年政治認同轉向台獨，曾聲援過蔡許台獨案，於一九九三年九月二日病逝。

美國總統老布希宣布售台戰機 1992.9.2

Tâi-ôan tok-lèk 台灣獨立

2022 September

9月3日

舊曆 八月初八

當選過關，落選被關。

這是台灣民間嘲諷中華民國司法機關的經典名句。長期以來司法就為中國國民黨所把持，國民黨秘書長許水德就曾說過「法院是國民黨開的」的名言。這些司法人員仰仗權勢鼻息，每每依照當選有效與否來做為判決的標準。在黨外時期更誇張，當選也被關，落選更被關，司法人員十足是為中華黨國服務的鷹犬走狗。

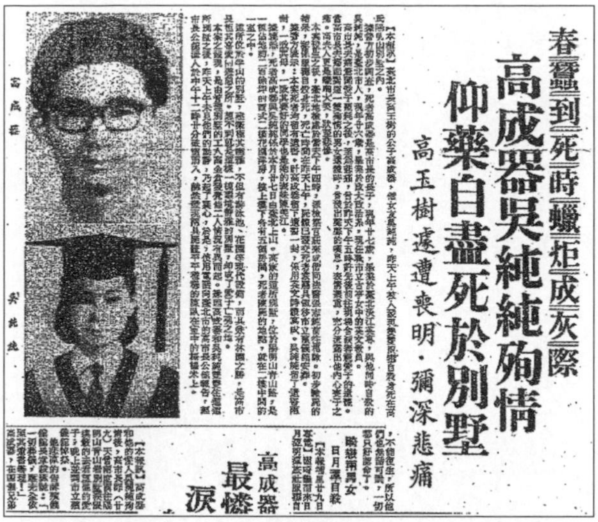

春蠶到死時蠟炬成灰際

高成器吳純純殉情 仰藥自盡死於別墅

高玉樹遽遭喪明·彌深悲痛

高成器最憐淚

• 一九六八年，高玉樹的長子高成器與其未婚妻吳純純兩人雙雙「被自殺」，死於陽明山菁山路的市長專用別墅中。當時吳純純已通過托福並申請到美國密蘇里州立大學獎學金，而高成器也將赴日本早稻田大學留學，自殺動機非常單薄。當地人普遍認為蔣經國之子蔣孝文因追求高成器的未婚妻吳純純失敗，遂決定帶鷹犬手下私闖市長宅要「捉姦」，結果雙方爆發衝突，蔣孝文侍衛就將高吳兩人殺害，並安排成殉情自殺場景。（剪報翻攝自管仁健整理資料）

• 高玉樹像

• 顏水龍在高玉樹擔任台北市長期間受到重用，包括敦化南北路、仁愛圓環與仁愛路林蔭大道都是由顏水龍所規畫。

上弦月

禮拜六 lé - pài - lák | SAT 土曜

2022年 9月

日	一	二	三	四	五	六
				1	2	3
4	5	6	7	8	9	10
11	12	13	14	15	16	17
18	19	20	21	22	23	24
25	26	27	28	29	30	

1913.9.3

高玉樹誕生日

◆ 黨外先驅

高玉樹，生於一九一三年九月三日，台北人。受祖父從事機械化碾米的影響，自小就對於機械工程產生興趣，十三歲從公學校畢業後就考入台北工業學校電氣工學科。二十歲之時遠赴日本留學，二十五歲考入早稻田大學專門科，畢業之後進入大學部，卻因人事衝突而遭開除，就此結束求學生涯。

二戰結束，原來相當期待「祖國」到來的高玉樹，後來卻因「澀谷事件」被國民黨押到上海看守所關了九十二天，也因禍得福地逃過二二八事件後中華民國對台籍菁英的清算屠殺。高玉樹當時認爲與其以武力對抗蔣介石，不如改用體制內參政的方式來改變現狀。他開始在一九五一年參加台北市第一屆省轄市民選市長選舉，最後敗給國民黨屬意的吳三連。敗選後高玉樹前往美國進修冶金與工程技術，返台後受美國公司推薦擔任兵工廠顧問。

一九五四年，高玉樹再度參選第二屆民選台北市長並擊敗國民黨支持的對手而當選。一九五七年，高欲競選連任台北市長，國民黨卻使出台北大斷電以及作票手段而導致落選。一九六四年再度競選台北市長，選民終於還他公道讓他勝選。高玉樹擔任市長期間完成許多重大市政建設，還聘請藝術家顏水龍擔任顧問，以巴黎作爲藍圖完成敦化南北路、仁愛圓環、仁愛路林蔭大道的都市規畫。

彭明敏指稱當時國民黨情治單位已將高玉樹列爲暗殺對象。巧合的是，一九六八年，高玉樹的長子高成器與其妻吳純純兩人雙雙「被自殺」，死於陽明山菁山路宅中。接著國民黨更以官派市長並且將高玉樹調往內閣的方式架空他的權力，高玉樹只好轉趨低調。晚年曾任李登輝與陳水扁的總統府資政，於二〇〇五年六月十五日病逝台大醫院。

吳釗燮受外媒訪表示台灣不屬中國 2020.9.3

2022 September

9月4日

舊曆
八月初九

三民主義，
無疾而終。

這是留德博士謝志偉嘲笑中國國民黨的俚語。謝志偉把國民黨黨歌（一九三七年國民黨決議將黨歌改為中華民國國歌）的歌詞「三民主義，吾黨所宗」改成「三民主義，無疾而終」，嘲諷早年喊著要三民主義統一中國的國民黨，現在看到共產黨跟龜孫子一樣，連三民主義都不敢喊了。

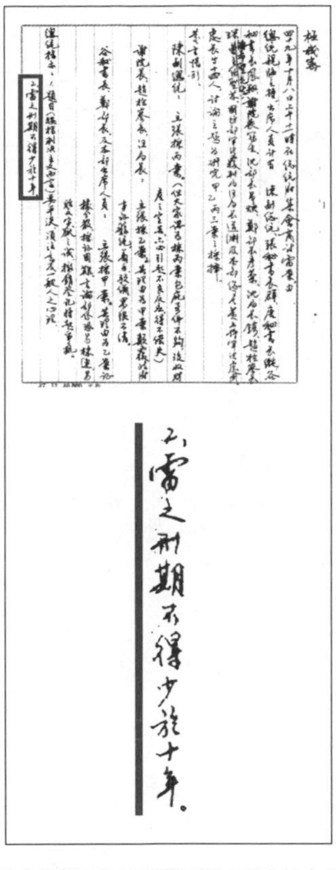
雷之刑期不得少於十年。
• 蔣介石親自批示雷震刑期不得少於十年。

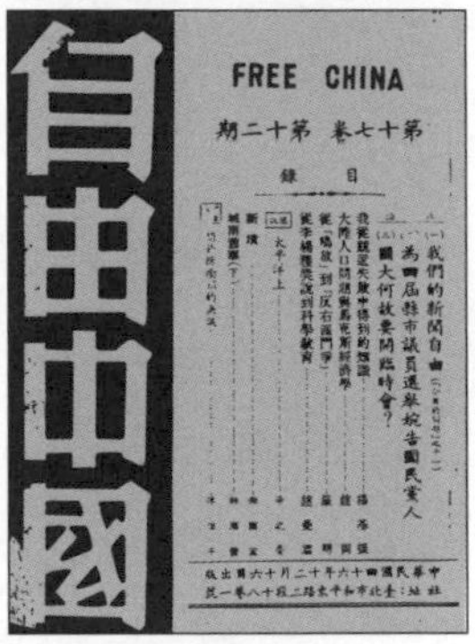
自由中國
FREE CHINA
• 雷震因「自由中國」而入獄。

• 雷震像

自由中國雜誌
恐難按期出版
• 報紙報導「自由中國」雜誌將難按期出版，實情只是因為蔣介石與國民黨不滿中國自由派人士的批評，加上已得到美國的軍援與資金，索性不用演給國際社會看而直接查禁。

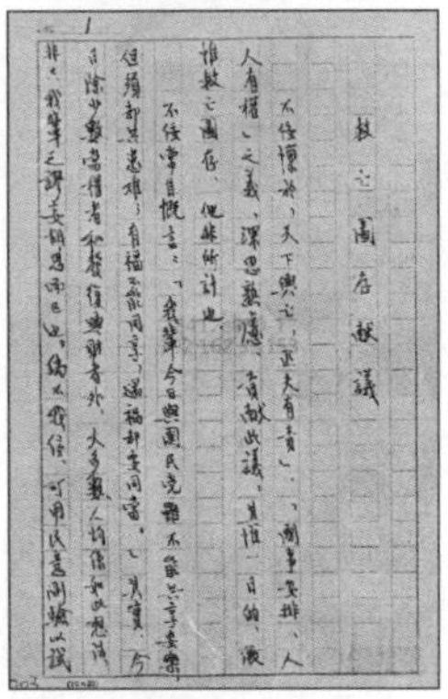
• 雷震的「救亡圖存獻議」手稿

九夜月

禮拜日
lé - pài - ji̍t
SUN
日曜

2022年 9月

日	一	二	三	四	五	六
				1	2	3
4	5	6	7	8	9	10
11	12	13	14	15	16	17
18	19	20	21	22	23	24
25	26	27	28	29	30	

1960.9.4

雷震案紀念日

一八九七年出生於中國浙江的雷震，早年曾經留學日本，後來加入中華革命黨與中國國民黨，曾受蔣介石的信任與重用。一九四九年中華民國覆亡，雷震與胡適等人原來計畫在上海創辦「自由中國」雜誌，只好改在台北籌辦。「自由中國」初期以擁蔣反共做爲主軸，自然受到國民黨支持。

當時國民黨急需美國援助，因此才容忍部份如雷震的自由派有發聲空間。但是隨著國民黨取得美國金援以及國際局勢演變，蔣介石不再需要這群中國自由派作爲樣板，加上「自由中國」屢屢發表違逆國民黨意圖的言論，更激怒無法容納異議的蔣介石，雷震也因此被開除國民黨籍。一九五七年，殷海光還在「自由中國」上發表「反攻大陸」之所以無法實現的問題，更讓不願面對現實的國民黨暴怒，也讓蔣介石視主導「自由中國」的雷震爲心頭大患。

然而眞正讓雷震惹禍上身的是他在一九六〇年不但連署反對蔣介石連任總統，還要與李萬居、高玉樹等人執行籌組反對黨的計畫。此舉完全踩到獨裁軍頭蔣介石的痛處，也讓他終於招致牢獄之禍。一九六〇年九月四日，警備總部以涉嫌叛亂的罪名將雷震以及一群「自由中國」的工作人員逮捕。

其實在事發之前，國民黨早就將起訴罪名與辦案原則都預設好了。軍事法庭就循著蔣介石指示的「刑期不得少於十年」命令，以「爲匪宣傳」的捏造罪名將雷震判處十年徒刑。雷震在服刑期間，開始撰寫回憶錄，內容多是批評黨國體制的文字。結果雷震於一九七〇年出獄時，文稿卻被獄方沒收焚燬。雷震案突顯了中華黨國體制的獨裁與荒謬，也表現出中國官場無法容忍異議的政治文化。直到二〇〇二年陳水扁上台之後，雷震案才終獲官方平反。

雷震案獲陳水扁平反
2002.9.4

2022 September

9月5日

舊曆 八月初十

田螺，含水過冬。

田螺靠著一滴水而熬過酷寒的冬天。比喻窮苦不得志或是身陷人生困境的人，用吞忍與刻苦的態度活著，等待著時機，等待著春天的到來。就像熬過支那人屠殺清鄉、白色恐怖與漫長戒嚴時期的台灣人，終於等待到民主之春的到來與獨立建國的契機。

十日夜

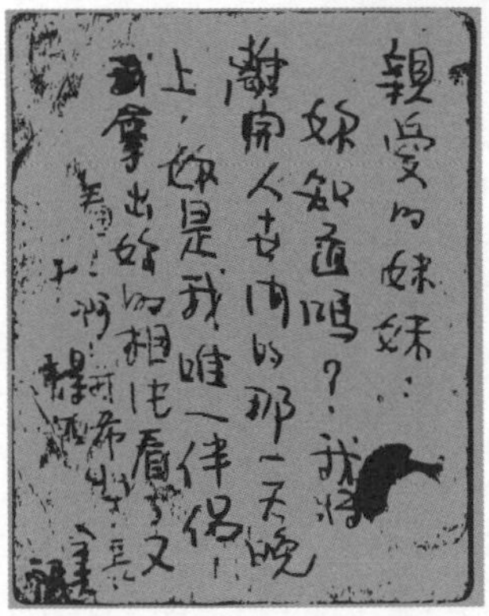

• 蔡鐵城在相片背面寫給妹妹的遺言。

• 蔡鐵城受刑前留下微笑。

• 蔡鐵城的妹妹蔡敏

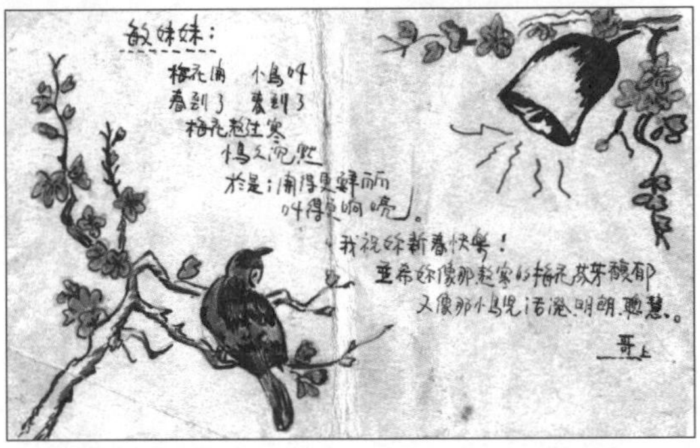

• 蔡鐵城在槍決前寫了一張明信片給妹妹蔡敏，也是蔡敏所留下的唯一一張明信片，其他信件都因父親怕惹麻煩而燒掉了。

禮拜一 lé - pài - it

MON 月曜

2022年 9月

日	一	二	三	四	五	六
				1	2	3
4	5	6	7	8	9	10
11	12	13	14	15	16	17
18	19	20	21	22	23	24
25	26	27	28	29	30	

1952.9.5

蔡鐵城受難日

◆台灣烈士

蔡鐵城，原名蔡金城，生於一九二三年一月三日，台中大甲人。在日本時代曾經通過普通文官考試，並擔任彰化車站火車駕駛助手，後來因不願屈就於僵化的公務體制而辭去職務，隨後考入日本神戶商業學校，畢業後即返回台灣。

蔡鐵城返台後不久二戰就宣告結束，他便加入「和平日報」擔任記者，期間曾報導中華民國七十軍的一名連長將台灣兵私刑致死還焚屍滅跡的案件，結果竟遭致中華民國軍方到報社興師問罪，報社只好將蔡鐵城調去嘉義避風頭。然而一九四六年又爆發中國傳來的疫情在台灣大爆發，導致發生布袋事件與新營事件。蔡鐵城到嘉義布袋實地採訪當地民眾並針對中華民國的惡行如實報導，此舉再度惹惱軍方，警總竟開始介入干涉報社人事，他也再度成為被「關切」的對象。

一九四七年爆發二二八抗暴事件，蔡鐵城隨即加入二七部隊並擔任宣傳部長，準備要對抗貪腐的中華民國政權。他在加入二七部隊之後，四處號召民眾加入組織來對抗暴虐的中華民國軍隊，期間還參與日月潭發電所的戰役以及與中華民國二十一師激戰的烏牛欄戰役。二七部隊解散之後，蔡鐵城原來計畫從梧棲港坐船出境，後來卻在四月十一日回家探視家人而遭到逮捕，因此被判刑四年。

蔡鐵城於一九五一年出獄之後曾擔任台中縣議長李晨鐘的秘書，但是不久後卻涉入國民黨特務捏造的案件而遭判處死刑。一九五二年九月五日，蔡鐵城壯烈赴死被槍決於台北馬場町。槍決前所留下的最後一張照片是他無畏地帶著燦爛的笑容，他留給妹妹的絕筆遺書也成了中華民國恐怖統治台灣時期最令人動容的歷史文件之一。

World

美國獨立戰爭北美代表召開大陸會議 1774.9.5

9月6日

舊曆 八月十一

十一夜

禮拜二 lé - pài - jī

TUE 火曜

四兩人講半斤話。

客家俚語，用來形容不自量力的人，說出超過他自身能力的膨風話。君不見國民黨的死忠支持者，滿嘴三民主義統一中國，還加碼說他們中國統我們，我們也可以統他們。問問他們實際要怎麼「統」回去，馬上就顧左右而言他。四兩人不只講半斤話，還講了半頓嘐潲話。

• 美國眾議院通過二二一號決議案，表達支持台灣自決的共識。

• 一九五一年日本代表與盟軍代表簽署舊金山和約。五十年後，在「舊金山和約」簽署五十周年前夕，美國眾議院通過第二二一號共同決議案，再度重申台灣因「舊金山和約」而地位未定的問題。

• 美國總統小布希根據台灣關係法的原則提及：「假如中國攻擊台灣，美國將協防台灣。」

• 美國總統吉米・卡特簽署的「台灣關係法」也確立了不含中（華民）國的台美關係新定位。

2022年 9月

日	一	二	三	四	五	六
				1	2	3
4	5	6	7	8	9	10
11	12	13	14	15	16	17
18	19	20	21	22	23	24
25	26	27	28	29	30	

美國眾議院通過二二一號決議案

2001.9.6

一九五一年九月八日，二戰同盟國的多數成員（不包含中華民國與剛成立的中華人民共和國）與日本國在美國舊金山簽署條約，史稱「舊金山和約」。和約中提及日本政府放棄對台灣、澎湖等島嶼的一切權利，但是並未提及放棄權利後要將台灣的主權交給誰，此項條約內文也代表了當時美英等國對於台灣在法律定位上還是未定狀態的共識。

五十年後，在「舊金山和約」簽署五十周年前夕，二〇〇一年九月六日，美國眾議院通過第二二一號共同決議案，再度重申台灣因「舊金山和約」而地位未定（the status of Taiwan undetermined）的問題，也提到聯合國憲章第一條所揭示的「人民自決」普世原則，更提到「美國的政策是台灣的未來必須透過類如公投的民主機制來和平解決，且需有台灣人民的明示同意」。

這份美國眾議院與參議院都同意的第二二一號共同決議案雖然沒有實質的約束力，僅是美國國會表達意見共識的陳述而已，但是也再次表達了美國國會一向支持台灣民主的立場以及台灣的未來必須經由台灣多數人決定的住民自決原則，同時直接向台灣人民明示未來在政治上應該採取的重點方向。

決議案中還提到西元兩千年陳水扁當選總統證明了台灣人遵循自由、公義與民主的原則，內文也提到美國總統喬治•布希在二〇〇一年的談話：「假如中國攻擊台灣，美國將協防台灣。」（the United States will help Taiwan defend itself if attacked by China）此一引用也顯示美國政府將遵循「台灣關係法」的原則，排除中國對台灣的威脅、恐嚇以及干預，以保護美國在西太平洋的經濟與戰略利益。

台灣正名運動大遊行 2003.9.6

Tâi-oân tok-li̍p
台灣獨立

2022 September

9月7日

節氣 **白露**

舊曆 **八月十二**

台諺云：白露南，四工三工澹。意思指天氣轉涼，若刮南風，將是多雨天。

• 荷蘭東印度公司標誌

• 世界台灣同鄉聯合會的標誌

• 一六五二年九月七日，以商人郭懷一為首的漢人移工密謀起義，率領約四千名的漢人攻打「普羅民遮城」（現址為赤崁樓）。

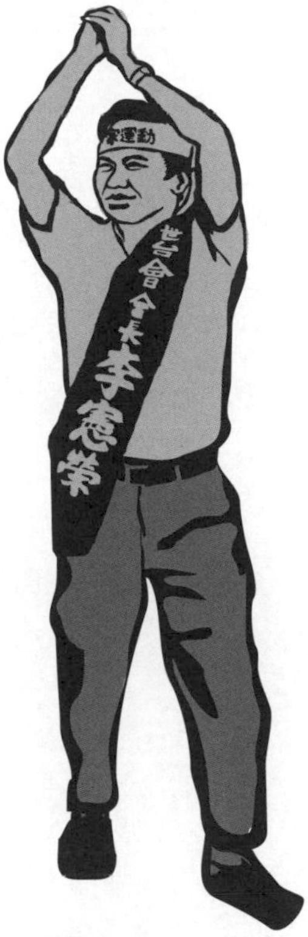

• 闖關返台的前世台會會長李憲榮。

十二夜

禮拜三 lé - pài - sa^{n}

WED 水曜

2022年 9月

日	一	二	三	四	五	六
				1	2	3
4	5	6	7	8	9	10
11	12	13	14	15	16	17
18	19	20	21	22	23	24
25	26	27	28	29	30	

1974.9.7 世台會成立

二戰後，中華民國開始對台灣進行血腥恐怖統治。許多台灣人被迫離開故鄉，加上中華民國全面打壓台灣意識並羅列政治黑名單，使得海外台灣人更加團結，成立了各式各樣的台灣社團，其中又以美國的台灣留學生為大宗，費城的台灣留學生還成立了美國最早的台獨團體３Ｆ小組。

中華民國在七〇年代處於斷交潮與邊緣化的年代，國民黨因此更為加強對台灣異議人士的打壓力道，海外的台灣社團也組成攻擊力道更為激烈的組織，世界台灣同鄉聯合會（簡稱世台會）就在這樣的歷史背景下誕生，也成為海外規模最大的台灣同鄉會與台獨團體。世台會於一九七四年九月七日在奧地利首都維也納成立，成立初期結合了日本、巴西、美國、加拿大與全歐的台灣同鄉會。許多重要的獨派人士與政治人物都曾經受邀出席世台會的活動。

1652.9.7 郭懷一事件

荷蘭與明帝國於一六二四年在澎湖打了一場關於貿易通商的戰爭，戰爭結束後，荷蘭人退出澎湖並轉去佔領不屬明帝國領土的台灣，開啓台灣的荷蘭統治時期。荷蘭當時為了開墾台灣良田，從福建沿海引進大量漢人奴工。荷蘭人僅僅提供漢人牛隻、農具與種子，卻不給予土地的所有權。一開始荷蘭人還以交換貿易作為收益，待局勢穩定後，便開始對人民課以重稅，終於導致漢人移工的武裝暴動。

一六五二年九月七日，以商人郭懷一為首的漢人移工密謀起義，並於隔日清晨率領約四千名的漢人攻打「普羅民遮城」。荷蘭人也旋即調集火槍隊與原住民部隊反擊，三日後便擊潰了起義移工並擊殺郭懷一，隨後並在兩週內屠殺了九千名的漢人移民。此一屠殺事件也間接導致日後鄭成功來台時受到漢人移工集體響應而成功擊退荷蘭軍的結果。

1990.9.7 三艘東港漁船遭中國海盜船洗劫

2022 September

9月8日

• 美麗島雜誌社在中泰賓館舉辦創刊酒會。右起為林義雄、呂秀蓮、黃天福、黃信介、許信良、張俊宏、姚嘉文。

• 謝聰敏像

• 二戰同盟國成員（不包括中國）與日本於一九五一年九月八日簽訂舊金山和約。

台灣發展民主政治之道

「台灣人自救運動宣言」全文

彭明敏、謝聰敏、魏廷朝起草於一九六四年

彭明敏還鄉籌備會重印本

• 台灣人自救運動宣言的重印版封面。

舊曆 八月十三

千人看，毋値著一人識。

就算是千百個人看過，都還不如一個真正認識本質的人。這是一句充滿智慧的台語俚諺，教人要看透事情的真象與本質。當今中國製造的謠言與假新聞四處流竄，上千上萬人鎮日看著手機上溢流進來的資訊，卻鮮少有人能正確判斷出資訊的真確性，甚至還成了傳播謠言的幫兇。

十三夜

禮拜四 lé - pài - sì

THU 木曜

2022年 9月

日	一	二	三	四	五	六
				1	2	3
4	5	6	7	8	9	10
11	12	13	14	15	16	17
18	19	20	21	22	23	24
25	26	27	28	29	30	

2019.9.8 謝聰敏逝世日

◆台灣人民自救宣言起草者

謝聰敏生於一九三四年五月二日，畢業於台大法律系，就讀政大政治學研究所的時候，與彭明敏、魏廷朝共同起草與發表台灣人民自救宣言，因此被判處死刑，後經國際援救而改判十年，出獄後又遭誣陷二度入獄。於二〇一九年九月八日逝世。

1979.9.8 中泰賓館事件

一九七九年九月八日美麗島雜誌社在中泰賓館舉行創刊酒會。然而場外卻來了中國國民黨的打手「疾風」雜誌成員與中國流氓（反共義士）前來恐嚇並暴力攻擊與會人士。因此引發雙方對峙衝突達八個多小時，此事件也意外造成美麗島雜誌大賣。

1951.9.8 舊金山和約簽訂日

一九五一年九月八日，部分同盟國成員（不包括中華民國以及中華人民共和國）與日本在美國舊金山的戰爭紀念歌劇院簽訂「舊金山和約」。和約內容除了解釋日本戰後的政治地位與戰爭責任問題外，也提及原屬日本國土的台澎與朝鮮等地歸屬問題。

在「舊金山和約」第二條第二款特別提及：日本政府放棄對台灣、澎湖等島嶼的一切權利、權利名義與要求。此一關鍵條文決定了台灣脫離日本管控的法律定位，但是條文並未說明日本放棄台澎權利之後，台澎主權將歸屬於誰，也產生了日後國際社會普遍以「台灣地位未定」看待台灣的議論，美國日後也主張台灣人應以民主自決方式決定台灣未來。部分主張台獨建國的支持者，例如九〇八台灣國運動的王獻極就認爲九月八日這天理論上已算是台灣獨立日，只不過現實仍由中華民國所霸佔而已。

2005.9.8 王獻極發起九〇八台灣國運動

Tâi-ôan tòk-li̍k
台灣獨立

2022 September

9月 9日

舊曆 八月十四

無名無姓，去問鋤頭柄。

打個招呼連姓名都不報就想要問事情，自己去問鋤頭柄。意指人要有基本的交際禮節，什麼都不講就想請人幫忙，誰理你。中國平時打壓台灣不遺餘力，SARS期間還拒絕國際援助台灣，結果中國爆發武漢肺炎之後，統派擺出一副台灣非得捐口罩的醜態，誰理你啊，自己去跟譚德賽要。

小望月

• 甘為霖像

• 王育德像

• 甘為霖在台南白河傳教時，禮拜堂竟因當地人認為有礙風水而遭焚毀，甘為霖火災中死裡逃生而立碑紀念。

• 王育德（左）與哥哥王育霖（右）的合照。王育霖在戰後擔任檢察官，因認真追查國民黨弊案而在二二八後遭支那人殺害棄屍。

• 台獨先驅王育德創辦的「台灣青年」對於留日台灣學生的政治啟蒙影響甚深。

禮拜五 lé - pài - gō | FRI 金曜

2022年 9月

日	一	二	三	四	五	六
				1	2	3
4	5	6	7	8	9	10
11	12	13	14	15	16	17
18	19	20	21	22	23	24
25	26	27	28	29	30	

1985.9.9

王育德逝世日

◆台獨先驅

王育德，出生於一九二四年一月三十日，台南人。少年時曾至東京大學留學，後來因二戰爆發而中斷課業。二戰後，中華民國前來劫收台灣，王育德有一個親生哥哥王育霖當時正擔任檢察官，因爲認眞追查國民黨官的貪汙弊案而在二二八事件後遭國民黨殺害棄屍。王育德目睹中華民國暴行，選擇帶著妻女逃離台灣並遠赴日本繼續完成學業。

王育德在日本開始投身台獨運動，一九六〇年成立了「台灣青年社」，同時還創辦「台灣青年」雙月刊，刊物中首度公開二二八事件被殺的台灣菁英名單。一九六四年完成「台灣：苦悶的歷史」，成了台灣留學生的台獨意識啟蒙書。王育德終其一生對台語文、台灣文學與戲劇都抱著極高熱情，也發表許多重要的學術著作，啟蒙許多台灣學子的台獨意識，於一九八五年九月九日逝世於日本。

1921.9.9

甘為霖逝世日

◆台灣盲人教育之父

甘爲霖（William Campbell），生於一八四一年，蘇格蘭人。他自格拉斯哥大學畢業之後，曾到神學院攻讀神學，成爲牧師之後便自願前往台灣宣教。他從英國利物浦港坐船出發，於一八七一年十二月抵達打狗，之後便轉往台南展開援助與宣教任務。

甘爲霖在台南白河發現當地流氓以暴力挖眼攻擊平民，導致百人眼盲，因此決心救助盲人。一八八七年，返回英國爲盲人募集基金。一八九一年，在府城台南租用洪公祠作爲盲人學校場地，並將校名命爲「訓瞽堂」，成爲台灣第一間的盲人學校（後來稱爲國立台南啓聰學校）。甘爲霖前後在台灣服務四十六年，足跡踏遍全台，還成了首位踏查「日月潭」的外國人。他拿出自己全部的存款還變賣房產來救助盲人的義行也獲得日本政府頒發勳章表揚，於一九二一年九月九日病逝英國，享年八十歲。

World

美國大陸會議正式命名美利堅合眾國。 1776.9.9

9月10日

舊曆
八月十五（中秋節）
滿月

休戀故鄉生處好，
受恩深處便為家。

不要整天只會說自己的老家故鄉最好，其實讓你受恩惠與庇蔭最多的所在才是你的家。這句台灣俚諺在戰後尤其是指那些流亡來台的四九中國人。一堆中國人鎮日懷念故土神州，然後吃台灣米拿台灣稅炒台灣房用台灣健保，等到解嚴開放後又死賴在台灣不走，甚至有了錢還不回中國，只會把子女財產全往美加送，根本中國蝗蟲與廢物無誤。

• 一九七一年，巫永福重新學習中文之後，創作的中文詩首次刊載於「笠」第四十二期。

• 張文環像

• 巫永福像

• 日本政府解散「台灣文藝聯盟」後，巫永福加入張文環的「台灣文學」。

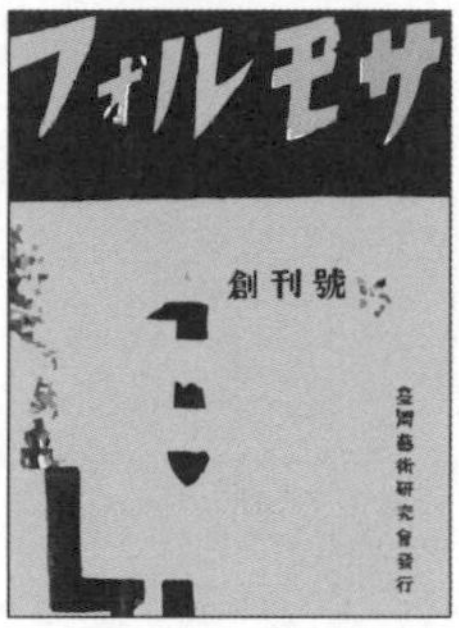

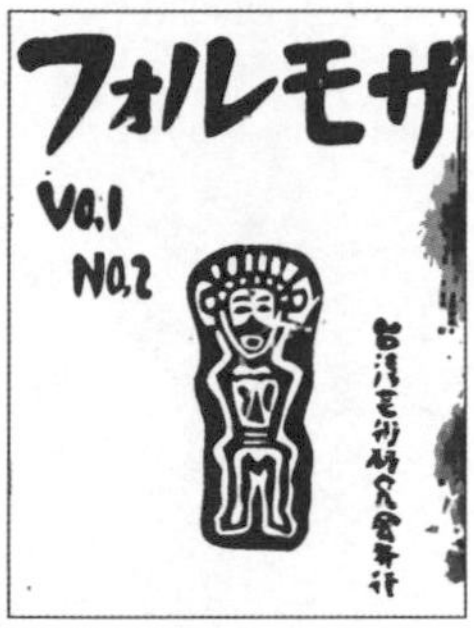

• 一九三二年，巫永福在東京與張文環、王白淵等台灣留日學生發行日治時期台灣首份的文藝雜誌「福爾摩沙」。

禮拜六 lé - pài - lák | SAT 土曜

2022年 9月

日	一	二	三	四	五	六
				1	2	3
4	5	6	7	8	9	10
11	12	13	14	15	16	17
18	19	20	21	22	23	24
25	26	27	28	29	30	

2008.9.10

巫永福逝世日

◆台灣文學健將

巫永福生於一九一三年三月十一日，南投埔里人。少年時曾就讀台中州立台中一中，因為遇到學生罷課事件，只好跟學長借世界文學名著來看，因此深受啟蒙，開始立志文學創作一途。後來進入日本文壇翹楚群聚的明治大學文藝科就讀，深受現代主義思潮影響。一九三二年，巫永福在東京與張文環、王白淵等台灣留學生籌組「台灣藝術研究會」，發行日治時期台灣首份文藝雜誌「福爾摩沙」，也開啟了他文學創作的生涯。

一九三五年，巫永福自明治大學畢業後返台擔任新聞記者，仍不忘文學志趣，同時加入張深切與張星建等人所發起的「台灣文藝聯盟」，並在其聯盟刊物「台灣文藝」上發表日文小說與詩作。二戰爆發期間，「台灣文藝聯盟」遭日本政府解散，巫永福隨後加入張文環等人所創辦的「台灣文學」。

戰爭結束後，中華民國政府來台劫收導致二二八事件爆發，巫永福的兩個哥哥無辜遭到逮捕，後來透過關係疏通才得以釋放。當時不諳中文的巫永福只好長期停筆創作，繼續在私人企業公司擔任主管一職。一九六七年，重新習得中文的巫永福再度加入笠詩社，接續了他在二戰後中斷的文學創作之路。

此後的巫永福創作能量大爆發，產出許多評論、隨筆、詩作、短歌、俳句等作品，其中他在一九七九年的詩作「含羞草」也隱喻台灣人一時低頭並不是屈服，而是為欺壓者含羞，終有一天將抬頭挺胸地站起來。而「氣球」的詩作則是隱喻他所渴望的祖國終於來了，可是帶來的仍是獨裁專制，台灣人像氣球一樣，被繩子拴著而無法獲得自由。巫永福晚年獲首屆台灣文學家牛津獎，得到台灣文學界的肯定，於二〇〇八年九月十日逝世，享年九十六歲。

馬祖遣返一百五十二名中國偷渡客 2003.9.10

Tâi-oân tók-li̍p
台灣獨立

2022 September
9月11日

舊曆
八月十六

塗猴惡孔口。

塗猴就是蟋蟀。塗猴只敢在自己的洞穴外鳴叫，比喻只敢在自己地盤耀武揚威。中國人發起的釣魚台運動就充分顯示了塗猴只能惡孔口的本事，只會砸中國境內的日本料理餐廳或是日本車工廠出氣，鬧夠了就拍拍屁股回家睡覺，結局就是釣魚台還是日本的。

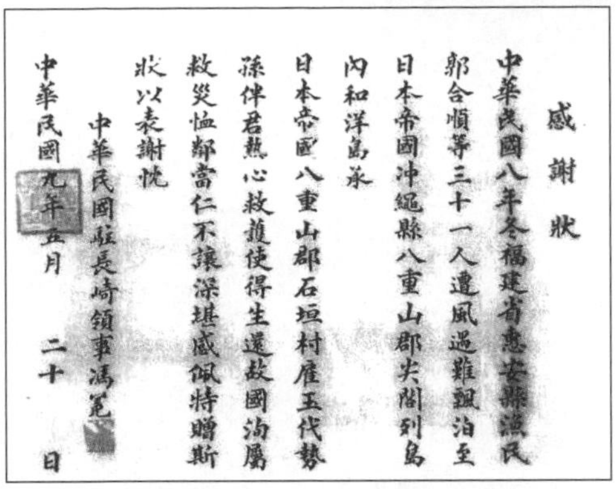
感謝狀
中華民國八年冬福建省惠安縣漁民郭合順等三十一人遭風遇難飄泊至日本帝國沖繩縣八重山郡尖閣列島內和洋島承日本帝國八重山郡石垣村雇玉代勢孫伴君熱心救護使得生還故國洵屬救災恤鄰當仁不讓深堪感佩特贈斯狀以表謝忱
中華民國駐長崎領事馮冕
中華民國九年五月二十日

• 一九二〇年（民國九年），中華民國駐長崎領事頒發感謝狀給尖閣諸島的日本居民，感謝他們解救中國福建省的三十一名漁民，狀中也直接說明尖閣諸島為日本帝國所有。

• 日本東京都知事石原慎太郎。

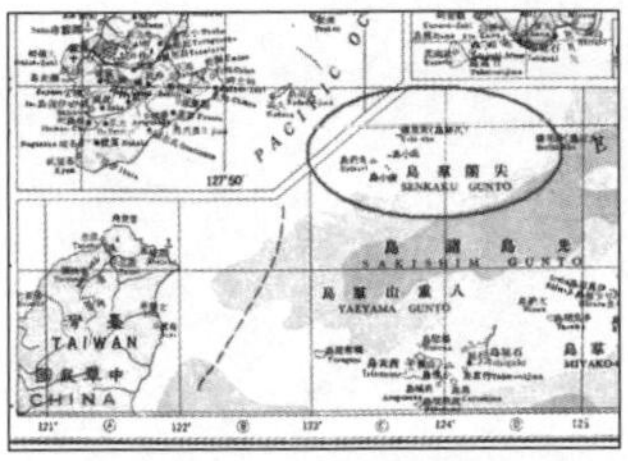

• 一九七二年之前，中華民國總統府國防研究院出版的「中華民國地圖集」都將釣魚台標示為屬於日本的尖閣群島，還在尖閣諸島與台灣之間畫上清晰的國界線。

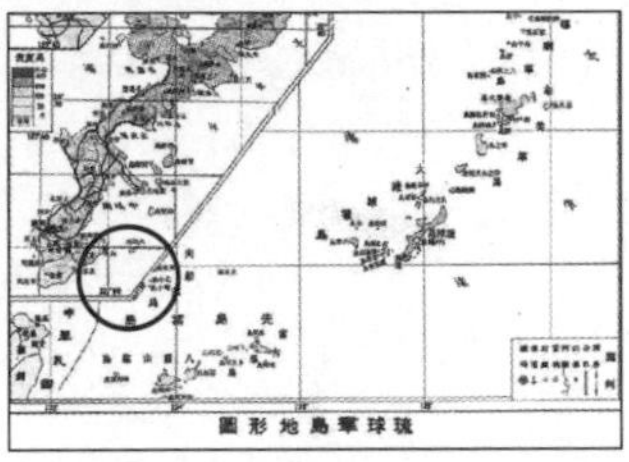

• 上圖為中華民國國立編譯館在一九七〇年出版的「國中地理第四冊」，圖中以國界線將日本的尖閣諸島與中華民國分開，顯見尖閣諸島自始並無主權爭議，問題出在中國人炒作愛國議題而已。

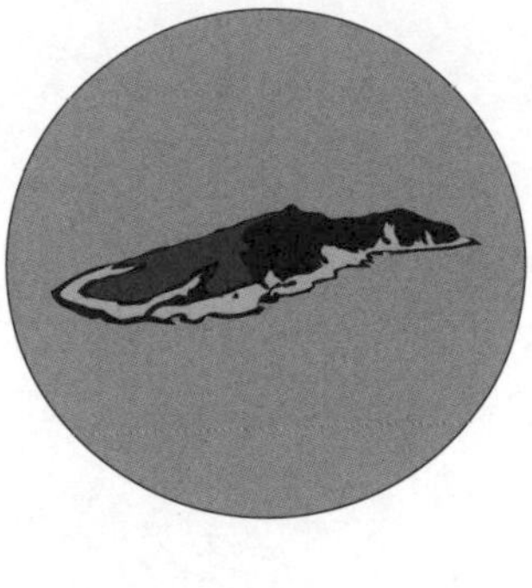

• 尖閣諸島

立待月

禮拜日 SUN 日曜
lé - pài - ji̍t

2022年 9月

日	一	二	三	四	五	六
				1	2	3
4	5	6	7	8	9	10
11	12	13	14	15	16	17
18	19	20	21	22	23	24
25	26	27	28	29	30	

World

日本宣布釣魚台國有化

2012.9.11

尖閣諸島（釣魚台）長期以來一直是中華民國以及中華人民共和國爲了轉移內政注意力與強化仇日教育的假議題。早在一九六八年聯合國勘察尖閣諸島附近海域藏有石油之前，這兩個「中國政府」從來沒有對尖閣諸島屬於日本領土有過任何異議。

部份中國官方文獻也指出「中國政府」根本一開始就沒有認定釣魚台是他們的領土，例如中華民國總統府所屬的國防研究院在一九六五年所出版的「世界地圖集」第一冊仍將釣魚台劃歸爲日本領土的尖閣諸島，國立編譯館直到一九七〇年在國中地理第四冊的課本上都還標註釣魚台是日本的尖閣諸島。直到一九七〇年之後，中華民國與中華人民共和國才臨時改寫官方出版品，將釣魚台納入版圖之中。顯見所謂的「釣魚台爭議」僅是「中國政府」爲了轉移人民不滿與貪圖資源而做的政治操作而已。

一九七〇年，中華民國面臨聯合國席次岌岌可危的問題，釣魚台自然成爲轉移民眾焦點的議題，所謂的「保釣運動」也於此時期達到高峰。中華人民共和國當時正處文化大革命，不管官方或民間均無暇他顧，直到兩千年後官方才放寬民間保釣限制。

二〇一二年中國共產黨第十八大會議前夕，中國內部軍系爲了權力分配問題，導致全中國陷入反日風潮。日本東京都知事石原慎太郎也以強硬態度回應中國，直接於二〇一二年九月十一日將尖閣諸島收歸國有。此舉再度引發中國仇日暴動，許多在中國的日本商店與工廠遭到中國人打砸搶燒。美國政府隨後也明確表態指尖閣諸島適用於美日安保條約，中國依舊敢怒不敢言。隨著十八大結束，中國內部權力重組已分配完成，所謂「釣魚台爭議」的鬧劇也就不了了之。

World

美國九一一恐怖攻擊事件 2001.9.11

2022 September

9月12日

舊曆 八月十七

有看見針鼻，無看見大西門。

看得到針上的孔，卻看不見台南城西的城門。比喻只見得到眼前小利，卻看不到真正的大利與遠景。很多台灣人只看得到中國，卻看不到全世界，只看得到中國給的小利，卻看不到台灣能夠保有國家主權與民主自由對他自身與後代帶來的真正長遠利益，可說愚蠢至極。

居待月

台灣島史觀

• 曹永和年輕時就心懷台灣意識，曾在八〇年代以海洋觀點提出涵蓋六千年的「台灣島史觀」，突破長久以來錯誤的中國陸權史觀，讓台灣史得以納入國際脈絡。

• 曹永和像

• 張炎憲與曹永和同為台灣史研究的兩大台柱。

禮拜一 lé - pài - it　MON 月曜

2022年 9月

日	一	二	三	四	五	六
				1	2	3
4	5	6	7	8	9	10
11	12	13	14	15	16	17
18	19	20	21	22	23	24
25	26	27	28	29	30	

曹永和逝世日

◆台灣史學大師

2014.9.12

曹永和，生於一九二〇年十月二十七日，士林人。曹家爲士林當地書香世家，曹永和身爲家中長子，家中原來期待他可以攻讀醫科，但是他考試卻屢屢落榜，最高學歷僅有台北第二中學校（現爲成功高中）。承受升學壓力的他曾一度想要出家，後來躲到台灣總督府的附設圖書館去尋求慰藉，從中眞正開始享受到閱讀樂趣，從此成爲求知若渴之人。

曹永和雖然考運不佳，但是人生際遇卻相當順遂，他在二戰時就與萬華望族千金張若華成婚，戰後躲過中華民國的清洗屠殺，並在一九四七年順利進入台灣大學圖書館工作，直到一九八五年退休爲止。曹永和在台大工作期間，協助整理台北帝大的珍貴史料，並於此期間自學外文，因此通曉十種以上外語，包括經常出現於台灣史料上的荷蘭文、西班牙文、葡萄牙文、日文、德文、英文、法文等語言。

曹永和通曉多國語文讓他得以在台灣史研究上游刃有餘，加上他受教於日籍台灣史權威岩生成一，培養出相當紮實的學術基礎，尤其對荷西時期的台灣史研究更是無人能出其右，還曾參與荷蘭萊頓大學的「熱蘭遮城日誌」編校工作。曹永和心懷台灣本土意識，曾在八〇年代以海洋觀點提出涵蓋六千年的「台灣島史觀」，突破長久以來錯誤的中國陸權史觀，讓台灣史得以納入國際歷史研究的脈絡。

曹永和直到六十五歲退休之後才擔任台大教授並當選中研院院士，也成爲第一位榮獲荷蘭女王頒授勳章以表彰其學術貢獻的台灣人，還曾受日本政府頒授旭日中綬章，可說是大器晚成的史學宗師。曹永和晚年不但持續發表著作，開拓台灣早期歷史的視野，也相當關心時事，曾於二〇一二年參與聯署反媒體壟斷運動，後於二〇一四年九月十二日病逝。

台獨建國烈士鄭南榕誕生日 1947.9.12

Tâi-ôan tók-lék 台灣獨曆

2022 September

9月13日

舊曆 八月十八

官員好見，衙役難纏。

官府的衙役打手遠比上層的官員要來得難以應付。流水的官員，鐵打的衙門，很多基層的衙役公務員因為都是鐵飯碗，反而是花招最多、態度最差勁的一群人。尤其國民黨執政下的公務單位，更是安插了一堆親友朋黨。仗著後面靠山，平日作威作福，選舉時充當黨國打手，就算換民進黨執政，也叫不動這批混帳貨色。

• 李登輝曾因為邱連輝的推薦而受到蔣經國重用，也對台灣民主走向產生重大影響。

• 邱連輝像

警總續捕高雄事件肇事分子
陳博文等三人落網
邱垂貞蘇慶黎投案
省議員邱連輝被約談後昨返屏東

• 邱連輝曾因參與美麗島事件而遭警總約談。

• 蘇貞昌（左）與蘇嘉全（右）都曾受到邱連輝的提攜。

寢待月

禮拜二 lé - pài - jī | TUE 火曜

2022年 9月

日	一	二	三	四	五	六
				1	2	3
4	5	6	7	8	9	10
11	12	13	14	15	16	17
18	19	20	21	22	23	24
25	26	27	28	29	30	

2010.9.13

邱連輝逝世日

◆黨外先驅

邱連輝，生於一九三二年十月十五日，高雄州屏東郡人（後為屏東縣麟洛鄉），同時也是出生於客家庄的客家人。於台灣省立地方行政專科學校（現為國立台北大學）司法行政組畢業，曾在內埔國中任教，但是很快就被鄉親們推舉參選屏東麟洛鄉長，就此展開他的從政生涯。邱連輝早年曾以國民黨籍身分參選鄉長、縣議員與省議員公職，然而他處處違背黨意也讓他遭國民黨開除黨籍。

當時還是國民黨員的邱連輝曾經批評過國民黨省黨部在監察委員選舉時的賄選狀況以及省府浪費公帑的情形，還質詢過省主席謝東閔的弟弟謝敏初想掌控全省青果市場、花蓮輪、插手東南水泥的意圖，他也批評十大建設中的北迴鐵路與台中港的重大缺失，導致得罪議長蔡鴻文和謝東閔。邱連輝擋國民黨財路的行為也導致國民黨不再提名他競選議員。

邱連輝得知國民黨不再提名他競選省議員之後便脫黨參選還獲高票連任，但是也被國民黨開除黨籍。他接著更進一步在一九八一年競選屏東縣長並當選成功，成為屏東縣首位無黨籍縣長。邱連輝當時大力栽培黨外人士，包括蘇貞昌與蘇嘉全都獲得他的提攜，不久後他加入民進黨，成為屏東縣首位加入民進黨的黨員，後來還代理過民進黨主席。

邱連輝曾經帶頭參與過美麗島事件，但是因為蔣經國相當倚重他的聲望與見識，因此被蔣經國給免去牢獄刑期。蔣經國還曾經就台籍菁英一事秘密徵詢過他的意見，詢問該重用李登輝或是林洋港，結果邱連輝推薦具有國際觀的李登輝，不久後蔣經國就宣布李登輝為副總統，邱連輝此一推薦可謂對台灣民主史的走向影響巨大。邱晚年曾擔任陳水扁的總統府資政，於二〇一〇年九月十三日病逝。

黨外先驅余登發疑遭國民黨殺害命案 1989.9.13

Tâi-oân tok-li̍k 台灣獨立

2022
September

9月14日

舊曆
八月十九

食無三塊豆干，著想要上西天。

諷刺人沒什麼本事，就急著要一步登天。看看那些支持韓國瑜的人，以為選一個草包當總統就可以讓自己發大財。天下有那麼便宜的事情，創業與投資公司都可以關門大吉了。韓國瑜也跟他的支持者一樣，高雄市長沒做滿一年，就急著跑去選總統，豆干連一塊都沒吃完就想上西天了。

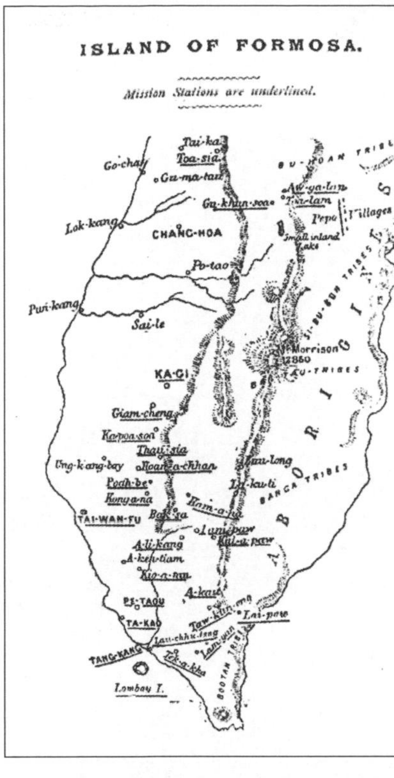

• 一八八〇年，基督長老教會蘇格蘭支會刊出福爾摩沙地圖，圖上顯示李麻生前在台灣設立的宣道站。

• 李麻像

• 一八六七年，馬雅各醫師在打狗歡迎來台的李麻夫婦。

更待月

禮拜三 lé - pài - sa^n | WED 水曜

2022年 9月

日	一	二	三	四	五	六
				1	2	3
4	5	6	7	8	9	10
11	12	13	14	15	16	17
18	19	20	21	22	23	24
25	26	27	28	29	30	

李麻誕生日

1840.9.14

◆台灣首位長老教會宣教牧師

李麻（Rev. Hugh Ritchie）出生於一八四〇年九月十四日，蘇格蘭人。自格拉斯哥大學畢業後，進入倫敦神學院就讀，在神學院的最後一年，因爲有牧師在清國海域溺死，李麻便志願前往台灣來接替已故牧師的位置。一八六七年，李麻與他的太太伊萊沙一起坐船抵達打狗，受到馬雅各及信徒的歡迎。

然而李麻夫婦抵台的第二年就發生英商走私樟腦，導致台灣民眾攻擊西洋人的事件，埤頭禮拜堂甚至還因此遭到搶劫與燒毀。事件結束後，李麻面對百廢待舉的教會事務，只好重新整理醫館與毀損嚴重的禮拜堂，隨後前往全台最保守的漢人村落宣教。李麻在短時間之內就學會台語，隨後也學會客語與原住民語，迅速與民眾建立信任關係。爲了傳道，他還從打狗港搭戎克船到台東，成爲第一位到台灣東部宣教的牧師。

李麻相當努力於服務民眾與救濟事務，經常拿藥品與物資幫助貧苦人家，甚至暗中以金錢相助。他不但接手馬雅各醫師所開創的教會以及「傳道站」，還曾與馬偕照面與共事過。他建議馬偕北上淡水宣教，讓長老教會在台灣北部紮下堅實的基礎。

但是李麻卻因四處奔波宣教，過度疲勞導致病倒，於一八七九年九月三十日病逝台南新樓宿舍，年僅三十九歲，葬於他抵台的起點打狗。李麻生前就對婦女不公平的社會待遇深表同情，因此曾經提出詳細計畫要來設立女子學校，但是壯志未酬身已死，他的遺願只好交由其妻伊萊沙接續完成。一八八〇年，伊萊沙爲了完成李麻的遺志，捐款三百英鎊設立「新樓女子學校」（長榮女中的前身），成爲南台灣第一間供女子就讀的學校。伊萊沙接續其夫服務與救濟的遺願，直到一八八四年病重退休爲止。

World
東突厥斯坦共和國流亡政府成立 2004.9.14

2022
September

9月
15日

舊曆
八月二十

中山袋，大個。

此台灣諺語流行於戰後中國人來到台灣的時候。當時的中華民國官員大多會身穿中山裝。中山裝的特色就是衣服上有四個超大的口袋，也就是俗稱的中山袋。台灣人看到這些中國人來台後的貪腐卡油醜態，便笑說中山袋之所以要那麼大還要有四個的原因，就是為了可以放下一堆從台灣人搜刮與貪汙來的錢財。

• 林桂興著棒球服的英姿

• 林桂興像

• 林桂興帶領由花蓮農業補習學校學生組成的能高棒球隊。

二十夜

禮拜四
lé - pài - sì

THU
木曜

2022年 9月

日	一	二	三	四	五	六
				1	2	3
4	5	6	7	8	9	10
11	12	13	14	15	16	17
18	19	20	21	22	23	24
25	26	27	28	29	30	

林桂興就義日

◆台灣棒球先驅

1947.9.15

林桂興，出生於一八九九年十二月三日，台東人。幼時曾就讀台東公學校，畢業後前往台北就讀台灣總督府國語學校，肄業之後返回台東老家。林桂興當時並沒有選擇到學校教書，而是進入日本企業家梅野清太郎的「櫻組」公司工作，並加入公司所屬的「櫻組棒球隊」擔任投手。他因為球技高超而被調到花蓮的「朝日組」擔任球隊主將，成為台灣棒球史上擔任球隊主將的第一人。

林桂興之後接受花蓮港廳的請託，於一九二一年招募了十四名的台灣原住民小朋友來學習棒球，並以此成立「高砂棒球隊」（後改名為「能高團」）。他於一九二四年開始帶領「能高團」（NOKO）在台灣各地征戰並累積實戰的經驗。一九二五年，在台灣總督府與老闆梅野清太郎的經費奧援之下，林桂興終於得以帶領「能高團」遠赴日本比賽。

林桂興帶領的「能高團」在為期兩個月的時間當中在日本各地與甲子園隊伍進行交流比賽。其強大戰力與優異體能也引發日本棒壇高度關注。由於「能高團」的戰績表現亮眼，也讓日本決定將台灣納入甲子園的參賽區域，之後的嘉農棒球隊「KANO」才得以有機會在一九三一年前往甲子園比賽。

林桂興雖然在台灣棒球歷史上佔有極為重要的先驅地位，卻在中華民國來台後所引爆的二二八事件中被人構陷入獄。當時他的家人變賣家產來賄絡國民黨官員才將他從獄中救出。但是林桂興出獄後為了避免家人遭到波及，先將家人送去台東避難，然後他自己選擇以武士道的精神，於一九四七年九月十五日在自家柴房切腹自殺。林桂興被國民黨所害而身亡，但是他的外曾孫輩後代魏嘉賢日後竟代表國民黨參選花蓮市長，實在令人感到不勝唏噓。

民進黨舉辦入聯大遊行　2007.9.15

Tâi-ôan tok-le̍k 台灣獨曆

2022 September

9月16日

舊曆 八月廿一

搖豬無刣，搖人無才。

豬走起來搖搖擺擺都是殺起來沒肉的豬，人走起來搖搖擺擺都是沒什麼才能的人。這句諺語是指沒有實力的人最愛裝腔作勢。看看鎮日叫囂要收回釣魚台還想武統台灣的中國，姿態高調、嘴砲滿點，然後下面就沒有了。

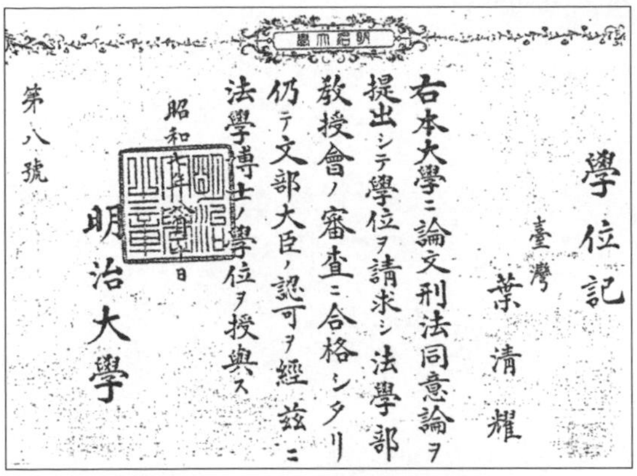
明治大學

學位記

臺灣 葉清耀

右本大學ニ論文刑法同意論ヲ提出シテ學位ヲ請求シ法學部教授會ノ審査ニ合格シタリ仍テ文部大臣ノ認可ヲ經茲ニ法學博士ノ學位ヲ授與ス

昭和 日

明治大學

第八號

• 葉清耀的明治大學法學博士學位證書

• 葉清耀像

• 一九二三年，日本政府為了打壓台灣議會期成運動，以「治安警察法」大舉起訴林呈祿（左一）、蔣渭水（左二）、蔡培火（右二）、蔡惠如（右一）等人，史稱「治警事件」，葉清耀便決定與日籍律師一同擔任被告的辯護士。

二十一夜

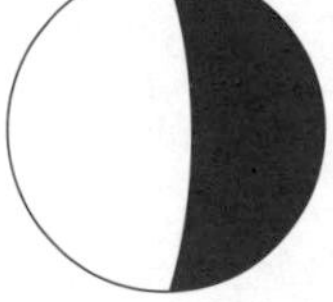

禮拜五 lé - pài - gō | FRI 金曜

2022年 9月

日	一	二	三	四	五	六
				1	2	3
4	5	6	7	8	9	10
11	12	13	14	15	16	17
18	19	20	21	22	23	24
25	26	27	28	29	30	

葉清耀誕生日

◆台灣第一位法學博士

1880.9.16

葉清耀生於一八八〇年九月十六日，台中東勢人。葉清耀的父親早逝且家境清寒，由母親辛苦扶養長大，他從東勢公學校畢業後，因爲家貧無力升學，只好到東勢山上去從事樟腦油工作。然而葉清耀的公學校老師認爲他天資聰穎，建議其兄長應幫助他繼續升學，他也不負家人期望考上台中師範學校。葉清耀畢業後被分發到公學校擔任訓導，之後轉任台中地方法院擔任書記，不久後即辭職赴日留學。

葉清耀進入明治大學專門部法科就讀，靠著半工半讀完成學業並且計畫參與辯護士（律師）資格考。然而當時日本政府不准台灣人報考司法科的考試，葉清耀感到相當不公平，便決定向日本司法大臣請願，司法大臣因此決定開通台灣人參加司法科高等考試的資格。葉清耀隨後於一九一八年通過考試並取得辯護士資格，成爲台灣第一位辯護士登第者。

葉清耀考取辯護士資格後便於一九一九年返回台北大稻埕開始執業。一九二三年，日本政府爲了打壓台灣議會期成運動，以「治安警察法」大舉起訴蔣渭水、蔡培火、蔡惠如等人，史稱「治警事件」，葉清耀便決定與日籍律師一同擔任被告的辯護士。由於葉清耀挺身爲「治警事件」被告辯護而一戰成名，台中家鄉的人士便蜂擁向他求助與諮詢，最後他決定要結束台北的事務所，移往台中繼續執業。葉清耀實務與學術並重，曾以「刑法同意論」獲法學博士學位，也成爲台灣第一位的法學博士。

葉清耀曾於一九三〇年與楊肇嘉、葉榮鐘等人創建台灣地方自治聯盟，主張台灣人可直選地方公職，但是卻在遠赴朝鮮考察地方自治制度的時候，因舟車勞頓而突發腦溢血病倒。返台後身體日漸衰弱，於一九四二年因肝病逝世，享年六十三歲。

World

中國因尖閣諸島爆發反日暴力事件 2012.9.16

Tâi-ôan tok-lék
台灣獨曆

2022
September

9月17日

舊曆

八月廿二

踢著鐵枋。

踢到鐵板的意思，比喻平時軟土深掘、欺善怕惡的人，遇到了比他更強的人，終於遭到教訓與痛擊。中國平時在東亞習於欺壓鄰國，然後踢到美國這塊鐵板後，就趕快跑去聯合國哀爸叫母哭喊不能誰的拳頭大就聽誰的。平時不是最愛喊槍桿子大棒子，怎麼遇到拳頭比你大的就龜縮呢。

• 甲午戰爭中，清國巡洋艦致遠號被日本軍艦所擊沉。

• 日本人繪製清國北洋艦隊提督丁汝昌向日本國投降的想像圖，丁汝昌投降後遂服鴉片自殺。

• 日軍在甲午戰爭的交戰初期就擊敗清軍並且攻下平壤。

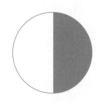

下弦月

禮拜六
lé - pài - lák

SAT
土曜

2022年 9月

日	一	二	三	四	五	六
				1	2	3
4	5	6	7	8	9	10
11	12	13	14	15	16	17
18	19	20	21	22	23	24
25	26	27	28	29	30	

1894.9.17

九一七黃海海戰

由朝鮮內亂所引爆的甲午戰爭決定了台灣從清國割讓日本的命運。而影響甲午戰爭勝負的關鍵就在於九一七黃海海戰，此次戰役也是日本與清國第一次的現代鋼鐵軍艦海戰。清國當時擁有全亞洲規模與實力最為強大的北洋艦隊，開戰前歐美人士也多預測清國將會戰勝日本。但是由於貪汙腐敗、訓練不足、紀律散漫與指揮無度的原因，使得清國的北洋艦隊最終還是敗給日本聯合艦隊。

一八九四年七月二十五日，日本艦隊在豐島海域襲擊清國的濟遠與廣乙兩艘巡洋艦，點燃了甲午戰爭的戰火。北洋艦隊提督丁汝昌為報豐島戰役之仇，屢屢派艦出海尋找日艦卻一無所獲，也招致清國朝廷的究責甚至革職，直到事情被慈禧太后知道之後才被免除處分。八月，清國與日本正式宣戰，北洋艦隊也加入護送清軍前往增援朝鮮與海戰的行列。

一八九四年九月十七日，清國的北洋艦隊在黃海鴨綠江出海口的大東溝與日本聯合艦隊接觸並展開歷時五小時的激烈交火，日本艦隊最終憑藉紮實的訓練與靈活的戰術擊潰北洋艦隊。北洋艦隊當時共有致遠、經遠、超勇三艘巡洋艦遭到日本艦隊擊沉，揚威號還被濟遠號撞沉，廣甲號則是逃逸後擱淺，兩天後被日艦擊毀。清國此役共損失五艘巡洋艦，另有四艦受創，死傷官兵達六百餘人，水師提督丁汝昌還在定遠艦上被炮火擊中而受重傷。

日本聯合艦隊也有五艘船艦遭受砲火重創，但是並未沉沒，日方死傷官兵也達三百餘人。此役之後清國餘艦退回威海衛，日本正式掌握了黃海制海權。日本艦隊接著得以掩護日本陸軍從山東威海衛進行登陸作戰，隨後並完全殲滅剩餘的北洋艦隊，對甲午戰爭的後期戰局產生關鍵性的影響。

美國友台派凱德磊秘會台灣情報人員案 2004.9.17

Tâi-oân tok-le̍k
台灣獨立

2022 September

9月18日

舊曆

八月廿三

市長兩年半，水淹一樓半。

這是馬英九在當台北市長期間所流行的台灣諺語，源自於二〇〇一年台北市議員蔡秋凰因批評馬英九而寫的詩句。當時台北市長馬英九為了幫國民黨輔選而怠忽市政，導致納莉颱風來時全台北市大淹水，連台北捷運站也成地下河道。蔡秋凰因此做詩嘲諷「市長兩年半，水淹一樓半」。

• 謝長廷等人在一九八三年九月十八日成立「黨外中央後援會」，開始襄助黨外人士的競選活動。

• 張森文生前與妻子彭秀春在張藥房的合照。

• 包括江鵬堅（左）、張俊雄（右）與林義雄之妻方素敏都在「黨外中央後援會」的協助下順利當選立委。

• 張藥房老闆張森文生前舉牌抗議苗栗縣政府強拆家園。

二十三夜

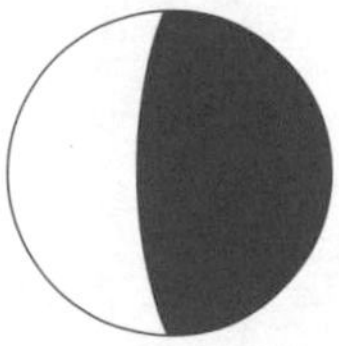

禮拜日 lé - pài - jit | SUN 日曜

2022年 9月

日	一	二	三	四	五	六
				1	2	3
4	5	6	7	8	9	10
11	12	13	14	15	16	17
18	19	20	21	22	23	24
25	26	27	28	29	30	

2013.9.18

張藥房張森文身亡日

二〇一三年七月十八日，國民黨籍苗栗縣長劉政鴻爲了土地徵收計畫，趁拒遷戶組成的大埔自救會等團體北上總統府抗議的時候，突然動員員警前往拆屋，並迅速將張藥房與其他三戶的房屋夷爲平地。此舉引發輿論譁然，也造成後續民眾的抗議行動。張藥房的老闆張森文在「起家厝」被拆除的當天在醫院休養，他護家心切且不願與政府妥協，因此長期承受龐大壓力，導致罹患嚴重的精神症狀。

張藥房被拆的兩個月後，九月十八日，張森文突然失蹤，之後被人發現疑似自殺身亡，死於住家附近的排水溝渠。張森文死亡之後，始作俑者的苗栗縣長劉政鴻竟要到張家上香，不但遭到氣憤的清大學生陳爲廷丟鞋，還被張家拒絕於外。直到二〇一六年政黨輪替之後，行政院長林全承諾要在張藥房原地重建，大埔案才終獲解決而告一段落。

1983.9.18

黨外中央後援會成立

一九七九年美麗島事件爆發之後，中國國民黨開始全力剷除已經成形的黨外組織與菁英，並將這些參與黨外活動的人士給悉數逮捕入獄。但是國民黨卻沒有料想到這樣迫害黨外的打擊行動卻意外在歷史上引來更大一波的民主浪潮。許多參與美麗島事件被告辯護的律師開始投身政界，包括江鵬堅、謝長廷、陳水扁、蘇貞昌、張俊雄等人，這群人也成爲日後民進黨成立與取得政權的關鍵人物。

其中謝長廷等人在一九八三年九月十八日成立「黨外中央後援會」，開始襄助黨外人士的競選活動，該年底包括江鵬堅、張俊雄與林義雄之妻方素敏都順利當選立委。「黨外中央後援會」還曾在一九八六年九月二十八日於台北市圓山大飯店召開黨外候選人推薦會，結果與會人士卻臨時起義簽名創建民主進步黨，可說是台灣民主史上的關鍵時刻。

邦交國提案中華民國以中國名義返聯五挫敗 1997.9.18

Tâi-oân tok-li̍p
台灣獨立

2022 September

9月19日

舊曆

八月廿四

燒瓷食缺，織蓆睏椅。

燒瓷的用破碗，織草蓆的睡爛椅。形容好東西都給別人，自己反而只剩爛東西可用。台灣早期的農產品與代工外銷也經常出現這種把好東西都銷給外國，自己卻只能用爛東西的狀況。

二十四夜

• 曾茂興被桃園客運解雇之後，仍執意前往協助苗栗客運工會發動罷工並爭取調薪。

• 曾茂興像

• 曾茂興年輕的時候在桃園客運為司機爭取薪資與相關權益。

• 曾任台獨聯盟中央委員的曾茂興與台獨聯盟黃昭堂主席（中）以及施正鋒教授（左）合照。

禮拜一 lé - pài - it

MON 月曜

2022年 9月

日	一	二	三	四	五	六
				1	2	3
4	5	6	7	8	9	10
11	12	13	14	15	16	17
18	19	20	21	22	23	24
25	26	27	28	29	30	

曾茂興逝世日

◆台灣工運鬥士

2007.9.19

曾茂興，生於一九四一年四月三日，桃園人。早年曾任職於台灣榮工處與台中港施工處領班，還曾經在一九七〇年代派任至沙烏地阿拉伯的工地施工。後來因爲營建業工作不穩定，曾茂興轉行進入桃園客運，但是充滿正義感的他對於桃園客運違法加班以及苛扣薪資的內部境況感到不滿與憤怒。

一九八八年二月，曾茂興趁國民黨在蔣經國暴斃後所產生的權力眞空時期發起桃園客運罷工，要求資方發放合乎勞基法的年終獎金與加班費。此次罷工也成爲台灣客運界第一次的罷工行動，不但癱瘓桃園交通也迫使客運資方讓步，但是發起罷工的曾茂興卻遭到秋後算帳而被開除。然而曾茂興帶領罷工的行動讓當時勞權觀念低落的台灣社會認知到竟然可以透過罷工來爭取自己本來就該有的權利，因此在台灣各地帶起一波爭取年終獎金的勞權熱潮。

曾茂興被桃園客運解雇之後，前往協助苗栗客運工會發動罷工並爭取調薪，更於一九八九年六月參與遠東化纖罷工抗爭，結果還被警察打到頭破血流，被法院判刑兩個月，他爲了抗議司法而選擇不上訴並直接入獄服刑。曾茂興還曾參與一九九六年聯福製衣桃園八德廠惡性關廠事件的抗爭，他率領工廠失業女工到桃園火車站集體臥軌，因此遭判刑十個月。西元兩千年，他在關廠工人的簇擁歡送下二次入獄，兩個多月後被陳水扁總統特赦出獄。

曾茂興出身工運加上認同台獨理念，陳水扁於二〇〇三年聘任他爲有給職的國策顧問，不過他仍將月薪十八萬的薪水全數捐獻給勞工運動與相關團體，可說是全心無私奉獻給勞運。曾茂興於二〇〇七年九月十九日因肝癌病逝家中，享年六十七歲，身後獲陳水扁頒發褒揚令，被榮稱爲「工運鬥士」。

台大學生反對必修中國國父思想 1990.9.19

Tâi-ôan tòk-lèk
台灣獨立

2022
September

9月20日

舊曆 八月廿五

新而獨立的國家。

這句話出自台灣基督長老教會的「人權宣言」，後來也被許多政治人物引用。這也是台灣人長久以來的願望，建立一個新而獨立的國家，不再被國際社會當成是支那人，不再是亞細亞的孤兒，也不再被當成是次殖民地。

• 台灣人民自救運動宣言由彭明敏（上）、謝聰敏（下左）與魏廷朝（下右）起草。

• 史明像

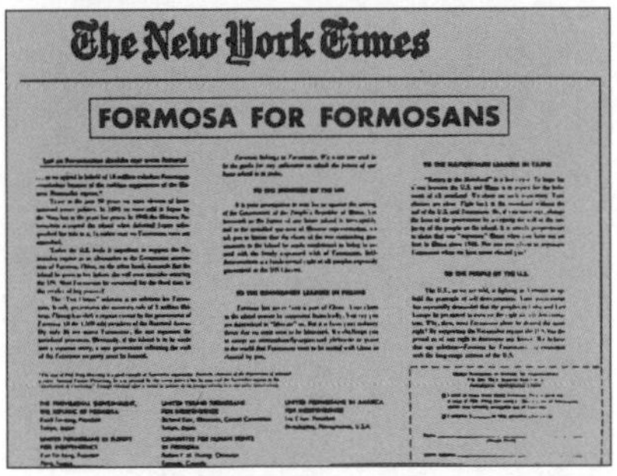

The New York Times

FORMOSA FOR FORMOSANS

• 全世界各地的台獨組織曾聯合集資在紐約時報刊登半版的「台灣人民自救運動宣言」。

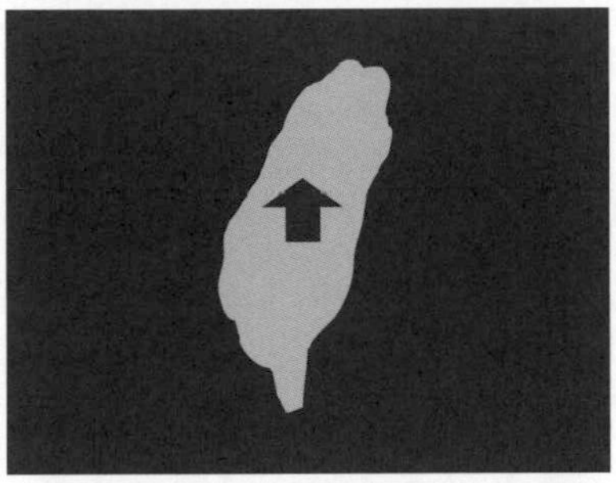

• 史明獨立台灣會的會旗。旗幟中向上的箭頭由三角形（代表斗笠，象徵農民）與長方形（代表斧頭，象徵工人）所組成，箭頭代表工農一體，台灣人一起往前邁進的意思，同時帶有左翼思維的意味。史明逝世後也以此旗覆棺。

二十五夜

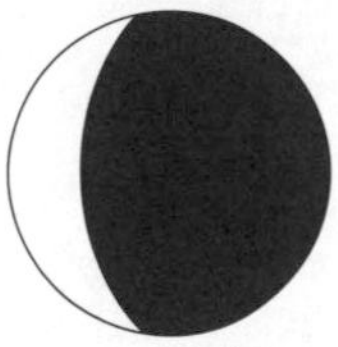

禮拜二 lé - pài - jī

TUE 火曜

2022年 9月

日	一	二	三	四	五	六
				1	2	3
4	5	6	7	8	9	10
11	12	13	14	15	16	17
18	19	20	21	22	23	24
25	26	27	28	29	30	

2019.9.20

史明逝世日

◆ 台獨先驅與百年革命家

史明，原名施朝暉。一九一八年十一月九日出生於台北士林。自小個性強悍的史明就已經會跟日籍的小學同學打架。成年後，史明至日本就讀早稻田大學政治科。就學期間深受左翼反殖思想的影響，決定前往中國參與抗日戰爭。後來因目睹共產黨恐怖統治與漢人種族主義，因此萌生台灣獨立的念頭。

二二八事件後，史明開始採取武裝抗中路線，因此遭到中華民國政府通緝，隨即流亡日本。日本流亡期間，一方面開新珍味餐館來賺取革命經費，一方面撰寫台灣人四百年史，另一方面又成立獨台會招納千名成員，秘密受訓以進行武裝革命。九〇年代台灣政治解禁之後，史明返台續倡台灣民族主義。二〇一四年雖已體弱多病，仍到立院現場聲援三一八運動。於二〇一九年九月二十日逝世，享年一百零一歲，人稱百年革命家，永遠的台獨歐吉桑。

1964.9.20

台灣人民自救運動宣言

一九六四年九月二十日彭明敏教授與謝聰敏、魏廷朝先生共同提出「台灣人民自救運動宣言」，內容除了揭露蔣介石與國民黨用「反攻大陸」的口號欺騙台灣人之外，還提出了包括「總統普選」、「政黨政治」、「保障人權」、「健全文官」、「革除貪污」、「遷徙自由」、「廢止特務」、「裁減軍隊」等八點原則，以及「建立新國家」、「制定新憲法」、「加入聯合國」等三大目標。

此份「台灣人民自救運動宣言」成爲台獨運動的重要代表文件。宣言中的許多主張也在數十年後逐一實現，更顯示出撰寫宣言者的前瞻眼光以及智慧。彭明敏與謝聰敏、魏廷朝三人也因發表「台灣自救宣言」而遭國民黨特務逮捕與刑求。他們原本印刷好的宣言文件遭到扣押。但是其中一份文件仍流至日本與美國，並被更名爲「台灣獨立宣言」。

彭明敏三人被以叛亂罪遭中華民國逮捕 1964.9.20

Tâi-oân tók-li̍k 台灣獨立

2022 September

9月21日

舊曆 八月廿六

做六年，關六年。

比喻不會歪哥的地方官任期多久，下台就被抓去關多久。很多耿直善良的人，當官不知道怎麼貪污與打點官警手下以及地方的牛鬼蛇神，下台之後就被黨國勢力與司法鷹犬給惡整，最後就被用各種荒謬理由給抓去關。支那官場的文化就是要拿錢來上下打點，不知歪哥與分錢的好人可是會被支那政治給整到悽慘落魄。

• 一〇〇行動聯盟的組成包括學界與政界人士。由左至右為陳師孟、李鎮源、林山田、黃信介、盧修一。

• 李鎮源（左二）帶領一〇〇行動聯盟的成員上街抗議。

二十六夜

禮拜三 lé - pài - sa^{n} | WED 水曜

2022年 9月

日	一	二	三	四	五	六
				1	2	3
4	5	6	7	8	9	10
11	12	13	14	15	16	17
18	19	20	21	22	23	24
25	26	27	28	29	30	

1991.9.21

一〇〇行動聯盟成立日

中華民國於一九三五年在中國統治時期（當時台灣仍屬日本領土）就頒布了「中華民國刑法」第一百條「內亂罪」規定，內容提到：「意圖破壞國體、竊據國土或以非法之方法變更國憲、顛覆政府，而著手實行者，處七年以上有期徒刑，首謀者，處無期徒刑，預備或陰謀犯前項之罪者，處六月以上五年以下有期徒刑。」這項僅以對方思想就加以定罪的法律一直到中華民國來台之後依舊繼續沿用。

這條荒謬的法令經半世紀仍沒有任何修法的動作，即使到了解嚴之後依舊如故，許多與國民黨意見不同的異議人士就因此法而遭入罪。一直到一九九一年五月九日，法務部調查局人員衝入清華大學校園逮捕廖偉程、陳正然等四人，指稱他們接受史明資助，在台灣發展獨台會組織，也就是所謂的「獨台會事件」後，刑法一百條的爭議才再次浮上檯面。

獨台會案發生之後引發大專學生與教授的聲援抗議與罷課行動，更有上千名群眾前往佔領台北車站。立法院雖然隨後通過廢除「懲治叛亂條例」與「動員戡亂時期檢肅匪諜條例」，卻遲遲沒有廢除刑法一百條。直到一九九一年九月二十一日，李鎮源、林山田、陳師孟、瞿海源、張忠棟等學術界人士組成「一〇〇行動聯盟」，廢除刑法一百條的議題才重新又被社會大眾所關注。

一〇〇行動聯盟除了發起「反閱兵廢惡法」運動，也同時向國大請願並發起絕食抗爭，不斷呼籲社會大眾正視民主議題並施壓中華民國政府。直到一九九二年五月十五日立法院才三讀通過刑法一百條修正案，廢除「思想叛亂罪」條款。一〇〇行動聯盟雖然最終沒有達成廢除該法的目標，卻也讓法律修正導向到正確的方向，可說具有一定的歷史意義。

- 台獨先驅黃昭堂誕生日 1932.9.21
- 台灣首座台獨紀念公園落成日 2018.9.21
- 李登輝被中國國民黨撤銷黨籍 2001.9.21

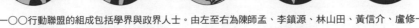

2022 September

9月22日

舊曆 八月廿七

坐美國船，投番仔王。

一九六〇年，基隆市長選舉，國民黨派出錢多勢大的李國俊（台語諧音美國船）參選。黨外民社黨派林番王（綽號番仔王）參選。期間國民黨不斷用小手段（包括斷電）打壓林番王，因此引發群情憤慨。結果本來勝選機率不大的番仔王反而引起人民的同情，以壓倒性的票數贏得選舉。基隆鄉親就用這句「坐美國船，投番仔王」嘲諷國民黨。

• 石錫勳保外就醫後與妻子張慶美在台中寶覺寺合照。

• 石錫勳像

• 石錫勳曾與李萬居（左）與郭雨新（右）等人參與「新蓬萊公共食堂」的民主運動，共同籌組在野組織且積極參與雷震的組黨運動，可惜最後都以失敗收場，

• 王燈岸，同時也是石錫勳的好友，為他寫了一本民主運動見證錄「磺溪壹老人」，戒嚴時代還被查禁。

有明月

禮拜四 lé - pài - sì | THU 木曜

2022年 9月

日	一	二	三	四	五	六
				1	2	3
4	5	6	7	8	9	10
11	12	13	14	15	16	17
18	19	20	21	22	23	24
25	26	27	28	29	30	

1985.9.22

石錫勳逝世日

◆台灣民主先驅與條直勇者

石錫勳，彰化人，生於一九〇〇年，其父爲中醫師與漢學家。受其父親的影響，石錫勳自幼就對詩文創作感到興趣，同時也步上行醫之路。石錫勳於十七歲時考上台灣總督府醫學校，畢業後到高雄開業行醫。在校的時候就因爲不滿台灣人與日本人的差別待遇，在黑板寫下台灣魂的詩句而差點遭到校方開除。於一九二一年參與了「台灣文化協會」的創會工作，正式開啓他的政治生涯。

石錫勳於一九二三年擔任「台灣議會期成同盟會」理事並四處演講宣揚理念。同年十二月爆發「治警事件」，日本政府逮捕多名從事議會期成運動的人士，石錫勳也因此遭逮捕並被判決罰金。他不畏政治整肅也拒收日人賄絡，於一九二八年繼續參與「大眾時報」的刊務並擔任文協的中央委員，戰時甚至還籌組地下組織繼續與日本人對抗周旋。

二戰後中華民國前來劫收台灣，石錫勳跟當時大多數的台籍知識份子一樣，原來滿心期待「祖國」的到來，結果沒想到來的竟是一個貪腐暴斂的政權。石錫勳原來還曾加入中國國民黨並且擔任戰後官派的彰化市長，結果在一九四七年就因看清國民黨的眞面目而退黨。不過他很快就遭到國民黨的政治清算，並在一九五〇年以涉入廖文毅組織的罪名遭到逮捕，隨後被無罪釋放，警告意味可謂濃厚。

石錫勳之後與李萬居、郭雨新等人籌組在野組織且積極參與雷震的組黨運動，結局卻是以失敗收場。他仍然不死心地以無黨籍身分三度參選彰化縣長與省議員，但是都因國民黨作票而高票落選（一九五七年參選彰化縣長時以一萬多票之差落敗，廢票卻查出有兩萬多張）。一九六八年，石錫勳四度參選彰化縣長，卻遭國民黨誣陷參加叛亂組織而被判刑七年，後來石在蔡培火與妻子張慶美的營救下才保外就醫，從此退出政壇，於一九八五年九月二十二日逝世。

台灣歌謠作詞家葉俊麟誕生日 1921.9.22

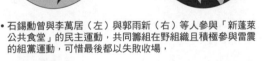

Tâi-ôan tòk-lėk
台灣獨曆

2022
September

9月23日

舊曆
八月廿八
二十八夜

節氣
秋分

台諺云：秋分，日暝對分。意謂秋分這一天，晝夜時間各為十二個小時。

•一六八四年，台灣納入清帝國版圖。

•一六八三年，施琅的艦隊抵達台灣台南鹿耳門，鄭克塽投降，清軍就此展開掠奪侵佔的行動。

•鄭克塽像

•清國雍正皇帝像

禮拜五 lé - pài - gō | FRI 金曜

2022年 9月

日	一	二	三	四	五	六
				1	2	3
4	5	6	7	8	9	10
11	12	13	14	15	16	17
18	19	20	21	22	23	24
25	26	27	28	29	30	

1683.9.23

清帝國施琅軍登台日

施琅生於一六二一年，曾經是鄭芝龍的手下強將，後來隨著鄭芝龍降清，不久後又跟著鄭成功反清，並且為他立下許多汗馬功勞。但是後來鄭成功與施琅因爲部屬之事發生嫌隙，鄭成功誅殺了施琅的父親與胞弟，施琅因此再度投靠清帝國，成了清國的副將與水師提督。鄭成功隨後於一六六二年從荷蘭人手中奪取台灣後，開始建立東都王朝。

鄭成功死後，鄭經繼位，鄭經因出兵反攻清國失敗而開始國勢中落。鄭經病逝後，鄭氏家族陷入血腥內鬥，導致鄭克臧被殺，幼子鄭克塽被權臣馮錫範擁立即位。清帝國見機不可失，便開始籌備攻台計劃，由時年已六十一歲的叛將施琅擔任福建水師提督，命令其見機行事，施琅同時也上疏康熙說明攻台好處。康熙再命令福建總督姚啓聖與步兵提督萬正色率軍十二萬進駐福建以接應施琅的水師部隊。

一六八三年，施琅派兵前往攻佔鄭氏王朝的前線基地澎湖，鄭軍也派出海軍將領劉國軒來出面迎戰。施琅的清軍抵達澎湖後與劉國軒的海軍展開激戰，一開始雙方各有勝負，不久施琅將清國艦隊分成三路發動總攻擊，擊潰駐守澎湖的鄭軍，數十名鄭軍將領陣亡，上百餘艘戰艦沉沒，劉國軒退守台灣。自此大勢已定。施琅攻佔澎湖後，時年十四歲的鄭克塽與眾臣在台灣奉上降書，薙髮結辮投降清國。

一六八三年九月二十三日，施琅率軍艦抵達台灣鹿耳門，鄭克塽與眾臣在海邊恭迎，鄭氏王朝就此滅亡。施琅入港時還因爲鹿耳門港灣區折，導致艦隊自撞，因此自毀了十幾艘船艦，施琅深感若不是鄭氏王朝內亂，清國還未必能取得台澎。施琅來台後當起土霸王，開始奪佔民眾田產，侵佔台灣南部墾地達一半以上，台灣自此進入清國統治時期。

World
美日針對中國反日暴動實行奪島演習 2012.9.23

Tâi-oân tok-li̍p 台灣獨立

2022 September

9月 24日

舊曆 八月廿九

一日三市。

比喻市場行情變化很大。戰後中華民國對台灣施行不公平的匯兌政策，加上台灣與中國京滬經濟連動，中國官員還要求台灣省政府代墊中國款項，使得台幣發行量暴增，通貨膨脹出奇嚴重，買個菜早中晚的價格都不一樣，一日三市，出門買個米要扛一袋鈔票都不誇張。

The Pittsburgh Press
(COPYRIGHT, 1946, by Pittsburgh Press Co. All Rights Reserved.)
PAGE 21 PITTSBURGH, PA., THURSDAY, APRIL 18, 1946 SECOND SECTION

The Tragedy of Taiwan

SALVAGING BRICKS for reconstruction, workers in Kiirun, Formosa, stack building materials in neat piles. Other debris is carried away to fill bomb craters.

Formosan Plants Virtually Idle

FORMOSAN COAL MINERS, these boys are barely eight years old. They toil underground for coal that never reaches the Formosan people, except through the black market.

CLEARING WRECKAGE in Taihoku, Formosa, even children wield picks and shovels. The natives on the island are endeavoring to erase wartime destruction.

Island to Lack Food This Year

• 二二八事件的前一年，一九四六年，美國報紙匹茲堡新聞（The Pittsburgh Press）報導了一系列台灣遭中國占領之後的悲慘狀況。

• 曾經因為勇敢直言而在中華民國戒嚴時期入獄兩次的無黨籍立委蘇秋鎮，在仍處戒嚴時期的一九八二年為二二八受刑者發出不平之聲。

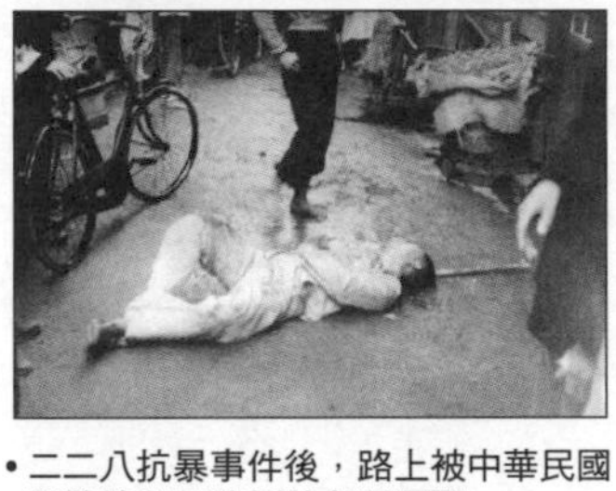

• 二二八抗暴事件後，路上被中華民國軍警槍殺而路倒的台灣民眾。

晦月

禮拜六 lé - pài - la̍k

SAT 土曜

2022年 9月

日	一	二	三	四	五	六
				1	2	3
4	5	6	7	8	9	10
11	12	13	14	15	16	17
18	19	20	21	22	23	24
25	26	27	28	29	30	

二二八受刑人案事件

1982.9.24

一九四七年台灣爆發二二八抗暴事件，台灣人群起反抗貪腐失序的中華民國殖民政府，中華民國也對台灣人展開了大規模的屠殺與逮捕。直到三十五年之後，一九八二年，因爲涉入二二八抗暴事件而被判處無期徒刑的台灣人，依舊有二十四人倖存且仍在外島監獄服刑。依照當時中華民國的刑法第七十七條規定：「受徒刑之執行而有悛悔實據者，無期徒刑逾十年後，有期徒刑逾二分之一後，由監獄長官呈司法行政最高官署，得許假釋出獄」。

理論上這些二二八事件受刑者早就應該可以依法假釋出獄，但是中華民國卻將二二八受刑人排除在刑法適用範圍之外，導致受刑人無法在法律規定的條件下準時出獄，更讓受刑人家屬依約趕赴監所接人的時候，再度因獄方無法放人而遭受打擊，此點也顯示中華民國的人治特色與毫無法治觀念的亂象。

直到一九八二年九月二十四日，才終於有曾經三度入獄的無黨籍立委蘇秋鎮以及國民黨籍台中立委洪昭男對這批二二八受刑者發出不平之聲。這兩位立委於立法院七十會期第二次會議中向行政院提出二二八受刑人遲遲未能出獄的質詢，也成爲黨國戒嚴時期極爲罕見的特殊事件。

當時林宅血案與陳文成命案才剛發生不久，蔣經國與國民黨已經對黨外人士殺紅了眼，洪昭男與蘇秋鎮在提出質詢之後自然也遭到警總的跟監與竊聽。洪昭男甚至因屢次批判國民黨而未獲省黨部提名立委，卻「意外地」獲蔣經國破例補提名。然而蔣經國與國民黨官可能也在衡量特務濫殺事件之後所造成的社會反彈，於是決定下令警總在一九八三年舊曆春節期間偷偷釋放二十四位二二八的受刑人，以換取民眾的好感並抵銷黨外反彈的力道。

台大爆發支那統促黨暴力攻擊學生事件 2017.9.24

Tâi-ôan tók-lèk 台灣獨立

2022 September

9月25日

• 蘇洪月嬌在丈夫蘇東啟入獄之後，扛起家中事務與養兒育女的重擔。

• 蘇東啟像

• 蘇東啟在台上慷慨激昂地演講。

• 蘇東啟在議員任內因力挺李萬居而遭國民黨開除黨籍。

禮拜日 lé - pài - jit | SUN 日曜

舊曆 八月三十

閏月

一隻牛剝雙領皮。

一隻牛被剝兩層皮，形容雙倍的剝削。中國人在戰後來台之後，就開始對當時大多數務農的台灣人進行多層剝削。當時的台灣農人要繳田賦征實、公學糧、隨賦徵購、肥料稅、水利會水租、縣政府房捐、鄉公所戶稅、繳生產指導事業費給國民黨控制的農會，當然還要繳綜合所得稅給中華民國。一隻牛被剝皮到最後只能吃蕃藷簽維生。

2022年 9月

日	一	二	三	四	五	六
				1	2	3
4	5	6	7	8	9	10
11	12	13	14	15	16	17
18	19	20	21	22	23	24
25	26	27	28	29	30	

蘇東啟改判無期徒刑

1963.9.25

蘇東啓生於一九二三年，台南州北港郡人，曾在日治時期就讀日本中央大學政治系，後來因心向中國且支持抗日便放棄就學，隻身前往中國重慶參與抗日行動，結果卻遭中華民國政府逮捕，後來被李萬居所救並加入中國國民黨。二戰後蘇東啓返台，在台灣省行政長官公署秘書處交際科任職，二二八大屠殺後辭職返鄉，擔任北港鎮公所總務課長，一九五三年當選雲林縣議員，並就此連任四屆民代。

蘇東啓在議員任內因力挺中國青年黨的李萬居而遭國民黨開除黨籍，就此開啓了他的黨外從政生涯。蘇東啓當時無懼於白色恐怖，勇敢揭發黨國弊端，也是首位提出「黨庫通國庫」的民意代表，讓他贏得「蘇大砲」的民間封號。一九六〇年，國民黨逮捕雷震，時爲縣議員的蘇東啓還提案要求蔣介石特赦雷震，此舉再度踩到蔣介石與國民黨的痛處。

由於蘇東啓敢於挑戰當局的勇氣與盛名，加上其演講內容充滿台灣意識，也讓部分支持台獨的民間人士與他有所接觸與往來，國民黨因此得以找到將他判刑入罪的藉口。一九六一年爆發台獨人士密謀武裝革命推翻中華民國的虎尾武裝起義事件，由於事跡敗露，包括蘇東啓等人共有三百餘人遭到逮捕，國民黨見機不可失，旋即就判處蘇東啓唯一死刑。

由於國民黨刻意置蘇東啓於死地而導致人民對於量刑過重產生質疑與反彈，雲林縣議會甚至通過「集體抗議書」杯葛軍事法庭的判決，海外人權團體與國際媒體也對此事大加抨擊，終於導致國民黨在輿論壓力下發回更審，還自承「原判事實欠明，用法量刑失當」。一九六三年九月二十五日，國民黨掌控的法庭改判蘇東啓無期徒刑，此事才終告結束，蘇東啓直到一九七五年蔣介石身亡後才得以出獄。

美國參議院通過「台北法案」。 2019.9.25

2022
September

9月26日

舊曆
九月初一

唐山客，對半說。

唐山客通常指中國來的商人，形容他們講話誇張愛吹牛，信用度只能打五折以下，也用來形容中國奧客，一見店家劈頭就想砍一半的價格的惡習，後來也衍生成不可相信中國人說的話的俗諺。

新月

Tâi-oân tók-li̍p 台灣獨立

• 二〇一四年爆發雨傘革命，香港人上街反抗中國暴政。

• 香港人在經過多次和平抗議無效之後，加上二〇一九年的反送中事件，開始轉向勇武街頭游擊的方向。

禮拜一 lé - pài - it | **MON** 月曜

2022年 9月

日	一	二	三	四	五	六
				1	2	3
4	5	6	7	8	9	10
11	12	13	14	15	16	17
18	19	20	21	22	23	24
25	26	27	28	29	30	

World

2014.9.26

香港雨傘佔領運動

香港於一九九七年淪陷之後，中華人民共和國爲了向國際社會（包括台灣）宣傳政治樣板戲，刻意強調香港「馬照跑、舞照跳」的一國兩制好處。然而當觸及到民主與人權議題的時候，中國對於香港的控制與緊縮卻是有增無減。

香港人在歷經過十餘年中國官派特首的統治之後，深感香港因中國資金、旅客、移民的進佔與錯誤政策的重度影響而全面劣化，因此開始興起參與政治與民主直選行政長官來改變現況的社會浪潮，部份香港人甚至轉向港獨的政治認同並強烈表達對於中國據港的不滿。二〇一四年九月，中國共產黨控制的中國全國人民代表大會常務委員會通過設下重重關卡的香港政改決定草案，全面封殺香港人對於眞普選的訴求，此舉終於引爆香港人對中國的全面反彈，準備進行全面罷課罷工的抗爭運動。

二〇一四年九月二十六日，已經發動罷課的學聯發動四千名學生與市民包圍禮賓府，發起中學生罷課的「學民思潮」召集人黃之鋒則是突襲政府總部，並宣布佔領公民廣場，揭開雨傘佔領運動的序幕。香港政府也出動鎮暴警察在公民廣場以胡椒噴霧與盾牌攻擊學生，到了二十七日晚上，五萬名港人上街聲援學生並進一步佔領金鐘政府總部。

九月二十八日，雨傘佔領運動進入新一波的高峰，共有六萬名市民響應佔領中環，港府隨即派出鎮暴警察對市民發射催淚彈並進行暴力驅逐。港府此舉更促發了數十萬港人上街抗爭，展開爲期七十九天的全面佔領行動，直到十二月十五日才方告結束，也寫下香港抗中歷史的新頁，史稱「雨傘運動」或是「遮打革命」。運動結束後，港府秋後算帳，將帶頭者重判入獄，成爲香港首見的良心政治犯。

彰化縣府拆除支那五星旗禪寺　2018.9.26

Tâi-oân tòk-lèk 台灣獨立

2022 September

9月27日

舊曆 九月初二

纖月

偷割稻，捨施糜。

偷偷割稻，然後施捨稀飯（糜）給別人，此句用來形容假仙與偽善之人。戰後中華民國軍人來台灣先搶了台灣人十一萬噸白米，然後搞到台灣出現飢荒，再假好心拿出三千一百噸白米「救濟」，還以市價水平賣給民衆，標準的「偷割稻，捨施糜」。

• 一九八九年九月，許信良闖關返台遭捕入獄。

• 許信良像

• 台獨聯盟美國本部副主席李應元闖關回台，於一九九一年九月在台北被捕。

我還是一定要回來！
～許信良致鄉親父老的感謝書

• 許信良被支那民國政府遣返後，在海外寫給台灣人看的返台宣示與感謝文「我還是一定要回來！」

禮拜二 lé - pài - jī | TUE 火曜

2022年 9月

日	一	二	三	四	五	六
				1	2	3
4	5	6	7	8	9	10
11	12	13	14	15	16	17
18	19	20	21	22	23	24
25	26	27	28	29	30	

許信良闖關返台被捕

1989.9.27

中華民國劫收台灣之後，經常以濫捕濫刑濫殺的方式對付異議人士，直到柳文卿事件爆發，中國國民黨在海外大搞秘密逮捕的醜事被國際媒體揭發後，中華民國才改以羅列「政治黑名單」的方式來禁止海外民主人士返回台灣。此種惡質手段也導致許多人無法返鄉見父母親人最後一面，許多海外的台灣人只好冒著生命危險以偷渡闖關的方式返回台灣。

黑名單闖關的浪潮也在解嚴後的一九八八年至一九九一年達到高峰，包括陳翠玉、羅益世、陳昭南、陳婉眞、郭倍宏、李應元、王康陸、張燦鍙等人都曾經前仆後繼地嘗試「翻牆」回家。黑名單闖關事件又以許信良、謝聰敏、林水泉三人在一九八六年十一月三十日試圖從日本成田機場搭機返台所引爆的「桃園機場事件」最爲引人注目，引爆警察與群衆的大規模衝突，不過最終許信良依舊無法返台。

一九八九年九月二十七日，因美麗島事件成爲黑名單已達十年的許信良再度闖關返台。他搭著「金滿財號」漁船從中國福建廈門出發，行駛到公海後試圖從台灣偷渡上岸，但是半路就被高雄港緝私艦在外海查獲。許信良隨即被國民黨押送土城看守所，當時民進黨還發起「萬人迎接許信良回家」的土城探監活動，但是隔天深夜就遭到警察驅離，因此爆發警民衝突的「土城事件」。不久後，許信良就被台灣高等法院以「叛亂罪」判刑十年入監，隔年一九九〇年隨即獲李登輝特赦出獄。

中華民國執行黑名單封鎖的行爲長達二十餘年，直到「刺蔣案」的主角黃文雄於一九九六年返台後，黑名單才正式成爲歷史名詞。許多遭中華民國封鎖的台籍人士在闖關返台之後都成爲相當重要的社會菁英，並參與許多改變台灣政治的關鍵運動。

黃信介發表「告別舊時代」辭職演說 1991.9.27

Tâi-oân to̍k-li̍p 台灣獨立

2022 September

9月 28日

舊曆 九月初三

無貫鼻的台灣水牛。

台灣水牛的特質就是勤奮踏實，但是絕對不會被人牽著鼻子走。這句諺語也象徵台灣人的特質，雖然老實勤勞，但是遇到不公不平的事情，還是會跳出來反抗，不會乖乖地讓人奴役或是予取予求。

• 民進黨在圓山飯店成立後，黨員在飯店內舉手歡呼口號，圖為謝長廷（左）、尤清（中）與許榮淑（右）。

• 會議主持人為游錫堃

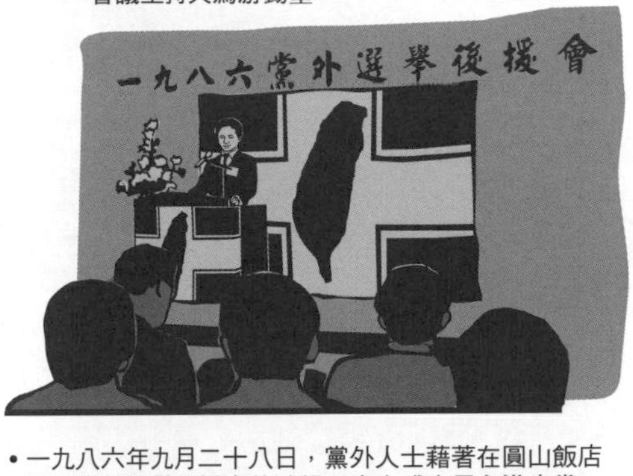

• 一九八六年九月二十八日，黨外人士藉著在圓山飯店召開黨外選舉後援會的時候，宣布成立民主進步黨。本圖參考自邱萬興的攝影照片。

• 民主進步黨的首任秘書長黃爾璇（左）與創黨黨主席江鵬堅（右）。

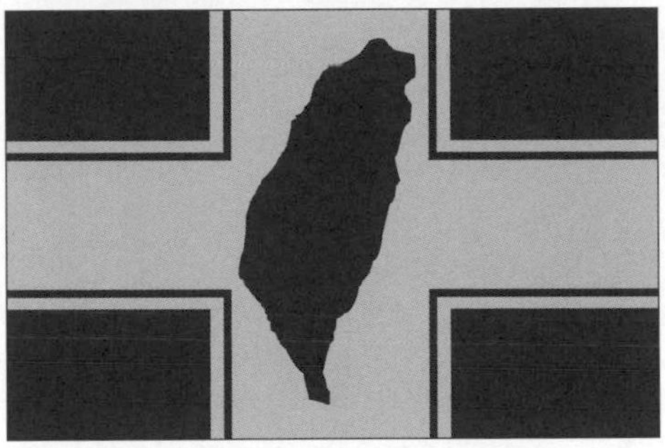

• 民主進步黨黨旗

眉月

禮拜三 lé - pài - saⁿ | WED 水曜

2022年 9月

日	一	二	三	四	五	六
				1	2	3
4	5	6	7	8	9	10
11	12	13	14	15	16	17
18	19	20	21	22	23	24
25	26	27	28	29	30	

民主進步黨成立日

1986.9.28

中華民國從一九四五年來台後就長期對台灣施行一黨獨裁專政，中國國民黨禁止任何未經他們允許的政黨成立，並且威脅黨外人士若是自行組黨，就會以叛亂通匪等莫名理由入罪，雷震等人就曾在一九六〇年因爲想要成立反對黨而被以叛亂罪名判刑十年。到了八〇年代，黨外運動風起雲湧，黨外組織也逐漸邁入成熟與整合時期，「黨外中央選舉後援會」、「黨外公職人員公共政策研究會」以及「黨外編輯作家聯誼會」紛紛於此時期成立，這些組織的核心成員日後也多成爲民主進步黨的重要黨員。

國民黨當時並不樂見黨外勢力朝組織化演進，因此全力進行打壓與恐嚇，但是黨外人士依舊是在一九八六年七月秘密組成了「建黨十人小組」。爲了瞞過國民黨特務的監視與竊聽，十人小組還選在周清玉的公寓家中開會，祕密籌畫建黨的工作細節。

由於黨外人士租借場地都會因國民黨的恐嚇而被店家拒絕，尤其官營的圓山飯店更是聽到黨外人士的名字就直接回絕，因此建黨會議召集人只好改以牙醫師公會的名義才租借到圓山飯店場地。一九八六年九月二十八日，黨外中央選舉後援會就在圓山飯店召開名爲討論選舉，實爲正式組黨的會議。

大會開始之後，多數與會者並不知道要正式組黨，直到謝長廷與尤清提出臨時動議，要求變更議程討論「黨名、黨章」與組黨之事，眾人才知道會議的真正目的。在經過聯署簽名與討論激辯之後，謝長廷主張的「民主進步黨」名稱被大家接受與通過。大會成員在甘冒關押處刑的風險下決定即刻組黨，戰後第一個非經國民黨許准的台灣本土政黨「民主進步黨」也就此正式成立。慣用濫捕手段的蔣經國因時勢所逼也只好採取不承認與不取締的對策。

World

中國武漢病毒造成全球百萬人死亡 2020.9.28

Tâi-oân to̍k-li̍k 台灣獨立

2022 September

9月 29日

舊曆 九月初四

四日月

博士博。

相當幽默的一句台灣俚語，用來嘲諷某些假裝自己書念很多，見識很廣，但是一發言就錯誤百出的人，類似「臭頭仔博」用法。看看中華民國政壇，一堆靠著買學歷、上野雞大學、黨國教授錄取內定、國民黨獎學金支付留學而得到學位的「博士」，結果開口就是草包一個。「博士博」這句話正好拿來嘲諷這些人。

• 謝緯醫師在舊金山的教會認識瑪喜樂，瑪喜樂也因此慷慨捐助肺病醫院計劃並且自願前往台灣協助醫務。

• 瑪喜樂像

• 瑪喜樂在院內幫小兒麻痺的孩童洗澡。

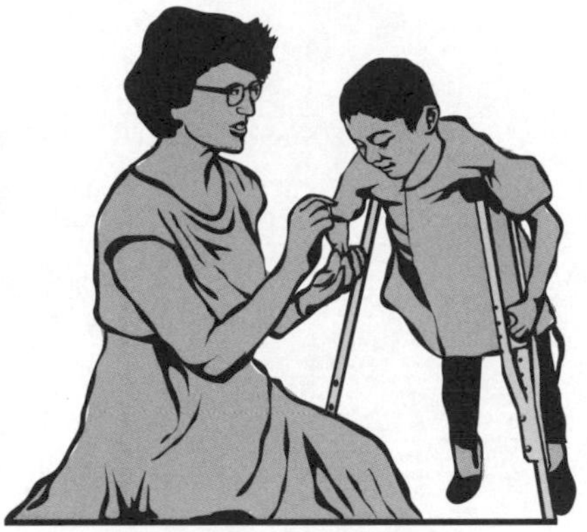

• 瑪喜樂陪伴罹患小兒麻痺的孩童。

禮拜四 lé-pài-sì | THU 木曜

2022年 9月

日	一	二	三	四	五	六
				1	2	3
4	5	6	7	8	9	10
11	12	13	14	15	16	17
18	19	20	21	22	23	24
25	26	27	28	29	30	

1914.9.29

瑪喜樂誕生日

◆ 喜樂保育院創立人

瑪喜樂（Joyce Meredith McMillan），一九一四年九月二十九日生於美國華盛頓州那培爾鎮。她曾就讀於加州大學柏克萊分校春季班醫學預科，後來因爲經濟問題而中斷肄業，二十三歲結婚後定居加州。三十七歲時丈夫過世，之後在柏克萊第一長老教會擔任秘書。

一九五四年，瑪喜樂在教會認識前來舊金山證道的台灣醫師謝緯。謝緯說明他希望在南投埔里籌建治療肺病醫院的計畫，瑪喜樂相當認同也深受感動，當場就捐助了三百多美元。由於謝緯的介紹牽線，瑪喜樂與台灣結下了不解之緣。一九五九年，瑪喜樂將家產盡數賣出，帶著教會募來的衣物與藥品，從美國來到台灣埔里協助醫務並服務當地居民，她跟隨著謝緯醫師四處奔波，還學會一口標準的海口腔台語，下半生就此無私奉獻給台灣達四十八年。

瑪喜樂曾隨謝緯醫師與醫療團來到彰化二林義診，卻發現有高達兩百多位的小兒麻痺患者前來求診。許多孩童因爲沒有接受肢體矯正治療而爬行於地，瑪喜樂爲了救助這些受苦的孩童，四處奔波募款還奉獻自己的財產，於一九六五年成立「小兒痲痺兒童保育院」，用以照顧小兒痲痺患者及貧困兒童。

一九七〇年，瑪喜樂將保育院改立案爲「喜樂保育院」並遷入新蓋房舍，在人力財力匱乏的狀況下，她身兼數職並全力照顧病童，即使家中繳不起入院費的孩童也一樣讓他們接受同等的醫療照護與教育機會。瑪喜樂的奉獻善行讓她在二林地區得到「美國媽祖」的美名，也有越來越多人受她感動而自願加入義工，她所創立的院務也受官方獎助而擴大收容更多的身心障礙者。瑪喜樂晚年曾獲多項獎章，於二〇〇七年四月二十六日逝於喜樂保育院中。

陳定南誕生日 1943.9.29

2022 September

9月30日

舊曆 九月初五

聖到會食糕仔。

現在台灣民間會把這句諺語當成神明很靈驗的意思，靈驗到連信衆供奉的糕餅都會被神像給吃掉。但是這句台語本意是充滿嘲諷意味的，也就是那尊神實在沒什麼了不起，卻被說成神力無邊。本句諺語也類似「博士博」的用法。

五日月

• 伊能嘉矩將台灣各族的人像攝影以蒙太奇方式融合在一起。繪圖參考自台灣大學台灣文獻文物典藏品。

• 伊能嘉矩像

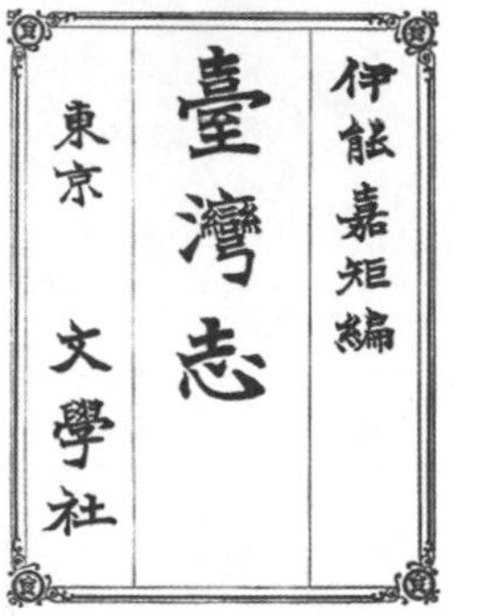

• 伊能嘉矩的著作「臺灣志」。

禮拜五 lé - pài - gō͘ | FRI 金曜

2022年 9月

日	一	二	三	四	五	六
				1	2	3
4	5	6	7	8	9	10
11	12	13	14	15	16	17
18	19	20	21	22	23	24
25	26	27	28	29	30	

伊能嘉矩逝世日

1925.9.30

◆台灣人類學先驅

伊能嘉矩，出生於一八六七年五月九日，日本岩手縣人。從小跟隨祖父學習漢學，奠定漢文的基礎。十九歲時進入岩手師範學校就讀，因參與學潮而遭到校方退學，隨後離開家鄉到東京求學。伊能嘉矩就學於帝國大學文科大學教授重野安繹所開設的成達書院，同時也進入每日新聞社擔任編輯與記者。此時他也遇到人類學的啓蒙老師：帝大理科教授坪井正五郎，開啓了他在人類學領域的研究生涯，也確立了他來台灣進行人類學研究的志向。

伊能嘉矩利用課餘與閒暇之時修習各種語言，包括漢文、清國官話、朝鮮話、愛奴語，來台後還學會台語以及泰雅語，讓他在田野調查與文獻研究上游刃有餘。一八九五年，日本接收台灣之後，伊能嘉矩以陸軍省雇員的身分來到台灣，並任職於總督府民政局，正式揭開他在台灣進行踏查研究的序幕。

一八九六年九月，伊能嘉矩從調查宜蘭原住民開始做爲其台灣人類學研究的起點。一八九七年五月受總督府的委託，開始進行全台（包括蘭嶼）的原住民調查。他冒著生命危險四處跋涉與踏查，推翻清國以政治歸化程度爲依據所建立的生熟番系統，改以體質、風俗、語言、思想做爲分類依據，將台灣原住民依當時的西方人類學原則分爲四群八族二十一部，此一分類法也爲台灣總督府所採納。

伊能嘉矩不只從事開創性的台灣原住民踏查，也同時進行台灣歷史的研究以及撰寫，建立台灣歷史在世界中的定位與架構，更透過展覽解說與文物仿製的方式讓台灣歷史成了普羅大衆也能理解的知識。伊能嘉矩在台踏查長達十年，留下許多重要著作，影響戰後台灣學術界甚鉅。於一九二五年九月三十日因在台灣踏查多次感染瘧疾而病逝於日本。

黑色島國與大學生反服貿與警爆發衝突 2013.9.30

十月

王康陸

凡是認同台灣的人
都是台灣人

王康陸離奇車禍身亡。【詳見十月十二日。】

2022 October

10月1日

舊曆 九月初六

六日月

禮拜六 lé - pài - la̍k

SAT 土曜

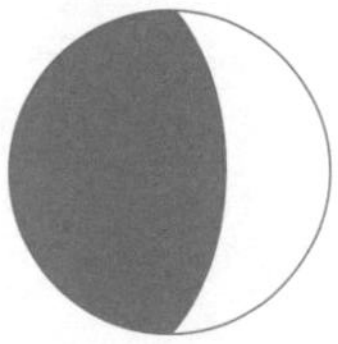

台灣無三尺平，要公平來生則去尋。

這是早期台灣人對於中華民國政府的怨氣與發洩說法，意喻在中國人的恐怖統治下，沒有任何一件事情是公平的。想要在中國政府的統治下得到公平待遇的話還不如投胎來生再去找尋。

• 當時身為北卡州立大學碩士生的郭倍宏以及「台灣同學會」會長林國慶集合了台灣學生在校內張貼海報，揭露「中國同學會」正副會長的嫁禍惡行。

他日你們回台，生死概不負責。
你們的報告，我已送回台灣，

• 美麗島雜誌中有一幅漫畫，針對當時發生的北卡州立大學海報事件，描繪出當時在海外校園活躍的國民黨抓耙仔的猥瑣模樣。這些國民黨鷹爪因為反不了共，又畏懼中國的逐漸壯大，在欺善怕惡的心態下，就開始找台灣人社團的麻煩。

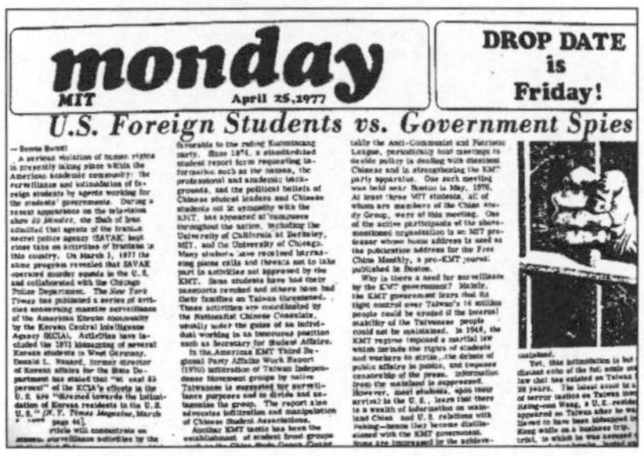

monday
MIT April 25, 1977
DROP DATE is Friday!
U.S. Foreign Students vs. Government Spies

• 麻省理工學院的校園報紙報導國民黨派出特務學生來監控海外台灣留學生的情形。

TAIWAN'S SPY NETWORK IN BOSTON

• 與翁啟惠合作推動台灣生技產業的范清亮博士在麻省理工擔任生化博士後研究的期間，因為曾發表中華民國是獨裁國家的言論，因此遭到中國職業學生拍照紀錄，並被威脅生命安全，還成了波士頓當地報紙的新聞標題（左圖）。

2022年 10月

日	一	二	三	四	五	六
						1
2	3	4	5	6	7	8
9	10	11	12	13	14	15
16	17	18	19	20	21	22
23	24	25	26	27	28	29
30	31					

北卡州立大學海報事件

1982.10.1

一九八二年十月一日，北卡羅來納州立大學的中華人民共和國留學生為了要慶祝中國國慶，以「中國同學聯誼會」的名義在校內舉辦活動並播放電影。當時中華民國（國民黨）控制的「中國同學會」原來要在十月一日舉辦中秋晚會，但是主辦人不敢跟中國共產黨強碰日期，因此決定要延後一天。當時的「中國同學聯誼會」搶先貼出活動海報，海報上同時介紹「中國同學會」的活動，還加上了「中秋佳節倍思親，中國統一人人慶」的簡體字。

結果中國國民黨所屬的「中國同學會」正副會長兩人，羅耀春與國民黨特務學生周二南，因為害怕中國共產黨所屬的學生會海報會被人誤會成「同一個中國」，竟然偷偷跑去跟中共的「中國同學聯誼會」撕去，最後還跑去毀損海報，將海報上的字體狀，栽贓說是台灣同學會幹的好事。

國民黨職業學生將毀損「中國同學聯誼會」海報一事栽贓給台灣人，也立刻引發台灣同學的譁然與憤怒，並決定對「中國同學會」採取反制行動。一九八二年十月三日，當時身為北卡州立大學碩士生的郭倍宏以及「台灣同學會」會長的林國慶便集合了二三十名台灣學生一起在校內張貼海報，揭露「中國同學會」正副會長既恐共又媚共的嫁禍惡行。

台灣同學的反制行動接著也引發中華民國駐外辦事處與其鷹爪組織「全美反共愛國聯盟」動員向校方施壓，要求學校嚴懲台灣學生。校方最終將全案移送法院，郭倍宏與林國慶主動承擔責任，認罪繳交法庭費結案。然而此事卻對海外台灣同學會成為全美最活躍的學運團體，不但讓北卡大台灣同學會產生極大鼓舞，郭倍宏也不斷串聯美國各地的台灣留學生，日後形成台獨意識強烈的全美台灣同學會。

賴清德於南市議會備詢時主張台灣獨立 2015.10.1

Tâi-oân tok-lék 台灣獨立

2022 October

10月2日

舊曆 九月初七

上弦月

禮拜日 lé - pài - jit

SUN 日曜

2022年 10月

日	一	二	三	四	五	六
						1
2	3	4	5	6	7	8
9	10	11	12	13	14	15
16	17	18	19	20	21	22
23	24	25	26	27	28	29
30	31					

二日の神宮競技
日本記錄續出
臺灣出身の張星賢君
四百米障碍で五大秒八
臺灣代表
兵庫に惜敗

• 一九三一年，張星賢在神宮競技大會創下四百公尺跨欄的日本紀錄。

陸上競技我代表
男子廿六名、女子九名
昨夜銓衡委員會で決定
臺中商業出の張星賢君も選ばる

變電所襲擊犯
敦賀に護送
元山から

• 張星賢代表日本隊參與洛杉磯奧運。

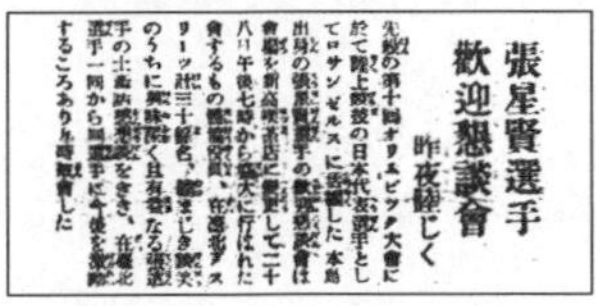
張星賢選手
歡迎懇談會
昨夜賑しく

• 張星賢參與奧運返台後獲熱烈歡迎。

‧張星賢參賽田徑的英姿

• 張星賢像

‧張星賢的哥哥張星建

人情世事陪夠夠，無鼎閣無灶。

如果想把所有的人情世故都顧到面面俱到，家裡會窮到連鍋碗瓢盆都找不到。台灣人雖然很重人情，卻也讓公共事務因此沾染上看人情面的惡習。許多民代或是官員，因為人情與選票考量，整天跑紅白包場、私人宴會、調解金錢糾紛，搞到正事不辦，公款全拿去請客充面子，就算連任了，也不過是個散財童子而已。

1909.10.2

張星賢誕生日

◆首位參加奧運的台灣人

張星賢生於一九〇九年十月二日，台中廳塗葛堀支廳人（今台中市龍井區）。學童時即展現出運動天賦，曾獲日籍足球教練邀請加入足球隊。考上「台中商業學校」之後，更被發掘田徑項目的潛力，曾代表台中州參加全台比賽，還曾打破日本中學生的紀錄。中學畢業之後，張星賢在日籍友人與台中仕紳楊肇嘉的贊助之下，前往日本知名體育學府早稻田大學商學部就讀。他在加入大學田徑隊後不但屢創佳績，還曾打破日本全國紀錄。

張星賢的優異表現讓他在一九三二年獲選代表日本參加美國洛杉磯夏季奧運會，參與四百公尺中欄與一千六百公尺接力的比賽，也成為史上第一位參加奧運會的台灣人。一九三六年，已經搬往滿洲國工作的張星賢再度代表日本隊參加柏林奧運，成為一千六百公尺接力賽的參賽選手。

二戰後，張星賢從滿洲遷回台灣，不久後，他的哥哥張星建，同時也是台灣初代的策展人，就遭到國民黨特務的殺害，身為弟弟的他之後也同樣遭到黨國的打壓而無法出頭。張星賢雖然有著早稻田大學的高學歷，以及擁有首位參加奧運的台灣人榮銜，但是卻一直被中國人所排斥而無法進入體壇高層。

到了一九六四年的日本東京奧運會，熟稔日本田徑人脈的張星賢依舊遭到中華民國打壓而無法成為代表隊教練。他因此發出不平之鳴：「很奇怪為什麼不派我去呢？我從來就沒做過對不起國家的事。」他一生的願望就是以一個台灣人的身分踏入奧運的會場，但是中華民國政府始終將眞正具備體育專業且對台灣田徑貢獻良多的他排拒在外，只因為他曾代表日本與滿洲出賽。張星賢終其一生都沒能完成心願，於一九八九年三月十四日在台北抱憾辭世。

World

加泰隆尼亞獨立公投獲九成支持　2017.10.2

2022
October

10月3日

2022年 10月

日	一	二	三	四	五	六
						1
2	3	4	5	6	7	8
9	10	11	12	13	14	15
16	17	18	19	20	21	22
23	24	25	26	27	28	29
30	31					

舊曆

九月初八

八夜月

草鞋咬入來，豬肚咬出去。

把便宜的草鞋咬進來，昂貴的豬肚帶出去，喻得不償失。中國推行的一帶一路與讓利政策大多是給小利，卻要你讓渡主權與地利的大利，聽信中國人說的話，最後多是得不償失、傾家蕩產。

• 廖文毅為廖溫仁的三弟。

• 蔡綉鸞的丈夫廖溫仁。

• 蔡綉鸞的兒子廖史豪

• 蔡綉鸞（右一者）

禮拜一 lé - pài - it

MON 月曜

1905.10.3

蔡綉鸞誕生日

◆ 台獨女大俠

蔡綉鸞，生於一九〇五年十月三日，台中清水人，為當地蔡姓望族的名門閨秀，也是台中仕紳蔡介明的女兒以及蔡連舫和蔡惠如的姪孫女。十三歲時隨大哥到東京就讀東洋英和女學校，十八歲就嫁給四十歲且仍就讀京都帝大東洋史學科的廖溫仁醫師。婚後就讀京都同志社女子專科英文學科，直到長子廖史豪出生後才輟學在家顧子。

蔡綉鸞的丈夫廖溫仁曾獲京都帝大醫學博士，也因熱愛歷史而進入該校東洋史學科修習，對於中國政治史與中國文化有深入的研究，因此他曾經對妻子蔡綉鸞說：「中國沒用了，因為封建制度的遺毒，完全看不到近代化的改革，對中國毫無幻想。而且價值觀完全不同，中國人視人如賊，不同家族不同系統的人，彼此完全不相信，所以中國人的政治根本是不能介入的。」

廖溫仁是京都台灣同鄉會的核心人物，廖家因此經常有台灣師生拜訪，再加上二戰期間，日本糧食欠缺，廖家經常款待台灣留學生食宿，熱情好客的蔡綉鸞也因此贏得「東京歐巴桑」的美名。一九三六年廖溫仁病逝，蔡綉鸞獨力扛起七個子女的家務。

二戰結束之後，蔡綉鸞從日本返回台北居住，與其子廖史豪一同支持廖溫仁三弟廖文毅的台獨運動，秘密拜訪台灣各地士紳，積極傳播台獨意識，母子兩人因此在一九五〇年先後遭到中華民國政府逮捕入獄，財產與住宅都遭沒收，廖史豪直到一九五八年才得以保外就醫。一九六二年，母子兩人再度被捕重判入獄。直到一九六五年，廖文毅返台投降，在獄中重病的蔡綉鸞才得以保外就醫，不過她仍心繫台獨政治犯的安危問題。一九六五年七月二日，蔡綉鸞因病逝世，結束她豪邁無懼的一生。

台灣史學家張炎憲逝世日 2014.10.3

2022 October

10月4日

舊曆

九月初九

九夜月

王廷幹，看錢無看案。

傳說清國時代，有個鳳山知縣王廷幹只會拿錢來辦案，中飽私囊，引發縣民不滿而殺了王廷幹全家。這句話也成了嘲諷貪官的俚語，後來也經常被台灣人拿來諷刺中華民國的司法人員或是大小官員只會見錢眼開。

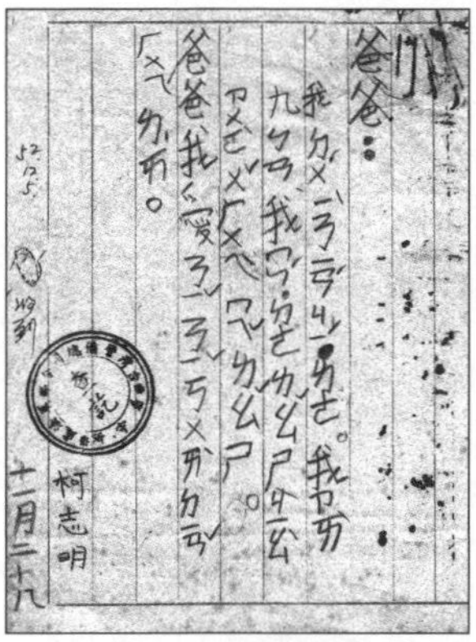

• 一九六三年，柯旗化的長子柯志明就讀小學一年級，寫了一封想念爸爸的家書給獄中的柯旗化。

信件內容為：「爸爸：我讀一年級了。我在九班。我們的老師叫做○○○老師。爸爸我愛你。你快點回來。」

左方還蓋有警總查看信件後的審核查訖章。

• 柯旗化像

• 柯旗化全家福照，後來卻被國民黨給硬生生拆散。

• 柯旗化的新英文法

禮拜二 lé - pài - jī | **TUE 火曜**

2022年 10月

日	一	二	三	四	五	六
						1
2	3	4	5	6	7	8
9	10	11	12	13	14	15
16	17	18	19	20	21	22
23	24	25	26	27	28	29
30	31					

柯旗化二次入獄

1961.10.4

柯旗化生於一九二九年一月一日，高雄人，為知名的「新英文法」作者，大學就讀台灣師範學院英語專修科，畢業後返回高雄的中學教授英文。二二八抗暴事件後曾親眼目睹中華民國軍隊在高雄濫殺無辜的景象，因此萌生台灣獨立的政治認同。一九五一年，他與朋友閒聊並且透露對中華民國的不滿，後來友人被警察逮捕，將他列為人證，警察隨即到柯旗化家中搜索，找到一本「唯物辯證法」的藏書後就胡亂指控他思想左傾，柯因此遭到刑求關押，之後被移送綠島管訓一年八個月。

出獄之後，柯旗化與蔡阿李結婚，並繼續從事英文教學工作，在自宅創辦「第一出版社」，專門出版英語學習書籍。一九六〇年，柯旗化出版日後暢銷全台的「新英文法」，原本不再碰觸政治的他以為可以就此重新生活，卻沒想到隔年又再遭逢巨變。

一九六一年十月四日，柯旗化在他創辦的「第一出版社」工作時，就突然被國民黨特務給抓走而二次入獄，原由只是因為某人被警察逮捕後，為了自保就用特務捏造的內容簽下自白書，胡亂指控柯旗化要組織台共還想發動軍事政變，軍事法庭就憑著這一紙虛構的自白書，將柯旗化以「預備叛亂罪」判刑十二年定罪，甚至還認定他的名字帶有要讓國旗變化之意，顯見中華民國統治下的黑暗與荒謬。

柯旗化在服刑的期間，妻子蔡阿李獨力扛起家務，一九七三年柯旗化已刑滿，國民黨依舊不肯放人，前去接人的蔡阿李也差點含怨自殺。直到一九七六年，柯旗化才終於被釋放出獄，但是他已平白坐了十七年的冤獄。柯旗化的一生就是戰後台灣人的苦難化身，直到兩千年他才等到法院作出平反判決，但是他也於兩年後的二〇〇二年一月十六日病逝。

獨派一台一中聯盟舉行遊行 1992.10.4

Tâi-ôan tók-lėk 台灣獨立

2022 October
10月5日

舊曆 九月初十

狗去豬來。

戰後台灣才開始流行的諺語，用狗去形容日本人的離開，用豬來形容中國人的到來。台灣人用狗形容日本人是因爲日本人像狗一樣雖然很兇，但是至少還能看管家門與保護財物。但是中國人跟豬一樣，來了什麼事都不會做，只會一直吃一直貪，民怨四起之後，竟還動用軍警濫殺無辜，「支那豬」一詞在台灣民間的流行也是由此而來。

• 支那官員來到台灣時，台灣總督府參謀長諫山春樹與日本軍士兵以整齊隊伍在機場列隊迎接。

• 當時的中央社台灣分社主任葉明勳還嘲諷怕死的長官公署秘書長葛敬恩說：「這是什麼漢官威儀？」

• 支那軍隊初抵台灣的時候，仍然身穿日本制服的台灣學生舉著支那國旗歡喜迎接，絲毫沒有察覺到自己的生命財產與人權自由即將遭遇空前的危難與威脅。

民報

祥瑞瀰天萬衆歡騰

熱烈擧行慶祝大會

雙十節

建設理想的省份

奠定世界永久和平

• 甫創刊的「民報」以「祥瑞瀰天萬眾歡騰，熱烈舉行慶祝大會」作爲刊頭標題，殊不知兩年後，中華民國政府不但強迫「民報」停刊，還秘密殺害「民報」社長林茂生。

十日夜

禮拜三 lé - pài - sa^{n} | WED 水曜

2022年 10月

日	一	二	三	四	五	六
						1
2	3	4	5	6	7	8
9	10	11	12	13	14	15
16	17	18	19	20	21	22
23	24	25	26	27	28	29
30	31					

中華民國官員首度抵台

1945.10.5

一九四五年十月五日，中華民國政府「台灣省前進指揮所」的第一批中國官員前來台灣接管與劫收。包括台灣行政長官公署秘書長葛敬恩、警備總司令部副參謀長范誦堯與憲兵排共七十一人搭乘美國運輸機抵達台北松山機場。這批從中國來的接收專員有四位台灣「半山仔」，包括黃朝琴、林忠、李萬居以及王民寧，其中林忠曾說這批中國官員從重慶上機出發時，其實還很害怕駐台日軍會攻擊他們。

結果這群中國官員來到台灣之後，日軍不但沒有攻擊他們，當時的台灣總督府參謀長諫山春樹與日本軍士兵還以整齊的隊伍在機場列隊歡迎他們。不過葛敬恩當時竟因畏懼被日軍暗算，怕死不想下機，就推著警總少將處長王民寧叫他先下飛機。隨行的中央社台灣分社籌備處主任葉明勳日後回憶起這段經歷還嘲諷說：「這是什麼漢官威儀？」

第一批的中華民國官員抵台之後，台灣人還爲他們籌備了各式宴會與歡迎會，各種祝賀牌樓在台北林立，五天之後的十月十日在台北市公會堂前還舉辦了比廟會還盛大的慶祝活動，現場不但鑼鼓喧天，還有舞龍舞獅、樂隊與大刀隊的表演，許多台灣人專程從中南部趕來台北慶祝，公會堂前也因此人群川流不息。甫創刊的「民報」還以「祥瑞瀰天萬眾歡騰，熱烈舉行慶祝大會」作爲刊頭標題。

天真的台灣人完全不知道自己即將大禍臨頭，還在傻傻地歡迎這些即將對他們的生命財產造成極大威脅的中國人來到。即使是聰慧過人的台籍仕紳與知識份子也無法預想到自己即將死在「祖國」手下。當時除了少數曾歷經清國統治的遺老因爲瞭解中國政治而深感不安之外，一整個世代的台灣人都因爲對中國抱著錯誤幻想，最終造成不可挽回的悲劇。

蔣介石尋求日本協助而宣布放棄對日索賠 1951.10.5

Tâi-oân tok-li̍p 台灣獨立

2022 October

10月6日

舊曆 九月十一

捏死台灣人，
餓死台灣人，
踏死台灣人，
突死中國人。

戰後中國人來台，開始展開洗腦大家都是中國人的教育。戰後第一代的洗腦課本中寫著：「你是台灣人，我是台灣人，他是台灣人，都是中國人」的愚蠢句型。二二八抗暴事件爆發後，台灣人就用諧音方式來嘲諷中國人的腔調，把課本中的洗腦句型變成「捏死台灣人，餓死台灣人，踏死台灣人，突死中國人。」

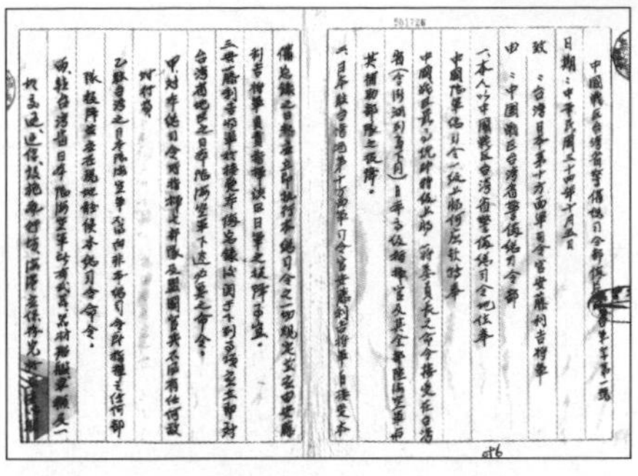

• 支那長官公署與警總給安藤利吉的第一號備忘錄。

• 台灣的末代總督安藤利吉。

光復一年圖 沈同衡

• 一九四六年，中國人沈同衡畫了一幅漫畫，嘲諷中華民國政府劫收台灣之後，原來在日本時代蓬勃生機的工廠，全都成了死氣沉沉的黨產廢墟。中國人把廠房內能偷能搶的全部拿去變賣現金。（參見中國刊物「新知識」第一期，一九四六年八月十五日）

• 中華民國政府給安藤利吉的第二號備忘錄竟要求日方提供數十萬公斤的大米糧食給支那軍隊白吃白喝。

十二夜

禮拜四 lé - pài - sì | THU 木曜

2022年 10月

日	一	二	三	四	五	六
						1
2	3	4	5	6	7	8
9	10	11	12	13	14	15
16	17	18	19	20	21	22
23	24	25	26	27	28	29
30	31					

中華民國向安藤利吉遞交一號備忘錄之日

1945.10.6

一九四五年十月六日，第一批來台灣的中華民國官員，以台灣行政長官公署與台灣警備總部合組的前進指揮所名義，向台灣總督安藤利吉遞交第一號備忘錄。這份備忘錄要求日本政府交出軍用地圖、兵力配置、防守計劃、軍火裝備清單、車輛數清冊、台灣要塞詳圖、台灣交通路線圖、全台通信聯絡圖表、通信器材清單、軍事設備損毀情形等文件。

基本上這份備忘錄提出的文件就是當時對台灣完全一無所知的中華民國政府，要開始對台灣進行劫掠強奪與軍事行動的重要參考依據。當時有部分的中華民國軍隊，例如七十軍就是靠著日軍繳交的武器清冊來換發日式武器。日後許多中華民國軍隊在台的軍事設施也是從日軍的建設轉手得來，例如鳳山陸軍官校的房舍與機械設備，以及旗山南防部的要塞工事都是日本人建造的。

這些中國人的心思當時根本沒有放在如何治理台灣與安定民心之上，而是滿腦想著該如何搶奪台灣土地與財物來發大財。日本官員在「台灣統治終末報告書」就曾經提到「初期中國官員只在意『物』的接收，相當重視設施、物品、金錢等方面，但對於日方所提或準備之『事務繼續與接收』、『懸案事項』，『緊急要務』等行政事務幾乎不感興趣。」

就是因爲中國人完全不在乎現代化政府該有的法治與行政事宜，念茲在茲的只是可以從日本人的手上拿到多少的物產與金錢，導致中華民國官員來台之後貪汙舞弊叢生。再加上中國軍人向台灣平民搶奪大量白米、糧價管制失控以及金融秩序崩壞，使得饑荒情勢更加嚴峻。最終才導致一年多後的全台排華運動（二二八事件）與中華民國軍隊的大屠殺事件，也使得台灣進入長達半世紀的恐怖統治時期。

建國黨成立日 1996.10.6

2022 October

10月 7日

舊曆 九月十二

田螺取肚飽，毋知屎朏生綠苔。

這是一句客家諺語，意指田螺只知道餵飽自己的肚子，卻不知道自己的屁股長青苔。比喻很多人只顧自己的生活，卻毫不關心週遭的環境已經遭到破壞。這句話就是中華文化的徹底體現，把每個人都訓練成自掃門前雪的自私鬼，最後在公共政治的領域通通成了欺善怕惡、自私自利，只顧自己腹肚卻無視整體環境惡化的狗奴才。

•廖中山在街頭宣揚台灣人應該要覺醒與獨立。

•廖中山像

•林黎彩的父親林界曾告誡彭孟緝不該濫殺無辜，卻在一九四七年的高雄大屠殺中慘遭中國軍殺害。

•廖中山的妻子林黎彩與其子。

•外省人台灣獨立協進會的標誌。

2022年 10月

日	一	二	三	四	五	六
						1
2	3	4	5	6	7	8
9	10	11	12	13	14	15
16	17	18	19	20	21	22
23	24	25	26	27	28	29
30	31					

十二夜

禮拜五 lé - pài - gō

FRI 金曜

廖中山逝世日

◆外獨會首任會長

1999.10.7

廖中山，一九三四年生於中國河南的農村，十二歲的時候就因戰亂而隻身離開家鄉，隨後在一九四九年報考孫立人帶領的「陸軍訓練司令部」，加入中華民國海軍陸戰隊，不久就隨著軍隊流亡到台灣並落腳高雄左營，於一九五五年自修考進海軍軍官學校，一九六三年因肝病以海軍中尉軍階退役。

廖中山從軍期間曾經是個「忠黨愛國」的大中國主義者，他自嘲自己是「藍衛兵」，在軍中專門辦理中國國民黨的黨務，對於蔣介石完全效忠，官校同學甚至將他視爲黨國鷹爪的「黨棍子」，然而命運的巧妙安排卻讓堅信大中華主義的他一步步地改變並走向台灣獨立的道路。廖中山自軍隊退伍之後，憑藉著「外省人」的身份，很輕鬆地就在屏東萬丹中學取得教職，他也在此遇見一生的伴侶，同時也是二二八抗暴事件的受難者遺孤林黎彩小姐。

林黎彩的父親林界在二二八事件後曾經擔任高雄市處理委員代表，卻被高雄要塞司令彭孟緝所殺害，不久林黎彩的母親也因此自殺身亡，林黎彩就此成了孤兒。此時隻身來台的廖中山就與在天主教會任職的林黎彩相遇相識而結婚。婚後廖中山爲了生計而到海外跑船，卻因爲跟中國親人通信而被警總列管不得出境。返台後到高雄海專與海洋學院任教，執教期間曾廣泛閱讀，開始反省黨國教育的謬誤。

一九八九年鄭南榕自焚事件以及中國六四屠殺事件讓廖中山徹底揚棄中國認同，立場轉向台灣獨立。一九九二年，廖中山與一群中國戰後移民成立「外省人台灣獨立促進會」，一九九五年再成立「海洋台灣文教基金會」，將餘生貢獻給台灣獨立運動。廖中山臨終前仍呼喚著：「再見！台灣再見！」，滿溢掛念台灣之情，於一九九九年十月七日病逝。

建國黨發動抗議香港保釣共匪行動 1996.10.7

Tâi-oân tok-li̍p 台灣獨立

2022 October

10月 8日

舊曆 九月十三

節氣 寒露

台諺有云：九月起九降、臭頭仔無地藏。意謂寒露後降風強，痢痢頭戴的帽都會被風吹走，臭頭仔原形畢露。

(4)

第四卷 第十一期 政府不可誘民入罪

社論

政府不可誘民入罪

•夏道平所寫的「政府不可誘民入罪」，揭露保安司令管制金融的重大弊端，因此得罪高雄屠夫彭孟緝，也遭致國民黨強烈反彈。

•雷震像

•雷震因「自由中國」而入獄。

小望月

禮拜六 lé - pài - la̍k | SAT 土曜

2022年 10月

日	一	二	三	四	五	六
						1
2	3	4	5	6	7	8
9	10	11	12	13	14	15
16	17	18	19	20	21	22
23	24	25	26	27	28	29
30	31					

自由中國雜誌遭查禁

1960.10.8

一九四九年，一批親國民黨的自由派學者，包括胡適、雷震、杭立武、張佛泉等人，預備在中國上海籌辦「自由中國」雜誌，用以標榜反共擁蔣立場。然而不久中華民國即被中華人民共和國取代，全員流亡來台，原來要在中國創辦發行的「自由中國」雜誌只好改到台灣出版，並且由胡適擔任發行人，雷震與殷海光擔任主編。

蔣介石視「自由中國」雜誌為對外宣傳的「開明」樣板，一方面用以誇耀在他統治之下，中華民國得以享有「言論自由」，另一方面則是以此博取美國的信任來獲得龐大的金援。所以即使「自由中國」曾經發表多篇觸怒國民黨高官的文章，蔣介石也一直對雜誌採取隱忍的態度。直到國民黨在韓戰後獲得美援與共同防禦的保證，蔣介石不再需要對外的樣板宣傳，便開始對「自由中國」進行秋後算帳。

當時「自由中國」的核心成員包括胡適、雷震與殷海光，原以為蔣介石可以容忍他們對政府的針貶，因此才放手撰文批判。直到一九五一年六月，「自由中國」刊出夏道平寫的「政府不可誘民入罪」，揭露保安司令管制金融的重大弊端，因此得罪高雄屠夫彭孟緝，也遭致國民黨強烈反彈，機靈的胡適才意識到事不可為而在隔年迅速辭去發行人一職，殷海光事後還曾批評胡是軟弱妥協的自由主義者。

此時雷震與殷海光仍舊堅持他們對於自由的理念，繼續在雜誌上發表與刊載批判時政的文章，不但為文批判「反攻大陸」的不切實際，也反對蔣介石尋求總統三連任，更在一九六〇年倡議籌組反對黨。這一連串的作為終於引爆蔣介石怒火，不但將雷震判刑十年，還在一九六〇年十月八日勒令「自由中國」停刊，關閉在台中國人得以暢言的僅存管道，

台灣本土歌手郭金發逝世 2016.10.8

Tâi-oân tók-lėk 台灣獨立

2022 October

10月 9日

舊曆 九月十四

滿月

犯官欺，毋通犯衆議。

寧願被官員欺負入罪，也不要讓人議論。長期以來支那的官場文化就是隱善揚惡以及看上不看下。所以台灣民衆也形成一個奇異的共識，那就是被官員判罪或是欺負的通常都是好人，但是如果被民衆指點議論的就一定會是壞人的結論。這種民間所形成的共識也讓許多愛護自身清白的人寧可被官警逮捕，也不願意遭人非議。

• 李鎮源教授與民眾在台大醫學院大樓門口靜坐。

• 反閱兵廢惡法行動的標誌。

• 一九九一年十月九日，參加反閱兵廢惡法靜坐抗議的群眾遭到憲警強制驅離，最後只剩自立報系、台灣時報、民眾日報等少數記者拒絕離開，也因此被憲兵給團團包圍。

禮拜日 lé - pài - jit | SUN 日曜

2022年 10月

日	一	二	三	四	五	六
						1
2	3	4	5	6	7	8
9	10	11	12	13	14	15
16	17	18	19	20	21	22
23	24	25	26	27	28	29
30	31					

1991.10.9

反閱兵廢惡法靜坐抗議

中華民國在一九三五年（當時台灣仍屬日治時期）就頒布了刑法第一百條「內亂罪」規定，內容對意圖破壞國體與顛覆政府的人處以重刑。這項僅以對方思想言論就加以定罪的法律在中華民國來台後依舊沿用多年並造成許多冤獄，即使到了一九八七年解嚴後，這項荒謬的法令依舊沒有任何修法動作。

直到一九九一年五月九日發生調查局人員衝進清華大學逮捕台獨支持者的「獨台會事件」，刑法一百條的爭議才再次浮上檯面，同時也引發社會大眾的聲援抗議與佔領行動。一九九一年九月二十一日，李鎮源、林山田、陳師孟、瞿海源、張忠棟等學術界人士組成「一〇〇行動聯盟」，訴求廢除刑法一百條。時值郝柏村擔任行政院長期間，引發社會對軍人干政的質疑聲浪，行動聯盟也順勢發起「愛與非暴力」以及「反閱兵、廢惡法」的抗議行動。

一九九一年十月九日，「一〇〇行動聯盟」在台大醫學院基礎醫學大樓前展開靜坐，抗議前一天（十月八日）因為前往總統府閱兵觀禮臺前演練「愛與非暴力」抗爭時，遭到大批憲警暴力攻擊與強力水柱鎮壓的流血事件。聯盟成員在經過前一日的暴力事件後依舊堅守立場，由醫界大老李鎮源教授帶領群眾在台大醫院前繼續靜坐抗議。

此時郝柏村派出大批軍警包圍台大醫院，並且開始驅逐現場的媒體記者，國民黨控制的老三台電視與報媒也全力抹黑抗議人士。接著軍警開始抬離靜坐抗議人士，最後現場僅剩李鎮源與少數教授以及良心記者受到軍警的團團包圍。雖然「一〇〇行動聯盟」的抗議並沒有對十月十日閱兵造成任何影響，但是他們的主要訴求卻在一九九二年立法院通過廢除刑法一百條「思想叛亂罪」條款之後獲得實現。

麻生太郎來台感謝台灣對三一一震災援助 2011.10.9

2022 October

10月10日

舊曆 九月十五

字捌深，人袋屎。

書讀很多，腦袋卻裝屎，完全不懂人情義理。馬英九趁王金平嫁女兒的時候發起政爭，國民黨等一批名嘴趁陳水扁嫁女兒的時候唱衰喜事，就是這種中國禮教儒書讀一堆，但是頭殼袋屎歸大堆的標準示範。

• 王幸男像

• 連根藤撕毀中華民國黨國旗，受到在場台灣學生鼓掌叫好。

• 江國慶像

• 彌迪理牧師的離台演講啟發了王幸男，讓他決定採用武裝手段推翻中國，於一九七六年用郵包炸彈炸斷謝東閔手臂。

• 軍事法庭最終判決江國慶死刑，於一九九七年八月十三日執行槍決。江國慶死前拒吃最後一餐，遺書中留言：「人不是我殺的。」他還憤怒地說：「我一定要化為厲鬼，向害我的人索命。」

立待月

禮拜一 lé - pài - it | MON 月曜

2022年 10月

日	一	二	三	四	五	六
						1
2	3	4	5	6	7	8
9	10	11	12	13	14	15
16	17	18	19	20	21	22
23	24	25	26	27	28	29
30	31					

1975.10.10 枉死士兵江國慶日

江國慶生於一九七五年十月十日，台北縣永和人，因爲其出生日剛好是中華民國國慶日，父母將其取名爲「國慶」。一九九五年高中畢業後即接受兵役徵召進入空軍作戰司令部服役，所屬單位卻在一九九六年九月發生謝姓女童遭姦殺案。當時中華民國軍方爲了追求破案時效而便宜行事，竟以不具司法警察身分的空軍反情報隊對江國慶進行違法偵辦，並以疲勞訊問與刑求逼供方式脅迫他寫下自白書。

軍事法庭最終判決江國慶死刑，於一九九七年八月十三日執行槍決。江國慶死前拒吃最後一餐，並且在遺書中留言：「人不是我殺的。」，法醫在注射麻藥前，他還憤怒地說：「我一定要化爲厲鬼，向害我的人索命。」江國慶死後多年才終被法院證明是枉死冤案，於二〇一一年由軍事法院宣佈無罪。此案也突顯中華民國軍隊長期以來的陋習與黑暗。

1973.10.10 留日台灣學生撕毀黨旗

七〇年代初期，中華民國被踢出聯合國，不久後也被日本中斷外交關係。國民黨爲了面子問題，下令海外的國慶典禮要比以往更加盛大。一九七三年十月十日，國民黨在日本大阪舉辦的國慶祝禮被留日學生連根藤、林登達當場撕毀國民黨旗，受到在場學生鼓掌叫好，兩人隨後也被註銷中華民國護照。

1976.10.10 王幸男郵包炸彈事件

曾畢業於陸官專修班的王幸男因不滿中華民國政府的獨裁統治，一九七六年十月從美國返台後於台北旅社內製作炸彈，隨後寄送給時任國民黨高官的謝東閔，李煥、黃杰三人，其中謝東閔於十月十日開啓郵件時遭炸斷左臂，李煥則遭炸傷手指。王幸男也於一九七七年返台遭捕，一九九〇年假釋出獄。

2017.10.10

獨派於自由廣場焚燒「中華民國殭屍」

Tâi-ôan tók-lèk
台灣獨立

2022
October

10月 11日

• 辛亥革命成功的真正功臣其實是握有新軍實力的袁世凱。

• 真正的中華民國國旗其實是五色旗，日後國民黨卻把黨徽旗偷換成國旗。

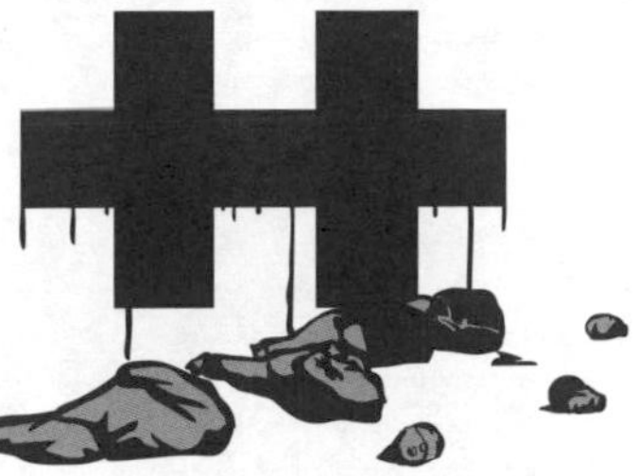

• 支那的辛亥革命其實是種族大屠殺。

漢文臺灣日日新報
內外要電
下賜內帑
意國宣言
萬國衛生統計會議
外務豫算增加
法國將官來朝
大操幹部決定
意土戰爭及我各界
意大利於討利波利

• 此為一九一一年十月十二日，臺灣日日新報漢文板的頭版頁面上半部。支那革命發生時，當時台灣社會普遍在關注度量衡更換、颱風災害以及義大利跟土耳其戰爭的國際事件，對於支那發生的動亂採旁觀的態度。

舊曆 九月十六

五子登科。

諺語原指人生圓滿，妻子、孩子、房子、銀子、車子全部都有了。戰後變成台灣人諷刺中華民國官員與中國人的惡行惡狀，這些人來台灣貪汙貪到也是房子銀子什麼都有，讓台灣人見識到支那文化什麼都敢拿的奇景。

居待月

禮拜二 lé-pài-jī

TUE 火曜

2022年 10月

日	一	二	三	四	五	六
						1
2	3	4	5	6	7	8
9	10	11	12	13	14	15
16	17	18	19	20	21	22
23	24	25	26	27	28	29
30	31					

World

辛亥大屠殺

1911.10.11

一九一一年十月十日夜間，清國轄下湖北新軍中的革命黨成員（共進會與文學社），趁武漢新軍調入四川鎮壓保路運動之際提前發動武裝起義，革命行動也在清國各省陸續開展。最終掌控清國北洋新軍大權的袁世凱倒向革命黨，成了起義成功的重要關鍵，中華民國也因此在隔年順勢建立。

然而在中華民國的長期洗腦教育之下，辛亥革命卻被美化成專屬國民黨與孫文的一己功績，完全忽略非國民黨體系的眞正貢獻。而發生在革命期間的種族屠殺與滿漢衝突更是隻字不提，成了中華民國不願意面對的歷史。當初興中會所倡導的誓詞：「驅逐韃虜，恢復中華」也從排滿興漢的口號變形成種族屠殺的藉口。武昌起義後不久，清國各地滿城，包括西安、荊州、杭州、廣州、南京都遭到種族清洗屠殺，中華民國也在這樣不祥的開端中建國。

一九一一年十月十四日，辛亥革命發生後第四天，一名路透社的外國記者來到湖北武昌，卻發現遍地都是滿人的屍體，不只是清國官兵的屍體，還有一堆無辜婦孺的屍體。加州大學的現代中國史教授周錫瑞對於辛亥革命有著這樣的評價：「那差不多就是屠殺。如果旗兵被殺是因爲他們具有潛在危險的話，那麼殺害婦孺似乎是完全沒有必要的。」

美國歷史學者路康樂在他的著作中也提到滿人婦女遭到無辜殺害的過程。武昌起義之後的失控狀況使得當時武昌的外國領事館甚至得出面向湖北軍政府干預才能避免更多無辜民眾遭到濫殺。事後中國社會黨的創始人江亢虎還寫了一封信給武昌革命軍，提出不應該用種族屠殺的復仇方式來進行革命，卻遭到革命黨人痛罵與威脅。中國人以濫殺解決問題的慣性思維也讓他們陷入長期自相屠戮的輪迴。

日治台灣縱貫鐵路海岸線全線通車 1922.10.11

2022 October

10月 12日

日	一	二	三	四	五	六
						1
2	3	4	5	6	7	8
9	10	11	12	13	14	15
16	17	18	19	20	21	22
23	24	25	26	27	28	29
30	31					

2022年 10月

禮拜三 lé - pài - sa^n WED 水曜

舊曆 九月十七

寢待月

醜醜一下笑，燒燒一杯茶。

這是台灣早期民間樸實的待客之道，就算長得不好看的也要微笑歡迎，沒東西吃也會有熱的奉茶，比喻為真誠不做作的態度。這也是台灣社會經常被稱為有人情味的原因。然而隨著都市化與戰後中國人來台所引發的敗壞治安，這種純樸的待客之道已經逐漸在消逝當中。

• 王康陸一九九一年返台後因參加台獨聯盟台灣本部成立大會而被捕入獄。

• 王康陸像

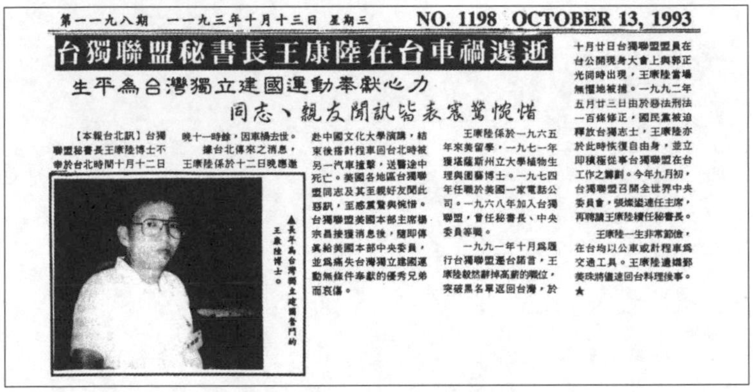

第一一九八期　一九九三年十月十三日 星期三　NO. 1198 OCTOBER 13, 1993

台獨聯盟秘書長王康陸在台車禍遽逝

生平為台灣獨立建國運動奉獻心力

同志、親友聞訊皆表震驚惋惜

【本報台北訊】台獨聯盟秘書長王康陸博士不幸於台北時間十月十二日晚十一時餘，因車禍去世。

據台北傳來之消息，王康陸係於十二日晚應邀赴中國文化大學演講，結束後搭計程車回台北時被另一汽車撞擊，送醫途中死亡。美國各地區台獨聯盟同志及其至親好友聞此惡訊，至感震驚與惋惜。台獨聯盟美國本部主席楊宗昌接獲消息後，隨即傳真給美國本部中央委員，並為痛失台灣獨立建國運動無條件奉獻的優秀兄弟而哀傷。

▲長年為台灣獨立建國奮鬥的王康陸博士。

王康陸係於一九六五年來美留學，一九七一年獲堪薩斯州立大學植物生理與園藝博士。一九七四年任職於美國一家電話公司。一九六八年加入台獨聯盟，曾任秘書長、中央委員等職。

一九九一年十月為履行台獨聯盟遷台諾言，王康陸毅然辭掉高薪的職位，突破黑名單返回台灣，於十月廿日台獨聯盟盟員在台公開現身大會上與郭正光同時出現，王康陸當場無懼地被捕。一九九二年五月廿三日由於惡法刑法一百條修正，國民黨被迫釋放台獨志士，王康陸亦於此時恢復自由身，並立即積極從事台獨聯盟在台工作之籌劃。今年九月初，台獨聯盟召開全世界中央委員會，張燦鍙連任主席，再聘請王康陸續任秘書長。

王康陸一生非常節儉，在台均以公車或計程車為交通工具。王康陸遺孀鄭美珠將儘速回台料理後事。★

• 王康陸疑似遭國民黨特務謀殺，車禍身亡後，海外獨派報紙發專文悼念。

1993.10.12

王康陸離奇車禍身亡

王康陸，一九四一年一月四日生於中國北京市，原籍台中州鹿港街。王康陸之父王永宗早年前往滿洲國蒙政部工作，後來棄政從商居於北京，王康陸才因此出生於北京。一九四八年，王康陸全家返台，當時只懂得北京話的他在返台後才開始學習台語。

一九六五年王康陸前往美國堪薩斯大學讀書，並且投入台灣獨立運動，他曾經擔任台灣獨立建國聯盟中央委員、宣傳部負責人、台獨月刊總編輯，許多台灣獨立建國聯盟的文獻資料皆出自王康陸之筆，因此被台獨聯盟稱為「永遠的秘書長」。他也因為主張台獨而被中華民國列入政治黑名單，長期無法返台。一九九一年，王康陸放棄美國的優厚薪俸及退休金搭著小船回台，於台獨聯盟台灣本部成立大會上被捕入獄。在刑法第一百條修正案通過之後，王康陸與其他主張台灣獨立的人士都因此獲釋。

一九九三年十月十二日晚間，王康陸應邀前往文化大學演講，結束後深夜與文大學生一同坐計程車下山，途中卻遭無照駕駛且酒駕的司機林慶中撞死，同車學生也因此腦震盪昏迷，計程車司機則是身受重傷，肇事司機後來無保飭回。

根據事後計程車司機的描述，王康陸所搭乘的計程車朝南往仰德大道下山，卻有一輛黑色轎車尾隨，在出事點處欲右轉時，有一輛深色箱型車未開燈停在南下車道轉角路旁，車頭朝北，車旁站立一位穿深色衣服男子；計程車因此轉往左側避開，再往右開回原車道。此時原呈靜止狀態停靠在右下山車道的肇事轎車突然往前急速衝撞，計程車雖然試圖躲閃，騰出足夠空間讓肇事車通過，但此車非但未閃開還加速衝撞而肇禍。此次離奇車禍也被質疑為國民黨特務針對台獨領袖所策畫的暗殺行動。

清國正式將台灣改建行省 1885.10.12

Tâi-oân tók-lék
台灣獨曆

2022 October
10月 13日

舊曆 九月十八

茌茌馬嘛有一步踢。

就算是衰弱的馬也有他致命的一踢。意指再弱的人也有其可取之處。台灣雖然與中國的軍力處在失衡狀態，但是發展不對稱作戰以及購買攻防兼具的武器，依舊可以給予中國痛擊，讓中國在想侵略台灣前可以多些遲疑。

更待月

我們的基本主張：建立主權獨立自主的台灣共和國。

・一九九一年十月十三日，民進黨通過台獨黨綱。

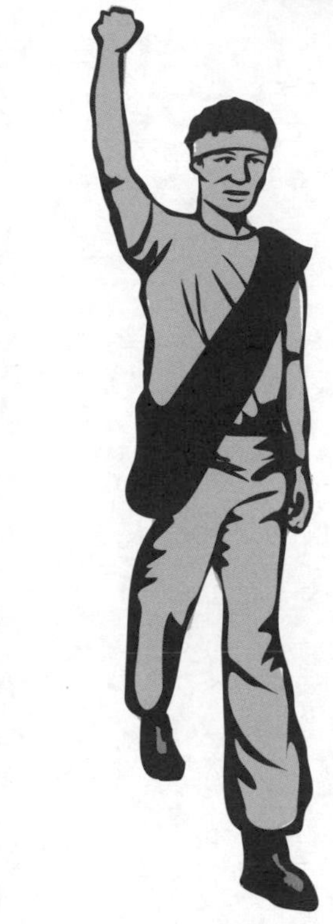

・一九八九年，蔡正隆與世台會成員闖關返台上街遊行。

・蔡正隆像

・時任黨國鷹犬的侯友宜。

・侯友宜帶霹靂小組與便衣警察攻擊手無寸鐵的蔡正隆。

2022年 10月

日	一	二	三	四	五	六
						1
2	3	4	5	6	7	8
9	10	11	12	13	14	15
16	17	18	19	20	21	22
23	24	25	26	27	28	29
30	31					

禮拜四 lé - pài - sì | THU 木曜

1995.10.13

蔡正隆逝世日

◆ 台獨燭火

蔡正隆，出生於一九四四年，台中市人。一九六六年自台大機械系畢業，服完兵役後前去美國留學，於南卡羅來納州立大學取得機械碩士學位，一九七二年再獲卡內基大學機械博士學位。蔡正隆在美國留學與工作期間曾先後擔任台灣同鄉會會長，台灣人公共事務會中央委員、台獨聯盟中央委員，全心全力貢獻於台獨運動。

一九八一年陳文成命案發生後，蔡正隆自願到美國國會作證，揭發國民黨特務的罪行。一九八九年，突破中華民國政治黑名單限制，闖關返回台灣並在世台會公開現身，卻遭到侯友宜率霹靂小組暴力攻擊並遣返美國。蔡正隆晚年罹患重病仍然致力於台語文運動，提倡「嘴講台灣話、手寫台灣文」，於一九九五年十月十三日病逝。後人尊稱蔡為「台獨燭火」，用以形容他燃燒生命，照亮台獨的一生。

1991.10.13

台獨綱領通過日

一九九一年十月十三日，民進黨第五屆第一次全國黨員代表大會修正通過「建立主權獨立自主的台灣共和國」基本綱領，內容主張：「台灣主權獨立、不屬於中華人民共和國，且台灣主權不及於中國大陸，既是歷史事實，又是現實狀態，同時也是國際社會之共識。將依照台灣主權現實獨立建國，制定新憲，使法政體系符合台灣社會現實，並依據國際法之原則重返國際社會。基於國民主權原理，建立主權獨立自主的台灣共和國及制定新憲法的主張，應交由台灣全體住民以公民投票方式選擇決定。」

此即通稱的民進黨台獨黨綱。民進黨在黃信介擔任主席任內通過此項基本綱領，除了展現政治理想的制度落實，也直接挑戰了當時尚未廢除的刑法一百條「預備內亂罪」。然而日後隨著政局演變，台獨黨綱也在民進黨內部形成正反不同立場的爭辯。

1989.10.13 中華民國以叛亂罪起訴許信良

Tâi-oân tok-li̍k 台灣獨立

2022 October

10月14日

舊曆 九月十九

公學讀六冬，毋捌屎桶仔枋。

一九一〇年，日本將公學校設為義務教育。公學校相當於現在的小學，要念完六年才能畢業。本句諺語就是指公學校都念完六年了，連屎桶仔枋都不知道那是什麼，比喻讀書讀到連最基本道理都不懂，讀冊讀佇尻脊骿。

• 岡山大轟炸時，美軍轟炸機在上空的視野。

• 美軍陸軍航空隊從中華民國成都市派出一百三十架B－29大型轟炸機，對岡山投下兩千五百多枚高爆彈與燒夷彈。

• 日治時代成人防空服的樣式。（圖節錄自「主婦之友」一九四四年四月號）

• 美軍轟炸機對岡山海軍航空廠進行轟炸。

十九夜

禮拜五 lé - pài - gō | FRI 金曜

2022年 10月

日	一	二	三	四	五	六
						1
2	3	4	5	6	7	8
9	10	11	12	13	14	15
16	17	18	19	20	21	22
23	24	25	26	27	28	29
30	31					

岡山大空襲

1944.10.14

二戰末期，美國軍隊在太平洋區域採取跳島戰略攻佔日本領土，因此選擇派軍登陸菲律賓群島與沖繩島並且跳過台灣島的方式來進行作戰。台灣在美軍跳島攻略下也成了被空襲轟炸的重點區域。

一九四四年十月中旬，台灣周遭海域與上空正在與美軍航母艦隊群進行激烈空戰，史稱「台灣沖航空戰」。美軍艦隊爲了避免被台灣起飛的戰機攻擊，加上預備在菲律賓發起雷伊泰島戰役，便選擇加強轟炸新竹與高雄的軍事基地，並連續發動多次對台灣的空襲，其中有超過一半的轟炸區域就落在高雄本地。當時的高雄是大日本帝國的南進基地，而岡山機場也是台灣最大的軍用機場，緊鄰的日本海軍六一航空廠則是最大的飛機維修基地，自然就成爲美軍空襲的首要目標，慘烈的「岡山大空襲」就是在這樣的時空背景下發生。

一九四四年十月十四日，美軍陸軍航空隊從中華民國成都市派出了一百三十架B－29大型轟炸機，對高雄岡山地區投下了兩千五百多枚的高爆彈與燒夷彈（約六百五十噸炸藥），遭受轟炸的地方包括軍用機場、海軍航空廠、糖廠與酒精工廠。台灣總督府當時在全台強力執行「非常時」與「大疏開」的避難策略，因此傷亡數字得以大幅降低，但是岡山空襲的死亡人數仍達千人上下。

岡山大空襲之後，美軍仍持續對岡山地區進行高強度的轟炸，包括兩天後又派出七十三架B－29轟炸機前來，美軍艦隊同時派出艦載機持續空襲，對岡山的轟炸行動一共持續了七個月，造成極爲慘重的損害。然而戰後中華民國的洗腦教育中卻始終略而不提這段歷史，導致許多台灣人甚至誤認二戰時的台灣是被日軍轟炸。

民進黨要求國家統一委員會改名 1990.10.14

Tâi-ôan tók-lėk 台灣獨曆

2022 October

10月15日

舊曆 九月二十

土治公無畫號，虎毋敢食人。

土治公就是土地公，台灣民間相傳老虎是土地公的手下。意思是土地公沒有下令，老虎不敢隨便咬人。一九八四年爆發江南案，國民黨指使竹聯幫黑道份子到美國槍殺作家江南。事情被美國政府爆出後，國民黨急著切割案件是情治系統與軍情局所為，但是誰不知道幕後示意惡虎殺人的土治公就是蔣經國呢。

劉宜良在美國遇刺
自宅車房遭兩殺手狙擊
身中三槍被害原因不明

〔本報舊金山十六日專電〕前台灣日報駐華府特派員劉宜良（筆名江南），於十五日在舊金山附近的大理市自宅車房被二名兇徒槍殺，身中三槍殞命，大理市警方現已全力偵辦中。

大理市警察局指出：劉宜良是於上午九時廿分在自宅車房被殺，一槍擊中頭部，兩槍擊中腹部，被害原因不明，兩名兇手在行兇後逃逸。

現年五十歲的劉宜良是在一九六七年擔任台灣日報駐華府特派員，後來改行做東方禮品生意，移居舊金山在漁人碼頭經營磁像店。

劉宜良的妻子崔蓉芝在兇案發生後，向警方描述說：當天上午她先開車送小孩上學，回家後將車子停入車房，如往常一樣並未將車房門關上。九時廿分她們準備到漁人碼頭店裏，劉宜良先進入車房，隨後即傳出三聲槍響，她跑進察看，發現丈夫倒在血泊中不省人事，經報案後，由救護車將他送往醫院，但仍不治死亡。

根據劉妻指證：案發當天上午，有兩名男子騎單車在他們家附近徘徊，兩人均穿運動衫，並將擋風帽蓋在頭上，因此無法辨認出他們的模樣。

警方在兇案現場勘查後，研判兩名兇手是先將汽車停在附近，而以單車做為犯罪的交通工具，因為劉宅是在一條巷子內，汽車很難調轉，兇手行兇後騎單車自巷中逃逸。

劉宜良被槍殺後，身上的證件及錢包均未失竊，他的親友認為兇手並非是劫財，不過，警方已廣泛蒐集線索，全力偵辦中。

• 劉宜良在美國遭中華民國政府派黑道槍殺的新聞。

• 劉宜良像（筆名江南）

• 劉宜良因為寫文爆料蔣經國的私生活與醜聞，遭到國民黨人派支那黑道暗殺。

二十夜

禮拜六 lé - pài - lák | SAT 土曜

2022年 10月

日	一	二	三	四	五	六
						1
2	3	4	5	6	7	8
9	10	11	12	13	14	15
16	17	18	19	20	21	22
23	24	25	26	27	28	29
30	31					

1984.10.15

江南案發生日

江南案指的是作家劉宜良在美國遭到竹聯幫眾槍殺的命案，而其幕後的主使者就是蔣經國與中華民國情報局。由於劉宜良的筆名又叫「江南」，所以命案又稱為「江南案」。劉宜良於一九三二年生於中國江蘇，少年時因生計問題加入中華民國軍隊，於一九四九年隨軍來到台灣，曾至台北政工幹校受訓並自新聞系肄業，隨後進入新聞界擔任記者，其文筆才情均表現突出，因此也屢獲長官肯定。

一九六七年，劉宜良以「台灣日報」特派員的名義赴美國深造，期間寫出許多立論尖銳的評論，因此得罪許多國民黨高官。一九七〇年四月，劉宜良在美攻讀碩士期間，蔣經國正好訪美，他因此得以近身採訪，加上不久後發生黃文雄刺蔣案，遂讓劉決定要將蔣經國當成博士論文的研究題材，並將之出版為「蔣經國傳」。

一九七五年劉宜良在香港發表「蔣經國傳」一書，由於該書內容揭發許多不為人知的內幕，加上劉宜良還打算撰寫以批判國民黨而聞名的吳國楨傳記，因此引發蔣經國的殺機。蔣經國遂指使其下屬，也就是國防部情報局局長的汪希苓去執行暗殺任務。汪希苓隨後便搭上竹聯幫總堂主陳啓禮與帥嶽峰，再讓他們雇吳敦與董桂森前往美國暗殺劉宜良。

一九八四年十月十五日，劉宜良於美國加州住處遭吳敦持手槍以行刑方式朝眉心開槍，倒地後再被董桂森往胸部、腹部各開一槍而當場死亡。劉宜良之死引發美國政府高度重視，也破壞了國民黨與美國的關係。美國隨即強力施壓蔣經國找出真兇，蔣經國只好抓替死鬼汪希苓、陳啓禮與吳敦入獄，但是這些人在獄中仍備受禮遇。江南案僅是再次顯露國民黨從林宅血案以來一貫的黑幫謀殺路線罷了。

台灣學者李遠哲獲諾貝爾化學獎 1986.10.15

2022
October

10月16日

舊曆
九月廿一

大路毋行，
草會生塞；
話久無講，
舌㾀會打結。

馬路太久沒人走，就會長滿雜草，母語太久沒有講，講起來舌頭會打結。就算經過五十年的日本統治，台灣人仍然普遍在使用母語或台羅文，但是戰後中華民國的貶低母語教育卻迅速地讓整個世代的人變成厭惡母語的失根之人。一堆台灣人明明母語就不是北京話，但是別人跟他講母語時，還是硬要用北京話來回應，實在是悲哀。

• 台灣日日新報「婦女版」主編西川滿因欣賞楊千鶴在「文藝台灣」發表的文章而錄取她。

• 楊千鶴在日本時代的摩登造型。

• 楊千鶴像

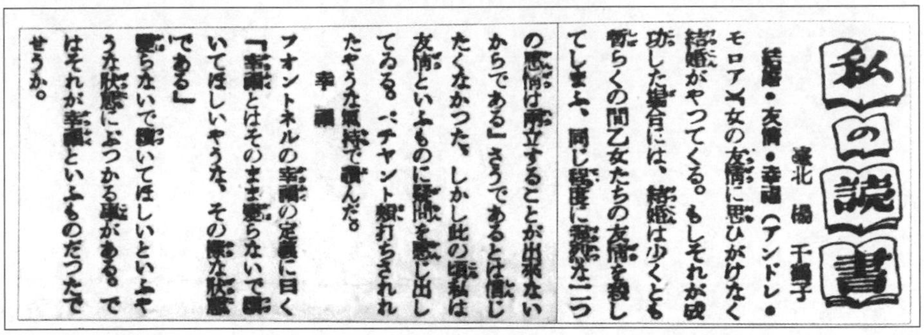

私の讀書

結婚・友情・幸福（アンドレ・　臺北　楊千鶴子
モロア）女の友情に思ひがけなく結婚がやつてくる。もしそれが成功した場合には、結婚は少くとも暫らくの間乙女たちの友情を殺してしまふ、同じ程度に熱烈な二つの感情は両立することが出來ないからである」さうであるとは信じたくなかつた、しかし此の頃私は友情といふものに疑問を感じ出してゐる。ペチヤント頬打ちされたやうな氣持で讀んだ。

幸福

フオントネルの幸福の定義に曰く「幸福とはそのまま變らないで續いてほしいやうな、その様な狀態である」

變らないで續いてほしいといふやうな狀態にぶつかる事がある。ではそれが幸福といふものだつたでせうか。

• 楊千鶴在一九四一年「台灣日日新報」的「家庭文化」專欄介紹安德烈・莫洛爾的著作「結婚、友情、幸福」。

二十一夜

禮拜日
lé - pài - jit

SUN
日曜

2022年 10月

日	一	二	三	四	五	六
						1
2	3	4	5	6	7	8
9	10	11	12	13	14	15
16	17	18	19	20	21	22
23	24	25	26	27	28	29
30	31					

楊千鶴逝世日

2011.10.16

◆台灣第一位女記者

楊千鶴，生於一九二一年九月一日，台北市人，爲家中么女，原來差點被家人送出當養女，幸得母親爭取才得以留在家裡。幼時受母親疼愛，因此與母親感情融洽。少女時期母親驟逝，楊千鶴遵循母親希冀她結婚並相夫教子的教誨，前往當時標榜培養適婚女子家政與才藝能力的「台北女子高等學院」就讀（該校知名校友有台灣畫家周紅綢、邱金蓮、詩人潘芳格以及李登輝夫人曾文惠）。

楊千鶴於二十歲畢業後，前往「台灣蓬萊米之父」磯永吉弟子的研究室擔任助理，卻發現日人與台人不同薪的問題，因此憤而提出辭呈。不久後，「台灣日日新」報社招聘三名「婦人記者」，而且規定其中一名一定要是台灣女性，楊千鶴便前去應徵，當時負責「婦女版」的主編西川滿因欣賞她在「文藝台灣」發表的「哭婆」文章而錄取了她。

楊千鶴要求西川滿給她跟日本女記者一樣的薪水，西川滿也答應她，甚至給她比日籍女記者還高的薪資，她也因此答應進入「台灣日日新」報社，成爲台灣史上第一位女記者。楊千鶴進入報社後，以台灣人的角度，寫出許多具有本土特色的報導，除了介紹台灣文化與風俗之外，還專訪了畫家郭雪湖、詩人李騰嶽等人，甚至毫不避諱採訪當時的異議人士賴和，其勇氣與求真精神也遠勝男性同事。

西川滿曾評楊千鶴：「自負於身爲台灣第一個女記者，楊女士的努力令人讚賞。如同她灑脫姿影，婦女版突然變得有朝氣。」一九四二年太平洋戰爭爆發，日本政府要求裁縮報章雜誌與專欄，楊千鶴只好辭去記者職務，步入婚姻生活。戰後曾當選首屆民選縣議員，直到一九九三年才重新以日文寫下回憶錄「人生的三稜鏡」，於二〇一一年十月十六日逝世。

台灣醫學權威彭明聰逝世日　2014.10.16

2022 October

10月17日

舊曆 **九月廿二**

菜蟲食菜菜跤死。

吃菜的蟲最後都會死在菜下，比喻短視近利與作惡多端的人終自食惡果。很多拿了點小錢就支持國民黨與泛統派的台灣人，終將知道自己的財產甚至性命都將連本帶利地被中國人討回去。

難民擁塞基隆
街頭風餐露宿
警部慰問過境部隊

【本報基隆二十八日電】（一）日來榕等地湧來大批疏散人員，本市各旅館均告客滿，很多人無地安身，便在招商局邊及愛四洛等熱鬧馬路人行道上，街頭睡覺，並燒煮飯，一片流亡景象。（二）省警備總部與參謀長、省府交際科參科長及聯勤總部高級官員等數人，今（廿八）天四時來基慰勞此間過境部隊，並攜來大批水果分贈各官兵。

• 國民黨的中央日報於一九四九年五月二十九日報導中國的難民軍在基隆人行道上四處煮飯與睡覺的流亡景象。

• 中國軍初次登台時，身著破爛裝備還挑著扁擔雜物，加上公共道德與衛生習慣極差，讓從來沒見識過中國人的台灣民眾嚇了一大跳。

• 文協專務理事蔣渭水

• 文協總理林獻堂

• 台灣文化協會第一回理事會的紀念合影

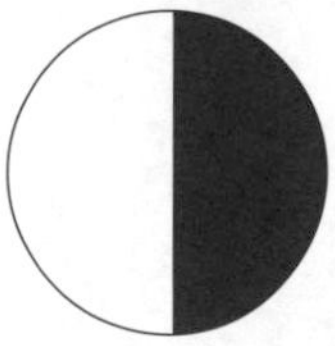

下弦月

禮拜一 lé - pài - it | **MON 月曜**

2022年 10月

日	一	二	三	四	五	六
						1
2	3	4	5	6	7	8
9	10	11	12	13	14	15
16	17	18	19	20	21	22
23	24	25	26	27	28	29
30	31					

1945.10.17

中華民國軍隊登台日

一九四五年十月十七日，中華民國陸軍七十軍部隊與行政長官公署官員搭乘四十艘美國運輸艦在基隆登港，成爲中國政府第一批前來台灣殖民的軍隊。當時中華民國軍隊根本缺乏渡海能力，仍靠傳統中式帆船擺渡，若非美軍派艦，根本無能渡海來台。

當陸軍七十軍從基隆港下船之後，在港口迎接的台灣民眾才第一次見識到中華民國軍隊的模樣。台灣人原以爲能打敗日本軍的中國軍人一定看起來都英姿煥發、雄壯威武。怎知中國軍隊下船之後，只見一個個不像軍人，反而像是苦力的人。一根扁擔跨在肩頭，兩頭吊著雨傘、棉被、鍋子、鞋子雜物。大部分人連槍都沒有。腳上的綁腿也離離落落，亂七八糟。這些中國軍人並沒有秩序或紀律的概念，推擠著下船。原來基隆港邊喧嘩的人群看到中華民國軍隊的糟糕模樣，幾乎都安靜了下來。

1921.10.17

台灣文化協會成立日

日本統治台灣初期，台灣人曾一度以武力抗爭的方式對抗日本政府，後來均以失敗收場。在經過二十餘年治台之後，新興的一批中產階級與知識份子決定以提升文化與辦報演講的柔性方式來對抗日本政府，「台灣文化協會」就在這樣時空背景下誕生。

一九二一年十月十七日，一群台灣仕紳，包括林獻堂、蔣渭水、連溫卿、蔡阿信、楊吉臣、賴和等，加上一千餘名社會各界菁英與留學生，於台北市大稻埕靜修女子學校（今靜修女中）舉行創立大會。文協成立初期以宣講文史哲主題與提升台灣人知識水平爲目標，並以「台灣議會設置請願運動」做爲宣傳刊物，同時進行「台灣民報」。但是隨著文協內部成員出現左右路線之爭，一部份右派成員離開組織，加上日本以兩手策略打擊與逮捕文協親共成員，「台灣文化協會」終在一九三一年土崩瓦解。

2007.10.17 閃靈樂團獲頒總統文化獎。

2022
October

10月 18日

舊曆
九月廿三

有吃閣有掠。

此句為常用台語，有得吃又有免費可拿，意指雙重好康，當成宣傳口號對於貪小便宜的人特別有效。例如中國國民黨經常用辦流水席與抽獎的方式來變相買票，中國共產黨近年來也以招待旅遊與食宿的方式來籠絡台灣基層公務人員、教師與退伍軍人，目的只有一個，就是希望用廉價的方式讓台灣人賣掉自己的主權與自由。

• 楊逵像

• 一九七一年台獨聯盟在美國白宮前面進行鎖鍊示威，用鎖鍊象徵中華民國套在台灣人身上的政治枷鎖。

• 日本人繪製的日軍征伐牡丹社的浮世繪圖。

• 台獨聯盟主席張燦鍙等人提議到聯合國大門前舉行鎖鍊示威抗議。

二十三夜

禮拜二 lé - pài - jī | TUE 火曜

2022年 10月

日	一	二	三	四	五	六
						1
2	3	4	5	6	7	8
9	10	11	12	13	14	15
16	17	18	19	20	21	22
23	24	25	26	27	28	29
30	31					

1971.10.18

鎖鍊示威抗議

中華民國於一九四九年滅亡之後，流亡的蔣氏家族仍試圖將「一個中國」強加在台灣人的身上。直到一九七一年聯合國開始討論中華民國不再具有「中國代表權」的問題時，台獨聯盟也趁此時機在海外加強抗議力道以突顯問題所在。

一九七一年十月十八日，台獨聯盟在聯合國大樓前發動「鎖鍊示威抗議」，以鎖鍊象徵中國在台灣人身上施加的禁錮。十餘位台灣人將自己鎖銬在聯合國外門的參觀者入口處，高呼「一個台灣，一個中國」、「台灣自決」的口號，因此吸引國際媒體的注意與報導。日本本部也同步在東京銀座舉行鎖鍊示威，由許世楷、黃昭堂、林啓旭三人將鎖鍊綑綁在身。然而國民黨官員依舊執迷不悟要爭取「正統中國」代表權，終致被聯合國踢出的命運，最後連台灣席次也不可得，等於拖著全台灣人一起下水。

1905.10.18

楊逵誕生日

◆ 台灣農民運動先驅

楊逵出生於一九〇五年十月十八日，台南新化人。一九二五年考入日本大學夜間部時就開始參加勞工運動，一九二七年返台參加農民運動並起草大會宣言而被日本逮捕，二戰後又因二二八事件與草擬和平宣言被中華民國逮捕下獄十二年，因此才真正認識「祖國」眞相，於一九八五年三月十二日逝世。

1871.10.18

牡丹社事件

一八七一年十月十八日，琉球王國的船難者漂流到台灣東南部而遭到原住民出草。日本明治政府藉機向台灣出兵，清國因對台灣東部無管轄權，因此也對日本出兵毫無異議。日方派軍攻擊原住民部落並與清國簽訂專約，清國給予日方撫卹銀兩，琉球終止向清國朝貢，此事件可謂日本對外擴張的先聲。

獨派九〇八台灣國拆特偵組招牌 2013.10.18

Tâi-ôan tȯk-lėk
台灣獨曆

2022
October

10月19日

舊曆 九月廿四

扛棺柴，兼包哭。

要扛棺材還要兼孝女哭手，比喻身兼多職。這種一個員工得幹一堆事的狀況也常見於中華民國職場。很多慣老闆為了節省成本，不是從研發新技術與簡化流程下手，而是走上剝削員工一途，不是工時超長，就是叫員工一人身兼數職，要懂外文懂網站懂設計兼懂行銷，實在是吃人夠夠。

二十四夜

• 長老教會組成台獨牧師團上街聲援許蔡案。

• 威斯康辛大學台灣留學生自製的福爾摩沙國旗。

• 威斯康辛大學台灣同鄉會成立後所發生的國旗事件。

2022年 10月

日	一	二	三	四	五	六
						1
2	3	4	5	6	7	8
9	10	11	12	13	14	15
16	17	18	19	20	21	22
23	24	25	26	27	28	29
30	31					

禮拜三
lé - pài - sa^{n}
WED
水曜

1987.10.19

長老教會組台獨牧師團

一九八七年八月三十日，一百四十二名的政治受難者群聚於台北市國賓大飯店舉行「台灣政治受難者聯誼總會」成立大會。蔡有全是當天的會議主持，而首任許曹德則提案把「台灣應該獨立」列入組織章程裡，大會也隨即通過該提案並列入「我們的基本共識」的條目當中。此舉隨即引發中華民國政治追殺，將蔡許兩人以「叛亂罪」收押，台獨團體也立刻展開聲援與抗議行動。

一九八七年十月十九日，台灣基督長老教會組「人人有主張台灣獨立自由」牧師團，由擔任牧師團總策畫的林宗正牧師，頭綁頭巾帶領近三百位牧師、教徒與高俊明、羅榮光牧師等人走上街頭，在台北市羅斯福路以遊行示威的方式聲援蔡許兩人。當遊行隊伍遭到警察與鎮暴部隊阻擋時，林宗正牧師還對著警察大聲喝斥，展現其堅持公義的牧師原則。

1963.10.19

威大台灣同鄉會登記日

一九六三年十月十九日，台灣學生於威斯康辛大學以「威大台灣同鄉會」的名稱登記社團。消息傳至華府的中華民國大使館之後，中華民國政府遂令其在威大的國民黨職業學生以「校園裡同樣的學生會已經存在」（國民黨學生主導的中國同學會）爲理由來阻擋社團成立。經台灣學生多次抗議，校方決定讓這兩個學生團體在「學生議會」裡公開辯論。

台灣留學生推派英語流利的利騰俊代表辯論，說明 Formosa 名稱的來源以及台灣歷史、地理與中國不同的事實。辯論會結束後，「學生議會」決議承認台灣和中國的文化及歷史背景之差異，且類似於英國和美國的關係，因此接受「台灣同鄉會」的申請登記。此事件也成爲海外留美學生的趣談，「威大台灣同鄉會」也於一九六五年五月二日自製台灣國旗參與校內國際日遊行，再度引發海外學生議論。

World
韓戰支那人民共和國派軍支援朝鮮 1950.10.19

Tâi-oân tok-li̍k 台灣獨立

2022
October

10月 20日

2022年 10月

日	一	二	三	四	五	六
						1
2	3	4	5	6	7	8
9	10	11	12	13	14	15
16	17	18	19	20	21	22
23	24	25	26	27	28	29
30	31					

舊曆

九月廿五

有腳食到樓梯，無腳食到食櫃。

另外一種說法為「有毛食到棕蓑，沒毛食到秤錘。兩腳食到樓梯，四腳食到桌櫃。」比喻什麼都吃。這句諺語在戰後也比喻成中華民國官員與國民黨人無所不貪，貪錢貪到沒有下限，公產變成黨產，黨產最後都變私產。

二十五夜

• 郭正光為了返台而蓄鬍，方便用假名的新護照照片來矇騙過海關。

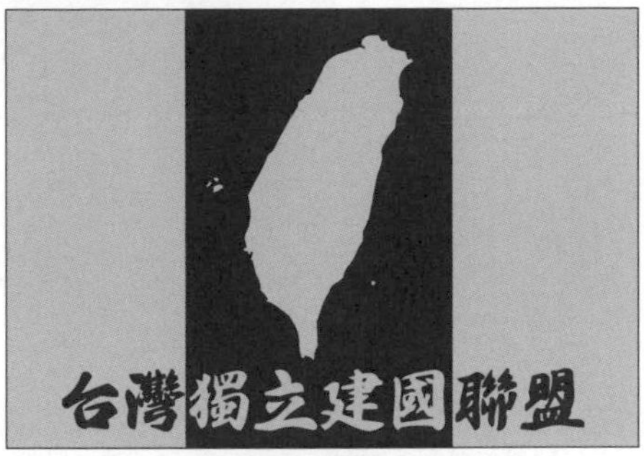

• 台獨聯盟旗

• 郭正光闖關返台參加台獨聯盟台灣本部成立大會並且與王康陸開心相擁。

• 王康陸一九九一年返台後因參加台獨聯盟台灣本部成立大會而被捕入獄。

禮拜四 lé - pài - sì | THU 木曜

1991.10.20

台獨聯盟台灣本部成立

支持台獨運動的人士長期遭受中華民國政府的迫害與打壓，在台灣島內活躍者多遭關押處刑，海外留學工作者則被列入政治黑名單而無法返台。八〇年代末，海外政治黑名單開始陸續闖關返台，多在美日活動的台灣獨立建國聯盟也決定返台建立本部。

一九九一年十月二十日，台獨聯盟在台北海霸王大飯店召開台灣本部首次盟員大會。其中秘書長王康陸在機場闖關失敗後以乘坐漁船的方式返台，並在海霸王飯店現身發表演說：「台灣是台灣獨立建國的主戰場，所以在海外發展的獨立運動一定是要歸根，回到我們的故土。」大會開始後不久隨即被大批武裝鎮暴警察闖入，王康陸遭到逮捕（隔年刑法一百條修正後才被釋放），而郭正光則是被驅逐出境。這是台獨聯盟首次在台灣舉行公開活動，雖然仍遭受軍警打壓，但也爲台獨運動開啓了新頁。

1991.10.20

郭正光海霸王事件

一九九一年十月二十日，長期被中華民國政府列入政治黑名單而無法返台的台獨聯盟人士群聚在台北海霸王大飯店召開台灣本部首次盟員暨成立大會。當時任職於美國NASA休士頓太空中心的科學家郭正光，同時也是台獨聯盟的成員，爲了突破中華民國所設下的海關管制，決定用新身分申請美國護照，還整個改名易容，終於順利闖關返台。

郭正光於十月二十日公開參加獨盟在海霸王飯店的台灣本部成立大會，隨即遭到數百個湧入會場的鎮暴警察與特務包圍，另外一個同樣從海外闖關的王康陸立刻就被認出而遭到逮捕。但是郭正光卻透過高超的易容術，先是用假髮與塗黑面孔瞞過警方，接著又化身成廚房的員工順利逃出會場，直到隔日才被調查局在機場攔下審問而後遣返美國，此事也成爲台獨人士所津津樂道的傳奇故事。

喜樂島聯盟舉行全民公投反併吞集會 2018.10.20

Tâi-oân tok-li̍p 台灣獨立

2022
October

10月21日

2022年 10月

日	一	二	三	四	五	六
						1
2	3	4	5	6	7	8
9	10	11	12	13	14	15
16	17	18	19	20	21	22
23	24	25	26	27	28	29
30	31					

舊曆 九月廿六

二十六夜

禮拜五 lé - pài - gō

FRI 金曜

戲棚腳，企久人的。

只要站夠久，就可以慢慢地擠到戲棚前最好的位置看戲。比喻人們只要有耐心，在一個位置待得夠久，對一件事情夠專注與執著，遲早都可以成為上位者或者是專家權威。李登輝的從政史就是這樣的歷程，一個在國民黨內沉潛許久的台灣人，最終在各種機運下成了體制內的元首，也成了有權力改革體制與促進民主的重要推手。

◉奇術の練習　先年松旭齋天一に随ひて渡臺し一人居殘り此頃迄高松同仁社の社員になつてゐた奇術師川喜田正一（二六）今回高松の後援を得て大稻埕怡興街五十五番戸沈塗粒なる本島人と謀り六館街二丁目七番戸東斉芳と云ふ料理店の跡に臺灣演藝社と云ふを組織し十一歳より十六歳迄の本島人少女十名を集めて奇術を教へ込み一旗擧げる積りにて昨今既に練習しつゝあり該社は株式組織となし差當り必要なる一切の費用金一千五百圓は高松外本島人六名にて引受くる筈なりと

• 高松豐次郎成立「台灣演藝社」，找了台灣少女在台北表演魔術與特技。

• 高松豐次郎像

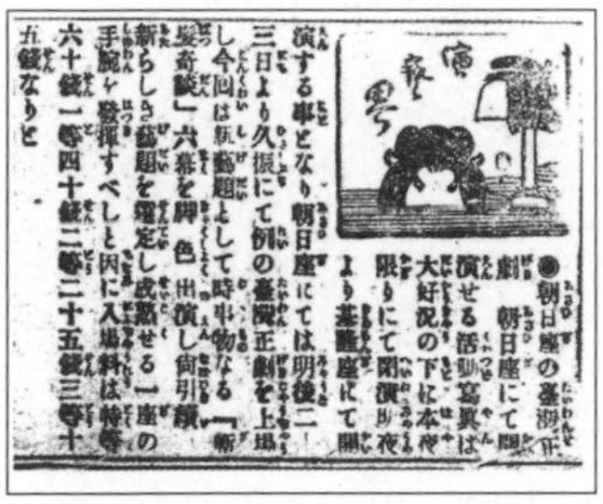

◉朝日座の臺灣正劇　朝日座にて開演せる活動寫眞は大好況の下に本夜限りにて閉演明夜より基隆座にて開演する事となり朝日座にては明後二十三日より久振にて例の臺灣正劇を上場し今回は新藝題として時事物なる「断髪奇談」六幕を脚色出演し御引續き新らしき藝題を選定し成熟せる一座の手腕を發揮すべしと因に入場料は特等六十錢一等四十錢二等二十五錢三等十五錢なりと

• 一九一一年七月二十一日，日日新報報導台北朝日座上演的新劇「斷髮奇談」與入場費用。朝日座經常上演一些灑狗血的通俗劇，戲院位於現今台北市中華路一段二十一巷附近。）

• 一九一〇年，高松豐次郎與「榮座」老闆在台北開設了朝日座戲院。

高松豐次郎誕生日

1872.10.21

◆台灣電影與新劇先驅

高松豐次郎生於一八七二年十月二十一日，日本福島縣人，年輕時候爲了籌措到美國的經費而到紡織工廠打工，卻因誤觸機器而被切斷左手，工廠卻只給他微薄的賠償金。他因此決定投入爭取勞工權益的運動之中並前往明治法律學校修習法律，隨後學習單口相聲與說書，並將此技藝結合勞權的理念。高松豐次郎後來也發現了電影宣傳理念的效果而開始投入電影製作，成爲日本社會啓蒙電影的先驅。

據傳高松豐次郎在明治法律學校就讀期間認識了時任顧問的明治政府內閣總理大臣伊藤博文。伊藤博文看重他在表演與電影上的專才，希望他到台灣進行宣撫的工作以協助殖民地的開發。高松便在伊藤博文的支持下於一九〇一年首次渡海來台，之後開始長期居留台灣並將工作重心移往台灣，直到一九一七年淡出返日爲止。

高松豐次郎在台期間開始在全島各鄉鎮放映「活動寫眞」（電影），並在放映機用乙炔發電的空檔，穿插日式說唱與台灣音樂演奏。高松組成的「活動寫眞會」與「同仁社」因此成爲許多台灣人生平第一次體驗電影的引介者。在日本治台初期，台灣人武裝抗日活動仍頻，高松豐次郎的電影放映也配合日本的官方宣傳，存在著政治教化的目的。

高松之後還在一九〇七年接受台灣總督府的委託開始拍攝「台灣實況介紹」，期間大量拍攝台灣各地的風土民情與產業建設，也讓台灣人首次從電影中看到自己身處的環境。高松於一九〇八年開始在全台各地興建戲院並推廣新劇（有別於日本傳統的舊劇），並爲台灣人推出用台語演出的現代劇與各式演藝娛樂節目，還招募失業者演出戲劇。一九一七年，高松事業重心轉回日本，於一九五二年逝世。

中國官員張銘清來台統戰遭民眾推倒　2013.10.18

Tâi-oân to̍k-li̍p 台灣獨立

2022 October

10月 22日

2022年 10月

日	一	二	三	四	五	六
						1
2	3	4	5	6	7	8
9	10	11	12	13	14	15
16	17	18	19	20	21	22
23	24	25	26	27	28	29
30	31					

舊曆 九月廿七

紅柿出頭，羅漢腳目屎流。

九月到十月深秋時刻，是紅柿成熟收成時，也是單身貧困男的傷心時刻。因為嚴冬與過年很快就要到來，流浪異鄉的羅漢腳會更形寂寞淒涼。從清國時代的唐山過黑水溝，日本時代的日裔移民，戰後的中國難民，一直到近二十年的東南亞移工與新住民，台灣一直都是移民型的社會，也是隻身前來冒險者的圓夢天堂或是葬身之地。

有明月

禮拜六 lé-pài-la̍k | SAT 土曜

週刊
臺灣民報
大正十五年九月十二日發行
第一百二十二號
二林事件公判號
△農民組合與蔗作爭議△
▣二林事件的考察……公判餘話▣
◁……被告人審問……檢察官論告……辯護人辯論……▷

•一九二六年，臺灣民報為二林蔗農事件出刊公判號。

•簡吉像　•李應章像

•此圖描繪自一九二七年，二林蔗農事件的主事者簡吉（左）與李應章（右）於二林農村演講時的紀念合照。

•圖為台中廳的林本源製糖株式會社。

1925.10.22 二林蔗農事件

台灣的地理氣候因爲適合栽種甘蔗，因此從荷蘭人來台的時候就開始招募漢人前來台灣種植甘蔗並且製成蔗糖外銷日本。日本接收台灣之後，原來大量進口台灣糖的日本反而成了產糖大國，現代化糖廠與製糖株式會社紛紛成立，各種產糖與販銷辦法也逐一制訂，但是台灣蔗農卻逐漸受到地方製糖會社的操控與壓榨。

台灣蔗農當時不能自由販賣甘蔗，秤量與收購價也由廠方黑箱控制，肥料還必須跟所屬糖廠購買，糖廠還可以自行僱工採收甘蔗，種種的措施早已讓辛苦的蔗農非常不滿。一九二四年，彰化二林的蔗農就與當地的林本源製糖會社發生糾紛，當時會社發佈的甘蔗收購價過低，肥料價卻訂得過高，加上會社秤量甘蔗的方式也相當不公平，終於引爆蔗農不滿而發起抗議，也開啓了台灣農民運動的歷史。

一九二五年六月，文化協會理事李應章成立「二林蔗農組合」，代表蔗農跟林本源製糖會社談判，還遞上一千多份蔗農簽署的面任書，但是糖廠態度強硬不肯接收，不久後談判便告破裂。該年林糖會社並未在收成前公佈收購價，而且還刻意在跟林糖會社關係良好的蔗園採收，導致雙方互信完全崩解。

十月二十二日，林糖會社在日本警察的協助之下，進入二林庄謝才的甘蔗園試圖強行採收甘蔗，結果引發現場三百餘名民眾的憤怒，林糖會社員、日警與民眾發生嚴重的暴力衝突。台灣總督府隨後也立刻展開追究行動，多人遭到逮捕與刑求，二十五人最終遭到判刑三個月到一年。事件結束後，許多蔗農採取不合作態度而拒絕下田，台灣各地也紛紛成立地方農民組合，隔年簡吉等人也成立「台灣農民組合」，台灣農民運動也出現爲期數年的活躍期。

民調顯示六成六台灣人願為台獨而戰 2020.10.22

Tâi-oân tok-le̍k 台灣獨立

2022 October

10月23日

舊曆

九月廿八

節氣

霜降

台諺有云：霜降，出無齊，牽牛犁。意謂霜降時，稻穗長不好，收成差而要重新拖牛耕地。

二十八夜

• 匈牙利民眾跳上戰車揮舞國旗。

• 匈牙利一九五六年反蘇聯入侵時連男孩都身背步槍備戰。

• 圖為匈牙利士兵Erika Szeles，她也成了匈牙利十月革命的重要象徵。當時匈牙利境內的成年女性全都拿起步槍與衝鋒槍來保衛主權與國家。

2022年 10月

日	一	二	三	四	五	六
						1
2	3	4	5	6	7	8
9	10	11	12	13	14	15
16	17	18	19	20	21	22
23	24	25	26	27	28	29
30	31					

禮拜日 lé - pài - ji̍t | SUN 日曜

World

1956.10.23

匈牙利十月事件

匈牙利十月事件與台灣二二八抗暴事件相當類似，也是起因於外來政權的腐敗無能導致自由倒退與經濟崩壞，最終引爆民眾怒火上街抗暴。匈牙利在二戰期間曾經受制於納粹德國並幫助納粹出兵蘇聯。二戰結束時，蘇聯軍隊進佔匈牙利並於一九四九年成立匈牙利人民共和國，開始實施由蘇聯控制的黨國獨裁體制，使得匈牙利成爲蘇聯的東歐附庸國。

匈牙利因爲戰後賠款與蘇維埃式的共產經濟制度以及史達林獨裁路線導致經濟民生全盤毀壞。史達林於一九五三年死後，繼任的赫魯雪夫才改爲折衷路線，原來堅持史達林路線的拉科希也被撤下匈牙利的職務，不過仍然擔任匈牙利共產黨總書記一職。直到一九五五年拉科希才鬥垮改革派重掌大權，並重回史達林的老路，雖然最後仍遭蘇聯革職，卻也因此激起匈牙利人的強烈不滿與獨立意識。

蘇聯爲了平息匈牙利人民的怒火，撤除拉科希的總書記職務，但是卻無能改善已然惡化的農業欠收與燃料不足問題。匈牙利人除了不滿史達林與共產黨統治，也開始群起要求蘇聯撤軍。一九五六年十月二十三日晚間，布達佩斯科技經濟大學的學生在廣場推倒史達林雕像，此舉引起許多積怨已久的匈牙利人加入抗議，最終有十萬人前往議會大廈示威。

然而蘇聯控制的秘密警察卻對抗議民眾開火射擊，造成上百人死亡。憤怒的匈牙利人推翻警車縱火，開始圍攻匈牙利的保安警察總部，最終演變成全面的武裝抗暴起義。十一月四日，蘇聯紅軍的坦克車開進布達佩斯進行血腥屠殺，估計有兩萬多名匈牙利人在起義期間被捕與被殺，二十萬人逃離家園。蘇聯血洗鎮壓後緊接而來的則是長達三十二年的共產獨裁統治，直到一九八九年匈牙利民主化爲止。

美參眾院議員致函柯林頓促重視台灣安全 1995.10.23

Tâi-oân tok-li̍p 台灣獨立

2022 October 10月24日

舊曆 九月廿九

人牽不行，鬼牽溜溜走。

用來形容某些人沒辦法用邏輯跟道理說服，反而是一些邪門歪道與空口白話可以讓他們信服不已。看看那些國民黨與韓國瑜的支持者，所有的邏輯常識都證明他們的選擇是死路一條，但是這些人依舊深信一堆根本狗屁不通的空話與謊言，根本是詐騙集團眼中的肥羊。

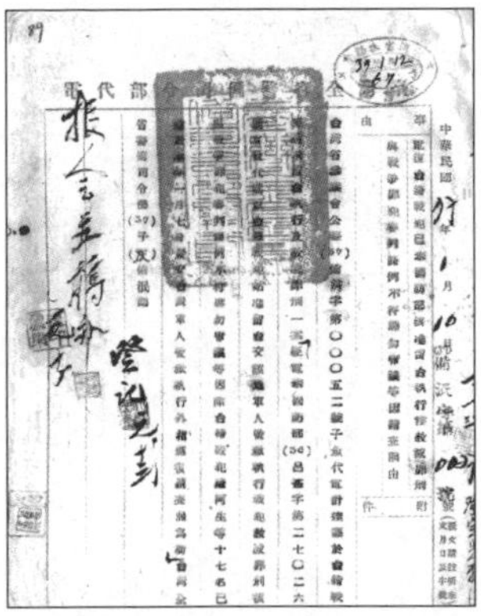

• 一九四八年，警備司令部的電文提及台籍「戰犯」已奉國防部核准赦減罪刑，與戰爭罪犯審判條例不符應勿庸議。該電文最高簽呈者竟為連震東。

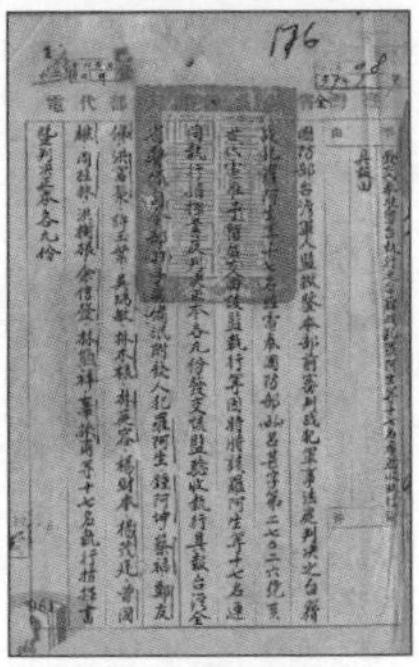

• 中華民國政府將辜振甫、林熊祥等人依審判戰犯軍事法庭的判決然後關進軍人監獄的公文內容。

全省漢奸總檢舉
望民衆盡量告發

爲舉行全省漢奸總檢舉、台灣省警備總司令部公報第五十六號發表如下：本部奉陸軍總司令何令、全國各地舉行

發過去日寇統治台灣時所有御用漢奸之罪惡、并敘明漢奸之姓名、籍貫、現在住址、經歷及其罪行之事實、證據等

本省學生入學之機會更多、綜上所述、私立中學自無改爲省立之必要、并聞私立中等學校立案辦法正草擬中、不久即可公佈云

• 一九四六年，中華民國政府發起的漢奸總檢舉，根據的法源基礎就是戰爭罪犯審判條例。

• 戰後台灣漫畫家葉宏甲在「新新」雜誌上發表警察抓人的諷刺漫畫。畫中明顯表現抓人的國民黨軍警個個都吃成肥腸肥肚的豬樣，然後被抓的台灣人個個都餓到骨瘦如柴。

晦月

禮拜一 lé - pài - it

MON 月曜

2022年 10月

日	一	二	三	四	五	六
						1
2	3	4	5	6	7	8
9	10	11	12	13	14	15
16	17	18	19	20	21	22
23	24	25	26	27	28	29
30	31					

1946.10.24

中華民國政府公佈戰爭罪犯審判條例

二戰結束，日本成爲戰敗國。原國籍屬日本的台灣人理應與日本人一樣接受國際法庭的審理與判決來決定戰犯罪是否成立以及刑度多寡。但是前來劫收台灣的中華民國政府卻罔顧國際法理，私自在一九四六年十月十五日替台灣人「量身」訂立了「戰爭罪犯審判條例」，於十月二十四日公佈實施。

此法成爲一種單純只是爲了滿足中國人私刑報復與濫刑濫捕的家法內規，許多台灣人因此蒙冤受害，在戰後再度受到二次傷害。此法的審理與判決毫無任何標準，看中國人討厭誰、看誰不順眼，只需要相當單薄的指控，就可以任意入人於罪。此法甚至還可以追溯到太平洋戰爭尚未爆發前的一九三〇年代，造成一堆無辜台灣人只要被有心人陷害控訴，就一定會身繫牢獄，有的人僅是在日本時代擔任地方公職也會被莫名定罪。

例如一九三八年，有一名在台的中國籍僑民葉仙被台灣籍人士陳廷香控告流言誹謗罪成立，因此被判刑一年，出獄後於一九四〇年病死家中。結果這位中國僑民的兒子葉政光竟然遷怒當時在苗栗警察派出所擔任翻譯的楊茂廷，在戰後向警備總部誣陷楊茂廷，說楊刑求他爸爸致死，結果楊茂廷就莫名其妙被檢察官以「戰爭罪犯審判條例」起訴定罪。

當時因爲檢舉「漢奸」與「戰犯」有獎金可拿，也造成一堆國民黨特務與惡意人士利用此惡法來胡亂檢舉以搜刮錢財。結果惡意指控者通常都拿不出法律證據，最後警總就是用刑求方式胡亂逼供入罪，有的人因爲受不了刑求而大罵蔣臭頭髒話，竟然也被特務當成是犯罪證據，顯見中華民國司法的荒謬至極。此惡法一直到一九七八年才被廢止，但受害者早已不計其數。

日本總督明石元二郎逝世 1919.10.24

Tâi-ôan tok-lėk 台灣獨立

2022 October

10月25日

舊曆 十月初一

閏月

秀才抵著兵，有理講不清。

遇到槍桿子最大的惡霸軍人，再有道理也沒路用。二戰後已經經歷現代化的台灣人被一群尚未開化的落後中國人統治，就是落得這樣的悲劇下場。尚處於前現代未啓蒙狀態的中國人只存在著生物性的飢渴滿足與殺戮式的地盤搶奪本能。來到台灣之後，在缺乏武力制衡的情況下，自然就成了一群吃銅吃鐵吃到翻肚的橫行怪獸。

• 當時在台北公會堂舉行的在台日軍投降典禮，禮堂上掛的是同盟國的四國國旗，包括美國、英國、蘇聯與中國，而不是只有中華民國國旗。由此可知原屬日本的台灣是向盟國投降，不是只向中國投降。

來台佔領的中國軍隊是臨時前來管照，照法理說舊金山和約撤離佔領軍期限日一到（一九五二年七月二十八日），中華民國占領軍就應該離開台灣，就像美國的駐日盟軍總司令（GHQ）一樣。但是中國軍隊卻賴著不走，意圖強佔台灣的行為在當時也引發部分同盟國會員的抗議。後來韓戰爆發，美國原來因蔣介石貪腐而要放棄對中華民國軍援，只好將錯就錯繼續援助滯台中國難民軍。

中華民國三十五年九月三十日

大家看此現實！

「朱門酒肉臭路有餓死骨」不算奇

物價飛漲·失業成群·持搶行劫

台灣社會病態報告書

偷窃百

• 一九四六年九月三十日的「民報」報導中華民國劫收台灣不到一年的時間所發生的社會亂象。

• 戰後中國官員來台灣搶劫偷拐、大撈油水，連中國人自己都看不下去，還畫了諷刺漫畫來嘲笑國民黨官員跟蠹蟲一樣，吃銅吃鐵什麼都敢吃。此幅漫畫中的肥蟲形象也可說是戰後第一代藍蛆的具體描繪。（此幅漫畫刊於「時與文」，一九四七年三月二十八日。）

禮拜二 | TUE 火曜

lé - pài - jī

2022年 10月

日	一	二	三	四	五	六
						1
2	3	4	5	6	7	8
9	10	11	12	13	14	15
16	17	18	19	20	21	22
23	24	25	26	27	28	29
30	31					

1945.10.25

台灣遭劫收日

中華民國政權習慣稱呼十月二十五日這一天爲「台灣光復節」，但是事實上這一天從台灣人的角度而言卻是「台灣劫收日」，也是台灣人災難的開始。一九四五年十月二十四日，中華民國派來的台灣省行政長官陳儀坐飛機抵達台北，下機之後受到台灣人的熱烈歡迎。當晚陳儀還到台北放送局對全台廣播，要求公務員要「不偷懶、不撒謊、不揩油」。時任台北帝國大學醫學院教授的杜聰明聽到廣播後還表示：「不偷懶、不撒謊，公務人員不都應該這樣嗎？不揩油？揩油是什麼意思呢？」

此時天眞的台灣人根本還沒領教到中國官場的腐敗黑暗，才會出現如杜聰明的疑問。隔天十月二十五日，日本與中華民國在台北公會堂舉行受降典禮，陳儀代表蔣介石接受日本投降，台灣省行政長官公署正式運作，也開啓了中華民國劫收台灣的歷史。

陳儀在台北公會堂宣告接收台澎之後，中國人劫收台灣的惡行惡狀才紛紛湧現。中華民國來的接收官員，包括台灣籍的半山仔大員，四處侵佔日本時期的公有房產，還搜刮金條、劫收車子、搶奪女子、佔據位子，因此也被台灣人戲稱爲「五子登科」。

中華民國官員劫收台灣的惡行就連來自中國的記者唐賢龍都看不下去直言：「自從國內來的很多人員接管以後，便搶的搶、偷的偷、賣的賣、轉移的轉移、走私的走私，把在國內劫收時那一套毛病，通通都搬到了台灣，使台灣人非常看不起。」許多在戰前強烈支持中華民國的台籍菁英此時才醒悟到這個「祖國」只是另一個更爲惡劣的外來殖民政權，但是爲時已晚。一九四七年台灣人的怒火終於爆發爲二二八抗暴事件，中華民國以血腥鎮壓的方式殺遍全台，也讓台灣陷入長期的恐怖統治當中。

民進黨發起反馬及嗆陳雲林大遊行 2008.10.25

Tâi-oân tok-li̍p
台灣獨立

2022
October

10月26日

舊曆 十月初二

虎過才開槍。

意謂馬後炮或是不敢當面表態的意思。很多台灣人因為不敢當面得罪人，在對方走了之後才開始在對方背後罵人。面對中國鴨霸的態度也是這種「虎過才開槍」的做法，只會讓沒踢過鐵板的壞人更加囂張與毫無忌憚。

新月

• 美國總統尼克森因亟欲與中華人民共和國建立實質關係以抗衡蘇聯，便決定接納中華人民共和國成為聯合國一員。

• 圖為老布希與中華民國外交部長周書楷在聯合國的支那（China）名牌之前討論事情，最後中華民國被逐出聯合國的支那代表席次之時，也是周書楷代表中華民國宣布退出聯合國的時候。後來國民黨一直想以中（華民）國名義返回聯合國而多次失敗的原因就是在於支那席次早由中華人民共和國取代。

二七五八(二十六). 恢復中華人民共和國在聯合國的合法權利

大會，

回顧聯合國憲章的原則，

考慮到，恢復中華人民共和國的合法權利對於維護聯合國憲章和聯合國組織根據憲章所必須從事的事業都是必不可少的，

承認中華人民共和國政府的代表是中國在聯合國組織的唯一合法代表，中華人民共和國是安全理事會五個常任理事國之一，

決定：恢復中華人民共和國的一切權利，承認她的政府的代表為中國在聯合國組織的唯一合法代表並立即把蔣介石的代表從它在聯合國組織及其所屬一切機構中所非法佔據的席位上驅逐出去。

一九七一年十月二十五日，
第一九七六次全體會議。

• 阿爾巴尼亞提案將中華民國趕出聯合國並讓中華人民共和國代表支那席次，就是著名的聯合國第二七五八號決議。

4. Yang said he had told the President that it is of paramount importance to issue in the near future a formal declaration to the world that the government on Taiwan is entirely separate and apart from the government on the Mainland and that henceforth the government here will "have nothing to do with the Mainland." The declaration should prescribe a new designation for the government here, namely "the Chinese Republic of Taiwan." It would be stipulated that the term Chinese did not have any political connotation but was used merely as a generic term stemming from the Chinese ethnic origin of the populace on Taiwan. It would be used in a way similar to the manner in which the various Arab countries use "Arab" in their official governmental titles.

• 中華民國外交部次長楊西崑曾發秘電「台北5869電郵」給蔣介石，建議蔣介石要改國名為中華台灣共和國，不要執意用支那（China）席次留在聯合國。（美國解密）

禮拜三 lé - pài - saⁿ | WED 水曜

2022年 10月

日	一	二	三	四	五	六
						1
2	3	4	5	6	7	8
9	10	11	12	13	14	15
16	17	18	19	20	21	22
23	24	25	26	27	28	29
30	31					

中華民國被逐出聯合國

1971.10.26

二戰結束之後，戰勝的同盟國方主導創建聯合國，包括美國、英國、中華民國、法國與蘇聯（安全理事會常任理事國）於一九四五年十月二十四日與其他四十六國簽署憲章，聯合國於焉成立。然而中華民國於一九四九年覆亡之後，流亡來台的蔣氏父子與國民黨官員仍然堅稱自己代表「正統中國」，而美國也在反共的考量下，讓「中華民國」在聯合國維持了長達二十二年的席次。

但是隨著國際局勢演變，美國總統尼克森亟欲與中華人民共和國建立實質關係以抗衡蘇聯，在美中雙方都有了共同默契之後，美國決定接納中華人民共和國取代中華民國並成為聯合國的一員。「恢復中華人民共和國在聯合國組織中的合法權利」的提案就在這樣的時空背景下在聯合國大會中被提出討論與表決，最終使得中華民國被逐出聯合國之外。

阿爾巴尼亞等二十三國趁尼克森宣布訪中之時，於一九七一年七月發起提案，內容包括「承認中華人民共和國政府的代表是中國在聯合國組織的唯一合法代表並立即把蔣介石的代表從聯合國組織及其所屬一切機構驅逐出去。」此案在經過多天的討論與辯論之後，於一九七一年十月二十五日準備付唱表決，中華民國在聯合國代表周書楷眼見大勢已去，在此案表決前上台宣布中華民國就此退出聯合國。

中華民國代表團離席後，阿爾巴尼亞的提案獲得多數贊成，決議將中華民國趕出聯合國並讓中華人民共和國代表中國席次，也就是著名的聯合國第二七五八號決議。美國原來還提出要中華民國可以續留在聯合國的「雙重代表權」一案，但是此案並未獲得通過。一九七一年十月二十六日之後，中華民國的稱號就此在聯合國消失。

總理大臣伊藤博文被安重根暗殺身亡 1909.10.26

Tâi-oân tok-li̍p 台灣獨立

2022 October 10月 27日

舊曆 十月初三

纖月

禮拜四 lé-pài-sì THU 木曜

老鷹雖強，但藏其爪。

這句是泰雅族的諺語，比喻就算是強大的對手，也懂得隱藏自己的致命武器，等到對手不注意的時候，才會伸出利爪制伏對方。這是泰雅族祖先從觀察自然與狩獵以及戰爭所得來的經驗，也是警惕新手不要因為對方看似無害就輕忽對方實力的警語。

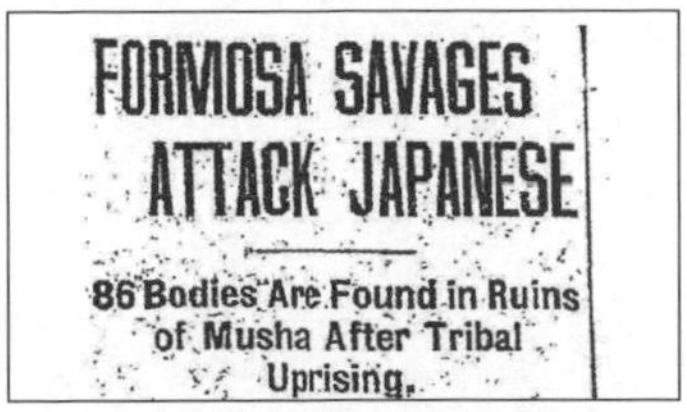

FORMOSA SAVAGES ATTACK JAPANESE

86 Bodies Are Found in Ruins of Musha After Tribal Uprising.

•華盛頓郵報對霧社事件的報導。

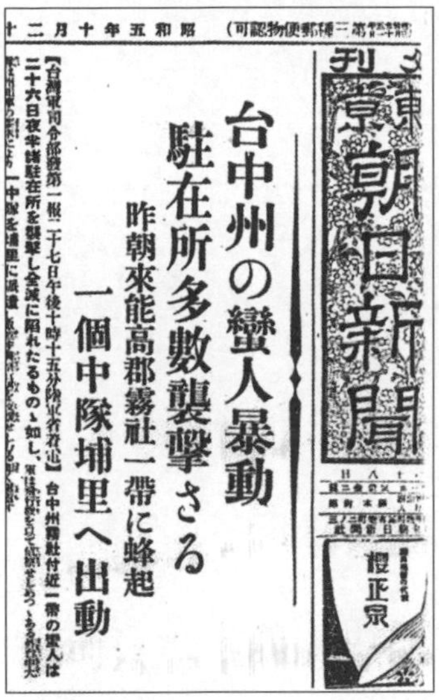

東京朝日新聞

台中州の蠻人暴動

駐在所多數襲撃さる

昨朝來能高郡霧社一帶に蜂起

一個中隊埔里へ出動

•東京朝日新聞對霧社事件的報導。

•莫那魯道像（中）

2022年 10月

日	一	二	三	四	五	六
						1
2	3	4	5	6	7	8
9	10	11	12	13	14	15
16	17	18	19	20	21	22
23	24	25	26	27	28	29
30	31					

霧社事件紀念日

1930.10.27

一八九五年日本從清國手中得到台灣之後，以西方現代國家的治理方式來統治台灣。原來在清國時代被劃界封山與消極經營的原住民生活區域突然面臨國家機器的全面介入，也引發原住民與日本政府的正面衝突，發生多次原住民武裝抗日的事件，其中又以霧社事件最爲嚴重，影響也最爲深遠。

霧社位於台灣中部山區，賽德克族人的各社就分佈在霧社台地之中。面對頻頻前來霧社採勘、開路與開採資源的日本人，賽德克人經常與之發生武裝衝突，日本也施以經濟封鎖與武力攻擊的方式鎮壓，賽德克人曾一度順服與沉寂，但是與日本人的衝突依舊有增無減。除了文化差異與種族歧視的問題，日本還禁止賽德克族人持有槍械，並管制狩獵與織布原料，更強迫他們服工程勞役，嚴重影響部落的農獵收獲，使得賽德克人的憤怒累積到頂點。

一九三〇年十月七日，馬赫坡社頭目莫那魯道的長子因爲與日警發生敬酒風波而鬥毆，終於引爆賽德克族的長期積怨，莫那魯道也決定聯合各社起義。十月二十七日凌晨，起義的賽德克人先將馬赫坡社的駐警殺死，接著沿路襲擊駐在所，早上抵達霧社並攻擊官方機構，其中霧社公學校死傷最爲慘重，當時參加運動會的日本人不分男女老幼都遭殺害。

事件發生後，台灣總督緊急調派駐軍前往進攻，於兩日後攻克霧社街區。十月三十一日，日軍對各起義部社發起總攻擊，迅速攻佔各社，僅剩莫那魯道的馬赫坡社仍在奮勇抵抗，不過兩日後也遭攻陷。莫那魯道與餘勇、婦孺也陸續於深山中一一陣亡或是自殺。事件結束後共六百餘名賽德克族人死亡。日軍當時還發動違反國際公約的毒氣彈與燃燒彈，事後進行秋後算帳，造成多名部族青壯遭處死刑。

中華民國國防部賠償江國慶家屬一億元 2011.10.27

Tâi-oân tô̍k-li̍p
台灣獨立

2022 October

10月 28日

• 一九八二年，黃彰輝與彭明敏等人成立「台灣人公共事務協會」。　• 黃彰輝像

• 一九七二年黃武東牧師、黃彰輝牧師、林宗義博士與宋泉盛牧師（由左至右），共同發起「台灣人民自決運動」，訴求台灣前途應該由台灣人民自己決定。

2022年 10月

日	一	二	三	四	五	六
						1
2	3	4	5	6	7	8
9	10	11	12	13	14	15
16	17	18	19	20	21	22
23	24	25	26	27	28	29
30	31					

禮拜五 lé - pài - gō | FRI 金曜

舊曆 十月初四

眉月

試看，則知豬母肉。

這是一句爭吵時常用的台語嚇阻句。豬母肉很堅韌，不像一般豬肉好嚼好下嚥，意思就是你敢來的話，你就知道我拿這條老命跟你拼的下場。中國幾十年來持續對台灣張牙舞爪與恐嚇威脅，勇敢的台灣人總是幽默回應：試看，則知豬母肉。

1988.10.28

黃彰輝逝世日

◆ 抗暴牧師

黃彰輝，出生於一九一四年八月二十日，彰化人，因此被取名「彰輝」。父親爲長老教會牧師，幼時就讀於台南師範附屬公學校與台南長老教會中學。一九三四年就讀東京帝國大學哲學科，一九三八年獲得教會的補助而得以到英國劍橋的衛斯敏斯特神學院就讀神學。一九四一年在倫敦大學教授日文，同年也成爲長老教會牧師，後來因爲珍珠港事件爆發，被視爲敵國人士（日本籍）而被限制行動。

一九四七年，黃彰輝坐船從英國返回台灣擔任台南神學院院長，並與黃武東牧師參與東海大學籌設，開啓他在台灣宣教的生涯。當時以蔣介石爲首的中華民國政權對台灣人群聚的基督長老教會採取不信任的態度。在白色恐怖的政治氛圍之下，黃彰輝的家人於一九五九年先行返回英國，黃彰輝本人則是待到一九六五年才因政治因素離開台灣返回英國。

黃彰輝離台後，於一九七二年與黃武東牧師、宋泉盛牧師、林宗義教授等人共同發起「台灣人民自決運動」，訴求台灣前途應該由台灣人民自己決定的基本人權，獲得海外台灣人組織的普遍支持，因此也被中華民國列入政治黑名單。一九八二年，與彭明敏等人成立「台灣人公共事務協會」（FAPA）。一九八七年，中華民國解嚴之後，黃彰輝也於該年返台，隔年十月二十八日病逝於英國倫敦。

黃彰輝在逝世後出版的回憶錄提及：「我深深地涉入在政治當中，因爲我是台灣人，因爲在我內心底深處有一股強大的力量，讓我拒絕被歸類在台灣人以外的任何範疇，讓我拒絕接受別人所給予我們的待遇。我有一股深刻的『呣願』、『呣甘願』的感受。」黃彰輝出於義憤的「呣願」從日本時代延伸到中華民國時期，也是他追求台灣獨立的原動力。

1954.10.28 美國務卿杜勒斯表示日本未將台灣割讓中國

Tâi-oân tok-li̍p 台灣獨立

2022 October 10月 29日

舊曆 十月初五

人講一個影，你生一個囝。

別人講一個影子，你就腦補成一整個人。比喻謠言亂傳的荒謬性。這句話對應到現在也可說是中國對台灣的資訊戰模式。中國撲天蓋地透過中天、TVBS等統媒，加上網路水軍與耳語部隊，製造出一堆反台派政黨的謠言，許多缺乏獨立思考的人就這樣聽信假消息，也成了造謠的幫兇，被抓到造謠後還狡辯是言論自由，愚蠢至極。

• 威大「台灣問題研究會」負責人周烒明

• UFI台獨聯盟主席陳以德

• 圖為威斯康辛大學同鄉會會章的封面圖。

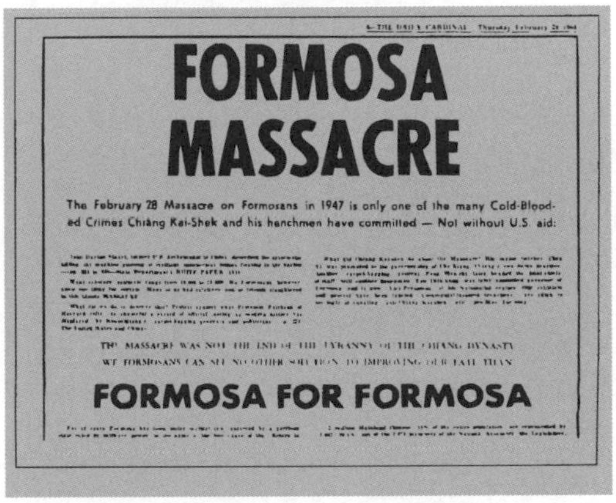

FORMOSA MASSACRE

The February 28 Massacre on Formosans in 1947 is only one of the many Cold-Blooded Crimes Chiang Kai-Shek and his henchmen have committed — Not without U.S. aid:

FORMOSA FOR FORMOSA

• 圖為威大同鄉會在美國麥迪遜刊登的報紙廣告，內容在控訴蔣介石與國民黨在台灣犯下的血腥屠殺罪行。

五日月

禮拜六 lé - pài - la̍k | SAT 土曜

2022年 10月

日	一	二	三	四	五	六
						1
2	3	4	5	6	7	8
9	10	11	12	13	14	15
16	17	18	19	20	21	22
23	24	25	26	27	28	29
30	31					

麥迪遜結盟大會

1965.10.29

一九六四年九月，台大政治系教授彭明敏與學生魏廷朝、謝聰敏共同發表「台灣人自救宣言」，訴求台灣建立新的國家、重新制定憲法、保障基本人權以及加入聯合國，成為台獨運動史上的重要事件；緊接著隔年日本「台灣共和國臨時政府」大統領廖文毅因為家人親友遭到中華民國政府挾持，只好返回台灣投降，嚴重打擊海外台獨運動的士氣。受到這兩件大事的影響，在北美的台獨團體亟欲進行組織整合以圖振作，遂有麥迪遜結盟大會的產生。

一九六五年十月二十九日，威斯康辛大學的「台灣問題研究會」（當時北美第二大的台獨團體）負責人周烒明醫師與UFI台獨聯盟主席陳以德，共同具名邀請全美各地的台獨團體代表，在威斯康辛大學麥迪遜校區召開「麥迪遜會議」，一起討論組織整合與合作事宜。

出席麥迪遜結盟大會的重要台獨團體與人士包括紐約「台灣人讀書協會」、「明尼蘇達同鄉會」、「堪薩斯同鄉會」、「紐澤西同鄉會」、「波士頓同鄉會」、加拿大「台灣人權委員會」的黃義明、日本東京「台灣青年社」的金滿里（金美齡胞妹）以及「台灣共和國臨時政府」外交部的周明安等。

會後北美獨派的領導者共同發表聲明，呼籲北美洲的台灣人團結，並力勸當時陷入分裂的日本台獨組織可以共同合作。根據麥迪遜會議的結論，全美的台獨運動人士於隔年群聚於費城，成立了「全美台灣獨立聯盟」，訴求「揭發中華民國政策謬誤，使美國變更台灣政策為首務」，並提出「獨立行動要落實到島內」、「要獨立必須不惜流血」的宣言，也成為接下來的台獨武鬥路線建立了基本方針，也成了海外台獨運動從日本位移到美國的關鍵時刻。

李登輝拜會梵諦岡教宗若望保祿二世 1998.10.29

Tâi-ôan tok-le̍k 台灣獨立

2022 October

10月 30日

舊曆

十月初六

余清芳害死王爺公
王爺公無保庇，
害死蘇有志。

完整句是「余清芳害死王爺公。王爺公無保庇，害死蘇有志。蘇有志無仁義，害死鄭阿利。」諺語背景在描述余清芳抗日事件。用黑色幽默的方式調侃拜神弟子與王爺公，因為迷信與造謠，最後彼此相害而死傷慘重。

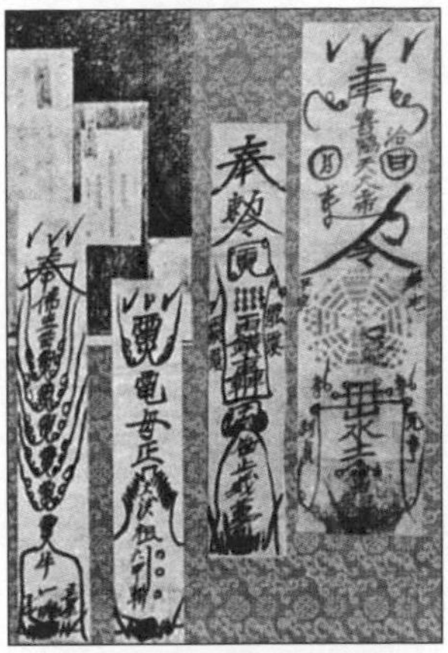

• 西來庵事件中起義信徒所使用的護體與防彈符咒。

• 嚗吧哖事件的主事者余清芳（右）與江定（左）。

• 西來庵為余清芳的起事基地。

• 日本政府押解余清芳等人從台南監獄到臨時法庭出庭的景象。

六日月

禮拜日 lé - pài - jit | SUN 日曜

2022年 10月

日	一	二	三	四	五	六
						1
2	3	4	5	6	7	8
9	10	11	12	13	14	15
16	17	18	19	20	21	22
23	24	25	26	27	28	29
30	31					

嚗吧哖事件紀念日

1915.10.30

嚗吧哖是平埔族語TAPANI的發音，範圍大概涵蓋現今台南玉井、左鎮、楠西、南化一帶，也是福佬、客家、平埔與西拉雅族的群聚地。清國統治時期，官府對此一地帶採取放任不管的無政府狀態，以致於此地盜賊四起，聚落村民雖可以自給自足，卻也必須自備武器保護自己。但是到了日本統治時期，台灣總督府將整套現代國家管制的方式帶來台灣，還大量徵收土地，使得此地受到前所未有的國家力量介入，因此也引發部分居民的不滿。

到了一九一三與一九一四年，因爲颱風的關係，導致當地受到製糖會社控制的蔗農遭遇嚴重的農損，生計因此面臨困境，更加深當地居民對日本政府的怨憤。此時因詐欺罪而離職的台灣警察余清芳正好在台南一帶以明帝國的王爺信仰宗教名義宣揚抗日行動，自然就與早已積怨已久的民心一拍即合。

余清芳就這樣與台南西來庵董事蘇有志以及躲藏南化山區的幫派頭目江定等人共同組成武裝抗日的核心幹部。余清芳宣稱只要捐錢就可得到防身符令，不從者則會招到秘術「山中寶劍」擊殺，因此招募到許多信眾。余清芳因聲勢浩大遭日本通緝躲入山中，於一九一五年七月以王爺神詔爲名發動抗日。

余清芳率領上千信眾多次攻打台南一帶的派出所並襲殺日警與其眷屬，日軍也隨即出動反擊，數百名相信余清芳給的符咒可以刀槍不入的信眾就這樣當場命喪於日軍槍下，余清芳的抗日民軍也迅速遭到擊潰。事件結束後，許多村落遭到日軍清鄉屠殺的報復，包括余清芳、江定等一百餘人遭死刑處決。此事件是日本時代最後一次的漢人抗日事件，也是死傷最慘重的一次。後人也以起事者審判結束的那一天，十月三十日，訂爲嚗吧哖事件紀念日。

寶島歌王洪一峰誕生日 1927.10.30

2022
October

10月31日

2022年 10月

日	一	二	三	四	五	六
						1
2	3	4	5	6	7	8
9	10	11	12	13	14	15
16	17	18	19	20	21	22
23	24	25	26	27	28	29
30	31					

舊曆 十月初七

七日月

禮拜一 lé - pài - it

MON 月曜

拜神無酒，博無杯。

想要求神問卜，也得先準備好祭酒，不然什麼都問不到。這句話聽來現實，卻是國際外交的必要之道。長期以來，海外的台灣人社團，像是台灣人公共事務會（FAPA），總是能見到台灣人有錢出錢，有力出力，自掏腰包在拓展台灣人的國際空間。這些因為早期政治黑名單而滯留海外的民主前輩們，身為台灣人不可忘記他們的事蹟。

• 民主聖火由黃信介點燃。

• 參與民主聖火長跑的美國眾議員索拉茲、黃信介與蔡同榮（由左至右）。

歷史的時刻，邀請您共同參與！

民主聖火點燃儀式

LIGHTING TORCH CEREMONY

黃信介，索拉茲應邀點火

台灣民主聖火長跑

• 一九八七年十月二十六日，臺灣公論報宣傳民主聖火長跑的版面。

• 一九八七年十月三十一日，民主聖火長跑在紐約舉行起跑典禮，由黃信介點燃聖火壇， 再由美國眾議員索拉茲（左）將聖火火把交給第一棒蔡同榮（右），正式揭開民主長跑的序幕。

民主聖火長跑

1987.10.31

中華民國政府自一九四九年流亡到台灣之後，就從來沒有改選過中央民意代表。一堆從中國來的老法統就這樣在台灣當了四十餘年的民意代表，完全跟台灣在地民意脫節，還形成中國老賊們坐在輪椅上推著氧氣瓶進議場的「萬年國會」奇景。當時關於國會老賊的問題也在海外台灣人的社團引起討論。

一九八七年二月，台灣人公共事務會（FAPA）趁民進黨領袖們訪美期間，與之共同開會討論如何在台灣推展民主運動。經過意見交流之後，結論是促成中央民意代表全面改選才是現階段最可行的工作。當時FAPA的創會會長蔡同榮在思考如何推動國會改選的時候突發奇想，熱愛慢跑的他想藉由接力長跑與傳遞聖火的方式來傳達理念。接著他在一九八七年四月於FAPA紐約分會上正式提議民主長跑一事，也獲得成員的正面肯定與熱烈響應。

蔡同榮提出民主長跑一案獲得成員通過之後，緊接著就成立了「FAPA民主聖火長跑委員會」來籌備相關事宜。民主聖火長跑預計從紐約跑至華府，然後再從美國傳遞到台灣。活動於一九八七年十月三十一日在紐約舉行起跑典禮，由黃信介點燃聖火壇，美國眾議員索拉茲將聖火火把交給第一棒蔡同榮，正式揭開民主長跑的序幕。聖火於四日後抵達華盛頓，美國參眾議員也發表演講譴責萬年國會怪象。

緊接著民主聖火計畫送抵台灣，國民黨卻百般阻撓聖火成員返台，甚至還派鎮暴警察封鎖桃園機場。但是接應的民進黨還是突破封鎖，透過事先帶入的火種繼續進行全島環台的民主聖火長跑，於十一月二十二日完成環島長跑抵達台北，數千位民眾前來立法院外迎接聖火並高呼「國會全面改選」，可說是海內外台灣人首次合作成功的民主運動典範。

李孟居遭支那國安單位逮捕 2019.10.31

十二月

我這一生除了
台獨運動
別無所求

黃昭堂逝世日。【詳見十一月十七日。】

二〇二一年適逢黃昭堂主席逝世十週年紀念

Tâi-oân tók-lék 台灣獨立

2022 November

11月1日

舊曆 十月初八

南院大鐘，開元大鼓，台灣刺查某。

這是句早期流傳於外來移民的諺語，比喻台灣的女人超兇悍，就跟他們故鄉的大鐘與大鼓一樣有名。或許這句話是對台灣女人的一種誤會，也有可能是在早期羅漢腳四處都是的台灣社會，女人也不得不強悍起來的結果。

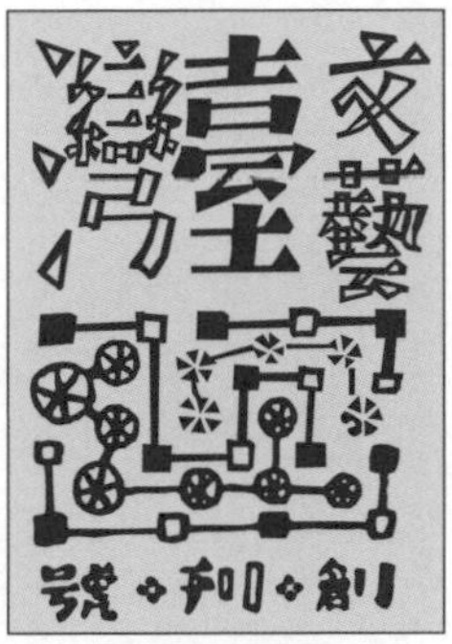

• 終戰前，葉石濤被應聘至西川滿主持的「文藝台灣」雜誌社擔任助理編輯。

• 葉石濤十六歲時就以第一篇日文小說「媽祖祭」投稿至張文環的「台灣文學」。

• 葉石濤像

• 葉石濤在支那統派御用文人的圍攻下，下定決心撰寫台灣文學史。

• 描寫中國據台時期白色恐怖氛圍的著作「台灣男子簡阿淘」。

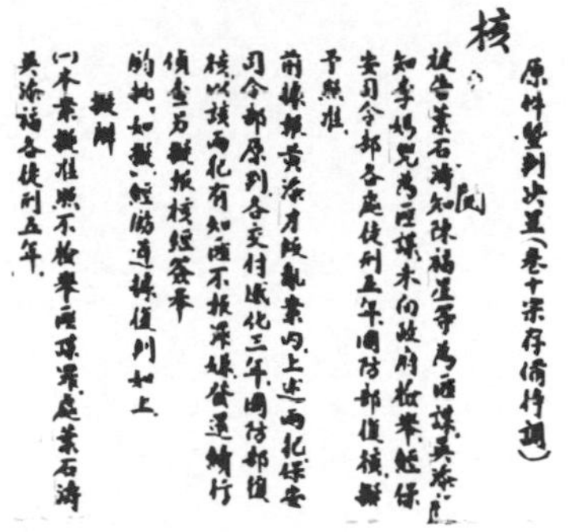

• 葉石濤只因買書就被判刑有期徒刑五年。

上弦月

禮拜二 lé - pài - jī

TUE 火曜

2022年 11月

日	一	二	三	四	五	六
		1	2	3	4	5
6	7	8	9	10	11	12
13	14	15	16	17	18	19
20	21	22	23	24	25	26
27	28	29	30			

葉石濤誕生日

◆台灣文學家

1925.11.1

葉石濤，一九二五年十一月一日生於台南白金町。幼時曾在私塾學習漢文，十四歲時考入台南州立二中，博覽世界文學的他在十六歲就以第一篇日文小說「媽祖祭」投稿至張文環主編的「台灣文學」，開啓了他的文學創作生涯。二戰結束前，葉石濤持續在「台灣文學」上發佈多篇小說，並且被應聘至西川滿主持的「文藝台灣」雜誌社擔任助理編輯。

二戰結束後，被日軍徵召入營的葉石濤返回故鄉擔任國小教師與台南工學院科員，並且持續發表多篇隨筆、評論與小說。一九五一年，葉石濤因爲接觸社會主義書籍與思潮，遭到中華民國政府以「知匪不報」的罪名判刑而入獄三年。出獄之後，因爲無法返回學校教書，只好以臨時代課與擔任市府工友的方式謀生，也因此有整整十五年的時間無法再繼續創作文學作品。

一九六五年，葉石濤重新執筆在「文壇」上發表小說，接續中斷十五年的創作生涯，並且接著在「文星」上發表「台灣的鄉土文學」。一九七七年鄉土文學論戰正熾之時，葉石濤發表「台灣鄉土文學史導論」，清楚說明認同台灣土地的「台灣意識」，明白提及台灣鄉土文學必須反映台灣人民曾經被殖民與壓迫的共同記憶。葉石濤此文一發也同樣引發中國統派作家的全面圍剿並評之爲「文學台獨」。

葉石濤在統派御用文人的輪流圍攻之下，更下定決心要撰寫台灣文學歷史，並於一九八七年出版「台灣文學史綱」，強調台灣文學在歷史流動中的自主性。葉石濤晚年獲得許多文學大獎，包括國家文藝獎、台美基金會人文成就獎，於二〇〇八年十二月十一日病逝，身後留下「台灣作家必須敞開心胸，開拓更大更多的台灣時空」的名言。

World

越南戰爭全面爆發 1963.11.1

Tâi-ôan tòk-lèk 台灣獨立

2022 November

11月2日

舊曆 十月初九

小生苦旦免相瞞，腳花先踏出來看。

小生還是苦旦，各自有不同的腳花，出來踏幾個台步來看看就知道你是真會還是假會。比喻吹牛很會吹，叫你出來比個真功夫就知道你的斤兩有多少。馬英九在二〇〇八年當上總統的時候，鄭弘儀常在政論節目上說：「是驢是馬牽出來溜一溜就知道。」最後六三三跳票，各項經濟指數都比陳水扁時代更差，大家才知道他只是一頭笨驢。

• 筆者參照陳進的畫作「香蘭」所描

• 陳進像

南海の若き女性
紅い氣焔萬丈
モデルは 意味深長な一言
日本畫 初入選變り種
喜びの人々

• 陳進入選帝國美術展覽會的報導

九夜月

禮拜三 lé - pài - sa^{n}

WED 水曜

2022年 11月

日	一	二	三	四	五	六
		1	2	3	4	5
6	7	8	9	10	11	12
13	14	15	16	17	18	19
20	21	22	23	24	25	26
27	28	29	30			

1907.11.2

陳進誕生日

◆首位入選帝展的台灣女畫家

陳進，又名陳進子，生於一九〇七年十一月二日，新竹香山庄人，商人陳雲如的女兒，爲家中三女。一九二二年，就讀台北州立台北第三高等女學校，受到學校美術老師鄉原古統的指導與鼓勵，決心前往日本修習繪畫。在家人的支持下，陳進從第三高女畢業後即飄洋過海考取東京女子美術學校日本畫師範科，並且開始在繪畫領域嶄露頭角。

一九二七年台灣舉辦第一屆「台灣美術展覽會」，還是學生的她投稿三件學校期中作品竟全獲入選，還和台灣畫家林玉山、郭雪湖同時列名，因此被榮稱爲「台展三少年」。接下來的十年，陳進更是連續十年入選台展，從學生一路到「無鑑查畫家」的最高榮譽。一九三四年，陳進以大姐陳新爲模特兒的畫作「合奏」獲入選日本第十五回帝國美術展覽會，她也成爲第一位入選日本帝展的台灣女畫家。

陳進曾在日本美人畫大師鏑木清方的門下學畫，深受其風格影響，其人物風格以秀麗典雅爲主，但她卻能走出自己的格局，筆下女子表現出台灣女性端莊卻又堅毅的神情，因此多次入選日本帝展。但是陳進從不滿足於自己的成就，曾經表示：「我是台灣人，要畫台灣的風格，而且要畫出好的作品，要比日本人畫得好，才是重要的事。」具有傲骨精神的她還曾參與帶有台灣民族意識的台陽美展。

二戰結束後中華民國政府來台，中國官員對於東洋畫的傳統一無所知，許多中國畫家和藝評家還質疑陳進的畫作中爲何沒有任何「中國山水」或「梅蘭竹菊」，政府甚至停辦十年東洋畫省展，造成許多台灣畫家紛紛改畫中國水墨。但是陳進依舊堅持繼續用膠彩繪製，直到晚年仍然努力不懈地作畫，於一九九八年三月二十七日病逝，享年九十二歲。

李遠哲會見達賴喇嘛 2018.11.2

Tâi-ôan tók-lėk
台灣獨曆

2022
November

11月3日

舊曆 十月初十

勇勇馬縛死將軍柱。

比喻英雄無用武之地。台灣第一個參加奧運會的人叫做張星賢。他不但擁有日本早稻田大學的學位，還有亮眼的田徑表現成績。然而戰後中華民國來了之後，他因為曾為日本隊效力而無法繼續為台灣人出賽爭光，勇勇馬就這樣被縛死在將軍柱，實在悲哀。

• 彭瑞麟開設的亞圃廬寫真場。亞圃廬音諧Apollo，太陽神之義，由石川欽一郎所取的名字。

• 彭瑞麟像

シテ入選シ褒賞ヲ授與サレタリ同十一年一月石川欽一郎ニ依リテ日本風景協會正會員ニ推薦サレ　同年十月日本美術寫眞展ニ純金製ノ漆器寫眞ト天然色寫眞ヲ各一枚出品シテ入選セリ　氏ハ藝術寫眞學ノ造詣深ク現ニ現住所ニアポロ寫眞場ヲ經營スル傍ラアポロ寫眞研究所ヲ開設シテ寫眞技術ノ養成ニ努メツツアリ　趣味ハ水彩畫　木炭畫　エッチング　デッサン　テニス　ピンポン　旅行ノ多方面ニ亙ル

【家庭】妻彭氏玉葉（大四）　長男良崑（昭一一）

• 彭瑞麟於日本時代的「台灣人士鑑」上的簡介與經歷。

• 石川欽一郎曾指導彭瑞麟水彩並鼓勵進入東京寫真專門學校就讀。

十日夜

禮拜四
lé - pài - sì

THU
木曜

2022年 11月

日	一	二	三	四	五	六
		1	2	3	4	5
6	7	8	9	10	11	12
13	14	15	16	17	18	19
20	21	22	23	24	25	26
27	28	29	30			

1904.11.3

彭瑞麟誕生日

◆台灣第一位攝影學士

彭瑞麟出生於一九〇四年十一月三日，新竹二重埔人。一九二三年自台北師範學校畢業後，開始跟隨石川欽一郎學習水彩。一九二八年受恩師石川鼓勵進入東京寫眞專門學校就讀，在學時就表現突出，還曾入選日本寫眞研究會年度比賽，程度已與攝影名家無異。一九三一年彭瑞麟以第一名優異成績畢業，成爲首位拿到日本寫眞學士的台灣人。

彭瑞麟畢業時，寫眞學校的教授曾極力推薦他赴美國深造，日本皇室還想聘請他爲皇室攝影師，但是他仍決定返回台北大稻埕開業，並於太平町開設阿波羅寫眞研究所（亞圃廬寫場），除了經營人像攝影與展覽之外，也開設理論實務並重的攝影專班，培育出許多戰後台灣所需的專業攝影人才。彭瑞麟的學生遍及台灣、澎湖、廈門與印尼各地，可說是桃李滿天下，對於台灣攝影教育與傳承貢獻甚鉅。

彭瑞麟攝影技法相當高超，可謂超越同時代的同儕水準許多。在四〇年代他就開始製作紅外線攝影與彩色照片，還曾經接受東京寫眞學校校長結城林藏秘密傳授漆金寫眞技法（可惜此技藝已失傳），於一九三八年以純金寫眞「太魯閣之女」獲得大阪每日新聞主辦的「日本寫眞美術展」入選，成爲十五位得獎者當中唯一入選的台灣人作品。彭瑞麟還曾經擔任日本風景協會「月刊風景」的特約記者，爲台灣留下許多早年珍貴的風景文物影像。

遺憾的是，如此的攝影人才卻在二戰後遭到中華民國政府以莫須有罪名迫害入獄二十一天，靠著師範同窗的疏通交保才得以返家，國民黨甚至威脅彭家子孫不得從政。彭瑞麟於戰後被人騙走鉅額投資，因生計問題轉而從事中醫與經營甘蔗園，晚年以繪畫聊以慰藉，於一九八四年二月三日病逝苗栗。

World

1946.11.3 日本天皇公布和平憲法

2022 November

11月4日

舊曆 十月十一

海龍王辭水。

住在海底的龍王怎麼會拒絕水呢。比喻假意推辭，實則想得要死。天鬼假細禮也是類似的意思。看看中國國民黨內的初選登記，那個說了一百遍不選台北市長的馬英九還不是去選了。中國的宮廷文化就是孕育出一堆這種假掰貨色的絕佳搖籃。

• 上揚唱片行的標誌

• 上揚唱片行創始人林敏三與張碧（左圖）夫婦（張碧已於二〇一九年十一月十八日辭世）。

• 上揚唱片行只是在店內播放「戀戀北迴線」一曲，引起店外群眾起舞歡唱，結果竟被台北市警察全副武裝衝入店內要求把音樂關掉，甚至還質問為何播放台語歌，行徑與支那土匪無異。

十一夜

禮拜五 lé - pài - gō FRI 金曜

2022年 11月

日	一	二	三	四	五	六
		1	2	3	4	5
6	7	8	9	10	11	12
13	14	15	16	17	18	19
20	21	22	23	24	25	26
27	28	29	30			

2008.11.4

上揚唱片行事件

二○○八年，馬英九與中國國民黨在總統與國會選舉中大勝，隨後即開啓大量與中國官方的交涉與互訪活動，許多中國官方直接以天朝官員巡視的高姿態進入台灣施行統戰，國民黨也放任中國官員與統一促進黨等黑幫份子四處走跳，引發獨派與民進黨人的不滿與反彈，因此爆發十月中國海協會副會長張銘清訪台時被獨派攔阻與推倒受傷的事件。

緊接著在十一月三日，中國海協會會長陳雲林來台之際，又爆發抗議民眾手持中華民國國旗卻遭警察折毀丟棄並暴力驅趕的事件，還造成一名女子手指頭被折斷，顯見中華民國國旗僅是國民黨在台灣內部的遮羞布而已，見到中國官員就要趕快收起來。當時國民黨政府爲了保護陳雲林，避免張銘清事件再度發生，大幅提高警備程度，造成多起執法過當的暴力事件，也引發後續的「上揚唱片行事件」。

二○○八年十一月四日晚間，連戰在國賓飯店宴請陳雲林等中國官員，現場約有六百名警力戒護，但是在國賓飯店外抗議的群眾也越來越多。警察多次以暴力驅離的方式將民眾趕往中山北路的慢車道與騎樓。上揚唱片行就剛好位於國賓飯店所在路口，許多被警察驅趕的民眾就自然湧到唱片行的門口。

長期以發行台灣歌謠爲主的上揚唱片負責人具有強烈的台灣意識，當下決定以音響播放「台灣之歌」專輯的歌曲來爲抗議群眾打氣。剛好在播放到黃麒嘉創作的「戀戀北迴線」一曲時，因爲輕鬆的曲調引來群眾隨之起舞歡唱，沒想到警察竟全副武裝帶隊衝入店內要求把音樂關掉，甚至質問爲何播放台語歌，還強要店家拉下鐵門，引爆群眾鼓譟並衝入唱片行，同時大聲斥責警察行爲像土匪入侵民宅。上揚唱片行只好關閉音樂，才讓事件告一段落。

台灣作家鄭清文逝世日 2017.11.4

Tâi-oân tok-li̍p 台灣獨立

2022 November

11月5日

舊曆 十月十二

老鼠尋貓公。

客家俚語，意思就是自找死路，類似台語的請鬼醫病，或是北京話的肉包子打狗。每次看到台商抱著錢想去中國投資發大財，筆者都會有老鼠尋貓公的感覺，能全身而退就不錯了。

十二夜

• 林山田像

• 陳定南像

• 林山田是發起推動廢除刑法一百條的頭人之一。

• 陳定南在宜蘭縣長任內到經濟部前反對六輕。

禮拜六 lé - pài - la̍k　SAT 土曜

2022年 11月

日	一	二	三	四	五	六
		1	2	3	4	5
6	7	8	9	10	11	12
13	14	15	16	17	18	19
20	21	22	23	24	25	26
27	28	29	30			

2006.11.5

陳定南逝世日

◆台灣政治清流與人格者

陳定南，生於一九四三年九月二十九日，宜蘭三星人。自台灣大學法律系畢業與退伍後曾經從事商業貿易十餘年。美麗島事件與林宅血案爆發後，他基於正義感決定棄商從政，並在一九八一年當選宜蘭縣長，打破國民黨長期貪腐執政的局面。在連任兩屆的八年縣長任內，陳定南挑戰黨國威權，要求機關學校不掛蔣介石遺像，電影院不唱國歌，還廢除人二室。他同時也在宜蘭廣設公園綠地，嚴懲濫墾濫伐，堅拒台塑六輕設廠，爲宜蘭留下好山好水。

陳定南爲政相當清廉與嚴謹，因此獲得民進黨徵召入黨，於一九九四年參選台灣省長，卻敗給國民黨的宋楚瑜。兩千年民進黨執政後，被陳水扁提名爲法務部長，任內積極反黑與反賄選。二〇〇五年再度代表民進黨參選宜蘭縣長卻遭國民黨擊敗，選後年餘即於二〇〇六年十一月五日病逝。

2007.11.5

林山田逝世日

◆台獨先驅

林山田，生於一九三八年，台南市人。一九五七年曾就讀於中央警官學校，畢業後曾短暫擔任高雄市警察巡官，於一九六六年辭去警官一職，赴瑞士大學深造，隔年轉至西德杜賓根大學法學院攻讀，並在一九七二年獲得博士學位。林山田返台後曾先後在中央警官學校、輔大、政大、台大擔任法律學系教授，也是台灣研究刑法的權威。

九〇年代初期，林山田積極參與政治，曾發起「廢惡法運動」，推動廢除「懲治叛亂條例」與「中華民國刑法第一百條」，一九九二年還發起「退報運動」，呼籲民眾將國民黨傳聲筒的聯合報退訂掉，最讓聯合報虧損四億，因此也被聯合報控告毀謗，最後無罪定讞。林山田長期奉獻於台獨運動，曾任建國會執行長、建國黨副主席。從台大法律退休後，晚年定居礁溪，於二〇〇七年十一月五日病逝。

紅統旺旺入主中時集團　2008.11.5

Tâi-oân tók-lėk
台灣獨曆

2022
November

11月6日

舊曆 十月十三

十三夜

明來暗去。

比喻兩方都在做偷雞摸狗與暗渡陳倉的壞事。中國國民黨與中國共產黨整天都在做一堆見不得人的暗盤交易。一堆自私的人只想著怎麼樣把台灣（包括關鍵技術）給賣了來換個可以到美加退休過好日子的價錢。最悲哀的是，還有一堆無知的人想當那個被賣還幫忙數鈔票的人。

• 林義雄年輕時的留影

• 野草莓運動的標誌

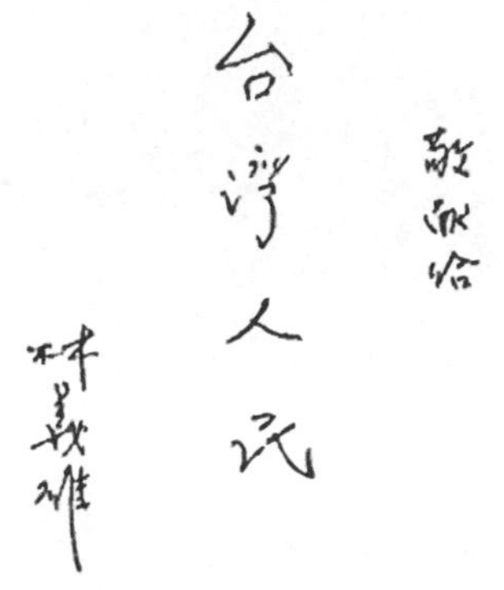

• 林義雄在台灣共和國基本法草案封面的題辭。

• 楊達孫女，同時也是促轉會主委的楊翠也曾經參與過野草莓運動。（繪圖參考邱萬興攝影）

禮拜日 lé - pài - jit | SUN | 日曜

2022年 11月

日	一	二	三	四	五	六
		1	2	3	4	5
6	7	8	9	10	11	12
13	14	15	16	17	18	19
20	21	22	23	24	25	26
27	28	29	30			

2008.11.6

野草莓運動

國民黨與馬英九在二〇〇八年國會與總統選舉大勝之後，開始全面向中國靠攏，放行中國高官來台進行各式統戰，而且還放任警察以維安爲名進行任意搜索、物資扣留、暴力驅逐與拘捕等侵犯基本人權的手段，因此引發陳雲林與上揚唱片行群眾事件。

此時部分台大學生、教授與社會人士在網路串連，於二〇〇八年十一月六日開始在行政院前、自由廣場與全台各地校園發動靜坐示威，要求馬英九、行政院長劉兆玄道歉以及警政署長王卓鈞下台。學生也於十一月九日透過表決以「野草莓」做爲運動名稱，抗議行動一直持續到隔年一月結束。野草莓運動期間，曾有一名資深國民黨員劉柏煙因爲不滿馬英九與國民黨對中國政府卑躬屈膝，還派警察將抗議者手中的中華民國國旗折斷，因此於十一月十一日在自由廣場上淋汽油自焚並於隔月死亡。

1989.11.6

林義雄攜台灣國基本法草案返台

一九八〇年二月二十八日，林宅滅門血案發生後，人在獄中的林義雄強忍悲痛，要求其妻方素敏帶著倖存的女兒前往美國居住與療傷，以避免再度遭到中華民國特務謀害。一九八四年，林義雄出獄後先是安排母親與女兒的安葬事宜，之後前往美國與妻女團聚。在親人遽逝的悲痛下，他依然在深思如何爲台灣人民制訂一部可以長治久安的現代化憲法。

林義雄爲了建構台灣憲法，他選擇在美、英、日三國留學進修，以吸取各國民主經驗。一九八九年，終於完成「台灣共和國基本法草案」，勾勒出宏大格局卻充滿精密思慮的憲法條文，並於十一月六日帶著草案返台。該基本法草案內容尤其強調人權、自由與尊嚴，可謂相當程度反映了林義雄在黨國政權下所受的苦難而昇華成的遠慮與大愛，也與許世楷與黃昭堂的台灣共和國憲法草案相互輝映。

2008.11.6 民進黨發起包圍中國官員陳雲林行動

Tâi-oân tȯk-li̍p 台灣獨立

2022 November

11月7日

舊曆 十月十四

節氣 立冬

台諺有云：立冬，青黃刈到空。意謂台灣中南部的二期稻作已經成熟，農夫忙著收割稻作。

• 喬治・柯爾的著作「被出賣的台灣」

• 喬治・柯爾像

• 喬治・柯爾年長時的頭像

小望月

禮拜一 lé - pài - it MON 月曜

2022年 11月

日	一	二	三	四	五	六
		1	2	3	4	5
6	7	8	9	10	11	12
13	14	15	16	17	18	19
20	21	22	23	24	25	26
27	28	29	30			

喬治・柯爾誕生日

◆美國外交官與台獨盟友

1911.11.7

喬治・柯爾（George Henry Kerr，漢名葛超智）生於一九一一年十一月七日，美國賓州人。二戰前曾至日本讀書，珍珠港事變之前在台北高等學校擔任英文教師，因此對於台灣局勢知之甚詳。太平洋戰爭爆發後，喬治・柯爾擔任美國海軍中尉且任職於美國戰爭部戰略情報局，也成爲美軍的台灣問題專家。戰爭期間，柯爾就建請美國軍方在戰後要託管台灣，不該交由中國軍隊代管，但是因爲美國國務院與軍方意見不同，託管建議因此沒有下文。

二戰結束後，喬治・柯爾返回台灣擔任助理海軍隨員，曾以「美國駐重慶海軍武官、中華民國國民政幹事」的身分出席台北公會堂的在台日軍投降典禮。不久後也開始擔任美國駐台領事館副領事的外交官職務，因此得以親眼目睹中華民國官兵劫收與屠殺台灣人民的歷史。

二二八事件爆發時，喬治・柯爾正好目睹「長官公署開槍事件」，當時請願的台北市民遊行至行政長官公署前卻遭到中華民國軍隊用機關槍掃射。柯爾和幾個朋友正在附近吃飯，便把吉普車開來阻擋在中華民國軍隊與台灣民眾之間。聯合國救濟總署的記者還下車檢查六個躺在地上的台灣人，僅有二人還活著，因此號召群眾用人力車將傷患送到醫院。

喬治・柯爾目睹二二八事件且挺身幫助台灣人，因此很快就被中華民國驅逐出境。他在日後寫下「被出賣的台灣」（Formosa Betrayed）一書，詳細記錄中華民國當時在台灣劫收與屠殺的景況，可說爲戰後的台灣留下珍貴的史料。喬治・柯爾一直以來都主張「託管論」以及民族自決，且終其一生與台獨人士來往交好，可謂台獨運動的海外重要盟友。於一九九二年八月二十七日病逝檀香山。

World 雅虎提供個資給中國，楊致遠道歉。 2007.11.7

Tâi-oân tòk-li̍p
台灣獨立

2022 November
11月 8日

舊曆
十月十五

黃金良藥，不如無病。

藥材再怎麼貴重，都不如擁有一個健康的身體。台灣人常把藥當補品吃，以為這樣可以有病治病、沒病強身，這樣不但嚴重浪費健保資源，也會讓身體增加不必要的負擔。還不如平時就從吃喝作息還有運動開始做起。

滿月

• 日本特高警察在辦公室的情景

東京朝日新聞
破格
共產黨潰滅の功勞者に恩遇
四十八氏に敍勳・賜杯

• 一九三六年十一月東京朝日新聞報導日本特高警察剿滅共產黨的功績。

• 陳五福像

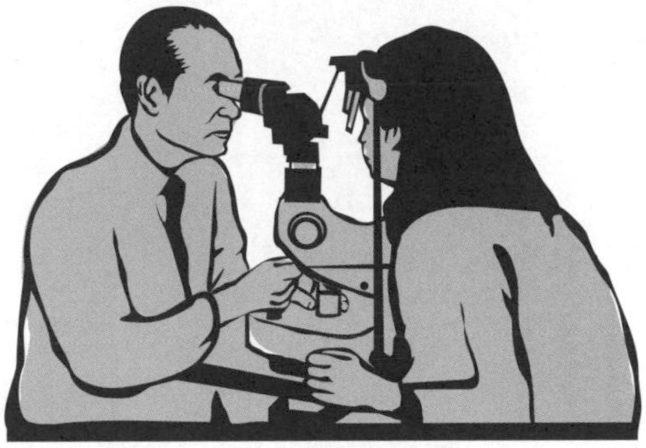
• 陳五福在診所為病患看診眼睛。

禮拜二 lé - pài - jī
TUE 火曜

2022年 11月

日	一	二	三	四	五	六
		1	2	3	4	5
6	7	8	9	10	11	12
13	14	15	16	17	18	19
20	21	22	23	24	25	26
27	28	29	30			

1997.11.8

陳五福逝世日

◆照顧盲人的宜蘭醫師

陳五福，生於一九一八年十二月二十日，宜蘭羅東人。曾就讀台北高等學校與台北帝國大學醫學部，台北帝大畢業後留在該校附設醫院擔任住院醫師。一九四六年，陳五福返回羅東開設「五福眼科」醫院，雖然說是眼科，但是因爲鄉村醫療資源缺乏，所以幾乎內外全科都要看，甚至還要幫婦人接生。陳五福秉持濟世精神，對清寒者一律不收取費用。

一九五九年，陳五福與妻子共同創辦「慕光盲人習藝所」，幫助視障者學習謀生技藝，成爲宜蘭第一所私人創辦的社會福利機構，也是台灣第一所由台灣人創辦的盲人福利機構。當時陳五福在地方名望甚高，國民黨甚至一度想找他參選宜蘭縣長，卻爲他所拒絕。陳五福曾與非洲的史懷哲醫生通信並且成爲好友，因此也有人稱他爲「台灣史懷哲」，於一九九七年十一月八日病逝。

1941.11.8

高雄鳳山事件

日本在一八九五年接收台灣後，於一九〇四年設置高等警察（類似特務與調查局幹員的角色），用以打擊共產主義、無政府主義者、台灣分離派以及親中派。這個特務機關曾經參與三〇年代初期打擊台灣農民組合的行動。到了四〇年代戰火蔓延之時，高等警察就成了壓制台灣人思想言論的鷹犬角色。

一九四一年，高雄州鳳山郡林園庄就發生一名日本惡警櫻井勇爲了報私仇而勾結地方惡棍，聯手構陷地方人士，誣賴他們要與中國軍隊聯手攻擊日本軍舍與警察局。結果許多林園庄地方人士就從十一月八日起被陸續逮捕，且被特高警察刑求拷打，導致多人在獄中死亡，因此事件也被統稱爲「高雄州特高事件」。此事本來還會向上延燒到當時的台籍仕紳，直到經過日籍檢察官下秀雄的嚴謹調查與仗義執言之後，此冤案才沒有繼續擴大下去。

World
唐納・川普當選美國總統 2016.11.8

2022 November

11月 9日

舊曆 十月十六

忠臣死在先，奸臣死路尾。

一般人看到好人不長命，禍害遺千年都會忿恨不平，這句話其實就是用來安慰大家，總有一天所有人都會死。台灣人習慣惡人由天來收的想法其實只是反映怕事的心態，最好的做法還是制定法律或是組成委員會來追討公義或執行懲罰事宜。

・當時嘉義縣議員彭布金因積極介入阿里山事件，因而擋到中國國民黨的財路，遭國民黨特務在彭於嘉義啟南醫院就醫時注入毒針後身亡。

・一九七六年十一月九日凌晨，國民黨官員教唆下屬縱火燒毀阿里山沼平聚落，包括八十多家住戶及十一家民營旅社的日式建築群都被大火焚毀。

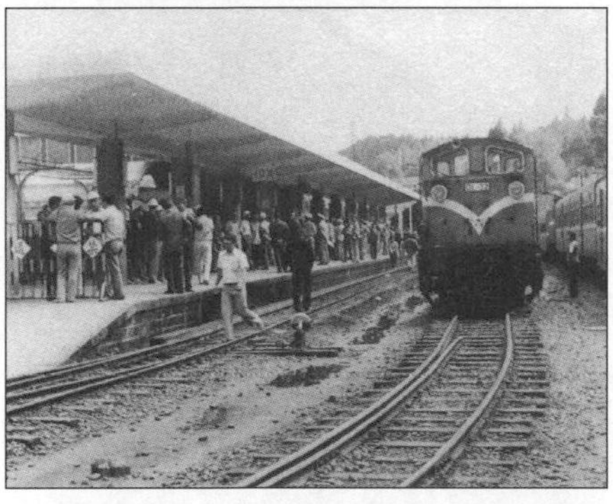

・當時國民黨找來五六百名外省警察（支那人）前來防堵居民抗議。（翻攝自徐光男的攝影照片）

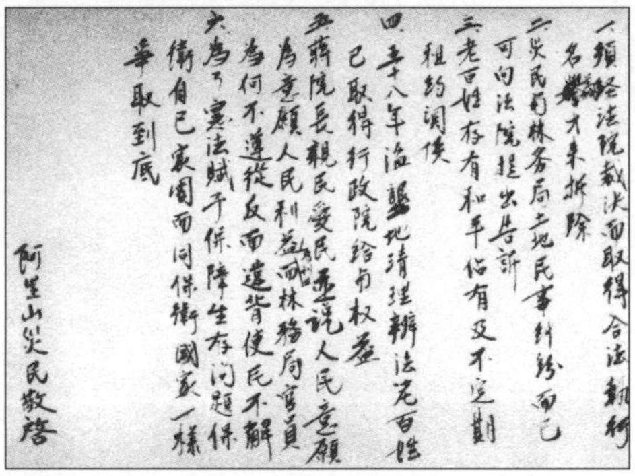

一、須經法院裁決而取得合法執行名義才來拆除
二、災民與林務局土地民事糾紛而已可向法院提出告訴
三、老百姓存有和平佔有及不定期租約關係
四、五十八年追認地清理辦法老百姓已取得行政院給予權益
五、蔣院長親民愛民並說人民意願為意願人民利益而林務局官員為何不遵從反而違背使民不解
六、為了憲法賦予保障生存問題保衛自己家園而同保衛國家一樣爭取到底
阿里山災民敬啓

・圖為阿里山當地居民在屋前貼上林務局無權拆屋的理由。

立待月

禮拜三
lé - pài - sa^n

WED
水曜

2022年 11月

日	一	二	三	四	五	六
		1	2	3	4	5
6	7	8	9	10	11	12
13	14	15	16	17	18	19
20	21	22	23	24	25	26
27	28	29	30			

國民黨阿里山縱火事件

1976.11.9

一九四五年，中華民國政府據台以來，就將阿里山的全區土地劃為國有，並且將上面的土地「暫時放租」給阿里山人，原因是國民黨還需要這些「暫時居住」的民眾幫他們砍伐阿里山的原木。當時日本時代留下的阿里山林場還有百分之四十五的原始林屬於禁止砍伐的保安林地，但是中華民國來了之後就將保安林地內的樹木全部砍光。

等到阿里山林場的木材都被中華民國官員洗劫一空之後，中華民國政府先是結束官方的直營伐木，接著就想著該如何經營森林遊樂特區來剝第二層皮。而這群在阿里山以伐木維生的「暫居人口」，或是所謂的阿里山人，就在被利用完後等著在一九七二年被國民黨驅逐出家園。在經過省政府與林務局的多方角力之後，黨國中央終於決定要將這群阿里山人給強制遷往新闢的阿里山森林鐵路第四分道。

當時阿里山伐木的核心聚落就在沼平，戰後曾經一度群聚四千到五千人，很多人還是在當地世居多代的住戶，結果官員與民代居然要強制他們遷居。民眾就盛傳國民黨官員與民代為了要炒作地皮，才決定要將這些住戶驅逐出原居地。一九七六年十一月五日，林務局派員與居民討論遷村，結果雙方不歡而散。

緊接著十一月九日凌晨，突然一把無名大火燒毀整個沼平聚落，包括八十多家住戶及十一家民營旅社的日式建築群都被大火焚毀。事後根據嘉義縣議員吳銘輝調查，火災當晚林務局阿里山林班處處長，竟帶領員工切斷水源後縱火。結果吳銘輝竟因追查此事原委且協助災民返家而遭國民黨特務威脅，最後透過台獨聯盟的幫忙逃往日本尋求政治庇護，還到美國國會人權聽證會上作證指控國民黨的惡行。阿里山也因這場大火就此改變原有的日式風貌。

台灣革命家史明誕生日 1918.11.9

Tâi-oân tok-li̍p 台灣獨立

2022 November

11月10日

舊曆 十月十七

食無三條番薯，就臭屁。

還沒學到真功夫，就開始四處炫耀，比喻半桶水的人講話最大聲。放眼台灣政壇，某位自稱智商一五七的台灣民眾黨黨主席似乎就是這種食無三條番薯就愛四處放屁的人。

• 梅監霧的著作：「福爾摩莎的聖徒」。

• 梅監霧像

• 蘭大衛醫生與梅監霧於一八九五年一同從英國搭船，然後抵達台南。

居待月

禮拜四 lé - pài - sì

THU 木曜

2022年 11月

日	一	二	三	四	五	六
		1	2	3	4	5
6	7	8	9	10	11	12
13	14	15	16	17	18	19
20	21	22	23	24	25	26
27	28	29	30			

梅監霧誕生日

◆ 英國乞丐牧師

1865.11.10

梅監霧（Rev. Campbell Moody），生於一八六五年十一月十日，蘇格蘭人。幼時即表現出堅忍與獨立的性格，少時即對文學與哲學深感興趣，於一八八〇年就讀格拉斯哥大學文學院。一八八四年進入自由教會學院攻讀神學，一八八八畢業後開始從事基督教務，同時萌生海外宣教的想法，因此向長老教會提出申請，最後獲准奉派到台灣從事宣教。

一八九五年十月二十二日，梅監霧與蘭大衛醫生、廉德烈牧師從英國出發搭船，於同年十二月十八日抵達台灣安平港。梅監霧抵達台灣後先向漢學家學習台灣人所使用的台語，之後便與蘭大衛一同在中部地區從事醫療與傳道工作。當時他們以忍耐饑渴與粗衣布食的蘇格蘭式「沿村露天佈道」方法在台中州（現今中彰投一帶）傳道，足跡遍及中部地區各個村落，還在各地創設教會。

梅監霧待人謙恭有禮且一視同仁，言必稱「咱台灣人」，絕對不會麻煩到別人，人稱「英國乞丐」，台灣同工則稱他爲「台灣的保羅」。蘭大衛在日記中也提到：「梅牧師深愛台灣人，台灣人也熱愛梅牧師。」梅監霧是個觀察力極爲敏銳的人，在台傳教期間發現台灣漢人在宗教上是強烈的「現世主義者」，宗教信仰僅停留在「物質的低層次」，因此他也投注相當的熱情於傳道解說之上。

梅監霧在台傳道期間雖然因爲感染瘧疾，多次往返外國休養，但是康復後又隨即回到中彰投一帶進行宣教工作。他還曾一度被調往新加坡，但是最後仍因想念友人而自請調回台灣。梅監霧於一九二四年因熱病發作而返回英國療養，原來他還希望能夠返回台灣，沒想到因爲健康因素而就此與台灣告別，於一九四〇年二月二十八日在蘇格蘭逝世。

World

世貿同意台灣與中國同時加入WTO 2001.11.10

Tāi-oân tok-li̍p
台灣獨立

2022 November

11月11日

中華民國三十五年十一月十三日

非法・暴虐極矣！

臺中縣警察集團行動 打死執行任務之法警

警察局變成阿修羅世界 人心戰戰陷落恐怖深淵

台中縣政府警察局，十一日下午，惹起一驚天動地之集團毀法殺人兇件。內容係該局一警察，因有犯罪行爲，法院令法警正式依法拘捕，詎知該警察，竟動員全局警員，反將法警等扣留加以毆打，而且開槍擊斃一人，另有受重傷輕傷者數名。無法無天，情同造反，實爲台灣未曾有之大黑暗事件。現台都地方人心惶惶，淪落於恐怖之深淵。

四百架，人員方面計……將醫官四人，上校廿……人，中校十二人，少……五十八人，尉官八十……人，總共一八二人，……

• 民報一九四六年十一月十三日報導支那警察濫射開槍打死台灣法警並造成多人重傷的事件。

• 鹿港四方醫院的院長施江西遭到中國員警許宗喜夥同數名中國流氓毆打成傷，結果還被惡人先告狀，被誣陷破壞公物。

• 員林槍擊事件爆發後，時任高等法院推事的吳鴻麒（如圖）奉命前往調查，因此遭國民黨人所忌恨，隔年二二八事件爆發後就被國民黨鷹爪抓走並被秘密殺害，棄屍台北南港橋下。結果其親侄吳伯雄日後竟還加入國民黨，實為可恥可悲。

舊曆 十月十八

寢待月

做事尋衫著，食飯打赤膊。

這是一句客家諺語，意指做工作的時候因為不努力而沒有流汗，所以要找衣服穿，但是吃飯時倒是很賣力，吃到汗流夾背而要脫衣服，用來嘲笑那些好吃懶做的人。這句諺語也同樣可套用在很多國民黨老軍公教的身上。

禮拜五 lé - pài - gō | FRI 金曜

2022年 11月

日	一	二	三	四	五	六
		1	2	3	4	5
6	7	8	9	10	11	12
13	14	15	16	17	18	19
20	21	22	23	24	25	26
27	28	29	30			

1946.11.11 員林槍擊法警事件

中華民國於一九四五年劫收台灣之後，兩股相異的文化也在台灣產生嚴重的衝突。長期以來習慣獨裁人治的中國人與已在日本時代進入現代化法治生活的台灣人形成巨大的嫌隙，員林事件就是其中的代表之一。當時從中華民國來的軍警習慣性地違法亂紀，在路上任意搶奪民眾財物、持槍射擊平民並造成死傷之事更是時有所聞。

一九四六年五月，鹿港四方醫院的院長施江西遭到中國員警許宗喜夥同數名中國流氓毆打成傷，結果還被惡人先告狀，被誣陷破壞公物。施江西不甘受辱而向法院提出告訴，法院傳喚許宗喜等人時卻拒不應訊，台中地方法院於是簽發拘票，於一九四六年十一月十一日派出法警王朝枝、黃清耀、陳清漢到員林對中國人許宗喜進行拘提。地院典獄長兼看守所長賴遠輝也另外帶監獄看守十七人協助緝捕。

沒想到前來拘捕中國警察許宗喜的台籍法警竟然被這群中國警察圍困在警局內，當亮出拘票時還被台中縣警局督察長同時也是中國人的陳傳風沒收並誣指爲偽造文件。最後被圍困在警局內的法警與看守十多人遭到奉陳傳風命令趕來支援的北斗區警察局所長林世民亂槍射擊，造成多人重傷倒地、一名法警死亡，其餘法警看守則被中國員警集體關入拘留所，身上財物還被洗劫一空，數日後才被釋放。

員林事件發生後引起台灣人群情譁然，對於中國人的惡行更加深惡痛絕。結果最後犯下槍殺法警的一干中國人等，竟然只有林世民一人被判刑有罪，其餘人均無罪釋放。此事所累積的全台怒火也間接引爆隔年的二二八抗暴事件。許多戰前取得法官資格的台籍菁英明瞭到中華民國政治的黑暗與中國人的陰險，從此不再擔任中華民國的司法官以求自保。

2008.11.11 陳水扁遭法院聲押禁見

Tâi-oân to̍k-li̍p
台灣獨立

2022
November

11月12日

舊曆
十月十九

刀槍雖險，筆尾卡利尖。

刀槍雖然很危險，但是可以傷害到的只有一人。拿筆寫文比刀槍更厲害，可以影響到一整群人。黨外人士之所以想要辦報辦雜誌，就是出於這樣的想法，希望可以藉由揭露史實把從黨國教育下洗腦的台灣人給喚醒。

佳里醫院

• 吳新榮執業的佳里醫院招牌字體

• 吳新榮像

• 吳新榮與未婚妻毛雪芬的合照。

更待月

禮拜六 lé - pài - la̍k | SAT 土曜

2022年 11月

日	一	二	三	四	五	六
		1	2	3	4	5
6	7	8	9	10	11	12
13	14	15	16	17	18	19
20	21	22	23	24	25	26
27	28	29	30			

1907.11.12

吳新榮誕生日

◆ 台南鹽分地帶文學家

吳新榮，生於一九〇七年十一月十二日，台南鹽水港廳人。公學校畢業之後於一九二三年進入台灣總督府商業專門學校就讀，但是不久學校即被裁撤，因此轉往日本岡山金川中學。受其叔父習醫影響，吳新榮於一九二八年考入東京醫學專門學校（今東京醫科大學）。赴日就學期間，開始發表詩作，還創辦「南瀛會誌」、「里門會誌」等雜誌。

受到日本學生運動影響，吳新榮也開始投入政治，加入左翼思維的「台灣青年會」以及「東京台灣學術研究會」，結果在日本政府掃蕩日共的「四一六事件」當中遭到逮捕入獄二十九天，出獄後還持續受到日本政府派員監視。一九三二年，吳新榮自東京醫學專門學校畢業後，隨即返台執業於叔父的台南佳里醫院，同時也開啓了他在台灣的文學創作生涯以及組織活動。

一九三三年，吳新榮與郭水潭等台南青年發起「佳里青風會」，接續他在日本的左翼理想，成爲「鹽分地帶」文學組織的前身。一九三五年，吳新榮與郭水潭、徐清吉、林芳年、王登山、莊培初等人成立「台灣文藝聯盟佳里支部」。支部成立後，台南鹽分地帶（北門郡一帶）的文學也由傳統漢詩文，開始匯入台灣新文學運動的元素。但是不久「台灣文藝聯盟」卻因左右派之爭而解散，「佳里支部」也在一九三六年底隨之解散。

吳新榮在聯盟解散後依舊持續發表文學作品，還參與一九四二年「民俗台灣」佳里專輯的田野調查，也成爲他日後文獻調查的濫觴。戰後吳新榮因爲積極參與政治且偏向左翼立場而屢次被中華民國政府逮捕入獄，他只好轉向比較無干政治的地方文史工作與文獻調查，於一九六七年三月二十七日病逝。

1999.11.12 日本東京都知事石原慎太郎訪台

Tâi-ôan tòk-lèk 台灣獨立

2022 November

11月13日

舊曆 十月二十

自古好事厚拖沙，
人間好事多拖磨。

好事多磨，順遂不易，這就是人間現況。支持獨立建國的人請不要失志，印度爭取獨立建國也花了三代人共九十年的時間，猶太人更是用千年的時間來等待立國，戰後才興起的台獨浪潮也是需要時機與耐心的。

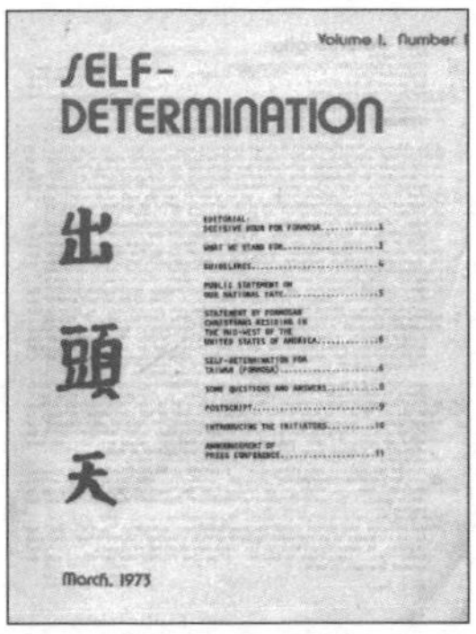
Volume 1, Number 1
SELF-DETERMINATION
出頭天
March, 1973

• 長老教會基督徒所創辦的「出頭天」刊物，倡導台灣人民自決獨立。

• 彌迪理曾參與「對國是的聲明與建議」的撰寫工作，並且與黃武東一同發表聲明。

• 黃武東像

• 台灣基督長老教會的標誌。

• 黃武東牧師（左一）曾與黃彰輝牧師、林宗義博士與宋泉盛牧師共同響應「台灣人民自決運動」

二十夜

禮拜日 lé - pài - jit | SUN 日曜

2022年 11月

日	一	二	三	四	五	六
		1	2	3	4	5
6	7	8	9	10	11	12
13	14	15	16	17	18	19
20	21	22	23	24	25	26
27	28	29	30			

黃武東逝世日

◆抗暴牧師

1994.11.13

黃武東，出生於一九〇九年，台南州東石郡義竹庄人（現為嘉義義竹）。生父原姓李，後為黃家領養以接後嗣，幼時全家受洗為基督徒。一九二二年，考入台灣第一所中學台南長老教中學，一九二六年畢業後，進入台南神學校就讀。一九三〇年自神學院畢業後，前往澎湖、雲林、嘉義等地傳道。二戰於一九四〇年日熾之時，長老教會因為不願意跟日本政府妥協而導致台南神學院被迫關閉，黃武東在日本嚴格管控之際依舊接受教會邀請前往佈道。

二戰結束後，中華民國前來台灣劫收，中國官兵的貪腐暴斂也造成一九四七年二二八全台抗暴事件，其中許多台灣人因此遭到中華民國軍隊屠殺而亡，其中又以黃武東所在的嘉義牧區死傷特別慘重。當時黃武東牧師與其領導的教會成員，對中華民國殖民政權皆採取冷淡不合作的態度。

一九五一年，黃武東發起組織的「台灣基督長老教會總會」成立。他隨後赴英國留學兩年，返台後積極參與「教會倍加運動」，深入台灣基層以救助貧苦之人。一九六五年，黃武東領導教會成員舉辦基督教在台宣教百週年典禮，卻因長老教會加入「普世教協」而引發國民黨攻訐。典禮現場竟被國民黨誣陷為「親共大會」，且到處都是國民黨派來的警察與憲兵，現場人員還被禁止唱詩，實屬荒謬。

黃武東無懼於中華民國的威逼，於一九七一年與長老教會共同發表「對國是的聲明與建議」，強調台灣人權並主張中央民代全面改選，因此引發國民黨報全面圍剿。一九七三年在海外與林宗義、黃彰輝牧師等人響應「台灣人民自決運動」，因此遭中華民國列入黑名單，直到一九八八年才得以返台，於一九九四年十一月十三日逝世。

杜正勝改革高中歷史課本，獨立列台灣史。 2004.11.13

Tâi-oân tok-li̍p 台灣獨立

2022 November

11月14日

舊曆 十月廿一

二十一夜

無夠尻川，呣通食瀉藥。

沒有那個屁股，就不要隨便吃瀉藥，比喻人沒本事的話就不要逞強去做。中國鎮日總是想當世界第一的強國，但是卻不想承擔國際責任，也不敢去跟美國直接開戰，無夠尻川，就呣通食那個瀉藥。

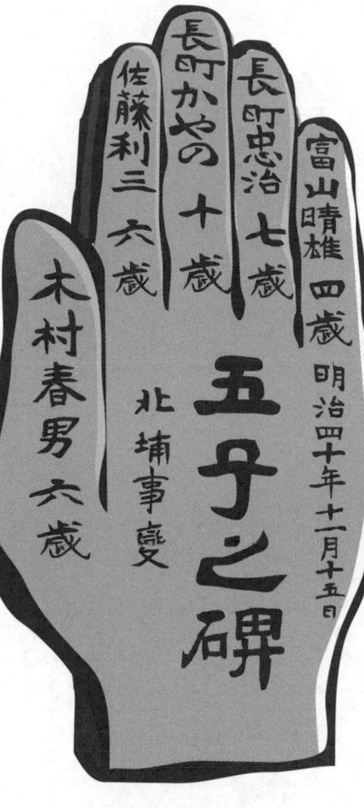

• 新竹北埔事件發生後，日本人在當地設立五子之碑，用以紀念被無辜殺害的五名日本兒童。

• 當時聲稱主導起義的蔡清琳，因為臨時落跑，被賽夏族的他羅・吾茂（上圖）砍殺身亡。

• 清國官員唐景崧成立台灣民主國後又捲款潛逃返回清國。

• 一九〇七年十一月二十日，臺灣日日新報報導北埔事件，報上相片應為蔡清琳。。

禮拜一 lé - pài - it MON 月曜

日	一	二	三	四	五	六
		1	2	3	4	5
6	7	8	9	10	11	12
13	14	15	16	17	18	19
20	21	22	23	24	25	26
27	28	29	30			

2022年 11月

新竹北埔事件

1907.11.14

清國於甲午戰爭敗戰後將台灣割讓日本，一八九五年日本派軍前來接收台灣，當時組成台灣民主國的唐景崧與丘逢甲等人誓言要力抗日本登台，但是沒想到日軍在基隆登台不久，這些前清國高官就立刻背著底下官兵捲款潛逃返回清國，僅留中南部與山區的漢人仍在與日軍抵死頑抗。當時新竹北埔的姜紹祖也響應台灣民主國並組義勇軍抗日。不過很快就被日軍殲滅而身亡，史稱「第一次北埔事件」。

十二年後，也就是一九〇七年發生了「第二次北埔事件」，當時新竹北埔仍有許多漢人與原住民對日本高壓統治與佔地行爲感到非常不滿。一名北埔的當地人蔡清琳，因爲追求日本女子不成，對日本人產生怨恨，便試圖藉由民眾對日本的積怨，鼓動新竹北埔山區的漢人與賽夏族起身抗日，他甚至謊稱清國軍隊即將登入新竹，希望眾人能呼應起義。

蔡清琳用獎金利誘的方式說服新竹賽夏族的頭目大打祿加入抗日行列。一九〇七年年十一月十四日，賽夏族便聯合當地北埔漢人共一百五十餘人起事攻擊警察分駐所並一路殺到北埔支廳，包括支廳長渡邊龜作與員警、婦人、孩童在內的五十七名日本人都遭殺害。然而主導抗日計劃的蔡清琳卻始終沒有參與起義行動，日軍派軍鎮壓之際，他還逃到山區避難，眾人方知清軍增援說是蔡清琳羅織的謊言。

受騙的賽夏族人因此憤而將蔡清琳砍殺，將屍首獻給日本當局表示投降。日軍原來要對北埔屠村作爲報復，後經當地仕紳求情，日軍才因此作罷，但事後仍逮捕百餘人入獄，九人遭判刑處死，多人遭屠戮或是秘密刑求而死。台灣總督府自此改變「理蕃政策」，不再經由漢人管理，而是直接由日人管理原住民，卻也引爆日後更爲慘烈的霧社事件。

民進黨成立台灣主權獨立運動委員會 1990.11.14

2022
November

11月15日

舊曆
十月廿二

二十二夜

烏卒仔食過河。

象棋上的黑卒過河，比喻撈過界或是侵犯到別人的權益。中國在國際社會總愛說台灣是它的一省，什麼事情都想撈過界來管，連飛機都想飛過界，看在台灣人的眼裡，大概就是你敢撈過界就試試看，保證乎你一頓粗飽。

• 吳三連於一九五〇年競選台北市長時的留影。

• 吳三連像

• 吳三連的長子吳逸民卻因在二二八事件後參加讀書會而被捕判刑十三年。

• 五〇年代，被台灣人稱為「五龍一鳳」的黨外議員：由左至右分別為李萬居、郭雨新、許世賢、郭國基、吳三連、李源棧。

禮拜二 lé - pài - jī | **TUE 火曜**

2022年 11月

日	一	二	三	四	五	六
		1	2	3	4	5
6	7	8	9	10	11	12
13	14	15	16	17	18	19
20	21	22	23	24	25	26
27	28	29	30			

吳三連誕生日

◆ 黨外先驅

1899.11.15

吳三連，生於一八九九年十一月十五日的台南州北門郡學甲庄。吳家貧困，七歲時父親因病住進基督教新樓醫院，父母雙親從此改信基督教，吳三連因此得以進入教會讀書班接受教育。一九一一年，遲齡進入學甲公學校就讀，一九一五年，考入總督府國語學校，一九一九年以優異成績畢業後獲得林熊徵獎學金，得以留學日本東京高商預科。

吳三連於留日期間開始參與公共政治，曾加入「新民會」與「東京台灣青年會」等組織，也積極投入台灣議會設置請願運動，還曾當著總督府總務長官下村宏面前批評日本高壓統治，因此也被特高列入監視對象。一九二五年，吳三連自東京商科大學畢業，開始投入新聞業，擔任「大阪每日新聞」記者與「台灣新民報」編輯，因批評時政而得罪當局，導致入獄十九天並被迫離職，只好轉赴中國從商。

二戰結束後，中華民國前來劫收台灣導致二二八抗暴事件發生，吳三連在中國召開記者會指控事件發生原因爲官逼民反。吳三連返台後開始參選中華民國公職，並以第一高票當選國大代表。一九四九年中華民國官員流亡來台，爲了攏絡二二八事件後的台灣人心，蔣介石決定讓吳三連擔任台北市長。

然而在一九五二年，就讀台大經濟系的吳三連長子吳逸民卻因參加讀書會而被捕判刑十三年，加上吳三連的無黨籍與台籍身分當時已不見容於國民黨，一九五四年他便自行放棄連任市長，後來就一直以無黨籍身分參選台灣省議員。吳三連在議員期間投入「自立晚報」經營，並且參與雷震組黨運動，卻因國民黨施壓而於一九六〇年退出政壇，轉而經營報社與實業，曾在八〇年代積極資助台灣本土文藝活動，於一九八八年十二月二十九日病逝。

小兒麻痺之父畢嘉士逝世日 2019.11.15

2022
November

11月16日

舊曆 十月廿三

心肝若好，風水免討。

心地善良的話，就不用太在意風水陰宅之事。這句話也有點類似於台語的黃金良藥，不如無病。意思就是本質夠好的話，其他錦上添花或是枝微末節的事就不是那麼重要。

• 張燦鍙靠著一台「銅罐仔車」以及四百美金，完成巡迴全美的「自由長征」。

• 為了聲援蔡有全與許曹德台獨案，黃華、楊金海與鄭南榕等人發起「新國家運動環島行軍」。（插圖參考邱萬興照片）

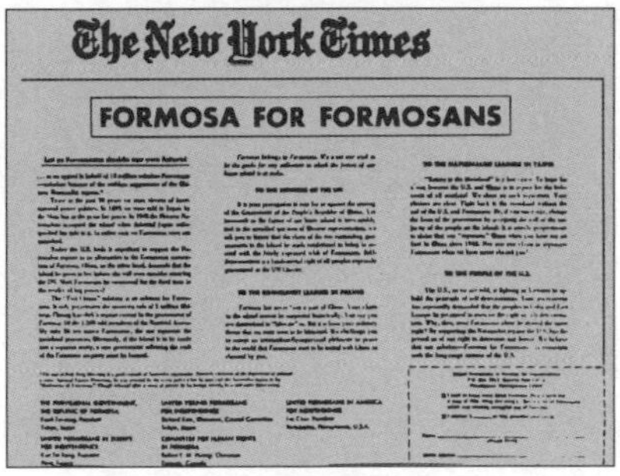
The New York Times

FORMOSA FOR FORMOSANS

• 自由長征後第四天，紐約時報刊出「台灣自救宣言」，引發留美台灣學生的熱烈討論。

• 鄭南榕像

• 黃華在新國家運動中的留影

下弦月

禮拜三 lé - pài - saⁿ

WED 水曜

2022年 11月

日	一	二	三	四	五	六
		1	2	3	4	5
6	7	8	9	10	11	12
13	14	15	16	17	18	19
20	21	22	23	24	25	26
27	28	29	30			

1988.11.16

新國家運動環島行軍

一九八七年八月底，蔡有全與許曹德因公開將台灣獨立列入組織章程，遭中華民國政府以「叛亂罪」收押，引發台獨團體的聲援與抗議。黃華與鄭南榕等人當時也發起新台灣和平改造運動聲援，並且於一九八八年十一月十六日這天舉辦「新國家運動環島行軍」，以四十天的時間徒步環島一周，直到十二月二十五日返回台北爲止。鄭南榕同時擔任此次活動的總連絡長，並親身參與環島行軍。

此次環島活動除了聲援蔡許兩人也提出四大訴求，包括：一、喚醒全民認同台灣、關切台灣前途，並努力維護台灣國際主權。二、呼籲全民共同走上街頭，施壓國民黨接受國家民主化。三、獨立建國。四、提倡新國號、新憲法。當時電視報媒均爲國民黨所掌控，環島行軍的活動也帶有突破黨媒封鎖，以走遍鄉鎮與口耳相傳的方式來宣揚建國的目的。

1966.11.16

自由長征之日

一九六五年，台灣共和國大統領廖文毅因親友受國民黨關押與威脅，只好返台向蔣介石投降。此事對海外台獨運動衝擊甚大，在美國發展的台獨社團也亟欲進行組織重整以重振士氣。一九六六年二月，台獨聯盟UFI宣布重組，並於六月邀集台獨人士在費城召開會議，成立「全美台灣獨立聯盟」。

聯盟成立後爲了吸引成員加入與加強各地組織的平行聯繫，便於一九六六年十一月十六日展開「自由長征」。由全美台獨聯盟的組織部成員包括張燦鍙駕車拜訪全美國各地有台灣人的城市與校區。長征行動開始後第四天，紐約時報即刊出「台灣自救宣言」廣告，引發留美台灣學生的熱烈討論。而「自由長征」的行動也使得聯盟刊物「台灣通訊」的郵寄名單，從原本的四百份增加到四千份，在美的台獨成員大幅增加，爲日後組織發展與募款打下良好基礎。

鄭南榕與受難者聯誼總會推新國家運動 1988.11.16

Tâi-oân tok-le̍k
台灣獨立

2022
November

11月17日

舊曆
十月廿四
二十四夜

一粒目屎三斤重。

意思是有淚不輕彈。台灣傳統社會的父執輩都相當嚴肅，很多做子女的可能一輩子都難見到父親掉淚。這是古早時代的家庭教育與性別養成方式，讓很多男人都無法懂得怎麼表達自己的感情或是情緒。

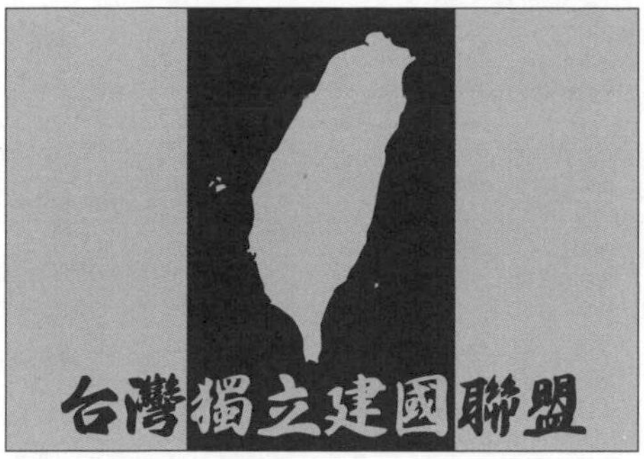

• 黃昭堂於一九九五年至二〇一一年擔任台獨聯盟主席。

• 黃昭堂像

• 柳文卿事件發生時，黃昭堂在羽田機場試圖阻攔遣返回台的班機。

• 台南黃昭堂紀念公園的黃昭堂銅像

禮拜四 | THU
lé - pài - sì | 木曜

2022年 11月

日	一	二	三	四	五	六
		1	2	3	4	5
6	7	8	9	10	11	12
13	14	15	16	17	18	19
20	21	22	23	24	25	26
27	28	29	30			

黃昭堂逝世日

◆ 台獨先驅與人格者

2011.11.17

黃昭堂，生於一九三二年九月二十一日，台南七股人。一九四五年自公學校畢業後，隔年隨即考上台南一中初中部。緊接著一九四七年就爆發了二二八全台抗暴事件。當時黃昭堂的父親黃賜川曾經擔任二二八事件處理委員會成員，並且私下資助對抗中華民國軍隊的人士，因此遭到國民黨特務的追緝。當時特務還在凌晨闖入黃家，逼問還是初一生的黃昭堂他的父親去向，黃昭堂回答不知道後還遭對方出手毆打。黃家之後拿出四十萬台幣買通國民黨的憲兵隊，才讓黃賜川得以無罪開釋。

一九四九年，黃昭堂考取台南一中高中部，並且遇到啓蒙他台獨思想的恩師王育德。一九五二年，考取台大經濟系，開始參與政治並隨家人一起幫無黨籍人士助選，結果警總竟威脅說要放火燒掉黃家，中華民國的種種惡行也在黃昭堂的心底留下烙印。

黃昭堂自台大畢業與退伍後，於一九五八年留學日本，進入東京大學攻讀社會科學碩士，碰巧遇到王育德也在東大攻讀文學博士。黃昭堂等六位東大台灣留學生就在王育德號召下於一九六〇年成立「台灣青年社」（「台灣青年獨立聯盟」的前身），發行「台灣青年」刊物，積極宣傳台灣自決與獨立的理念，啓蒙許多海外的台灣學子。

黃昭堂除了對台獨的理論建構貢獻良多，留日期間還曾多次發動示威行動，包括抗議訪日的蔣經國，並且計劃救援彭明敏逃出台灣，可說是文武兼顧。黃昭堂也因從事台獨運動，遭中華民國拒絕入境台灣，因此以無國籍身分留滯於日本長達三十四年，直到一九九二年才得以返台。黃昭堂晚年被推選爲台獨聯盟主席，積極推動台日聯盟並提升國人台灣意識，一直到二〇一一年十一月十七日逝世爲止。

中國國民黨開除宋楚瑜黨籍 1999.11.17

2022 November

11月18日

舊曆 十月廿五

二十五夜

保入房，無保領歸世人。

保證新娘可以娶進去洞房，卻不保證你可以幸福一輩子。意指師父帶進門，修行在個人。民主前輩與黨外先驅們雖然把台灣帶入民主的境地，但是並不保證以後台灣就會建國成功，也不保證民主與自由可以永遠得到。事在人為，台灣人還是得靠自己一步一腳印地走下去。

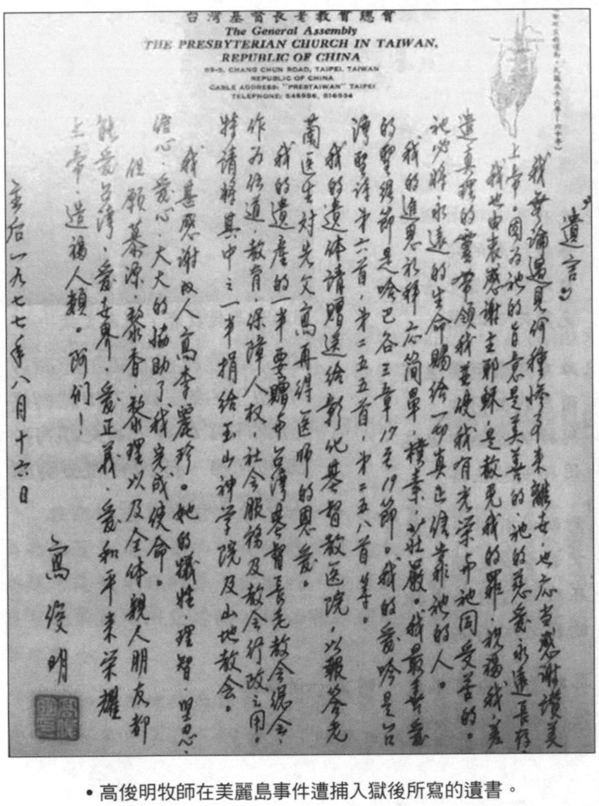
台灣基督長老教會總會
The General Assembly
THE PRESBYTERIAN CHURCH IN TAIWAN,
REPUBLIC OF CHINA
89-5, CHANG CHUN ROAD, TAIPEI, TAIWAN
REPUBLIC OF CHINA
CABLE ADDRESS: "PRESTAIWAN" TAIPEI
TELEPHONE: 548556, 516534

遺言

我無論遇見何種情況都要感謝讚美上帝。因為祂的旨意是美善的，祂的慈愛永遠長存。我也由衷感謝主耶穌，是赦免我的罪，祝福我，差遣真理的聖靈帶領我並使我有光榮和祂同受苦的。祂必將永遠的生命賜給一切真正信靠祂的人。

我的追思禮拜應簡單，樸素，莊嚴。我最喜愛的聖經節是哈巴谷三章17至19節。我的愛吟是台灣聖詩第六首，第二五五首，第二五八首等。

我的遺体請贈送給彰化基督教醫院，以報答蘭醫生對先父高再得醫師的恩愛。

我的遺產的一半要贈予台灣基督長老教會總會作為傳道，教育，保障人权，社會服務及教會行政之用。特請將其中之一半捐給玉山神学院及山地教会。

我甚感謝內人高李麗珍。她的犧牲，理智，堅忍，信心，愛心，大大的協助了我完成使命。

但願慕源，黎香，黎理以及全体親人朋友都能愛台灣，愛世界，愛正義，愛和平來榮耀上帝，造福人類。阿們！

高俊明

主后一九七七年八月十六日

• 高俊明牧師在美麗島事件遭捕入獄後所寫的遺書。

• 高俊明牧師像

• 早期長老教會的標誌

禮拜五 FRI 金曜

lé - pài - gō

2022年 11月

日	一	二	三	四	五	六
		1	2	3	4	5
6	7	8	9	10	11	12
13	14	15	16	17	18	19
20	21	22	23	24	25	26
27	28	29	30			

1975.11.18

基督教長老教會發表我們的呼籲

一九七〇年代，台灣仍然處於中華民國的白色恐怖統治時期。當時台灣境內幾乎沒有任何的社群團體敢對蔣氏父子及其中國國民黨政權發出不平之聲。唯獨台灣的基督教長老教會，在高俊明牧師擔任總幹事的任期內一連發表了三個對抗當權者的宣言，包括一九七一年的「對國是的聲明與建議」、一九七五年的「我們的呼籲」以及一九七七年的「人權宣言」，也成為長老教會著名的三大宣言。

長老教會的第一個宣言「對國是的聲明與建議」就發表於一九七一年中華民國被逐出聯合國外之後。宣言中明確表示台灣人應該要有權利決定自己國家的未來前途，因此遭到國民黨的全面攻擊與抹紅。隨後台灣各地的長老教會就受到國民黨特務的持續監視與騷擾，甚至還發生警總進入教會公然搶走母語聖經的情事以及警察阻擋牧師進入教會的劣行。

長老教會在中華民國政府的持續打壓之下，於一九七五年十一月十八日發表「我們的呼籲」。宣言一開頭就再度重提台灣人民自決的主張，說明任何世界強權都不得宰制我國之命運，等於延續著一九七一年「對國是的聲明與建議」的理念，顯見長老教會並無懼於中華民國的恐嚇威逼，也沒有在態度上有任何軟化。

緊接著宣言內容陸續提到包括：一、維護宗教信仰自由。二、台灣必須要積極參與國際組織。三、政府與教會必須建立互信。四、促進台灣的團結並且消弭省籍的差別待遇。五、保障人民安全與福利。宣言也期勉教會人員可以發揚公義與自主的精神，並且進而與國際社會接軌。長老教會的這篇「我們的呼籲」等於是直接對中華民國喊話要求停止打壓教會，也展現出喀爾文教派無畏權勢的傳統。

中天造謠暨假新聞台不予換照 2020.11.18

Tâi-oân tók-li̍p 台灣獨立

2022 November

11月19日

舊曆 十月廿六

輸兩票，買票佮作票。

這句諺語起源於一九八五年許榮淑參加台中市長選舉卻因爲國民黨買票作票而落敗。國民黨買票與作票歷史可謂悠長久遠。早從六零年代開始，高玉樹就深受國民黨作票所苦；到七零年代因國民黨作票而引爆中壢事件；一直到九零年代國民黨作票導致黃信介一度落選花蓮縣立委；直到現在，國民黨依舊在偏鄉系統性買票，甚至透過紅色資金注入賭盤來翻盤選舉。

• 黃榮燦像

• 一九七七年，許信良脫黨參選桃園縣長，國民黨不改其作票的骯髒文化。

只有共產党才作票！

• 許信良知道國民黨一定會作票，所以就在選前打出「只有共產黨才作票」的口號。

• 黃榮燦的版畫「恐怖的檢查—台灣二二八事件」

• 國民黨作票事件爆發後，群眾包圍中壢警察分局，並且翻倒分局長王善旺的座車。

二十六夜

禮拜六 lé - pài - la̍k | SAT 土曜

2022年 11月

日	一	二	三	四	五	六
		1	2	3	4	5
6	7	8	9	10	11	12
13	14	15	16	17	18	19
20	21	22	23	24	25	26
27	28	29	30			

1977.11.19

中壢事件紀念日

中國國民黨長期以來在中華民國的大小選舉中作票與買票，導致非國民黨籍的候選人經常面臨因對手作弊而落選的境況。一九七七年，原爲國民黨籍的許信良脫黨參選桃園縣長，爲防國民黨作票而派出千餘人前往投票所監票。十一月十九日爲投票日，開票時中壢國小開票所發生監選人員作票情事，結果警察竟逮捕指證人邱奕彬，還派員保護作票人員范姜新林，因此引發群眾不滿而包圍中壢警察局。警察隨後護送作票人員翻牆逃走，更引發群眾怒火而砸破分局玻璃並掀翻警車。晚間警察對群眾發射催淚瓦斯，還在制高點開槍射殺群眾，造成兩人中槍身亡，一人重傷，還有疑似喬裝民眾的警總憲兵放火把警車與警局燒掉。直到凌晨三點暴動人群才逐漸散去，中壢事件之後，由於國民黨不敢作票，黨外人士因此大幅當選，就此改變台灣政治生態。

1952.11.19

黃榮燦受難日

◆繪製二二八「恐怖的檢查」的中國畫家

黃榮燦，一九一六年生於中國四川重慶，中日戰爭爆發時正在就讀西南藝術職業學校。一九三八年，進入昆明國立藝術專科學校就讀，並且組織木刻習作社，以木刻版畫表現左翼社會主義的寫實精神。二戰結束後，黃榮燦透過教師甄試來到台灣任教。一九四七年，二二八全台抗暴事件爆發，黃榮燦根據媒體報導與觀察所見，暗自製作了一幅名爲「恐怖的檢查」的木刻版畫，內容描繪二二七緝菸事件時中華民國官兵的屠戮行爲。此幅版畫也成爲二二八抗暴事件的重要歷史圖騰，日後許多文獻與展演均引用此圖作爲主視覺意象。不過黃榮燦卻因爲這幅版畫與親左立場，在台灣師範學院任教期間被國民黨羅織叛亂罪名入獄，並於一九五二年十一月十九日在馬場町遭到槍決，屍體被丟棄於六張犁的亂葬崗，直到二○○六年陳水扁執政期間才被平反。

台灣農民先驅戴振耀逝世日 2017.11.19

Tâi-oân tok-li̍p 台灣獨立

2022 November

11月20日

舊曆

十月廿七

千算萬算，呣值天一劃。

比喻機關算盡，但還是比不過人間無常。台灣的傳統宗教信仰認為禍福生死都早就記在神明的生死簿中，再怎麼努力去避禍求生，也比不過神明在生死簿上的大筆一揮。這是台灣社會常見的宗教宿命觀，但是從現代的觀念來看，命運是可以靠著努力來改變的，因為宿命論就放棄改變的人，就會落入他自己口中的悲慘宿命。

• 台灣自救宣言由彭明敏（上）、謝聰敏（右）與魏廷朝（左）所起草。

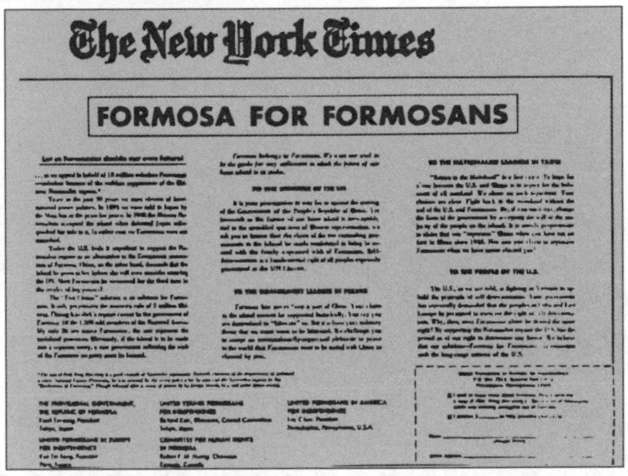

The New York Times

FORMOSA FOR FORMOSANS

• 全球台獨組織集資在紐約時報刊登半版的「台灣獨立自救宣言」。

• 王育德像

• 陳以德像

• 羅福全像

• 周烒明像

有明月

禮拜日 lé - pài - ji̍t

SUN 日曜

2022年 11月

日	一	二	三	四	五	六
		1	2	3	4	5
6	7	8	9	10	11	12
13	14	15	16	17	18	19
20	21	22	23	24	25	26
27	28	29	30			

紐約時報刊出自救宣言

1966.11.20

一九六四年九月，台大政治系教授彭明敏與他的學生魏廷朝、謝聰敏共同發表「台灣自救宣言」，內容主張台獨建國與民主人權。發表宣言的三人因此被國民黨逮捕入獄，尚未發送的印刷文件也被全部沒收，但是有一份宣言文件仍然流傳到日本，在日本從事獨立運動的黃昭堂將其更名為「台灣獨立宣言」，並刊登在「台灣青年」刊物上。不久後美國的台獨組織也從日本得到「台灣自救宣言」原文。

時值北美台獨組織重整成立「全美台灣獨立聯盟」之際（一九六六年），原來的活動總部也從費城移往紐約，加上台灣留美學生激增，使得海外台獨運動的重心由日本轉往美國。當時身為北美台獨組織的重要幹部羅福全與周烒明便開始籌備在紐約時報向國際宣傳台灣獨立的事宜，因此選上兩年前彭明敏等人所發表的「台灣自救宣言」作為主要內容。

當時在紐約時報刊登半版廣告的費用是四千三百美元，高額的費用足以購買一棟房子。於是全世界各地的台獨組織便開始動員籌措經費，北美的台獨聯盟負責兩千美元，日本的台灣共和國與王育德等人的台灣青年各負責一千美金，歐洲與加拿大的台獨組織則量力而為，再加上各地同鄉會一人一美元的捐助，終於成功匯集紐約時報的刊登費用。

一九六六年十一月二十日，陳以德翻譯的「台灣自救宣言」英文版終於在紐約時報上刊登，版面上的標題為「福爾摩沙人的福爾摩沙」（Formosa for Formosans），引發海外台灣留學生與僑民的廣大議論與迴響，也讓北美台獨聯盟的成員得以大幅成長。聖誕節之前，全美獨盟的幹部蘇金春還獨自將宣言影印四千份，分發給全美各地台灣人並寄回台灣，這也是海外獨盟首次對島內宣傳台獨的行動。

洪仲丘案於桃園地院開庭 2013.11.20

Tâi-oân tok-li̍p 台灣獨立

2022
November

11月 21日

舊曆 十月廿八

無錢假大扮。

沒有錢了還在打腫臉充胖子。中國式的外交就是大灑幣外交，明明一堆中國人都還活在貧窮線下，明明美中貿易戰已經讓中國開始缺錢缺糧，他們中國政府還是一樣死要面子到國外灑錢當凱子。

二十八夜

•湯瑪斯．巴克禮的妻子以利莎伯

•湯瑪斯．巴克禮牧師像

昭和十年十月六日

トマス・バークレイ
博士遂に永眠
本島文化促進の功勞者

•巴克禮牧師逝世後，臺灣日日新報稱他為本島文化促進的功勞者。

•巴克禮牧師在一九三五年過世前在高雄應邀主持旗後教會會堂定基式。

禮拜一 lé - pài - it | MON 月曜

2022年 11月

日	一	二	三	四	五	六
		1	2	3	4	5
6	7	8	9	10	11	12
13	14	15	16	17	18	19
20	21	22	23	24	25	26
27	28	29	30			

湯瑪斯．巴克禮誕生日

◆一生奉獻台灣的牧師

1849.11.21

湯瑪斯．巴克禮生於一八四九年十一月二十一日，英國蘇格蘭人，出身於基督教家庭。一八六四年進入格拉斯哥大學就讀，對數理與科學頗感興趣，少年時即發表電學領域的論文。巴克禮十六歲時即立下誓約要獻身上帝，一八六九年進入蘇格蘭自由教會神學院研讀，畢業後曾赴德國萊比錫大學進修，同時也開始投身海外宣教的行列。

一八七四年，巴克禮從英國利物浦搭船出發前往清國廈門，隔年前往打狗（高雄）開始他在台灣的傳教工作。當時長老教會派入台灣宣教的牧師已經有馬雅各、李庥、甘爲霖等人，巴克禮從這些人打下的基礎上再繼續深化的工作。一八七五年巴克禮來到台南宣教並創設「大學」（台南神學院前身），讓貧農子弟得以接受現代科學教育，並且給予學生基本生活費，啓蒙了許多當時的台南子弟。

清國治台期間，台灣文盲極多，巴克禮爲了提升台灣人的識字率，推動台語羅馬字拼音的運動，並且在台南新樓醫院的房舍設立台灣第一間印刷廠「聚珍堂」，用以印製台羅字的教學教材，台灣第一份新聞報紙「台灣府城教會報」就是在此印製而成。

一八九五年，日本派兵前來台灣接收之際，原來鎮守台南的前清官員劉永福偷渡潛回廈門，爲了避免台南遭日軍屠戮或是發生流寇劫掠之事，台南當地仕紳便委請巴克禮與日軍談和，讓台南得以免於一場戰禍。日本時代，巴克禮忙於籌建台南神學院，並且將新約聖經翻譯成台羅字。他在台灣推動科學與台羅字教育，對於台灣人的理性啓蒙教育起了很大的作用，也讓台語文化得到一定程度的保存。巴克禮於一九三五年十月五日病逝新樓醫院，享年八十六歲，其一生奉獻台灣長達六十年之久。

World 美日達成協議，琉球將交給日本。1969.11.21

Tâi-ôan tók-lėk 台灣獨立

2022 November 11月 22日

舊曆 十月廿九

節氣 小雪

台諺云：月內若響雷，豬牛飼不肥。意指舊曆十月入冬後如果還打雷，就代表氣候不順，豬牛六畜將有災疫。

晦月

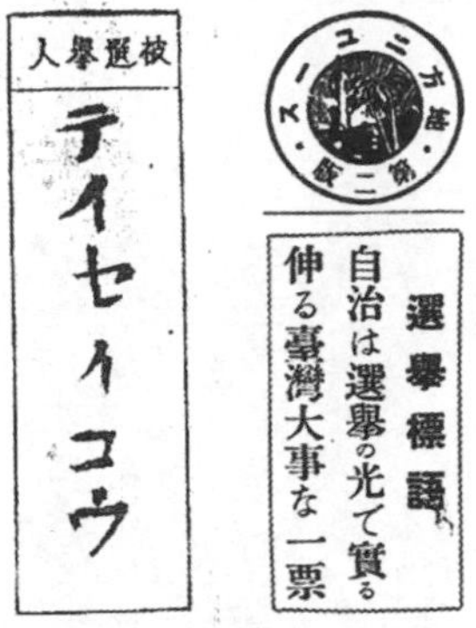

• 日本時代首次地方選舉的標語與模擬投票單的設計。

• 一九三五年十一月二十二日，日治時代也是台灣有史以來的第一次投票選舉：「第一屆市街庄議員選舉」於全台各地舉行圖為台中市會議員選舉的投票現場（台中公會堂），可見民眾排隊進場投票。門口右側站立者為楊肇嘉。

臺灣日日新報 號外

本號外は再錄せず

初選擧の開票終る

臺北市會議員當選者

最高點は蔡式穀氏

臺北市（定員十八名）

基隆市議當選

基隆市（定員十四名）

臺北新市議

基隆新市議

• 臺灣日日新報在台灣首次選舉後，報導各市議員的開票結果。

禮拜二 lé - pài - jī

TUE 火曜

2022年 11月

日	一	二	三	四	五	六
		1	2	3	4	5
6	7	8	9	10	11	12
13	14	15	16	17	18	19
20	21	22	23	24	25	26
27	28	29	30			

1935.11.22

台灣史上首次投票選舉

日本統治台灣之後，台灣人從一開始的武力抗爭轉向體制內的議會設置請願運動，最終再折衷為地方自治運動。一九三〇年，林獻堂與楊肇嘉等人主導的台灣地方自治聯盟成立，目的就是向日本政府地方自治的權力。一九三四年，地方自治聯盟向台灣總督府提出自治方案，內容包括：一、二十歲以上男子具選舉與被選舉權；二、市街庄議員由民選產生；三、各級議員要有預算與議決權。

然而此方案卻被台灣總督府改成半套的自治方案，內容變成：一、二十五歲以上男子，年繳稅額五圓以上，才具有選舉與被選舉權。二、各級市街庄議員半數官派、半數民選。三、各級市街庄議會只是諮詢機關，並沒有議決的權力。地方自治聯盟迫於無奈，再加上頭人們意見紛陳，最後只好接受這個無魚蝦嘛好的半套方案。

一九三五年十一月二十二日，在日本台灣總督府的主導之下，台灣有史以來第一次的地方自治選舉投票在全台各地展開。此次選舉具有相當高標的財產限制條件，導致全台能夠投票的台灣人總數竟然少於日本人，最終結果當然也是日本人議員席次數大大超出台灣人席次。台灣人僅僅在比較鄉下的地方取得席次數的優勢。台灣人的總席次數甚至比官派時期還要少上許多，可說是贏了面子卻輸了裡子。

雖然台灣人在史上首次的投票選舉中就出師不利，卻也初嚐了選舉帶來的熱鬧氛圍與各種儀式活動。當時就已經有人開始譜寫競選歌曲，各地也像辦廟會一樣鬧熱滾滾。在沒有麥克風與大聲公的年代，候選人可說都是啞了嗓子地在拼命演講。日本人也為選舉訂下嚴謹周全的方案，使得全台選風良好，沒有買票或是做票的惡劣情事發生。

台獨黑名單行動日 1989.11.22

Tâi-oân to̍k-li̍p
台灣獨立

2022
November

11月23日

舊曆 十月三十

愛死免驚無鬼做。

想要死的人就不用擔心作不了鬼。比喻自作孽或是自找死路。想要去跟中國政府談判簽和約，就要有心理準備哪天一定會被毀約，說不定還會被設局偷拍到你的糗事，讓你的把柄被中國掌握，最後只好淪為統戰工具。

閏月

• 磯永吉像

• 林山田教授（如圖）曾與李鎮源等獨派人士共同發起「退報救台灣」運動。

• 磯永吉拿稻的留影

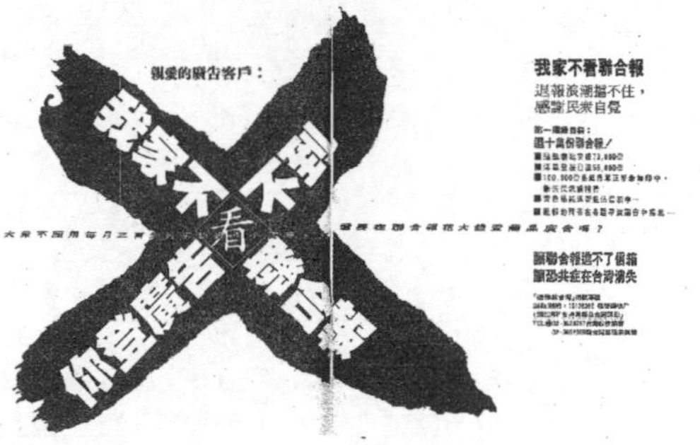

• 退報救台灣運動的文宣

禮拜三 lé - pài - saⁿ

WED 水曜

2022年 11月

日	一	二	三	四	五	六
		1	2	3	4	5
6	7	8	9	10	11	12
13	14	15	16	17	18	19
20	21	22	23	24	25	26
27	28	29	30			

1992.11.23

退報救台灣運動

聯合報長期以來一直作為親國民黨的喉舌機關報，除了對黨外人士與新興成立的民進黨非常不友善之外，也經常以惡意造謠與作假新聞的方式來抹黑國民黨的政敵，因此才會被網路族群嘲笑為「聯合重工」製造業。一九九二年就發生一起聯合報製造假新聞而導致本土團體發起退報運動的事件。

當時聯合報假借中國高官李瑞環之名，在報紙上刊載他不曾說過的話，聲稱他說要阻止台獨，即使犧牲流血也在所不惜。這件事之所以被揭穿是因為當天在場的台灣記者都證實李瑞環不曾說過這段話。此事引發十幾個獨派與民間團體反彈，決定共同發起「退報救台灣運動」，呼籲社會大眾拒買與退訂聯合報。退報運動也獲得極大的迴響與成功，使得聯合報該年發行量驟減並虧損四億元，退報召集人林山田還因此被聯合報控告毀謗，最後無罪定讞。

1886.11.23

磯永吉誕生日

◆ 台灣稻作研究先驅

磯永吉，生於一八八六年十一月二十三日，日本廣島人。一九一一年畢業於東北帝國大學農業科系，因農業專長而於隔年來到日本的重要糧倉台灣，並擔任台灣總督府農事試驗場的技手。一九一三年發現大屯山系的堰塞湖盆地竹子湖，此地也成為台灣蓬萊米的實驗種植基地。於一九一四年升任技師，同時與末永仁一起進行稻米改良的研究。

一九二八年磯永吉以「台灣稻米育種學的研究」獲博士學位，其研究提升了台灣稻米的產量與品質，也促成末永仁的蓬萊米育種成功。磯永吉的學術著作「亞熱帶稻米與作物輪作」也成農作聖經，並以此獲得一九六一年的日本學士院賞。戰後中華民國依舊重用磯永吉，讓他留任台大農藝系教授並擔任顧問，他也成為少數未被遣返的日本人，直到一九五七年才返日，於一九七二年一月二十一日逝世。

World

美英中元首在埃及召開開羅會議 1943.11.23

Tâi-oân tók-li̍p
台灣獨立

2022
November

11月24日

舊曆 十一月初一

新月

氣死驗無傷。

被冤枉，被誣陷，被活活氣死，卻驗不到任何傷口。中國統媒對於本土政黨的攻擊與造謠總是又多又狠，很多潔身自愛的台派前輩們都吃過這個大虧。看看曾在美國太空總署工作的郭清江是怎麼被統媒糟蹋，最後還被國民黨提告貪污，結果特偵組查了五年，什麼不法證據都查不到，然後在二〇一三年不起訴處分，真的是氣死驗無傷。

• 黨外人士助選團召開記者會。左為黃信介，中為姚嘉文，站立發言者為林義雄。

• 由施明德設計，張富忠繪製的黨外人士助選團標誌。

• 艾琳達擔任助選團的英文秘書。

• 施明德擔任黨外人士助選總幹事。

• 黃信介提供大部份助選團需要的經費。

禮拜四 lé - pài - sì | THU 木曜

2022年 11月

日	一	二	三	四	五	六
		1	2	3	4	5
6	7	8	9	10	11	12
13	14	15	16	17	18	19
20	21	22	23	24	25	26
27	28	29	30			

黨外人士助選團成立日

1978.11.24

戰後中華民國據台時期曾經有過兩次黨外人士組黨的浪潮。第一次是在六〇年代初期，中國自由派人士與台灣籍仕紳共同合作，包括雷震、殷海光、郭雨新、吳三連、高玉樹、蘇東啓等人一起籌組「中國民主黨」，希望可以挑戰國民黨一黨獨裁局面，但是國民黨最後卻將雷震等人以叛亂罪處以重刑，使得第一次的組黨行動尚未開始前就已悄然結束。

然而黨外勢力並沒有因此就被消滅殆盡，反而成爲地下的潛流，直到七〇年代到八〇年代中期，第二次的組黨浪潮才又再次迸發出來。七〇年代中期，以黃信介與康寧祥為主的黨外人士，開始在全台串聯各地單打獨鬥的非國民黨籍參選人，同時以辦刊物與發表文章的方式來推廣民主人權理念。台灣第一本黨外雜誌「臺灣政論」也因此誕生，但是很快地在發行五期之後就被中華民國政府勒令停刊。

一九七七年中壢事件爆發之後，黨外人士在民代席次上大幅增長，進入體制參選並組織結黨的方式很快就成爲黨外的攻略路線。一九七八年，呂秀蓮、姚嘉文、陳鼓應、張德銘、黃煌雄、陳婉真、王拓等眾多黨外人士開始投入立法委員選舉。政治新血大量加入體制內競選，使得當時的立委黃信介決定在一九七八年十一月二十四日出資成立「黨外人士助選團」，用以協助投入選舉的黨外人士。

當時黨外助選團分爲南團與北團，經費大部分都是靠黃信介的捐助，但是他本人卻不願自居頭人，而是謙遜地讓他人掛名。助選團成立後也隨即提出共同政見，內容包括解除黨禁、解除戒嚴令、要求言論自由、禁止刑求、全民健保與失業保險、推動國民住宅、制訂勞基法等前瞻政見。「黨外人士助選團」在當時可說已經具有民進黨的基本雛形。

民進黨在二〇一八年地方選舉大敗 2018.11.24

Tâi-oân tok-li̍p 台灣獨立

2022 November

11月 25日

舊曆 十一月初二

放屁腹內風，毋驚大伯也叔公。

放屁是自然的生理現象，不用擔心身邊的親人長輩會怎麼去想。這是一句化解尷尬的幽默諺語，大家都是家己人，不用擔心你的醜態會被嘲笑，就放心地做自己吧。

織月

• 美國眾議員索拉茲

• 索拉茲在「台灣人公共事務會」的會議上說明將在國會提出「二四八號案」。

總統令

總統令 中華民國八十一年五月十六日

茲修正中華民國刑法第一百條條文，公布之。

總統 李登輝
行政院院長 郝柏村
法務部部長 呂有文

• 在美方的施壓下，國民黨終廢止黑名單與修正刑法一百條。

• 美國與中華民國派出混編團的B-25轟炸機對新竹飛行基地進行轟炸。

• 美國與中華民國聯軍轟炸新竹之後的日文報導，這也是太平洋戰爭爆發後美軍首次規模性地對台空襲。

禮拜五 lé - pài - gō　FRI 金曜

2022年 11月

日	一	二	三	四	五	六
		1	2	3	4	5
6	7	8	9	10	11	12
13	14	15	16	17	18	19
20	21	22	23	24	25	26
27	28	29	30			

1943.11.25

美中聯軍空襲新竹

日本與美國爆發太平洋戰爭之後，美國在中華民國控制的境內興建空軍基地用以轟炸日本之用。一九四三年八月，美國在中國江西省擴建的遂川基地完工，美中兩國接著組成混編空軍團，開始秘密籌劃轟炸台灣的計劃。一九四三年十一月，美軍偵查機發現新竹基地停了八十八架日本陸上攻擊機，且該單位防空能力薄弱，便決定對新竹基地進行空襲。

十一月二十五日，美國與中華民國混編的陸軍航空隊派出十四架轟炸機與十五架戰鬥機對新竹基地進行轟炸。由於參與行動的美國飛機採取超低空飛行渡海，因此日本的雷達系統並未偵測到敵機來襲，使得新竹基地遭受到相當嚴重的打擊，約有五十架日軍飛機遭到摧毀與擊落，二十五人戰死。美國與中華民國聯合空襲新竹的行動也揭開二戰同盟國攻擊日本本土的序章。

1991.11.25

索拉茲提議二四八號案

中華民國長期以刑法第一百條「內亂罪」的規定來抓捕「思想與言論犯」，再輔以羅列黑名單方式來阻止海外民主人士返回台灣。在海外的台灣社團為了對抗中華民國，便積極遊說美國對國民黨施壓。其中美國的親台眾議員索拉茲曾於一九九一年十一月二十五日在「台灣人公共事務會」（FAPA）的會議上說明將在國會提出「二四八號案」，要求中華民國應該准許支持和平改革的台灣人民返回台灣。

隔年一九九二年三月，美國參議員裴爾、甘迺迪與李伯曼又在參議院外交委員會提出第九十九號決議案，呼籲中華民國取消政治黑名單。在美國國會的外部施壓之下，加上「一〇〇行動聯盟」在台灣內部的連串抗議行動，中華民國終於在一九九二年五月通過刪除刑法一百條的預備內亂罪，因此法而入罪的海外黑名單與政治良心犯才得以平安返家。

World

日本作家三島由紀夫切腹自殺身亡　1970.11.25

Tâi-oân tok-le̍k
台灣獨立

舊曆
十一月初三
眉月

早頓食飽，
中晝頓食巧，
暗頓半枵飽。

這是台灣農業社會的傳統飲食方法。早上因為要準備出門勞動，所以一定要吃得很飽，才有體力工作。到了中午就吃得精緻一點，到了晚上吃五分飽就好。這是長輩們流傳下來的健康飲食法，與現代營養學也不謀而合。

2022
November
11月26日

• 蘇東啟在台上慷慨激昂地演講。

• 蘇東啟像

• 蘇東啟因為聲援雷震而遭逮捕。

• 蘇東啟的女兒蘇治芬

• 蘇東啟的妻子蘇洪月嬌

禮拜六
lé - pài - la̍k
SAT
土曜

2022年 11月

日	一	二	三	四	五	六
		1	2	3	4	5
6	7	8	9	10	11	12
13	14	15	16	17	18	19
20	21	22	23	24	25	26
27	28	29	30			

1923.11.26

蘇東啟誕生日

◆ 黨外先驅

蘇東啓，出生於一九二三年十一月二十六日，台南州北港郡人。曾在日治時代就讀日本中央大學政治系，中日戰爭爆發後因心向中國而放棄就學，返台參加台灣總督府開設的北京話講習班進修，之後於一九四二年藉由東南亞轉入中華民國掌控的重慶，卻因爲日本人的身分而遭中華民國政府逮捕，後來經李萬居作保才獲釋並隨即加入中國國民黨。

二戰後，蘇東啓以俗稱「半山」的身分返回台灣任職於行政長官公署秘書處。二二八抗暴事件後，蘇東啓辭職返鄉到北港鎮公所擔任總務課長。一九五一年首度參選雲林縣議員卻以敗北收場。一九五三年再次挑戰第二屆雲林縣議員而順利當選，並就此連任四屆民代。蘇東啓在議員任內因力挺中國青年黨的李萬居而遭國民黨開除黨籍，就此開啓了他的黨外從政生涯。

蘇東啓當時無懼於白色恐怖，勇敢揭發黨國弊端，也是首位提出「黨庫通國庫」的民意代表，讓他贏得「蘇大砲」的民間封號。一九六〇年，國民黨逮捕雷震，當時蘇東啓還提案要求蔣介石特赦雷震，此舉再度踩到蔣介石的痛處。一九六一年爆發虎尾武裝起義事件，國民黨趁機逮捕同情台獨人士的蘇東啓並將他判處唯一死刑，當時他的太太蘇洪月嬌也因此案遭到逮捕，還曾數度帶著幼兒一同入獄。

國民黨判蘇死刑一事引發雲林縣議會的反彈，海外人權團體與國際媒體也對此事大加抨擊，國民黨在輿論壓力下才改判蘇東啓無期徒刑，直到蔣介石身亡後才將他特赦出獄。蘇晚年因被褫奪公權而無法再入政壇，於一九九二年二月九日病逝。由於蘇東啓的地方經營與蘇案影響，使得蘇家獲得人民的同情與政治能量，也成爲雲林地方重要的政治世家。

World
中華人民共和國取代中華民國奧委會席位 1979.11.26

2022 November

11月 27日

舊曆 十一月初四

四九問五十。

比喻半斤八兩，龜笑鱉無尾。中國人愛比較共產黨跟國民黨哪個比較好，就我們台灣人來看就是四九問五十，王八比烏龜，兩黨一樣爛。

CHANGCHUN TAKEN BY CHINESE REDS

Peiping (UP)

Claims by Chinese Communists that they had captured Changchun, capital of Manchuria, were confirmed by messages received here yesterday.

A Communist radio said earlier that all Kuomintang forces in the city, including the entire American-equipped new Seventh Army, had laid down their arms.

One observer says that the refusal of General Tsengsheng, 60th Army Commander, to obey Generalissimo Chiang Kai-shek's order to evacuate the city paved the way for its capture.

• 美國報紙報導蔣軍被紅軍擊潰。

• 當時的杜魯門不想淌支那渾水而對援助國民黨採消極態度。

• 馬歇爾像

國共會談獲得協議

雙方下令停止內戰

即在北平設軍事調處執行部

• 中國共產黨的新華日報報導支那內戰的停戰調停協議。

四日月

禮拜日 lé - pài - ji̍t

SUN 日曜

2022年 11月

日	一	二	三	四	五	六
		1	2	3	4	5
6	7	8	9	10	11	12
13	14	15	16	17	18	19
20	21	22	23	24	25	26
27	28	29	30			

World

1945.11.27 馬歇爾調停中國內戰

一九四五年八月，日本投降不久後，中華民國的國民黨軍與日後成立中華人民共和國的共產黨軍隨即爆發武裝內戰。當時的美國駐中大使赫爾利便邀請國共兩黨領袖包括蔣介石與毛澤東進行重慶談判，但是國共雙方根本缺乏互信，簽署「雙十協定」之後依舊互相偷襲攻擊。赫爾利調停無功後，於一九四五年十一月二十六日向杜魯門遞出辭職信。隔日杜魯門重新任命馬歇爾出使中國來調解國共內戰。

馬歇爾在接到調停中國內戰的任務之後，便組成美國以及國共兩方的三人小組並制訂整軍計劃甚至要求雙方簽訂停戰協定，但是同樣因國共兩方毫無信任基礎而成空談。馬歇爾依舊持續調停中國內戰，也強制要求中華民國軍隊對共產黨軍停止作戰，並且對國民黨軍作出暫時停止提供武器彈藥的處置，但是仍然無法阻止雙方私下互相攻擊的行動。

由於馬歇爾根本無法阻止國民黨與共產黨雙方無止盡的猜忌與武裝衝突，杜魯門政府便在一九四七年一月召回馬歇爾。後來替代馬歇爾前來中國的魏德邁雖然發現中華民國政府的腐敗無能，但是他一反之前馬歇爾停止援助國民黨軍的態度，要求美國繼續經援中華民國。時任國務卿的馬歇爾直到一九四八年底才重回援助中華民國的路線，然而共產黨軍早已全面發動武裝攻擊，且中華民國軍隊已呈敗退之姿，終至被共軍殲滅並流亡台灣的結局。

流亡來台的中國人因此相當痛恨馬歇爾幫共軍緩局的調停政策。然而對於台灣人而言，原來統治中國的中華民國官員及其黨羽也因流亡敗逃而無法再從中國內陸調軍鎮壓屠殺台灣人，並且在長時間隔離的台灣內部逐漸消融並失去影響力，馬歇爾反而陰錯陽差成了助台逐漸遠離中國掌控的關鍵人物。

World

川普簽署香港人權與民主法案 2019.11.27

Tâi-oân to̍k-li̍p 台灣獨立

2022 November

11月28日

舊曆 十一月初五

三七講四六聽。

隨便講講就隨便聽聽。人們之間的談天說地總是參雜著虛虛實實，尤其透過現在的手機社群軟體更是讓一堆未經查證的中國假新聞四處流竄。台灣人對於任何資訊都要學會查證，這樣才不會被騙到全盤輸了了。

• 顏尹謨像

• 林水泉像

• 李明哲像

• 許曹德像

• 呂國民像

• 李明哲妻李淨瑜在手上刺青以聲援丈夫。

五日月

禮拜一 lé - pài - it

MON 月曜

2022年 11月

日	一	二	三	四	五	六
		1	2	3	4	5
6	7	8	9	10	11	12
13	14	15	16	17	18	19
20	21	22	23	24	25	26
27	28	29	30			

2017.11.28

李明哲遭中國綁架案宣判

李明哲生於一九七五年，爲中國戰後移民第二代，曾任民進黨立委助理以及民進黨社會發展部專員，二〇一四年後曾任新台灣文化基金會專員與人權公約施行監督聯盟志工。李明哲長期關注中國人權現況並支持中國公民運動。二〇一七年三月十九日，李明哲在搭機前往廣東的途中遭中國拘禁而失蹤，隨後被中國官方認定涉嫌危害國家安全而遭拘留。

兩個月後，中國官方稱李明哲因涉嫌「煽動顛覆國家政權罪」而被逮捕。此時中國想透過掮客說服李明哲妻子李淨瑜接受條件私了，卻遭到李妻嚴拒，李淨瑜並痛批中國政府是綁匪集團，而國民黨則是買辦圍事。台灣政黨與社團也紛紛痛批中國的土匪行爲。李明哲於九月被強迫認罪後，十一月二十八日遭判五年徒刑。此案充分凸顯中國濫捕濫刑的現況，也被視爲對民進黨政府逮捕共諜一案的報復。

1969.11.28

青年團結促進會案宣判

一九六五年時，台北市議會青年議員林水泉到日本與王育德、黃昭堂等人會面並加入「台灣青年獨立聯盟」。隨後林水泉便與積極組黨的黃華、呂國民與一群支持黨外的大學畢業生開始研討台獨組織與宣傳事宜。一九六七年一月，呂國民和黃華等人於雲林古坑籌組「全國青年團結促進會」，主張「建設新國家，成立新政府，制定新憲法」。

然而到了三月的時候，促進會的成員卻因調查局線民陳光英通報而遭到軍警逮捕。包括林水泉、顏尹謨、黃明宗、許曹德、呂國民等人都遭逮捕入獄，牽連人數達兩百四十七人。一九六九年十一月二十八日中華民國以「顛覆政府」等罪名起訴十五人。主要成員遭求處死刑，後減刑爲十五年有期徒刑。其他人均被判十二年以下有期徒刑。此事最後發展成海外台獨與國際組織的大規模政治救援行動。

自由報系創辦人林榮三逝世 2015.11.28

11月29日

舊曆 十一月初六

六日月

禮拜二 lé - pài - jī

TUE 火曜

2022年 11月

日	一	二	三	四	五	六
		1	2	3	4	5
6	7	8	9	10	11	12
13	14	15	16	17	18	19
20	21	22	23	24	25	26
27	28	29	30			

【無後場，行無路來。】

沒有支持者，你也沒戲可唱。這句台灣諺語也雷同於七分鑼鼓，三分唱。所有的事情要能夠完成，幾乎都是要靠整體的團隊。工作如此，政治場域亦是如此。觀察政治人物的一個重要指標就是觀察他身邊的團隊成員。團隊成員的水準夠高，老闆的水準就不會差到哪裡。

• 黃信介在台北的家也遭中國國民黨找來的流氓縱火。

• 國民黨特務找地方黑道與流氓到美麗島雜誌社進行搗毀與砸店。事後竟然有一批小學老師帶小學生到被砸毀的美麗島雜誌社門口對暴力行為鼓掌叫好，根本與愚昧的支那紅衛兵無異。

• 美麗島雜誌社內的辦公情景（轉繪自艾琳達的照片）

• 美麗島雜誌第三期封面

美麗島雜誌服務處遭砸

1979.11.29

中華民國戰後長期對台灣施行一黨獨裁恐怖統治，直到七〇年代，黨外人士開始以辦刊物與發表文章的方式宣揚民主理念，黃信介與康寧祥所創辦的第一本黨外雜誌「臺灣政論」也因此誕生，但是很快地在發行五期之後就被中華民國政府勒令停刊。

中壢事件之後，黨外勢力大幅擴張，黃信介見到情勢大有可爲，除了創立「黨外人士助選團」之外，也在一九七九年六月創立「美麗島雜誌社」，作爲各路民主先驅與黨外人士發表評論的重要管道與集結重鎮。然而國民黨的鷹爪早就想對黨外人士暴力相向，九月八日美麗島雜誌社在中泰賓館舉辦創刊酒會時，郁慕明就帶了一群國民黨的流氓打手前去鬧場，不但對入場人士投擲石塊與木板，還專挑女性偷襲與毆打，甚至將女性像丟沙包般重摔在地，因此釀成中泰賓館暴力事件。

中國國民黨沒想到他們引起的中泰賓館暴力事件卻讓美麗島雜誌的知名度迅速飆升，民眾開始大量訂購雜誌，直到一九七九年十一月，美麗島雜誌的發行量已超過八萬冊，到了第四期單期銷售量甚至高達十四萬冊。國民黨控制的情治單位得知美麗島雜誌的銷售佳績更加氣急敗壞，決定私下雇用「竹雞仔」（流氓混混）去執行不可見人的破壞工作。

作家楊青矗就指出當時國民黨特務透過高雄「寶月飯店」的老闆，以新台幣十二萬元的代價買收十二個流氓，於一九七九年十一月二十九日，兵分兩路至美麗島雜誌社的高雄服務處與黃信介的台北家，拿著刀械進行搗毀與縱火。雜誌社事後雖然報警，但始終查無所獲。這群國民黨流氓還一連數天拿著軍用斧頭到全台灣各地的雜誌社服務處大肆破壞，此事也爲數日後爆發的美麗島事件埋下火藥。

北農董事會解職總經理吳音寧 2018.11.29

Tâi-ôan tòk-lèk 台灣獨立

2022 November

11月30日

舊曆 **十一月初七**

秀才人情紙一張。

讀書人多半清苦，彼此的友誼交流就是互贈字畫詩句，秀才人情紙一張也意指禮輕情意重。但是對於勢利現實的人而言，秀才的破紙一張根本就毫無用處，說不定他還會先拿去藝術拍賣場估價，再來決定你的交情深度。

• 彭婉如像

• 黃信介像

• 林水泉（左）、謝聰敏（中）與許信良（右）曾計畫在一九八六年十一月三十日搭機闖關返台。

上弦月

禮拜三 lé - pài - sa^{n} | **WED** 水曜

2022年 11月

日	一	二	三	四	五	六
		1	2	3	4	5
6	7	8	9	10	11	12
13	14	15	16	17	18	19
20	21	22	23	24	25	26
27	28	29	30			

1999.11.30 黃信介逝世日

◆台灣民主之父

黃信介原名黃金龍，生於一九二八年八月二十日，台北大龍峒人。少時曾到日本半工半讀，一九四九年考取省立行專民政科，在校期間就開始替吳三連助選台北市長，畢業後曾幫高玉樹助選。一九六一年參選台北市議員並以最高票當選，就此開啓從政生涯。一九六九年當選立法委員，蔣經國拜訪時還穿一條短褲見面並刻意冷落以抗議蔣家恐怖統治。

黃信介長期致力於黨外運動，曾與康寧祥共同創辦第一本黨外雜誌「臺灣政論」。一九七九年創辦美麗島雜誌，美麗島事件爆發後遭國民黨逮捕判刑十四年，直到一九八七年才假釋出獄。黃信介出獄後便加入民進黨，並連任兩屆黨主席，任內通過民進黨台獨黨綱。黨主席卸任後參選花蓮縣立委勝選。晚年因健康因素無法代表民進黨參選總統，於一九九九年十一月三十日病逝，惜未能見證政黨輪替。

1996.11.30 彭婉如遇難日

◆台灣婦運與女權先驅

彭婉如，出生於一九四九年七月十三日，高雄人。師大畢業後投入教職，後來隨夫赴美，因此受到美國婦運啓發，返台後投身婦女運動。曾任民進黨婦女發展部主任。一九九六年十一月三十日搭計程車後失蹤，不久遺體在工廠被發現，至今仍爲懸案。此案也引發社會對婦女安全與性平教育的重視。

1986.11.30 桃園機場事件

一九八六年民進黨成立後，列名政治黑名單的台灣人紛紛闖關返台，其中許信良、謝聰敏與林水泉便計畫在一九八六年十一月三十日搭機返台。支持群眾在桃園機場發起萬人接機行動，國民黨也派出軍憲警人員與裝甲車封鎖機場，雙方因此爆發嚴重衝突，多名群眾遭警方暴力攻擊與紅色水柱驅趕。

World 1971.11.30 尼克森表示將訪中國

十二月

生是台灣人
死是台灣魂

◆同心社事件。【詳見十二月一日。】
◆陳智雄誕生日。【詳見二月十八日。】
◆陳智雄殉國紀念日。【詳見五月二十八日。】

12月1日

舊曆 十一月初八

無米兼閏月。

意指禍不單行，屋漏偏逢連夜雨。台灣戰後被中國人統治就是一個無米兼閏月的慘狀。已經是戰敗國了，然後又被文明落後的中國人亂搞，戒嚴白恐禍害幾十年，整代人的腦子都被洗成中華黨國腦，實在是禍不單行。

八夜月

•陳智雄與台獨盟友組成同心社，卻因行動失敗而被判處死刑。

•陳智雄像

生是台灣人
死是台灣魂

•陳智雄生前的最後遺言

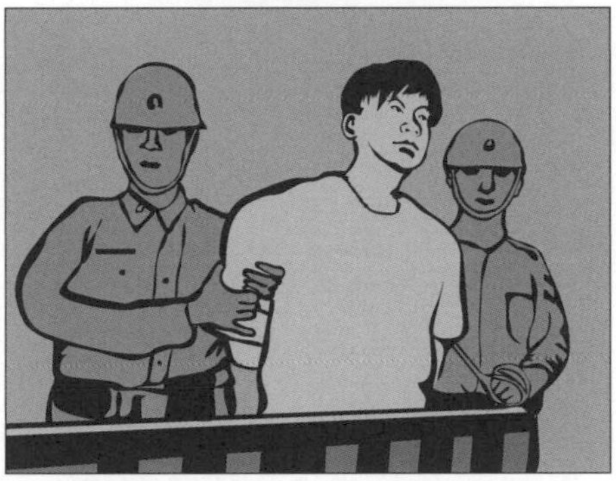

•陳智雄行刑前被押解時仍顯露無畏的表情。

禮拜四 lé-pài-sì | THU 木曜

2022年 12月

日	一	二	三	四	五	六
				1	2	3
4	5	6	7	8	9	10
11	12	13	14	15	16	17
18	19	20	21	22	23	24
25	26	27	28	29	30	31

同心社事件

1961.12.1

陳智雄於一九一六年出生於屏東，從東京外國語大學畢業後被日本政府派任成為駐印尼外交官，日本戰敗後選擇留在印尼從商。他眼見印尼人民遭荷蘭殖民政府壓迫，便決定加入印尼獨立革命，幫助印尼國父蘇卡諾對抗荷蘭軍隊並且取得最後的勝利。身為台灣人的他眼見中華民國對台灣的壓迫剝削，也決定投身台獨陣營並發起推翻中華民國的行動。

陳智雄加入廖文毅的台灣共和國臨時政府並且擔任東南亞巡迴大使一職，不但應邀參加印尼的「萬隆會議」，還受馬來亞國父東姑邀請出席建國典禮。後來因為中華人民共和國施壓，陳智雄遭印尼逮捕入獄並被驅逐出境。陳智雄因為無國籍身分只好另尋管道取得瑞士籍，前往日本繼續從事台獨運動，後來卻遭中華民國特務綁架回台，經日本台獨組織救援與國際輿論施壓後，國民黨才將他釋放。

陳智雄無懼於中華民國的恐嚇威逼，繼續在台灣從事台獨運動與吸收成員工作。一九六一年，陳智雄在宜蘭寫信給屏東的戴村德、蕭坤旺，聲稱美國即將更換駐台大使，台獨出現轉機，希望他們聯絡友人一起組織同心社，用以開展推翻中華民國的革命活動，然而此信件卻遭國民黨掌控的調查局攔截。

一九六一年十二月一日，陳智雄與同心社成員陸續遭到逮捕入獄，並被以「懲治叛亂條例」中顛覆政府等罪名起訴，陳智雄因此事遭判處死刑，其餘成員則被判處六年有期徒刑，史稱「同心社事件」。陳智雄於一九六三年五月二十八日臨刑前因拒絕下跪且一路高喊「台灣獨立萬歲」，而被警總衛兵砍斷腳掌，獄卒甚至用鐵絲刺穿他的雙頰，但是陳智雄依舊撕裂滲血的口部高喊著「台灣獨立萬歲」，直到被槍決的最後一刻。

World

武漢病毒開始在中國爆發感染 2019.12.1

Tâi-oân tók-li̍p 台灣獨立

2022
December

12月2日

舊曆 十一月初九

抹壁雙面光。

粉刷一面牆壁，牆壁的反射光也會讓另一面牆壁亮起來。意指兩邊都想討好。不過在政治領域，抹壁雙面光的人通常最後下場就是兩邊都不討好，裡外不是人。所有人都想討好的鄉愿，最後就是兩頭空，什麼都得不到。

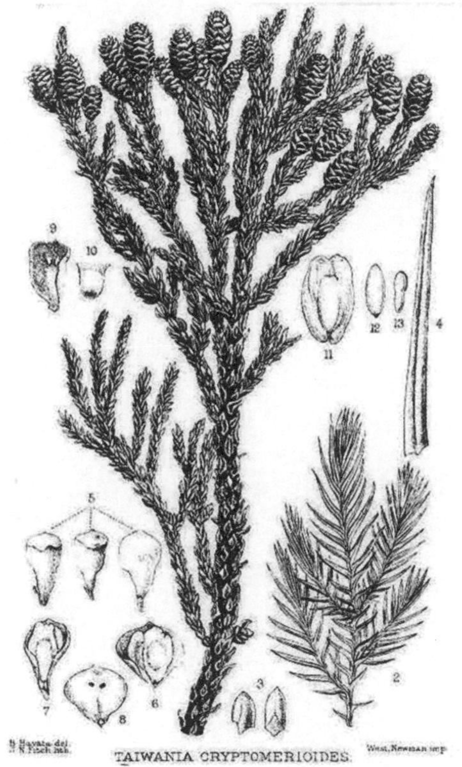

• 早田文藏手繪的台灣杉葉圖

• 早田文藏像

• 早田文藏的紀念碑

九夜月

禮拜五 lé - pài - gō

FRI 金曜

2022年 12月

日	一	二	三	四	五	六
				1	2	3
4	5	6	7	8	9	10
11	12	13	14	15	16	17
18	19	20	21	22	23	24
25	26	27	28	29	30	31

1874.12.2

早田文藏誕生日

◆台灣植物學之父

早田文藏，出生於一八七四年十二月二日，日本新潟縣人。幼時因爲父親過世，由母親及祖父母扶養長大。中學輟學在吳服店當學徒，期間對植物深感興趣而自行研修植物學，還曾加入東京植物學會，經常主動對學會提出植物學方面的問題。早田文藏直到二十三歲（一八九七年）才自中學畢業，並且進入高等學校就讀，期間利用假日四處採集植物。

大器晚成的早田文藏於一九〇〇年考取東京帝國大學理學部，也開啓了他首次到台灣進行植物採集的行程。一九〇三年從東京帝大理科部畢業，隨後進入帝大植物系攻讀研究所，擔任日本植物學家松村任三的研究助理，被指定的研究主題就是台灣的植物相。一九〇五年，早田文藏被台灣總督府聘任從事植物標本鑑定的工作，這份工作卻讓他從此與台灣植物研究結下不解之緣。

早田文藏當時對台灣針葉樹的屬種研究相當透徹，因此他才能從既有的植物標本當中發現新屬的特有種「台灣杉」。他在一九〇九年發表「台灣產新植物」，向國際學界介紹「台灣杉」，稱之爲「本世紀植物學史上值得大書特書的發現」，也獲得世界各地植物學家的肯定與讚譽。早田發現「台灣杉」帶動了台灣植物學界的研究熱潮，西方學者甚至慕名專程前來台灣進行研究。

早田文藏在台灣致力台灣植物研究與分類達十九年之久，直到一九二四年爲止，不但建立了「台灣原生植物總名錄」，還完成「台灣植物圖譜」十卷，更有多達一千六百多筆的台灣植物由早田文藏命名發表，因此也被人尊爲「台灣植物學之父」。早田文藏於一九三四年一月十三日病逝東京，台北植物園於二〇一七年設立早田銅像用以紀念他的貢獻。

2016.12.2 川普當選後與蔡英文互通電話

Tâi-ôan tok-lèk 台灣獨立

2022 December

12月 3日

舊曆 十一月初十

十日夜

惡人無膽。

兇惡的人通常沒什麼膽量。比喻對方只是虛張聲勢，不需懼怕。北京話常說會叫的狗不會咬人。中國鎮日對台灣叫囂要武統台灣，講了幾十年也不見動靜。說台獨就要打台灣，結果李登輝說兩國論，陳水扁講一邊一國，也沒看到他們真的打，美國第七艦隊一來巡邏，就馬上龜回去，只能說是惡人無膽還欺善怕惡。

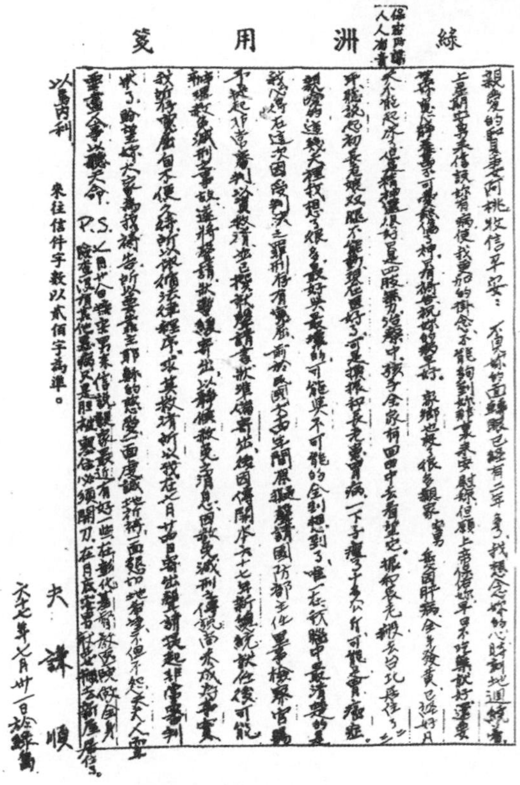

• 鍾謙順在綠島獄中寫給妻子的信，信中透露出許多思念、擔憂與請託。

• 鍾謙順像

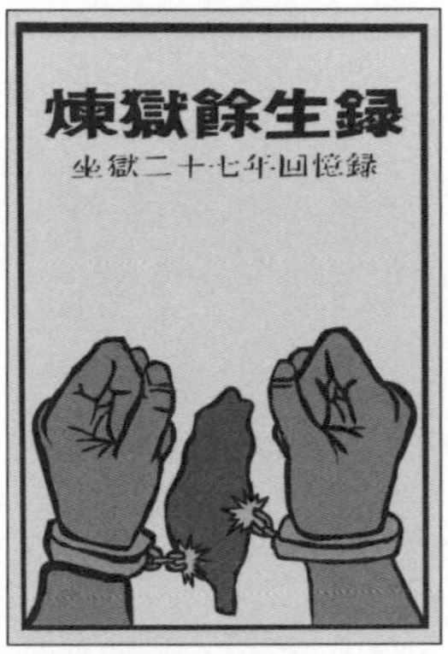

出獄後移居巴西的鍾謙順，寫了一本名為「煉獄餘生錄」的回憶錄，書中揭發中華民國的惡劣情事，也對巴西台僑青年產生極大的影響與衝擊。

禮拜六 lé - pài - lák | SAT 土曜

2022年 12月

日	一	二	三	四	五	六
				1	2	3
4	5	6	7	8	9	10
11	12	13	14	15	16	17
18	19	20	21	22	23	24
25	26	27	28	29	30	31

鍾謙順誕生日

◆ 永遠的台獨勇士

1914.12.3

鍾謙順，出生於一九一四年十二月三日，桃園龍潭人，同時也是客家人。一九二九年進入淡水中學就讀，當時極富正義感的他就為了保護同學不受欺負而擊退前來找碴的流氓，卻遭校方停學。一九三五年考取東京麻布獸醫專門學校，隔年又前往滿洲國等地擔任公職。一九四一年太平洋戰爭爆發之後，鍾謙順受日本徵召入伍，擔任關東軍小佐大隊長。

二戰結束後，鍾謙順於一九四六年九月被遣送返回台灣，不久後即經歷因中華民國橫征暴斂而引發的二二八全台抗暴事件，並親眼目睹中華民國官兵對台灣人的殘忍屠殺與清鄉暴行。鍾謙順因此心生台灣獨立的念頭，於五〇年代開始積極參與廖文毅主導的台灣獨立運動。他為了籌措革命經費而拋售房屋並拿出自己所有積蓄，還召集有志之士組成「台灣獨立防衛軍」，卻遭自己人舉報而被捕入獄。

鍾謙順因台獨理念與實際行動接連三次遭國民黨逮捕入獄，第一次於一九五〇年被捕，遭判刑七年；第二次於一九六二年被捕，遭判刑十年；第三次於一九七二年被捕，遭判刑十五年，直到一九八二年才得以提前出獄，當時他已年屆六十八歲。為了避免國民黨的持續追殺，他在台獨聯盟協助下移民巴西，但是很快就於一九八六年七月五日病逝海外。

鍾謙順一生因奉行台獨理念而入獄長達二十七年之久，在獄中雖慘遭國民黨獄卒殘酷刑求，卻始終沒有改變或是放棄他的台獨認同。鍾謙順曾說：「我想我們在二二八付出了最慘痛的代價，使我們徹底醒悟要追求台灣人真正的自由與幸福，只有台灣獨立，只有自力建國別無二途。我應該獻身為被人欺負、被人侮辱、被人壓迫歧視的台灣同胞們，並提倡台灣獨立運動。」

美國與中華民國簽署中美共同防禦條約 1954.12.3

2022 December

12月4日

舊曆 十一月十一

十一夜

• 李鎮源參與反閱兵廢惡法行動時與民眾在台大醫學院門口靜坐。

• 李鎮源像

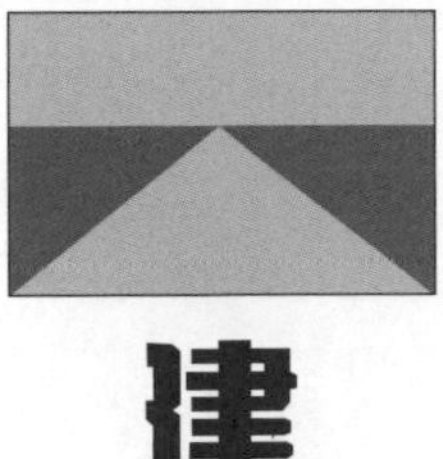

建國黨

• 李鎮源曾任建國黨主席

• 李鎮源（左二）帶領一〇〇行動聯盟的成員上街抗議。

禮拜日 lé - pài - jit | SUN 日曜

2022年 12月

日	一	二	三	四	五	六
				1	2	3
4	5	6	7	8	9	10
11	12	13	14	15	16	17
18	19	20	21	22	23	24
25	26	27	28	29	30	31

掠長補短。

截長補短，比喻捉襟見肘，窘態畢露。美中貿易戰之後，中國資金與對中投資大幅縮水，中國政府開始找私營企業與有錢的個體戶開刀，逼著他們把一輩子奮鬥所得到的私人資產與現金全交出來。對於那些鎮日想要到中國做發財夢的人可說是一棒驚醒的警世寓言。

李鎮源誕生日

◆國際蛇毒權威

1915.12.4

李鎮源，生於一九一五年十二月四日，高雄橋仔頭人。十歲時父親就因瘧疾而病逝，而家中的八位兄弟姊妹，其中也有三人未滿十歲就因傳染病過世，行醫救人因此成爲李鎮源小時就立下的生涯志向。一九二八年，李鎮源進入台南州立第二中學就讀，因爲在校成績優異而被保送至台北高等學校，一九三六年考入台北帝大，成爲醫學部的第一屆學生。

李鎮源對於基礎醫學深感興趣，一九四〇年畢業後便決定留在學校擔任杜聰明的研究助理，並繼續攻讀博士學位。他決定先從解決台灣的傳染病下手，提出漢方苦蔘子中的糖甘類可以殺死阿米巴原蟲以治療下痢的研究論文。緊接著李鎮源發表「鎖鏈蛇蛇毒的毒物學研究」，成爲世界第一篇揭開鎖鏈蛇蛇毒致死原因的論文，也讓他通過杜聰明教授的規定而於一九四五年獲得台北帝大的醫學博士學位。

二戰結束後，李鎮源仍在台大執教，但是一九五〇年他的妹婿胡鑫麟與大學同學許強因左翼思想被中華民國逮捕判刑甚至遭到槍決，此事也讓李鎮源對中華民國心生不滿。李鎮源曾赴英美深造，返台後開始主導台大的藥理研究並全心投入鑽研蛇毒的學術工作。一九六三年，李鎮源與張傳炯合作，首度分離出雨傘節的神經毒素，因此成爲蛇毒研究的國際權威，曾獲「國際毒素學會」頒發最高榮譽。

李鎮源曾先後擔任中研院院士以及台大醫院院長，期間大力杜絕醫師兼差與收紅包的文化。一九八六年退休後開始積極投身政治，曾經參與野百合學運的靜坐抗議，到土城探監李應元，並且成立「一〇〇行動聯盟」，推動廢除刑法一百條，還擔任過主張台獨的「建國黨」首任黨主席。李鎮源於二〇〇一年十一月二日病逝，抱憾未能見到台獨建國。

World

香港市民上街遊行爭取普選 2005.12.4

Tâi-oân tòk-li̍k 台灣獨立

2022 December

12月5日

舊曆 十一月十二

十二夜

未曾學行先學飛。

比喻好高騖遠，不切實際。放眼台灣政壇，大概只有韓國瑜這位從來沒住過高雄的人當上了高雄市長，然後做不到一年就要去台北選總統的人，最能夠完美解釋這句諺語。

• 黃信介在中山堂主持記者會。

• 黨外人士助選團的標誌。

• 殷海光像

中央日報

少數候選人開「座談會」
居然擅改國歌
兩反共義士被毆並被架出場

反共義士勞政武蕭玉井
說明被毆經過
譴責狂妄行爲

• 中央日報報導黨外人士助選團改國歌歌詞的事件。

• 殷海光在「自由中國」雜誌質疑蔣介石的「反攻大陸」充滿不切實際的妄想，還批評黨國教育讓學術無法超然獨立。

禮拜一 lé - pài - it　MON 月曜

2022年 12月

日	一	二	三	四	五	六
				1	2	3
4	5	6	7	8	9	10
11	12	13	14	15	16	17
18	19	20	21	22	23	24
25	26	27	28	29	30	31

1919.12.5

殷海光誕生日

◆中國自由主義學者

殷海光，一九一九年十二月五日生於中國湖北的傳教士家庭。少時熱愛哲學與邏輯，一九三八年考取西南聯合大學哲學系，畢業後再攻讀清大哲學研究所。戰後曾一度加入中國國民黨，還擔任過「中央日報」的主筆，後來卻因批評跟隨蔣介石來台的軍政人員是「政治垃圾」而被迫離開「中央日報」。

殷海光與國民黨的關係也每下愈況，除了在「自由中國」雜誌質疑蔣介石的「反攻大陸」充滿不切實際的妄想，還批評黨國教育讓學術無法超然獨立。結果國民黨竟發起黨工集體圍剿，扣上「文字賣國者」與「煽動顛覆」的大帽子，甚至逼迫他離開台灣大學的教職。晚年生活起居遭國民黨特務監控，連哈佛大學的研究邀約與哈耶克教授的學術參訪都遭國民黨禁止。殷海光不堪身心折磨而罹患胃癌，於一九六九年九月十六日病逝，得年僅四十九歲。

1978.12.5

中山堂事件

一九七八年，黨外運動在中壢事件之後大爲振奮，爲了迎戰年底即將舉行的中央民代選舉，黃信介籌組的助選團前往各地爲黨外人士助選。十二月五日下午，黨外人士助選團在台北中山堂召開「全國黨外候選人座談會及中外記者招待會」，由黃信介、姚嘉文、黃玉嬌共同主持，並且邀請康寧祥、張俊宏發表演講，共有五百多人各界人士參與，這也是戰後黨外人士最大規模的一次公開集會活動。

然而會中司儀因爲要求與會人士更改中華民國的國歌歌詞，將「吾黨所宗」改爲「吾民所宗」，引發不請自來的國民黨打手勞政武、蕭玉井等人的不滿而鬧場生事。自此黨外人士的集會不再按開會程序唱誦中華民國國歌。會後黃信介在記者會上批評中國民主社會黨及中國青年黨是「國民黨廁所裡的花瓶」，因此遭到這兩個中國花瓶黨控告毀謗。

1904.12.5 日俄戰爭日軍奪取二〇三高地

2022
December

12月6日

舊曆
十一月十三

「㖨捌字兼無衛生。」

不識字又沒有衛生觀念，諷刺缺乏教養又沒有內涵的人。清國時代台灣就是這樣一個㖨捌字兼無衛生的蒙昧狀態。日本統治台灣後，帶來了現代化的觀念，文盲大幅下降，公共衛生大幅提升，很多疾病也都逐漸絕跡，但是到了戰後的中據時代，又來了一批㖨捌字兼無衛生的中國人。

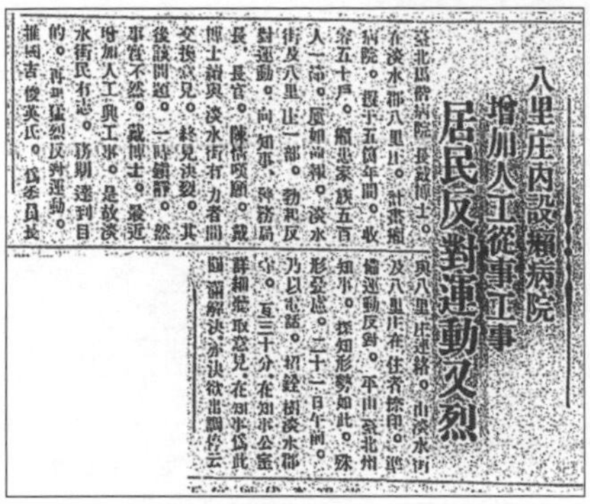
八里庄內設癩病院
增加人工從事工事
居民反對運動又烈

臺北慈惠病院長戴博士。在淡水郡八里庄。計畫病院。擬于五箇年間。收容五十戶。癩患者族五百人一節。屢如前報。淡水街及八里庄一部。勃和反對運動。向知事、警務局長、長官。陳情哭願。戴博士親與淡水街有力者間交換意見。終見決裂。其後該問題。一時鎮靜。然事實不然。戴博士。最近增加人工與工事。是故淡水街民有志。防期達到目的。再加猛烈反對運動。推周吉俊英氏。爲委員長與八里庄連絡。由淡水街及八里庄有志者捺印。準備運動反對。平山臺北州知事。探知形勢如此。殊形憂慮。二十一日午前。乃以電話。招致樹淡水郡守。互三十分。在知事公室詳細懇取意見。在知事爲此問題解決。亦決欲出調停云

• 戴仁壽希望在八里設置收容痲瘋病患的病院，卻也引發當地居民的反彈。

• 戴仁壽像

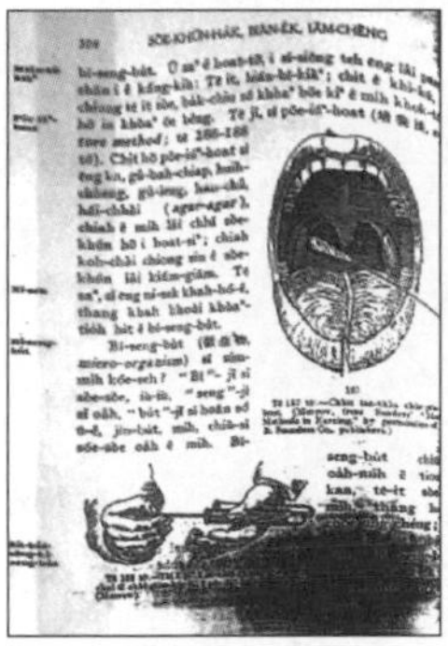

• 戴仁壽曾編纂台羅文與英文註解的「內外科看護學」。

• 戴仁壽主導設置的痲瘋病患醫院「樂山園」。

• 馬雅各醫師

小望月

禮拜二
lé - pài - jī

TUE
火曜

2022年 12月

日	一	二	三	四	五	六
				1	2	3
4	5	6	7	8	9	10
11	12	13	14	15	16	17
18	19	20	21	22	23	24
25	26	27	28	29	30	31

1883.12.6

戴仁壽誕生日

◆台灣癩病之父

戴仁壽（George Gushue-Taylor），一八八三年十二月六日生於加拿大紐芳蘭島的漁村。少時曾受到一名來自倫敦的外科醫師影響甚深，這名醫師在他出生的漁村行醫濟貧，幫助許多人改善生活，戴仁壽因此深受感動而決定步上行醫助人的道路。一九一一年，戴仁壽自倫敦大學醫學院畢業之後，隨即放棄倫敦的高薪職位，帶著新婚妻子立馬坐船前往台南，協助亟需人手的新樓醫院院長馬雅各醫師。

戴仁壽來台行醫後，除了要面對因漢人文化圈的衛生習慣不良所導致的各種傳染疾病，也同時要學習台灣的語言以方便跟患者直接溝通。具有語言天賦的戴仁壽很快就習得台語，還親自編纂了一本台語發音、羅馬拼音與英文註解的「內外科看護學」，作爲訓練台灣在地醫護人才的教學範本，也成爲第一本以台語寫成的醫學教科書。

戴仁壽在台行醫期間，也發現「癩病」（又稱「痲瘋病」或是「漢生病」）所造成的家庭棄養等社會問題。他返英進修期間，曾積極連繫英美等國的癩病救治協會以尋求補助與資源，並且向治療癩病的國際權威請益治療照護等問題。一九二五年，接任馬偕醫院院長的戴仁壽在院內首度開設癩病門診，兩年後又在院外開設全台第一間的癩病專科診所。

戴仁壽四處募款與找地，終於在八里觀音山下尋得土地，於一九三四年正式啓用收容痲瘋病患的「樂山園」。不久後，他辭去馬偕院長一職，全心投入照顧痲瘋病患，直到二戰爆發才被日本逐出台灣。戰後戴仁壽曾多次返台處理院務，後來卻因中華民國政府欲強佔院區土地，戴仁壽爲保土地而求助於美國總統艾森豪以致心力交瘁，於一九五四年四月二十三日病逝，後人尊稱他爲「台灣癩病之父」。

教育部改臭頭廟為民主紀念館與自由廣場 2007.12.6

Tâi-oân tok-li̍p
台灣獨立

2022
December

12月 7日

節氣 **大雪**

舊曆 **十一月十四**

台灣俗諺云：小雪小到，大雪大到。意指大雪來時，也是大批烏魚進入台灣海峽的時刻。

• 一九四九年，支那湧現的逃難潮。

• 珍珠港事變發生時，美軍西維珍尼亞號戰艦遭到擊沉，田納西號戰艦也遭擊中冒煙。

浙東洋面大慘案
太平建元輪互撞沉沒
近千旅客遭滅頂
獲救生還者僅有卅八人抵滬
前遊舊主席徐鑑全家均罹難
被難旅客家屬交涉辦理善後

• 一九四九年，大量中國人急搶船票想逃亡來台，太平輪因此超載並與貨輪相撞沉沒。

朝日新聞
帝國・米英に宣戰を布告す
西太平洋に戰鬪開始
布哇米艦隊航空兵力を痛爆
宣戰の大詔渙發さる

• 珍珠港事變兩日後朝日新聞的報導。

滿月

禮拜三 lé - pài - sa^{n}

WED 水曜

2022年 12月

日	一	二	三	四	五	六
				1	2	3
4	5	6	7	8	9	10
11	12	13	14	15	16	17
18	19	20	21	22	23	24
25	26	27	28	29	30	31

1941.12.7

珍珠港事變

三〇年代，日本全面進佔中國東北並成立滿洲國，一九三七年與中華民國開啓全面戰爭，並試圖奪取英美法荷等國的海外殖民地。由於事涉美國在海外的利益與全球佈局，美國總統羅斯福下令對日禁運包括石油的戰略物資。此舉引發日本軍方的不滿，遂密謀開戰以消滅美軍在西太平洋的海空軍勢力。

一九四一年十二月七日，日本派出六艘航空母艦與三百多架的戰機，對美國夏威夷的珍珠港海軍基地發動全面攻擊，史稱「珍珠港事變」。此次日軍攻擊行動共擊毀多艘美軍戰艦與一百八十八架戰機，造成兩千四百餘人死亡與一千兩百多人受傷，日軍方面僅有二十九架戰機損失。珍珠港事件對二戰產生關鍵的影響，不但讓原本立場不明的美國轉而投入太平洋戰爭，也使日本最終苦嚐遭美國擊潰而投降的結果，台灣也隨之進入美中代管劫收的局面。

1949.12.7

中華民國政府流亡來台

一九四九年，中華民國軍隊在國共內戰中已呈現土崩瓦解之勢，當時美國還在八月發表「中美關係白皮書」，痛斥中華民國之所以潰敗是因貪腐問題而咎由自取。十二月時共產黨軍已經在國民黨軍的大本營成都外圍做好包圍清剿的陣仗，甚至還組了敢死隊要活捉蔣介石。據傳蔣介石與國民黨高層已擬定流亡海南島與菲律賓等計畫，但是最後仍決議要逃往具有海峽縱深與日本工業基礎的台灣。

一九四九年十二月七日，中華民國發布總統令，宣布政府將遷至台北，行政院全面改爲在台灣辦公。隔日中華民國行政院長與眾內閣高官就急著趕搭飛機逃往台北，兩天後蔣介石與蔣經國父子也搭飛機竄逃台灣，從此不再踏上中國領土，只留下墊背的國民黨軍留守成都。台灣人也因中華民國流亡來台而得繼續承受長期的苦難與不幸，至今未息。

張燦鍙闖關失敗被捕 1991.12.7

Tâi-ôan tók-lèk 台灣獨店

2022 December

12月8日

舊曆 十一月十五

人食一點氣。

人就是爭一口氣，不然就會窒息死掉。比喻人要有尊嚴，要有自己的底線，不能一直被別人欺負，再怎麼樣最後也得要出一口氣來為自己出聲。台灣人要有這樣的共識，才不會一直被中國人給欺負或是瞧不起。

• 戴振耀像

• 戴振耀為台灣農運的重要人物以及民進黨首位的農民立委，曾經在立法院創下首度以台語問政的紀錄，遭到台下支那黨立委抗議後，才由盧修一出面擔任翻譯。五二〇事件之後，曾與左統的「山城農權會」產生嚴重衝突而從此分道揚鑣，著有「鹽水大飯店」一書。

• 一九八八年五月二十日爆發農民抗暴事件，長期遭沉重稅賦欺壓的台灣農民與中華民國鎮暴警察發生嚴重的暴力衝突，也讓統獨立場各異的農民領袖共聚商議，但是隨後又各自行事。

立待月

禮拜四 lé - pài - sì | THU 木曜

2022年 12月

日	一	二	三	四	五	六
				1	2	3
4	5	6	7	8	9	10
11	12	13	14	15	16	17
18	19	20	21	22	23	24
25	26	27	28	29	30	31

1987.12.8

台中山城農民抗議事件

長期以來中華民國以犧牲台灣農業轉而扶植特定工業的畸形方式來推動所謂的「經濟發展」。加上國民黨高官經常用台灣人的稅金去採購美國的剩餘農產品作爲交相牟利之用，導致台灣農民遭受內外雙重的夾擊而難以生存。

由國民黨地方勢力掌握的農會又經常以控制肥料價格與低價收購方式打壓農民，加上各種繁重稅賦，包括公學糧、隨賦徵購、肥料換穀、水利會費用、地方政府房捐、鄉公所戶稅、農會生產指導事業費等更是壓得農民喘不過氣，逼得許多農民只好放棄良田前往都市發展或是靠兼差打零工來貼補家用。原本在黨國戒嚴時代，農民即使有怨言也不敢公開表態，但是隨著中華民國在一九八七年七月宣布解嚴之後，許多農民開始集結組織並公開抗議中華民國實施已久的壓榨政策。

一九八七年十二月八日，一群帶有左統色彩的台中山城地區加上苗栗地區的農民（也稱爲「山城農權會」），爲了抗議當時蔣經國與國民黨政權開放美國柳橙進口，導致台灣果農的生計遭受嚴重打擊，因此號召數千名農民前往台北立法院與美國在台協會示威抗議。這也是解嚴之後首次由農民發起的抗議事件，也掀起隔年一連串的農民運動風潮，包括三一六抗議行動與五二〇農民抗暴事件。

五二〇事件之後，全台各地的農運領袖群聚台中豐原開會討論成立新的農民聯盟，卻因統獨路線問題發生爭執進而走向分裂。走左統路線的「山城農權會」與走台獨路線的戴振耀發生組織名稱上的意見衝突，最終雙方人馬因會長人選大打出手，兩派就此分道揚鑣，也顯見在台灣發起任何的社會運動最終都還是得面對統獨立場的抉擇。

太平洋戰爭日軍空襲美國關島 1941.12.8

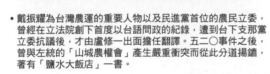

Tâi-ôan tòk-lėk
台灣獨立

2022 December
12月9日

舊曆 十一月十六

八仙桌起無孔。

在拜神祭祖的八仙桌上找縫隙孔洞，比喻沒事找事，藉故找碴。中國控制的統媒，像是中天或TVBS都是用這種「八仙桌起無孔」的方式在對民進黨執政的縣市找碴，然後還會用言論自由與監督制衡的藉口來包裝。但是怎麼監督怎麼找碴，就是不會找上國民黨執政的縣市。

• 黃信介在在美麗島事件爆發前夕，台北的住家也遭中國國民黨找來的流氓縱火。

3 FORMOSA

• 美麗島雜誌封面

• 尹清楓像

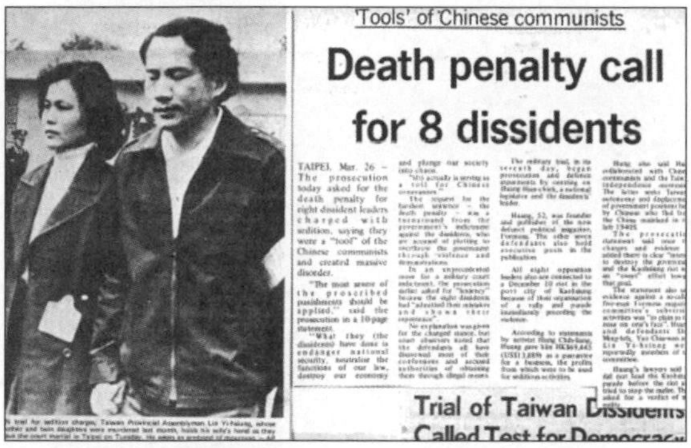

'Tools' of Chinese communists
Death penalty call for 8 dissidents
Trial of Taiwan Dissidents Called Test for Democrac

• 因鼓山事件而引爆美麗島事件之後，中華民國開始對黨外人士進行逮捕與大審判的外電報導。

• 尹清楓死後，遺孀李美葵仍鍥而不捨追求真相。

居待月

禮拜五 lé - pài - gō

FRI 金曜

2022年 12月

日	一	二	三	四	五	六
				1	2	3
4	5	6	7	8	9	10
11	12	13	14	15	16	17
18	19	20	21	22	23	24
25	26	27	28	29	30	31

1993.12.9 尹清楓命案

中華民國軍隊在國民黨主政下，長期以貪婪腐敗而聞名，尤其對於有大量油水可撈的軍事採購案，親國民黨的軍人與仲介商更會將黑手伸入大貪特貪。一九八〇年代，中華民國軍備面臨老化問題，海軍亟欲採購新型巡防艦來替代舊型軍艦，因此提出千億台幣預算之譜的「光華二號」計畫，最後由時任參謀總長的郝柏村決議向法國購買拉法葉艦。期間作爲外國軍火仲介商，同時也有國民黨青幫背景的汪傳浦對同是青幫成員的海軍上校郭力恆進行賄絡，青幫大老單亦誠也涉入此案，形成國民黨青幫集團的黑箱貪瀆作業。當時擔任軍艦採購業務的海軍上校尹清楓因爲知悉弊案內情並且拒收回扣，於一九九三年十二月九日遭海軍人士綁架刑求並且殺害，隔日在宜蘭外海被漁民發現浮屍。此案也在國民黨青幫集團的重重掩護之下終成懸案。

1979.12.9 高雄鼓山事件

黨外雜誌「美麗島」於一九七九年九月創刊後獲得社會極大的迴響。然而對於蔣經國而言，這本雜誌所代表的黨外勢力如芒刺在背，早就欲除之後快。一群黨國鷹犬遂指使黑道流氓對雜誌社進行打砸，甚至還指揮白道警察對相關人員做出濫捕濫刑。

一九七九年十二月九日，美麗島雜誌社的高雄服務處爲了舉辦「人權座談會」，出動兩台宣傳車在街上宣傳，卻在鼓山二路遭警察刻意攔截盤查。兩名雜誌社義工邱勝雄與姚國建無故遭到逮捕，甚至被警察抓去分局私刑毆打重傷。此事傳開之後，許多黨外支持者紛紛前往高雄鼓山分局聲援，一度引發警民衝突。被警察濫刑的兩人直到隔日凌晨才被釋放。此事件使得原本無意參加隔天國際人權日遊行的民眾轉而前往聲援，義憤的鄉親紛紛湧入美麗島雜誌社，也成爲十二月十日美麗島事件的導火線。

促轉會撤銷一千五百零五人冤罪 2018.12.9

Tâi-oân tok-le̍k 台灣獨曆

2022 December

12月 10日

舊曆 十二月十七

瞞者瞞不識，識者不可瞞。

意指不知情的人才會受騙上當。詐騙集團就是利用人性的弱點來欺瞞不知道實情的人，對於那些早知道詐騙手法的人，詐騙集團也不會浪費時間，馬上就會掛掉詐騙電話。看看台灣民衆黨，就是用這種方式欺騙許多還不能理解政治脈絡的年輕人，不過這招對許多老台派而言根本無效。

• 當時參與人權日遊行的群眾多持著火把（非棍棒），與警方對峙並且要求廢除戒嚴與釋放政治犯。

• 美麗島事件之後，中華民國軍警開始對黨外人士進行逮捕，其中送至軍事審判的共八人，包括黃信介、施明德、林弘宣、林義雄、姚嘉文、呂秀蓮、張俊宏和陳菊。

• 國民黨面對群眾訴求，卻派出數千名鎮暴部隊以盾牌進逼，並且對民眾施放催淚瓦斯，此舉終於導致雙方爆發暴力衝突，警民以盾牌棍棒石塊彼此攻擊，導致兩方皆以流血掛彩收場。

寢待月

禮拜六 lé - pài - la̍k | SAT 土曜

2022年 12月

日	一	二	三	四	五	六
				1	2	3
4	5	6	7	8	9	10
11	12	13	14	15	16	17
18	19	20	21	22	23	24
25	26	27	28	29	30	31

1979.12.10

美麗島事件紀念日

一九七〇年代後期，反抗中國國民黨的黨外人士在中壢事件後開始集結勢力，並且在中華民國體制內取得更多的民代席次。蔣經國見情勢不妙，遂利用一九七八年底美國宣布與中華民國斷交之際，發佈緊急處分令並宣告民代增額選舉延期舉行。蔣經國也趁此外交危機順勢清算整肅民主人士，羅織罪名來抓捕黨外精神領袖余登發。黨外人士因失去參政舞台，只好改以興辦雜誌作爲宣揚理念的平台。

一九七九年九月，黃信介、黃天福、許信良、呂秀蓮、姚嘉文、林義雄等人就在這樣的時代背景下創辦了「美麗島」雜誌。雜誌發行後引起社會極大的迴響，銷售量屢創佳績。數月內全台各地接連成立雜誌社服務處，也成了黨外異議人士聚會的重要據點，一股新興的政治勢力儼然成形。國民黨深恐黨外勢力集結，便密謀設局欲將之一網打盡。

一九七九年十二月十日（國際人權日），美麗島雜誌社在高雄發動遊行與演講，許多民衆因爲前一日的鼓山事件而蜂擁至現場聲援。晚間群衆在雜誌社前拿著火把，要求廢除戒嚴令與釋放政治犯，並且沿著高雄街頭遊行示威。期間還有一些國民黨的便衣朝演講者投擲雞蛋進行挑釁。不久參與遊行的民衆就在大港埔圓環附近遭到數千名鎮暴部隊包圍。

鎮暴軍警先以強力的探照燈照射群衆，接著又對民衆釋放催淚瓦斯，然後再以盾牌進逼群衆，此舉終於引爆雙方衝突，警民以盾牌棍棒石塊彼此攻擊，導致兩方皆以流血掛彩收場。事後警總藉機大肆逮捕、刑求並軍審黨外人士，但是最後在美國國會施壓之下，黨外人士逃過死罪。台灣人也透過公開的美麗島大審轉播開始大幅轉向同情黨外，也孕育出美麗島世代的參政風潮，影響台灣政治甚爲深遠。

景美人權園區啟用 2007.12.10

Tâi-oân tok-li̍p 台灣獨立

2022
December

12月 11日

舊曆 十一月十八

更待月

人情親像一支鋸，傒鋸來我鋸去。

這是一句生動的台灣諺語，比喻人情就像鋸東西一樣，你過來我也過去，彼此要有互動，也要禮尚往來，才是懂人情世故。對於人情味濃厚的台灣傳統社會，這也是一句教導人們要怎麼交際互動的有趣諺語。

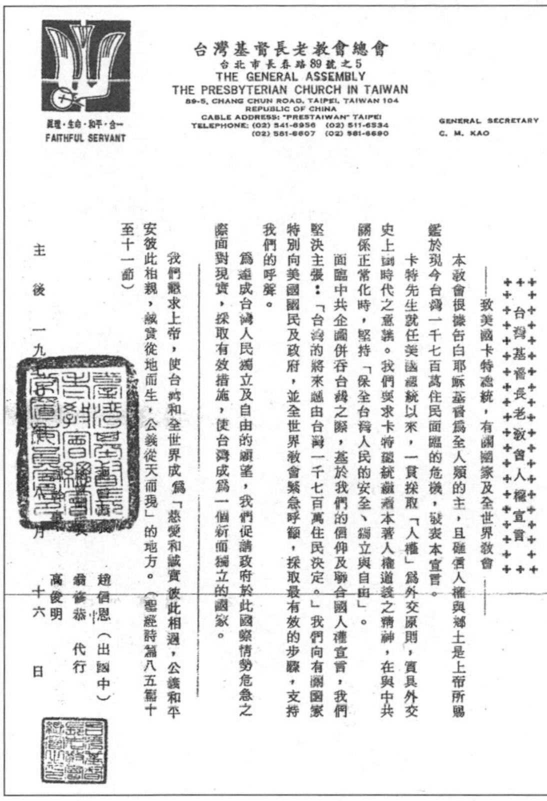
台灣基督長老教會總會
台北市長春路89號之5
THE GENERAL ASSEMBLY
THE PRESBYTERIAN CHURCH IN TAIWAN
89-5, CHANG CHUN ROAD, TAIPEI, TAIWAN 104
REPUBLIC OF CHINA
CABLE ADDRESS: "PRESTAIWAN" TAIPEI
TELEPHONE: (02) 541-6956 (02) 511-6534
(02) 581-6607 (02) 581-6690

真理・生命・和平・合一
FAITHFUL SERVANT

GENERAL SECRETARY
C. M. KAO

台灣基督長老教會人權宣言

——致美國卡特總統，有關國家及全世界教會——

本教會根據告白耶穌基督為全人類的主，且確信人權與鄉土是上帝所賜，鑑於現今台灣一千七百萬住民面臨的危機，發表本宣言。

卡特先生就任美國總統以來，一貫採取「人權」為外交原則，實具外交史上劃時代之意義。我們要求卡特總統繼續本著人權道義之精神，在與中共關係正常化時，堅持「保全台灣人民的安全、獨立與自由」。

面臨中共企圖併吞台灣之際，基於我們的信仰及聯合國人權宣言，我們堅決主張：「台灣的將來應由台灣一千七百萬住民決定。」我們向有關國家特別向美國國民及政府，並全世界教會緊急呼籲，採取最有效的步驟，支持我們的呼聲。

為達成台灣人民獨立及自由的願望，我們促請政府於此國際情勢危急之際面對現實，採取有效措施，使台灣成為一個新而獨立的國家。

我們懇求上帝，使台灣和全世界成為「慈愛和誠實彼此相遇，公義和平安彼此相親，誠實從地而生，公義從天而現」的地方。（聖經詩篇八五篇十至十一節）

趙信愍（出國中）
翁修恭 代行
高俊明

主後一九 月十六日

• 鄭兒玉與高俊明、翁修恭等人共同起草「人權宣言」。

• 鄭兒玉像

• 蕭泰然譜曲的「台灣翠青」被譽為台灣國歌，作詞者為鄭兒玉牧師。

禮拜日 lé - pài - ji̍t　SUN 日曜

2022年 12月

日	一	二	三	四	五	六
				1	2	3
4	5	6	7	8	9	10
11	12	13	14	15	16	17
18	19	20	21	22	23	24
25	26	27	28	29	30	31

鄭兒玉逝世日

◆ 抗暴牧師與「台灣翠青」作詞者

2014.12.11

鄭兒玉，一九二二年六月二十七日出生於高雄州東港街（今屏東東港）。中學就讀台南長老教中學，不久後轉至日本留學。留日期間受洗成為基督徒，並且在同志社大學文學部攻讀神學。一九四七年學成返台，不久後感染天花而臥病在床，卻因禍得福逃過中華民國在二二八抗暴事件後的血洗屠殺。

一九四九年，鄭兒玉被教會派駐至嘉義布袋傳道。一九五五年，前往芝加哥攻讀神學碩士，隨後再前往瑞士日內瓦大學普世教會研究所進修，返台之後受聘於台南神學院，曾協助開創高雄生命線與家庭協談中心等事工。當時中華民國正在台灣全面實施軍事戒嚴，深具台灣意識的鄭兒玉無畏中國政權的威逼，在一九六九年之時就發表了台語詩作「咱要出頭天」，後來這句「出頭天」就成為台獨運動的口頭語，也成為本土化神學的關鍵詞。

一九七一年，中華民國被聯合國給逐出門外，鄭兒玉隨即協助長老教會起草「國是聲明」，主張台灣人民對台灣前途有自決權，用以宣告不被國際承認的中華民國已經不具有統治台灣的正當性。之後美國與中華民國的外交關係直轉急下，鄭兒玉於一九七七年起草「人權宣言」，再度提及住民自決，並且希冀台灣「成為一個新而獨立的國家」。

八〇年代初期，蔣經國對黨外人士進行一連串計劃式暗殺，包括林義雄家人與陳文成等都慘遭毒手，鄭兒玉無懼當時的肅殺氛圍，積極為遺族眷屬奔波與安排事宜。解嚴之後，鄭兒玉全力推動台灣母語教育，曾擔任台羅字協會榮譽理事長。於一九九三年寫下「台灣翠青」的詩稿，並委託蕭泰然作曲，此曲也被獨派人士視為台灣國的首選國歌。鄭兒玉於二〇一四年十二月十一日安息，享年九十二歲。

台灣作家葉石濤逝世日　2008.12.11

Tâi-ôan tók-lèk 台灣獨立

2022 December

12月 12日

舊曆 十一月十九

十按九無影。

意思是屢次都爽約，毫無誠信可言。跟中國人談判與做生意的人都要有這種十按九無影的心理準備。看看中國官員每次誇口要對台灣採購的數字都是億來億去，最後結果幾乎都是毫無下文。但是每到選舉的時候為了替國民黨執政縣市造勢，中國都會拿一堆膨風的數字來欺騙選民，反正騙死人也可以不用償命，根本就是無本生意。

• 四萬元換一元的銀行刻章。

• 中華民國劫收台灣後金融秩序敗壞，通貨嚴重膨脹，迫使中華民國發行萬元鈔票。當時在台灣新新報上就有漫畫諷刺台灣米價狂漲與官商剝削的情況。

中央日報 十八年六月十五日

臺省改革幣制
今起開始發行新幣
新幣準備金爲黃金八十萬兩
以五比一比率直接聯繫美金
每一新臺幣折合舊幣四萬元
公教待遇將照新幣合理調整

• 中央日報頭版刊出改革新台幣制的報導，卻無視前面數年的金融弊端與惡性通膨。

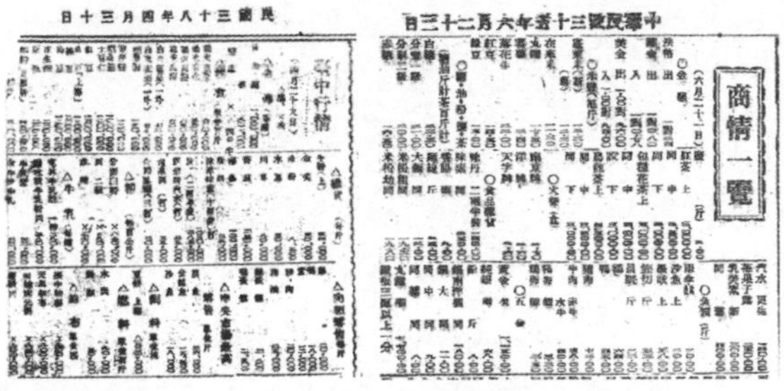

• 右方欄位是一九四六年的民生品物價，當時雞蛋一粒僅三點五元台幣，豬肉一斤七十二元台幣，蓬萊米一斤十二點三台幣。但是到了一九四九年的時候（左方欄位），雞蛋一粒高達兩千八百元台幣，豬肉一斤兩萬元台幣，蓬萊米一斤七萬九千元台幣。（整理者為台灣回憶探險團）

十九夜

禮拜一 lé - pài - it | MON 月曜

2022年 12月

日	一	二	三	四	五	六
				1	2	3
4	5	6	7	8	9	10
11	12	13	14	15	16	17
18	19	20	21	22	23	24
25	26	27	28	29	30	31

1948.12.12

中華民國發行萬圓臺幣

二戰結束前，日本轄下的台灣總督府對台灣進行物價管制政策，因此雖然處於物資缺乏的戰時，通貨膨脹仍屬溫和可接受的範圍之內。然而就在中華民國前來台灣進行代管之後，中華民國各級政府加上各式公（黨）營企業貪得無厭地向台銀大量借款，使得戰前多放款給民營企業的台銀，在戰後幾乎全數放款給政府與公（黨）營企業。台銀因此不得不大量印製鈔票，形成戰後台灣惡性通膨的主因。

除此之外，中華民國金圓券改革失敗，大量中國熱錢流入台灣，加上錯誤的貿易管制與匯兌政策，使得惡性通膨一發不可收拾。一九四八年十二月十二日，台灣銀行竟然發行了面額高達壹萬圓的臺幣，顯見通膨惡化的嚴重。一直要等到中華民國切斷中國與台灣之間的金融往來，改印製新台幣與美援來到之後，已幾成廢墟的台灣金融才逐漸恢復生氣。

1930.12.12

梁國樹誕生日

◆ 台灣財經長才

梁國樹，一九三〇年十二月十二日生於台中州（今南投草屯）。父祖輩爲彰化秀水的望族。曾取得台灣大學經濟學碩士，之後前往美國的大學擔任客座教授，爲財經領域的專才，歷任財政與金融界的公股要職，對於台灣財經政策的影響甚深。梁國樹自一九九四年起受李登輝任命央行總裁，成爲央行首位台籍總裁。直到一九九五年因連戰施壓要護盤股市，梁不從，只好假藉病由辭職，於同年七月三十一日逝世。由於梁國樹在財經上的重要貢獻，台大社科大樓的會議廳還以梁國樹作爲命名以茲紀念。

梁國樹雖然長期在中華民國黨國體制下工作，但是與同爲財經專才的許遠東一樣，內心的政治認同卻都是台灣獨立。辜寬敏曾經揭露早在一九七二年，他與李登輝、梁國樹與孫震閒聊的時候，李登輝直言台灣要獨立，而梁國樹也當場表示同意。

軍警指兩報爆炸案主謀為獨盟陳南天 1983.12.12

Tâi-oân tok-le̍k 台灣獨立

2022 December

12月13日

舊曆 十一月二十

一丈差九尺。

一丈的總長度也不過是十尺，結果一丈差了九尺，代表落差實在是很大。馬英九曾經在競選總統的時候開出六三三的支票，保證在他八年任內結束後，經濟成長率可達百分之六，失業率降到百分之三以下，國民年均所得達三萬美元。結果卻是一丈差九尺，三樣保證全部跳票，統計數據還顯示差很大，真的是騙很大。

民意?!
怨
怨
怨

• 一九八六年十二月十三日，鹿港居民以參觀中正廟為由包車北上，半途突然集體轉向總統府前進行抗議。

團結，堅持，
誓死拒絕杜邦設廠！

• 鹿港反杜邦遊行是台灣民間針對環保議題的首次抗議行動。

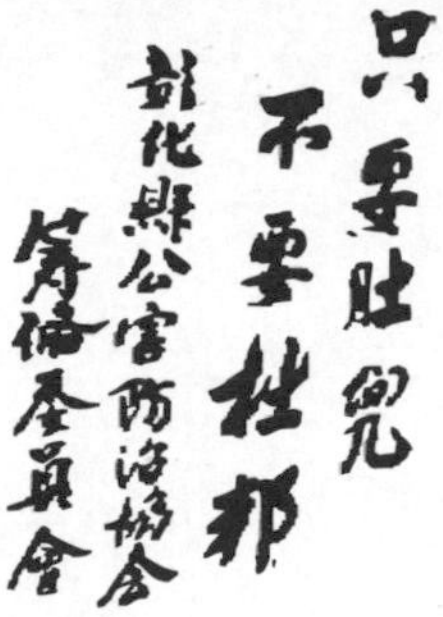

只要肚兒
不要杜邦
彰化縣公害防治協會
籌備委員會

• 彰化縣公害防治協會所製作的趣味標語

• 一九八七年三月八日，彰化縣公害防治協會在鹿港天后宮前廣場辦反杜邦說明會。

二十夜

禮拜二 lé - pài - jī

TUE 火曜

2022年 12月

日	一	二	三	四	五	六
				1	2	3
4	5	6	7	8	9	10
11	12	13	14	15	16	17
18	19	20	21	22	23	24
25	26	27	28	29	30	31

1986.12.13

鹿港反杜邦行動日

中華民國政府於六〇年代開始在台灣引進美國代工體系與工業化設施，但是卻完全沒有評估對於台灣環境的破壞程度與汙染範圍，以致於各地都發生毀滅性的生態破壞與嚴重的工業污染問題，例如高雄石化工業區所造成的嚴重空污與桃園、彰化等地的鎘米事件。直到八〇年代，台灣人民的環保意識才開始逐漸甦醒，各地也紛紛出現抗爭運動，鹿港反杜邦的抗爭行動就是一個啓始的里程碑。

一九八五年，中華民國經濟部計畫將鹿港一帶的彰濱工業區土地劃作農藥製造工廠的區域，將全台的農藥廠都集中於此地，因此引發當地居民的反彈。七月時美國杜邦公司向中華民國提出申請，決定要在彰濱工業區投資一億六千萬美元用以生產二氧化鈦，結果短短十八天就獲國民黨當局批准，此事見報後終於引爆早受污染病變所苦的在地民眾怒火。

一九八六年三月，彰化當地議員與民眾發起陳情簽字的活動，內容質疑杜邦設廠將對環境造成汙染，活動獲得數萬人的簽名回應。陳情書很快就送至總統府、行政院、立法院以及環保署。陳情活動結束後，反杜邦設廠的行動在全台各地紛紛展開。

一九八六年十二月十三日，鹿港居民以參觀中正廟爲由包車北上，半途突然集體轉向總統府前抗議，成爲解嚴之前台灣罕見的群眾集會抗議事件之一。雖然受杜邦招待的官員與學者認爲設廠將無損民眾健康，但是鹿港居民的團結行動，仍讓杜邦於一九八七年三月宣布取消設廠案。此事成爲台灣環保運動史上首件因居民抗爭而使外商停止投資的案例。值得一提的是杜邦當時在美國密西西比州也同樣設有二氧化鈦廠，然而住在廠區周遭的居民日後卻陸續發生病變，顯見鹿港居民當初的堅持是正確的。

加州台灣人權協會聲援高雄事件 1979.12.13

Tâi-ôan tók-lék 台灣獨立

2022 December

12月14日

舊曆 十一月廿一

二十一夜

虎頭貓鼠尾。

比喻虎頭蛇尾，三分鐘熱度就沒了。台灣人習慣一窩蜂的跟風惡習必須徹底改變。看到別人揚名立萬、日進斗金，就想要馬上複製對方的模式，卻不想想別人花了多少年的苦功才有今日的成就。

我姓劉名柏煙，今年80歲，民國39年入國民黨，被國民黨欺侮30年，看不慣就退休下來。最近發生這些事情，不曉得總統有什麼感覺，我看，行人在路上拿著小國旗，就被警察抓起來，還把國旗折斷，我看很多警察打人都沒有事。聽說，民眾被抓起來16個還要判罪，那麼一千多名帶警棍打民眾的警察是不是要記大功。陳雲林跟（馬）總統見面時，用手指著總統說你你你，我看，總統很高興的樣子，笑一笑，是不是總統叫你你你，我做國民黨黨員的，看了很慚愧，如果大陸派更上一級的來，總統不就要跪下來了嗎？我看，你總統這樣做很不公道，最好總統來個大赦，把所有的大事小事化無，這樣比較沒事，還可以表現總統的仁慈之心。

• 劉柏煙在中山南路自焚前所留下的遺書。

• 劉柏煙像

• 劉柏煙熱愛中華民國，任教霧社農校時曾帶領學生參加黨國遊行，晚年卻親見國民黨背叛自身信仰。

禮拜三 lé - pài - saⁿ | WED 水曜

2022年 12月

日	一	二	三	四	五	六
				1	2	3
4	5	6	7	8	9	10
11	12	13	14	15	16	17
18	19	20	21	22	23	24
25	26	27	28	29	30	31

劉柏煙自焚身亡事件

2008.12.14

國民黨與馬英九在二〇〇八年國會與總統選舉大勝之後，開始全面向中國靠攏，放行中國高官來台進行各式統戰，而且還放任警察以維安為名進行任意搜索、物資扣留、暴力驅逐、無理拘捕等侵犯基本人權的手段，因此引發陳雲林與上揚唱片行等群眾事件。當時部分台大學生、教授在行政院與自由廣場發起野草莓運動以抗議國民黨的親共賣台作為。

一名年屆八十歲的資深台籍國民黨員名為劉柏煙，因為不滿警察對舉著中華民國國旗的人施暴攻擊還折斷華國旗，加上認為國家尊嚴遭到馬英九踐踏，於二〇〇八年十一月十一日，隻身搭乘國光號前往台北支持在自由廣場前靜坐抗議的學生，並且在現場散發自己所寫的抗議書。抗議書的內容除了表達對於警察折斷華國旗與打人的不滿，也痛斥馬英九與陳雲林見面時的自我降格。

劉柏煙在自由廣場發放抗議書之前，就已經買好了汽油預備自焚。他對廣場的學生告知即將自焚的舉動，並且強調不會妨礙到靜坐的學生。當時現場的教授與學生勸阻他不要自焚，並且將他預先買好的汽油拿走。但是不久後劉柏煙再度自行購買汽油，於下午一點時到人少之處引火自焚，隨即被目睹的學生與民眾用瓶裝水與毛巾滅火，然後被送往台大醫院急救。不久後劉陷入休克，經過三十多天的搶救，於二〇〇八年十二月十四日凌晨逝世。

劉柏煙的自焚身亡也引起部分台灣本土政治人物，包括蔡英文、黃昆輝與王幸男等人在立法院群賢樓舉辦追思會以表達哀悼之意，反而是國民黨人多對此事漠不關心甚至毫無所悉。劉柏煙長子在父親逝世後表示：「事件發生以來，只有本土社團對此事表達充分的關切，至於其他人，也不便多說了。」

太平洋戰爭爆發，日本與泰國締結同盟。1941.12.14

Tâi-oân tók-li̍p
台灣獨立

2022 December

12月15日

2022年 12月

日	一	二	三	四	五	六
				1	2	3
4	5	6	7	8	9	10
11	12	13	14	15	16	17
18	19	20	21	22	23	24
25	26	27	28	29	30	31

•陳秀喜曾擔任笠詩社社長。

•陳秀喜像

臺灣

形如搖籃的華麗島
是　母親的另一個
永恒的懷抱
傲骨的祖先們
正視著我們的腳步
搖籃曲的歌詞是
他們再三的叮嚀
稻草
榕樹
香　蕉
玉蘭花
飄逸著吸不盡的奶香
海峽的波浪衝來多高
颱風旋來多強烈
切勿忘記誠懇的叮嚀
只要我們的腳步整齊
搖籃是堅固的
搖籃是永恒的
誰不愛戀母親留給我們的搖籃

•陳秀喜所寫的名為「臺灣」的新詩，後來被梁景峰改詞為「美麗島」的歌詞。

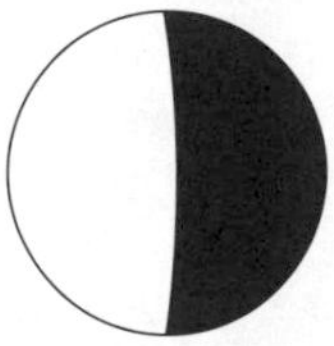

禮拜四 lé - pài - sì | THU 木曜

舊曆 十一月廿二

二十二夜

請人哭無目屎。

請孝女白琴來哭，都是假哭。比喻虛情假意，表裡不一。看看蔣介石死的時候，一堆台灣人在路邊哭，也不知道是因害怕被特務盯上而假哭，還是因為平常不能發洩情緒，乾脆趁臭頭仔死的時候哭一哭比較舒爽。

1921.12.15

陳秀喜誕生日

◆台灣第一位女詩人

陳秀喜，一九二一年十二月十五日出生於新竹州，因家貧而被收爲養女，領養家庭視陳如己女，也讓她得以無憂度過童年。一九二九年進入新竹女子公學校就讀，在校表現優異並且開始自學詩歌創作，自公學校畢業後於文學刊物上以日文發表詩句、短歌與俳句，並且在新竹日語講習所擔任講師。陳秀喜於一九四二年與在中國上海工作的台灣人結婚，並且跟著移居上海，直到戰後才返回台灣。

戰後中華民國全面實施北京話以及中文教育，同時查禁日文出版品並且禁止台灣人說自己的母語，使得陳秀喜就像許多戰前文學家一樣成了被剪舌與失語的世代。陳秀喜只好靠著自學中文來重新執筆創作，並且在一九六七年加入以中文創作爲主的「笠詩社」。她也不忘自己最拿手的日文創作，同時加入「台北短歌研究會」與「俳句社」等社團。

陳秀喜的詩歌創作中最爲台灣人所熟知的就是她在一九七三年所寫的「台灣」一詩，將台灣比喻成我們所生長的搖籃。此曲後來被梁景峰給改編詩句，將台語常用的「傲骨」替換成「驕傲」一詞，還加入帶有爭議的「篳路藍縷，以啓山林」詞句，配合李雙澤作曲，就成黨外時代經常傳唱的「美麗島」一曲，後來長老教會再將此曲改爲台語歌詞。

美麗島事件發生之後，中國國民黨認定「美麗島」的歌詞在宣揚台獨意識，因此查禁此曲長達八年，直到蔣經國暴斃才解禁。當時「笠詩社」成員也因爲出版「美麗島詩集」而遭到警總約談，包括身爲笠詩社社長的陳秀喜都受到波及。陳秀喜晚年雖然因爲婚姻不順而煩心傷神，但也開始關注女性主義與台灣國族議題，曾擔任「台灣筆會」創會會員，於一九九一年二月二十五日病逝，享年七十歲。

台獨先驅江鵬堅逝世日 2000.12.15

2022 December 12月 16日

舊曆 十二月廿三

臭頭厚藥。

痾痾頭就是台語說的臭頭。臭頭久病沒藥醫，所以只好把各種藥膏都塗上去，藥膏就變得又臭又厚。這個由蔣臭頭帶到台灣來的中華民國憲法與體制就是個臭頭沒藥醫的東西，不整個砍掉重練，很多沉痾根本難以根治。

• 美國與中華民國政府斷交之後，一群長期遭國民黨洗腦的愚蠢民眾對著抵達台北的美國國務卿克里斯多福的車隊丟擲雞蛋與雜物，然後還在現場高唱「我愛中華」。

The Weather

The Washington Post

102nd Year No. 27 MONDAY, JANUARY 1, 1979

China, in Signal To Taiwan, Ends Island Shelling

• 華盛頓郵報刊登一九七九年美國與中華民國斷交後，華府雙橡園在一月一日舉行降旗儀式的報導。

• 治警事件後第二審公判紀念攝影。

中央日報

把愛國的信心深植在自己的國土
把雪恥的悲痛凝固成鋼鐵的力量
一、我們呼籲全國工商界捐獻一日所得加強國防力量。
二、我們行動大量興建住宅，加強都市建設。
奮起吧！中華兒女！
讓我們手牽手，心連心，團結在大有為的政府下。
邁向富強康樂的大道
創造萬世不朽的偉業
臺北市建築投資商業同業公會
全體理監事暨全體會員

熱愛國家
擁護政府
團結一心
生產報國
太平洋電線電纜公司
太平洋實業公司
太平洋建設公司

• 美國與中華民國斷交後，各種擁護黨國的馬屁文也紛紛出爐。（翻攝自中央日報）

下弦月

禮拜五 lé - pài - gō

FRI 金曜

2022年 12月

日	一	二	三	四	五	六
				1	2	3
4	5	6	7	8	9	10
11	12	13	14	15	16	17
18	19	20	21	22	23	24
25	26	27	28	29	30	31

1978.12.16 美國與中華民國斷交

中華民國政府於一九四九年流亡到台灣之後仍堅稱自己依舊是統治秋海棠版圖的正統中國，然而國際政治的現實卻使得國民黨洗腦的謊言逐漸地崩壞。從一九七一年中華民國被逐出聯合國之後，日本、紐澳、歐洲與南美等國開始紛紛與中華民國斷交，一九七八年再次發生美國與中華民國斷交的事件，使得中華民國早已名存實亡成為國際認證的共識。

當時的美國卡特政府還特地選在台灣時間一九七八年十二月十六日的凌晨兩點，無預警地派出大使告知蔣經國美國將與中華民國斷交，並且明白承認中華人民共和國才是中國唯一的合法政府。此事件不但讓蔣經國與國民黨人氣急敗壞，更讓許多四九年來台的中國政要現出原形，開始大量拋售股票與房地產，企圖變賣美金逃離台灣，顯見中華民國政府根本無能保衛台灣，僅靠美國軍事守護才有今天。

1923.12.16 台灣治警事件

日本統治台灣的時代，台灣人從初期武力反抗路線轉向中期尋求自治權力的體制內路線。台灣仕紳林獻堂等人於一九二〇年率先在東京展開台灣議會設置請願運動，卻始終遭到日本當局的回絕與打壓。蔡培火與蔣渭水等人為凝聚士氣，便計畫成立「台灣議會期成同盟會」，但是卻遭台灣總督府查禁。

一九二三年十二月十六日，台灣總督府突然對「台灣議會期成同盟會」的成員進行全台逮捕的行動，逮捕罪由據稱是違反「治安警察法」，所以也被稱為「治警事件」。此次事件共四十九人遭到拘押，遭搜索偵訊者五十人，最後有十八名台灣仕紳遭起訴，三審定讞時成員多被判三到六個月不等徒刑或是一百圓罰金。此事件卻也強化當時台灣人爭取自治權力的決心，議會請願運動人數迅速激增，十二月十六日這天後來也被稱為「民眾運動紀念日」。

1991.12.16 老賊立委全數繳交退職表

2022 December

12月 17日

舊曆 十一月廿四

二十四夜

好囝毋做兵，好鐵毋拍釘。

這句俚語是一九四九年中國難民逃到台灣之後才開始流傳的。日本時代，當兵對於台灣人是一種榮耀。但是中國人來了之後，當兵成了羞恥與爛貨的同義詞。

• 台灣新軍由留美將領孫立人於高雄鳳山進行訓練。日後蔣介石因恐懼孫立人與美國合作並取代之，因而對孫進行整肅與軟禁。

• 孫立人訓練台灣新軍。翻攝自「新軍畫報」。

• 台灣人因為受日本文化的影響，戰後初期仍把當兵入伍視為是光榮驕傲的事情， 因此入伍前多會自製旗幟在鄰里遊行，鄉親友人還會夾道歡送。反觀中國貪污腐敗的治軍文化，加上中國人性格多貪生怕死，使得中國人普遍視從軍為畏途，只有品德低下者或貧困者才會不得已去志願當兵，支那軍的素質自然是良莠不齊。

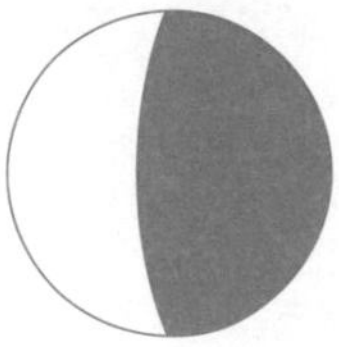

禮拜六 lé - pài - la̍k | SAT 土曜

2022年 12月

日	一	二	三	四	五	六
				1	2	3
4	5	6	7	8	9	10
11	12	13	14	15	16	17
18	19	20	21	22	23	24
25	26	27	28	29	30	31

台灣新軍召集令發佈

1949.12.17

一九四九年中華民國政府於國共內戰中全面潰敗，蔣氏父子與國民黨官陸續逃亡到台灣，並且給台灣人帶來長期的恐怖統治與黑暗歲月。由於中華民國已經無法再從中國領土徵兵與拉伕（濫抓平民來充當兵員），加上中華人民共和國對台的武力威脅，在美國的授意下，時任台灣防衛總司令兼中華民國陸軍總司令的孫立人決定要成立一支由台灣人所組成的台灣新軍作爲防禦台灣的生力軍。

一九四九年十二月十七日，台灣省政府發佈台灣新軍召集令，這批中華民國流亡來台後組訓的第一批台灣人軍隊就是日後所稱的「台灣軍士教導團」。這批透過抽籤或是志願報到的台灣新軍一共有四千五百餘名，多是初中畢業的台籍青年，出生年份介於一九二八年到一九二九年（昭和三年至四年），入伍後便在高雄鳳山（衛武營）接受軍事訓練。

當時中國普遍存在著「好男不當兵，好鐵不打釘」的觀念，原因來自於中國人腐敗的治軍文化。但是戰後台灣人受到日本觀念影響，普遍認爲逃避兵役很可恥，使得這批台灣青年在入伍前都受到鄉親夾道歡迎，甚至會像日本人一樣自製旗幟昭告鄉里。

但是這群期待入伍保衛台灣的台籍青年卻遭到中華民國的冷落甚至背叛，不但沒有當初中華民國號稱的美軍待遇與武器裝備，在受訓一年九個月後又接到「歸休」命令，卻不讓他們正式退伍，這也讓他們無法被機關行號錄取正職，許多人甚至一輩子只能以打零工維生。加上日後孫立人因爲得罪蔣氏父子而遭羅織罪名軟禁，使得這批孫立人轄下的台灣新軍更是被中華民國政府所刻意遺忘與背棄，直到五十年後才終被承認「歸休」等同「正式退伍」，但是當初參與台灣新軍的人員已多半凋零逝去。

台獨樂手陳深景逝世日 2019.12.17

Tâi-oân tỏk-li̍p 台灣獨立

2022 December

12月18日

舊曆 十一月廿五

二十五夜

豬仔殺死則講價。

豬要賣給別人，確定價錢後才能屠宰。還沒成交就宰豬，代表某人缺乏謀定而後動，不先想想就貿然行動。買賣豬隻都需要謀定而後動，何況是更大規模的經濟貿易或是國際談判呢。從政的人若是缺乏智慧，也不懂得謀定後動，結果輕者損利失財，重者連主權與自由都不保。

•哈維爾在天鵝絨革命之後贏得首任民選總統。

•哈維爾像

•一九八八年，捷克開始出現要求自由與民主的浪潮。

•一九六八年，捷克爆發反共浪潮，也就是史稱的「布拉格之春」，蘇聯隨後派坦克與軍隊前往捷克血腥鎮壓。

禮拜日 lé - pài - ji̍t | SUN 日曜

2022年 12月

日	一	二	三	四	五	六
				1	2	3
4	5	6	7	8	9	10
11	12	13	14	15	16	17
18	19	20	21	22	23	24
25	26	27	28	29	30	31

2011.12.18

哈維爾逝世日

◆ 捷克人權總統

哈維爾（Vaclav Havel），一九三六年十月五日生於捷克布拉格。捷克在一九一八年奧匈帝國瓦解後，一直到一九三八年被納粹占領之前，曾經有過二十餘年民主共和國的歲月。二戰後，原本以爲即將獲得自由的捷克人民卻緊接著遭受蘇聯的軍事控制。哈維爾的父親被共產黨列爲黑五類，哈維爾因此無法進入高等學校就讀，只好轉到實驗室打工謀生。

由於共產黨不允許「背景不純」的黑份子就讀人文學科，哈維爾屢次申請他所感興趣的人文學科與戲劇學校都遭到拒絕，他只好轉向獨立寫作與劇場工作。一九六八年，捷克爆發人民群起反對共產黨的獨裁統治，也就是史稱的「布拉格之春」，哈維爾也於此時寫作批判當局，並且透過電台向外發佈事件眞相。蘇聯隨後派兵血腥鎮壓捷克，他也因此遭到整肅並被秘密監聽，作品被當局全面查禁下架。

一九七七年，哈維爾領導異議人士共同發表「七七憲章」，要求捷克政府保障人權。結果哈維爾竟被政府以「顛覆共和國」的罪名判刑入獄，因此引發國際關注。在輿論壓力之下，哈維爾於一九八三年被赦免出獄，出獄後的他依舊持續寫文批判政府。

一九八八年東歐共產政權開始陸續倒台，捷克也在哈維爾等人發起的天鵝絨革命中走向民主化。素爲捷克人民所敬重的哈維爾也於一九八九年的首次民主選舉中當選總統，並且連選連任至二〇〇三年才卸任，於二〇一一年十二月十八日病逝。在哈維爾的總統任內，不但推動捷克與斯洛伐克各自獨立建國，也與台灣建立良好的外交關係。哈維爾相當同情台灣遭到中國打壓的處境，因此曾於一九九五年在聯合國大會中發表支持台灣入聯，還在陳水扁總統任內訪問台灣，並且邀請陳水扁到捷克訪問。

台灣凍省，省議會走入歷史。 1998.12.18

Tâi-oân tok-lėk 台灣獨曆

2022
December

12月19日

舊曆 十二月廿六

二十六夜

死無人哭。

這是一句詛咒的台灣俚語。意指就算死了也沒人會在你的病床前哭，比喻不得好死。不過看看蔣介石與蔣經國死的時候，馬路旁邊一堆人跪著哭，照這句俚語來看，兩蔣似乎是得善終。不過其中有多少人是被強迫的或是假哭的，那就不得而知了。

• 民主進步黨的基層黨員在孫文紀念館前扮演萬年老賊的行動劇。（插圖參考自余岳叔的攝影照片。）

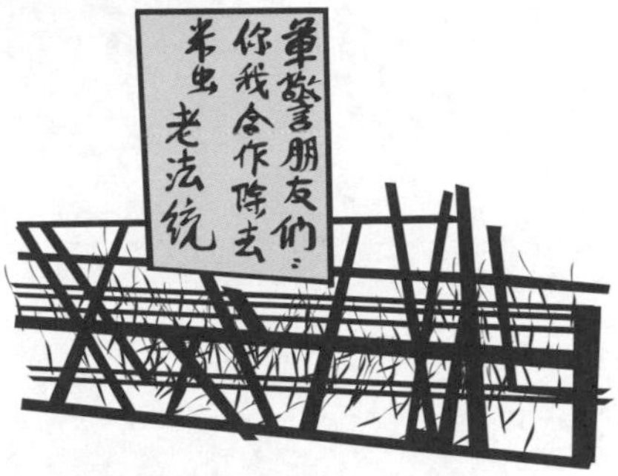

• 拒馬前民眾手寫的標語：「軍警朋友們：你我合作除去米蟲老法統」。

• 這些由中華民國政府從中國帶來的老民代，一開會就倒頭睡成一片，可說蔚為奇觀。

禮拜一 lé - pài - it | MON 月曜

2022年 12月

日	一	二	三	四	五	六
				1	2	3
4	5	6	7	8	9	10
11	12	13	14	15	16	17
18	19	20	21	22	23	24
25	26	27	28	29	30	31

1992.12.19

萬年國會全面改選

所謂的「萬年國會」始於中華民國政府於戰後一九四七年所選出的第一屆國民大會代表、立法委員、監察委員等三千多名的中央民意代表。然而隨著中國內戰於一九四九年底定局勢，中華民國全面潰敗覆亡，中國國民黨高官與國會民代陸續流亡台灣，所謂的中國國會代表也無法再從中國領土上選出。

蔣介石與一千國民黨官爲了延續「中國法統」並且保證民代席次掌控於中國人手中，竟然指使聽令黨國的大法官爲無法繼續選舉民代的窘境解套。當時的中華民國行政院甚至認定國民大會代表可以永遠以「第一屆」的方式行使職權下去，直到「反攻大陸」的目標達成爲止。就這樣中華民國政府以「淪陷區無法改選」的理由讓第一屆中央民意代表在台灣無限期地任職下去，人員死亡就以同省籍遞補，也造成所謂的「萬年國會」怪象。

中華民國政府在台灣施行的「萬年國會」時間長達四十五年之久，也造成了許多年老的中國民代一到開會時間就得提著點滴與尿袋，甚至推著氧氣筒與輪椅進場的荒謬景象。這些中國人一開會不是打瞌睡就是呆滯無神，卻白白坐領高額的公家薪水與配車配房，因此被台灣人戲稱爲「老賊」。直到一九八七年國民黨受迫於美國的壓力而宣佈解嚴之後，民間才開始出現要求老賊下台與國會改選的聲浪。

然而無視民間反彈的國大老賊們竟還在一九九〇年通過自肥條款來延長任期，因此引爆野百合學運，迫使李登輝召開國是會議並修憲釋憲，讓國會得在一九九二年十二月十九日進行全面改選。然而國民黨仍讓這些老賊在退職後坐領五百多萬元的酬金，甚至核定他們得以比照政務官退職將酬金存入十八趴帳戶中，至今已坐領六十多億台幣的人民稅金。

創黨元老費希平退出民進黨 1988.12.19

2022 December

12月 20日

舊曆 十一月廿七

無冬至都搓圓，冬至哪會無搓圓。

沒有過冬至的時候都在搓湯圓，冬至到的時候怎麼可能不搓湯圓。比喻平常就在幹了，有了時機跟藉口，怎麼可能不幹。就像國民黨平時在野之時都可以爆出一堆貪汙案，上台執政的話當然是能貪則貪，加倍奉貪。

有明月

THE PRESIDENTIAL ELECTION IN TAIWAN
ON MARCH 21 AND 22, 1978
MUST BE DEMOCRATIC AND FREE

擁護郭雨新競選總統

1. 台灣總統應由台灣人民選出
2. 國民党國民大會絕不代表台灣人民
3. 郭雨新先生才是台灣人民的總統候選人
4. 台灣未來地位應由台灣人民決定
5. 台灣人民要建立自己的政府與國家

WHAT YOU CAN DO TO HELP

• 海外台僑在郭雨新敗選後，於一九七八年在華盛頓郵報上刊登「擁護郭雨新競選總統」的廣告。

• 郭雨新像

不死的虎將
郭雨新
台灣民意的領航者
《烈士暮年　壯心未已》
《老驥伏櫪　志在千里》
老兵最後一戰・不能任他凋零！

• 台灣政論雜誌社在一九七五年為郭雨新設計的選舉文宣。

• 郭雨新被國民黨做票而導致落選之後，於十二月二十三日現身立委落選謝票之夜。

禮拜二 lé - pài - jī ｜ TUE 火曜

2022年 12月

日	一	二	三	四	五	六
				1	2	3
4	5	6	7	8	9	10
11	12	13	14	15	16	17
18	19	20	21	22	23	24
25	26	27	28	29	30	31

中國國民黨作票日

1975.12.20

中華民國政府流亡來台之後，表面聲稱實施地方民主選舉，但是本質卻是以作票、買票與恐嚇脅迫對手的方式來進行不公平的競爭，許多黨外人士均深受其害。郭雨新遭中國國民黨作票而導致立委落選便是其中的代表，也間接引爆兩年後的中壢事件。

一九七五年，曾多次連任省議員的黨外「小鋼炮」郭雨新決定參與競選立法委員。民間聲望甚高的郭雨新原本被眾人看好將高票當選。然而時值國民黨內部因蔣介石身亡而權力重組之際，接班的蔣經國爲了要剷除異己與黨外人士，決定下令發動全面作票與買票，務必要讓郭雨新高票落選。在蔣經國的命令之下，黨國鷹犬包括公務員、教師、軍人與特務都參與了作票買票與反郭雨新當選的行動計畫，此事也充分表現出中華民國與中國國民黨之間黨國不分的荒謬境況。

一九七五年十二月二十日立委選舉開始進行投票，中國國民黨動員全體的軍公教人員進行選舉舞弊。當時許多投票所不但沒有進行秘密投票，監票員甚至直接冒領人頭選票代投。開票時選務人員還隨意把民眾投給郭雨新的票指成是廢票，甚至把郭的票數加入其他候選人的計票數當中。最後開票結果郭雨新雖然得到八萬多票，但是廢票數竟然也高達八萬多張，顯見國民黨爲了作票已到無所不用其極的程度。當時仍是台大學生的邱義仁，因爲在投票所檢舉國民黨作票，還遭到黨國走狗的毆打。

郭雨新因國民黨全面作票而導致立委落選，憤怒的群眾因此聚集競選總部，並前往宜蘭縣政府抗議。郭雨新爲了避免蔣經國藉故血腥鎮壓民眾，只好請時任秘書的陳菊前往安撫群眾，抗議民眾才逐漸離去。然而這僅是國民黨選舉舞弊的冰山一角而已。

台北市長馬英九強拆明治橋　2002.12.20

Tâi-oân tok-le̍k 台灣獨立

2022 December

12月21日

舊曆 十一月廿八

二十八夜

無二步七仔，毋敢過虎尾溪。

沒有一點真本事，怎麼敢通過湍急的虎尾溪。當年黃信介辭去終身職立委的職務，然後隻身跑去深藍鐵票區的花蓮縣競選立委，最後還當選立委，可說是為後輩立下了連元帥都要親征的典範。

• 台灣首位哲學博士林茂生是林宗光的父親。

• 林宗光像

特價50元

「蓬萊島」事件

蓬萊島週刊系列叢書

風雨打不倒 咱要出頭天

• 林宗光曾為蓬萊島週刊成立「馮著評鑑委員會」並且擔任評鑑小組召集人，明確指出馮滬祥抄襲之處。

北美洲台灣人教授協會 NATPA 1980

• 林宗光曾被選為「北美台灣人教授協會」（NATPA）的會長。

禮拜三 lé - pài - sa^{n} WED 水曜

2022年 12月

日	一	二	三	四	五	六
				1	2	3
4	5	6	7	8	9	10
11	12	13	14	15	16	17
18	19	20	21	22	23	24
25	26	27	28	29	30	31

2013.12.21

林宗光逝世日

◆奉獻台獨運動的良心學者

林宗光誕生於一九四〇年，父親是林茂生，也是台灣第一位的留美博士。二二八抗暴事件之後，親中立場的林茂生被中華民國政府抓去秘密殺害，身後留下九名子女，林家生計也陷入困頓，中國人甚至還屢屢闖入林家試圖要侵佔房屋。當時身爲幼子的林宗光年僅七歲，母親辛苦帶大後才得以考上東海大學並赴美國深造。林宗光在美國期間鑽研學業，取得法律與外交雙學位並獲得博士學位。

林宗光出身於遭中華民國迫害的政治受難者家族，因此在課餘之時積極參與台灣人的公共事務與台獨運動，也被選爲「北美台灣人教授協會」（NATPA）的會長。林宗光在美擔任會長期間正是台灣意識快速崛起的八〇年代，他也因此積極推動台灣研究資料中心的成立，希望統整散落各地的台灣史料，讓學者與台灣人得以方便檢索使用。

林宗光擔任「北美台灣人教授協會」會長的任內，發生馮滬祥以翻譯代替著作的學術醜聞事件。揭發此事的「蓬萊島週刊」卻遭馮滬祥提出誹謗告訴。林宗光爲此成立「馮著評鑑委員會」並擔任評鑑小組召集人，明確指出馮滬祥抄襲翻譯之處，但是由國民黨操控的中華民國高等法院依舊對蓬萊島週刊負責人陳水扁、黃天福與李逸洋三人判處有罪。

林宗光持續在美國各地成立台教分會與拓展會務，並且承辦「台美基金會人才成就獎」的審核推薦。九〇年代初期，李登輝進行政治解禁，大批名列政治黑名單的台灣人得以返台，林宗光也趁機回台並向政府官員建議台灣應該宣布主權獨立，將台灣與中國定位爲外交關係，但是卻未得到正面的回應。晚年林宗光依舊四處奔波並持續奉獻於台獨運動，於二〇一三年十二月二十一日病逝。

台灣雕塑家黃土水逝世日 1930.12.21

2022 December 12月 22日

舊曆 十一月廿九

【節氣】冬至

台灣俗諺：冬至透腳日，做田人拼攏創直。意指冬至若是晴朗，農人也將忙碌於農事。

• 一九六六年，賴文雄與蔡同榮（左）、羅福全（右）等人以及ＵＦＩ的原班人馬共同創辦「全美台灣獨立聯盟」。

• 賴文雄像

• 賴文雄留美期間也曾與人在台灣的郭雨新（右）、黃信介（中）密切互動、並且幫助滯美的許信良（左）進行募款與闖關返鄉的準備工作，可說為了台灣前途而全心全力投入。

• 一九七〇年，蔣經國計劃前往美國，時任獨盟成員的鄭自曾與賴文雄討論槍擊行動事宜。

晦月

禮拜四 lé - pài - sì THU 木曜

2022年 12月

日	一	二	三	四	五	六
				1	2	3
4	5	6	7	8	9	10
11	12	13	14	15	16	17
18	19	20	21	22	23	24
25	26	27	28	29	30	31

2012.12.22

賴文雄逝世日

◆ 台獨先行者與人格者

賴文雄，台中人，出生於一九三三年，家境富裕，父母親都曾至日本留學。二戰時父親陪同醫師前往南洋擔任軍伕，母親為生活奔波忙碌，雙親皆無暇照顧子女，卻也養成賴文雄獨立自主的性格。二戰結束，賴文雄原本與許多台灣人一樣開心迎接「祖國」軍隊的到來，接著卻親眼目睹中華民國軍人四處搶劫、姦淫婦女以及在街頭濫殺的情事，也對素質低下的「支那兵」留下極爲惡劣的印象，就此放棄報考軍校的意願，轉而選擇就讀大學政治科系。

賴文雄在台中一中畢業後考取台大政治系，就學期間與學弟謝聰敏、吳澧培等人熟識並且深受台獨先覺者彭明敏教授與劉慶瑞教授的啓發，畢業後繼續於台大政治學研究所深造並曾短期擔任台大講師。賴文雄自台大畢業並服完兵役後前往美國留學，也開啓了他在海外的台獨運動生涯。

一九六六年，賴文雄與蔡同榮、羅福全等人以及台獨聯盟ＵＦＩ的原班人馬共同創辦「全美台灣獨立聯盟」，賴同時也成爲組織聯絡人與自由長征的實際執行者。一九六九年，海外台獨人士再度整合成立「台獨聯盟」，賴文雄擔任創辦者與中央委員。

一九七〇年，蔣經國計劃前往美國訪問，時任獨盟成員的鄭自才找上賴文雄討論暗殺行動事宜，最後由黃文雄與鄭自才自願擔任刺蔣執行者。刺蔣案失敗後，賴文雄認爲獨盟成員缺乏接續革命的決心與手段，便逐漸與獨盟疏遠。留美期間也曾與人在台灣的郭雨新、黃信介密切互動、並且幫助滯美的許信良進行募款與闖關返鄉。一九八九年賴文雄返台並於兩年後當選民進黨僑選國大。晚年賴文雄留下口述紀錄並且自責努力不夠才沒能讓台灣獨立，於二〇一二年十二月二十二日病逝台中，享年八十。

World 1989.12.22 羅馬尼亞爆發反共革命

Tâi-oân tok-le̍k
台灣獨曆

2022
December

12月23日

舊曆
十二月初一

一粒田螺九碗湯。

只用了一粒田螺卻煮了九碗湯，比喻作法不實，偷工減料到誇張的地步。台灣前幾年爆發的黑心油事件就是用廉價且有害人體的棉花籽油，再加入銅葉綠素調色來製作黑心油，這種一本萬利的無良生意卻不知道戕害到多少人的身體健康，可說惡劣至極。

• 時任台灣民政長官的後藤新平曾邀請高木友枝到台灣協助控制疫情。

• 高木友枝像

• 杜聰明讚譽高木友枝為台灣醫學衛生之父。

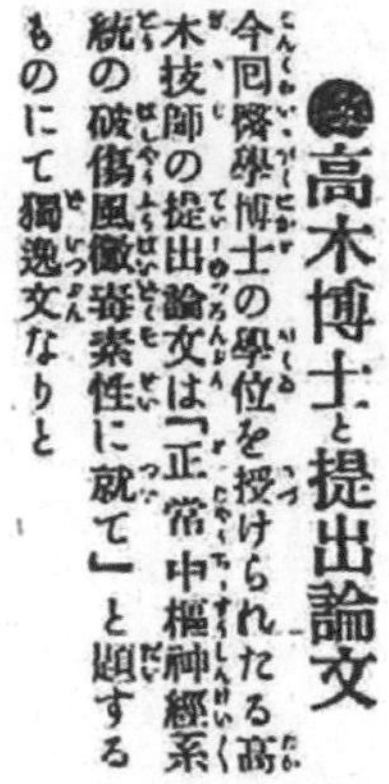
高木博士と提出論文
今回醫學博士の學位を授けられたる高木技師の提出論文は「正常中樞神經系統の破傷風黴毒素性に就て」と題するものにて獨逸文なりと
• 臺灣日日新報一九一三年十二月報導高木友枝提出博士論文。

闇月

禮拜五 lé - pài - gō͘ | FRI 金曜

2022年 12月

日	一	二	三	四	五	六
				1	2	3
4	5	6	7	8	9	10
11	12	13	14	15	16	17
18	19	20	21	22	23	24
25	26	27	28	29	30	31

1943.12.23

高木友枝逝世日

◆台灣醫學衛生之父

高木友枝，生於一八五八年八月二日，日本福島磐城市人。一八八五年自東京帝國大學醫學部畢業，就學期間與後藤新平成為好友，後藤因相馬事件入獄時，高木還曾送東西入獄並細心照顧他的家人。日清戰爭期間，高木擔任檢疫官，負責調查香港鼠疫與製造霍亂血清，成為世界首次用霍亂血清治療霍亂的案例。

一八九七年，高木友枝代表日本參加莫斯科萬國醫事會議與柏林萬國痲瘋病會議，之後至德國深造兩年，在傳染病研究所擔任助理。一九〇〇年，高木返回日本隨即被政府任命為衛生與檢疫事務官員。一九〇一年，台灣爆發鼠疫疫情，造成三千多人死亡，時任台灣民政長官的後藤新平便邀請高木友枝到台灣協助控制疫情，也開啓了高木在台灣推動衛生、防疫、建設與電力供應的公務生涯。

高木友枝在台期間陸續擔任台灣總督府醫院院長、總督府醫學校校長、台北醫院院長、傳染病調查委員、防疫課長以及台北基隆市區規劃委員等職務，還曾於一九一九年擔任台灣電力株式會社的社長與日月潭水力電廠建設的負責人。高木以設置衛生警察與重新規劃城市分區的方式成功撲滅鼠疫，大幅改善台灣衛生條件，並且創設台灣醫學會來推動醫療學術，被杜聰明讚譽為「台灣醫學衛生之父」。

高木友枝相當尊重台灣文化，不但不禁止學生使用母語，還鼓勵台灣人進行民主運動，因此被日人尊為「人格者」。高木於一九二九年返回日本東京，於一九四三年十二月二十三日逝世。二戰結束後，中華民國來台劫收並四處破壞歷史文物，放置於台大醫學院的高木友枝大理石胸像也因此遭到破壞，高木對於台灣現代化的巨大貢獻也為人所遺忘。

World
斯洛維尼亞公投脫離南斯拉夫獨立 1990.12.23

2022 December

12月24日

舊曆 十二月初二

新月

六死三留一回頭。

用來形容清國時代，唐山人為了生計問題，拼死來台的景況。當時的清國人必須坐船橫渡台灣海峽，很容易就因為洋流與氣候而遭遇到船難。即使到了台灣，又會因為瘟疫等傳染病而病死，最後十個人裡面大概會有六個人死亡，一個人因為混不下去返回清國，只剩三個人留在台灣。

• 圖為十七世紀西洋人繪製的福爾摩沙人。

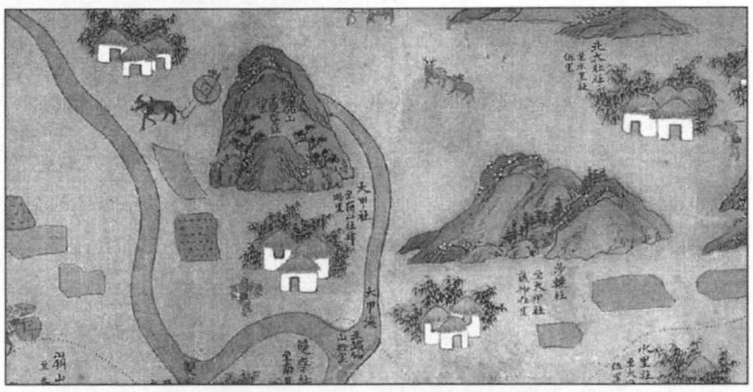

• 清國時代繪製的大甲社、沙轆社一帶的地圖。

• 西洋人繪製台灣原住民出草的想像情景。

禮拜六 lé - pài - la̍k | SAT 土曜

2022年 12月

日	一	二	三	四	五	六
				1	2	3
4	5	6	7	8	9	10
11	12	13	14	15	16	17
18	19	20	21	22	23	24
25	26	27	28	29	30	31

大甲西社事件

1731.12.24

大甲西社事件起源自於大清帝國對台灣原住民的殖民統治與橫徵暴斂。當時清國的淡水官員爲了興建衙門，派原住民男子上山採集木材。由於勞務繁重且嚴苛，導致屬於平埔族的大甲西社不滿，於一七三一年十二月二十四日攻擊並燒燬清國在淡水的衙門，還打傷了兩名士兵。然而大甲西社的起義革命並沒有引起其他部落的響應，一些原住民社甚至還反過頭來協助清國軍隊的後勤與運輸。大甲西社的反抗行動僅持續了數個月的時間就向清國投降。

然而到了一七三二年，有五名平埔族人在幫助清國官兵運送糧草的途中，遭漢人設下圈套殺害。這些漢人還將遭殺害的原民屍體謊報爲大甲西社的「作亂生番」，試圖到清國軍營邀功。清國的彰化衙門因偏袒漢人，竟將犯下集體謀殺原住民的漢人嫌犯無罪開釋，因此再度引爆原民部落的大規模起義。

一七三二年六月，從彰化到通霄，包括南大肚、水裡、沙轆、牛罵、呑霄等十餘社共兩千多名原住民一起圍攻清國的彰化縣城，焚毀民房與清軍軍營。清國隨後從福建派軍三千來台鎮壓，自鹿港登陸後一路北上攻掠。清國將領採取「以番制番」的策略讓台灣原住民彼此互相殘殺。直到十一月，清國的鎮壓行動完全成功，大甲西社被擊殺殆盡，縱貫線沿路平埔各社死傷慘重，倖存者只能成爲清國殖民統治下的永久奴隸，繼續替清國提供免費的勞役。

前來鎮壓的福建總督爲了拍馬屁還上書給清國雍正皇帝，謊稱「番民」因感念皇恩而自願執行勞務。大清帝國最終在屠殺原住民的彰化戰場興建八卦造型的「鎮番亭」做爲紀念與駐軍之地，也成爲彰化八卦山一名的由來。大甲西社抗暴可說是台灣原住民反抗清國殖民統治的代表事件之一。

教育部勉予同意管中閔任台大校長案 2018.12.24

Tâi-ôan tók-lėk 台灣獨立

2022 December

12月 25日

舊曆 十二月初三

纖月

一言不中，千言無用。

說話不在多，而是在講重點。能夠講出道理，只要一句話就夠了。君不見韓國瑜選前講了一堆插科打諢的押韻句，結果聽眾們當下聽完覺得很有趣，但是過不到一週就全部忘光，完全不知道這位韓先生講過什麼政見，也不知道他到底做過什麼事情。

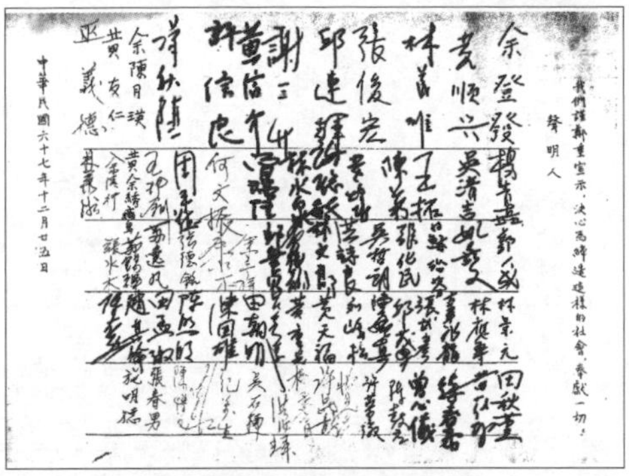

我們謹鄭重宣示，決心爲締造這樣的社會，奉獻一切！

聲明人

中華民國六十七年十二月廿五日

• 黨外人士發表國是聲明後的親筆簽名。
翻攝自施明德文化基金會網站。

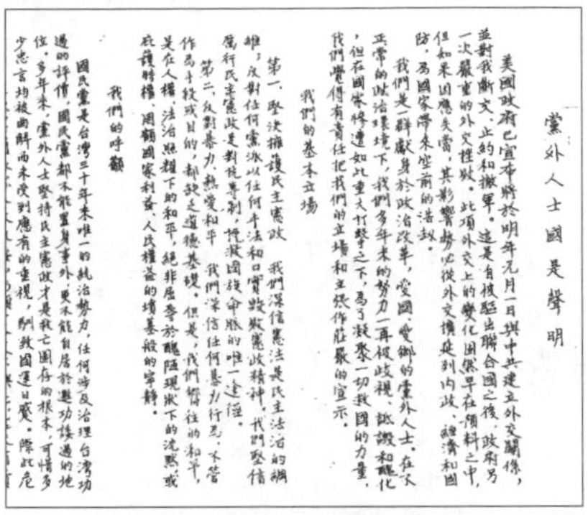

黨外人士國是聲明

美國政府已宣布將於明年元月一日與中共建立外交關係，並對我斷交、止約和撤軍。這是自被驅出聯合國之後，政府另一次嚴重的外交挫敗。此項外交上的變化固然早在預料之中，但如果因應失當，其影響勢必從外交擴延到內政、經濟和國防，爲國家帶來空前的浩劫。

我們是一群獻身於政治改革，愛國、愛鄉的黨外人士。在不正常的政治環境下，我們多年來的努力一再被歧視、誣衊和醜化，但在國家遭遇如此重大打擊之下，爲了凝聚一切救國的力量，我們覺得有責任把我們的立場和主張作莊嚴的宣示。

我們的基本立場

第一、堅決擁護民主憲政　我們深信憲法是民主法治的綱維，反對任何黨派以任何手法和口實毀敗憲政精神。我們堅信厲行民主憲政是對抗專制，挽救國族命脈的唯一途徑。

第二、反對暴力，熱愛和平　我們深信任何暴力行爲，不管作爲手段或目的，都缺乏道德基礎。但是，我們嚮往的和平，是在人權、法治照耀下的和平，絕非屈辱於醜陋現狀下的沉默，或庇護特權、罔顧國家利益、人民權益的墳墓般的寧靜。

我們的呼籲

國民黨是台灣三十年來唯一的統治勢力，任何涉及治理台灣功過的評價，國民黨都不能置身事外，更不能自居於邀功諉過的地位。多年來，黨外人士堅持民主憲政才是救亡圖存的根本，可惜多少忠言均被曲解而未受到應有的重視，以致國運日蹙。際此危

• 黨外人士國是聲明謄寫稿。
翻攝自施明德文化基金會網站。

• 圖爲黨外人士助選團召開記者會。左爲黃信介，中爲姚嘉文，站立發言者爲林義雄。

• 黃信介出資成立「台灣黨外人士助選團」。

禮拜日 lé - pài - jit　SUN 日曜

2022年 12月

日	一	二	三	四	五	六
				1	2	3
4	5	6	7	8	9	10
11	12	13	14	15	16	17
18	19	20	21	22	23	24
25	26	27	28	29	30	31

黨外人士國是聲明日

1978.12.25

一九七零年代，台灣的民主運動開始從低調隱伏轉向正面對抗的形式。在歷經「中壢事件」後，非國民黨的黨外人士開始大量投入中華民國體制內的選舉，試圖以進入體制的方式來改變國民黨長期獨裁統治的境況。「台灣黨外人士助選團」就在這樣的時代背景下由黃信介在一九七八年出資成立。

然而到了一九七八年十二月十六日，美國政府突然宣布正式與中華民國政府斷交，並且承認中華人民共和國才是眞正的中國。蔣經國爲了因應此一「緊急事件」，加上當時黨外人士選情一片看好的情況下，便決定中止所有的選舉活動。蔣經國爲了要轉移外交危機的焦點，便決定發動軍警特務與黨國媒體全力打擊黨外人士，型塑出黨外人士等於台獨人士等於中共同路人的「三合一論述」，試圖讓民眾把恐懼與不滿的情緒轉移發洩至黨外人士的身上。

黨外民主人士爲了對付中華民國鋪天蓋地的打壓與汙衊，決定在一九七八年十二月二十五日召開「國是會議」發表聲明。由於國民黨施壓國賓飯店並派出特務監視，使得黨外人士只好擠到助選團的競選總部，在此發表並簽署「黨外人士國是聲明」。

聲明提及：「我們反對任何強權支配其他國家人民的命運，我們堅決主張台灣的命運應由一千七百萬人民來決定。」聲明中還提及要全面改選中央民意代表、實施地方自治、司法獨立、軍隊國家化、人身與言論自由、解除戒嚴、實施全民健保與失業保險、制定勞基法與農業政策、監督公營事業、建立合理農業產銷制度等具有前瞻性的政策方針。黨外人士雖然以和平的政策聲明方式來表達民主自由的立場，但是蔣經國並沒有放棄其迫害黨外人士的決定，終釀成美麗島事件後對黨外人士的大肆清算。

李登輝嚴詞否認九二共識存在　2005.12.25

Tâi-ôan tòk-le̍k
台灣獨曆

2022 December

12月26日

舊曆 十二月初四

絲線吊銅鐘。

用很細的絲線懸吊著很重的銅鐘，比喻非常危險與千鈞一髮。台灣目前的健保就是由一群過勞低薪的醫護人員所撐起。但是隨著老年化與醫療需求的擴大，這群醫護就像絲線吊起龐大的健保銅鐘，隨時都有斷線的危險。

• 日軍屠村想像示意圖。

• 中村輝夫像

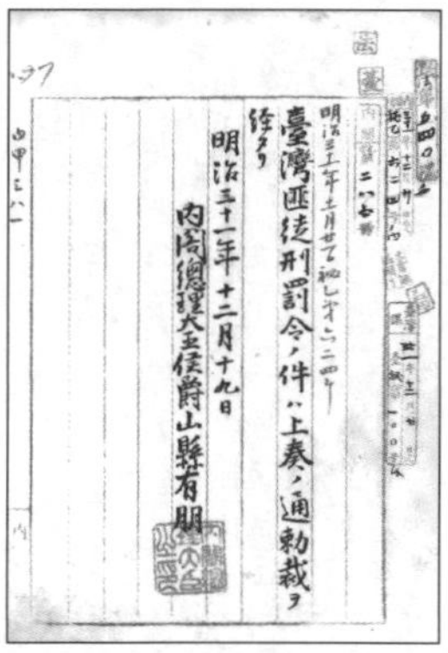

臺灣匪徒刑罰令ノ件ハ上奏ノ通勅裁ヲ経タリ

明治三十一年十二月十九日

內閣總理大臣侯爵山縣有朋

• 一八九八年，日本政府制定的緊急律令「匪徒刑罰令」，台灣人因此喪命達四千人以上。

• 中村輝夫被救出後受到印尼當地民眾的熱烈歡迎。

眉月

禮拜一 lé - pài - it | MON 月曜

2022年 12月

日	一	二	三	四	五	六
				1	2	3
4	5	6	7	8	9	10
11	12	13	14	15	16	17
18	19	20	21	22	23	24
25	26	27	28	29	30	31

1974.12.26

中村輝夫在印尼獲救

二戰期間，日本徵召許多台籍日本兵到南洋參戰，部分士兵因爲隻身駐守在原始山林之中，渾然不知戰爭結束的消息，直到多年後才被人發現。台灣阿美族原住民中村輝夫（原名史尼育唔）在二戰時曾被日本政府以「高砂義勇隊」名義徵召前往南洋參戰，後來因退守到印尼摩露泰島的原始森林之中，與部隊失去聯繫，所以完全不知道終戰的資訊。

直到三十年後，一九七四年十二月二十六日，中村輝夫才被印尼當地居民發現並被救出，隨後搭機返回台灣。然而日本政府並沒有依照慣例對台籍日本兵發放撫卹金，此舉引起台獨聯盟的不滿與抗議，也招致日本輿論譴責。日本內閣只好順應輿情，賠償中村輝夫三百五十萬日圓。中村輝夫返台不久，即因語言隔閡問題加上無法適應中國化的惡劣環境而鬱鬱寡歡，於一九七九年六月十五日病逝台東。

1898.12.26

高雄六班長清庄事件

日本統治台灣初期，中南部的抗日活動與盜匪劫掠依舊頻繁。日本因此在一八九八年發布「匪徒刑罰令」，作爲格殺匪徒與集體屠村的「法源依據」。日本政府採取虐殺屠村的方式只爲了達到恐嚇示眾的目的，卻也引發西洋傳教士向國際投訴日本的非人道行爲，高雄六班長清庄就是其中的代表事件。

六班長位於現在的高雄橋頭鄉三德村，一八九八年十二月，日本憲兵隊以村中有盜匪的理由要求保正交出嫌犯。陽曆十二月二十六日，村民並沒有交出任何「匪徒」，日軍便以調查戶口爲藉口，將村中十六歲以上的男性全部收押綑綁並殺害，最後再集體焚屍並草草掩埋。據傳共有百名無辜男丁在此事件遭到日軍殘酷殺害，但是眞正的「匪徒」卻逃過此劫，最後被村中倖存寡婦刺死。這些冤死的男丁終在百餘年後透過高雄市長陳菊安排而得以厚葬。

中時以九十億買下國民黨三中 2005.12.26

12月 27日

禮拜二 lé - pài - jī

TUE 火曜

舊曆 十二月初五

五日月

嫌貨者，才是買貨人。

意思是會買東西的人才會對東西嫌東嫌西。這種對於人性的古典信任，是建立在相信對方終究是會買東西的前提之上。但是對於一些專門找碴好藉機勒索的地痞流氓而言，這句話可就不適用了。此道理同樣不適用於中國國民黨與中國共產黨的身上。

• 台灣政論封面

• 台灣政論的社長康寧祥

• 黃華為編輯群之一

• 顧問姚嘉文

• 顧問郭雨新

• 台灣政論發行人黃信介

2022年 12月

日	一	二	三	四	五	六
				1	2	3
4	5	6	7	8	9	10
11	12	13	14	15	16	17
18	19	20	21	22	23	24
25	26	27	28	29	30	31

台灣政論遭查禁停刊

1975.12.27

中華民國政府在二戰後對台灣進行劫收與血洗屠殺之後，開始施行長期的恐怖統治。台灣人在中華民國的壓制之下毫無言論與出版自由，各種因言入罪的案例更是不勝枚舉。即使是中國籍的知識份子想要創辦刊物，只要一不順國民黨心意，馬上就會被抄社查禁，例如一九六〇年的「自由中國」雜誌。

蔣介石身亡之後，台籍有識之士認爲這是一個得以突破言論禁制的機會，決定成立刊物來批判時政。一九七五年八月，「台灣政論」正式創刊，雜誌發行人爲黃信介，康寧祥擔任社長，郭雨新與姚嘉文爲顧問，張俊宏、黃華、張金策等人分別擔任編輯群。（「台灣政論」原名爲「台灣公論」，竟因言論審查單位台北市新聞處認爲日本味太重而要求改名。）這是首次台灣籍黨外人士的大集結，也被認爲是黨外運動的預備練習與號角先聲。

黃信介等人發行「台灣政論」之後，引發台灣社會的廣大迴響，首期就已達五刷，到了第五期就有五萬本的銷量。刊物內容除了提及中國人在台灣施行的省籍錄取制度所造成的不公平與歧視問題，也刊出關於台灣人當家作主與武裝推翻國民黨獨裁統治的文章。「台灣政論」的文章內容引發蔣經國與中華民國政府的強烈不滿，多名國民黨籍立委甚至聯名要求政府以顛覆政府的刑法罪究辦雜誌社人員。

果然不久後，「台灣政論」就於一九七五年十二月二十七日被中華民國政府以「煽動叛亂」的罪名查禁並被勒令停刊一年，一年後再被撤銷登記執照。不久後雜誌社成員黃華與張金策就被國民黨以莫須有的「叛亂」與「貪污」罪判十年徒刑。「台灣政論」雖然僅發行了五期就被禁刊，卻也爲當時處於戒嚴禁錮的台灣帶來了一線自由曙光。

美國與中華民國斷交，美代表團抵台。1978.12.27

Tâi-ôan tòk-li̍p 台灣獨立

2022 December

12月28日

舊曆 十二月初六

圓人會扁，扁人會圓。

比喻胖瘦都會變化，風水也會輪流轉，人生一樣會有陰晴圓缺。台灣與中國的情勢也是這樣，二十年前，一堆台商抱著錢往中國跑，二十年後，同樣一批台商抱著錢趕快逃回台灣，真是河東河西，不勝唏噓。

六日月

禮拜三 lé - pài - sa^{n}

WED 水曜

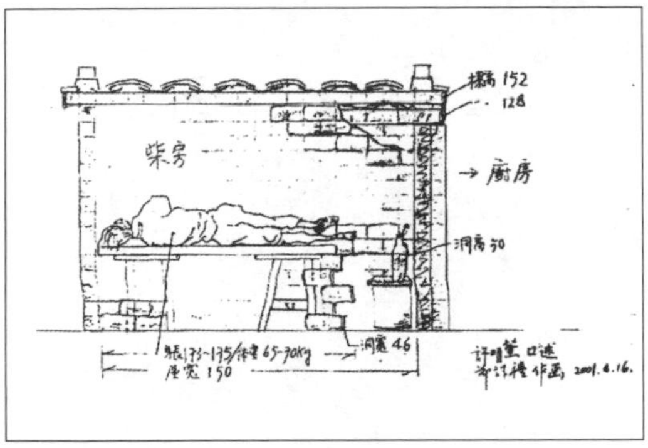

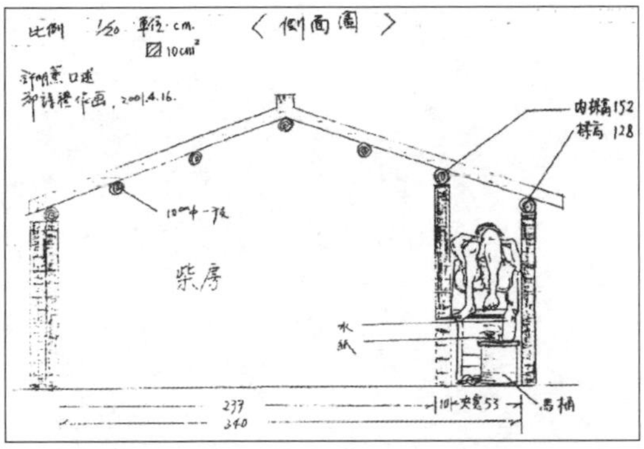

• 白色恐怖時期的另外一件著名案件就是施儒珍案。施儒珍在二二八時遭流彈擊中右腿導致殘廢。因此對中華民國絕望而決定參加左翼讀書會且圖謀推翻政府，後來成為軍警通緝對象，最後藏至胞弟家蓋的柴房內隔間牆長達二十年之久。

• 李石城與胞兄雙雙因鹿窟事件而遭殘酷刑求入獄，其母親也在一年後自盡身亡。國民黨濫抓濫捕導致李石城家破人亡。民進黨蔡英文政府上台後成立促轉會，撤銷當年對李石城的有罪判決，已高齡八十四歲的李石城提及當年母親自盡一事，依舊激動難過且痛哭不已。

• 被譽為台灣第一才子的呂赫若，也因為在二二八抗暴事件後加入共產黨，成為被通緝對象，因此開始逃亡至鹿窟，因被毒蛇咬傷而過世。

2022年 12月

日	一	二	三	四	五	六
				1	2	3
4	5	6	7	8	9	10
11	12	13	14	15	16	17
18	19	20	21	22	23	24
25	26	27	28	29	30	31

鹿窟事件日

1952.12.28

一九四九年中華民國覆亡，從國共內戰敗戰下來的中國難民蜂擁來到台灣。蔣介石與中華民國政府因恐懼共產黨勢力擴張而杯弓蛇影，開始在台灣濫捕濫殺台灣人。當時少數的台灣知識份子的確因為對中華民國政權失望，加上左翼思潮的吸引與理想而加入共產黨的陣營，但是多數的台灣人根本不了解共產主義為何物。更別提日本政府在二林事件之後就已經大力清除左翼與親共人士，在台的共產黨員早已寥寥可數。

然而中華民國政府只為了抓捕少數加入共產黨陣營的成員，甚至為了清除看不順眼的台灣人，就對當事者周遭的鄰里住民羅織罪名並進行全面性的濫捕而造成無數冤案。一九五二年的「鹿窟事件」就是其中的代表慘案，此案導致位於石碇山區的鹿窟村幾乎滅村，也成為中華民國白恐時期的最大案件。

一九五二年十二月二十八日，中華民國台灣省保安司令部及保密局以鹿窟一帶藏有共產黨員與武裝基地為名，派出上萬名軍警憲特包圍鹿窟山村，許多無辜的農民與礦工因此遭到逮捕。由於蔣介石下達肅清武裝基地的命令，中華民國的鷹犬特務便順著蔣意將案子做大以邀功，使得鹿窟村許多有著親屬關係的人員都一併遭到羅織入罪。

此案導致四十一人遭到死刑槍決，百餘人遭到有期徒刑判決，另外還有十九名未成年的少年少女被捕後直接被送到國民黨高官的家中當跑腿的奴工與下人，受牽連民眾達千餘人。鹿窟當地村民控訴多人遭到中國軍警殘酷刑求，多人被打到吐血昏倒，有人因此終身殘廢，有人因骨頭破碎而發瘋，更有多人在釋放後自殺。中華民國軍隊甚至趁機搜刮村民財產，因為無官方紀錄而無法獲得賠償。

還我母語運動大遊行 1988.12.28

12月 29日

舊曆 十二月初七

借荊州，霸荊州。

借東西不還，最後竟還據為己有。此語典故出於三國志，劉備跟東吳孫權借荊州，結果最後竟賴著不走。中華民國在戰後以盟軍名義前來代管台灣，最後竟然乞丐趕廟公，到了舊金山和約的撤兵日還要賴著不走，充分體現出中國的無賴流氓特質。

• 中華民國被逐出聯合國之後，台灣基督長老教會為了穩定台灣人心，並說出台灣有識之士對政治的期待，遂於一九七一年底發表「對國是的聲明與建議」。

• 高俊明牧師

• 美麗島事件爆發後，長期聲援黨外人士的高俊明也遭到逮捕。高俊明在出庭軍事法庭時手拿聖經，大步邁前且面露無懼。

• 長老教會標誌

上弦月

禮拜四 lé - pài - sì | THU 木曜

2022年 12月

日	一	二	三	四	五	六
				1	2	3
4	5	6	7	8	9	10
11	12	13	14	15	16	17
18	19	20	21	22	23	24
25	26	27	28	29	30	31

長老教會發表國是聲明

1971.12.29

中華民國殖民政權在一九七一年十月被聯合國逐出中國代表的席次之後，一直被國民黨視爲統治神主牌的「正統中國」說詞已經確定被主流國際社會所否定，中華民國的雪崩式斷交也在聯合國事件後數年間快速湧現，包括日本、澳洲等重要工業大國都於此際與早已不再統治中國領土的中華民國斷交。套用在台灣頭上的「中華民國」一詞此時在國際現實上也顯得更加荒謬與不合時宜，台灣本身的主權定位與內政問題便再度浮上檯面。

長期關心台灣社會基層的台灣基督長老教會爲了穩定台灣人心，並且說出台灣有識之士對於政治的期待，遂不顧中華民國特務監控與極權迫害的壓力，於一九七一年十二月二十九日發表「對國是的聲明與建議」，向蔣介石提出正式的國是建議，此篇聲明也成爲台灣長老教會第一篇的政治宣言。

宣言主要分爲兩個部分，第一個部分就向國際聲明台灣人民遠自數千年前就已經定居於此，加上近兩三百年的漢人移墾以及二戰後的中國移民，早已形成多元的移民社會，藉以否定大中國的單線史觀。宣言接著提及愛台與以此爲家的主張，希冀人民可以生活在和平、自由及公義之中，拒絕活在共產極權之下，最後則是提到人民有權自決自己的命運。

宣言第二部分提到中央民代全面改選，以此汰換二十多年前從中國選出後就從未改選過的萬年民代，因此成爲七〇年代發出國會全面改選的民主先聲。由於「對國是的聲明與建議」隱含著台灣獨立的政治主張，因此在發表之後立即引來國民黨的全面抹紅攻擊。但是長老教會的牧長群始終無懼於中華民國的威逼，日後仍舊於一九七五年發表「我們的呼籲」以及於一九七七年發表「人權宣言」。

World

汪精衛發電文表態投靠日本 1938.12.29

Tâi-oân tok-li̍p 台灣獨立

2022 December

12月30日

舊曆 十二月初八

頭日香，尾日戲。

台灣傳統的廟會祭典就是頭日的香陣還有最後一天的戲劇演出最爲精彩。台灣電影先驅林摶秋在他的電影作品「五月十三傷心夜」當中收錄了大稻埕迎城隍片段，可說是爲台灣的傳統廟會活動留下珍貴的紀錄。

八夜月

• 楊汝椿曾擔任外省人台灣獨立協進會的執行委員。

• 楊汝椿像

• 楊汝椿在編輯工作桌前的留影

• 楊汝椿除了採訪編輯，也同樣會上街發聲與爲民爭取權益。

禮拜五 lé - pài - gō͘ | FRI 金曜

2022年 12月

日	一	二	三	四	五	六
				1	2	3
4	5	6	7	8	9	10
11	12	13	14	15	16	17
18	19	20	21	22	23	24
25	26	27	28	29	30	31

楊汝椿逝世日

2013.12.30

◆ 台灣媒體良心與人格者

楊汝椿，生於一九六一年二月十七日，爲戰後中國移民的後代。曾經擔任「聯合晚報」記者，於一九九四年自立報系爆發經營權轉移爭議時，起身參與自立報系工會的抗爭並且與許多同業記者發起「九〇一新聞自主推動小組」，要求落實內部新聞自由與催生新聞專業組織。「台灣新聞記者協會」也就在此次工會運動之後於一九九五年三月成立，成爲台灣第一個由非統派記者所成立的新聞專業團體。

楊汝椿在任職記者期間仍不忘致力於推動台灣獨立運動，曾擔任「外省人台灣獨立促進會」的執行委員與主編以及「建國廣場」的集會主持人。楊汝椿在二〇〇四年的時候，曾因爲獲得線報，得知槍擊陳水扁的兇手潛逃中國上海，因此前往中國進行調查，卻被中國公安強行帶走偵訊，並且被強制留置四天的時間。

二〇一二年，中國所控制的旺中集團準備要入主三中媒體（中時、中視、中天），隨即引發台灣民間反彈，反媒體壟斷運動因此成形，上萬人走上街頭抗議，此時楊汝椿也在抗議隊伍的最前線。當時楊汝椿正在擔任壹週刊的主筆，在他持續追弊之下，週刊接連踢爆國防部長論文抄襲案、馬英九政府食管局隱匿毒澱粉案、國民黨三中假交易案、苗栗縣府炒作華隆地獲暴利案、戴奧辛毒害等重大案件，對國民黨政府造成極大的壓力。

楊汝椿擔任記者與雜誌主筆時不但勇於揭弊，也經常關懷社會重大事件，曾積極聲援關廠工人連線運動，也因此經常處在身心俱疲的狀態。二〇一三年十二月三十日，楊汝椿因爲心肌梗塞而在工作崗位上猝逝，得年五十二歲，直到生命最後一刻都在爲新聞工作、台獨運動與社會運動而努力。

1944.12.30 台灣末代總督安藤利吉上任

Tâi-oân to̍k-li̍p
台灣獨立

2022
December

12月31日

舊曆 十二月初九

福地福人居。

台灣是我們的故鄉，也是充滿苦難歷史之地。在歷史的機緣下，台灣人逐漸成為我們共同的身分認同，希望在不久的將來，台灣國或是福爾摩莎也可以成為台灣人的國家認同。台灣是不是福地，我們是不是福人，沒有人知道，但是我們要朝著永續耕耘福地，然後把自己變成一個更好的台灣人的方向前進。

• 戴振耀擔任偵查車的司機。

• 鄒族青年曾俊仁，擔任拉倒吳鳳的車輛駕駛。

• 摧毀吳鳳銅像的發起人之一林宗正牧師。

• 鄒族青年湯英伸事件引發吳鳳存廢議題。

• 嘉義車站前的吳鳳銅像被拉倒之後，原住民青年與平地漢人一起在倒下的銅像前開心合照。

九夜月

禮拜六 lé - pài - la̍k | SAT 土曜

2022年 12月

日	一	二	三	四	五	六
				1	2	3
4	5	6	7	8	9	10
11	12	13	14	15	16	17
18	19	20	21	22	23	24
25	26	27	28	29	30	31

黨國神話吳鳳拆除日

1988.12.31

從清國政府開始，再到中華民國殖民政府，歷經日本政府，歷來的殖民政權一直試圖以「高等人教化低等人」的方式來對台灣人進行思想改造。其中吳鳳的故事就是由大清帝國所塑造出來的漢人樣板，作為「教化」台灣原住民的「範本」。緊接著日本也將其列入小學教材，中華民國同樣將吳鳳列入義務教育的課本當中，甚至還四處樹立吳鳳銅像。

據傳漢人吳鳳在清國時期擔任嘉義縣漢番通事，他為了遏止鄒族獵人頭的「野蠻風俗」，便向族人約定日期，說明當天會有一位穿紅袍且騎白馬的人經過某處，族人即可射殺該人並獵取人頭。結果族人依約射殺該名紅袍者，卻發現竟是吳鳳本人，因此悲痛悔悟，從此棄絕獵人頭習俗。這個故事看似悲壯，但是在原住民口述歷史中，吳鳳卻是個愛占原住民便宜的漢人奸商，所以最後才會被鄒族出草。

一九八七年，鄒族青年湯英伸因為遭到台北雇主扣留身分證與薪水，甚至遭到虐待並超時工作，憤而殺死雇主一家，再度引發原住民與平地人的緊張。一九八八年，基督教長老教會林宗正牧師等人在台南訓練神學院學員時，察覺到原住民與平地學生存在著對立情緒，才發現「吳鳳神話」傷害原住民自尊甚為嚴重，便決定協同原住民青年與民進黨人士策劃「摧毀吳鳳銅像」行動。一九八八年十二月三十一日，林宗正與原住民青年等人，向民進黨借用兩台貨車，直接開往嘉義車站展開拆毀銅像行動。中午時分，原民青年用電鋸破壞銅像的馬腳，接著吳鳳銅像就被綁上鋼索的貨車拉倒，落地後斷成數截，現場群眾歡聲雷動。但是中華民國也派出警察攻擊行動群眾，造成布農族青年卡法司肋骨斷裂與睪丸碎裂以及多人受傷。拆除銅像事件之後，國民黨深恐原住民會集體反抗，便決定在一九八九年廢除吳鳳教材，並且改名吳鳳鄉為阿里山鄉，但是卻仍對銅像原址設立二二八紀念碑極盡打壓之能事。

World

川普簽署亞洲再保證倡議法 2018.12.31

附錄：歷史事件時序表（一之三）

17至18世紀

- 荷蘭軍隊首次佔領澎湖 1604.8.7
- 荷蘭軍隊二次佔領澎湖 1622.7.11
- 荷蘭軍隊登台日 1624.8.26
- 西班牙軍隊登台日 1626.5.12
- 濱田彌兵衛事件 1628.5.27
- 郭懷一事件 1652.9.7
- 明鄭軍登台日 1661.4.30
- 清帝國施琅軍登台日 1683.9.23
- 台灣納入清帝國版圖 1684.4.14
- 大甲西社事件 1731.12.24

19世紀

- 馬雅各誕生日 1836.3.18
- 羅伯特・斯文豪誕生日 1836.9.1
- 李庥誕生日 1840.9.14
- 湯瑪斯・巴克禮誕生日 1849.11.21
- 植村正久誕生日 1858.1.15
- 梅監霧誕生日 1865.11.10
- 鳥居龍藏誕生日 1870.5.4
- 蘭大衛誕生日 1870.8.2
- 川上瀧彌誕生日 1871.3.4
- 紹達誕生日 1871.6.21
- 石川欽一郎誕生日 1871.8.8
- 牡丹社事件 1871.10.18
- 高松豐次郎誕生日 1872.10.21
- 早田文藏誕生日 1874.12.2
- 岡本要八郎誕生日 1876.1.13
- 森丑之助誕生日 1877.1.16
- 井手薰誕生日 1879.2.6
- 葉清耀誕生日 1880.9.16
- 井上伊之助誕生日 1882.9.2
- 戴仁壽誕生日 1883.12.6
- 西仔反戰役 1884.8.5
- 鹽月桃甫誕生日 1886.2.27
- 磯永吉誕生日 1886.11.23
- 鄉原古統誕生日 1887.8.8
- 張福興誕生日 1888.2.1
- 彭清靠誕生日 1890.5.4
- 松本巍誕生日 1891.2.11
- 王受祿誕生日 1893.1.17
- 矢內原忠雄誕生日 1893.1.27
- 杜聰明誕生日 1893.8.25
- 甲午戰爭爆發日 1894.8.1
- 九一七黃海海戰 1894.9.17
- 富田芳郎誕生日 1895.4.8
- 馬關條約簽訂日 1895.4.17
- 黃土水誕生日 1895.7.3
- 唐景崧發表獨立宣言 1895.5.23
- 台灣民主國成立日 1895.5.25
- 日本軍隊登台日／乙未戰爭 1895.5.29
- 日本軍入台北城 1895.6.7
- 高敬遠誕生日 1896.1.12
- 日本宣告台灣為殖民地 1896.2.3
- 日本對台六三法公佈日 1896.3.30
- 日本軍對雲林大屠殺 1896.6.20
- 爸爾登來台日 1896.7.26
- 高雄六班長清庄事件 1898.12.26
- 施乾誕生日 1899.7.23
- 吳三連誕生日 1899.11.15

20世紀（1900至1929年）

- 王清佐誕生日 1900.3.1
- 蔡秋桐誕生日 1900.4.8
- 郭國基誕生日 1900.4.10
- 黃石輝誕生日 1900.4.20
- 宋伊莉莎白逝世日 1901.1.17
- 馬偕逝世紀念日 1901.6.2
- 伊萊沙逝世日 1902.2.21
- 歸順會場屠殺／紅白花事件 1902.5.25
- 林輝焜誕生日 1902.6.1
- 顏水龍誕生日 1903.6.5
- 彭瑞麟誕生日 1904.11.3
- 葉廷珪誕生日 1905.2.7
- 張維賢誕生日 1905.5.17
- 蔡綉鸞誕生日 1905.10.3
- 楊逵誕生日 1905.10.18
- 鄧雨賢誕生日 1906.7.21
- 郭水潭誕生日 1907.5.13
- 陳進誕生日 1907.11.2
- 吳新榮誕生日 1907.11.12
- 新竹北埔事件 1907.11.14
- 西川滿誕生日 1908.2.12
- 許世賢誕生日 1908.4.1
- 楊清溪誕生日 1908.5.3
- 李石樵誕生日 1908.7.13
- 郭雨新誕生日 1908.8.24
- 馬淵東一誕生日 1909.1.6
- 清水照子誕生日 1909.3.30
- 李臨秋誕生日 1909.4.22
- 楊杏庭誕生日 1909.8.9
- 張星賢誕生日 1909.10.2
- 李源棧誕生日 1910.2.2
- 蘇桐誕生日 1910.2.19
- 廖文毅誕生日 1910.3.22
- 林朝棨誕生日 1910.5.26
- 辛亥大屠殺 1911.10.11
- 喬治・柯爾誕生日 1911.11.7
- 洪瑞麟誕生日 1912.5.7
- 圖博獨立宣言發佈日 1913.2.13
- 高玉樹誕生日 1913.9.3
- 瑪喜樂誕生日 1914.9.29
- 鍾謙順誕生日 1914.12.3
- 哈鹿那威逝世日 1915.2.20
- 噍吧哖事件紀念日 1915.10.30
- 李鎮源誕生日 1915.12.4
- 陳智雄誕生日 1916.2.18
- 王昶雄誕生日 1916.2.25
- 王金河誕生日 1916.4.23
- 吳瀛濤誕生日 1916.7.18
- 陳翠玉誕生日 1917.2.9
- 陳逢儒誕生日 1917.2.10
- 田朝明誕生日 1918.6.10
- 殷海光誕生日 1919.12.5
- 台灣新民會成立日 1920.1.11
- 彌迪理誕生日 1920.8.24
- 台灣議會設置請願運動 1921.1.30
- 詹冰誕生日 1921.7.8
- 甘為霖逝世日 1921.9.9
- 台灣文化協會成立日 1921.10.17
- 陳秀喜誕生日 1921.12.15
- 廖史豪誕生日 1923.2.11
- 台灣民報創刊日 1923.4.15
- 蘇東啟誕生日 1923.11.26
- 台灣治警事件 1923.12.16
- 邱永漢誕生日 1924.3.28
- 涂南山誕生日 1925.4.11
- 巫義德誕生日 1925.4.15
- 張彥勳誕生日 1925.8.14
- 伊能嘉矩逝世日 1925.9.30
- 二林蔗農事件 1925.10.22
- 葉石濤誕生日 1925.11.1
- 柯旗化誕生日 1929.1.1
- 後藤新平逝世日 1929.4.13
- 高俊明誕生日 1929.6.6

20世紀（1930至1949年）

- 台灣地方自治聯盟成立 1930.8.17
- 霧社事件紀念日 1930.10.27
- 梁國樹誕生日 1930.12.12
- 蘇洪月嬌誕生日 1931.4.15
- 郭秋生提出建設台灣白話文主張 1931.7.7
- 台灣文藝聯盟成立日 1934.5.6
- 魏廷朝誕生日 1935.3.27
- 蔡同榮誕生日 1935.6.13
- 台灣史上首次投票選舉 1935.11.22
- 日本二二六事件 1936.2.26
- 林誠一誕生日 1937.1.8
- 中國國民黨決議將黨歌改為國歌 1937.6.3
- 中華民國首次轟炸台灣 1938.2.23
- 三好德三郎逝世日 1939.4.3
- 松木幹一郎逝世日 1939.6.14
- 江鵬堅誕生日 1940.4.25
- 五二七瑞芳事件 1940.5.27
- 王康陸誕生日 1941.1.4
- 民俗台灣創刊日 1941.7.10
- 高雄鳳山事件 1941.11.8
- 珍珠港事變 1941.12.7
- 八田與一紀念日 1942.5.8
- 中途島戰役 1942.6.4
- 賴和逝世日 1943.1.31
- 倪蔣懷逝世日 1943.4.21
- 綠島百合蘇素霞誕生日 1943.8.21

（接下頁）

附錄：歷史事件時序表（二之三）

美中聯軍空襲新竹　1943.11.25
高木友枝逝世日　1943.12.23
岡山大空襲　1944.10.14
五三一台北大空襲日　1945.5.31
沖繩慰靈日　1945.6.23
原爆紀念日　1945.8.6
日本首次傳達終戰意圖　1945.8.10
鹿野忠雄失蹤日　1945.8.13
二戰終戰紀念日　1945.8.15
草山會議日　1945.8.16
中華民國官員首度抵台　1945.10.5
中華民國向台灣總督遞交一號備忘錄　1945.10.6
中華民國軍隊登台日　1945.10.17
台灣遭劫收日　1945.10.25
馬歇爾調停中國內戰　1945.11.27
中華民國非法宣告台灣國籍歸屬　1946.1.12
漢奸總檢舉公報　1946.1.16
台灣獨立事件　1946.3.21
嘉義布袋事件　1946.4.16
台南新營事件　1946.8.11
中華民國政府公佈戰爭罪犯審判條例　1946.10.24
員林槍擊法警事件　1946.11.11
廖文毅兄弟提台人治台　1947.1.3
林文德誕生日　1947.1.10
台北緝菸血案　1947.2.27
二二八大屠殺暨抗暴事件紀念日　1947.2.28
台灣人民抗暴日　1947.3.1
雄中自衛隊抗暴日　1947.3.3
屏東三四事件　1947.3.4
陳篡地與斗六之役　1947.3.5
中華民國軍隊在高雄大屠殺　1947.3.6
中華民國軍隊對全台灣大屠殺日　1947.3.8
陳炘、林茂生、王添灯受難日　1947.3.11
葉秋木、阮朝日受難日　1947.3.12
湯德章受難日　1947.3.13
林旭屏受難日　1947.3.15
二七部隊烏牛欄之役　1947.3.16
陳儀宣布清鄉屠殺行動　1947.3.20
陳澄波、潘木枝受難日　1947.3.25
王育霖受難日　1947.3.31
中華民國軍隊花蓮屠殺　1947.4.1
廖文毅提出處理台灣問題意見書　1947.7.7
林桂興就義日　1947.9.15
中華民國發行萬圓臺幣　1948.12.12
喬治・柯爾提出美國計劃備忘錄　1949.1.7
張星建遇難日　1949.1.20
台灣省警備總部成立　1949.1.26
四六學潮事件　1949.4.6
四萬元換一元施行日　1949.6.15
懲治叛亂條例施行日　1949.6.21
威廉・牛頓遇難日　1949.7.12
澎湖七一三事件　1949.7.13
美國發表中國白皮書　1949.8.5
中華民國政府流亡來台　1949.12.7
台灣新軍召集令發佈　1949.12.17

20世紀（1950至1969年）

杜魯門總統發布不干涉台灣聲明　1950.1.5
反攻大陸文告發表　1950.5.16
韓戰爆發日　1950.6.25
台灣中立化宣言聲明日　1950.6.27
限制役男出境修正通過　1951.7.27
舊金山和約簽訂日　1951.9.8
舊金山和約生效日　1952.4.28
（台北和約秘密簽署日）
舊金山和約佔領撤離日　1952.7.28
黃榮燦受難日　1952.11.19
鹿窟事件日　1952.12.28
林錦文殉國紀念日　1953.3.7
東山島戰役　1953.7.16
韓戰停戰日　1953.7.27
蔡鐵城受難日　1953.9.5
韓戰中國俘虜遣送台灣　1954.1.23
高一生、樂信・瓦旦受難日　1954.4.17
艾森豪提協防台澎諮文　1955.1.24
堀內次雄逝世日　1955.5.12
台灣人的自由台灣成立　1956.1.1
台灣國臨時政府成立　1956.2.29
施水環、丁窈窕受難日　1956.7.24
匈牙利十月事件　1956.10.23
新蓬萊公共食堂聚會　1957.5.18
殷海光批判反攻大陸說　1957.8.1
廖文毅受邀參加馬來亞獨立慶典　1957.8.31
圖博抗暴紀念日　1959.3.10
康隆報告提出日　1959.9.1
美日安保條約簽訂日　1960.1.19
關仔嶺會議　1960.6.19
鍾理和逝世日　1960.8.4
雷震案紀念日　1960.9.4
自由中國雜誌遭查禁　1960.10.8
虎尾武裝起義事件　1961.3.9
柯旗化二次入獄　1961.10.4
同心社事件　1961.12.1
台灣獨立聯盟事件　1962.6.16
陳君玉逝世日　1963.3.4
林海音事件　1963.4.23
在日台生連誼會成立　1963.5.26
陳智雄殉國紀念日　1963.5.28
澧江軍艦案　1963.5.31
蘇東啟改判無期徒刑　1963.9.25
威大台灣同鄉會登記日　1963.10.19
台灣人民自救運動宣言　1964.9.20
威斯康辛大學國旗事件　1965.5.2
廖文毅返台投降　1965.5.14
大島正滿逝世日　1965.6.26
美國終止對台經援日　1965.6.30
麥迪遜結盟大會　1965.10.29
費城結盟日　1966.6.18
全美台灣獨立聯盟成立　1966.7.4
自由長征之日　1966.11.16
紐約時報刊出自救宣言　1966.11.20
全國青年團結促進會案　1967.1.2
史明獨立台灣會創立日　1967.6.30
柳文卿事件　1968.3.26
吳振瑞剝蕉案　1969.3.7
青年團結促進會案宣判　1969.11.28

20世紀（1970至1979年）

彭明敏逃離黨國監控　1970.1.2
泰源事件紀念日　1970.2.8
四二四刺蔣行動日　1970.4.24
泰源事件五烈士就義日　1970.5.30
謝緯遇難日　1970.6.17
小林正成散發台獨傳單　1971.5.17
威廉波特少棒轉播事件　1971.8.28
鎖鍊示威抗議　1971.10.18
中華民國被逐出聯合國　1971.10.26
長老教會發表國是聲明　1971.12.29
雷震救亡圖存獻議提交　1972.1.10
國光計畫辦公室裁撤　1972.7.1
溫連章革命事件　1972.4.21
台灣人基督教徒自決協會成立日　1973.3.19
青年黃昭夫起義行刺國民黨官員　1973.3.29
留日台灣學生撕毀黨旗事件　1973.10.10
鄭評受難日　1974.8.12
世台會成立　1974.9.7
中村輝夫在印尼獲救　1974.12.26
枉死士兵江國慶日　1975.10.10
基督教長老教會發表我們的呼籲　1975.11.18
國民黨做票日　1975.12.20
台灣政論遭查禁停刊　1975.12.27
白雅燦二十九問被判處無期徒刑　1976.2.10
加拿大拒發奧運簽證　1976.7.6
王幸男郵包炸彈事件　1976.10.10
國民黨阿里山縱火事件　1976.11.9
長老教會發表人權宣言　1977.8.16
台灣鄉土文學論戰　1977.8.17
中壢事件紀念日　1977.11.19
馬英九波士頓偷拍事件　1978.1.28
張文環逝世日　1978.2.12
黨外人士助選團成立日　1978.11.24
中山堂事件　1978.12.5
美國與中華民國斷交　1978.12.16
黨外人士國是聲明日　1978.12.25
高雄橋頭事件　1979.1.22
台灣關係法簽署頒布日　1979.4.10
黨外國是聲明發表日　1979.4.12
第二次中壢事件日　1979.5.26
卡特簽署台灣關係法　1979.6.22
潮流報刊遭查扣事件　1979.8.7
中泰賓館事件　1979.9.8
美麗島雜誌服務處遭砸　1979.11.29
高雄鼓山事件　1979.12.9
美麗島事件紀念日　1979.12.10

（接下頁）

附錄：歷史事件時序表（三之三）

20世紀（1980至1989年）

- 國民黨遠東服務社襲擊事件 1980.1.16
- 林義雄家宅滅門血案 1980.2.28
- 楊清化血案 1980.3.14
- 美麗島大審 1980.3.18
- 了解侵犯人權與維護尊嚴國際日 1980.3.24
- 立石鐵臣逝世日 1980.4.9
- 池田敏雄逝世日 1981.3.31
- 陳文成事件紀念日 1981.7.2
- 台灣公論報創刊發行日 1981.7.31
- 台灣人公共事務會成立 1982.2.14
- 二二八受刑人案事件 1982.9.24
- 北卡州立大學海報事件 1982.10.1
- 孫理蓮逝世日 1983.1.14
- 台北兩報爆炸案 1983.4.26
- 東吳大學政治系事件 1983.6.29
- 黨外中央後援會成立 1983.9.18
- 蓬萊島事件 1984.6.19
- 江南案發生日 1984.10.15
- 江南案美國聽證會召開 1985.2.7
- 檢肅流氓條例公佈 1985.7.19
- 王育德逝世日 1985.9.9
- 石錫勳逝世日 1985.9.22
- 五一九反戒嚴綠色行動 1986.5.19
- 促進民主台灣婦女運動 1986.5.24
- 鹿港反杜邦遊行日 1986.6.24
- 民主進步黨成立日 1986.9.28
- 桃園機場事件 1986.11.30
- 鹿港反杜邦行動日 1986.12.13
- 台灣筆會發起日 1987.1.18
- 二二八和平日促進會成立日 1987.2.4
- 我叫做鄭南榕，我主張台灣獨立 1987.4.18
- 自由之愛／台大學生日 1987.5.11
- 六一二事件 1987.6.12
- 解嚴紀念日 1987.7.15
- 台灣政治受難者聯誼總會成立日 1987.8.30
- 長老教會組台獨牧師團 1987.10.19
- 民主聖火長跑 1987.10.31
- 台中山城農民抗議事件 1987.12.8
- 許曹德、蔡有全台獨案出庭日 1988.1.9
- 蔣家獨裁政權覆亡日 1988.1.13
- 許世楷提台獨公開化 1988.2.27
- 周添旺逝世日 1988.4.21
- 五二〇農民抗暴事件 1988.5.20
- 雷震回憶錄遭焚毀 1988.7.22
- 海外政治黑名單聲援返鄉遊行日 1988.8.19
- 施明正絕食身亡日 1988.8.22
- 黃彰輝逝世日 1988.10.28
- 黨國神話吳鳳拆除日 1988.12.31
- 中華民國以涉嫌叛亂傳喚鄭南榕 1989.1.21
- 鄭南榕公開殉身宣言 1989.1.27
- 萬年老賊下台遊行日 1989.1.29
- 鄭南榕自焚日 1989.4.7
- 詹益樺自焚日 1989.5.19
- 香港人聲援中國八九學運大遊行 1989.5.21
- 中國天安門屠殺事件 1989.6.4
- 蔡正隆與羅益世事件 1989.8.27
- 許信良闖關返台被捕 1989.9.27
- 林義雄攜台灣國基本法草案返台 1989.11.6
- 新國家運動環島行軍 1989.11.16

20世紀（1990至1999年）

- 陳庭茂逝世日 1990.2.17
- 蔡阿信逝世日 1990.3.5
- 野百合學運起始日 1990.3.16
- 解嚴後首次國是會議 1990.6.28
- 反閱兵廢惡法靜坐抗議 1990.10.9
- 千千岩助太郎逝世日 1991.4.5
- 動員戡亂時期臨時條款廢除 1991.5.1
- 獨台會事件 1991.5.9
- 懲治叛亂條例廢除日 1991.5.22
- 基督長老教會發表台灣主權獨立宣言 1991.8.20
- 一〇〇行動聯盟成立日 1991.9.21
- 台獨綱領通過日 1991.10.13
- 台獨聯盟台灣本部成立 1991.10.20
- 郭正光海霸王事件 1991.10.20
- 索拉茲提議二四八號案 1991.11.25
- 四一九佔領行動 1992.4.19
- 刑法一百條修正案通過 1992.5.15
- 外獨促進會成立 1992.8.23
- 退報救台灣運動 1992.11.23
- 萬年國會全面改選 1992.12.19
- 廣電法方言設限解除 1993.7.14
- 劉傳明逝世日 1993.9.2
- 王康陸離奇車禍身亡 1993.10.12
- 尹清楓命案 1993.12.9
- 獨台會台北總部成立日 1994.2.1
- 美國法案H.R.2333通過日 1994.2.2
- 黃武東逝世日 1994.11.13
- 李登輝過境美國康乃爾大學演講 1995.6.9
- 蔡正隆逝世日 1995.10.13
- 民進黨新世代綱領發佈 1996.5.10
- 彭婉如遇難日 1996.11.30
- 東土耳其斯坦伊寧事件 1997.2.5
- 陳五福逝世日 1997.11.8
- 郭榮桔逝世日 1998.1.6
- 許遠東遇難日 1998.2.16
- 林摶秋逝世日 1998.4.4
- 圖博愛國英雄日 1998.4.29
- 林滴娟事件 1998.7.29
- 盧修一逝世日 1998.8.6
- 張忠棟逝世日 1999.6.11
- 李登輝發表兩國論 1999.7.9
- 廖中山逝世日 1999.10.7
- 黃信介逝世日 1999.11.30

21世紀（2000至2017年）

- 美國眾議院通過二二一號決議案 2001.9.6
- 陳水扁發表一邊一國 2002.8.3
- 黃紀男逝世日 2003.5.5
- 蔡瑞月逝世日 2005.5.29
- 陳定南逝世日 2006.11.5
- 曾茂興逝世日 2007.9.19
- 林山田逝世日 2007.11.5
- 科索沃宣布獨立日 2008.2.17
- 呂泉生逝世日 2008.3.17
- 廖述炘自焚日 2008.4.2
- 沈乃霖逝世日 2008.7.21
- 巫永福逝世日 2008.9.10
- 上揚唱片行事件 2008.11.4
- 野草莓運動 2008.11.6
- 劉柏煙自焚身亡事件 2008.12.14
- 東土耳其斯坦七五事件 2009.7.5
- 蘭大弼逝世日 2010.3.2
- 林宗義逝世日 2010.7.20
- 邱連輝逝世日 2010.9.13
- 歐陽劍華逝世日 2011.8.29
- 楊千鶴逝世日 2011.10.16
- 黃昭堂逝世日 2011.11.17
- 哈維爾逝世日 2011.12.18
- 王桂榮逝世日 2012.2.11
- 蘇金春逝世日 2012.7.17
- 日本宣布釣魚台國有化 2012.9.11
- 賴文雄逝世日 2012.12.22
- 郭芝苑逝世日 2013.4.12
- 洪仲丘事件 2013.7.4
- 八一八拆政府日 2013.8.18
- 張藥房張森文身亡日 2013.9.18
- 林宗光逝世日 2013.12.21
- 楊汝椿逝世日 2013.12.30
- 成大光復樓拆字事件 2014.1.15
- 易錦銓逝世日 2014.1.25
- 孫文銅像推倒事件 2014.2.22
- 三一八運動 2014.3.18
- 三二三行政院占領日 2014.3.23
- 反核遊行佔領忠孝西路事件 2014.4.27
- 廖述宗逝世日 2014.7.20
- 曹永和逝世日 2014.9.12
- 香港雨傘佔領運動 2014.9.26
- 鄭兒玉逝世日 2014.12.11
- 許永華逝世日 2015.2.15
- 蕭泰然逝世日 2015.2.24
- 林恩魁逝世日 2015.5.7
- 梅心怡逝世日 2015.6.8
- 反課綱微調佔領教育部 2015.7.23
- 許昭榮紀念日 2015.7.25
- 林冠華紀念日 2015.7.30
- 李明哲案宣判 2017.11.28
- 黃金島逝世日 2019.1.8
- 謝聰敏逝世日 2019.9.8
- 史明逝世日 2019.9.20
- 鍾肇政逝世日 2020.5.16
- 李登輝逝世日 2020.7.30
- 曾秋祈逝世日 2021.1.14
- 王朝鑫逝世日 2021.7.27